Michael Paschen, Alexander Fritz (Hrsg.)

Die Psychologie von Potenzial und Kompetenz
Individuelle Stärken verstehen, beurteilen und entwickeln

Michael Paschen und Alexander Fritz (Hrsg.)

Die Psychologie von Potenzial und Kompetenz
Individuelle Stärken verstehen, beurteilen und entwickeln

Das Urheberrecht aller Artikel liegt bei den jeweiligen Autoren © 2014

ISBN 978-3-87707-920-1

Lektorat: Daniela Böhle
Satz: Marvin Ruppert (www.marvinruppert.de)
Umschlaggestaltung: DIE BOTSCHAFTERIN, Katrin Schieferstein
Druck und Bindung: VDS – Verlagsdruckerei Schmidt, 91413 Neustadt an der Aisch

Printed in Germany

Der Verlag Ph. C. W. Schmidt ist nicht verantwortlich für den Inhalt der Publikation und evtl. Verletzungen des Urheberrechts; er kann dafür rechtlich nicht belangt werden. Entscheidungen über Inhalt und äußeres Erscheinungsbild liegen allein beim Autor bzw. Herausgeber.

Für Erich Dihsmaier

INHALTSVERZEICHNIS

VORWORT XV

1 POTENZIALE UND KOMPETENZEN BEURTEILEN UND ENTWICKELN: FUNDAMENTALE EINSICHTEN ZU EINEM DAUERTHEMA DER PERSONALARBEIT 1
1.1 Zielsetzung des Buches 2
1.2 Der Begriff der Kompetenz – Mehr als nur Fähigkeit 3
    1.2.1 Wie wir lernen: Psychische Strukturen sind unser Kompass durch die Welt ... 4
    1.2.2 Bestandteile einer Kompetenz 8
    1.2.3 Schlussfolgerungen 14
1.3 Potenzial und Potenzialrealisierung – Psychologische Hintergründe der unsichtbaren Kraft in der Persönlichkeitsentwicklung 14
    1.3.1 Zwei grundlegende Verwendungen des Begriffs Potenzial 15
    1.3.2 Aspekte von Potenzial 16
    1.3.3 Was ist Potenzial – Eine Zusammenfassung 24
1.4 Abschließende Überlegungen für die Personalentwicklung 25
1.5 Literatur 26

I FÜHRUNGSKOMPETENZEN

2 FÜHRUNG ALS KOMPETENZ 29
2.1 Begriffsbestimmung und sprachliche Einordnung 30
2.2 Die Geschichte der Kompetenz 38
2.3 Die individuelle Entwicklung der Kompetenz 43
2.4 Form der Kompetenz und Typologien 45
2.5 Äußerungsformen der Kompetenz 47
2.6 Berühmte Repräsentanten 49
2.7 Diagnose der Kompetenz 51
    2.7.1 Interview 53
    2.7.2 Befragung anderer 56
    2.7.3 Beobachtung der Führungskompetenz in arbeitsrelevanten Übungen (Simulationen klassischer Führungssituationen) 57
2.8 Personalentwicklung bzw. Coaching der Kompetenz 60
2.9 Literatur 64

3	**KONFLIKTMANAGEMENT ALS KOMPETENZ**	65
3.1	Begriffsbestimmung und sprachliche Einordnung	66
3.2	Die Geschichte der Kompetenz	73
3.3	Die individuelle Entwicklung der Kompetenz	77
3.4	Facetten der Kompetenz und Typologien	79
	3.4.1 Kompetenzfacetten	79
	3.4.2 Grundtypen von Konfliktmanagern	83
3.5	Mit Konfliktmanagement verwandte Kompetenzen	84
3.6	Berühmte Repräsentanten für Konfliktmanagementkompetenz	87
3.7	Die Diagnose der Konfliktmanagementkompetenz	89
3.8	Personalentwicklung bzw. Coaching von Konfliktmanagementkompetenz	95
3.9	Literatur	99
4	**ÜBERZEUGUNGSKRAFT ALS KOMPETENZ**	101
4.1	Begriffsbestimmung und sprachliche Beschreibung	102
	4.1.1 Rhetorik und Dialektik	102
	4.1.2 Das Leistungsmodell der Überzeugungskraft	103
	4.1.3 Aspekte der Überzeugungskraft	105
4.2	Die Geschichte der Kompetenz	112
4.3	Die individuelle Entwicklung der Kompetenz	113
	4.3.1 Allgemeine Entwicklung	113
	4.3.2 Individuelle Einflussfaktoren	114
4.4	Formen der Kompetenz und Typologien	115
4.5	Äußerungsform der Kompetenz	118
4.6	Berühmte Repräsentanten	119
4.7	Diagnose der Kompetenz	121
	4.7.1 Beobachtungen im Berufsalltag	121
	4.7.2 Spezifische diagnostische Instrumente	122
	4.7.3 Interview	124
4.8	Personalentwicklung bzw. Coaching der Kompetenz	127
4.9	Literatur	128

II SOZIALKOMPETENZEN

5	**KONTAKTSTÄRKE ALS KOMPETENZ**	133
5.1	Begriffsbestimmung	134
5.2	Der Prozess des Kontaktaufbaus	137
	5.2.1 Bewertung und Auswahl potenzieller Kontaktpartner	138
	5.2.2 Angebot und Aufnahme des Kontaktes	138
	5.2.3 Festigung des Kontakts	142
5.3	Facetten und Co-Kompetenzen	144
	5.3.1 Facetten der Kontaktstärke	144
	5.3.2 Co-Kompetenzen der Kontaktstärke	147
5.4	Geschichte der Kontaktstärke	148
5.5	Individuelle Entwicklung der Kompetenz	151
5.6	Berühmte Persönlichkeiten mit ausgeprägter Kontaktstärke	152
5.7	Diagnose der Kontaktstärke	154
	5.7.1 Interview	155
	5.7.2 Gesprächssimulationen	158
	5.7.3 Sonstige Praxiserfahrungen	159
	5.7.4 Mögliche Verhaltensanker zur Diagnose von Kontaktstärke	160

5.8	Personalentwicklung: Kontaktstärke fördern	161
5.9	Fazit	163
5.10	Literatur	163

6 TEAMFÄHIGKEIT ALS KOMPETENZ ... 165
6.1	Begriffsbestimmung und sprachliche Beschreibung	166
	6.1.1 Handwerkszeug der Teamfähigkeit	168
	6.1.2 Teamorientierung	169
	6.1.3 Teamfähigkeit – Wissen und Erfahrung	172
6.2	Die Geschichte der Kompetenz	173
6.3	Die individuelle Entwicklung der Kompetenz	174
6.4	Formen der Kompetenz und Typologien	176
6.5	Äußerungsformen der Kompetenz	179
6.6	Berühmte Repräsentanten	181
6.7	Diagnose der Kompetenz	182
	6.7.1 Beobachtungen im Berufsalltag	182
	6.7.2 Spezifische diagnostische Instrumente	183
	6.7.3 Mögliche Interviewfragen	185
	6.7.4 Diagnose der Kompetenz Teamfähigkeit	188
6.8	Personalentwicklung bzw. Coaching der Kompetenz	189
6.9	Literatur	192

7 INTERKULTURELLE KOMPETENZ ... 193
7.1	Begriffsbestimmung	194
	7.1.1 Kultur	194
	7.1.2 Interkulturelle Kompetenz	196
	7.1.3 Facetten der interkulturellen Kompetenz	198
	7.1.4 Co-Kompetenzen der interkulturellen Kompetenz	201
7.2	Geschichte der interkulturellen Kompetenz	203
7.3	Individuelle Entwicklung der interkulturellen Kompetenz	204
7.4	Interkulturell kompetente Typen	206
7.5	Berühmte Repräsentanten interkultureller Kompetenz	210
7.6	Diagnose der interkulturellen Kompetenz	211
7.7	Personalentwicklung: interkulturelle Kompetenz fördern	217
7.8	Zusammenfassung und Ausblick	224
7.9	Literatur	225

III UNTERNEHMERISCHE KOMPETENZEN

8 STRATEGISCHES DENKEN ALS KOMPETENZ ... 229
8.1	Begriffsbestimmung und sprachliche Beschreibung	230
	8.1.1 Simulationskompetenz bzw. Simulationsfähigkeit	234
	8.1.2 Systematische Kompetenz	235
	8.1.3 Marktorientierung	235
	8.1.4 Denken in Handlungsfeldern	235
	8.1.5 Das Treffen von großen Entscheidungen	236
	8.1.6 Konkurrenzbezug	236
	8.1.7 Kenntnis von Prozessen der strategischen Planung	236
	8.1.8 Denken in Kompetenzen	237
	8.1.9 Einfallsreichtum bzw. Kreativität	237
	8.1.10 Identifikation und Willensstärke	237

8.2	Die Geschichte der Kompetenz	239
8.3	Die individuelle Entwicklung der Kompetenz	241
8.4	Form der Kompetenz und Typologien	243
8.5	Äußerungsform der Kompetenz	245
8.6	Berühmte Repräsentanten	247
8.7	Diagnose der Kompetenz	248
	8.7.1 Mögliche Interviewfragen, um das strategische Denken im Rahmen von halb strukturierten Interviews erheben zu können	249
	8.7.2 Mögliche Verhaltensanker zur Diagnose von strategischem Denken	251
8.8	Personalentwicklung bzw. Coaching der Kompetenz	254
8.9	Literaturhinweise	255
9	**KUNDENORIENTIERUNG ALS KOMPETENZ**	**257**
9.1	Was heißt Kundenorientierung?	258
	9.1.1 Begriffsbestimmung und sprachliche Beschreibung	258
	9.1.2 Facetten der Kompetenz	260
	9.1.3 Co-Kompetenzen	263
9.2	Die Geschichte der Kompetenz	264
9.3	Die individuelle Entwicklung der Kompetenz	265
9.4	Formen der Kompetenz und Typologien	268
9.5	Äußerungsformen der Kompetenz: Kompetenz in Alltag und Zusammenarbeit	270
9.6	Berühmte Repräsentanten	272
9.7	Diagnose der Kompetenz	274
	9.7.1 Diagnostische Instrumente	275
	9.7.2 Mögliche Fragen für Interviews	277
	9.7.3 Verhaltensanker für die Beobachtung und Einschätzung	278
9.8	Personalentwicklung bzw. Coaching der Kompetenz	281
9.9	Literatur	282
10	**UNTERNEHMERISCHES DENKEN UND HANDELN ALS KOMPETENZ**	**283**
10.1	Begriffsbestimmung und sprachliche Beschreibung	284
10.2	Facetten der Kompetenz	287
10.3	Co-Kompetenzen	289
10.4	Die Geschichte der Kompetenz	290
10.5	Die individuelle Entwicklung der Kompetenz	292
10.6	Formen der Kompetenz und Typologien	294
10.7	Äußerungsformen der Kompetenz: Worin sich die Kompetenz in Alltag und Zusammenarbeit widerspiegelt	295
10.8	Berühmte Repräsentanten	297
10.9	Diagnose der Kompetenz unternehmerisches Denken und Handeln	298
	10.9.1 Mögliche Interviewfragen, um das unternehmerische Denken und Handeln im Rahmen von halb strukturierten Interviews erheben zu können	299
	10.9.2 Mögliche Verhaltensanker zur Diagnose des unternehmerischen Denkens und Handelns	304
10.10	Personalentwicklung bzw. Coaching der Kompetenz	307
10.11	Literatur	310

IV PROBLEMLÖSEKOMPETENZEN

11 ANALYSE ALS KOMPETENZ 313
11.1 Begriffsbestimmung und sprachliche Einordnung 314
11.2 Die Geschichte der Kompetenz 316
11.3 Die individuelle Entwicklung der Kompetenz 320
11.4 Form der Kompetenz und Typologien 321
11.5 Äußerungsform der Kompetenz 323
11.6 Berühmte Repräsentanten analytischer Kompetenz 327
11.7 Die Diagnose der analytischen Kompetenz 329
11.8 Personalentwicklung bzw. Coaching der Kompetenz 333

12 ENTSCHEIDUNGSKOMPETENZ 337
12.1 Die Beschreibung der Entscheidungskompetenz 338
    12.1.1 Was sehen wir, wenn wir eine Entscheidung sehen? 338
    12.1.2 Entscheiden als Kompetenz im Unternehmen 339
    12.1.3 Prozess der Entscheidungsfindung 339
    12.1.4 Was ist eine gute Entscheidung? 340
    12.1.5 Bewertung der Entscheidungskompetenz 341
    12.1.6 Was ist Entscheidungskompetenz? 341
    12.1.7 Co-Kompetenzen der Entscheidungsfähigkeit 348
12.2 Die Geschichte der Entscheidungskompetenz 349
12.3 Wie sich Entscheidungskompetenz entwickelt 350
    12.3.1 Psychologische Grundlagen für die Ausbildung
            von Entscheidungskompetenz 351
    12.3.2 Individuelle Entwicklung der Entscheidungskompetenz 351
12.4 Ausformungen der Entscheidungskompetenz und Typologie 353
    12.4.1 Erleben und Beseitigen von Ambivalenz 355
    12.4.2 Entscheidungstypen 356
    12.4.3 Die Begründungslogik von Entscheidungen 360
12.5 Wie entscheidungsstarken Personen die Welt erscheint 361
12.6 Berühmte Repräsentanten der Entscheidungskompetenz 362
12.7 Diagnostik der Entscheidungskompetenz 363
    12.7.1 Entscheidungen im Kontext verstehen 363
    12.7.2 Möglichkeiten und Grenzen diagnostischer Zugänge 365
12.8 Personalentwicklung und Coaching der Entscheidungskompetenz 367
12.9 Literatur 368

13 INNOVATION ALS KOMPETENZ 371
13.1 Was Kreativität und Innovationskompetenz ausmacht 372
    13.1.1 Was sehen wir, wenn wir Kreativität und Innovationskompetenz sehen? .. 373
    13.1.2 Kreativität als Befähigung und Begabung 375
    13.1.3 Fertigkeiten, Wissen und Erfahrung 376
    13.1.4 Orientierung und Motivation 377
    13.1.5 Kreativität als Prozess 378
    13.1.6 Das Produkt der Kreativität und die äußeren Rahmenbedingungen 380
    13.1.7 Genie und Wahnsinn – Kreativität und Persönlichkeitsstörungen 381
13.2 Die Geschichte der Kreativität als Kompetenz 382
13.3 Wie sich Kreativität entwickelt 384
13.4 Unterschiedliche Formen von Kreativität 387
13.5 Kreative Innovatoren und wie sie die Welt sehen 389
13.6 Kreativität und Innovationskompetenz diagnostizieren 393

13.7	Wie man Kreativität und Innovationskompetenz fördern und entwickeln kann	397
13.8	Literatur	400

V   SELBSTSTEUERUNGSKOMPETENZEN

14	**SELBSTREFLEXION ALS KOMPETENZ**	**403**
14.1	Begriffsbestimmung und sprachliche Beschreibung	404
	14.1.1 Facetten der Kompetenz	405
	14.1.2 Co-Kompetenzen	407
14.2	Die Geschichte der Kompetenz	409
14.3	Die individuelle Entwicklung der Kompetenz	410
14.4	Formen der Kompetenz und Typologien	411
14.5	Wie selbstreflektierten Menschen die Welt erscheint	415
14.6	Berühmte Repräsentanten	417
14.7	Diagnose der Kompetenz	418
	14.7.1 Interview	418
	14.7.2 Simulation sozialer Situationen (Rollenspiel)	421
	14.7.3 Verhaltensanker für die Beobachtung und Einschätzung	423
14.8	Personalentwicklung beziehungsweise Coaching der Kompetenz	425
14.9	Literatur	427

15	**EMPATHIE ALS KOMPETENZ**	**429**
15.1	Begriffsbestimmung	430
	15.1.1 Ursprung des Empathiebegriffs	430
	15.1.2 Definitionen von Empathie	431
	15.1.3 Facetten der Kompetenz Empathie	432
	15.1.4 Sekundärreaktionen der Empathie	438
	15.1.5 Co-Kompetenzen von Empathie	439
	15.1.6 Empathie als zentrale Management-Kompetenz	441
15.2	Geschichte der Empathie	442
15.3	Individuelle Entwicklung der Kompetenz im Lebensalter	445
15.4	Unterschiedliche Empathie-Typen	446
15.5	Berühmte Empathen	451
15.6	Diagnose der Empathie	452
15.7	Personalentwicklung: Empathie fördern	456
15.8	Fazit	460
15.9	Literatur	460

16	**INITIATIVE ALS KOMPETENZ**	**463**
16.1	Initiative als Kompetenz	464
	16.1.1 Was sehen wir, wenn wir initiatives Verhalten sehen?	465
	16.1.2 Die Psychologie hinter der Initiative	470
	16.1.3 Prozess des initiativen Handelns	473
	16.1.4 Initiative als Kompetenz im Unternehmen	473
	16.1.5 Co-Kompetenzen der Initiative	478
16.2	Die Geschichte des initiativen Handelns	480
16.3	Wie sich Initiative als Kompetenz entwickelt	482
16.4	Ausformungen der Initiative und Typologie	483
16.5	Wie der initiative Mensch die Welt erlebt	485
16.6	Berühmte Repräsentanten	486

16.7	Die Diagnose der Initiative	487
	16.7.1 Die Diagnose: Theorie	487
	16.7.2 Möglichkeiten und Grenzen diagnostischer Zugänge	489
16.8	Mehr Initiative durch Personalentwicklung und Coaching	492
16.9	Literatur	493

AUTORENVERZEICHNIS 495

VORWORT

Die Begriffe Kompetenz und Potenzial gehören zu den fundamentalen Begrifflichkeiten der Personal- und Führungskräfteentwicklung. Viele Unternehmen betreiben einen großen Aufwand, um ihre internen Potenzialträger zu identifizieren und um Kompetenzen gezielt weiterzuentwickeln. Durch unternehmensspezifische Kompetenzmodelle wird versucht, eine einheitliche Sprachwelt und ein einheitliches Verständnis der in dieser Firma relevanten Kompetenzen zu schaffen und zu fördern. Aber beim Blick auf viele Kompetenzmodelle ergeben sich automatisch gewisse Fragen: Sind wirklich die relevanten Kompetenzen getroffen? Treffen die unternehmensspezifischen Operationalisierungen wirklich den Kern der Sache? Warum sind Kompetenzmodelle zwischen Unternehmen recht ähnlich und beinhalten oftmals die gleichen Themen, nur anders „zugeschnitten"?

Wenn man in diese Themen eintaucht, dann tun sich schnell noch viel grundlegendere Fragen auf: Was ist eigentlich genau eine Kompetenz? Wie entsteht Sie? Welche Charakterzüge machen die Ausbildung bestimmter Kompetenzen wahrscheinlich? Woran genau erkennen wir das Potenzial, eine bestimmte Kompetenz – bei guter Förderung – zu entwickeln? Auf eine pragmatische und methodische Art und Weise wurden diese Fragen schon oft beantwortet, es gibt unzählige Bücher über das Training bestimmter Kompetenzen, aber auch über Diagnosetools wie Auswahlinterviews oder Assessment-Center. Aber in diesen Büchern wird implizit schon immer vorausgesetzt, dass ein einheitliches Verständnis vorhanden ist, wenn über analytische Kompetenz oder Führungskompetenz gesprochen wird. Bei genauerer Betrachtung zeigt sich, wie wenig diese Annahme stimmt und wie viele spannende und faszinierende Erkenntnisse sich auftun, wenn man einer Kompetenz wirklich auf den Grund geht. Dieses Buch beantwortet die aufgeworfenen Fragen aus einer fundierten, psychologischen Perspektive heraus. In diesem Buch erfahren Sie, was Potenzial wirklich ist und wie es sich entwickelt. Sie lernen die psychologischen Grundlagen der wichtigsten 15 Kompetenzen für das Berufsleben kennen. Anhand anschaulicher Schilderungen, Modelle und Beispiele erfahren Sie etwas über die Geschichte jeder Kompetenz, über ihre psychologische Wirkungsweise, über die biographische Entwicklung von Menschen mit großer Kompetenz, aber auch über ihre Erfassung in Beurteilungssituationen und über ihre Weiterentwicklung.

Das Buch ist einerseits für Menschen gedacht, die sich differenziert mit den Grundlagen menschlicher Weiterentwicklung beschäftigen wollen. Es dient aber auch als Nachschlagewerk für solche Personen, die sich immer mal wieder mit einer speziellen Kompetenz beschäftigen möchten, weil diese Kompetenz zum Beispiel gerade für eine bestimmte Beurteilungssituation oder Entwicklungsfragestellung im Vordergrund steht.

Die Grundlage für dieses Buch bildet eine Artikelsammlung, die im Handbuch Personalentwicklung des Verlags Wolters Kluwer erschienen ist. Alle Artikel wurden von Beratern der Profil M Beratung für Human Resources Management GmbH & Co. KG verfasst und im Laufe der Jahre 2012–2014 veröffentlicht. Als sich abzeichnete, dass durch die Artikelsammlung ein echtes Grundlagenwerk der Personalentwicklung geschaffen worden war, wurde die Idee zu diesem Buch geboren. Viele Leute haben zum Erfolg des Buches beigetragen: Wir danken allen Autoren, die durch die gemeinsame, konzeptionelle Arbeit und durch ihre ähnlich strukturierten Beiträge dazu beigetragen haben, dass ein Herausgeberwerk mit einer großen Homogenität der Artikel und der Ansätze vorgelegt werden kann. Dank gebührt unserer Lektorin Frau Daniela Böhle, die sich mit viel Engagement und sprachlichem Feingefühl in die Themen eingedacht hat und die einen wesentlichen Anteil daran hat, dass aus den Artikeln ein sich so flüssig lesendes Buch entstanden ist. Wir möchten uns auch bei Herrn Marvin Ruppert bedanken, der das ansprechende Layout erstellt hat. Wir danken Frau Carola Krips, die sich um den Druck und die Administration des Projektes gekümmert hat. Für die schöne Umschlaggestaltung gebührt unser Dank Frau Katrin Fervers und Katrin Schieferstein. Ein besonderer Dank gilt Herrn Reinhard Kastl vom Wolters Kluwer Verlag, der uns so unkompliziert das Recht eingeräumt hat, die Artikelserie durch eine Buchpublikation noch einmal erneut zu veröffentlichen.

Alle hier genannten Personen haben auf ihre Weise zum Erfolg des Buches beigetragen. Dennoch gibt es eine Persönlichkeit, die als Spiritus Rector unserer psychologischen Diskussionen einen entscheidenden Anteil am inhaltlichen Tiefgang dieses Buches gehabt hat. Erich Dihsmaier, Psychoanalytiker und Management-Coach, war für uns ein fachlicher Begleiter des Projekts, der uns zutiefst inspirierte und durch seine strukturelle Klarheit und Kreativität viele der hier beschriebenen Ansätze geprägt hat. Leider hat Erich Dihsmaier weder die Veröffentlichungen der Artikelsammlung noch die Veröffentlichung dieses Buches miterleben dürfen. Sein tragischer und plötzlicher Tod im Jahre 2012 hat seine Beteiligung an dem Projekt jäh gestoppt.

Wir freuen uns aber sehr darüber, dass in dieses Buch viele seiner spannenden Erkenntnisse einfließen konnten, die ansonsten für die Nachwelt verloren gegangen wären. Dieses Buch ist darum Erich Dihsmaier gewidmet, dessen Inspirationskraft und Menschlichkeit niemand vergessen wird, der mit ihm zusammenarbeiten oder ihn seinen Freund nennen durfte.

Michael Paschen   Alexander Fritz
März 2014

1 POTENZIALE UND KOMPETENZEN BEURTEILEN UND ENTWICKELN: FUNDAMENTALE EINSICHTEN ZU EINEM DAUERTHEMA DER PERSONALARBEIT

Michael Paschen

In diesem Beitrag erfahren Sie …

- *wie Lernen auf der psychologischen Ebene funktioniert,*
- *woraus Kompetenzen bestehen und wie sie sich entwickeln,*
- *was genau Potenzial eigentlich ist und worin es sich äußert,*
- *wie Potenziale und Kompetenzen sich zur Entfaltung bringen,*
- *welche Konsequenzen diese grundlegenden Einsichten für die Gestaltung von Potenzialanalysen und Personalentwicklung haben.*

1.1 Zielsetzung des Buches

Die Begriffe Potenzial und Kompetenz gehören zu den grundlegendsten Kategorien und Begrifflichkeiten, die in der Personalarbeit und in der Personalentwicklung genutzt werden. In fast allen Anwendungsbereichen der Personalarbeit operieren wir mit Überlegungen zu Kompetenzen und vor allem auch mit Konzepten zur Beurteilung und Entwicklung von Kompetenzen und Potenzialen. Wir beschreiben Anforderungen und Jobprofile, wir nehmen Kompetenz- und Potenzialbeurteilungen in der Auswahl neuer Mitarbeiter vor, wir entwickeln Kompetenzmodelle, die die Grundlage von internen Beurteilungssystemen und Mitarbeitergesprächsinstrumenten bilden, wir gestalten eine kompetenzorientierte Personalentwicklung oder wir leiten neue Kompetenzmodelle aus unternehmensstrategischen Vorgaben ab. Viele Unternehmen haben für sich spezifische Kompetenzmodelle entwickelt, die sich zwar manchmal sprachlich unterscheiden, aber inhaltlich oft deutliche Überschneidungen haben. Hierbei gibt es Kompetenzmodelle, die „unvollständig" wirken, und man merkt in der konkreten Beurteilungssituation, dass man auf relevant erscheinende Dinge achtet, die sich im Kompetenzmodell gar nicht wiederfinden. Andere Kompetenzmodelle wirken bisweilen etwas ungenauer definiert und man weiß nicht genau, zu welcher Kompetenz man nun eine bestimmte Beobachtung eigentlich sortieren müsste. Wieder andere Kompetenzmodelle wirken sehr ausdifferenziert und facettenreich, wohingegen manche andere eher pragmatisch und überblicksartig sind. Auf jeden Fall macht man sich in fast jedem Unternehmen immer wieder neu die Arbeit, die für den Erfolg förderlichen Kompetenzen zu strukturieren und zu definieren und dieses Kategoriensystem als Grundlage für Beurteilung und Entwicklung zu verwenden. Häufig geht man dabei intuitiv davon aus, dass der Begriff einer Kompetenz von allen auf die gleiche Weise verstanden und benutzt wird und dass es in der Beschreibung von Kompetenzen nur um den richtigen sprachlichen Zuschnitt von Dingen geht, die „wirklich da sind" und die man nur richtig sortieren und benennen müsste, um gut mit dem Ergebnis arbeiten zu können. Wir glauben aber, dass es sich auf jeden Fall lohnt, noch einmal genauer auf die psychologischen Hintergründe von Kompetenz und Potenzial zu schauen, und dass eine differenzierte Betrachtung viele überraschende, aber auch klärende Einsichten bereithält.

Zu diesem Klärungsprozess soll mit diesem Buch beigetragen werden. Wir möchten Ihnen schrittweise ein konzeptionelles Fundament der wichtigsten Kompetenzen für die Personarbeit geben. In diesem Einführungskapitel wird eine allgemeine Einführung in das Thema gegeben, die die Grundlagen für die späteren Kapitel legen wird. In den folgenden Kapiteln werden einzelne

Kompetenzen aufgegriffen und systematisch erläutert. Hierbei geht es um die psychologischen Grundlagen der jeweiligen Kompetenz, um ihre Entwicklungsgeschichte, um typische Indikatoren, manchmal sogar um historische Bezüge, und um ihre differenzierte Erfassung und Beschreibung. Das Ziel dieser Kapitel ist es, Sie für zwei wesentliche Aufgaben der Personalarbeit besser zu wappnen: Die erste Aufgabe sind Beurteilungsaufgaben. Wenn Sie z. B. in der Personalauswahl Bewerberbeurteilungen vornehmen, dann sind wir sicher, dass Sie nach einer fundierten Beschäftigung mit dem Thema Potenzial und Kompetenz besser sehen und verstehen können. Ein guter Diagnostiker lässt sich in diesem Zusammenhang durchaus mit einem Weinkenner vergleichen: Wer mehr über Wein weiß, der schmeckt bei einer Weinprobe auch mehr. Wer nicht so viel Ahnung von Wein hat, für den ist jeder Wein einfach nur süß oder sauer.

Das zweite Anwendungsfeld betrifft die Entwicklung von Kompetenzen. Hier möchten wir Ihnen viele konkrete Ideen und Überlegungen an die Hand geben, wie Aktivitäten zur Personalentwicklung noch gezielter initiiert werden können.

1.2 Der Begriff der Kompetenz – Mehr als nur Fähigkeit

Der Begriff der Kompetenz ist uns in der Personalarbeit so sehr in Fleisch und Blut übergegangen, dass es vielleicht überraschend wirken mag, wenn man zunächst einmal eine genaue Begriffbestimmung versucht. Was ist eigentlich eine Kompetenz? Einem ersten Impuls folgend, mag man vielleicht antworten, dass eine Kompetenz eine Fähigkeit sei. Hier hätte man aber nur einen Begriff durch einen anderen ausgetauscht und es ergibt sich kein wirklicher Erklärungswert. Wir werden später außerdem sehen, dass Fähigkeiten nur einer der drei Bestandteile von Kompetenzen sind.

> Grundsätzlich kann man sagen, dass Kompetenzen bewusst wiederholbare Verhaltensweisen sind, die in einem bestimmten Kulturraum als erfolgsförderlich wahrgenommen werden.

Letztlich sehen wir immer nur Verhalten. Ein Verhalten, das jemand wiederholen kann, wird dann zur Kompetenz, wenn es in einem ganz bestimmten Kulturraum als wichtig für Erfolg wahrgenommen wird. Andere wiederholbare Verhaltensweisen buchen wir als Persönlichkeitseigenschaft ab, wenn kein Bezug zu Erfolg vorhanden ist. Viele Menschen könnten vielleicht einer Geige bei ausreichender Anzahl von Versuchen mal einen schönen Ton entlocken. Eine Kompetenz wird Geigenspielen aber erst, wenn man bewusst und wiederholbar schöne Töne zu produzieren vermag. Die Wiederholbarkeit ist damit offenbar eines der fundamentalen, einer Kompetenz innewohnenden Prinzipien.

Gleichzeitig wird mit dieser Begriffsbestimmung aber auch deutlich, dass es sich bei Kompetenzen immer um kulturelle Konventionen handelt. Das, was Sie liefern, muss in der Kultur wertgeschätzt werden, damit Sie das Attribut „erfolgreich" erhalten. Je nach Herausforderungen eines kulturellen Umfeldes bilden sich unterschiedliche Verhaltensweisen heraus, die in dieser Kultur besonders geschätzt werden.

Welches Verhalten in einem bestimmten Kulturraum als erfolgsförderlich wahrgenommen wird, ist sehr unterschiedlich. In bestimmten Kulturräumen mag die komplizierte Schrittfolge eines Regentanzes als eine sehr wichtige Kompetenz gesehen werden. Gerne wird auch das Beispiel der Eskimos zitiert, für die es sehr wichtig ist, viele Schneesorten und Schneebeschaffenheiten unterscheiden zu können. Dieser Aspekt würde bei den Eskimos als wichtige Kompetenz gelten, in Deutschland hingegen wäre dieser Punkt wenig hilfreich. In unterschiedlichen Kulturen gibt es unterschiedliche Prioritäten und Einschätzungen darüber, welches Verhalten so wichtig ist, dass man die Wiederholbarkeit besonders fördert und wertschätzt. Kompetenzen sind damit mitnichten naturgegebene Kategorien, sondern immer nur Zusammenfassungen von Gruppen von Verhaltensweisen, die in einer ganz bestimmten Kultur besonders gewertschätzt werden (niemand kommt beispielsweise mit „unternehmerischem Denken" oder „Kundenorientierung" auf die Welt; erst innerhalb einer bestimmten Kultur erschließt sich, welche Verhaltensweisen man unter diesen Begriff subsumieren möchte und warum die Wiederholbarkeit dieser Verhaltensweisen als besonders erfolgsförderlich erscheint; in einer Kultur ohne das Konzept „Eigentum" kann es diese Kompetenz beispielsweise nicht geben).

Wenn wir uns mit der Analyse von Kompetenzen beschäftigen, müsste man also fragen, was Menschen dazu bringt, bestimmte Verhaltensweisen wiederholen zu können und wiederholen zu wollen. Diese Überlegungen werden in den nächsten Absätzen dieses Kapitels beschrieben.

1.2.1 Wie wir lernen: Psychische Strukturen sind unser Kompass durch die Welt

Bevor wir uns mit den Bestandteilen einer Kompetenz genauer befassen, müssen wir noch eine Ebene tiefer gehen und verstehen, wie psychische Strukturen unseren Charakter und unsere Persönlichkeit bilden.

Führung und Führungsstrukturen

Wenn wir ein Verständnis darüber gewinnen wollen, wie unser Charakter durch innere Strukturen geformt wird, so erscheint es auf den ersten Blick überraschend, wenn wir einen kurzen Blick auf das Thema Führung werfen, um diesen Mechanismus zu erläutern. Machen wir hierzu einmal folgendes Gedankenexperiment: Nehmen wir an, Sie befinden sich auf einer Baustelle für eine Pyramide und nehmen sich vor, auf dieser Baustelle einmal „Führung" zu beobachten. Was würden Sie sehen? Sie würden vermutlich nach einer Weile genau drei Aspekte von Führung erkennen:

Der erste Aspekt wäre die **Führungsaktion**, also die Einwirkungsversuche der Führungskräfte auf die Geführten (z. B. durch Anweisungen oder aber auch Zwangsmaßnahmen).

Dann würden Sie aber auch **Führungsstrukturen** sehen. Die Führungsstrukturen sind diejenigen Bestandteile der Situation, die Menschen dazu bringen, eine ganz bestimmte Verhaltensweise umzusetzen, ohne dass es einer persönlichen Einwirkung bedarf. Wenn beispielsweise ein Vorarbeiter den Arbeitern die Anweisung geben würde, bestimmte Steinblöcke zur Spitze der halbfertigen Pyramide zu transportieren, so würden diese ja nicht irgendeinen Weg nehmen, sondern sie würden die Steine das Gerüst hinauf bewegen. Dieses Gerüst ist also die **Führungsstruktur**, die in gewissem Sinne Führungskräfte von der Führungsarbeit entlasten und einen Teil der Führungsarbeit übernehmen. Führungsstrukturen lenken das Verhalten in einer bestimmten Situation in die gewünschte Richtung.

Der dritte Aspekt, den Sie zum Thema Führung sehen können, sind die **Führungsresultate**. Im oben genannten Beispiel wäre dies die fertige Pyramide.

Wir müssen uns nun noch etwas genauer mit den Führungsstrukturen beschäftigen. Führung kann offenbar durch die persönlichen Einwirkungen einer Führungsperson geschehen oder durch die Schaffung von Strukturen, die das Verhalten lenken und persönliche Einwirkungsversuche weniger notwendig machen. In Unternehmen sind solche Strukturen beispielsweise die Arbeitsverträge, die Prozesse, die Regeln, die Strategien oder auch die Belohnungs- und Bestrafungsmechanismen. Wenn man sich die Wirkungsweise von Führungsstrukturen genau vor Augen führt, dann sieht man, dass man sich bei starken Führungsstrukturen durchaus schwache Führungskräfte leisten kann. Starke Führungsstrukturen verantworten nämlich einen großen Anteil der Verhaltenslenkung der Geführten. Führungsstrukturen können offen und explizit sein (wie beispielsweise Gesetze), sie können aber auch impliziter geteilte Regeln und Prinzipien betreffen.

> Die Summe aller Führungsstrukturen, die von einer Gruppe, einer Organisation, einer Familie oder einem Land geteilt wird, nennt man **Kultur**. Unsere Kultur ist die Summe aller geteilten, verhaltenslenkenden Elemente, die von einer bestimmten Menge an Personen geteilt wird.

In dem Sinne hat jedes Unternehmen, jedes Team und jedes Land eben „seine" Kultur, weil dort unterschiedliche, verhaltenslenkende Strukturen geteilt werden. Daran sieht man übrigens auch, dass Kultur immer ein Vermächtnis von Führung ist. Strukturen fallen ja nicht vom Himmel, sondern unsere Kultur ist die Summe der vielen Hinterlassenschaften von Tausenden von Führern, die ein paar Strukturen hinterlassen haben, die diese Führungspersönlichkeit überdauerten. Wenn wir geboren werden oder wenn wir im Laufe der Entwicklung einen neuen „Kulturraum" (eine neue Firma, die Schule etc.) betreten, so empfängt uns eine ganze Menge äußerer Strukturen, deren Verhaltenslenkung wir uns dann – mehr oder weniger erfolgreich oder motiviert – unterwerfen müssen.

Lernen: Wie äußere zu inneren Strukturen werden

Bis jetzt haben wir nur die äußeren Strukturen betrachtet, denen wir begegnen. Wie werden wir aber nun Bestandteil einer Kultur? Oder anders gesprochen: Wie erwerben wir die **Kompetenz**, uns in einer bestimmten Kultur zu bewegen? Nehmen wir das Beispiel einer sehr speziellen Subkultur unserer modernen Gesellschaften: den Straßenverkehr. Man sieht direkt, dass der Straßenverkehr ein Kulturraum ist, in dem sehr stark über Strukturen geführt wird, also über Verkehrsregeln, Schilder, Symbole, Straßenführungen oder technische Infrastruktur (z. B. Ampeln). Der Verkehrspolizist, der an der Kreuzung den Verkehr reguliert, ist ein sehr seltenes Ereignis geworden und personelle Führung findet im Straßenverkehr hauptsächlich in Form von Kontrolle (durch die Verkehrspolizei) statt. Wenn Sie am Straßenverkehr teilnehmen wollen, müssen Sie sich zunächst einmal einem Lehrer (man könnte genauso gut sagen: einer Führungskraft) unterwerfen, nämlich dem Fahrlehrer. Dieser Fahrlehrer erklärt Ihnen die Strukturen, die Sie vorfinden werden, und übt mit Ihnen das Bewegen in diesen Strukturen. Dieser Prozess des Lernens lässt sich bildlich gesprochen wie ein **„Copy and Paste"**-Prozess verstehen: Ihr Fahrlehrer kopiert die äußeren Strukturen in Sie hinein und daraus werden – hoffentlich – innere Strukturen. Sobald die inneren Strukturen entstanden sind, haben Sie etwas gelernt. Ein Thema, mit dem Sie bislang nichts anzufangen wussten, wurde plötzlich für Sie **strukturiert** und auf einmal können Sie sich in diesem Thema bewegen. Je selbstständiger Sie sich nun auf Basis der geschaffenen inneren Strukturen durch den Kulturraum bewegen können, als umso **kompetenter** nimmt man Sie wahr. Sie können auf einmal diejenigen Verhaltensweisen wiederholen, die zur erfolgreichen Teilnahme am Straßenverkehr notwendig sind. Je mehr die inneren Strukturen geübt und wiederholt werden, umso souveräner, schneller und präziser sind Sie in der Ausführung. Aus äußerer Struktur wurde Kompetenz. Jedes Lernen lässt sich damit als Strukturierung verstehen.

Solange die Laute, die Menschen von sich geben, für Sie noch „unstrukturiert" sind, können Sie nichts verstehen. Sobald die Laute Struktur bekommen haben, haben Sie die Sprache gelernt. Aus anfangs nur außerhalb von Ihnen vorhandener Struktur wurde innere Struktur und sobald die innere Struktur Sie erfolgreich lenken kann, haben Sie eine Kompetenz gewonnen. Sie können die zur Nutzung der Sprache erforderlichen Verhaltensweisen bewusst wiederholen und anwenden. Damit können Sie sich im Kulturraum der Sprache bewegen.

Wenn Sie anderen Menschen etwas beibringen möchten, so starten Sie üblicherweise immer mit äußeren Strukturen und bemühen sich, diese zu inneren Strukturen werden zu lassen. Sie sehen, dass dieser Prozess des „Beibringens" letztlich immer auch als Führung verstanden werden kann. Als Lehrer führen Sie ja den „Copy and Paste"-Prozess durch und wenn Sie dadurch die inneren Strukturen einer Person prägen, haben sie natürlich auch Führungsarbeit geleistet. Ihre Eltern führen oder lenken Sie in diesem Sinne auch dann noch, wenn sie vielleicht schon verstorben sind: Sie führen Sie über die inneren Strukturen, die sie als Vermächtnis in Ihnen hinterlassen haben und die Sie heute durch Ihr Leben lenken.

Man sieht, dass hier Begriffe zusammenwachsen und zusammengehören, die man auf den ersten Blick gar nicht unbedingt im gleichen Atemzug genannt hätte. Führung ist Schaffung äußerer Struktur (sie etablieren beispielsweise einen neuen Prozess, den Sie im Sinne Ihrer Ziele für erfolgsförderlich halten). Dann lernen Sie Mitarbeiter in diesem Prozess an und bewirken durch „Copy and Paste", dass aus den äußeren Strukturen innere Strukturen werden. Sobald Ihre Mitarbeiter aufgrund der erfolgreich etablierten inneren Strukturen diesen Prozess ausfüllen können, haben Sie eine Kompetenz geschaffen und Sie würden denjenigen Mitarbeitern, die sich in diesem Prozess besonders souverän bewegen, das Attribut „hoch kompetent" verleihen.

Hierbei ist es zunächst einmal gleichgültig, ob es um die Kompetenz zur Bedienung einer komplexen Maschine, um erfolgreiche Abwehr auf dem Fußballfeld, um die virtuose Nutzung der Kopfstimme eines Kontratenors oder um Techniken zur Bodenbearbeitung in dürregeplagten Wüstenregionen geht. Überall da, wo aus äußeren Strukturen innere Strukturen wurden, wo das für den gewünschten Zielzustand erforderliche Verhalten nun bewusst wiederholt werden kann, überall da ist Kompetenz entstanden.

- Führung ist strukturieren.
- Lernen ist strukturieren.
- Lehren ist Struktur geben.
- Innere Strukturen entstehen durch Wiederholung.
- Innere Strukturen, die in einer Kultur erfolgreich machen, sind Kompetenzen.
- Kompetenzen können immer nur innerhalb einer bestimmten Kultur verstanden werden (innere Strukturen, die in einer Kultur zur außergewöhnlichen Kompetenz befähigen, sind in anderen Kulturräumen unter Umständen völlig belanglos).
- Kompetenz ist Wiederholbarkeit.

1.2.2 Bestandteile einer Kompetenz

Um jetzt noch genauer verstehen zu können, wie eigentlich eine Kompetenz wirkt und warum und wie unterschiedliche Menschen unterschiedliche Kompetenzen entwickeln, lohnt es sich zu untersuchen, was Menschen eigentlich dazu bringt, ein bestimmtes Verhalten zu wiederholen. Auch in dieser Betrachtung liegen noch einige Perspektiven, die bei genauerem Hinsehen über das hinausgehen, was uns unser Alltagsverständnis verraten würde.

Grundsätzlich möchten wir drei Aspekte einer Kompetenz betrachten, die in der nun folgenden Abbildung zu sehen sind:

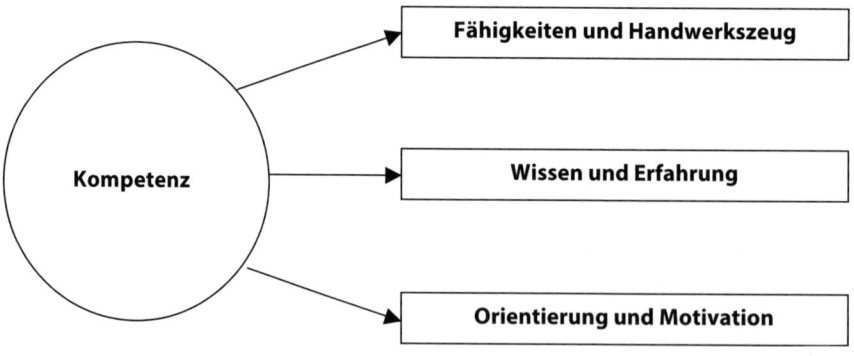

Abb. 1.1: Die drei Bestandteile einer Kompetenz

Fähigkeiten und Handwerkszeug
Der erste Teil einer Kompetenz, der unserem intuitiven Kompetenzbegriff am nächsten kommt, betrifft Fähigkeiten und Handwerkszeuge und damit im engeren Sinne die „**Ausführungskompetenz**", die man für eine ganz bestimmte Aufgabe benötigt. Hier geht es um Techniken und Methoden in ganz engerem Sinne: Beim Klavierspielen ist es die Fingerfertigkeit, für den erfolgreichen Redner ist es die Nutzung von Argumentationsfiguren und logischen Argumentationsketten, für den Biochemiker ist es die Anwendung eines ganz bestimmten Analyseprozesses. Fähigkeiten und Handwerkszeuge sind damit ohne Zweifel ein sehr entscheidender Aspekt einer Kompetenz.

Wissen und Erfahrung
Ein zweiter wichtiger Aspekt einer Kompetenz betrifft Wissen und Erfahrung. Keine Kompetenz lässt sich ohne Wissen und Erfahrung verstehen. Jede Kompetenz beinhaltet eine gewisse innere Repräsentation der Verhaltensabfolge, die man für den Erfolg benötigt, und man wird eine Kompetenz immer nur dann als Kompetenz begreifen, wenn sie sich auch schon einmal in der entsprechenden Aufgabe realisieren musste (das nennen wir dann Erfahrung). Wer ein ganz bestimmtes Verhalten noch nie bei der entsprechenden Aufgabe anwenden musste, dem wird man vermutlich nicht das Attribut „kompetent" zukommen lassen. Dieser Punkt wird übrigens nicht immer beachtet, wenn man versucht, Kompetenzen sehr „psychologisch rein" zu definieren. Wenn man z. B. interkulturelle Kompetenz definieren möchte, so nutzt man dazu üblicherweise Aspekte von Toleranz, Aufgeschlossenheit, Sensibilität, Verhaltensflexibilität und Anpassungsfähigkeit. Bei genauerem Hinsehen sieht man jedoch, dass damit auch solche Personen theoretisch als interkulturell kompetent gelten könnten, die in ihrem ganzen Leben ihr Heimatdorf noch nie verlassen haben, aber die hier beschriebenen Attribute mitbringen. Man würde bei diesen Personen vielleicht ein gewisses Potenzial für interkulturelle Kompetenz unterstellen (hierzu später mehr), aber die interkulturelle Kompetenz selbst müsste als noch nicht realisiert gelten. Ohne die Erfahrung im Umgang mit anderen Kulturräumen fehlt also dem Kompetenzbegriff eine entscheidende Dimension: Die Wiederholbarkeit kompetenter Verhaltensweisen in anderen Kulturräumen ist noch nicht bewiesen. Auch analytische Kompetenz lässt sich in diesem Sinne niemals als reine „Gehirnprozessorkapazität" definieren. Denn die analytische Kompetenz muss sich ja in irgendwelchen Inhalten und Gegenstandsbereichen offenbaren. Wenn es um Zahlenanalyse geht, muss man das Bezugssystem der Zahlen kennen und Erfahrung mit ihnen haben, um als analytisch kompetent

zu gelten. Es gibt in diesem Sinne also keine erfahrungsunabhängigen Kompetenzen.

Orientierungen und Motivationen
Wenn man sich fragt, was Menschen dazu bringt, ein ganz bestimmtes Verhalten in einer ganz bestimmten Situation zu applizieren und anzuwenden, dann sieht man direkt, dass es noch einen Aspekt gibt, den man auf keinen Fall außer Acht lassen darf und der letzlich das Fundament vieler Kompetenzen bildet: Es handelt sich hierbei um Orientierungen und Motivationen. Mit Orientierungen sind hier innere Strukturen gemeint, die Menschen dazu bringen, in bestimmten Situationen ein ganz bestimmtes Verhalten bevorzugt anzuwenden und dem Verhalten eine bestimmte Richtung (deswegen Orientierung) zu geben. Eine hohe analytische Orientierung bringt Menschen beispielsweise dazu, Probleme tendenziell stärker unter einer gründlichen, detailorientierten, strukturierenden und rationalen Perspektive zu betrachten als unter einer emotional-intuitiven Perspektive. Orientierungen geben unserem Verhalten in vielen Situationen einen Richtungspfeil und sind damit ein fundamentaler Bestandteil unseres Charakters. Unsere Orientierungen führen dazu, dass wir Situationen hinsichtlich ihres „Aufforderungscharakters" unterschiedlich bewerten und dementsprechend auch ein unterschiedliches Verhalten als angemessen einschätzen. Man hat am Beispiel der analytischen Orientierung bereits gesehen, dass Orientierungen immer nur verstehbar und definierbar sind, wenn man die gegenteilige Orientierung mit berücksichtigt und mitdenkt. Eine hohe analytische Orientierung bedeutet, dass man eine geringere, emotional-ganzheitliche Orientierung aufweist. Wer tendenziell dazu neigt, Probleme analytisch (d. h. detailorientiert-zerlegend) zu betrachten, der ist – per definitionem – weniger in die Richtung orientiert, sie ganzheitlich-intuitiv zu betrachten.

Denken wir diese gegenteiligen Pole von Orientierung für ein paar andere Kompetenzen durch: Wie würden wir beispielsweise einen strategisch orientierten Manager definieren? Wir würden sagen, dass ein strategisch orientierter Manager dazu tendiert, sich bei aktuellen Problemen die folgende Frage vorzulegen: Was sagen mir unsere langfristigen Prinzipien darüber, wie ich dieses aktuelle Problem bearbeiten muss?

Ein situativ orientierter Manager würde hingegen fragen: Was ist aktuell der pragmatischste Ansatz, um das Problem zu lösen? Daraus ergibt sich, dass der strategisch orientierte und der situativ orientierte Manager in vielen Situationen eine andere Priorität bei der Problembearbeitung setzen würden. Wenn sich der strategisch orientierte Manager entscheiden muss, ob er lieber den kurzfristigen Erfolg opfert, damit seine langfristigen Prinzipien unbeschadet bleiben, so würde er dies vermutlich tun. Der situativ orientierte Manager würde im Zweifel lieber die Reinheit langfristiger Prinzipien opfern, um ein aktuelles Problem erfolgreich vom Tisch zu kriegen (praktisch sieht man das beispielsweise daran, dass strategisch orientierte Personen auch einmal Härte „um des Prinzips willen" anwenden und dass situativ orientierte Personen nicht immer ganz berechenbar in ihren Entscheidungen sind, weil fundamentale Prinzipien nicht so eine dominante Rolle spielen). Hiermit ist natürlich nicht gesagt, dass nicht auch strategisch orientierte Manager einmal situativ entscheiden können oder umgekehrt, sondern hier ist nur gesagt, dass es eine mehr oder weniger stark ausgeprägte Tendenz gibt, die eine Seite zu bevorzugen, wenn man nicht beides gleichzeitig (situativer Erfolg und Reinheit von Prinzipien) optimieren kann.

Schauen wir uns noch einmal eine andere Kompetenz an, nämlich die Durchsetzungs- und Teamorientierung. Eine durchsetzungsorientierte Person würde man daran erkennen, dass sie im Zweifelsfalle lieber Beziehungsharmonie opfert, als Abstriche bei den eigenen Zielen zu machen. Eine sehr teamorientierte Person würde im Zweifel eher Kompromisse bei den eigenen Zielen eingehen, um die Beziehungsharmonie zu erhalten. Die „wahre" Orientierung einer Person sieht man damit eben auch nur im Konfliktfall. Wenn man seine Ziele erreichen und dabei gute und nahe Beziehungen erhalten kann, sieht man den Unterschied zwischen Team- und Durchsetzungsorientierung nicht so stark. Wenn man sich aber entscheiden muss, welchen der beiden Aspekte man zuerst opfern würde (Durchsetzung eigener Ziele oder Teamharmonie), dann kommt die tatsächliche Orientierung einer Person zum Vorschein.

Jeder Kompetenz wohnen nun auch Orientierungen inne und Kompetenzen sind ohne Orientierung nicht verstehbar. Auf den ersten Blick erscheint Überzeugungskraft wie eine Fähigkeit, die sich z. B. aus Argumentationsstärke, sprachlicher Eloquenz, souveränem Auftreten etc. zusammensetzt. Bei genauem Hinsehen wird deutlich, dass auch der Überzeugungskraft eine Orientierung innewohnt, die nämlich durch die innere Überzeugung gekennzeichnet ist, **anderen etwas geben zu können**. Ohne dieses Sendungsbewusstsein kann sich Überzeugungskraft überhaupt nicht entfalten. So kann man sich durchaus Leute vorstellen, die vielleicht auf der Fähigkeitsebene gut argumentieren, die aber keine wirkliche Überzeugungskraft entfalten, weil sie nicht vermitteln, dass sie wirklich etwas zu sagen haben. Sie können nicht die innere Überzeugung vermitteln, dass es wert ist, ihnen zu glauben, dass sie Botschaften haben, die verbreitungswürdig sind. Das Gegenteil von Überzeugungskraft auf der Orientierungsebene wäre damit Anpassungsbereitschaft.

Aus diesen Überlegungen heraus werden die folgenden Punkte deutlich:

- Der Entwicklung einer Kompetenz geht die Orientierung voraus. Menschen mit hoher analytischer Orientierung applizieren viel häufiger ein analytisch geprägtes Verhalten und bilden darum schrittweise immer mehr analytische Fähigkeiten aus (Kompetenz ist Wiederholung und Wiederholbarkeit!). Der Startpunkt der Kompetenz war damit in gewissem Sinne die Orientierung, also die innere Struktur, die analytisch geprägte Herangehensweisen an bestimmte Aufgaben bevorzugen ließ.

- Auf der Fähigkeitsseite oder auf der Seite von Wissen und Erfahrungen entwickeln sich Kompetenzen „von wenig nach viel". Geringe Fähigkeits- und Erfahrungsausprägungen können durch zunehmend mehr Übung oder eben mehr Erfahrung angereichert werden. Die Entwicklungsrichtung ist also eindeutig ansteigend. Auf der Orientierungsseite sind Kompetenzen aber immer Antagonisten: Man hat eine Kompetenz erst dann wirklich verstanden, wenn man ihr Gegenteil verstanden hat. Das Gegenteil von Durchsetzungsorientierung ist Teamorientierung. Das Gegenteil von strategischer Orientierung ist situative Orientierung. Das Gegenteil von analytischer Orientierung ist intuitive Orientierung. Das Gegenteil von Zielorientierung ist Prozessoptimierung etc.

Orientierungen sind hierbei nicht als digitale Schwarz-und-weiß-Kategorien zu verstehen, sondern es geht immer um ein Mehr oder ein Weniger. Auch analytisch orientierte Menschen betrachten bestimmte Probleme ganzheitlich intuitiv, aber eben eine geringere Menge an Problemen als intuitiv orientierte Menschen. Anders gesprochen: Bei Menschen mit einer hohen analytischen Orientierung wird durch mehr Situationen eine analytische Herangehensweise aktiviert als bei Menschen mit einer intuitiven Orientierung. Bei denen würde in mehr Situationen eine intuitive Bewertung aktiviert.

> Durch den antagonistischen Charakter der Orientierung innerhalb einer Kompetenz verstehen wir, warum Stärken und Schwächen oftmals zwei Seiten der gleichen Medaille sind.

Stellen Sie sich einmal die folgende Beschreibung einer Person vor: „Herr Mayer ist ein sehr zielorientierter, durchsetzungsstarker, prinzipientreuer, selbstbewusster, konfliktfester und entscheidungsstarker Manager." Ahnen Sie schon, wo möglicherweise die Schwächen von Herrn Mayer liegen könnten? Vielleicht würden Sie zustimmen, dass Empathie, Rücksichtnahme, Motivationsfähigkeit und Integrationskraft eher auf der anderen Seite stehen könnten. Die Tatsache, dass niemals „alles" Ihre Stärke sein kann, begründet sich ja gerade durch die Orientierung, denn die Orientierung bringt Sie immer dazu, eine Seite des antagonistischen Pools zu bevorzugen und dementsprechend Ihre Fähigkeiten auf dieser Seite mehr zu optimieren. Wer durch eine sehr beziehungsorientierte Grundhaltung seine Empathie und Integrationskraft immer weiter optimiert, wird nicht im gleichen Atemzug seine strategische Härte ausbilden und optimieren können.

Wie eben schon beschrieben, sind wir selbstverständlich niemals völlig auf die Seite unserer bevorzugten Orientierung festgelegt (hierzu kommen wir gleich noch ausführlicher, wenn wir uns mit dem Begriff des Potenzials noch detaillierter beschäftigen), aber unsere Orientierung und damit unsere präferierten Verhaltensoptionen, die wir bei bestimmten Problemen anlegen, sind ein großer Teil dessen, was man unseren Charakter und unsere Persönlichkeit nennt.

Orientierung gibt unserem Verhalten die Richtung. Und diese Richtung fördert damit, dass uns die Aneignung bestimmter Fähigkeiten leichter fällt als die Aneignung anderer. Man kann auch sagen: Die orientierte Seite einer Kompetenz ist in gewissem Sinne unsere intuitive Stärke oder diejenige Stärke, die uns keine besondere Anstrengungsleistung abverlangt. Wer als analytisch orientierte Person vor einer analytisch schwierigen Aufgabe steht, kann sich dieser mit seinen intuitiven Stärken widmen, also denjenigen Stärken, die sie keine besondere Anstrengung kosten. Wer als sehr emotional-ganzheitlich denkende Person vor einer komplexen analytischen Aufgabe steht, kann hier nicht so gut ihre intuitiven Stärken nutzen. Die Orientierung sagt allerdings zunächst nur etwas über die Richtung unserer Verhaltenspräferenzen aus. Es gibt neben der Richtung aber auch noch eine Stärke, eine drängende Kraft, die in einer Orientierung mehr oder weniger zum Ausdruck kommen kann. Dies ist im Allgemeinen das, was wir alltagssprachlich als Motivation beschreiben würden. Motivation ist hierbei die uns innewohnende Energie, das drängende Element, das uns überhaupt etwas tun lässt. Je stärker diese Energiequelle ausgeprägt ist, umso größer ist die Kraft, die sich realisieren kann. Stellen wir uns beispielsweise Menschen mit hoher Beziehungsorientierung vor, die grundsätzlich eher ein harmonieorientiertes und nahbares Verhalten gegenüber anderen Menschen bevorzugen (das wäre hier der Charakter der Orientierung). Man wird nun sehen, dass diese Orientierung unterschiedlich stark energetisiert sein kann. Sie können Menschen sehen, die mit wesentlich mehr Kraft und Einsatz für ein harmonisches Miteinander kämpfen als andere.

1.2.3 Schlussfolgerungen

Aus dem bisher Gesagten ergibt sich, dass Kompetenzentwicklung folgendermaßen funktioniert: Wir kommen mit einer weitgehend leeren, aber keineswegs vollständig leeren „Festplatte" auf die Welt. Diese Festplatte gibt uns vermutlich einige Orientierungen mit, die wir als genetisches Erbe von unseren Eltern mitbekommen haben. Viele Orientierungen sind aber auch Prägungen unserer Kindheit. Unsere Orientierungen bringen uns dazu, in bestimmten Situationen bestimmte Verhaltensweisen zu bevorzugen und bestimmte Erfolgsstrategien für Probleme häufiger auszuprobieren als andere. Hierdurch stabilisieren sich Fähigkeiten und wir sammeln Wissen und Erfahrungen. All dies sind letztendlich innere Strukturen, die wir uns angeeignet haben, um in den äußeren Strukturen, denen wir in unserem Umfeld und in unserer Kultur begegnen, zurechtzukommen. Wenn wir bestimmte Probleme, die uns in unserem Kulturraum begegnen, besonders stabil und wiederholbar lösen können, dann haben wir Kompetenzen ausgebildet. Diese Kompetenzen beinhalten immer einen Orientierungsteil (Warum wählen wir die entsprechende Verhaltensweise?), einen Motivationsteil (Wie stark ist der Drang, diese Verhaltensweise auszuüben?), einen Fähigkeitsteil (Beherrschen wir den Prozess selbst?) und auch einen Wissens- und Erfahrungsteil.

1.3 Potenzial und Potenzialrealisierung – Psychologische Hintergründe der unsichtbaren Kraft in der Persönlichkeitsentwicklung

In den vorangegangenen Kapiteln haben wir uns vor allen Dingen mit dem Begriff der Kompetenz, den Bestandteilen einer Kompetenz und der Entwicklung von Kompetenzen beschäftigt. Häufig interessieren wir uns in der Praxis neben der Beurteilung der Ausprägung einer Kompetenz auch für das Potenzial einer bestimmten Person. Letztlich handelt es sich sowohl bei Kompetenzen als auch bei Potenzialen immer um erschlossene oder interpretierte Größen. Im engeren Sinne sehen wir immer nur Leistung. Indem wir Leistung und Verhalten sehen, schließen wir zurück auf Potenziale und Kompetenzen. Welche Leistungen dabei welchen Rückschluss auf dahinterliegende Kompetenzen und Potenziale rechtfertigen, dies ist die Frage nach der diagnostischen Kompetenz im engeren Sinne. Wir werden das diskutieren, wenn wir die einzelnen Kompetenzen in den Folgeartikeln detailliert vorstellen und beschreiben.

1.3.1 Zwei grundlegende Verwendungen des Begriffs Potenzial

Der Begriff Potenzial wird im alltagssprachlichen Umgang in der Personalarbeit nicht einheitlich benutzt. Grundsätzlich gibt es zwei unterschiedliche Verwendungen oder Kontexte, in denen man im Unternehmen von Potenzial oder Potenzialanalyse spricht. Diese beiden Aspekte repräsentieren sich in den folgenden Fragen:

- Reichen die vorhandenen Kompetenzen aus, um auch größere Aufgaben und Verantwortungen erfolgreich zu bewältigen?

- Gibt es noch unentdeckte oder nicht realisierte Fähigkeiten und Kompetenzen, die durch entsprechende Rahmenbedingungen oder Förderungen aktiviert werden können?

Die erste Frage ist im psychologischen engeren Sinne eigentlich gar keine Potenzialfrage, sondern sie betrifft eher eine **Kompetenzanalyse** als eine **Potenzialanalyse**. Wenn Sie fragen, ob die gegenwärtigen Kompetenzen auch für andere Aufgaben ausreichen, so analysieren wir diese gegenwärtigen Kompetenzen und wenden sie gedanklich auf andere Aufgaben an, aber trotzdem bleibt dieser Beurteilungstatbestand eine Kompetenzanalyse. Viele Beförderungsentscheidungen sind damit deutlich stärker Kompetenzanalysen als Potenzialanalysen. Wenn wir uns beispielsweise fragen, ob ein bestimmter Abteilungsleiter das Potenzial zum Bereichsleiter hat, so betrachten wir viel stärker, ob wir ihm aufgrund der bestehenden Kompetenzen auch eine größere Aufgabe zutrauen. Diese Art von Beförderungsentscheidungen sind üblicherweise keine Entscheidungen, in denen man auf die mögliche Entwicklung noch nicht aktivierter Kompetenzen setzt. Auch wenn der Begriff der Potenzialanalyse hier Verwendung findet, ist er – zumindest aus psychologischer Sicht – nicht hundertprozentig zutreffend.

Potenzialanalyse im engeren Sinn betreiben wir eher, wenn wir uns der zweiten Frage zuwenden: Sind noch nicht realisierte oder aktivierte Kompetenzen als Anlage vorhanden und können sie durch eine bestimmte Intervention oder Lernerfahrung aktiviert werden? Dies ist die Potenzialfrage im ganz engen Sinn. Denn wenn wir das Potenzial betrachten, betrachten wir ja eben die noch nicht realisierte Kompetenz. Soweit die Kompetenz schon da ist und ausgeführt werden kann, ist es keine Potenzialbetrachtung mehr, sondern die Kompetenz ist schon da. Diese Frage ist natürlich diagnostisch deutlich anspruchsvoller und es gilt nun zu überlegen, an welchen Indikatoren man das Potenzial erkennt, bestimmte noch nicht sichtbare Kompetenzen zu entwickeln.

Zunächst ist zu berücksichtigen, dass Potenzial keine allgemeine Eigenschaft einer Person ist – Potenzial muss immer auf etwas Spezielles bezogen sein. Man kann nicht einfach nur „Potenzial haben". Man kann das Potenzial zum Spitzensportler haben, zum Weltklassesänger, zum Vorstandsvorsitzenden, das Potenzial für wissenschaftliche Höchstleistungen oder zu hervorragender Kindererziehung. All das sind Aspekte, die sich nur schwer als Persönlichkeitseigenschaft zusammenfassen ließen. Um präziser argumentieren zu können, betrachten wir hier Potenzial auch nicht als das Potenzial für eine ganz bestimmte Funktion, sondern als Potenzial zur Ausbildung einer ganz bestimmten Kompetenz (selbstverständlich wächst dies bei ganzheitlicher Betrachtung am Ende wieder zusammen; wer beispielsweise ein großes Potenzial für die Ausbildung von Führungskompetenzen hat, wird sich – wenn eine Reihe anderer Leistungsindikatoren ebenfalls gegeben sind – z. B. als Nachwuchsführungskraft empfehlen).

Im folgenden Absatz werden wir nun verschiedene Aspekte diskutieren, aus denen auf das Vorliegen von Potenzial geschlossen werden kann.

1.3.2 Aspekte von Potenzial

Der Richtungspfeil des Potenzials: Unsere Orientierung
Wir hatten am Anfang schon argumentiert, dass unsere grundlegenden Orientierungen (die wir bei der Diskussion der verschiedenen Kompetenzen in den späteren Artikel noch ausführlich beleuchten werden) eine ganz wesentliche Grundlage dafür darstellen, welche Fähigkeiten wir ausbilden und perfektionieren, indem wir ein bestimmtes Verhalten präferieren. Der Richtungspfeil des Potenzials steckt also damit in unseren Orientierungen. Bei der Frage „Potenzial wofür?" können wir an den Orientierungen oft schon recht früh ablesen, in welchen Kompetenzbereichen sich vermutlich die Fähigkeiten besonders gut entwickeln werden. Menschen mit hoher analytischer Orientierung haben beispielsweise eher ein Potenzial für die Ausbildung analytischer Fähigkeiten und dementsprechend für besondere Leistungen in Aufgaben, die gewissenhafte und strukturierende Herangehensweisen verlangen. Wenn man sich die Biografien von Menschen mit einem sehr analytisch geprägten Berufsbild anschaut, so hat sich diese Präferenz oft schon recht früh abgezeichnet. Wer eine sehr beziehungsorientierte Orientierung zeigt und dementsprechend sehr stark dazu bereit ist, eigene Bedürfnisse zurückzustellen und Bedürfnisse anderer zu befriedigen, hat damit das Potenzial für Aufgaben, die Integrationskraft und Empathie erfordern.

Woran würde man jetzt auf der Orientierungsseite Führungspotenzial festmachen? Wer nach Führungsaufgaben greift, benötigt Zuversicht und Zutrauen in die eigenen Fähigkeiten, denn nur das lässt einen nach größeren Herausforderungen streben. Wer sich selbst nicht in größeren Schuhen sehen kann, hat dementsprechend auch kein Führungspotenzial. Je größer die Schuhe sind, in denen man sich selber sehen kann, umso größer ist auch das Potenzial (ob sich dieses Potenzial realisiert, hängt natürlich noch von einer Reihe anderer Faktoren ab, auf die wir später eingehen). Wer sich selbst nicht in größeren Schuhen sehen kann, wird sich gar nicht auf den Weg dahin machen. Von Bill Clinton wird beispielsweise berichtet, dass er schon während seiner Studentenzeit gemeinsam mit seiner Frau Hillary den Plan fasste, Präsident der Vereinigten Staaten von Amerika zu werden. Hierin zeigt sich eine extreme Orientierung auf den Glauben an die Gestaltbarkeit der Zukunft durch die eigenen Fähigkeiten und Möglichkeiten. Psychologisch gesehen zeigt man damit einen starken Glauben an die eigene Herausgehobenheit und Besonderheit, der aber auch nötig ist, um nach herausgehobenen und besonderen Aufgaben zu greifen. Wer sich selbst eher als „gewöhnlich" ansieht, wird sich auch nur gewöhnliche Aufgaben zutrauen.

Wenn wir verstehen wollen, wofür jemand das Potenzial hat, müssen wir die grundlegenden Orientierungen verstehen, mit denen sich diese Person durch die Welt bewegt. Als eine erste Einordnungshilfe dienen vier sehr fundamentale Orientierungen, durch die unser Charakter verstanden werden kann. Alle Menschen müssen sich in ihrem Leben zwei fundamentale Fragen vorlegen und zu ihnen eine Position finden – und auf jede dieser Fragen gibt es zwei grundsätzlich verschiedene Antwortmöglichkeiten. Dies ist kein bewusster Entscheidungsprozess, sondern diese Position findet man durch seinen Lebensweg und durch seine Biografie. Eine erste Frage lautet, wie man sich zu anderen Menschen positioniert. Und grundsätzlich kann es hier zwei Richtungen geben: Die erste Richtung würde bedeuten, dass man die Nähe anderer Menschen sucht und möglichst viel Gemeinsamkeit in einer Beziehung schaffen will (wir nennen diese Orientierung hier **Beziehungsorientierung**). Personen mit einer hohen Beziehungsorientierung neigen dazu, eher eigene Bedürfnisse zurückzustellen als die persönliche Nähe zu anderen durch zu viel Durchsetzung eigener Ziele zu gefährden. Die antagonistische Seite dieser Orientierung wäre die **Autonomieorientierung**. In der Autonomieorientierung geht es gerade darum, seine eigene Individualität in den Vordergrund zu stellen und die Unterschiedlichkeit zu anderen Menschen zu betonen (Bill Clinton würden wir – aufgrund der oben stehenden Erläuterung – eher auf dieser Seite verorten). Autonomieorientierte Menschen sehen soziale Beziehungen immer als eine Möglichkeit an, etwas über die eigene Individualität und Unterschiedlichkeit zu erfahren, auch wenn dieser Vergleich Nähe kostet und Abgrenzung hervorruft. Hier wird schon deutlich, dass Führungspotenzial häufig stärker mit Autonomieorientierung einhergeht, weil das Zutrauen in eigene oder sogar eigene herausgehobene Führungsfähigkeiten schon eine Abgrenzung zu den Geführten und das Selbstvertrauen in überlegene Fähigkeiten bedeuten. Menschen mit hoher Autonomieorientierung würden eigene Bedürfnisse auch dann durchsetzen, wenn dies Harmonie- und Beziehungsqualität gefährden könnte.

Die zweite große Frage, der wir uns widmen müssen, betrifft unsere Identität in einer sich verändernden Welt. Wie definieren wir den stabilen Kern in uns? Und wie stabil verstehen wir uns selbst? Menschen mit hoher **Balanceorientierung** würden dazu neigen, viele Aspekte der eigenen Persönlichkeit als sehr stabil zu sehen. Dementsprechend hoch geschätzt sind überdauernde Prinzipien, Regeln, Strukturen und Langfristigkeit. Personen mit hoher Balanceorientierung begreifen Veränderung eher als Gefahr und Unsicherheit und würden Veränderungen mit der Schaffung oder Aufrechterhaltung von Strukturen begegnen. **Stimulanzorientierte** Personen hingegen nehmen sich selbst als wesentlich weniger festgelegt wahr. Sie haben keine Probleme damit, sich in neuen Kontexten immer wieder neu zu erfinden. Dementsprechend erlebt man sie als wagemutig, flexibel, neugierig und offen. Wenn Sie sich nun vier idealtypische Bewerber vorstellen, die Sie in einem Führungsgespräch nach den Gründen für ihr Interesse an einer Führungsaufgabe fragen, so können Sie sich (etwas idealisiert) die folgenden Antworten vorstellen:

- **Die beziehungsorientierte Antwort**
  Ich möchte Führungskraft werden, weil es mir wichtig ist, ein motiviertes Team zu schaffen, weil ich gut auf unterschiedliche Menschen eingehen kann, weil ich unterschiedliche Menschen gut verstehe und weil ich glaube, dass ein motivierendes Umfeld wichtig für gute Leistung ist.

- **Die autonomieorientierte Antwort**
  Ich möchte Führungskraft werden, weil ich sicher bin, dass ich anderen Menschen etwas zu geben habe. Ich kann Orientierung vermitteln, ihnen etwas von meinen Erfolgsfaktoren beibringen und ich weiß, wie man die Probleme dieser Aufgabe erfolgreich löst.

- **Die balanceorientierte Antwort**
  Ich kann gut stabile und nachhaltige Strukturen schaffen. Bei mir wissen alle Mitarbeiter genau, wo sie dran sind. Bei mir ist klar, welche Ziele

verfolgt werden, wie die Prozesse dahin sind und was genau dazu von jedem Einzelnen erwartet wird.

- **Die stimulanzorientierte Antwort**
  Ich habe viele neue Ideen, die ich natürlich nicht alle alleine umsetzen kann. Ich wage es, auch über das Bestehende hinaus zu denken, ich hänge nicht am Gestern und ich kann Leute für neue Ideen begeistern.

Diese Antworten werden natürlich nicht wortwörtlich so gegeben, aber vom Prinzip her kann man schon oft aus den Antworten die dominierenden Orientierungen herauslesen. Hier wird aber auch klar, für welche Art von Kompetenzen Menschen mit der entsprechenden Orientierung das meiste Potenzial haben: Personen mit einer hohen Beziehungsorientierung haben ein besonderes Potenzial für die Ausbildung von Teamfähigkeit, Hilfsbereitschaft, Diplomatie und Integrationskraft. Personen mit hoher Autonomieorientierung haben hingegen ein hohes Potenzial für klare Richtungsvorgaben, für das Treffen auch unpopulärer Entscheidungen, für die Durchsetzung schwieriger Maßnahmen und für Aufgaben, die Konflikte und Auseinandersetzungen beinhalten. Balanceorientierte Personen haben ein Potenzial für Aufgaben, bei denen Ordnung geschaffen werden muss, in denen Struktur und Klarheit erzeugt werden muss. Stimulanzorientierte Personen haben ein Potenzial für Aufgaben, bei denen man kreativ und innovativ auch bisher unbegangene Wege beschreiten muss. Diese Orientierungen können Sie übrigens schon im Kindesalter sehen. Wenn Kinder älter werden, sehen Sie auch, wie die Orientierungen sich ausdifferenzieren und sich verstärken und wie schrittweise die mit der Orientierung einhergehenden Kompetenzen immer stärker ausgebildet werden: Der Richtungspfeil des Potenzials liegt in unseren Orientierungen!

Die Energie zur Entwicklung des Potenzials: Unsere Motivation
Der Begriff der Motivation als unsere innere Energiequelle kommt in der Psychologie vor allen Dingen aus dem Bereich der Psychoanalyse. Die Motivation ist dort „das Unbewusste". Nach der Psychoanalyse braucht jedes Verhalten eine Energiequelle. Es geschieht eben nicht „einfach nur so", sondern es muss durch irgendetwas energetisiert werden. Motivation entsteht nach den Überlegungen der Psychoanalyse immer dann, wenn es eine Lücke gibt zwischen dem, was ist, und dem, was sein soll. Diese Lücke ist das Ausmaß an innerer Spannung, das dann eine ganz bestimmte Verhaltensweise auslöst. Je größer die gefühlte innere Lücke zwischen dem ist, was ist, und dem, was sein sollte, umso größer ist die aktivierbare Kraft, etwas zur Überwindung dieser Lücke

zu tun. Wer schon alles hat, was er möchte, ist wenig motiviert. Wer sehr viele Sehnsüchte in sich trägt im Hinblick auf das, was in seiner (nicht unbedingt schon sehr konkreten) Vorstellung sein sollte, aber noch nicht ist, erlebt viel innere Spannung, aus der Handlungsimpulse erwachsen können. Motivation bezeichnet dabei zunächst einen emotional gefärbten Zustand. Wir alle erleben tagtäglich unsere sehr grundlegenden Motivationen, z. B. Hunger oder Sexualität. Je größer die Lücke zwischen dem ist, was ist, und dem, was sein soll (z. B. weil wir lange nichts gegessen haben), desto größer ist das Ausmaß der inneren Spannung und desto größer der Handlungsimpuls, der daraus erwachsen kann.

Menschen unterscheiden sich durch das Ausmaß ihrer Motivation und Motivierbarkeit. Es gibt Personen, die insgesamt stärker motivierbar sind als andere, und zwar deswegen, weil diese Personen eine größere Lücke wahrnehmen können zwischen dem, was ist, und dem, was sein sollte. Zufriedenheit beinhaltet damit kein Potenzial für Höchstleistungen. Nur wer genug „Unerlöstes" in sich trägt und die Sehnsucht nach einer Welt fühlt, die anders sein könnte als sie ist (und dies kann jeden Gegenstandsbereich des Lebens betreffen), nur der würde in dieser Denkweise genug Potenzial haben, Fähigkeitsanlagen auch zu aktivieren. Die Orientierung einer Person kann uns dann verraten, in welche Richtung diese Energie genutzt werden würde. Um in dem vorherigen Beispiel zu bleiben: Bill Clinton musste sich während seines Studiums nicht nur selbst in sehr großen Schuhen sehen können. Er musste auch die Tatsache, dass er eben noch nicht da war, als große innere Spannung erleben, die ihm genug Kraft und Energie verlieh, um sich auf den zweifellos langen und steinigen Weg zu machen, Präsident zu werden (das geht ja nicht mal eben so). Dieser Punkt ist letztendlich auch der Grund dafür, warum viele Personalfachleute intuitiv Bewerber nach ihrem Engagement befragen, nach besonderen Erfolgen oder nach Dingen, die besondere Leistungslust wachgerufen haben. Aus diesen Indikatoren schließt man, dass prinzipiell viel Energie aktiviert werden kann.

Die Realisierungswahrscheinlichkeit des Potenzials: Unsere Willensstärke
Ob sich aus unserer Orientierung und einer hohen Motivation auch wirklich die Realisierung des Potenzials ergibt, hängt noch von einem anderen Aspekt ab. Wir hatten gesagt, dass es bei der Motivation zunächst einmal um ein emotionales Geschehen geht. Unsere Motivation ist erst einmal ein Gefühl, das sich noch nicht unbedingt auf sehr präzise Ziele richten muss. Nehmen wir einmal das Beispiel eines autonomieorientierten Menschen mit einer hohen Motivation. In jungen Jahren wird dieser Mensch in sich spüren, dass er das Potenzial für große und besondere Aufgaben mitbringt und auch gern dahin kommen will, aber es kann sein, dass noch kein ganz konkretes „Projekt" gefunden wor-

den ist, was diese Person als die für sich passende Mission wahrnimmt. Es kommen dann die ersten beruflichen Sozialisierungen und auf einmal zeichnet sich ab, dass der Business-Unit-Leiter Vertrieb International ein passendes Ziel darstellen würde. Die Motivation und die Orientierung haben in diesem Sinne eine Operationalisierung bekommen und so wurde aus einer etwas diffusen inneren Kraft plötzlich ein konkretes Ziel. Nun hat unser Ziel nicht mehr nur eine emotionale Qualität (in unserer Motivation), sondern plötzlich auch eine rationale Qualität. Das Ziel ist präzise beschreibbar und in unserer Vorstellung sichtbar geworden. Unsere Motivation muss sich nun in eine andere innere Kraft übersetzen, die uns dieses Ziel auch bei Widerständen und in schwierigen Zeiten weiter verfolgen lässt. Diese innere Kraft nennen wir Willensstärke oder Selbststeuerung.

Den Unterschied zwischen Willensstärke oder Selbststeuerung auf der einen und Motivation auf der anderen Seite kann man sich folgendermaßen vorstellen: Nehmen wir an, Sie machen gerade Diät und sitzen vor einer Torte. Dann sind Sie hoch motiviert, diese Torte zu essen. Wenn Sie es nicht tun, sind dafür Ihre Willensstärke und Ihre Selbststeuerung verantwortlich gewesen.

Willensstärke und Selbststeuerung schirmen also unsere Handlungsimpulse von den wechselhaften Zuständen ab, wie es Emotionalität und Motivation sind. Wer „nur motiviert" ist, kommt letztendlich über einen gewissen Hedonismus nicht hinaus. Größere Ziele setzen immer voraus, dass man auch Phasen von Unlust, Gefahr und Demotivation überstehen kann. Wer also nur von der Motivation des Augenblicks abhängig ist, eignet sich nicht für größere Leistungen, die immer auch demotivierende Phasen beinhalten. Potenzial für größere Leistung hat dementsprechend nur, wer seine Motivation in Willensstärke übersetzen kann und durch bewusste Entscheidung und Selbststeuerung die Anstrengung zur Zielerreichung auch dann aufrechterhält, wenn der Augenblick emotional gerade nicht positiv besetzt ist.

Eine hohe Motivation ist damit eine Voraussetzung für die Ausbildung einer hohen Willensstärke, aber keine Garantie. Es gibt Leute, die hoch motiviert sind, reich zu werden, die aber dann, wenn es an das harte Arbeiten geht, doch nicht die notwendige Selbststeuerung und Willensstärke aufbringen. Aus einer niedrigen Motivation kann aber niemals eine hohe Willensstärke erwachsen. Denn es gibt keine Energie und innere Spannung, die große Anstrengungsleistung beflügeln könnte.

Unsere Willensstärke können wir dabei selbst wie einen Muskel sehen, der sich durch weiteres Training ausbildet. Wer sich schon früh in Selbstdisziplin und Anstrengung üben musste, hat in gewissem Sinne mehr Potenzial, auch demotivierende Phasen zu überstehen als jemand, dessen motivationale

Bedürfnisse immer bedient worden sind. Potenzial haben nun diejenigen Personen, die eine hohe Motivation auch in hohe Willensstärke übersetzen können. Je nachdem, wie groß die Ziele sind, die man sich vornimmt, muss auch die Willensstärke dimensioniert sein. Wer das Ziel verfolgt, zum Teamleiter Call-Center aufzusteigen, kommt gewiss mit etwas weniger Willensstärke aus als jemand, der den Hunger in Afrika besiegen möchte. Die Anstrengungsleistungen, die man auf dem Weg zur Zielerreichung erbringen muss, sind vermutlich unterschiedlich groß. Und große Anstrengungsleistungen sind nur für große Willensstärke zu haben.

Intuitiv wird auch dieser Punkt von vielen Personalern in der Führung von Bewerbergesprächen berücksichtigt. Viele Personaler fragen beispielsweise ihre Bewerber nach besonders schwierigen Phasen, in denen es schwer war die Leistungsbereitschaft aufrechtzuerhalten oder in denen Ziele gegen schwierige Umfeldbedingungen erreicht werden mussten. All diese Antworten werden letztendlich als Indikator für Willensstärke betrachtet.

Das Ausmaß des Potenzials: Unser Talent

Wir hatten am Anfang argumentiert, dass eine Kompetenz aus den Aspekten Wissen und Erfahrung, aus Fähigkeit und Handwerkszeug sowie Orientierung und Motivation besteht. Selbstverständlich kann auch eine hohe Orientierung, eine ausgeprägte Motivation und eine sich daraus ergebende Willensstärke nicht jede Fähigkeit zum Vorschein bringen. Es gibt in uns Menschen natürlich genetische Unterschiede, die vor allen Dingen bei besonderen Ausnahmebegabungen zumeist unstrittig sind. Unsere Intelligenz hat mit hoher Sicherheit eine gewisse genetische Komponente, Musikalität ebenso, und auch das Potenzial für Höchstleistung in einer bestimmten Sportart (hier sieht man am ehesten die physiologischen Voraussetzungen als wichtigen Potenzialindikator). Diesen Aspekt des Potenzials beschreibt man gemeinhin als Talent. Je größer das Talent in einer bestimmten Fähigkeit ist, umso höher kann das Ausmaß der Kompetenz sein, das bei entsprechender Motivation und Willensstärke angeeignet wird. Mozart hatte fraglos ein herausgehobenes musikalisches Talent, realisiert wurde es aber letztlich auch bei ihm erst durch seine unglaubliche Motivation (er liebte die Musik) und seine außergewöhnliche Willensstärke (er musizierte und komponierte fast jede wache Minute seines kurzen Lebens; das heutige Image des „Lebemannes" ist in dieser Hinsicht sicher nicht ganz richtig, Mozart war ein unfassbar selbstdisziplinierter Arbeiter). Ohne diese Motivation und Willensstärke hätte sich das Talent von Mozart sicherlich nicht entfaltet.

An welchen Stellen genau unsere potenziell ausbildbaren Fähigkeiten durch unser genetisches Material begrenzt sind, ist natürlich sehr schwer festzustellen. Auch wenn viele wissenschaftliche Untersuchungen darauf hinweisen, dass Intelligenz eine starke genetische Komponente hat, zeigt sich auf der anderen Seite auch, dass sich durch entsprechende Förderung noch eine Menge herausholen lässt. Umgekehrt gilt aber das Gleiche. Wer sehr unmusikalisch ist, wird auch bei viel Motivation und Willensstärke (die sich beispielsweise in Übungsanstrengung realisiert) niemals die Kompetenz eines Mozarts erreichen.

In der Potenzialanalyse können wir diesen Teil natürlich am schwierigsten feststellen. Wir können versuchen, etwas über Motivation und Willensstärke herauszufinden, aber wie viel Fähigkeit noch aktivierbar ist und wo eine bestimmte „genetische Obergrenze" erreicht ist, ist schwer zu diagnostizieren. Bei vielen Kompetenzen, die im Berufsleben eine Rolle spielen, lohnt es sich hingegen anzunehmen, dass gute Förderung einiges bewirken kann. Gleichzeitig lohnen sich aber auch Anstrengungen in eine gute Personalauswahl, weil die Erfahrung eben auch zeigt, dass nicht jeder in jede Richtung förderbar ist.

Die Flexibilität unseres Potenzials: Unsere Selbstreflexion
Damit eine gute Selbststeuerung überhaupt umgesetzt werden kann, brauchen wir noch einen weiteren Potenzialfaktor: Selbstreflexion. Selbstreflexion ist genau dasjenige Element, das uns Menschen von unseren „intuitiven Stärken" loskommen lässt. Selbstreflexion bedeutet, dass wir unser eigenes Verhalten gedanklich in Beziehung zu einer Situation setzen und kalkulieren können, welche Verhaltensweisen zu welchen Konsequenzen führen. Wer rein „reflexhaft" oder „triebhaft" reagiert, realisiert automatisch nur die Verhaltensweisen, die am deutlichsten seiner Orientierung und Motivation entsprechen, auch dann, wenn diese möglicherweise gar nicht die erfolgversprechendsten Trumpfkarte in einer Situation darstellen. Wer beispielsweise sehr beziehungs- und harmonieorientiert ist, wird in einem Konflikt zunächst einmal intuitiv eine versöhnliche Position einnehmen. Möglicherweise ließe sich der Konflikt aber nachhaltiger und stabiler befrieden, wenn man in diesem Fall kämpferischer und durchsetzungsbereiter vorginge. Menschen mit einer guten Selbstreflexion vermögen dies gedanklich zu kalkulieren und ihr Potenzial würde sich dann in der Möglichkeit äußern, auch die antagonistischen Pole der eigenen Orientierung durch Willensstärke und Selbststeuerung (und eben nicht durch Motivation) nutzen zu können. Potenzial für soziale Leistungen (wie es beispielsweise Führungsleistungen sind) zeigt sich bei harmonieorientierten Personen beispielsweise darin, dass sie durch Selbstreflexion und bewusste Selbststeuerung auch einmal hart und durchsetzungsbereit agieren können, wenn dies als die erfolgversprechendste Alternative erscheint. Personen mit hoher Beziehungs- und Harmonieorientierung mögen das nicht unbedingt, denn diese Verhaltensalternative

ist nicht im eigentlichen Sinne „motiviert", sondern nur für Selbstreflexion und Willensanstrengung zu haben. Wem diese Selbstreflexion fehlt, der „erliegt" viel stärker seinen intuitiven und motivierten Stärken und kann wesentlich weniger gut auch einmal andere Verhaltensalternativen wählen.

Selbstreflexion wird hier übrigens als Möglichkeit verstanden, eigene Verhaltensalternativen mit ihren Effekten kalkulieren zu können. Selbstreflexion ist nicht unbedingt im Sinne von „kritisch mit sich selbst sein" gemeint.

1.3.3 Was ist Potenzial – Eine Zusammenfassung

An dieser Stelle sollen einige zusammenfassende Thesen zum Thema Potenzial formuliert werden, die auf den vorher gemachten Grundüberlegungen beruhen und vielleicht nicht immer unserem intuitiven Alltagsverständnis entsprechen.

- Potenzial braucht Motivation und innere Spannung, die letztendlich nur aus Unzufriedenheit erwächst. Zufriedene Menschen haben in dieser Hinsicht nur wenig Potenzial. Das eigene Potenzial zur Entfaltung bringen nur Persönlichkeiten, die ausreichend unerlöste Sehnsüchte in sich tragen.

- Je extremer unsere Orientierung in eine ganz bestimmte Richtung ausgeprägt ist, umso deutlicher ist das Potenzial für Aufgaben, die mit dieser Orientierung einhergehende Fähigkeiten benötigen. Bedingt durch den antagonistischen Charakter, bringen extreme Orientierungen (und damit potenziell auch extreme Stärken) meist auch Schwächen auf der gegenüberliegenden Seite der Orientierung mit sich. Für extreme Stärken zahlt man im Allgemeinen einen Preis, nämlich mit Schwächen auf der gegenüberliegenden Seite dieser Orientierung. Dies ist der Grund, warum wir beispielsweise bei Führungskräften mit extremen Stärken auch ausgeprägte Schwächen sehen, die in der Praxis vielleicht von den Stärken überkompensiert werden, sich aber nicht so einfach beseitigen lassen.

- Entscheidend für die Realisierung des Potenzials ist neben der Motivation auch die Willensstärke. Eine hohe Motivation alleine genügt nicht. Sie muss sich auch in die Selbststeuerung und Selbstdisziplin übersetzen, die die Anstrengungsleistung auch in emotional schwierigen Phasen hoch bleiben lässt. Für außergewöhnliche Leistungen ist eben nicht nur eine außergewöhnliche Motivation, sondern auch eine außergewöhnliche Willensstärke Voraussetzung. Die Höhe unserer Motivation begrenzt die potenziell aktivierbare Willensstärke.

- Viele Potenzialaspekte können wir in typischen Potenzialanalyseprozessen (z. B. Bewerber-Interviews, Assessment-Center, Management-Audits) gut erfassen. Wir können etwas über Orientierungen, über Motivationen, über Selbstreflexion und auch über Willensstärke herausfinden. Am stärksten verborgen ist sicherlich das „noch unentdeckte Talent", das noch ungenutzt in unseren Anlagen liegen könnte. In der Praxis der Potenzialanalyse ist dies allerdings nicht so bedeutsam, da wir meistens ohnehin keine „reinen" Potenzialanalysen machen, sondern immer Potenzial- und Kompetenzanalysen. Die bereits realisierte Kompetenz ist in gewissem Sinne ein Indikator für noch weitergehendes Potenzial (wer sich beispielsweise in jungen Jahren in einer bestimmten Kompetenz schon selbst sehr viele Fähigkeiten aneignen konnte und wessen Orientierung, Willensstärke und Motivation weiter in die entsprechende Richtung weist, wird vermutlich viel Potenzial haben, diese Kompetenz noch deutlich stärker zur Entfaltung zu bringen).

1.4 Abschließende Überlegungen für die Personalentwicklung

In den einzelnen Kapiteln dieses Buches wird für jede Kompetenz auf Hinweise zu ihrer Entwicklung eingegangen. Wir werden bei jeder Kompetenz darlegen, wie sie entdeckt und auch gefördert werden kann.

Grundsätzlich kann man sagen, dass die Mechanismen der Entwicklung sich für die einzelnen Teile einer Kompetenz folgendermaßen beschreiben lassen:

Orientierung und Motivation
Das grundsätzliche Ausmaß von Motivation wird sicherlich kein Gegenstand von Personalentwicklung sein. Durch bewusste Einwirkung können wir nicht die grundsätzliche Motivierbarkeit von Menschen verändern. Wir können durch gezielte Anreize bestimmte Motivationen aktivieren, aber wir können nicht die Motivierbarkeit selbst verändern. Umso wichtiger ist es, dass wir das grundsätzliche Ausmaß an Motivation in allen Potenzialanalysen und Stellenbesetzungsprozessen sehr intensiv betrachten. Ähnlich verhält es sich mit den Orientierungen. Auch diese werden sich durch bewusste Personalentwicklung nicht deutlich verändern, da sie integraler Bestandteil dessen sind, was man

Charakter und Persönlichkeit nennt. Was sich hingegen fördern lässt, ist die Fähigkeit, durch Selbstreflexion und Selbststeuerung auch die jeweils antagonistische Seite seiner eigenen dominanten Orientierung besser zu nutzen. Dies ist es, was man in vielen Coaching-Prozessen letztlich erreichen möchte.

Fähigkeiten und Handwerkszeug
Fähigkeiten und Handwerkszeug bilden sich vor allem durch Training und Übung heraus. Hier zeigt sich noch einmal das Prinzip der Wiederholbarkeit: So wird Verhalten zur Kompetenz. Fähigkeiten entwickeln sich durch Herausforderungen und einen gestiegenen Schwierigkeitsgrad der Aufgabe weiter. Wenn man eine Aufgabe beherrscht, ist die Fähigkeit schon vorhanden. Wenn man die Dosis der Aufgabenschwierigkeiten nach oben verändert, können neue Verhaltensweisen geübt und erprobt werden. Die Bereitstellung von „Challenges" ist damit in der Praxis das zentrale Personalentwicklungs-Tool on the job.

Wissen und Erfahrung
Wissen und Erfahrung werden vor allen Dingen durch praktische Qualifizierungsmaßnahmen vermittelt (vor allem, was den Aspekt Wissen angeht) und die Erfahrung sammelt man beim Tun selbst (Reiten lernt man eben nur auf dem Pferd). Eine Kompetenz entsteht erst, wenn die Erfahrung da ist, weil sie sich erst dann als solche realisiert.

1.5   Literatur

Beenen, A., Paschen, M., Rinas, D., Stöwe, Ch., Stulle, K. P., Westermann, P. (2009): Euroforum-Lehrgang: Psychologie für Personalexperten (speziell Lektion 1). Düsseldorf: Euroforum.

Beenen, A., Paschen, M., Stöwe, Ch., Turck, D. (2013): Assessment Center professionell – Worauf es ankommt und wie Sie vorgehen (3. Aufl.). Göttingen: Hogrefe.

Faerber, Y., Turck, D., Zielke, Ch.(2007): Coaching als Instrument der Personal- und Organisationsentwicklung. Stuttgart: Kohlhammer.

Paschen, M., Dihsmaier, E. (2011): Psychologie der Menschenführung. Wie sie Führungsstärke und Autorität entwickeln. Berlin Heidelberg: Springer.

Paschen, M. (2004): Personalentwicklung im Job – So entwickeln Sie Mitarbeiter durch die Aufgabe selbst. In: Praxishandbuch Mitarbeiter-Motivation, Nr. 1/2004, S. 93–112.

Paschen, M. (2011): Wie verändern sich Menschen. In: ManagerSeminare, 75/2004, S. 70–76.

Riemann, F. (2011): Grundformen der Angst. Eine tiefenpsychologische Studie (40. Aufl.). München: Reinhardt.

Weidemann, A. (2004): Coaching in der Personalentwicklung. In: Laske, S., Orthey, A., Schmid, M. (Hrsg.): Handbuch PersonalEntwickeln (Losebl.), Beitrag 3.10. Köln: Wolters Kluwer.

FÜHRUNGSKOMPETENZEN

2 FÜHRUNG ALS KOMPETENZ

Michael Paschen & Janet Wilkes

In diesem Kapitel erfahren Sie,

- *was unter Führungskompetenz und Führungspotenzial zu verstehen ist,*
- *wodurch sich Menschen mit hoher Führungskompetenz auszeichnen,*
- *wie der Führungsprozess auf psychologischer Ebene funktioniert,*
- *welche Mechanismen bestimmte Führungskräfte charismatisch werden lassen,*
- *wie sich Führungspotenzial zu Führungsstärke entwickelt und*
- *wie sich Ideen und Konzepte zum Thema Führung historisch verändert haben.*

2.1 Begriffsbestimmung und sprachliche Einordnung

Rein sprachgeschichtlich ist „Führen" das Veranlassungswort zu „Fahren" gewesen. Der Kutscher „führt" die Kutsche, der Gast „fährt" in der Kutsche (vgl. Neuberger 2002, S. 48f.; Bluszcz & Knorn 2005). Die Tatsache, dass das Wort Führung einen veranlassenden Impuls beinhaltet, ist dann auch in den weiteren sprachlichen Verwendungen erhalten geblieben. Man führt einen Hund Gassi, man führt ein Gespräch oder man führt ein Argument ad absurdum. Letztlich kann man aus dieser begrifflichen Historie heraus Führung immer noch recht präzise definieren:

Führung ist Bestimmung von Bewegung.

Derjenige, der führt, bestimmt, wie sich die Dinge im Laufe der Zeit bewegen sollen. In dieser Hinsicht taucht das Wort Führung durchaus auch in einem technischem Kontext auf (der Maschinenführer steuert die Maschine). Wir betrachten natürlich für unsere Zwecke eher den sozialen Aspekt und damit die Bestimmung von Bewegung in der sozialen Welt. Aus dieser Begriffsbestimmung ergeben sich noch ein paar Ableitungen für das Thema Führung, die interessant sind:

- Führung gibt es nur da, wo man eine ganz bestimmte Bewegung **verändern** muss. Da, wo die Dinge sich in die richtige Richtung bewegen, braucht man nicht zu führen.

- Der Sinn von Führung ist die Bündelung von Kräften für Aufgaben, die über die eigene Kraft hinausreichen. Der Kutscher bündelt die Kraft der Pferde, um die Kutsche zu bewegen, und bestimmt deren Bewegung, damit die Kutsche ein Ziel erreicht.

- Führung benötigt immer ein Ziel, denn irgendwo muss man ja hinführen – auch wenn dieses Ziel nicht explizit formuliert oder sogar manchmal noch nicht einmal bewusst ist. Führung ohne Ziel ist undenkbar.

Die Kernfrage der Führungskompetenz lautet nun: Wie bestimme ich so, dass ich damit größtmöglichen Erfolg habe? Je erfolgreicher es Ihnen gelingt, so zu bestimmen, dass Ihnen möglichst viele Menschen möglichst engagiert folgen, umso größer ist offenkundig Ihre Führungskompetenz. Darum wird man sich bei der Betrachtung von Führungskompetenz vor allen Dingen mit der Frage auseinanderzusetzen haben, auf welche Arten man Menschen dazu bewegen kann, zu folgen.

Wie kaum eine andere Kompetenz ist Führungskompetenz ethisch und moralisch aufgeladen. Weil Führungskräfte Entscheidungen treffen, die einen Einfluss auf das Leben anderer Menschen haben (und je größer die Führungsrolle, desto weitreichender dieser Einfluss), und weil Führungskräfte gleichzeitig in Kontexten knapper Ressourcen niemals allen gleichermaßen Nutzen bringen können, haben viele Führungsentscheidungen eine ethische Dimension: Wem mutet man welche Lasten zu, um damit welche Ziele zu erreichen? Kaum eine andere Kompetenz wird so stark unter dem Blickwinkel von „gut" oder „unmoralisch" betrachtet wie Führung. Die ethische Facette einer Kompetenz wie beispielsweise „strukturiertes Arbeiten" ist relativ begrenzt. Die ethische Dimension der Führungskompetenz ist hingegen größer als bei jeder anderen Kompetenz und wächst mit dem Ausmaß an Macht (vgl. Neubauer & Rosemann 2006, S. 43ff.). Wir werden in diesem Kapitel Führungskompetenz unabhängig von ethischen Fragen betrachten. Welche Persönlichkeitsmerkmale prädestinieren Menschen dazu, dass andere ihnen folgen? Diese Kompetenz kann man dann für gute und für schlechte Ziele einsetzen. Die Führungskompetenz beschreibt damit das Erfolgspotenzial bei der Zielerreichung. Die ethischen Fragen für Führungskräfte betreffen im Unterschied dazu die Betrachtung der Zielauswahl und der Mittel, die bei der Zielverfolgung legitimierbar sind.

Betrachten wir den **Inhalt von Führungskompetenz**. Wir hatten gesagt, dass Führungskompetenz bedeutet, andere Menschen dazu bewegen zu können, den Zielen einer Führungspersönlichkeit zu folgen. Wie aber bewerkstelligen Führungspersönlichkeiten das? Hier zeigt sich, dass Führungspersönlichkeiten die beiden **verhaltenslenkenden Systeme** der Geführten ansprechen können müssen. Unsere verhaltenslenkenden Systeme sind unser **Verstand** und unser **Gefühl**. Wenn wir einer Führungspersönlichkeit folgen, so können wir dies aus rationalen oder emotionalen Gründen tun. Die rationale Seite der Führung ist die Sinnvermittlung: Menschen folgen denjenigen Führern, die erklären können, dass es **sinnvoll** ist, ihnen zu folgen. Diese rationale oder auch funktionale Seite der Führung ist auch die Seite der **Führungsstrukturen**. Führungsstrukturen sind diejenigen Elemente einer Situation, die Führungs-Kraft auf Menschen ausüben, ohne dass es persönliche Einwirkungsversuche einer Führungsperson gibt. Der Straßenverkehr ist beispielsweise ein Kontext, in dem es starke Führung gibt, die aber weitestgehend durch Strukturen (Regeln, Verkehrstechnik, Straßenführung, Schilder etc.) ausgeübt wird. Diese Führungsstrukturen sind natürlich das Ergebnis einer Führungsleistung, die irgendwann von einer

Führungsperson erbracht worden ist. Wenn Sie aber heute dem Straßenverkehr bereitwillig folgen und sich seinen Regeln und Abläufen unterwerfen, so tun Sie das, weil Sie den Sinn dieser Regeln erkennen, und nicht, weil eine besonders motivierende Führungspersönlichkeit Sie dafür gewinnt. Gleiches gilt im Unternehmen. Führung findet auch im Unternehmen zu einem großen Teil durch Strukturen statt. Diese Strukturen sind beispielsweise Arbeitsverträge, Regeln, Strategien und vor allen Dingen Prozesse. Viele Menschen folgen diesen Regeln, Prozessen und Strukturen im Unternehmen im gewissen Sinne unabhängig von der persönlichen Qualität ihres Vorgesetzten. Wenn die Prozesse und Abläufe **Sinn ergeben**, dann ist man bereit, sich ihnen zu unterwerfen. Auf den ersten Blick bringt man dieses Geschehen gar nicht so sehr mit Führung in Verbindung, aber man darf nicht vergessen, dass dies letztendlich die stabilste und nachhaltigste Form der Führung ist. Führungspersönlichkeiten sichern sich ihr langfristiges Vermächtnis, indem sie Strukturen schaffen (man könnte auch sagen: Kultur schaffen), in denen ihre Erfolgstheorien weiter existieren (z. B. in einem Prozessablauf). Führer, die solche Strukturen schaffen, denen anschließend eine große Anzahl von Menschen folgen, haben unter Umständen große „Bestimmung ausgeübt", ohne dass es auf alle ihnen Folgenden persönliche Einwirkungsversuche gegeben hat. Sie können beispielsweise auch von einem Politiker geführt werden, den Sie überhaupt nicht kennen. Aber wenn die Regeln und Gesetze dieses Politikers zu Strukturen führen, die Ihr Leben bestimmen, dann ist dort selbstverständlich Führung passiert. Je sinnvoller nun diese Führungsstrukturen erlebt werden, umso größer ist die Führungs-Kraft, die von ihnen ausgeht. Auf der rationalen Seite führt Sinn. Für die Führungskompetenz bedeutet das natürlich, dass gute Führungspersönlichkeiten hier Folgendes leisten müssen:

Führungskompetenz bedeutet auf der rationalen Seite, Strukturen zu schaffen, die (z. B. als gute Prozesse) die verheißenen Erfolge in einer nachhaltigen und wiederholbaren Form sichern.

Selbstverständlich hat Führung aber auch noch eine emotionale und persönliche Seite. Den Mechanismus der emotionalen Seite in der Führung kann man sich folgendermaßen vorstellen. Wenn Sie als Führungsperson Ihre Ziele (z. B. Strukturveränderungen) kommunizieren, so kann es zunächst einmal zwei Möglichkeiten geben:

- Vielleicht haben Sie sehr kleine und moderate Ziele im Blick (aus Sicht der Geführten), dann müssen Sie keine besonderen Reaktionen auf Seiten der Geführten erwarten. Denn letztendlich ist ja kein starker „Führungsimpuls" notwendig.

- Gibt es eine große Abweichung zwischen dem Status quo und den Zielen, die man als Führungspersönlichkeit verfolgen will, dann können die Überlegungen noch so „rational" begründet sein, man bekommt üblicherweise eine emotionale Reaktion. Diese kann Angst, Unsicherheit, Sorge und Flexibilität ebenso enthalten wie Hoffnung, Begeisterung oder Zuversicht. Große Ziele, die weit vom Status quo abweichen, sind damit immer emotional aufgeladen.

Die Kompetenz eines Führers zeigt sich vor allen Dingen darin, wie gut es gelingt, diese emotionalen Reaktionen aufzugreifen, zu nutzen und im Sinne der Zielverfolgung einzubinden. Die beiden großen emotionalen Strategien, die Führungskräfte hierbei nutzen, sind letztlich **Motivation** und **Zwang** (vgl. Paschen & Dihsmaier 2004). Unter Motivation verstehen wir die emotionale Verlockung, die sich ergibt, wenn wir einer Führungsperson folgen. Führungspersonen, die motivieren können, verstehen die emotionalen Bedürfnisse anderer und können ihren Führungsimpuls mit diesen emotionalen Bedürfnissen in Einklang bringen.

- Wem Lernen und Entwicklung wichtig sind, der wird von solchen Führungspersönlichkeiten motiviert werden, die neue Horizonte und Weiterentwicklungsmöglichkeiten bereithalten.

- Wem Sicherheit und Vorhersehbarkeit wichtig ist, der wird sich durch solche Führungspersönlichkeiten motiviert fühlen, die Sicherheit und Nachhaltigkeit versprechen.

- Wem Anerkennung sehr wichtig ist, der wird sich durch solche Führungspersönlichkeiten motiviert fühlen, die Wertschätzung und Lob vermitteln.

- Wem eigene Gestaltungsspielräume und Selbstständigkeit sehr wichtig sind, der wird sich durch solche Führungskräfte motiviert fühlen, die ihm diese eröffnen.

Diese Liste kann man durchaus noch eine ganze Weile weiterführen. Wer als Führungskraft motivieren kann, versteht es, emotionale Bedürfnisse anderer in die Zielerreichung einzubinden. Hierdurch kann man positive emotionale Impulse, die sich aus dem Ziel ergeben, verstärken und nutzen.

Zwang wird man vor allen Dingen dann brauchen, wenn sich Widerstand ergibt. Die Kompetenz in der Zwangsausübung besteht (neben einer taktischen und strategischen Komponente) darin, als Führungspersönlichkeit zunächst einmal auszuhalten, dass man die Beziehungsqualität zu Geführten gefährdet, wenn man Druck erzeugt oder nachteilige Konsequenzen in Aussicht stellt. Bestimmte Ziele lassen sich aber anders nicht erreichen und man wird als Führungskraft niemals von vornherein für sich ausschließen können, auch die Androhung oder sogar Realisierung ungünstiger Konsequenzen anzuwenden. Man sieht aber, dass die Anwendung dieser Kompetenz ganz wesentlich davon abhängt, wie viele Machtmöglichkeiten jemand hat. Wer letztlich keine Konsequenzen hat, die er anderen Menschen androhen könnte, hat auch kein Potenzial, diese unter Druck zu setzen (vgl. zu Formen der Macht Weber 1980, S. 28ff.). An dieser Stelle der Führungskompetenz wird übrigens die ethische Frage am bedeutsamsten: Für welche Ziele darf ich Menschen womit unter Druck setzen? Die Tatsache, dass man gefährliche Gewaltverbrecher einsperrt (was ja auch eine Form der Führung durch Zwang ist), ist unstrittig. Die Wahl eines auf den ersten Blick unmoralischen Mittels (Einsperren) wird legitimiert durch das Ziel, das man erreichen möchte (Sicherheit für Unschuldige). Auf der Kompetenzseite bedeutet die Durchsetzungsfacette in der Führung damit, die abnehmende Harmonie- und Beziehungsqualität zu Geführten zu ertragen, die mit der Exekution von Machtmöglichkeiten oftmals einhergeht. Auf der emotionalen Seite bedeutet Führungskompetenz:

- die persönlichen Bedürfnisse und Motivatoren der Geführten sensibel zu erspüren,

- unterschiedliche Persönlichkeiten der Geführten auf eine unterschiedliche und typgerechte Art adressieren zu können,

- die emotionale Unabhängigkeit zu besitzen, die es einem im Konfliktfalle auch erlaubt, gegebene Machtmöglichkeiten zu nutzen, selbst wenn dies unangenehme Konsequenzen für die Beziehungsqualität beinhaltet.

Neben diesen durchaus praktisch orientierten Kompetenzen gibt es aber auf der emotionalen Seite noch einen fundamentaleren Punkt, der Führungskompetenz und Führungspotenzial ausmacht. Wir hatten eben argumentiert, dass Führungskompetenz auf der emotionalen Seite vor allen Dingen dann gefragt und notwendig ist, wenn es große emotionale Reaktionen aufseiten der Geführten gibt. Diese großen emotionalen Reaktionen gibt es natürlich vor allen Dingen in Zeiten von Krisen oder Problemen (man kann auch sagen Herausforderungen), nämlich genau dann, wenn der Status quo und ein wünschenswertes Ziel weit auseinanderklaffen (wenn nicht viel verändert werden muss, braucht man auch nicht viel Führungs-Stärke). Die Führungskompetenz ist damit immer eine Kompetenz der Krise oder der Veränderung (manchmal ist die Krise auch die nicht realisierte Chance).

Nun kann man sich natürlich fragen, welches Persönlichkeitsattribut vorrangig dazu führt, dass Menschen einem Führer folgen, der ihnen große Anstrengungsleistungen abverlangt oder der ihnen Ziele aufzeigt, die weit vom Status quo entfernt sind (sei es, weil eine Krise bewältigt werden muss oder weil eine Hoffnung realisiert werden soll). Dieses Persönlichkeitsattribut ist die Fähigkeit, **Vertrauen** zu schaffen. Menschen folgen Führungspersönlichkeiten, denen sie vertrauen. Vertrauen hat zwei Dimensionen: Auf der einen Seite bedeutet Vertrauen **Zutrauen**. Menschen folgen Führungspersönlichkeiten, die ihnen das Zutrauen vermitteln, dass man unter ihrer Führung verheißene Ziele erreichen kann. Zutrauen hat darum mit Hoffnung, Fitness, Stärke und Kompetenz zu tun. Die andere Seite von Vertrauen hängt mit Integrität zusammen, also damit, dass man als Führungsperson keine Ziele verfolgt, die gegen die Geführten gerichtet sind. Es geht also um humanistische, um glaubwürdige und ehrliche Ziele. Führungskompetenz und Führungspotenzial im eigentlichen Sinne bemisst sich nun in der Fähigkeit, **Vertrauen und Zutrauen zu erzeugen**. Diese Fähigkeit kann man auch unter dem Begriff „Charisma" zusammenfassen (vgl. Paschen & Dihsmaier 2011a). Charismatische Führungskräfte besitzen die suggestive Kraft, das Zutrauen in ihre Zielerreichungskompetenz und das Vertrauen in ihre Integrität zu vermitteln. Die fundamentalste aller Führungskompetenzen ist damit **Charisma**. Charisma fällt aber bei den meisten Führungskräften nicht vom Himmel, sondern entwickelt sich in der Biographie nach einer eigenen Logik. Im späteren Verlauf dieses Kapitels wird auch noch auf diejenigen Aspekte eingegangen, die die Entwicklung von Charisma positiv beeinflussen.

Wer nicht in der Lage ist, ein Zutrauen in diejenigen Ziele zu erzeugen, für die er steht, dem wird niemand folgen (außer in dem Fall, dass vernünftige oder starke Strukturen das Folgen trotz schlechter Führung sichern). Dieses Zutrauen in die Zielerreichungsfähigkeit ist damit die Conditio sine qua non von Führungspotenzial. In gewissem Sinne kann starkes Zutrauen sogar fehlende Integrität kompensieren. Wenn Menschen sich entscheiden müssen, folgen sie im Zweifel lieber dem starken Führer, auch wenn man Zweifel an der Lauterkeit seiner Motive hat, als dem integren Schwachen (vgl. Paschen & Dihsmaier 2011b).

- Führungskompetenz heißt, man ist in der Lage, durch suggestive Kraft das Zutrauen in die Fähigkeit zu erzeugen, Ziele zu erreichen und Verheißungen einzulösen.

- Führungskompetenz bedeutet, Vertrauenswürdigkeit und Integrität zu vermitteln, damit das Zielerreichungsengagement glaubwürdig ausgestrahlt wird.

Wenn Sie sich nun die verschiedenen Facetten von Führungskompetenz anschauen, die wir betrachtet haben, so ergeben sich daraus eine Reihe von Kompetenzen, die zu Führungserfolg beitragen, die aber zum Teil durchaus durch andere Kompetenzen kompensierbar sind. Grundsätzlich gehen mit Führung zumeist die folgenden Kompetenzen einher:

- **Überzeugungskraft**
  Wir hatten über das Thema Sinnvermittlung geschrieben, also die Fähigkeit, Ziele und die richtigen Wege dahin für die Geführten in einer anknüpfungsfähigen Weise zu erläutern. Hier wird offenkundig, warum Überzeugungskraft auch mit ihren Facetten Rhetorik und Argumentation eine große Rolle spielt. Auch in der eher charismatischen Facette des Zutrauens ist Überzeugungskraft letztlich wichtig, denn die suggestive Kraft, dass man bestimmte Ziele erreichen kann, entsteht natürlich auch durch Präsenz, durch Nachdruck, durch Begeisterungsfähigkeit und ausgestrahlte Energie.

- **Selbstvertrauen**
  Eine wichtige Grundlage für Führung besteht in einem grundsätzlichen Selbstvertrauen, das auch auf die eigene Zielerreichungskompetenz bezogen ist. Zutrauen in die eigenen Lösungskompetenzen erzeugen kann natürlich am ehesten derjenige, der sie sich wahrhaftig auch selber zutraut. Je mehr Selbstvertrauen Menschen haben, umso größere Ziele trauen sie sich selbst zu. Wer zaghaft und im Hinblick auf die eigenen Kompetenzen unsicher ist, wird selten nach den ganz großen Zielen und Herausforderungen greifen. Große Führungskompetenz braucht großes Selbstvertrauen.

- **Sensibilität und Empathie**
  Wir hatten beim Thema Motivation darauf hingewiesen, dass Führungskompetenz eine Interpretationssicherheit darüber voraussetzt, welche Ansprachestrategien für welche Persönlichkeiten die richtigen sind und mit welchen Botschaften, Motivatoren und Zielen man am ehesten emotionale Bereitschaft erzeugt. Insbesondere solche Führungskräfte, die besonders stark auf die Kraft der Motivation setzen wollen, benötigen viel Empathie.

- **Verhaltensflexibilität**
  Ein weiterer Punkt, der beim Thema Motivation wichtig ist, liegt in einer ausreichenden Verhaltensvariabilität. Als Führungskraft muss man – wenn man motivieren möchte – für unterschiedliche Persönlichkeiten unterschiedliche Rollen ausfüllen können. Für den einen Mitarbeiter ist man vielleicht der beratende Experte, für den nächsten der partnerschaftliche Weggefährte, für einen anderen der strafende Vater und für wiederum einen anderen der inspirierende Innovator. Je breiter das Rollenspektrum einer Führungskraft ist, umso größer ist das Potenzial, in unterschiedlichen Situationen und für unterschiedliche Partner anschlussfähig zu sein.

- **Durchsetzungsstärke**
  Gerade dann, wenn die verfolgten Ziele Widerstände hervorrufen, wird man als Führungskraft eine ausreichende Durchsetzungsstärke benötigen, um mit Beharrlichkeit und Konsequenz die eigenen Ziele weiterverfolgen zu können.

- **Konfliktmanagement**
  Führung ist in gewissem Sinne immer strategisches Konfliktmanagement, weil man als Führungskraft für den nachhaltigen Erfolg letztlich immer ein Team schaffen muss, das sich auf gemeinsame Ziele und Vorgehensweisen verpflichten lässt. Je mehr Heterogenität und Interessensunterschiede man innerhalb des Teams hat, umso größer ist die Führungsherausforderung beim Thema Konfliktmanagement.

- **Strategisches Denken**
  Führung setzt Ziele voraus, das hatten wir am Anfang ja bereits dargestellt. Je langfristiger und herausfordernder diese Ziele sind, umso besser muss auch die strategische Kompetenz einer Führungskraft sein, um die

richtigen Pläne und Vorgehensweise entwerfen und realisieren zu können (eine ausführlichere Darstellung der hier aufgeführten Kompetenzen finden Sie in den folgenden Kapiteln).

2.2   Die Geschichte der Kompetenz

Wenn man sich die Geschichte der Führungskompetenz anschaut, so stellt man fest, dass Führung die meiste Zeit der Menschheitsgeschichte überhaupt nicht als Kompetenz begriffen oder konzeptualisiert worden ist. Um diese Aussage zu verstehen, muss man sich folgende Überlegungen vor Augen führen: Von drei großen „Führungs-Kräften" gehen die eigentlichen Führungsimpulse aus. Bei der Beschreibung der Führungskompetenzen haben wir diese drei Führungs-Kräfte implizit bereits erklärt. Die erste große Führungs-Kraft ist **Sinn** und sie ist die Kraft, die auf der rationalen Ebene wirkt. Die zweite große Führungs-Kraft ist **Macht**. Sie beinhaltet die Möglichkeit, Ressourcen und Lasten so zu verteilen, wie es dem Machthaber beliebt. Auf diese Weise ist es möglich, Menschen zum Folgen zu zwingen. Das Bequeme besonders mächtiger Führungskräfte besteht darin, dass es genügt, die Macht „zu haben" ohne sie unbedingt benutzen zu müssen. Es genügt die symbolische Repräsentation der Macht, um für die Bereitschaft zu folgen ausreichend Furcht zu erzeugen. Die dritte Führungs-Kraft ist die Kraft der **Motivation**. Dies umfasst die positiv emotionale Einbindung der Geführten und die emotionale Belohnung der Geführten durch das Führungsgeschehen selbst.

Die historischen „Führungs-Kräfte" sind nur Macht und Sinn gewesen. Macht ist, wenn man es genau betrachtet, keine Kompetenz, sondern einfach ein Zustand einer bestimmten Ressourcenausstattung. Über viele Jahrhunderte wurde diese Macht eher geerbt als durch Leistung erworben. Sinn ist ebenfalls eher ein Zustand gewesen, der sich aus einem historischen Kontext ergab. Die Fragen, ob es sinnvoll ist, einen König oder einen Papst zu haben, wurden über viele Jahrhunderte hinweg nicht ernsthaft gestellt. Die beiden großen historischen Führungs-Kräfte Sinn und Macht benötigen daher deutlich weniger stark diejenigen Führungskompetenzen, an die wir heute denken. Erst als Motivation als Führungs-Kraft auf der Tagesordnung der Geschichte erschien (und dies ist kaum mehr als 70 oder 80 Jahre her), begann der Aufstieg der „sozialen Kompetenz" als Führungsattribut. In der historischen Entwicklung ist damit vor allen Dingen die Legitimation von Führungsanspruch und Führungsausübung interessant. Die älteste kann man als die „pharaonische Legitimation" bezeichnen: Man übt Führung aus, **weil man Gott ist**. Wenn man aus der Perspektive der Gottgleichheit führt, dann wird direkt deutlich, dass eine besondere Kompetenz nicht als Begründungszusammenhang oder Rechtfertigung für Führungsausübung notwendig war. Diese pharaonische Legitimation von Führung ist entwicklungsgeschichtlich die älteste Legitimation. Große Führer vergangener Zeiten haben sich nicht durch ihre herausgehobene Kompetenz gerechtfertigt, sondern durch ihre Gottgleichheit oder Gottgesandtheit. Im nächsten Schritt folgt die „monarchische Legitimation", in der der Führungsanspruch durch die **Stellvertretung Gottes auf Erden** gerechtfertigt wurde. Auch wenn der Führungsanspruch auf den ersten Blick etwas weniger absolut ist als in dem vorangegangenen Legitimationsanspruch, so ist doch auch hier keine besondere Kompetenz zur Rechtfertigung von Führungsausübung notwendig gewesen. Diese Sichtweise änderte sich letztendlich erst in der Renaissance, als die Menschen begannen, individuelle Unterschiede im Talent als Voraussetzung für unterschiedlich ausgeprägten individuellen Erfolg zu begreifen. Das **Genie** ist ein Konzept der Renaissance. Führung begann sich nun langsam dadurch zu legitimieren, dass man über herausgehobene und „bessere" Fähigkeiten verfügte als andere Personen. Die Tatsache, dass Machiavelli als „Physiker der Macht" in dieser Zeit die Unterschiede zwischen erfolgreichen und weniger erfolgreichen Führungskräften untersuchte (und dabei zu Ergebnissen kam, die man heute eher als Ratgeber des Boshaften liest), war eine Begleiterscheinung dieser Denkweise. In einer sich in den Zeiten der Aufklärung langsam entwickelnden Führungstradition begann man schließlich, **Vertrauen** als Führungslegitimation zu akzeptieren. Wenn Führungskräfte das Vertrauen der Geführten erwerben und rechtfertigen müssen, lässt sich Macht zähmen, weil man sie plötzlich an Erfolgskriterien binden kann. Das Genie der Renaissance hätte sich einer „Abwahl" noch dadurch entgegenstellen können, dass die minderbegabten Geführten letztendlich nicht intelligent genug gewesen seien, um das Genie des Führers zu erkennen. Wenn Vertrauen aber das Prinzip ist, müssen Führungskräfte ihre Machtausübung rechtfertigen und Nutzen und Erfolg bringen. Wer diesen Nutzen und Erfolg nicht bringt, dem kann das Vertrauen auch entzogen werden.

Die Idee der heutigen Form der **Demokratie** war geboren und letztendlich auch die Idee des freien Unternehmertums. In diesen Kontexten werden Führungskräfte, die nicht erfolgreich sind, abgestraft und aus ihrer Verantwortung entfernt. Historisch gesehen begann damit die Zeit der Führungskompetenz, wie wir sie heute kennen. Plötzlich wurden Unterschiede in den Erfolgsstrategien relevant für die Aufrechterhaltung der Führungsverantwortung und man musste das Vertrauen der Geführten immer wieder neu erwerben und rechtfertigen. Dieses Prinzip ist uns heute nicht nur als demokratisches Prinzip vertraut, sondern letztendlich auch das Prinzip im Unternehmen, wo man Menschen zu Führungskräften macht, wenn sie das Vertrauen auslösen, die gewünschten Erfolge herbeizuführen. Führungskräfte werden entlassen, wenn sie ihre Versprechen nicht einlösen.

In der Anfangszeit von Demokratie und Liberalität (so z. B. im alten Griechenland) war Führungskompetenz vor allen Dingen Überzeugungskraft und strategische Kompetenz. Überzeugungskraft brauchte man, um wählbar zu sein, und strategische Kompetenz brauchte man, um die (vor allem politischen und militärischen) Ziele erreichen zu können. Erst in den 20er- und 30er-Jahren des letzten Jahrhunderts begann man, den sozialen Aspekt der Führungskompetenz wesentlich stärker in den Vordergrund zu rücken. Man respektierte von nun an, dass Menschen auch in ihrer Arbeit emotionale Bedürfnisse haben, die vonseiten der Führung Berücksichtigung finden müssen. Die ersten Überlegungen zum Thema Motivation als Führungskompetenz im Arbeitsleben waren geboren. In den darauffolgenden 70 bis 80 Jahren trat dann eine Reihe von Modeerscheinungen auf, die jeweils einen ganz bestimmten Aspekt der Führungskompetenz besonders in den Vordergrund rückten. Besonders prägend waren hier beispielsweise die in den 30er-Jahren beginnenden Management-by-Objectives-Ansätze oder die in den 60er- und 70er-Jahren dominanten gruppendynamischen Ansätze, die Authentizität und Teamfähigkeit eines Führers in den Vordergrund rückten. Einen Überblick über die wesentlichen Schwerpunkte der Führungskonzepte der vergangenen 80 Jahre gibt die folgende Tabelle:

Führungsansätze	Zeitliche Einordnung	Inhaltliche Schwerpunkte
Eigenschaftstheoretische Ansätze	Anfang 20. Jhd., besonders 1920er- bis 1940er-Jahre	Führungserfolg wird als abhängig von den Persönlichkeitseigenschaften angesehen, die sowohl angeboren wie erworben sein können.
		Während in den 20er- und 30er-Jahren die Bedeutung physischer Eigenschaften, z. B. Alter und Körpergröße einer Führungsperson, erforscht wurde, wandte man sich in den späteren Untersuchungen vermehrt der Analyse geistiger Fähigkeiten zu, z. B. Intelligenz, Belastbarkeit, Kreativität, Selbstbewusstsein, Risikobereitschaft, Willensstärke.
		Wesentliches Merkmal ist, dass die Führungskraft selbst und nicht ihre Verhaltensweisen, die Führungssituation oder ihre Mitarbeiter im Fokus des Interesses stehen.

Führungsansätze	Zeitliche Einordnung	Inhaltliche Schwerpunkte
Verhaltenstheoretische Ansätze	1940er- bis 1960er-Jahre	Für den Führungserfolg werden verschiedene Kategorien von Verhaltensweisen und deren Kombination als wichtig erachtet: 1. Verhalten, das auf die Beziehung zwischen Führungskraft und Mitarbeitern abzielt (Unterstützung, Respekt, Vertrauen) und 2. Verhalten, das sich auf die Aufgabenerfüllung bezieht (Strukturierung der Arbeit, Zuteilung von Aufgaben). Praktische Implikationen kann man z. B. im Management-by-Objectives-Ansatz ausmachen, in dem es einerseits um die Vorgabe zu erreichender Ziele, d. h. die Strukturierung der Arbeit, andererseits aber auch um die Unterstützung und Bereitstellung von Ressourcen zur Zielerreichung geht. Wesentliches Merkmal ist, dass der Fokus nicht mehr auf Führungseigenschaften, sondern auf Führungsverhalten und damit auch auf verschiedenen Führungsstilen liegt, d. h. es geht zunehmend darum, welches Verhalten der Führungskraft die Zufriedenheit und Leistungsfähigkeit der Mitarbeiter beeinflusst.
Situationstheoretische Ansätze (kontingenztheoretische Ansätze)	1960er- bis 1990er-Jahre	Der Führungserfolg wird als abhängig davon gesehen, wie gut der Führungsstil zur jeweiligen Situation passt. Damit rücken neben den beiden Verhaltenskategorien (beziehungs- und aufgabenorientiertes Verhalten) erstmals Komponenten der Führungssituation in den Fokus. Fazit dieser Ansätze ist, dass nicht nur ein bestimmter Führungsstil zu favorisieren ist, sondern die Effektivität der Führung vom Zusammenspiel des Führungsstils und der Situation abhängt. Erstmalig wird vereinzelt auch die Motivation der Mitarbeiter als Situationsvariable angesehen und es wird davon ausgegangen, dass die Führungskraft die Motivation des Mitarbeiters durch ihr Führungsverhalten beeinflussen kann, indem sie z. B. die Zielerreichung für den Mitarbeiter attraktiv gestaltet und hilfreich eingreift. Führungsaufgabe ist damit auch, Ziele zu erklären und an relevante Anreize für den Mitarbeiter zu knüpfen.

Führungsansätze	Zeitliche Einordnung	Inhaltliche Schwerpunkte
Interaktionstheoretische Ansätze	Späte 1970er-Jahre bis Anfang 21. Jhd.	Führung wird als Interaktion zwischen Führungskraft und Mitarbeitern im Führungsprozess angesehen. Der Führungsprozess wird als Austauschbeziehung und eine Aufeinanderfolge von Beeinflussungsaktionen zwischen der Führungskraft und den einzelnen Mitarbeitern verstanden. Dabei ist die gegenseitige Verpflichtung ein zentraler Bestandteil. Es geht damit nicht mehr um die isolierte Person des Führenden, die Gruppe der Geführten oder die gegebene Situation, sondern um das komplexe Zusammenspiel unter Berücksichtigung des ständigen Wandels.
		Die Beschaffenheit der Beziehungen zwischen Führungskraft und einzelnen Mitarbeitern sowie des gegenseitigen Einflusses steht also im Fokus. Hochwertige Beziehungen basieren auf gegenseitigem Vertrauen, niederwertige Beziehungen auf der bloßen Erfüllung von Abkommen.
		Mit dem transaktionalen Führungskonzept werden dabei Führungskonstellationen beschrieben, die überwiegend formal geregelt sind und einen wirtschaftlichen Austausch zwischen Führungskraft und Mitarbeitern bezeichnen. Dies wäre somit eine niederwertige Beziehung und kann sich im Sinne von Managementansätzen im Management by Exception niederschlagen. Dabei überwacht die Führungskraft die Aufgabenerfüllung des Mitarbeiters durch Systeme und schreitet ein, um Korrekturen vorzunehmen.
		Bei hochwertigen Beziehungen kann als praktische Implikation davon ausgegangen werden, dass es zur Ausprägung von Management by Motivation, by Participation oder auch by Delegation kommt, d. h. zu Ansätzen, die auf eine erhöhte Eigenverantwortlichkeit der Mitarbeiter abzielt.

Führungsansätze	Zeitliche Einordnung	Inhaltliche Schwerpunkte
„Hybridansätze"	Seit 1980er-Jahre	Emotionale Aspekte des Führungsprozesses stehen im Fokus des Interesses.
		Führung wird zunehmend auch als Entwicklung der Fähigkeiten und Potenziale der Mitarbeiter gesehen, um letztlich deren Blick auf die übergeordneten Ebenen wie die Mission und Vision des Gesamtunternehmens zu lenken.
		Hier kommen Konzepte wie charismatische oder transformationale Führung (die Führungskraft erkennt Bedürfnisse der Organisation und ihrer Mitarbeiter und kann diese übereinbringen und über die Formulierung von erstrebenswerten Zukunftsszenarien eine intrinsische Motivation bei den Mitarbeitern erzeugen) zum Tragen.
		Die Hybridansätze verbinden somit im transformationalen oder charismatischen Führungsverständnis die vorhergehenden Ansätze und berücksichtigen Eigenschaften, Verhaltensweisen, Situationsmerkmale und deren Zusammenspiel.

Tab. 2.1: Wesentliche Schwerpunkte der Führungskonzepte

2.3 Die individuelle Entwicklung der Kompetenz

Die individuelle Entwicklung von Führungskompetenz und Führungspotenzial lässt sich nicht ausschließlich durch Trainings- oder Übungseffekte erklären. Es gibt eine wesentlich fundamentalere Kraft, die der Entwicklung dieser Kompetenz vorangehen muss. Um dies zu verstehen, muss man sich überlegen, dass Führungspotenzial immer voraussetzt, **sich selbst in größeren Schuhen sehen zu können**. Nur so kann man sich aufmachen, den Weg zur Realisierung des eigenen Potenzials zu beschreiten und trotz Anstrengung und Gegnern auch erfolgreich zu Ende zu führen. Wir sehen also, dass Führungskompetenz eine starke innere Energiequelle braucht, die uns drängt, das eigene Potenzial zu realisieren.

Im Grunde genommen startet Führungskompetenz immer mit einer Unzufriedenheit. Ohne Unzufriedenheit gibt es kein Führungspotenzial. Wer sich mit dem Status quo versöhnt, der hat keine Ziele, für die sich die Mühsal der Realisierung von Führungspotenzial lohnt. Hierbei ist es gleichgültig, ob diese Ziele ichbezogen sind oder altruistisch. Wer dort angekommen ist, wo er zufrieden ist, der hat die Grenze seines Führungspotenzials erreicht. Insofern beginnt jedes Führungspotenzial mit einer Kränkung, einer Verwundung, einem Leidensdruck, einer Unzufriedenheit und einem inneren Aufbegehren. Wer komplett mit sich „im Reinen" ist, braucht überhaupt nicht in größere Schuhe zu schlüpfen. Nur wer in diesem Sinne eine „offene Rechnung mit sich selbst" hat, gewinnt die Energie, sich auf den Weg zur Realisierung seines Potenzials zu machen.

Diese Überlegung soll keineswegs pathologisch klingen. Man könnte mit anderen Worten auch sagen, dass derjenige, der sich mit der Welt so abfinden kann, wie sie ist, über kein Führungspotenzial verfügt. Nur derjenige, der sieht, dass etwas anderes besser, erfolgreicher, schöner, angenehmer, lebenswerter, sicherer, positiver oder motivierender sein könnte als es gegenwärtig ist (egal, ob für sich selbst oder für andere), nur der beginnt nach Größerem zu streben. Im Laufe der Lebensbiografie beginnen Menschen mit dieser Art von Unzufriedenheit (deren Wurzeln sicherlich bis in die frühen Lebensjahre reichen) erste Erfolgsstrategien auszuprobieren. Wer beispielsweise Angst vor Unsicherheit hat (und hieraus seine innere Energie bezieht), wird vielleicht zum gewissenhaften Perfektionisten. Wer sich selbst klein und unbedeutend fühlt, wird vielleicht Möglichkeiten suchen, die eigene Kompetenz und Größe zu beweisen. Wer sich ungeliebt und einsam fühlt, wird um Anschluss und Zuneigung kämpfen. Wer sich eingeengt und in seinen Möglichkeiten begrenzt fühlt, wird möglicherweise sein rebellisches Potenzial entdecken und entfalten. Am Anfang einer Lebensbiografie ist diese Kraft noch nicht so zielgerichtet und testet sich an unterschiedlichen Themen aus. Kinder und Jugendliche mit Führungspotenzial probieren sich an unterschiedlichen Themen aus, in denen sie das eigene Potenzial realisieren möchten. Bei einigen Themen scheitern sie und suchen sich neue „Baustellen", um das eigene Potenzial auszuprobieren. Der junge Erwachsene wird – wenn es gut läuft – schon eher wissen, welche Herausforderungen am besten zum eigenen Führungspotenzial passen und welche eher nicht. Man gewinnt Kenntnisse und Erfahrungen hinzu, man lernt sich besser kennen und findet dann irgendwann seine Bestimmung. Junge Führer haben noch unspezifische, ungestüme Ziele, die sich oft eher an Vorbildern orientieren („ich würde gerne sein wie …"). Reife erwachsene Führer haben spezifische und konkrete Ziele („ich würde gerne meine Abteilung umstrukturieren, um die Prozesse zu erleichtern"). Ältere Führer haben häufig bescheidene Ziele, die das Lebenswerk vervollständigen („ich möchte meinen Nachfolgern und dem Unternehmen eine sauber aufgestellt und funktionierende Abteilung hinterlassen").

Führungspotenzial entwickelt sich,

- wenn eine ausreichende Energie und Unzufriedenheit da ist, um sich selbst in größeren Schuhen zu sehen und um in diesen größeren Schuhen etwas zur Realisierung des eigenen Potenzials zu tun,

- wenn die Führungspersönlichkeiten die richtigen „Baustellen" und Herausforderungen entdecken, die am besten zum eigenen Potenzial passen,

- wenn man anderen Menschen vermitteln kann, dass etwas sein könnte, was noch nicht ist (das verlockende Ziel), und dass man als Führungsperson weiß, wie man dies Wirklichkeit werden lassen kann,

- wenn man diese Ziele und die Erklärungen für den Weg dahin so enthusiastisch vermitteln kann, dass man das Zutrauen in die eigene Bewältigungskompetenz erzeugt,

- wenn man in der Lage ist, unterschiedliche Persönlichkeiten so zu adressieren, dass sie sich zum Mitmachen bewegen lassen und

- wenn es gelingt, die eigenen Erfolgstheorien in neue Strukturen (im Unternehmen sagt man Prozesse) zu gießen und dadurch ein Wachstum der eigenen Bewegung unabhängig von der eigenen Person zu erzeugen. Wenn man so weit ist, ist man angekommen und kann sich große Führungsleistungen zutrauen.

2.4 Form der Kompetenz und Typologien

Bevor wir zu den Typologien einer Führungskraft kommen, sind an dieser Stelle noch einmal einige grundsätzliche Bemerkungen zur Ausübung von Führungskompetenz wichtig:

Wir betrachten natürlich Führungskompetenz sehr stark als eine individuelle Kompetenz, weil wir das Führungspotenzial für viele Anwendungsfälle analysieren und beschreiben müssen. Nichtsdestotrotz muss man sich auch noch folgenden Mechanismus vor Augen führen: Wir hatten am Anfang ja beschrieben, dass Führung nicht nur durch persönliche Einwirkung zustande kommt, sondern auch durch Strukturen, die Führungskräften einen Teil der Führungsarbeit abnehmen. Individuelle Führungskompetenz wird natürlich vor allen

Dingen da benötigt, wo die äußeren Führungsstrukturen nicht so stark sind. Oder anders gesprochen: Wenn es einen Kontext mit sehr starken Führungsstrukturen gibt, d. h. wenn Regeln, Kontrollmechanismen, Prozessabläufe und Steuerungsmechanismen so stark sind, dass das Verhalten der Geführten durch diese Mechanismen bereits sehr ausgeprägt gelenkt wird, so kann man sich durchaus „schwache" Führungskräfte leisten. Starke Strukturen können schwache Führung kompensieren! Dies führt zu dem Fakt, dass einem in der Realität immer wieder Kontexte begegnen, in denen die Führungskraft als Person nicht besonders überzeugend wirkt, in der das Gesamtsystem aber trotzdem Erfolge realisiert. Bei genauerem Hinsehen erkennt man dann nicht selten, dass die Erfolge eher sehr guten und starken Strukturen zuzurechnen sind als der Leistung der Führungsperson.

Natürlich gibt es in der Realität zumeist beides, Strukturen und Führungspersönlichkeit, aber das Ausmaß des Erfolgsbeitrages dieser beiden Aspekte kann unterschiedlich stark sein. Auch der Straßenverkehr, der anfangs als ein Raum beschrieben worden ist, in dem Führung vor allem durch Strukturen stattfindet, braucht den gelegentlichen Verkehrspolizisten. Auch diejenige Führungsperson, die selbst eine Bewegung gründet, die sehr stark auf den Führer selbst ausgerichtet ist (stellen Sie sich beispielsweise vor, Sie würden eine Sekte gründen), braucht irgendwann Strukturen, die in der Lage sind, die Führungspersönlichkeit zu überdauern. Wenn Sie also im folgenden Abschnitt unsere Führungstypologien studieren, so denken Sie daran, dass diese in der hier skizzierten, idealtypischen Form im gewissen Sinne extrem wirken und in der Realität zumeist in etwas moderaterer Ausprägung vorkommen. In der Realität gibt es eben auch immer Strukturen, die die Unvollkommenheit der realen Führungskräfte kompensieren. Letztlich ist dies eine der großen kulturellen Leistungen der Menschheit, dass wir durch das Schaffen guter Strukturen auch Menschen zu Führungskräften machen können, die nicht über das ideale charismatische Profil verfügen. Erst als es den Menschen gelang, durch gute Strukturen die Unvollkommenheit der meisten Führungspersonen zu kompensieren, wurden die unglaublichen Leistungen möglich, die die Menschen in ihrer Kulturgeschichte erbracht haben.

Die vier idealtypischen Führungspersönlichkeiten lassen sich nun wie folgt beschreiben:

- **Die majestätische Führungskompetenz**
  Die majestätische Führungskompetenz erwächst aus dem Glauben der Führungskraft an die Überlegenheit und Besonderheit des eigenen Führungspotenzials. Führungskräfte mit diesem Profil distanzieren sich von

den Geführten und umgeben sich mit einer hierarchischen Aura. Sie inszenieren sich und heben dadurch ihre Besonderheit hervor. Sie regeln den Zutritt zu sich und regieren aus der Distanz, nicht aus der Nähe. Sie haben keine Angst vor unpopulären Entscheidungen und begründen diese mit übergeordneten Zielen. Damit besteht das Potenzial, sich auch große Führungsleistungen zuzutrauen.

- **Die missionarische Führungskompetenz**
  Der Missionar hat immer eher kulturelle Ziele, die das Zusammenleben der Menschen und ihr Glück betreffen, und weniger Erfolgsziele im Dienste einer bestimmten Sache. Missionarische Führungskräfte legen darum viel Wert auf das Miteinander, sind nahbar, zugänglich, hilfsbereit und unterstützend, sie kämpfen für das Gute und versprühen viel Idealismus.

- **Die patriarchalische Führungskompetenz**
  Der Patriarch gewährt Sicherheit und Fürsorge, aber er ist streng und fordernd. Er hat nicht die Nähe des Missionars, aber auch nicht die Inszenierungsmotivation der majestätischen Führungskraft. Der Patriarch schafft klare Regeln und Strukturen, ist streng in der Kontrolle und bei Verfehlungen, lebt aber selbst unter Umständen asketisch und hält nicht viel von „Show" oder Exhibitionismus.

- **Die rebellische Führungskompetenz**
  Der Rebell ist voller Wut und Hoffnung. Er hat nicht die Erhabenheit der Majestät, nicht die abgeklärte Distanz des Patriarchen, aber dafür die emotionale Dynamik, die ihn eine „Anführer-Bande-Stimmung" erzeugen lässt. Der Rebell ist nicht so prinzipientreu und berechenbar wie der Patriarch, aber dafür ist er ein echter Innovator, der auch radikale Veränderungen entwerfen und durchsetzen kann.

2.5 Äußerungsformen der Kompetenz

Führungskompetenz, die einhergeht mit Ehrgeiz, Dominanz und Einflussnahme, zeigt sich in den unterschiedlichsten Bereichen und ist anders als andere Kompetenzen auch losgelöst vom beruflichen Kontext zu beobachten.

Im **Berufsleben** suchen sich Menschen mit einer ausgeprägten Führungsmotivation Positionen und Unternehmen, in denen sie Einfluss nehmen können. Das Berufsleben erlaubt ihnen das Ausleben ihrer Führungsmotivation, sozusagen als Spielwiese, wo Führung für sie umsetzbar ist. Menschen, die als Führungskraft im Berufsleben erfolgreich sind, verfügen über einen hohen Gestaltungsdrang, wollen Dinge bewegen und können andere von ihren Ideen und Zielen überzeugen. Die Ausprägung beziehungsweise Art und Weise, wie Führungskräfte dies erreichen, ist dabei von ihrem Charakter abhängig. Unterschiedliche Führungskräfte kommen auf unterschiedlichen Wegen zum Ziel, deswegen ist eine Definition allgemeingültiger Persönlichkeitsfacetten für Führungskräfte auch so schwierig. Eher beziehungsorientierte Führungskräfte erzielen ihren Erfolg durch Motivation, Teamspirit und Partnerschaftlichkeit im Umgang mit den Geführten. Sehr dominante und fordernde Führungskräfte treiben ihre Mitarbeiter zu Höchstleistungen, was nicht immer angenehm ist, aber doch manchmal sehr erfolgreich. Wieder andere Führungskräfte konzentrieren sich sehr stark auf das Schaffen guter Strukturen und Prozesse und haben einen geringeren Bezug zu den Menschen, auch das funktioniert in bestimmten Umfeldern sehr gut. Allen gemeinsam ist aber, dass sie Ziele erreichen wollen und dazu auf ihr berufliches Umfeld einwirken müssen.

Im **Privatleben** finden sich Menschen mit einer ausgeprägten Führungsmotivation beispielsweise im Sport als Mannschaftsführer, in ehrenamtlichen Tätigkeiten, in denen sie gestalten und neue Strukturen gründen und etablieren können. In Interviews erlebt man häufig, dass sich führungsmotivierte Menschen z. B. ehrenamtlich engagieren und nicht selten auch aus sich heraus eigene Initiativen gestartet haben. Auch in politischen Ämtern treffen wir häufig Menschen mit einer hohen Führungsmotivation. Allerdings korrespondiert diese Führungsmotivation im Privatleben nicht unbedingt mit der Ambition im Berufsleben. Die Führungsmotivation sucht sich dann einfach nur ein anderes Betätigungsfeld als den Beruf. Beruflich stark eingespannte Führungskräfte erklären häufig, dass ihnen die Zeit für größeres privates Engagement fehle, weil der Beruf so stark im Vordergrund stehe.

Aber auch in Freundschaften und familiären Situationen können wir unterschiedliche Ausprägungen von Führung erleben. Führung liegt letztlich in jeder Art von sozialer Beziehung „in der Luft". Bei sehr kooperativen Partnerbeziehungen kann das Thema Führung etwa themen- oder anlassbezogen wechseln. In anderen Beziehungen gibt es vielleicht einen übergreifend dominanteren Part. In beiden Fällen sagt uns das noch nichts über den Erfolg einer Partnerschaft aus. Vielmehr kommt es in dieser Art der Führungssituation darauf an, dass alle mit ihren Rollen zufrieden sind.

In der **Gesprächsführung und Kommunikation** nehmen Menschen mit einer ausgeprägten Führungskompetenz häufig eine aktive und steuernde Rolle ein. Menschen mit einer ausgeprägten Führungskompetenz sind oft sehr gut dazu in der Lage, andere Gesprächspartner so anzusprechen und abzuholen, dass sich diese für die angestrebten Ziele mitnehmen lassen. In Kommunikationssituationen sieht man Führung vor allem daran, dass ein Gesprächspartner eine stärkere situative Kontrolle in dem Gespräch ausübt. Führungskommunikation ist aktiv (nicht abwartend oder passiv), sie ist direktiv (nicht nur reaktiv oder zufällig) und sie ist sensitiv (weil sie den Gesprächspartner so anzusprechen weiß, dass sich dieser für die Ziele einbinden lässt). Führungskommunikation erkennt man daran, dass die Führungspersönlichkeit in einem bestimmten kulturellen Umfeld weiß, wie man sich als führende Person positioniert: In vielen beruflichen Umfeldern erkennt man beispielsweise die Führungskraft daran, dass sie bei Besprechungen den „Vorsitz" übernimmt (am Kopfende des Tisches), dass sie Sitzungen einleitet und schließt, dass sie der „Drehpunkt" der Kommunikation ist. Wer in Gesprächen führt, der erlangt die Kontrolle dadurch, dass er bei bestimmten Themen verstärkt (lauter wird, die Anspannung steigen lässt, Nachdruck erzeugt) oder – andersherum – abschwächt.

2.6 Berühmte Repräsentanten

Natürlich gibt es für Führungskompetenz eine unzählige Menge berühmter Repräsentanten. Besonders Politiker oder in der Öffentlichkeit stehende Unternehmenslenker sind hier für uns sichtbar. Oftmals können wir sogar den Charakter vieler öffentlicher Führungspersönlichkeiten recht gut einschätzen, weil Machtfülle Charakter immer deutlicher zutage treten lässt als Machtlosigkeit. Wer weitreichende Entscheidungen fällt, zeigt unvermeidbarer etwas über seine Prioritäten, Motivationen und Präferenzen als ein Machtloser.

Erinnern wir uns an die vier idealtypischen Führungspersönlichkeiten, die in Abschnitt 2.4 skizziert worden sind. Vielleicht sind Ihnen beim Lesen bereits Repräsentanten aufgefallen, die Sie sehr stark mit einem dieser Führungspersönlichkeitstypen in Verbindung bringen würden. Wenn wir nun über berühmte Repräsentanten reden, wollen wir uns hierbei an den in Abschnitt 2.4 eingeführten Typologien orientieren:

- **Die majestätische Führungskompetenz**
  Wenn Sie sich Repräsentanten für diese Äußerungsform der Führungskompetenz vor Augen führen, so denken Sie an Personen mit einer gewissen aristokratischen Aura, die aus dem Selbstbewusstsein der eigenen Überlegenheit für die Geführten Klarheit erzeugen konnten und die

die unumstößliche Autorität repräsentierten, die Wirklichkeit zu deuten, die Zukunft zu deuten und die Erklärung abzugeben, wie dieser Weg beschritten werden könnte. Haben Sie vielleicht erste Führungskräfte vor Augen, die Sie in dieser Führungskompetenz verorten würden? Denken Sie vielleicht auch an Papst Johannes Paul II. oder an Richard von Weizsäcker? Wenn Sie an Unternehmenslenker denken, so erinnern Sie sich vielleicht an Edzard Reuter oder an Hans-Olaf Henkel. All diese waren Persönlichkeiten, die ihre Autorität eher aus der Distanz als aus der Nähe erhielten. Aus der unerschütterlichen Klarheit der Ziele und Forderungen, durchaus aber auch aus der gekonnten Selbstinszenierung und aus der Zuversicht, auch große Themen anpacken zu können.

- **Die missionarische Führungskompetenz**
  Von den vier Führungstypologien ist die missionarische Führungskompetenz am schwierigsten durch große öffentliche Repräsentanten zu beschreiben. Führungskräfte mit einem starken kulturellen Auftrag und mit der damit einhergehenden hohen Beziehungsorientierung und einer gewissen „Beglückungsmotivation" für die Geführten geraten üblicherweise nicht an die Spitze von Konzernen und werden auch keine öffentlichkeitswirksamen Politiker. Darum gibt es für diese Typologien so wenige Repräsentanten, die wir alle kennen. Einer ihrer glaubwürdigsten und für die Führungslehre recht einflussreichen Vertreter ist jedoch Robert Shackleton gewesen, der berühmte Polarforscher. Das Interessante war, das es viele Personen gab, die sich mit Shackleton auf Polarexpeditionen begeben haben, denen letztlich die Polarerforschung völlig egal gewesen ist. Shackleton hat Bewerber und Interessenten für seine Expedition gehabt, denen es ausschließlich um das Führungserlebnis ging, das sich unter seiner Führung einstellte. Er war schon zu seinen Lebzeiten berühmt für seine unglaubliche Wertschätzung, seine motivierende Kraft, für den Gruppenzusammenhalt, den er erzeugen konnte, und für seine unglaubliche Aufopferungsbereitschaft für die Geführten (so gab Shackleton einmal einem Expeditionsteilnehmer, der einen Handschuh verloren hatte, einen Handschuh von sich ab, obwohl ihm das bittere Erfrierungen einbrachte). Das Missionarische ist also gewesen, dass Shackleton Führung selbst zum Erlebnis machte und die eigentlichen Ziele dahinter (die Erforschung des Pols) zurücktraten. Er war damit ein Missionar in ganz eigenem Sinne. Das Zusammenleben und der Umgang der Menschen miteinander war für ihn die entscheidende Größe in der Führung. Shackleton ist damit (auch wenn er heut-

zutage damit nicht mehr häufig zitiert wird) zu einem Wegbereiter vieler Motivationstheorien geworden und auch zum geistigen Vater der heute immer noch angewandten Erlebnispädagogik.

- **Die patriarchalische Führungskompetenz**
  Bei den Patriarchen denken wir an Führungspersönlichkeiten, die Sicherheit und Ordnung stiften und die Welt beherrschbar und kontrollierbar machen, die streng, aber auch fürsorglich, dabei prinzipienfest und ihrem Wesen nach eher konservativ regieren (sie sind eben keine Rebellen). Haben Sie schon Führungspersönlichkeiten vor Augen? Hier finden wir natürlich eine ganze Menge berühmter Vertreter. Denken Sie an Konrad Adenauer oder Helmut Kohl oder vielleicht auch an Hans-Jochen Vogel? Im unternehmerischen Kontext fallen Ihnen vielleicht Persönlichkeiten wie die beiden Albrecht-Brüder ein, die mit strenger Hand ihr Imperium regierten, dabei aber selbst auf eine für den Außenstehenden schwer nachvollziehbare Art bescheiden geblieben sind und jeden Rummel und jede Inszenierung um sich vermieden haben (majestätische Führungskräfte hätten ihr Milliardärssein anders ausgekostet).

- **Die rebellische Führungskompetenz**
  Der Rebell lässt sich nicht einengen oder festlegen. Er lässt sich nicht so gerne auf nachhaltige Strukturen verpflichten (sonst wäre er ja ein Patriarch), sondern lebt im ständigen Kampf und Gegenentwurf gegen das, was ist, und das, was sich etabliert. Haben Sie auch hier schon jemanden vor Augen? Vielleicht denken Sie an den jungen Joschka Fischer oder an Oskar Lafontaine, vielleicht aber auch an Michael O'Leary, den provokanten Vorstand der Ryanair Fluggesellschaft? Die Lust an der Provokation, der Wille sich aufzulehnen und die Unwilligkeit, sich in langfristige Regeln und Strukturen pressen zu lassen, zeichnet diese Führungspersönlichkeiten aus.

2.7 Diagnose der Kompetenz

Wie wir eingangs bereits dargestellt haben, ist die Diagnose von Führungspotenzial und Führungskompetenz sowie natürlich deren anschließende Entwicklung eine Schlüsselherausforderung für viele Unternehmen. Dies gilt einmal mehr, vergegenwärtigt man sich den zunehmenden Wettbewerb um Führungskräfte, der aufgrund des demographischen Wandels verschärft wird. Wegen dieser zentralen Wichtigkeit der Führungskompetenz kommt ihrer Diagnose in Unternehmen im Bereich der Potenzialanalyse eine ebenso bedeutende Rolle zu. Es geht darum, einen Prädiktor für erfolgreiche Führungsleistungen in der Zukunft zu erhalten.

Wir haben in den letzten Kapiteln ein Grundverständnis von Führung beschrieben, das zur Diagnose der relevanten Kompetenzbereiche eine geeignete und umfassende Ausgangsbasis darstellt. Darüber hinaus haben wir im Zuge dessen aber auch gesehen, dass die Führungskompetenz eine Reihe weiterer Kompetenzen in sich vereint (Überzeugungskraft, Selbstvertrauen, Sensibilität und Empathie, Verhaltensflexibilität, Durchsetzungsstärke, Konfliktmanagement, Strategisches Denken).

Mit welchen Methoden kann man nun also Führungspotenzial und Führungskompetenz in ihren Kernaspekten erheben und sichtbar machen? Dies kann, entsprechend der Vielschichtigkeit und übergreifenden Wichtigkeit dieser Kompetenz, auf verschiedene Weise und mit unterschiedlichen Zugängen und diagnostischen Verfahren geschehen. Wie bei der Diagnose anderer Kompetenzen bietet sich auch bei der Erhebung der Führungskompetenz ein Vorgehen an, das es erlaubt, sowohl die Orientierung und Motivation als auch das Repertoire an Verhaltensstrategien und die bisherigen Erfahrungen im Führungskontext zu erheben und zu beobachten. Als hilfreich hierzu hat sich der Einsatz der folgenden Bausteine erwiesen:

- Eine Befragung über das Selbstkonzept zum Thema Führung (Interview): Dies ist die Hauptmethode in Auswahlgesprächen mit Bewerbern.

- Eine Befragung anderer, die zu Kernelementen der Führungskompetenz eine relevante Aussage treffen können (z. B. in Form eines 360°-Feedbacks): Diese Herangehensweise wird man vor allem als Tool in der Entwicklung bestehender Führungskräfte heranziehen.

- Eine Beobachtung der Führungskompetenz in arbeitsrelevanten Übungen (Simulationen klassischer Führungssituationen in Assessment Centern (AC) und Development Centern): Bei dieser Methode geht es vielfach um Potenzialfragen. Das Gruppen-AC begegnet einem oft in der Auswahl von Nachwuchskräften, interne Development Center dienen zumeist der Identifikation von Potenzialträgern für weitergehende Führungsaufgaben.

2.7.1 Interview

In einem teilstrukturierten Interview kann das Selbstbild einschließlich der Orientierung und Führungsmotivation sowie zugleich auch Wissen und Erfahrungen eines Teilnehmers im Kontext von Führung erfragt werden.

Mit Blick auf die übergreifende Orientierung und Motivation zu führen hatten wir in Abschnitt 2.4 beschrieben, dass es eine notwendige Bedingung ist, „sich in größeren Schuhen sehen zu können" bzw. noch ungenutzte Potenziale bei sich selbst zu sehen. Durch die Beschreibung vergangener Situationen, in denen genau dies bei den Teilnehmern eines Interviews zutage getreten ist, lässt sich auch bereits auf die Ausprägungsstärke der Führungsmotivation beziehungsweise der Motivation Dinge zu bewegen schließen.

Daneben wurde festgehalten, dass die Führungskompetenz von Menschen umso größer ist, je erfolgreicher es gelingt, dass andere Menschen ihnen engagiert folgen. Vor diesem Hintergrund stünden Fragen im Mittelpunkt, die den Befragten beschreiben lassen, auf welche Art und Weise dies in der Vergangenheit gelungen ist beziehungsweise welche Ideen für entsprechende Strategien formuliert werden können. Das heißt, hier zielen die Fragen vorrangig auf das Wissen, die Vorgehensweisen, die eingesetzten Führungsinstrumente und die damit gemachten Erfahrungen ab.

Mögliche Fragen für teilstrukturierte Interviews, in denen die Führungskompetenz erhoben werden soll

In diesem Unterkapitel wollen wir Ihnen eine Auswahl typischer Interviewfragen vorstellen, mit deren Hilfe man sowohl die unterschiedlichen Facetten (Orientierung und Führungsmotivation, Wissen um Führungsinstrumente, Erfahrungen im Führungskontext) als auch einzelne Aspekte, d. h. die bereits beschriebenen Co-Kompetenzen Überzeugungskraft, Selbstvertrauen, Sensibilität, Empathie, Verhaltensflexibilität, Durchsetzungsstärke, Konfliktmanagement und strategisches Denken erheben kann.

Überzeugungskraft in der Kommunikation von Zielen

- Welche Strategien nutzen Sie, wenn es darum geht, andere Menschen für Ihre Ideen zu gewinnen? Was macht Sie in dieser Hinsicht erfolgreich?

- Wie gehen Sie bei der Vermittlung Ihrer Ziele an Ihre Mitarbeiter vor? Was gelingt Ihnen dabei gut, was gelingt Ihnen weniger gut? Bitte geben Sie uns ein konkretes Beispiel.

- Wodurch gewinnen Sie ganz besonders Ihre Überzeugungskraft? In welchen Überzeugungssituationen sind Sie besonders gut, in welchen Situationen gelingt es Ihnen etwas weniger gut, andere für Ihre Ideen einzunehmen?

Selbstvertrauen in die eigene Fähigkeit der Zielerreichung

- Was stellt für Sie mit Blick auf die Zukunft eine motivierende Herausforderung dar? Was treibt Sie an?

- Was war die bislang größte Herausforderung für Sie? Wie sind Sie diese angegangen? Was waren zur Lösung oder Bewältigung dieser Situation Ihre persönlichen Erfolgsfaktoren? Was würden Sie heute oder in Zukunft anders machen?

- Warum ist das Thema Führung für Sie die richtige Art von Herausforderung? Welche besonderen Kompetenzen oder Fähigkeiten qualifizieren Sie für die Übernahme von Führungsverantwortung?

Sensibilität für unterschiedliche Persönlichkeiten

- Wenn Sie einmal an Ihr Team denken, woran erkennen Sie die Fähigkeiten, aber auch die Motive und Bedürfnisse Ihrer Mitarbeiter? Wie nutzen Sie dieses Wissen über Ihre Mitarbeiter für Ihr Führungshandeln?

- Wann ist es Ihnen schon mal schwergefallen, sich auf unterschiedliche Mitarbeiter einzustellen? Woran lag das? Was war genau die Schwierigkeit?

Motivation und emotionale Ansprache

- Wie gelingt es Ihnen, unterschiedliche Mitarbeiter für Ihre Ziele zu motivieren? Wie gehen Sie dabei vor?

- Warum macht es Spaß, für Sie zu arbeiten? Was macht die Zusammenarbeit mit Ihnen belohnend?

- Gab es in Ihrem Team oder bei einzelnen Mitarbeitern schon einmal Phasen, in denen die Motivation nicht so hoch war? Wie haben Sie darauf reagiert?

- Wo sehen Sie die Grenzen für Mitarbeitermotivation? In welchen Situationen oder bei welchen Persönlichkeiten fällt es Ihnen schwer, den richtigen Zugang zu finden, um Ihre Mitarbeiter zu motivieren? Haben Sie ein Beispiel, an dem Sie das veranschaulichen können?

Steuerung und Durchsetzung

- Wenn Sie auf Ihre bisherigen Aufgaben und Verantwortlichkeiten zurückblicken: Wo haben Sie besonders prägend gewirkt und eigene Impulse umsetzen können?

- Wie steuern Sie Ihren Verantwortungsbereich? Mit welchen Instrumenten und Mechanismen richten Sie Ihren Bereich auf die gemeinsamen Ziele aus?

- Welche Ideen haben Sie auch einmal gegen Widerstände anderer Personen umgesetzt? Warum war das aus Ihrer Sicht sinnvoll? Wie sind Sie dabei vorgegangen? Wie haben andere Menschen Sie dabei erlebt?

Belastbarkeit und Stärke in Krisen und Konflikten

- Welche Konflikte begegnen Ihnen als Führungskraft in Ihrem Arbeitsalltag? Wie gehen Sie bei der Lösung solcher Konflikte vor? Bitte geben Sie uns ein konkretes Beispiel.

- Was war für Sie in den letzten 2 Jahren eine besonders kritische Situation, in der Sie als Führungskraft gefordert waren? Wie sind Sie dabei vorgegangen?

- In welchen Situationen oder Phasen Ihres Berufslebens sind Ihre Belastbarkeit und Ihre Beharrlichkeit auf eine besondere Probe gestellt worden? Wie haben Sie es geschafft, in diesen Zeiten Ihre Leistungsfähigkeit aufrechtzuerhalten?

Zukunftsbilder entwickeln und neue Wege beschreiten

- Was halten Sie mit Blick auf die Zukunft für besonders wichtig für den Erfolg Ihres Verantwortungsbereiches? Wo sehen Sie Trends und Entwicklungen, die Ihr Unternehmen beziehungsweise Ihren Bereich maßgeblich beeinflussen? Wie kommen Sie zu diesen Einschätzungen? Was sind Ihre Pläne, diesen Entwicklungen zu begegnen? Wie realisieren Sie die dafür notwendigen Schritte?

- Welche langfristigen Ziele wollen Sie in der Zukunft in Ihrem Verantwortungsbereich erreichen? Was sind Ihre genauen Pläne, um Ihre Zielsetzungen zu erfüllen?

- Wo haben Sie in der Vergangenheit für Ihren Verantwortungsbereich Veränderungen und Weiterentwicklungen umsetzen müssen? Wie haben Sie das geschafft?

Organisation und Schaffung von Strukturen

- In welchen Bereichen haben Sie in der Vergangenheit Verbesserungspotenziale erkannt und umgesetzt? Warum war Ihnen das wichtig?

- Welche Prozessveränderungen und -optimierungen gehen in Ihrem Bereich auf Sie zurück? Wie sind Sie dabei vorgegangen?

- Bei welchen Problemen ist es Ihnen gelungen, dass diese nun unabhängiger von Ihnen selbst von Ihrem Team eigenständig gelöst werden? Wie haben Sie das erreicht?

2.7.2 Befragung anderer

Der zweite Zugang, um Kompetenzen sichtbar und einschätzbar zu machen, ist die Befragung von Personen, die eine relevante Aussage über die Ausprägungen der Führungskompetenz geben können. Hierzu können Vorgesetzteneinschätzungen ebenso hilfreich sein wie Ergebnisse aus Mitarbeiterbefragungen oder 360°-Feedbacks. Die letztgenannte Variante bietet den Vorteil, dass hier zusätzlich zu einer Selbsteinschätzung relevanter Führungsdimensionen auch ein strukturierter Abgleich mit Fremdeinschätzungen von Kollegen, Vorgesetzten, Mitarbeitern und bisweilen auch Kunden erfolgen kann.

2.7.3 Beobachtung der Führungskompetenz in arbeitsrelevanten Übungen (Simulationen klassischer Führungssituationen)

Führungskompetenz und -potenzial zeigt sich besonders deutlich in realen oder möglichst realitätsnahen Führungsherausforderungen. In der Simulation typischer Führungsaufgaben kann in Assessment Centern besonderes Augenmerk darauf gelegt werden, wie konkret mit bestimmten Führungsproblemen und -herausforderungen umgegangen wird. Eine Möglichkeit hierzu bieten z. B. **Strategiepräsentationen.** Dabei werden die Teilnehmer noch vor einem Assessment Center gebeten, sich mit Zielvorstellungen und aktuellen wie zukünftigen Herausforderungen und Einflussfaktoren auf ihren Verantwortungsbereich zu beschäftigen und ihre Überlegungen und Handlungsableitungen dazu zu präsentieren.

Daneben ist ein häufig eingesetzter Übungstyp die **Fallstudie.** Typischerweise geht es dabei darum, dass die Teilnehmer aus komplexen Materialien Strategien oder Lösungsalternativen für das jeweils vorliegende Szenario entwickeln. Mit Blick auf die Führungskompetenz lässt sich bei Fallstudien insbesondere der Teilaspekt des strategischen Denkens erheben, aber natürlich geht es auch um organisatorische und strukturierende Kompetenzen. Im Anschluss an die Fallstudienbearbeitung können die Ergebnisse dann den anwesenden Beobachtern vorgestellt werden, was wiederum Rückschlüsse auf den Teilaspekt der Überzeugungskraft erlaubt. Somit lassen sich in Fallstudien nicht nur fachliche und problemlösungsorientierte Kompetenzen erheben, sondern gleichermaßen auch die dahinterliegende Orientierung, etwa hinsichtlich des Entscheidungsverhaltens und der Prioritätensetzung.

In **Rollenspielen** wie einem Mitarbeitergespräch oder einem Teammeeting kann der zwischenmenschliche Teil der Führungskompetenz besonders gut abgebildet werden, da es sich hierbei um Schlüsselsituationen der Führung handelt. So kann in der Simulation eines Konfliktgesprächs mit einem schwierigen Mitarbeiter beispielsweise der Teilaspekt der Durchsetzungsstärke sichtbar gemacht werden. Ein Teammeeting (also eine Führungssituation mit mehreren Rollenspielern, die dann die zugeordneten Mitarbeiter darstellen) bietet darüber hinaus den Mehrwert, mit unterschiedlichen Mitarbeitertypen umgehen zu müssen, und gibt damit zusätzlichen Aufschluss über die Verhaltensflexibilität, sich auf verschiedene Bedürfnisse einstellen zu können. Letztlich lassen sich alle schwierigen, zwischenmenschlichen Führungssituationen (z. B. Motivationsdefizite, Coachingherausforderungen, Zielvermittlung, Feedback) in Rollenspielen abbilden und die Reife in der Herangehensweise an solche Situationen kann so sichtbar gemacht werden. An den hier beschriebenen Möglichkeiten wird deutlich, dass sich in Simulationsaufgaben sowohl die Orientierung (wie schwer fällt es einem Teilnehmern z. B., die Beziehung zu einem Mitarbeiter zu belasten, um kritisches Feedback zu vermitteln?) als auch das Handwerkszeug (wie werden Gespräche aufgebaut?) beobachten lassen. Einen zusätzlichen Mehrwert beim Einsatz sozialer Simulationsaufgaben bieten Kurzreflexionen im Anschluss an die jeweilige Übung. Durch einige wenige Reflexionsfragen zum Vorgehen und Erleben des Teilnehmers in der jeweiligen Situation lassen sich häufig interessante Eindrücke über den Grad der Selbstreflexion und die Interpretationstiefe im Hinblick auf die dargestellten Probleme erheben.

Gleiches gilt auch, wenn es zum Einsatz von **Veränderungs- oder Überzeugungsreden** kommt, die ebenfalls eine gute Möglichkeit bieten, eine realitätsnahe und häufige Führungsherausforderung abzubilden. Hierbei werden die Teilnehmer in Assessment Centern gebeten, Mitarbeiter, Kollegen oder Vorgesetzte von einer anstehenden Veränderung zu überzeugen und für diese zu gewinnen. Neben dem Selbstvertrauen als Teilaspekt der Führungskompetenz kann hier natürlich besonders die Überzeugungskraft beobachtet werden sowie die Art der Ansprache anderer (eher rational oder emotional?).

Mögliche Verhaltensanker für die Beobachtung und Diagnose von Führungskompetenz

Analog der obigen Auflistung möglicher Interviewfragen zur Diagnose von Führungskompetenz werden im folgenden Unterkapitel mögliche Verhaltensbeschreibungen dargestellt, anhand derer die verschiedenen Facetten der Führungskompetenz beobachtet werden können.

Überzeugungskraft in der Kommunikation von Zielen

- Vermittelt Sinn und argumentiert differenziert, schlüssig und nachvollziehbar,

- tritt mit Nachdruck und Begeisterungsfähigkeit für seine Überzeugungen und Ziele ein,

- ist in der Lage, die Unterstützung anderer für eigene Vorschläge, Sichtweisen und Veränderungen zu gewinnen.

Selbstvertrauen in die eigene Fähigkeit der Zielerreichung

- Vermittelt Zutrauen in die eigenen Kompetenzen und kann eigene Erfolgsfaktoren benennen,

- formuliert klare und ambitionierte Ziele; artikuliert einen ausgeprägten Karriereehrgeiz und will Verantwortung übernehmen,

- hat ein selbstbewusstes und sicheres Auftreten; wirkt dynamisch, entschlossen und handlungsbereit.

Sensibilität für unterschiedliche Persönlichkeiten

- Weiß um unterschiedliche Persönlichkeiten und zeigt ein gutes Gespür in der Interpretation und Ansprache ebendieser,

- ist in der Lage, Bedürfnisse, Kenntnisse und Fähigkeiten der Mitarbeiter zu erkennen und entsprechend in seinem Vorgehen zu berücksichtigen,

- besitzt die Fähigkeit, sich flexibel auf unterschiedliche Menschen und Rahmenbedingungen einzustellen.

Motivation und emotionale Ansprache

- Kann die Mitarbeiter sowohl inhaltlich als auch auf der Beziehungsebene für sich gewinnen und motivieren,

- ist in der Lage, zu verschiedenen Persönlichkeiten einen geeigneten Zugang zu finden und sie für die gemeinsame Arbeit zu gewinnen,

- setzt verschiedene Wege zur Mitarbeitermotivation ein und kennt die Grenzen der Motivation.

Steuerung und Durchsetzung

- Verfolgt Ziele mit Beharrlichkeit und Konsequenz und lässt sich auch durch Hindernisse nicht von der Zielverfolgung abbringen,

- kann Forderungen und Erwartungen deutlich und standfest vertreten,

- stellt die Umsetzung von Zielen sicher, auch wenn diese auf Widerstände stoßen,

- setzt geeignete Instrumente zur Steuerung seines Bereichs ein.

Belastbarkeit und Stärke in Krisen und Konflikten

- Geht souverän mit Konfliktsituationen um und kann unterschiedliche Interessen und Meinungen in eine nachhaltige Lösung integrieren,

- geht Konflikten nicht vorschnell aus dem Weg,

- verfügt über persönliche Methoden und Instrumente, auch in belastenden Situationen besonnen zu reagieren.

Zukunftsbilder entwickeln und neue Wege beschreiten

- Kann auf Basis seiner Einschätzungen der heutigen Situation Zukunftsszenarien antizipieren,

- vermittelt eine differenzierte Perspektive zu Einflussfaktoren auf das Unternehmen und Auswirkungen auf seinen Verantwortungsbereich; kann konkurrenzfähige Strategien und Pläne ableiten, um diesen Entwicklungen zu begegnen,

- richtet die Prozesse in seinem Verantwortungsbereich an den strategischen Anforderungen des Unternehmens aus.

Organisation und Schaffung von Strukturen

- Initiiert Prozessoptimierungen durch zielgerichtete Maßnahmen,

- ist im Sinne einer kontinuierlichen Verbesserung der Arbeitsorganisation in der Lage, neue Strukturen zu schaffen und zu etablieren und an sich ändernde Rahmenbedingungen anzupassen,

- ist in der Lage, langfristige und von seiner Person losgelöste Problemlösungen zu finden und zu etablieren.

2.8 Personalentwicklung bzw. Coaching der Kompetenz

Wir haben bei der Diskussion von grundlegendem Führungspotenzial und Führungskompetenzen gesehen, dass es einen wichtigen Indikator gibt, der die

Basis allen Führungspotenzials bildet: Dies ist der Glaube an die Gestaltbarkeit der Zukunft durch die eigene Führungsleistung. Es ist das Selbstvertrauen und die Zuversicht, dass man schaffen kann, was man sich vornimmt, und dass Ziele erreichbar sind. Wer Führungspotenzial hat, kann sich mit Zielen identifizieren, die zunächst einmal nur im eigenen Kopf sind und die ja gerade nicht den Status quo markieren. Je größer die Ziele sein können, die wir uns mit Zuversicht und Selbstwirksamkeitsüberzeugung zutrauen, umso größer ist das grundsätzliche Führungspotenzial (das sich natürlich nicht zwangsläufig realisieren muss, denn es gibt ja auch Führer, die scheitern; aber ohne diesen Glauben liegt das Potenzial überhaupt nicht vor).

Diese Überlegung gilt übrigens für Führung im Großen wie im Kleineren, der Mechanismus ist der gleiche. Er funktioniert, ganz gleich, ob Sie sich auf den Weg machen, um den Hunger in Afrika zu besiegen, oder ob Sie die Arbeitsqualität in Ihrem Mitarbeiterteam verbessern möchten. Ohne den Glauben an die Gestaltbarkeit der Zukunft durch Ihre Führungsleistung könnten beide Projekte nicht starten. Gleichwohl bräuchte man zur Realisierung des erstgenannten Ziels sicherlich ein größeres Führungspotenzial als für das zweite.

Wie entsteht nun diese Selbstwirksamkeitsüberzeugung, die dazu führt, dass Menschen sich auf den Weg machen? Sie wächst im Laufe unserer Lebensbiografie natürlich einmal durch unsere innere psychologische Dynamik (durch die Unzufriedenheit mit dem Status quo), wobei diese innere Dynamik normalerweise nicht das unmittelbare Ziel von Personalentwicklungsbemühungen ist. Mit welchen Aspekten der Realität Sie sich nicht versöhnen können, das beschreibt das, was wir gemeinhin Charakter nennen, es ist eben Ihre sehr grundsätzliche Motivation.

Es gibt allerdings eine zweite Komponente und dies ist die Selbstwirksamkeitsüberzeugung, es sich auch zutrauen zu können. Und hier gilt, dass der Erfolg sich selbst beflügelt und nährt. In kaum einer anderen Kompetenz ist die Entwicklung des Potenzials so stark an die realisierte Herausforderung gebunden wie bei Führung. Viele andere Kompetenzen (z. B. Rhetorik) können Sie in gewissem Sinne auch „trocken üben". Bei Führung gibt es natürlich auch methodische Aspekte, die Sie trocken üben können („strukturierte Führung von Zielvereinbarungsgesprächen"). Aber das grundlegende Führungspotenzial entwickelt sich aus einer anderen Dynamik heraus: Wer Führungspotenzial entwickeln will, muss seinen Potenzialträgern zunächst einmal Ziele aufzeigen, mit denen diese sich identifizieren können und die die Mühe wert sind. Es muss also bei der Erreichung der Ziele etwas Verlockendes geben. Dieses Verlockende ist nicht unbedingt nur die „reale" Zielerreichung, sondern die damit verknüpfte psychologische Komponente, das heißt die Anerkennung, die erfolgreiche Bewährungsprobe, die Entwicklungschance, die Gestaltungsmöglichkeit an sich. Wer Führungspotenzialträger entwickeln will, muss ihnen Bewährungsmöglichkeiten und Herausforderungen in einer Dosis bereitstellen, die die eigenen Bewältigungskompetenzen immer wieder aufs Neue dehnt. Aus dem Erfolg erwächst dann neue Zuversicht an die Gestaltbarkeit der Zukunft durch eigene Führungsleistung und neuer Glaube an die Größe der eigenen Bewältigungskompetenz.

In sehr engen Strukturen entwickelt sich Führungspotenzial üblicherweise nicht (höchstens als Rebellion gegen die engen Strukturen). Innerhalb sehr enger Strukturen können Potenzialträger eben gerade nicht das Selbstvertrauen in das eigene Führungspotenzial entwickeln, das sie zu größeren Aufgaben beflügeln könnte. Nicht ohne Grund gehört damit die Projektarbeit oder eine gezielte Aufgabenverbreitung „on the job" in vielen Führungsnachwuchskreisen zum Standardrepertoire.

Dieser Teil von Führungspotenzial, den wir hier meinen, entwickelt sich nicht im Training oder im Seminar. Dabei ist die Entwicklung dieser Art von Führungspotenzial keineswegs gebunden an den unternehmerischen Kontext. So, wie wir Führung am Anfang verstanden haben, nämlich als die Bestimmung von Bewegung in der sozialen Welt, tritt sie natürlich auch in allen anderen sozialen Kontexten auf. Wir beeinflussen den Lauf der Dinge auch in der Familie, im Freundeskreis und in allen anderen Bezügen des sozialen Lebens. Auch hier kann sich Führungspotenzial entwickeln, wenn wir Initiativen realisieren können und es uns gelingt, andere einzubinden und zu motivieren. So gesehen, erleben Sie ein gewisses Führungspotenzial auch schon bei Kindern, und zwar in einer noch viel authentischeren und man kann fast sagen archaischeren Form. Der Wille zur Dominanz und die Bereitschaft, anderen zu folgen, werden noch viel unverstellter sichtbar als im kulturell überformten Umgang der Erwachsenen.

Wer Führungspotenzial entwickeln will, muss bereit sein, Menschen zu fordern. Er muss ihnen die Möglichkeit geben, die Bewältigung der Herausforderung auf die eigene Kompetenz zurückführen zu dürfen. Dies ist der Entfesselungsmechanismus von Führungspotenzial.

Aufseiten der konkreten Führungskompetenz ist natürlich das Spektrum der Lernaspekte noch wesentlich breiter. Hier gibt es insbesondere im Unternehmen sehr viele Strukturen, in die man sich auch als Führungskraft kompetent einfügen muss. Es handelt sich hier z. B. um die Nutzung von Führungsinstrumenten (Kommunikations- und Gesprächstechniken, Beurteilung in der Mitarbeiterauswahl und in der Leistungsbewertung, Arbeitsorganisationen, Schaffung und Verbesserung von Prozessen, Einführung von Veränderungen,

Begleitung des Kompetenzaufbaus von Mitarbeitern etc.). Für alle diese Punkte gibt es ein vielfältiges Seminar- und Trainingsangebot, das Führungskräften entsprechende Herangehensweisen vermittelt und den intuitiven Zugängen zu den Problemen (die eben mehr oder weniger erfolgreich sein können) einen strukturierten und rationalen Zugang hinzufügt.

Beim Coaching von Führungskräften stehen darum auch zumeist Probleme auf der Tagesordnung, bei denen den Führungskräften die inneren Strukturen fehlen. Dies hat meist nicht nur handwerkliche oder technische Gründe (dann würde auch Training genügen). Es gibt gewöhnlich eher motivationale oder emotionale Gründe. Wer beispielsweise als Führungskraft sehr konfliktscheu ist, aber vor Herausforderungen steht, die viel Widerstand herbeiführen werden, wird ein Coaching letztendlich eher aus der Angst heraus in Anspruch nehmen, der Aufgabe nicht gewachsen zu sein, auch wenn es oberflächlich um „Techniken" gehen soll. Der eigentlich erfolgslimitierende Faktor ist aber nicht die Technik, sondern die Angst vor dem Konflikt. Das Coaching muss dann helfen, diese Angst so zu besiegen, dass man sich den Konflikten zu stellen bereit ist. Erst dann hilft Technik weiter.

Umgekehrt gilt natürlich das Gleiche. Bei einer Führungskraft, die wenig sensitiv und teamorientiert vorgeht, kann es im Team zu Leistungs- und Motivationsproblemen kommen, die sich beispielsweise in zu hoher Fluktuation, geringer Leistungslust der Mitarbeiter und schlechtem Teamzusammenhalt äußern und erneut sehen wir ein Problem, das sich nicht durch einen handwerklich-technischen Zugang lösen lässt. Eine solche Führungskraft muss bereit sein, den eigenen Zugang zu anderen Menschen zu hinterfragen und zu verbreitern, um in einer wirklich authentischen und glaubwürdigen Weise mehr persönliche Integrationskraft zu entwickeln. Auch hier liegt der Schlüssel eher im Coaching als im Training.

Zusammenfassend lässt sich sagen, dass man zur Entwicklung von Führungspotenzial drei Arten von Aktivitäten benötigt:

- Man benötigt Herausforderungen, die das Selbstvertrauen und den Glauben an die eigene Gestaltungskraft stärken.

- Man braucht eine Qualifizierung, die Führungskräfte mit den jeweiligen Strukturen vertraut macht, in denen man sich kompetent bewegen können muss, um zum Erfolg beizutragen.

- Man braucht einen Sparringspartner, Mentor, Ratgeber oder Coach (nicht selten ist dies der nächsthöhere Vorgesetzte), der einem hilft, breitere und manchmal auch (vor dem Hintergrund der eigenen Perspektiven) kontraintuitive Sichtweisen auf Probleme und Herausforderungen einzunehmen.

Wenn diese Rahmenbedingungen gegeben sind, dann kann Führungspotenzial erfolgreich zu Führungskompetenz werden.

2.9 Literatur

Bluszcz, O., Knorn, H.-J. (2005): Grundlagen der Organisationspsychologie. Reader zum Thema: Führung. Universität Duisburg-Essen. www.orglab.org/fileadmin/orglab/sidebar/Reader_-_Fuehrung.pdf

Crozier, M., Friedberg, E. (1993): Die Zwänge kollektiven Handelns: Über Macht und Organisation. Frankfurt a. M.: Hain.

Neubauer, W., Rosemann, B. (2006): Führung, Macht und Vertrauen in Organisationen. Stuttgart: Kohlhammer.

Neuberger, O. (1995): Mikropolitik. Der alltägliche Aufbau und Einsatz von Macht in Organisationen. Stuttgart: Ferdinand Enke.

Neuberger, O. (2002): Führen und führen lassen: Ansätze, Ergebnisse und Kritik der Führungsforschung (6. Aufl.). Stuttgart: Lucius und Lucius.

Paschen, M., Dihsmaier, E. (2004): Menschenführung. Führungs-Kräfte für Führungskräfte. manager-Seminare, Heft 79, September 2004.

Paschen, M., Dihsmaier, E. (2011a): Warum Charisma eine Krise braucht: Psychologische Kriterien außergewöhnlicher Führung. Wirtschaftspsychologie aktuell, Ausgabe 01–2011.

Paschen, M., Dihsmaier, E. (2011b): Psychologie der Menschenführung. Wie Sie Führungsstärke und Autorität entwickeln. Berlin Heidelberg: Springer.

Weber, Max (1980) Wirtschaft und Gesellschaft (5. rev. Aufl.). Tübingen: Mohr.

3 KONFLIKTMANAGEMENT ALS KOMPETENZ

Michael Paschen & Alexander Fritz

In diesem Beitrag erfahren Sie,

- *welche Bedeutung das Thema Konfliktmanagement für unser Leben hat,*
- *wie sich die psychologische Dynamik in Konflikten entwickelt,*
- *wodurch Konflikte verursacht und energetisiert werden,*
- *was erfolgreiches Konfliktmanagement bedeutet,*
- *wie sich Konfliktmanagementkompetenz entwickelt,*
- *wodurch sich Menschen auszeichnen, die besonders kompetent mit Konflikten umzugehen wissen,*
- *wie Konfliktmanagementkompetenzen erfasst und beurteilt werden können.*

3.1 Begriffsbestimmung und sprachliche Einordnung

Das deutsche Wort Konflikt stammt von dem lateinischen Verb „confligere" ab, das die Bedeutung „aufeinandertreffen" oder „zusammenstoßen" haben kann, aber durchaus auch „kämpfen" bedeuten kann. Der Konflikt beinhaltet also einen Gegensatz, der aufeinanderprallt. Die Begriffe, die wir für die deutsche Übersetzung „confligere" benutzt haben, implizieren viel Energie. Zusammenstoßen, aufeinanderprallen, aneinandergeraten – all das sind Begriffe, in denen Energie steckt. Wir verwenden den Begriff offenbar nur für Gegensätze, die uns nicht kalt lassen, sondern uns energetisieren.

Dies ist auch der wichtigste Unterschied zum Begriff der Meinungsverschiedenheit. Die Meinungsverschiedenheit wäre zunächst einmal ein rationales und kognitives Phänomen. Person A würde zu einem ganz bestimmten Thema eine Meinung haben, die von der Meinung von Person B abweicht. Die Schlüsselfrage ist nun, ob es sich bei dieser Meinung ausschließlich um die Repräsentation eines rational geprägten Gedankens handelt oder ob diese Meinung auch eine emotionale Präferenz mit sich bringt. Wenn Sie auf einer Cocktailparty mit einer bis dato Ihnen unbekannten Person Smalltalk über bevorzugte Urlaubsregionen der Welt führen, kann es sein, dass Sie in diesem Gespräch entdecken, dass Sie unterschiedlicher Meinung sind. Möglicherweise stellt sich heraus, dass Ihr Gesprächspartner sportliche Aktivitäten in einem naturnahen Umfeld für sinnvolle Urlaubsaktivitäten hält, Sie aber eher Strandurlaube in Gegenden mit ausgeprägter touristischer Infrastruktur für erholsam halten. Auf der eben genannten Cocktailparty wird aus dieser Meinungsverschiedenheit vermutlich kein Konflikt erwachsen, da Sie in der skizzierten, unverbindlichen Beziehung diese Meinungsverschiedenheit nicht emotional aufladen würden. Emotional aufgeladen wäre diese Meinungsverschiedenheit jedoch, wenn sie mit Ihrem Lebensgefährten oder Ihrer Lebensgefährtin ausgetragen werden müsste, dann ginge Ihnen das Thema unter die Haut. Es ginge schließlich um die Frage, ob Sie sich im nächsten Urlaub wohl fühlen werden oder nicht. Wenn Sie Joggen im Wald hassen und unberührte Naturgegenden langweilig finden und dies in umgekehrter Weise bei Ihrem Lebensgefährten oder Ihrer Lebensgefährtin der Fall ist, dann liegt ein handfester Konflikt vor – auf einmal geht es um etwas.

Die Meinungsverschiedenheit ist nicht mehr nur ein rationaler oder analytisch klärbarer Prozess, sondern sie ist in hohem Maße energetisiert. Meinungsverschiedenheiten lassen sich oft argumentativ klären, wenn es eine gemeinsame „Prämisse" gibt. Wenn Sie und Ihr Kollege sich gemeinsam dem Projekterfolg verpflichtet fühlen, Sie aber unterschiedliche Ideen dazu haben, wie man diesen Projekterfolg herbeiführen kann, dann können Sie analytisch probieren und diskutieren, welche Idee möglicherweise besser zum Erfolg führt. Wenn die Ursache für die Formulierung der Ideen ausschließlich die Loyalität zum Projekterfolg war, dann ist die Meinungsverschiedenheit unter Umständen analytisch gut auflösbar, denn derjenige mit den besseren Argumenten wird sich durchsetzen können, was auf der anderen Seite auch als legitim empfunden würde. Wenn aber Ihr Projektkollege bei dem von ihm favorisierten Weg persönliche Vorteile für sich sieht (die er nicht unbedingt offen in die Diskussion mit einbringt), dann hat er plötzlich eine emotionale Präferenz und die Meinungsverschiedenheit bewegt sich auf einen Konflikt zu. Je größer und ausgeprägter seine emotionale Präferenz für seinen Vorschlag ist, umso unwahrscheinlicher ist es, dass Ihre guten Argumente Überzeugungskraft entfalten können. Der Konflikt ist dadurch definiert, dass man nicht überzeugt zu werden wünscht, sondern gewinnen will. Bei Meinungsverschiedenheiten geht es um Recht und Unrecht, bei Konflikten geht es um Sieg oder Niederlage.

Der Konflikt ist damit die emotional aufgeladene Meinungsverschiedenheit, der emotional aufgeladene Gegensatz. Je größer die emotionale Aufladung ist, umso unwahrscheinlicher sind gegenseitige rationale Überzeugungsprozesse der Konfliktpartner: Die typische Erfahrung im Konflikt ist, dass die eigenen Argumente auch dann nicht an Überzeugungskraft gewinnen, wenn man sie häufiger und lauter wiederholt.

Wir können mit anderen Worten sagen, dass Konflikte immer **motiviert** sind. Der Ausgangspunkt eines Konflikts ist immer ein Wunsch, eine Sehnsucht oder ein Drang, der nach Realisierung strebt. Wenn die Welt sich nicht widersetzt, können wir unseren Drang ausleben. Wenn die Welt sich widersetzt, haben wir den Konflikt. Ohne Motivation kann es keinen Konflikt geben, weil wir ohne Motivation gar nicht in den Verwirklichungskampf für unsere Ziele einsteigen müssten. Motivationen sind unsere emotional energetisierten Handlungsimpulse – und nur diese können uns in einen Konflikt führen.

Aus dieser Sicht auf das Thema Konflikte ergeben sich einige interessante Konsequenzen:

- Völlig unabhängig davon, wie ausgeprägt unsere Konfliktmanagementkompetenzen auch sein mögen: Solange wir noch zu irgendetwas motiviert sind, können wir potenziell immer in Konflikte geraten. Wir müssen es nicht zwangsläufig, aber solange Motivation da ist, ist auch Konfliktpotenzial da. Erst wenn wir nicht mehr motiviert sind, ist auch alles Konfliktpotenzial fort. Kleine Motivationen enthalten kleine Konfliktpotenziale, große Motivationen enthalten große Konfliktpotenziale.

- Wir können unsere Motivation genausogut als innere Konflikte verstehen. Motivation bedeutet, dass wir nach etwas streben, was wir gegenwärtig noch nicht oder noch nicht ausreichend haben. Wer sich Anerkennung wünscht, sucht mehr Wertschätzung, als er gegenwärtig verspürt. Wenn die ihm gegenwärtig dargebrachte Anerkennung genügen würde, wäre die Motivation erloschen und kein zusätzlicher Handlungsimpuls mehr da. Wer sich neue Lernerfahrungen wünscht, sieht offenbar Dinge, die er noch nicht kennt, als attraktiv und begehrenswert an. Wenn die neuen Erfahrungen gemacht sind, kann die Motivation erlöschen oder sich auf neue Themen lenken. Wir können nur in die Richtung motiviert sein, in der uns etwas fehlt, wo ein Mangel ist, für den wir bereit sind, Energie und Kraft einzusetzen. Dieses „Mangelerleben" ist unser innerer Konflikt. Physikalisch gesprochen ist Motivation damit eine „innere Spannung", eine Differenz zwischen dem Status quo und dem, was wir uns wünschen. Nur das, was wir auch als inneren Konflikt erleben, kann zum äußeren Konflikt werden. Diesen Mechanismus kann man sich folgendermaßen vorstellen: Nehmen wir an, wir haben eine Person mit einer hohen Motivation zur Dominanz. Der innere Konflikt ist also, dass man sich in einer Rolle sieht, in der es einem gebührt, dass andere sich bereitwillig unterwerfen. Wenn plötzlich eine Person auftaucht, die sich nicht bereitwillig unterwirft, ist der innere Konflikt – oder die Motivation – aktiviert und der Konflikt muss ausgetragen werden.

- Wenn wir die inneren Konflikte eines Menschen verstanden haben, dann haben wir seine Motivation oder seinen Charakter verstanden. Wenn ich verstanden habe, was und wie stark sich jemand etwas wünscht, dann weiß ich, für welche Ziele diese Person den Verwirklichungskampf aufnehmen wird. Dann kenne ich die „Richtungspfeile" ihres Verhaltens. Das ist Persönlichkeit oder Charakter.

- Beziehungen gehen selten aus willentlicher Entscheidung einer Konfliktpartei zugrunde. Gerade private Beziehungen sind im Allgemeinen als Projekt der Zuneigung oder Liebe gestartet. Wenn sie dennoch zerbrechen, dann liegt das daran, dass die Partner (oft nicht absichtsvoll oder willentlich) beim jeweils anderen dessen innere Konflikte konstant aktivieren und so die Konfliktenergie in die Partnerschaft gerät (Partnerschaften, die stattdessen eher gegen einen gemeinsamen externen Feind kämpfen, sind deutlich stabiler). Beispielhaft kann man sich das so vorstellen: Nehmen wir einmal an, einer der beiden Partner wäre ein sehr häuslicher, anhänglicher und beziehungsorientierter Typ, der andere wäre abenteuerlustig, extrovertiert und voller Unruhe. Wenn nun die Frage auf den Tisch kommt, wie man den freien Abend gestaltet, so ist es nahezu unumgänglich, dass bei mindestens einem der beiden Partner innere Konflikte aktiviert werden. Der sehr beziehungsorientierte und häusliche Partner wird durch seine Angst vor Verlassensein und Einsamkeit bestimmt, die ihn zu enger Zweisamkeit **motiviert**. Der Vorschlag des anderen, sich doch einmal einen freien Abend zu gönnen, mit anderen Leuten etwas zu machen und mit Offenheit für neue Bekanntschaften durch die Gemeinde zu ziehen, wird diesen inneren Konflikt aktivieren. Gleichzeitig befürchtet der andere Partner etwas zu verpassen, er fürchtet das Eingeengtsein und den Verlust an Freiheit; diese Angst **motiviert** den hohen extravertierten Aktivitätspegel. Der Vorschlag, den Abend beim gemeinsamen Plausch auf dem Sofa zu verbringen, wird bei diesem Partner den inneren Konflikt aktivieren. Beide Partner meinen diese Dynamik nicht böse oder absichtsvoll beziehungszerstörerisch, sondern artikulieren nur ihre eigenen Bedürfnisse. Aber immer dann, wenn die eigene Bedürfnisartikulation quasi automatisch den anderen in einen inneren Konflikt stürzt, steht die Beziehung unter keinem guten Stern. Dieses Beispiel lässt sich analog auch auf das Berufsleben übertragen.

- Erschwerend kommt zu dieser Dynamik hinzu, dass wir innere Konflikte nicht ignorieren können. Wenn in einer Ihrer Beziehungen ein bestimmter innerer Konflikt aktiviert worden ist (z. B. weil irgendetwas Beleidigendes oder Verletzendes gesagt worden ist), dann können Sie sich zwar mit Willensstärke dazu zwingen, das Austragen dieses Konflikts zu vertagen, Sie können die Kränkung in der Beziehung aber nicht ignorieren und unbeteiligt zur Tagesordnung übergehen. Der Konflikt will gestritten oder geklärt werden und erst dann ist Beziehungsnormalisierung möglich. Der Tipp „Ärgern Sie sich doch nicht so!" hat aus diesem Grunde auch noch niemandem wirklich geholfen. Wie wollen Sie sich bewusst dafür entscheiden, sich über etwas nicht zu ärgern, was Sie aufwühlt und emotionalisiert? Welchen Schalter soll man bei sich selber drücken, um seinem eigenen Ärger zu entkommen? Diese Nicht-Ignorierbarkeit von Konflikten führt dazu, dass wir in unseren nahen Beziehungen immer wieder die gleichen Konflikte austragen. Unsere Motivation ist unser Charakter und unser Charakter hat seine Stabilität. Die inneren Konflikte, die wir gegenseitig in uns wachrufen, sind daher in der Grundstruktur immer die gleichen, auch wenn sich manchmal die thematische Oberfläche verändert. Manchmal ist es eine sehr schwierige Entscheidung, ob wir unseren inneren Konflikt mit viel Willensstärke unterdrücken, um die Beziehung frei von Streit zu halten (die eigene Gefährdung geht hierbei eher Richtung Magengeschwür, weil man seine schlechten Gefühle nicht los wird), oder ob wir die Qualität unserer Beziehung riskieren, dafür aber unseren Ärger ausleben (ein solches Verhalten führt uns eher zum Herzinfarkt, weil Impulsivität und Streit im Raum stehen).

Wir Menschen sind zu sehr unterschiedlichen Dingen motiviert. Das ist der Grund, warum wir so unterschiedliche Lebensentwürfe ausleben, warum unterschiedliche Menschen sich unterschiedliche Partner suchen, warum wir in ganz anderen beruflichen Kontexten glücklich werden und warum wir uns mehr oder weniger gern mit bestimmten anderen Menschen umgeben. Der Grund für diese Unterschiedlichkeit liegt, wie eben bereits dargelegt, in unseren inneren Konflikten. Sehr schnell wird damit auch klar, dass Konflikte eben im eigentlichen Sinne nicht **auflösbar** sind, denn dann müssten die Gegensätze ja verschwinden. Die Welt ist aber voller Gegensätze mit Konfliktpotenzial. Der Konflikt ist damit in gewissem Sinne der Normalzustand. Das wirklich Schlimme scheint also nicht das Vorliegen eines Gegensatzes zu sein, sondern die Art, wie wir mit diesem umgehen.

Konflikte haben das Potenzial für Beziehungszerstörung und Gewalt. Es gibt am Konflikt nichts zu beschönigen. Unsere äußeren Konflikte töten und verletzen Menschen und bringen viel Leid über die Welt. Sie ruinieren unsere Beziehungen und machen uns unglücklich. Damit deutet sich bereits an, wo ein sinnvolles Ziel für erfolgreiches Konfliktmanagement zu verorten wäre: Offenbar würden wir von erfolgreichem Konfliktmanagement zu viel verlangen, wenn wir erwarten würden, dass wir einen Konflikt auflösen und damit der Gegensatz selbst verschwindet. Sie erinnern sich noch an unser Eingangsbeispiel mit den unterschiedlichen Urlaubspräferenzen? Wie sollte man einen solchen Konflikt auflösen und zur Harmonie machen? Man müsste dafür die Motivation eines der beiden Beteiligten verändern und dessen emotionale Präferenz „umdrehen". Nur dann wäre der Konflikt im eigentlichen Sinne „aufgelöst". Das kriegen wir nicht hin! Wir können unsere Motivationen nicht umprogrammieren. Wir können uns als begeisterter Mountainbiker nicht einreden, dass Sonnenbäder an überfüllten Stränden auf Mallorca sich gut anfühlen. Wir können uns natürlich zwingen, aber der innere Konflikt bleibt und irgendwann wird er sich entladen. Wir können mit Willensstärke viel unterdrücken, aber auch im Zustand konstanter „Selbstvergewaltigung" haben wir unsere Konflikte nur nach innen verlagert. Sie sind nicht aufgelöst.

Was kann erfolgreiches Konfliktmanagement dann überhaupt bewirken? Erfolgreiches Konfliktmanagement führt nicht zwangsläufig zu Harmonie, sondern zu Frieden. Frieden bedeutet, dass wir einen Weg gefunden haben, den Konflikt so zu regeln, dass er seine die Beziehung zerstörende Kraft nicht entfalten muss, auch wenn die ihn energetisierenden Gegensätze bestehen bleiben. Frieden hat immer mit Spielregeln zu tun. Konflikte werden geregelt, nicht gelöst. Vermutlich gibt es in Ihrem Unternehmen eine Dienstwagenordnung und die gibt es aus gutem Grund. Wenn man die Dienstwagenvergabe dem freien Spiel der Kräfte überließe („Jeder kriegt den Dienstwagen, den er bei seinem Chef durchsetzt"), könnte man hier sicherlich viel realisierte Konfliktenergie beobachten. Eine Dienstwagenregel, an die sich alle Beteiligten halten, führt zwar nicht zu Glück und Zufriedenheit, aber sie führt dazu, dass um die bestehenden Gegensätze („Eigentlich gebührt mir doch ein wesentlich dickeres Auto!") nicht mehr offen gestritten werden muss. Erfolgreiches Konfliktmanagement ist die erfolgreiche Regelung von Konflikten. Erfolgreiches Konfliktmanagement hilft dabei, solche Beziehungen arbeits- und funktionsfähig zu halten, die potenziell an den inneren Konflikten der Beteiligten auch hätten zerbrechen können. Die inneren Konflikte können nicht (ohne Weiteres) beseitigt werden, aber das Potenzial für Aggression und Gewalt kann verringert und manchmal auch langfristig gezähmt werden.

Konfliktmanagementkompetenz ist damit immer auch eine **strategische** Kompetenz. Der kompetente Umgang mit Konflikten bedeutet, dass wir uns trotz situativer, emotionaler Aufladung noch nach langfristigen Zielen ausrichten können. Immer genau dann, wenn die kurzfristige Auseinandersetzung mit langfristigen Zielen in Konflikt gerät, scheitert gerade der impulsive Charakter, der durch seine rasche Eskalation Porzellan zerbricht und Beziehungen ruiniert, was ihm aus einer langfristigen Perspektive heraus vielleicht später leidtut und ihm selber schadet. Das ist der Gegenentwurf zur Konfliktmanagementkompetenz. Konfliktmanagementkompetenz impliziert noch nicht, dass wir auf eine besonders friedfertige Art und Weise mit Konflikten umgehen müssten. Manchmal beinhaltet Konfliktmanagementkompetenz auch die Fähigkeit zu Kampf und Aggressionen. Die konfliktkompetente Person wird aber Aggression aus strategischen Gründen zeigen und nicht aus der Hitze des Augenblicks heraus.

Nehmen wir das folgende Beispiel: Ein Kollege steht plötzlich bei Ihnen im Büro und kritisiert – wie Sie finden, ungerechtfertigt – eine enge Vertrauensperson von Ihnen. Einem ersten Impuls folgend, möchten Sie vielleicht direkt zurückschießen und es mit gleicher Münze heimzahlen. Dann wäre aus Ihrem aktivierten inneren Konflikt (z. B. der Verletzung Ihrer Fürsorgepflicht für Ihre Vertrauensperson) ein äußerer Konflikt geworden. Im Unterschied dazu würde kompetentes Konfliktmanagement bedeuten, dass Sie die Situation aus einer strategischen Perspektive betrachten können und auch einbeziehen, welche Folge Ihre Reaktion auf die Beziehung zum Kritiker hat. Vielleicht kommen Sie zu dem Ergebnis, dass die Beziehung zu dem Kritiker langfristig für Ihren beruflichen Erfolg von einer solchen Bedeutung ist, dass Sie eher ausgewogen oder zurückhaltend reagieren. Vielleicht kommen Sie aber aus strategischen Erwägungen zu dem Eindruck, dass der Kritiker zur Sicherung des langfristigen Friedens eine starke Reaktion benötigt, damit ihm Grenzen aufgezeigt werden und er sich in ein kooperativeres Miteinander zwingen lässt. In diesem Fall würden Sie vielleicht durchaus hart und deutlich reagieren. Diese Reaktion wäre dann trotzdem eine strategische Reaktion und keine impulsive. Es wäre damit ein Zeichen eines kompetenten Konfliktmanagements.

Diese strategische Perspektive führt natürlich dazu, dass nicht nur die Konfliktbearbeitung, sondern auch die strategische Konfliktvermeidung eine wichtige Teilfacette erfolgreichen Konfliktmanagements ist. Konfliktmanagementkompetente Persönlichkeiten ahnen durch ihr Fingerspitzengefühl und ihre Beurteilungskompetenz frühzeitig, welche inneren Konflikte in einer bestimmten Gruppe oder Beziehung mit hoher Wahrscheinlichkeit aktiviert werden könnten und versuchen dann frühzeitig, Regeln zu etablieren, die eine Eskalation dieses Konflikts eindämmen oder sogar verhindern (die Dienstwagenregel würden Sie definieren, bevor der Streit um die erlaubte Dienstwagenkategorie eskaliert ist, und Sie würden damit strategisches Konfliktmanagement betreiben).

Wenn über Konfliktmanagementkompetenz gesprochen wird, dann geraten auch die Konflikte ins Blickfeld, die man als unparteiischer Moderator bearbeitet. Hier ist aber eher Verhandlungs- oder Moderationskompetenz gefragt, weil man typischerweise in dieser Rolle nicht mit eigenen inneren Konflikten mit „drin hängen" sollte. Wir verstehen Konfliktmanagementkompetenz deswegen nur eingeschränkt als Verhandlungs- und Moderationskompetenz und damit in erster Linie als eine Fähigkeit, mit eigenen Konfliktfeldern erfolgreich umzugehen.

Abschließend zu diesem Abschnitt zu Begriffsklärung seien noch einige Worte zum Thema Aggression verloren. Die Tatsache, dass Konflikte in ihrem Ergebnis oft als leidvoll und beziehungszerstörend beschrieben worden sind, heißt nicht, dass hier für eine Alternative geworben werden könnte. Selbst Aggression ist in gewissem Sinne eine Kompetenz, denn auch gute Ziele, denen sich die Welt widersetzt, benötigen Aggression und Konfliktbereitschaft. Aggression ist die Fähigkeit, sich in einer potenziell feindlichen Umwelt behaupten zu können. Aggression ist die Kompetenz, die in uns die Initiative weckt, gegen den Status quo aufzubegehren und etwas zu tun. Ohne Aggression gäbe es viele Filzpantoffeln vor dem Kamin, aber keine neuen Ufer und Horizonte. Wir müssen aggressiv und konfliktstark reagieren können, auch wenn wir Frieden anstreben. Denn wir suchen uns unsere Feinde nicht immer selber aus, sondern manchmal suchen sich unsere Feinde uns aus („Es kann der Frömmste nicht im Frieden bleiben, wenn es dem bösen Nachbar nicht gefällt." - Friedrich von Schiller). Aggression ist manchmal notwendig als Verteidigungsleistung für das Gute. Nicht jeder Konflikt kann gemanagt werden, manche Konflikte müssen einfach gewonnen werden. Konfliktmanagement ist die strategische Kompetenz zur langfristigen Regelung von Konfliktpotenzial. Kampfgeist, Kampfeswillen, Durchsetzungsstärke und Selbstbehauptung bleiben aber dennoch andere, verwandte Kompetenzen, die uns in einer feindlichen Umwelt überleben lassen und die uns Gegner besiegen helfen. Wir dürfen uns freuen, wenn wir diese Kompetenzen nicht benötigen. Aber in vielen Kontexten müssen wir dafür gewappnet sein, für gute Ziele auch kämpfen zu müssen.

3.2 Die Geschichte der Kompetenz

Wir hatten am Anfang bereits gesagt, dass die Geschichte der Menschheit als eine Aneinanderreihung von Konflikten gelesen werden kann. Aber das Thema ist noch viel umfassender, denn Konflikte gibt es auch im Tierreich. Konflikte sind also wesentlich älter als die Kompetenz, sie zu managen. Konfliktmanagementkompetenz ist eher eine menschliche, weil strategische Kompetenz. Die biologischen Konfliktlösungsmechanismen heißen Angriff oder Flucht. Ausgelöst werden diese Konflikte durch Streitigkeiten um Ressourcen, also um Jagdrevier, Sexualpartner oder Nahrung. Angriff oder Flucht sind situative Konfliktreaktionen und es ist dem Mensch vorbehalten, mit seiner Kreativität und Analysekompetenz solche Strukturen und Regeln zu entwerfen, in denen auch komplexe Gruppen nicht so viel streiten müssen. Unsere Zivilisationsgeschichte kann damit auch als eine Geschichte erfolgreichen Konfliktmanagements gelesen werden, denn die Menschen haben es geschafft, in immer größeren Gruppen und Organisationen einheitlich zu handeln und die Konflikte der Individuen innerhalb dieser Gruppen und Organisationen so zu regeln und zu strukturieren, dass sie der gemeinsamen Handlung nach außen nicht zu stark im Wege stehen. Aber die tiefe Verwurzelung, die das Thema Konflikt in unserem ganzen Dasein hat, lässt sich trotzdem nicht leugnen.

Darwins Evolutionstheorie ist in gewissem Sinne auch eine Konflikttheorie. Arten stehen nebeneinander in einem Konflikt (oder Wettbewerb) um Ressourcen. Einzelne Individuen bringen Genmutationen hervor, die sie erfolgreicher im Kampf um die Ressourcen werden lassen. Gerade diese Individuen können sich dadurch besser vermehren und was anfangs Mutation war, wird zur Stärke einzelner Individuen und schließlich (ein Prozess, der nicht selten einige hunderttausend Jahre dauert) zum Erfolgsfaktor und Überlebensvorteil einer Art. Verändernde Umweltbedingungen oder sich ebenfalls erfolgreich anpassende Arten in der gleichen ökologischen Nische starten das Konfliktgeschehen erneut und der Prozess kommt wieder in Gang.

In der Soziologie wurde Fortschritt in vielen Schulen als Ergebnis des Kampfes gesellschaftlicher Kräfte definiert. Den größten praktischen Einfluss auf Geschichte und Politik hatte dabei sicherlich Karl Marx, der mit seiner Idee des Antagonismus von Arbeit und Kapital die politischen Systeme vieler Länder beeinflusste, wobei Marx einen zwangsläufigen Sieg der Arbeit über das Kapital prognostizierte. Insbesondere Lenin leitete daraus auch die Legitimation ab, diesen Prozess auch unter Zuhilfenahme von Gewalt zu beschleunigen.

In der Geschichte der Psychologie hat sicherlich kein Mensch das Nachdenken über Konflikte so stark beeinflusst wie Sigmund Freud. Ihm gebührt das Verdienst, dass er die erste kohärente Theorie dafür vorlegte, wie unsere inneren Konflikte unseren Charakter formen. Unsere anfängliche Definition des Konfliktgeschehens basiert in diesem Sinne auch auf dem Gedankengut von Sigmund Freud. Der fundamentale innere Konflikt, den Sigmund Freud beschrieb, war der Konflikt zwischen den inneren Instanzen „Über-Ich" und „Es". Das „Es" ist nach Sigmund Freud die psychische Instanz, in der unsere Triebe (heute würde man eher sagen unsere Motivationen) zu verorten sind. Das „Über-Ich" enthält unsere kulturell geformten Verhaltensmaßstäbe, unsere Normen, Prinzipien und anerzogenen Regeln (wir würden heute von inneren Strukturen sprechen). Diese befinden sich quasi naturgemäß in einem Antagonismus zum „Es". Unsere Motivation drängt uns zur Trieberfüllung, die aber in zivilisierten Gruppen nicht jederzeit und sofort zugelassen werden kann (alle Kulturen der Menschheit haben dementsprechend auch – soweit wir das bis jetzt wissen – das Sexualverhalten bestimmten Normen und Regeln unterworfen und nicht nur dem freien Spiel der Kräfte überlassen). Zwischen diesen Instanzen „Es" und „Über-Ich" steht nach Freud nun unser Bewusstsein, unser „Ich", diejenige Instanz, die in diesem inneren Konflikt vermitteln muss und die erfolgreich bestimmte Motivationen und Triebimpulse unterdrücken oder zurückstellen muss, um in unserem sozialen und gesellschaftlichen Gefüge handlungsfähig zu bleiben. Diese Unterdrückung und Verdrängung, diese „Selbstvergewaltigung" unserer Motivationen kostet aber psychisch einen Preis und ist nicht ohne Anstrengung zu haben. Je massiver und stärker wir zu dieser Unterdrückungsleistung gezwungen werden, umso größer ist der psychische Preis, den wir zahlen. Und dieser kann sich – bei extremen Verdrängungsleistungen – in einer Vielzahl psychischer Schwierigkeiten und Fehlleistungen äußern. Auch wenn die Psychoanalyse heute andere Begrifflichkeiten benutzt als Freud es getan hat und die Dinge wesentlich komplexer und vielschichtiger zu beschreiben vermag, so gebührt Freud doch das Verdienst, herausgefunden und dargestellt zu haben, wie wenig wir Menschen rein rational handelnde Wesen sind (und dies war die Überzeugung in der vorfreudianischen Zeit) und wie viel wir nicht bewusstseinsfähigen oder emotionalen Impulsen erliegen (die wir uns aber durchaus in nachträglicher Selbstrechtfertigung zurechtreden können). Wenn wir in Abschnitt 3.4 über die Facetten des Konfliktmanagements sprechen, werden Sie durchaus freudianisch inspiriertes Gedankengut finden. Freuds Konzept der „Ich-Stärke" ist nach wie vor eine sinnvolle Perspektive auf das Thema Konfliktmanagement. Ich-starke Menschen können aus der Perspektive von Freud ihr Handeln sehr bewusst gemäß den Umweltanforderungen regulieren, auch wenn das „Es" oder das „Über-Ich" dysfunktionale Impulse senden.

In der politischen Tradition wurde das Thema Konfliktmanagement eher aus der Perspektive der Interessenpolitik und des Interessenausgleichs gesehen (auch Machiavellis „Intrige" ist in diesem Sinne ein Element des strategischen Konfliktmanagements, weil sie planvoll und selbstkontrolliert ausgeführt wird und nicht impulsiv und spontan). In dieser Tradition hat sich das Nachdenken über die richtige Verhandlungstechnik entwickelt. Verhandlung wäre der rationale Zugang zur Konfliktlösung in Abgrenzung zu den biologischen Konfliktstrategien Angriff und Flucht. Besonders bekannt geworden ist das Harvard-Konzept der Verhandlung, dem die Idee zugrunde liegt, dass die in einer Verhandlung artikulierten Positionen nicht automatisch deckungsgleich mit den dahinter liegenden Interessen sind. Durch einen kreativitätsförderlichen und strukturierten Prozess der Interessenanalyse und Lösungsfindung können dann Lösungen gefunden werden, die den Nutzen für beide Verhandlungspartner maximieren: Wenn Paul und Linda sich um eine Apfelsine streiten, wäre der einfache Kompromiss die Teilung in der Mitte. Eine im Sinne des Harvard-Konzepts vorgenommene Interessenanalyse hätte aber erbracht, dass Linda die Schale in den Kuchen reiben möchte und sich Paul für den Saft interessiert.

Eine entsprechende Lösung hätte für beide Seiten mehr Nutzen als die Zweiteilung der Apfelsine.

Das Harvard-Konzept funktioniert freilich nur, wenn es „konvertierbare Tauschwährungen" gibt. Linda musste das Fruchtfleisch wirklich egal sein und Paul die Apfelsinenschale, sonst hätte das Beispiel nicht funktioniert. Wenn beide Orangensaft trinken möchten und ansonsten keinerlei weitere „Tauschwährungen" im Raum sind, gibt es keine Win-win-Lösung, sondern nur Win-lose-Lösungen (jeder Quadratzentimeter Fruchtfleisch mehr für Linda ist einer weniger für Paul). Das Harvard-Konzept hat das Verständnis guter Verhandlungen in Politik und Wirtschaft nachhaltig prägen können. Dennoch ist eine kompetente Verhandlungsfähigkeit noch kein erschöpfendes Synonym für Konfliktmanagementkompetenz. Konfliktmanagementkompetenz setzt bereits bei der Wahrnehmung und Steuerung des eigenen emotionalen Geschehens an. Erst wer darin erfolgreich ist, ist überhaupt in der Lage, technisch versiert und inhaltlich überlegt zu verhandeln.

Zu guter Letzt müssen noch zwei weitere Disziplinen Erwähnung finden, die das Thema Konflikt und Konfliktmanagement aus einer anderen Perspektive über die Geschichte hinweg betrachtet und begleitet haben: Moralphilosophie und Religion haben auf ihre Weise dazu beitragen wollen, Konfliktpotenziale zu reduzieren. Die Suche nach allgemeingültigen ethischen Prinzipien, denen sich Menschen unterwerfen, dient schließlich der Konfliktvermeidung. Hierbei ist es vom Prinzip erst einmal egal, ob die Rechtfertigung für diese Prinzipien aus einer rationalen Schlussfolgerung über sinnvolle Grundlagen des menschlichen Zusammenlebens erwachsen (z. B. bei Immanuel Kants kategorischem Imperativ) oder ob sie göttlichem Willen entspringen (z. B. bei den 10 Geboten). Viele Philosophien und Religionen haben sich für den Versuch engagiert (und engagieren sich noch), die Menschen von der Nützlichkeit ethischen Verhaltens zu überzeugen, sei es für eine verbesserte Welt, sei es für das Seelenheil im Jenseits. Aber auch dieser Prozess ist nicht ganz so einfach, denn Menschen lassen sich nicht ohne Weiteres auf ethisches Verhalten verpflichten. Ethisches Verhalten reguliert Konflikte dann, wenn es in langfristige soziale Beziehungen und ein soziales Gefüge eingebettet ist. Auf Langfristigkeit angelegte Beziehungen werden in einem gewissen Sinne von selbst „ethischer", weil unethisches Verhalten die Beziehung gefährdet. Ethik lässt sich demnach nicht per Appell „einregulieren", sondern ist nur dann ein Konfliktregulativ, wenn sich eine auf Langfristigkeit angelegte Gruppe mit hoher innerer Zusammengehörigkeit dafür entscheidet, sich bestimmten Prinzipien zu verpflichten, um das langfristige Miteinander zu sichern.

Die Geschichte des Konfliktmanagements ist – und das sollte dieser Absatz zeigen – damit auch eine Geschichte sehr vielfältiger und unterschiedlicher Perspektiven auf das Konfliktgeschehen, auf ihre Unabwendbarkeit (das wäre die biologische Perspektive), auf ihren Status in der gesellschaftlichen Entwicklung (das wäre die soziologische Perspektive), auf die individuelle Charakterentwicklung (das wäre die psychologische Perspektive), auf die Vorgehensweisen bei Interessengegensätzen und in Verhandlungen (das wäre die politische Perspektive) und schließlich auf die moralischen Implikationen (das wäre die moralphilosophische oder religiöse Perspektive).

3.3 Die individuelle Entwicklung der Kompetenz

Wir hatten Konfliktmanagementkompetenz im Kern als diejenige Kompetenz beschrieben, die es uns erlaubt, in Hinblick auf langfristige Ziele mit inneren und äußeren Konflikten umzugehen. Die Fähigkeit zum erfolgreichen Konfliktmanagement beinhaltet immer eine gewisse Selbstkontrolle über eigene emotionale Impulse. In Kapitel 3.1 hatten wir das Thema Willensstärke als wesentlichen Potenzialfaktor beschrieben. Willensstärke ist diejenige Kraft in der Verhaltenssteuerung, die es uns erlaubt, auch entgegen bestimmter emotionaler Impulse ein bestimmtes Verhalten aufrechtzuerhalten. Wenn Sie beispielsweise unter Flugangst leiden, drängt Sie jeder emotionale Impuls in Ihnen aus dem Flugzeug heraus. Wenn Sie dennoch auf Ihrem Platz sitzen bleiben, war Ihre Willensstärke, die Kraft Ihres Verstandes stärker und sie konnte Ihr Verhalten dominieren. Mit Willensstärke können Sie nicht Ihr Gefühl dominieren, denn die Flugangst können Sie auch mit Willensstärke nicht „abstellen". Sie können aber Ihr Verhalten gegen diese Angst (wir können dies auch als Motivation bezeichnen, das ist letztlich immer das Gleiche, nur mit entgegengesetztem Richtungspfeil) aufrechterhalten und bestimmen.

Diese Art der Selbststeuerungsfähigkeit ist damit die Grundlagenkompetenz für erfolgreiches Konfliktmanagement. Wer seinen emotionalen Impulsen erliegt, kann seine langfristigen Absichten niemals höher gewichten als seine kurzfristigen Handlungsimpulse und sich auch nicht entsprechend disziplinieren. Selbstverständlich gilt dies im Konfliktmanagement in beide Richtungen. Sehr impulsive und aggressive Leute müssen sich manchmal mit ihrer Willensstärke zügeln, ausgewogen und rational zu bleiben, um einen bestimmten Konflikt erfolgreich zu bearbeiten. Auf der anderen Seite sollten sich harmonieorientierte und ängstliche Leute auch manchmal in eine kritische Auseinandersetzung zwingen, um bestimmte langfristige Ziele nicht zu schnell zu opfern.

Im freudianischen Sinne würde man sagen, dass das „Ich" gegen die

Impulse des „Es" handeln können muss. Konfliktmanagementkompetenz ist darum in einem gewissen Sinne auch die Fähigkeit, bestimmte innere Spannungen aushalten und ertragen zu können, um strategisch handlungsfähig zu bleiben. Dies ist natürlich nur die Voraussetzung, es ist noch nicht die „Skill-Komponente" der Kompetenz. Man könnte sagen, es ist die Pflicht und noch nicht die Kür. Gute Verhandlungsführung benötigt eben auch Technik und nicht nur Selbstkontrolle.

Wenn wir uns aber die individuelle Entwicklung der Kompetenz angucken, dann sehen wir ganz deutlich die dominierende Rolle, die diese grundlegende Facette der Konfliktmanagementkompetenz spielt. Babys und Kleinkinder erliegen vollständig ihren emotionalen Impulsen: Unzufriedenheiten oder Wünsche werden sofort und unmissverständlich artikuliert und drängen auf Bedürfnisbefriedigung. Ein bewusster Aufschub der Bedürfnisbefriedigung ist nicht möglich – und im Baby- und Kleinkindalter, übrigens für den Aufbau von Urvertrauen in eine positiv wohlwollende Umwelt, gar nicht sinnvoll. Ab einem gewissen Alter hingegen ändert sich dieser Prozess. Bewusst oder intuitiv möchten Eltern ihren Kindern beibringen, verzichten zu können, warten zu können und Bedürfnisse anderer mit den eigenen Bedürfnissen austarieren zu können. Kinder müssen lernen, die inneren Spannungen auszuhalten, die mit bewusster Selbststeuerung einhergehen. Je weniger stark Kinder in dieser Hinsicht gefördert werden, umso weniger stark wird auch der „Muskel" von Willensstärke und bewusster Selbststeuerung geübt. Und die Wahrscheinlichkeit, dass man seinen Motivationen und Emotionen erliegt, wird dann größer. Wer Konfliktmanagementkompetenz erzielen will, muss den Muskel stärken, mit dem man das eigene Verhalten bewusst steuern kann. Die verschiedenen Facetten, die hierbei eine Rolle spielen, werden im nächsten Abschnitt, wenn es um Formen der Kompetenz und Typologien geht, noch ausführlicher erläutert.

Bei der individuellen Entwicklung des Konfliktverhaltens (und eben nicht nur der Konfliktmanagementkompetenz) ist noch eine weitere Dimension sehr entscheidend. Die Frage ist ja letztlich auch, mit wieviel Konfliktenergie man sich für bestimmte Ziele engagiert und wie groß die Ziele sind, die man sich vornimmt. Eltern bestimmen durch ihre Erziehung, durch ihr Vorleben, durch die Rahmenbedingungen des Großwerdens auch, welche Motivation, welche Sehnsüchte und Ängste in einem Kind heranreifen und welche inneren Konflikte seinen Charakter bestimmen.

Dieser Prozess geschieht in der Erziehung meist wesentlich weniger bewusst und gezielt, als die in der Pädagogik weithin geteilte Strategie der Erziehung zur Selbstkontrolle und Willensstärke. Ob unter Ihrer Erziehung eher ein harmonie- oder ein durchsetzungsorientiertes Kind aufwächst, ist hingegen ein weniger absichtsvoller Erziehungsprozess, sondern viel stärker durch Ihren eigenen Charakter und Ihr oft auch unbewusstes Vorleben dominiert als durch bewusst verfolgte Erziehungsziele.

In diesem Sinne sind Eltern immer das Schicksal ihrer Kinder, denn wir können als Eltern nicht verhindern, einen Teil unserer eigenen inneren Konflikte, Ängste und Sehnsüchte auf eine gewisse Art und Weise weiterzugeben, auch wenn wir manchmal unter ihnen leiden. Bei der Frage, welche Motivation und inneren Konflikte wir bei unseren Kindern erzeugen, können wir also nicht aus unserer Haut. Wir dominieren einen Teil des Charakters unserer Kinder, ob wir wollen oder nicht. Wenn Sie hingegen Konfliktmanagementkompetenz bewusst erziehen wollen, dann sind Selbststeuerung und Willensstärke zentrale und durchaus bewusst verfolgbare Erziehungsziele. Etwas platt gesagt muss die biografische Erfahrung sein, dass Durchhalten sich auch dann lohnt, wenn es unter nicht motivierenden Bedingungen erfolgt. Diese Erfahrung stählt den Muskel Selbststeuerung.

3.4 Facetten der Kompetenz und Typologien

3.4.1 Kompetenzfacetten

Wir hatten zu Anfang des Kapitels schon auf diesen Abschnitt verwiesen, in dem wir die Facetten der Konfliktkompetenz noch einmal detaillierter darstellen wollen. Wir hatten bereits Selbststeuerungsfähigkeit als einer der grundlegenden Konfliktkompetenzen beschrieben, aber letztendlich sind noch mehr Facetten relevant, um erfolgreich mit Konflikten umzugehen. Insgesamt unterscheiden wir sechs Facetten der Konfliktkompetenzen. Diese werden nachfolgend dargestellt:

Selbstwahrnehmung
Gutes Konfliktverhalten setzt zunächst einmal voraus, dass eine Person in der Lage ist, eigene Ziele, Bedürfnisse, Emotionen und auch eigene Verhaltensimpulse und Verhaltensweisen wahrzunehmen und zu reflektieren. Nur wenn man sich selbst schlüssig interpretieren kann, kann man z. B. auch Kompromissangebote oder Lösungsstrategien zu sich in Beziehung setzen und ihre langfristige Wirkung prüfen. Selbstreflexionsfähigkeit, die Wahrnehmungsfähigkeit eines breiten Spektrums an Emotionen und die Fähigkeit zur Bewertung eigener Emotionen („Ich merke bei mir, dass ich an dieser Stelle überreagiere") sind

zentrale Voraussetzungen dafür, dass bestimmte nächste Schritte in einem Konfliktlösungsprozess **überhaupt sinnvoll** ausgelöst werden können.

Selbststeuerung
Das Thema Selbststeuerung (wir hatten es in Abschnitt 3.2 auch schon einmal „Ich-Stärke" genannt) beinhaltet die Fähigkeit, langfristige Ziele auch unter schwierigen oder emotional herausfordernden Bedingungen weiterzuverfolgen und sich davon nicht leicht ablenken oder abbringen zu lassen oder aber als negative Selbststeuerung die Zielverfolgung durch die leichte Provozierbarkeit ungünstiger Reaktionen selbst zu konterkarieren. Personen mit guter Selbststeuerung müssen ihren Gefühlen nicht direkt Ausdruck verleihen. Sie können sie (bei guter Selbstwahrnehmung) zwar durchaus spüren, können aber ihren Verhaltensfluss auch gegen diese Impulse steuern. Geringe Selbststeuerung geht damit beispielsweise mit leichter Ablenkbarkeit, leichter Provozierbarkeit, Reizbarkeit oder Impulsivität einher.

Abwehr
Auch der Begriff Abwehr hat seinen Ursprung in der Psychoanalyse. Eine gute Abwehr spricht dafür, dass Personen auch in schwierigen Konfliktsituationen ihre innere Stabilität aufrechterhalten können und in diesem Sinne nicht leicht aus ihrem inneren Gleichgewicht zu bringen sind. Alltagssprachlich würde man vielleicht von Stressresistenz sprechen. Bildlich gesprochen bedeutet Abwehr, dass man in der Lage ist, die Übermannung durch schlechte Gefühle abzuwehren. Der Unterschied zur Selbststeuerung liegt darin, dass die Selbststeuerung auf das extern sichtbare Verhalten gelenkt ist. Abwehr betrifft hingegen die Aufrechterhaltung des inneren Gleichgewichts. Diese Aspekte sind in einem gewissen Sinne miteinander korreliert oder stehen in einem dynamischen Verhältnis, aber sie sind nicht deckungsgleich. Es gibt durchaus Menschen mit einer schlechten Abwehr (die also leicht in einen Zustand innerer Aufregung zu versetzen sind), die aber trotzdem noch über eine sehr gute Selbstkontrolle nach außen verfügen. Wenn allerdings beides gering ausgeprägt ist, können schon kleine negative Reize sehr schnell die innere Stabilität aus dem Gleichgewicht bringen. Dann ist auch nach außen hin kein strategisches oder koordiniertes Verhalten mehr zu erwarten.

Empathie
Eine ganz wesentliche Facette der Konfliktkompetenz ist Empathie. Empathie beschreibt die Möglichkeit, sich in ein Gegenüber hineinzuversetzen, seine Reaktionen zu verstehen und im gewissen Sinne auch absehen und kalku-

lieren zu können. Empathische Menschen verstehen darüber hinaus, welche Emotionen sie beim anderen durch das eigene Verhalten auslösen. An dieser Stelle sei noch einmal auf den Unterschied zwischen Empathie und Sensibilität eingegangen. Mit Sensibilität beschreibt man im Allgemeinen die Interpretationskompetenz eines emotionalen Geschehens bei anderen Personen. Empathie beinhaltet demgegenüber auch noch die Facette des Mitfühlen-Könnens. Viele Gewaltverbrecher sind ausgesprochen sensible Menschen, die sehr gut das Innenleben anderer Menschen erfassen können. Gerade deswegen sind sie oftmals gut in der Lage, andere Menschen zu manipulieren. In unserer vorherigen Definition sind Gewaltverbrecher aber selten empathisch, denn sie zeichnen sich ja gerade dadurch aus, dass sie das Leid ihrer Opfer nicht als eigene Gefühlsrepräsentation verspüren und nur das versetzt sie in die Lage, grausam und skrupellos zu sein. Empathie ist also im gewissen Sinne diejenige Kompetenz, die uns vor Grausamkeit und Skrupellosigkeit bewahrt und uns in Konflikten die Zweck-Mittel-Relation im Blick behalten lässt (wie viel Härte ist für dieses Problem angemessen?).

Kommunikation
Für Konfliktmanagementkompetenz braucht man kommunikative Kompetenz, weil wir Menschen im Regelfall unsere Konflikte verbal verhandeln und alle komplexen Konflikte auch das kommunikative Element benötigen. Menschen mit guter Kommunikationskompetenz bleiben auch im Konfliktfall dialogfähig. Sie sind in der Lage, den Konflikt zu benennen und zu explizieren, eigene Wünsche und Bedürfnisse zum Ausdruck zu bringen und auf Argumente und Äußerungen des anderen adäquat einzugehen und zu reagieren. Nicht selten verlieren Menschen im Konflikt ihre Dialogkompetenz und schalten eher auf wechselseitiges Monologisieren. Hierdurch geht dann sehr schnell der Kontakt zum Konfliktpartner verloren und die Eskalation ist im Prinzip vorgezeichnet. Gute Kommunikationsfähigkeit zeigt sich darin, die Dialogfähigkeit auch unter schwierigen emotionalen Bedingungen aufrechterhalten zu können (die Fähigkeit zum Zuhören ist damit natürlich ein wichtiger Teilaspekt).

Bindungsfähigkeit
Bindungsfähigkeit zeigt sich darin, dass man in der Lage ist, dauerhafte Beziehungen sowohl eingehen als auch wieder abbrechen zu können. Wir hatten gesagt, dass sich Ethik überhaupt nur in langfristig angelegten Beziehungen entwickeln kann. Auf dem türkischen Basar erscheint uns die Regel „Du sollst nicht schwindeln" weniger nützlich als in unserer Partnerschaft. Wer sich nicht an andere Menschen binden kann, ist auch nicht bereit, sich in langfristige

Beziehungen mit ihrem innewohnenden Regelwerk und ihrer innewohnenden Ethik zu unterwerfen. Dadurch fehlt in Konflikten ein wichtiges Regulativ. Wer hingegen Beziehungen nicht abbrechen kann, kann sich vermutlich nicht behaupten. Er kann das Kosten-Nutzen-Verhältnis von Beziehungen nicht kalkulieren und klammert sich unter Umständen auch an solche Beziehungen, die es nicht mehr wert sind. Es ist offenkundig, warum beide Extreme ein Gegensatz zur Konfliktmanagementkompetenz sind: Wer kompetent mit Konflikten umgehen will, muss langfristige Beziehungen mit ihrem Regelwerk eingehen und leben können, er muss sie aber auch abbrechen und sich distanzieren können, wenn eine Beziehung ihr Versprechen nicht einhält. Weder Selbstaufgabe in einer Beziehung (denn dann hat man den Verwirklichungskampf für eigene Ziele aufgegeben) noch Bindungslosigkeit (und damit Anfälligkeit für ethische Beliebigkeit) sind mit kompetentem Umgang mit Konflikten vereinbar.

Abb. 3.1: Facetten der Konfliktmanagementkompetenz

3.4.2 Grundtypen von Konfliktmanagern

Wenn man sich nun fragt, ob es verschiedene Grundtypen von Konfliktmanagern gibt, dann lassen sich die Ansätze des Konfliktmanagements noch einmal anhand von zwei Dimensionen in ein Portfolio bringen. Grundsätzlich ist Konfliktmanagement langfristigen Zielen verpflichtet, wobei es deutliche Unterschiede hinsichtlich der Art der Ziele und des präferierten Ansatzes geben kann. In einer ersten Dimension könnte man sich fragen, ob der grundsätzliche Ansatz eher harmonisierend oder eher kämpferisch ist. Je nachdem, für welche Ziele ich mich engagiere, liegt der eine oder der andere Ansatz näher (eine Revolution macht man nicht harmonisierend). Aber das würde auch bedeuten, dass unterschiedliche Typen von Konfliktmanagern in diesen Kontexten ihre Stärken besonders zur Entfaltung bringen. Eine zweite Dimension würde fragen, ob der Fokus auf den Konflikt eher rational oder eher emotional geprägt ist (am Ende muss es für kompetentes Konfliktmanagement beides sein, aber trotzdem sehen wir natürlich individuelle Präferenzen). Aus diesen beiden Achsen ergeben sich die in der unten stehenden Tabelle aufgeführten Konflikttypen.

	Harmonisierend	**Kämpferisch**
Rational	Der friedenstiftende Verhandler	Der zielorientierte Stratege
Emotional	Der freundliche Aussöhner	Der impulsive Angreifer

Tab. 3.1: Konflikttypen

Der friedenstiftende Verhandler
Der eher harmonisierende und rationale Typ wäre der friedenstiftende Verhandler. Diese Personen möchten einen ausgewogenen Interessenausgleich zwischen allen Beteiligten herbeiführen und gute Beziehungen stiften, sehen aber kluge Verträge und Detailregelungen als die richtige Herangehensweise an.

Der zielorientierte Stratege
Der rational kämpferische Konfliktmanager wäre dementsprechend eher der zielorientierte Stratege, der bereit ist, mit harten Maßnahmen Konflikte zu befrieden, wenn dies erforderlich werden sollte. Der Konflikt in Ex-Jugoslawien wurde eher durch zielorientierte Strategen beurteilt und gelöst, die die notwendige Härte aufbrachten und den damaligen Machthaber Slobodan Milošević zur Rückkehr an den Verhandlungstisch zwangen. US-Präsident Obama hat

sich im Syrien-Konflikt eher wie der friedenstiftende Verhandler positioniert, der auf den Giftgasangriff des Assad-Regimes nicht mit der Härte reagierte, wie es ein George Bush vermutlich getan hätte. Er aber hat dafür geschafft, die Distanz zu Moskau nicht weiter anwachsen zu lassen, sondern ein gemeinsames Vorgehen auf den Weg zu bringen. In beiden Fällen handelte es sich um ausgesprochen rationalisierte Konfliktstrategien (was in derart komplexen politischen Prozessen in Demokratien durch die Rechtfertigungshürden für kriegerische Reaktionen erzwungen ist), bei denen man den unterschiedlichen Akzent zwischen dem friedenstiftenden Verhandler und dem zielorientierten Strategen erkennen kann.

Der impulsive Angreifer
Wenn wir nun zu den eher emotional geprägten Strategien kommen, bringt die kämpferische Konfliktstrategie den Typ des impulsiven Angreifers hervor, der im Extremfall in unserem Verständnis kein kompetenter Konfliktmanager mehr wäre, der aber bis zu einem gewissen Ausmaß Bewegung in eine Sache bringen kann, der Initiative ergreift und mobilisieren kann.

Der freundliche Aussöhner
Der emotional orientierte und harmonisierende Konflikttyp wäre der freundliche Aussöhner, dem es wichtig ist, Menschen zusammenzubringen und gefährdete Beziehungen zu retten. In der großen Politik findet man diesen Typ von allen vier Typen sicherlich am seltensten. Es wäre der klassische Teamtrainer, der Mediator, der gute Aussprachen moderiert und bei Aussöhnung eher an die individuelle zwischenmenschliche Komponente und weniger an die politische Dimension denkt.

3.5 Mit Konfliktmanagement verwandte Kompetenzen

Wir hatten Konfliktmanagementkompetenz ganz am Anfang als die wesentliche Sozialkompetenz beschrieben, die die Grundlage für den Erfolg unseres Soziallebens bildet. Viele andere soziale Kompetenzen sind entweder mit Konfliktmanagement verwandt oder Teilaspekte davon. Typische Sozialkompetenzen, die wir oft als abgetrennte Kompetenzen beschreiben, die aber letztlich eine Facette von Konfliktmanagement sind, sind hierbei die Folgenden:

- **Teamorientierung und Teamfähigkeit**
  Bei allen Kompetenzen, in denen wir Teamfähigkeit oder Kooperation besonders betonen, meinen wir im Prinzip die ausgleichende Seite des Konfliktmanagementspektrums, wir meinen aber auch die bindungs- und beziehungsfähige Seite. Teamfähige Menschen können über einen längeren Zeitraum ihre Rolle und ihren Platz in einem Team finden (sie sind bindungsfähig!) und sie können eigene Interessen mit denen des Teams sinnvoll austarieren. Teamfähige Menschen machen Kompromisse und sind bereit, bei ihren eigenen Zielen Abstriche zu machen, um das Team insgesamt zu erhalten und nicht zu gefährden. Die ausgleichende, beziehungsorientierte und integrative Seite der Konfliktmanagementkompetenz heißt Teamfähigkeit (detaillierte Darstellung in Borchardt & Faerber 2012).

- **Durchsetzungsstärke**
  Teamfähige Menschen opfern im Zweifel ein Stück ihrer Ziele, um Team- und Beziehungsqualität zu erhalten, durchsetzungsorientierte Menschen opfern im Konfliktfall auch einmal Team- und Beziehungsqualität, um ihre Ziele durchzusetzen. Durchsetzungsstärke ist demnach der Teil des Konfliktmanagements, bei dem es um Selbstbehauptung und Angriff geht. Durchsetzungsstärke beinhaltet Aggression und damit Initiative. Gemeine und gewaltbereite Feinde besiegt man nicht mit Teamorientierung, sondern mit Durchsetzungskraft. Wir hatten Konfliktmanagement bewusst als die Fähigkeit zum erfolgreichen und langfristigen Umgang mit Konflikten beschrieben und nicht zwangsläufig als den friedfertigen Umgang mit Konflikten. Wenn man sich seine Feinde nicht aussuchen kann, dann ist manchmal Durchsetzungsstärke die Konfliktbearbeitungsmethode der Wahl, auch wenn wir dann im Extremfall den Konflikt nicht mehr „managen", sondern durch Machtausübung beenden. Paschen und Dihsmaier (2013) liefern weiterführende Überlegungen zum Thema Durchsetzungsstärke.

- **Strategische Kompetenz**
  Eine weitere mit der Konfliktmanagementkompetenz verwandte Kompetenz ist die strategische Kompetenz. Die Tatsache, dass wir Konfliktmanagement selbst als eine strategische Fähigkeit beschrieben haben, beinhaltet damit, dass die Kunst der Zielbildung und die Ableitung richtiger Strategien zur Verfolgung dieser Ziele zwangsläufig mit Konflikt-

management verwandt sind (ausführlichere Darstellung in Fritz, Gaiser & Reinecke 2012).

- **Argumentation, Kommunikation und Dialektik**
  Die typische Austragungsform des Konflikts ist bei uns Menschen fast immer die Verhandlung. Wir verhandeln laufend, in unseren privaten Beziehungen genauso wie im Berufsleben. Kluge Verhandlung beinhaltet die Notwendigkeit, seine Strategie (hier referenziert das Thema Verhandlung auch noch einmal auf die vorher genannte strategische Kompetenz) auch sinnvoll in Worte zu kleiden, zu begründen, zu erklären und argumentativ zu verteidigen. Wem in Konflikten und Verhandlungen die Worte fehlen, dem fehlen in vielen Auseinandersetzungen eben auch die Instrumente und die „Waffen", um ein Ergebnis zu erzielen (vertiefend dazu Borchardt & Faerber 2013).

Zusätzlich zu diesen etwas grundsätzlicheren Überlegungen, wie sich Konfliktmanagementkompetenz auch in anderen Kompetenzen widerspiegelt, seien an dieser Stelle aber noch einige weitere typische Äußerungsformen aufgeführt, die bei konfliktkompetenten Menschen zu beobachten sind. Konfliktkompetente Menschen sind in der Lage,

- zu rationalisieren und Konflikte damit verhandelbar zu machen,
- auch in aufgeladenen Situationen beherrscht zu bleiben,
- auch schwierige, eigene Emotionen gut im Griff zu behalten,
- eigene aggressive Impulse zu kontrollieren,
- Bedürfnisse klar zum Ausdruck zu bringen,
- Kritik differenziert zu äußern,
- auch im Konflikt die Selbstreflexionsfähigkeit nicht zu verlieren,
- moderierend mit Interessengegensätzen umzugehen,
- Spannungsabbau zu fördern,

- durch eigene Empathie Interessen und dahinter liegende Motivationen richtig zu erfassen,

- die Effekte eigener Vorgehensweisen auf langfristige Folgen sicher abzuschätzen.

3.6 Berühmte Repräsentanten für Konfliktmanagementkompetenz

Die Beschreibung berühmter Repräsentanten für Konfliktmanagement und auch die Einordnung dieser Repräsentanten entlang der Konflikttypologien ist aus der Distanz betrachtet gar nicht so leicht. Grundsätzlich kann man sagen, dass alle großen Führungskräfte, die eine Bewegung gegründet haben, immer auch erfolgreiche Konfliktmanager gewesen sind. Denn diese Führungskräfte haben die Gruppendynamik in der entstehenden Organisation und die in einer Wachstumsphase typischen Rollenkonflikte, Dominanzkonflikte, Beziehungskonflikte und Prioritätenkonflikte so erfolgreich beherrscht, dass die Gruppe oder die Organisation als Ganzes leistungsfähig geworden ist. Wer als Führungskraft Bewegungen gründet und in der Lage ist, diese auf gemeinsame Ziele auszurichten, ist zwangsläufig ein erfolgreicher Konfliktmanager (typische Projektmanager großer Projekte in einer Matrixorganisation müssen darum immer sehr kompetente Konfliktmanager sein).

Dies gilt nicht mit gleicher Unbedingtheit für Führungskräfte, die in bestehenden Organisationen führen. Hier kann es nämlich sein, dass die bestehenden Strukturen, die bestehende Kultur und das bestehende Regelwerk bereits einen so engen, regulativen Einfluss auf die Gruppen haben, dass viele Konflikte ohnehin „weggeregelt" sind und dementsprechend die Herausforderungen an das Konfliktmanagement geringer ausfallen. Gründer einer Bewegung oder aber Change Manager, die bestehende Strukturen aufbrechen und damit im Allgemeinen viel Konfliktpotenzial wachrufen oder freilegen, sind eher die Konfliktmanager unter den Führungskräften. Insofern kann man sich bei der Frage nach erfolgreichen Konfliktmanagern auch die Frage vorlegen, wo es erfolgreiche Gründer einer Bewegung gab oder erfolgreiche Change Manager.

In der politischen Landschaft ist sicherlich Michail Gorbatschow eine Figur, die man im Nachhinein als durchaus erfolgreichen Konfliktmanager ansehen kann, auch wenn nicht alles, was er sich wünschte, Wirklichkeit geworden ist. Aber die Tatsache, dass er in der Lage war, die sehr engen Strukturen in Russland aufzubrechen, dabei in dem ihn umgebenden Haifischbecken des

Kreml über viele Jahre hinweg zu überleben und schrittweise seine damaligen Visionen von Perestroika und Glasnost zu verwirklichen, zeigt ohne Zweifel, dass Gorbatschow ein besonnener Stratege und Verhandler gewesen sein muss, der mit den von ihm provozierten Konfliktfeldern auf eine überlegte und kluge Art und Weise umgegangen sein muss.

Ein anderes Beispiel ist aktuell in der politischen Landschaft in Deutschland zu sehen. Während dieser Artikel geschrieben wurde, befanden sich CDU und SPD gerade in den Sondierungsgesprächen für eine Neuauflage der Großen Koalition. Manch ein Wähler mag sich ungläubig die Augen reiben, wenn man nun sieht, mit welchem Willen zur Annäherung Angela Merkel und Sigmar Gabriel sich gegenseitig behandeln, obwohl man während des Wahlkampfes Kompetenz und Integrität des politischen Gegners deutlich in Zweifel zu ziehen bereit war. Mit den Leuten, die Deutschland angeblich nicht regieren konnten (so die SPD über die CDU) oder nicht regieren können (so die CDU über die SPD), sitzt man nun am Verhandlungstisch und ist zurück im politischen Klein-Klein. Daran sieht man aber auch, wie strategisch und bewusst ein Wahlkampf geführt wird und wie stark Polit-Profis sich auch emotional von bestimmten Diffamierungen der Gegenseite distanzieren und dagegen immunisieren können müssen. Der Wahlkampf ist dabei genauso strategisch wie es die anschließenden Verhandlungen zur Großen Koalition sind. Das mag aus einer bestimmten Perspektive heraus unaufrichtig oder unauthentisch erscheinen, aber das sind sicherlich auch nicht die richtigen Kriterien bei der Bewertung von Wahlkampf und Koalitionsverhandlungen. Unter Konfliktmanagementgesichtspunkten verhalten sich die Parteien durchaus richtig. Im Wahlkampf ist die nach außen gezeigte emotionale Involvierung und Echauffierung über den politischen Gegner aus taktischen Gründen nötig. Im Innenverhältnis der Politiker darf sie aber nicht so beziehungszerstörerisch sein, dass man nicht auch anschließend wieder gemeinsam am Kabinettstisch Platz nehmen könnte.

Zeitgleich eskaliert in Amerika der Haushaltsstreit: Während dieser Artikel geschrieben wird, blockieren die Republikaner Obamas Gesetz zur Erhöhung der Schuldengrenze und Amerika riskiert durch diese Eskalation eine Menge. Die sehr verhärtete politische Kultur in Amerika, in der sich bestimmte Verantwortungsträger bisweilen in einer unverantwortlichen Art und Weise in Positionen festbeißen, ist kein gutes Beispiel für gelungenes Konfliktmanagement. Auch wenn das aus der Distanz nicht abschließend beurteilt werden kann, so darf doch angenommen werden, dass es hier mittlerweile eine Reihe von persönlichen Verwerfungen gibt und dass beispielsweise viele Republikaner einfach nur aus ihrer Wut heraus Obama Schaden zufügen wollen oder ihm gewisse Erfolge nicht gönnen (umgekehrt ist es vermutlich nicht anders). In diesem Klima riskieren die Republikaner im gewissen Sinne ihre eigenen langfristigen Ziele, weil die Wähler ihre Blockadepolitik und ihre Kompromissunwilligkeit auch in den beiden vergangenen Wahlen schon nicht honoriert haben, und es spricht wenig dafür, dass eine weitere Eskalation den Republikaner hier nützt: Ein gelungenes Konfliktmanagement sieht anders aus.

3.7   Die Diagnose der Konfliktmanagementkompetenz

Wenn wir Konfliktmanagementkompetenz erfassen möchten, sind wir in jedem Fall gezwungen, das komplexe Spektrum des Konfliktverhaltens einer Person anzuschauen. Wir müssen in einem ersten Schritt in vielen typischen beruflichen Diagnostikfragestellungen (sei es in der Personalauswahl, sei es in der etwas allgemeineren Potenzialanalyse, aber auch in der Feststellung von Personalentwicklungsbedarf) zunächst die Motivationen von Menschen kennenlernen, um abschätzen zu können, in welche Konflikte sie geraten und für welche Konfliktfelder sie sich besonders engagieren würden. Im zweiten Schritt können wir dann die Diagnostik der Konfliktmanagementkompetenz vornehmen.

Wir haben am Anfang gesehen, dass Motivation immer als ein Konflikt- oder ein Spannungszustand zwischen einem gewünschten Ziel und dem Status quo gesehen werden kann. Wenn wir uns nun in der Diagnostik mit inneren Konflikten einer Person beschäftigen, so sind diese keineswegs als Gegensatz zu einer Potenzialzuschreibung zu sehen, sondern oftmals eher die Voraussetzung für Potenzial. Wer komplett zufrieden und konfliktfrei ist, hat in diesem Sinne auch kein Potenzial mehr, denn es gibt ja keine Ziele mehr, für die sich Einsatz und Verwirklichungskampf lohnen würden. Nur Unzufriedenheit und bis zu einem gewissen Grad auch Aggressionsbereitschaft (im Sinne von Initiative und vorwärts drängendem Element) sind Potenzialindikatoren. Aber es sind eben gleichzeitig auch innere Konflikte. Alle diagnostischen Erfassungssysteme für Motivation erfassen darum auch innere Konflikte. Wer beispielsweise sehr wettbewerbsorientiert ist, erlebt einen inneren Konflikt, wenn er sich nicht in seiner Leistungsfähigkeit von anderen differenzieren kann. Und hieraus erwächst dann die Energie, diesen Zustand zu ändern.

Wenn wir also etwas über das Konfliktverhalten einer Person im Berufsleben verstehen wollen, müssen wir verstehen, was sie antreibt, was ihr wichtig ist und woher sie ihre Energie bezieht. Damit kennen wir die Richtung ihres Potenzials, also diejenigen „Baustellen", in denen diese Person mit besonderer Wahrscheinlichkeit zur Leistungsfähigkeit motiviert ist. Jemand, der beispielsweise sehr harmonie- und beziehungsorientiert ist, kann sein Potenzial vor allen Dingen in einem teamorientierten Kontext ausleben und die inneren Konflikte werden gar nicht so oft aktiviert. Wer sehr sicherheitsmotiviert und strukturaffin ist, kann seine Motivation besonders stark in Kontexten ausleben, in denen mit präzisen und klaren Strukturen gearbeitet wird, und seine inneren Konflikte werden weniger stark aktiviert.

Strategisches Konfliktmanagement aus Sicht der Personalauswähler bedeutet damit auch, Menschen an die Stellen der Organisation zu bringen, in denen ihre inneren Konflikte relativ gesehen am wenigstens aktiviert werden, sodass man sie eher als positive Motivationen wahrnehmen kann.

Wenn es nun um die Diagnostik von Konfliktmanagementkompetenzen im engeren Sinne geht, dann müssen wir die sechs Facetten der Konfliktkompetenz betrachten, die wir im Abschnitt 3.4.1 beschrieben haben.

Der häufigste Anwendungsfall der Diagnostik ist das Interview. Aus diesem Grunde werden an dieser Stelle für die verschiedenen Facetten der Kompetenz Interviewfragen aufgeführt, die den jeweiligen Aspekt abdecken.

Selbstwahrnehmung
Die Qualität der Selbstwahrnehmungs- und Selbstreflexionsfähigkeiten einer Person lässt sich im Interview gut erfassen. Alle selbstreflektorischen Fragen und alle Fragen nach der Beschreibung eigener Emotionen zielen auf diesen Aspekt ab.

- Was motiviert Sie persönlich besonders? Was ist Ihnen in der Arbeit besonders wichtig?

- Wie würden Sie sich selbst als Mensch charakterisieren? Was sind die hervorstechendsten Eigenschaften, die Sie auszeichnen?

- Sie haben eben davon berichtet, wie es Ihnen in der Situation XY ergangen ist. Beschreiben Sie doch noch einmal etwas ausführlicher, wie Sie persönlich diese Situation für sich wahrgenommen haben und wie es Ihnen dabei ging.

Beispielhafte Beurteilungsanker für eine gute Selbstwahrnehmung:

- beschreibt die eigene Motivation differenziert und schlüssig,

- kann sich selbst facettenreich und konsistent charakterisieren,
- kann eigene Empfindungen und inneres Erleben nachvollziehbar und bildhaft darstellen.

Selbststeuerung
Bei der Selbststeuerung geht es um die Durchhaltefähigkeit in der Zielverfolgung auch unter schwierigen Bedingungen.

- In welchen Phasen Ihres Berufslebens wurden Ihr Durchhaltevermögen und Ihre Beharrlichkeit besonders herausgefordert?
- Wie haben Sie sich trotz dieser Schwierigkeiten selbst motivieren können?
- Welche Ziele haben Sie mit einem ganz besonderem Biss verfolgen müssen, um sie trotz auftretender Schwierigkeiten noch zu erreichen?

Beispielhafte Beurteilungsanker für eine gute Selbststeuerung:

- kann Beispiele für ausgeprägtes Durchhaltevermögen benennen,
- kann sich auch in schwierigen Situationen erfolgreich motivieren,
- verfolgt seine Ziele mit Biss und Beharrlichkeit.

Abwehr
Die Kompetenzfacette der Abwehr beinhaltet die Aufrechterhaltung innerer Stabilität auch unter schwierigen Bedingungen.

Zu bestimmten Zeiten und in bestimmten Kontexten wurde dieser Aspekt übrigens durch sogenannte „Stressinterviews" getestet, in denen die Bewerber in eine emotional schwierige Lage gebracht worden sind. Dieses Vorgehen verbietet sich aber aus kulturellen und personalmarketingtechnischen Gründen für die meisten Unternehmen. Stressinterviews sind damit glücklicherweise heute nicht mehr sehr verbreitet.

- Welche Vorkommnisse oder Situationen setzen Sie am ehesten unter Spannung?

- Wo gab es Situationen, in denen Sie die Contenance verloren haben und in denen man Ihnen anmerkte, dass Sie nicht gelassen oder distanziert mit einem Konflikt umgehen konnten?

- Nimmt man Sie eher als sehr selbstkontrolliert oder sehr authentisch wahr? Bitte geben Sie uns dafür ein paar Beispiele.

Beispielhafte Beurteilungsanker für eine gute Abwehr:

- bleibt auch in schwierigen Situationen ausgeglichen und gelassen,

- verliert selten die Contenance und lässt sich nicht leicht provozieren.

Empathie
Empathie haben wir als die Fähigkeit beschrieben, emotionale Reaktionen eines Gegenübers zu verstehen und vorherzusehen und bis zu einem gewissen Grade auch mitfühlen zu können.

- Bitte denken Sie einmal an eine Person aus Ihrem Arbeitsumfeld, die Sie als besonders schwierig erleben. Wodurch zeichnet sich diese Person aus? Wie würden Sie die Motivation dieser Person charakterisieren?

- In welchen Situationen waren Sie schon einmal besonders gefordert, sich mit sehr viel Fingerspitzengefühl auf einen Gesprächspartner einzustellen? Welche Dinge haben Sie bei diesem Gesprächspartner besonders beachtet und in welcher Weise haben Sie sich darauf eingestellt?

- In welchen Situationen haben Sie schon einmal mit besonderer Härte agieren müssen? Wie sind die Betroffenen damit umgegangen? Warum war diese Härte aus Ihrer Sicht in dieser Situation gerechtfertigt?

Beispielhafte Beurteilungsanker für eine gute Empathie:

- kann andere Menschen sehr treffend einschätzen und beschreiben,

- formuliert Beispiele für sein gutes Fingerspitzengefühl,

- agiert spürbar ungern hart und durchsetzungsstark, möchte andere nicht kränken oder verletzen.

Kommunikation
Bei dem Aspekt Kommunikation geht es um die Explizierbarkeit eines Konfliktgeschehens und um die Aufrechterhaltung der Dialogfähigkeit. In einem Interview ist es allerdings nicht so glücklich, nur „theoretisch" über kommunikative Fähigkeiten zu reden. Gerade die kommunikative Kompetenz eignet sich dazu, sich bestimmte Dinge auch „zeigen zu lassen". Die Fragen sind dementsprechend formuliert.

- Was ist Ihnen in der Führung von Konfliktgesprächen besonders wichtig? Worauf achten Sie hier? Wie strukturieren Sie Konfliktgespräche?

- Bitte denken Sie einmal an eine Situation, in der Sie jemandem ein kritisches Feedback vermitteln mussten. Bitte wiederholen Sie dieses Feedback doch jetzt einmal und zeigen Sie uns, wie Sie diese Situation gestaltet haben.

- Bitte geben Sie uns ein Beispiel dafür, wo Sie eine Konfliktaussprache initiiert haben, ähnlich wie bei der vorherigen Frage. Bitte formulieren Sie Ihre Einleitung in das Gespräch und Ihre Beschreibung des Konflikts so, wie Sie es in dieser Aussprachesituation getan haben.

Beispielhafte Beurteilungsanker für eine gute Kommunikationsfähigkeit:

- bleibt in Konflikten dialogfähig,

- formuliert Feedback ausgewogen und abwägend,

- besitzt gute Konzepte für die Gestaltung von Aussprachen und Konfliktgesprächen.

Bindungsfähigkeit
Bei der Bindungsfähigkeit geht es um das Eingehen und Auflösen von Beziehungen.

- Welche ungeschriebenen Spielregeln galten besonders in Ihrem unmittelbaren Team in Ihrer letzten Arbeitsstelle? Inwieweit haben Sie sich diesen Spielregeln angepasst und warum? Mit welchen Dingen im Team haben Sie sich besonders persönlich verbunden gefühlt?

- Welche Bindungen im Berufsleben, die anfangs einmal sehr eng waren, haben Sie bewusst abgebrochen und aufgegeben?

- Welche Beziehungen oder Netzwerke haben Bestand gehabt, selbst wenn sich eine Arbeitskonstellation verändert hat?

Beispielhafte Beurteilungsanker für eine gute Bindungsfähigkeit:

- fügt sich in Teams ein und folgt den Spielregeln und der Teamkultur,

- hat Bindungen im Berufsleben bewusst und aus schlüssigen Gründen gelöst,

- geht dauerhafte Beziehungen ein und pflegt sie.

Abschließende Überlegungen zur Kompetenzerfassung
Die hier beschriebenen Fragen betreffen jetzt nur die psychologischen Dimensionen der Konfliktmanagementkompetenz im engeren Sinne. Wir hatten vorher schon beschrieben, dass viele andere Kompetenzen auf das Thema abstrahlen und dementsprechend bei der Diagnose von Konfliktmanagementkompetenz mitberücksichtigt werden müssen. Dies sind insbesondere die Teamfähigkeit, Durchsetzungsstärke, strategische Kompetenz und Argumentation sowie Kommunikation. In den weiteren Kapiteln dieses Bandes werden Fragen und diagnostische Instrumente für diese Facetten beschrieben.

Neben dem Interview lässt sich Konfliktmanagementkompetenz auch durch simulative Methoden erfassen, z. B. durch Rollenspiele im Assessment Center. Man muss sich aber bewusst sein, dass in Rollenspielen viel stärker die verhandlungstaktische und kommunikative Facette des Konfliktmanagements einschätzbar wird und weniger stark Aspekte von Abwehr oder Selbststeuerung. Dies hängt damit zusammen, dass es in einem Rollenspiel um fiktive Konfliktfelder geht, die einem natürlich „nicht unter die Haut gehen". Bei fehlender eigener emotionaler Betroffenheit kann man leicht strategisch und lösungsorientiert sein und darum ist die Erfassung von Konfliktmanagementkompetenzen im Rollenspiel nicht erschöpfend.

3.8 Personalentwicklung bzw. Coaching von Konfliktmanagementkompetenz

Die Entwicklung der handwerklichen Aspekte von Konfliktmanagementkompetenz (z. B. Strategiebildung oder Verhandlungstaktik) lassen sich wie andere Kompetenzen auch durch entsprechende Seminare, Übungsmöglichkeiten, Feedbackschleifen und Anwendungen in Realsituationen trainieren und coachen. In den vorhergehenden Absätzen wurde dargestellt, dass das grundsätzliche Fundament beim Thema Konfliktmanagement in der eigenen psychischen Konstitution liegt. Der Charakter unserer eigenen inneren Konflikte determiniert unsere Ansprechbarkeit und Emotionalisierung in Konfliktsituationen. Unsere Selbststeuerung, unsere Abwehr und auch unsere Empathie sind dann wichtige Einflussfaktoren für unseren Umgang mit Konflikten. All das sind Aspekte, die sich nicht leicht und schon gar nicht mit einem handwerklichen Machbarkeitsoptimismus entwickeln lassen. Der Aufbau innerer Gelassenheit ist für jemanden, der über schlechte Abwehr verfügt, ein langwieriger und mühevoller Prozess. Auf dieser Ebene reden wir letztendlich in der Personalentwicklung nur über intensive Coachingprozesse mit einem Coach, der auch mit therapeutischen Interventionsmechanismen vertraut ist.

Anbei haben wir für Sie einige konkrete Hinweise für die Entwicklung bzw. das Coaching der Kompetenz zusammengestellt.

Selbstwahrnehmung
In Konflikten ist die Selbstwahrnehmung wichtig, um die eigene Position und damit auch den Unterschied zur gegnerischen Position richtig einordnen zu können. Eine stimmige Selbstwahrnehmung erfordert, sich der eigenen Motive, Bedürfnisse und Ziele bewusst zu werden. Fehlt dieses Bewusstsein, kann keine stimmige Selbstregulation stattfinden, da Handeln und Bedürfnisse nicht kongruent werden können. Menschen, die wissen, was sie wollen, können ihr Handeln daran ausrichten und so die eigenen Motive und Bedürfnisse befriedigen. Menschen, die dies nicht wissen, laufen Gefahr, an den eigenen Bedürfnissen vorbei zu leben. Folgende Fragen fördern die Selbstwahrnehmung:

- Was möchte ich in einem bestimmten Lebens- und Berufskontext?

- Was will ich, was gefällt mir, was macht mich zufrieden?

- Was will ich nicht, was missfällt mir und was macht mich unzufrieden?

Diese vornehmlich klärungsorientierten Fragen lassen sich insbesondere durch einen therapeutisch ausgebildeten Coach beantworten, der durch eine konsistente Prozessgestaltung an den oben beschriebenen Fragen arbeitet. Gleichermaßen können auch Achtsamkeitsübungen wie meditative Techniken dabei helfen, sich der eigenen Bedürfnisse bewusst zu werden. Grundsätzlich besteht die Notwendigkeit, eine stimmige Selbstwahrnehmung in allen Lebensbereichen zu entwickeln, und zwar durch

- eine kontinuierliche Reflexion,
- ein bewusstes Erleben des Alltags,
- die dauernde Bewusstmachung der eigenen Bedürfnisse und
- kontinuierliches Hinterfragen.

Gerade im Berufsleben kann dieser Prozess durch regelmäßige Reflexions- und Feedbackgespräche sowie eine bewusste (d. h. durch eine intensive Diskussion begleitete) Delegation durch den Vorgesetzten begleitet werden. In Eigenregie kann das Führen eines Tagesbuchs dazu beitragen, den Prozess der Reflexion zu standardisieren und eigene Bedürfnisse durch eine kontinuierliche Auseinandersetzung zu konkretisieren.

Selbststeuerung und Abwehr
Auf Basis der besprochenen Ideen für die Entwicklung der Selbstwahrnehmung lassen sich weitere Ansätze für eine verbesserte Selbststeuerung und Abwehr definieren. Da die Bearbeitung der beiden Aspekte durchaus Parallelen aufweist, werden die unterschiedlichen Ansätze integriert dargestellt.

Wenn man sich bewusst macht, worin die Schwierigkeit in der Entwicklung von Abwehr und Selbststeuerung liegt, so sind es häufig innere Konflikte und Schemata, die Menschen an ihre Grenzen bringen. Dabei werden Strukturen aktiviert, die dazu führen, dass in kritischen Situationen nicht ein rational naheliegendes Verhalten, sondern ein hoch individuelles, situativ unangemessenes Verhalten gezeigt wird (gleichermaßen definiert als zu hohe Durchsetzung im Sinne von Provozierbarkeit oder zu geringe Durchsetzung im Sinne von Passivität und gefühlter Hilflosigkeit). Ansatz der Weiterentwicklung ist daher die Identifizierung und Bewusstmachung der Strukturen, die in kritischen Situationen aktiviert werden und das eigene Verhalten dysfunktional beeinträchtigen.

In einem zweiten Schritt erfolgt dann die Bearbeitung dieser Strukturen; beispielsweise muss bei einem Teilnehmer mit negativen Selbstannahmen zunächst diese Annahme bearbeitet werden, bevor kompetenzorientiert eine Verhaltensveränderung bewirkt werden kann. Eine andere Möglichkeit ist es aufzuzeigen, wie Beziehungsmotive aufrechterhalten werden können ohne Abstriche in der eigenen Positionierung und Zielverfolgung.

Abschließend kann durch einen gezielten Kompetenzaufbau die Verhaltensbandbreite erhöht werden. Hier kann es sinnvoll sein, den Coachee gegen die Aktivierung von dysfunktionalen Strukturen zu immunisieren und gezielt Gegenstrategien zu erarbeiten, damit die eigene Handlungsfähigkeit aufrechterhalten wird. Auch die Bearbeitung von Informationsverarbeitungsprozessen (Wie reagiere ich auf bestimmte Aussagen und was wird in mir ausgelöst?) ist hilfreich für die Entwicklung von innerer und äußerer Souveränität. Neben der intensiven Zusammenarbeit mit einem Coach bieten sich aber auch professionelle Angebote der geleiteten Selbsterfahrung an, um sich der eigenen Strukturen bewusst zu werden und an diesen zu arbeiten.

Empathie und Kommunikation
Bei der Entwicklung von Empathie geht es vor allem darum, das Verständnis für den anderen zu erhöhen, dessen Absichten und Motive zu verstehen und nachfühlen zu können. Dabei geht es zum einen um das Verständnis von Reiz-Reaktions-Mustern wie beispielsweise die eigene Wirkung auf andere oder die Wirkung von anderen auf einen selbst. Zum anderen hat Empathie aber auch viel damit zu tun, Verständnis für die Gegenseite zu erwerben oder von anderen richtig verstanden zu werden.

Die oben genannten Hinweise zu den Aspekten Selbstwahrnehmung und Selbststeuerung beschäftigen sich quasi mit der Empathie nach innen, also mit einem besseren Verständnis der eigenen Persönlichkeit und des eigenen Charakters. Coachees lernen, warum und wie sie auf Reize von außen reagieren und lernen diese zielgerichtet zu bearbeiten. Um auch die Empathie nach außen zu erhöhen, ist es wichtig, sich mit Methoden und Ansätzen auseinanderzusetzen, die ein schnelles und konkretes Verständnis für Gesprächspartner ermöglichen. Zeit ist dabei der entscheidende Faktor: Während die meisten Menschen über die Zeit hinweg Erfahrungen mit anderen sammeln und diese einschätzen lernen, ist gerade in druckvollen Situationen und Konflikten das schnelle Verständnis erfolgskritisch.

Empathie lässt sich daher zunächst durch die Aneignung von Modellen und Typologien entwickeln, um das Wissen und Bewusstsein für unterschiedliche Charaktere und deren Besonderheiten zu erhöhen. Einige Persönlichkeitsmodelle haben eine hohe Verbreitung und werden gerade in Vertriebs- und Führungstrainings vermittelt. Diese Modelle vermitteln nicht nur Ansätze für ein intensiveres Verständnis des Gegenübers, sie bieten oft auch konkrete Hinweise für eine optimale Justierung des eigenen Verhaltens, um Missverständnisse oder Irritationen zu vermeiden.

Eine konkrete Aneignung dieses Wissens kann beispielsweise über eigenes Literaturstudium oder in Trainings mit Titeln wie „Emotionale Intelligenz" oder auch „Emotionale Führung" erlangt werden. Wichtig ist sicherlich, dass solche Modelle keine schematische Anwendung erlauben, sondern lediglich Hypothesen über den Gesprächspartner ermöglichen, die dann im Dialog bestätigt oder adaptiert werden.

Die Umsetzung und Anwendung dieser Modelle erfolgt in der Kommunikation. Dabei steht zunächst die Auseinandersetzung mit dem Gesprächspartner durch offene Fragetechniken, Paraphrasierung des Gehörten, sensible Darstellung der eigenen Standpunkte, Feedbacktechniken, das Adressieren von Inhalten und Gesprächsprozessen (z. B. durch Kommunikation auf der Metaebene) und das Herstellen einer positiven Beziehungsebene im Vordergrund. Zugleich geht es aber auch um die Verarbeitungsprozesse, also das aktive Zuhören und die Interpretation des Gehörten sowie dessen Berücksichtigung im weiteren Gesprächsverlauf. Diese Techniken werden in gängigen Gesprächs- und Kommunikationstrainings vermittelt und sollten optimalerweise immer auch einen verhaltensorientierten Anteil haben (z. B. das Ausprobieren neuer Techniken und das Erhalten von Feedback zum eigenen Kommunikationsverhalten). Darüber hinaus ist aber auch die Erarbeitung von Kompromissen und Optionen ein wichtiger Bestandteil, um das empathische Verständnis des Gegenübers in eine belastbare Lösung zu überführen. Diese Grundlagen werden in Trainings zum „Harvard-Verhandlungskonzept" stringent vermittelt.

Bindungsfähigkeit
Die Entwicklung von Bindungsfähigkeit weist eine hohe Analogie zu den bereits gemachten Aussagen für den Aspekt der Selbstwahrnehmung und Selbststeuerung auf. Meistens äußert sich ein Entwicklungsbedarf in dysfunktionalen Nähe- bzw. Distanzannahmen. Diese werden durch eigene Beziehungsschemata bestimmt, in denen sich frühkindliche Erfahrungen manifestieren. Entsprechend erfordert die Weiterentwicklung dieser Facette sicherlich am stärksten einen therapeutischen Zugang, da neben der Klärung auch die Prozess- und Beziehungsgestaltung eine wesentliche Rolle spielen. Zudem benötigt ein solcher Prozess häufig mehr Zeit als normalerweise im Rahmen von Coa-

chingprozessen zur Verfügung steht. Für eine konkrete Entwicklung bieten sich Ansätze aus der Schemabearbeitung oder der klärungsorientierten Therapie an.

3.9 Literatur

Zitierte Literatur

Borchardt, A., Faerber, Y. (2012): Teamfähigkeit als Kompetenz. In: Orthey, A., Laske, S., Schmid, M. (Hrsg.) PersonalEntwickeln (Loseblatt), Beitrag Nr. 6.111. Köln: Wolters Kluwe.

Borchardt, A., Faerber, Y. (2013): Überzeugungskraft als Kompetenz. In: Orthey, A., Laske, S., Schmid, M. (Hrsg.): PersonalEntwickeln (Loseblatt), Beitrag Nr. 6.1201. Köln: Wolters Kluwe.

Fritz, A., Gaiser, S., Reinecke S. (2012): Strategisches Denken als Kompetenz. In: Orthey, A., Laske, S., Schmid, M. (Hrsg.): PersonalEntwickeln (Loseblatt), Beitrag Nr. 6.108. Köln: Wolters Kluwe.

Paschen, M., Dihsmaier, E. (2013): Wertvolle Wut – Aggression im Management: In: managerSeminare 180, März 2013, S. 20–25.

Weiterführende Literatur

Fischer, R., Ury, W., Patton, B.: (2009): Das Harvard-Konzept. Der Klassiker der Verhandlungstechnik. Frankfurt/M.: Campus.

Freud, S. (2011): Vorlesungen zur Einführung in die Psychoanalyse (2. Aufl.). Hamburg: Nikol.

Paschen, M., Dihsmaier, E. (2004): Konfliktmanagement – Richtig handeln bei Konflikten. In: managerSeminare 80, Oktober 2004, S. 44–49.

Paschen, M., Dihsmaier, E. (2011): Psychologie der Menschenführung. Wie Sie Führungsstärke und Autorität entwickeln. Berlin Heidelberg: Springer.

4 ÜBERZEUGUNGSKRAFT ALS KOMPETENZ

Yvonne Faerber & Anika Borchardt

In diesem Beitrag erfahren Sie,

- *was Überzeugungskraft auszeichnet,*
- *was man unter dem Modell der Überzeugungskraft versteht,*
- *welche Faktoren die individuelle Entwicklung von Überzeugungskraft beeinflussen,*
- *welche Überzeugungstypen sich unterscheiden lassen,*
- *wie sich Überzeugungskraft im beruflichen Kontext äußert,*
- *wie Überzeugungskraft insbesondere im unternehmerischen Kontext entwickelt werden kann,*
- *mit welchen diagnostischen Instrumenten und Interviewfragen Sie die Überzeugungskraft eines Gegenubers differenziert einschätzen können.*

4.1 Begriffsbestimmung und sprachliche Beschreibung

Was bedeutet Überzeugungskraft? Der Begriff „Überzeugungskraft" wird oft in Zusammenhang mit den Begriffen Rhetorik und Dialektik verwendet. Betrachten wir zunächst also diese beiden Begriffe, bevor wir uns dem Begriff der Überzeugungskraft zuwenden.

4.1.1 Rhetorik und Dialektik

Die **Grundidee der Rhetorik** (griech: „Redekunst") umfasst folgende Aspekte:

- Rhetorik ist die Kunst des Monologisierens.

- Rhetorik ist strategisches Sprechen (in Abgrenzung zum assoziativen „Sich-Unterhalten"). Damit einher geht der Gedanke, dass der strategische Redner bei seinem Gegenüber etwas bewirken will. Dieses „Bewirken" wiederum meint „überzeugen" (Dihsmaier & Paschen 2005).

- Rhetorik betrachtet die Darstellungsweise als Mittel zum Zweck: Wie muss man etwas sagen, damit es überzeugt?

- Rhetorik ist die älteste aller trainierten Sozialkompetenzen.

Die **Grundidee der Dialektik** (griech: „Kunst der Unterredung") beschreibt dagegen:

- Dialektik ist die Kunst der Argumentation im Dialog.

- Oftmals wird dabei zwischen fairer Dialektik oder Frieddialektik und unfairer Dialektik oder Kampfdialektik unterschieden.

- Bei fairer Dialektik geht es „um die Kunst andere zu überzeugen, also um den Transfer von Überzeugungen" (Thiele 1999).

- Kampfdialektik hat dagegen das Ziel, das Gegenüber durch die eigene argumentative Schlagkraft zu bezwingen und schließlich zu siegen.

Rupert Lay (1999) unterscheidet zwei weitere Formen von Dialektik: die kommunikative Dialektik und die Dialektik des Diskurses. Letztere wird beschrieben als die Kunst, durch gemeinsamen Erkenntnisfortschritt Konsens herzustellen und Probleme zu lösen. Wir konzentrieren uns hier auf die kommunikative Dialektik im Sinne des Überzeugungstransfers, deren Ziel es ist, eine Veränderung der Einstellungen oder des Verhaltens des zu Überzeugenden zu erreichen.

Während Rhetorik also die Kunst des Monologes beschreibt, enthält Dialektik immer auch eine dialogische Komponente. Überzeugungskraft meint in gängigen Definitionen beides, sowohl die Kunst der Rede als auch die der Unterredung, je nach Kontext mit unterschiedlichen Schwerpunkten. Dabei erschließt sich die Qualität der Überzeugungskraft durch die Reaktion des Gegenübers.

> Wenn das Gegenüber also durch die Kunst der Rede oder des Dialoges dazu bewegt wurde, die Ideen, Meinungen und Einstellungen des anderen anzunehmen, sie zu übernehmen oder bereit ist, sich entsprechend zu verhalten, sprechen wir von Überzeugungskraft.

Überzeugungskraft ist überall dort von Bedeutung, wo die Adressaten die Wahl haben, dem Gehörten zu glauben und es zu übernehmen. Wer zwingen kann, muss nicht überzeugen. Damit sind Dialektik und Rhetorik zutiefst demokratische Kompetenzen. „Herrschaft ohne Überzeugungstransfer nennt man gemeinhin Diktatur. (…) So bleibt denn allen Führenden nur der Überzeugungstransfer als ein entscheidendes Instrument der Ausübung von Führungsfunktionen" (Lay 1999). Führungskräfte, die ausschließlich über Hierarchie und Macht führen, begrenzen ihre Wirksamkeit. Zudem entspricht dieser Führungsstil selten den aktuellen Anforderungen der Unternehmen. Erfolgreiche Führungskräfte nutzten dagegen die Führungs-Kraft der Sinnstiftung und Überzeugung (Paschen & Dihsmaier 2011). Entsprechend zählt Überzeugungskraft zu den Fundamentalkompetenzen erfolgreicher Führungskräfte.

4.1.2 Das Leistungsmodell der Überzeugungskraft

Unser Verständnis von Überzeugungskraft umfasst drei zentrale Kategorien (vgl. auch Dihsmaier & Paschen 2005), in denen sich wiederum die Grundüberlegungen von Aristoteles widerspiegeln (vgl. Abschnitt 4.2).

- **Kontaktkraft**
  Wie gut gelingt es mir, eine wirkliche Beziehung zu meinem Adressaten aufzubauen und relevanten Bezug herzustellen?

- **Ausdruckskraft**
  Werden die Adressaten in inhaltlicher und emotionaler Weise ausreichend angesprochen?

- **Willenskraft**
  Wird das Überzeugungsziel und die Intention angemessen zum Ausdruck gebracht und übermittelt?

Diesen Kategorien lassen sich wiederum je zwei, insgesamt also sechs, Facetten der Überzeugungskraft zuordnen:

Kontaktkraft
Verständlichkeit
• Ist das Gesagte sprachlich verständlich? • Wie knüpfen die Botschaften an die Erfahrungswelt der Zuhörer an?
Relevanz
• Behandeln die Überzeugungsinhalte und -botschaften die für die Adressaten relevanten Aspekte? • Hat das Gesagte einen Bezug zu den Adressaten?
Ausdruckskraft
Logik
• Führt die Beweisführung der Argumentation zwingend zur angestrebten Schlussfolgerung?
Präsenz
• Überzeugt der Redner durch körperliche und stimmliche Präsenz?
Willenskraft
Funktionalität
• Inwieweit gelingt es, die Intention, also das Überzeugungsziel, zu übermitteln? Ist die Intention zudem legitim und legitimierbar?
Authentizität
• Wirken die vermittelten Emotionen echt? • Passen die Absicht und das ausgestrahlte Gefühl des Redners zusammen?

Wenn wir im Folgenden von „Redner" sprechen, meinen wir damit sowohl den Redner in Präsentationen als auch den Gesprächspartner, der in einer Dialogsituation andere überzeugen möchte.

4.1.3 Aspekte der Überzeugungskraft

Auf der Basis dieses Grundverständnisses können wir nun die Kompetenz Überzeugungskraft genauer beleuchten. Eine Kompetenz setzt sich aus drei Aspekten zusammen (Paschen 2012):

- Fähigkeiten und Handwerkszeug (im Sinne von Techniken und Methoden),
- Orientierung und Motivation,
- Wissen und Erfahrung.

Was bedeutet dies nun für das oben dargestellte Leistungsmodell von Überzeugungskraft?

Verständlichkeit

- **Fähigkeiten und Handwerkszeug**
  Um überzeugen zu können, muss ich verstanden werden. Daraus folgt schlicht zunächst einmal die Fähigkeit, mich sprachlich und stimmlich so auszudrücken, dass mein Gegenüber mich inhaltlich und akustisch versteht. Eine genuschelte Botschaft voller Fremdwörter wirkt selten überzeugend. Verständlichkeit bedeutet, die Botschaft in anknüpfungsfähige Sprach- oder Bilderwelten zu übersetzen und die Verständlichkeit der Darstellung sicherzustellen. Dazu zählen Fertigkeiten wie der strukturierte und prägnante Aufbau meiner Botschaften und die Fähigkeit, auch komplexe Sachverhalte klar und einfach zu vermitteln. Im Rahmen von Präsentationen erzeugt ein Redner Verständlichkeit durch die strukturierte und prägnante Gestaltung der Folien, durch die Struktur und Klarheit der gesamten Darstellung und das Verwenden sprachlicher und visueller Bilder.

- **Wissen und Erfahrung**
  Um sprachliche und visuelle Bilder verwenden zu können, muss ich sie zunächst kennen. Je breiter mein Erfahrungsschatz, umso vielfältiger ist

mein Repertoire an Bildern, aus dem ich schöpfen kann. Die Kenntnis von Strukturierungsmethoden unterstützt den Aufbau und die Gliederung der Darstellung und trägt dadurch zur besseren Verständlichkeit bei. Kenntnisse im Bereich der Didaktik helfen bei der ansprechenden Gestaltung und dem Aufbau guter Folien und Präsentationen. Wer nicht die richtige Dosierung der Textmenge auf einer Folie kennt, neigt möglicherweise dazu, die Folien zu überladen. Weiterhin hilft die Kenntnis der Sprachwelt der Zielgruppe, um daran anknüpfen zu können oder zweideutige beziehungsweise kritische Begriffe und Formulierungen zu vermeiden. Verstehen Ihre Zuhörer genau, was Sie meinen, wenn Sie von lateraler Führung, EBIT oder auch von deep dive sprechen? Und wenn sie es verstehen, verstehen sie auch das Gleiche wie Sie darunter? Besonders relevant wird dies bei Begriffen, die vermeintlich jeder kennt wie z. B. „Projekt" oder auch „Eigenkapitalquote", die aber bei genauerer Betrachtung eine Vielzahl von expliziten und impliziten Definitionen in Unternehmen haben.

- **Orientierung**
  Das Wissen um Strukturierungsmethoden und die Fähigkeit, mich verständlich auszudrücken, nützen nichts ohne die klare Bereitschaft, mich in meiner Sprache und meinen Inhalten der Zielgruppe anzupassen. Oftmals ist fehlende Prägnanz keine Frage des Könnens, sondern vielmehr des Wollens. Dies zeigt sich z. B. in der Bereitschaft, einzelne Botschaften und Inhalte bei Bedarf im Hinblick auf die Zielgruppe stark zu vereinfachen und dadurch möglicherweise die eigene Expertise weniger deutlich zum Ausdruck zu bringen. Bei manchen Rednern entsteht der Eindruck, dass sie die Komplexität ihrer Sprache nutzen und auch brauchen, um den eigenen Status zu demonstrieren.

Relevanz

- **Fähigkeiten und Handwerkszeug**
  Welche Fähigkeiten benötigt ein Redner, um relevant zu sein? Um relevant zu sein, muss sich der Redner zunächst in die Welt des Gegenübers hineinversetzten können. Er muss für sich die Frage beantworten: Was bewegt mein Gegenüber zu diesem Thema? In der Vorbereitung des Überzeugungsgesprächs bedeutet dies, die Botschaften auf die noch nicht gestellten, antizipierten Fragen der Gesprächspartner zu fokussieren. Im Gespräch selber muss der Redner dann in der Lage sein, sich

immer wieder durch entsprechende Techniken wie aktives Zuhören zu vergewissern, dass er die Sicht des anderen richtig interpretiert, um dann im nächsten Schritt seine Argumentation und Überzeugungsbotschaften daran anzupassen.

- **Wissen und Erfahrung**
  Je intensiver und differenzierter der Redner die Zielgruppe kennt, desto besser kann er die impliziten Fragen und Beweggründe der Zielgruppe im Vorfeld antizipieren. Fehlende persönliche Erfahrungen mit der Zielgruppe können dabei durch Recherchen im Vorfeld ausgeglichen werden.

- **Orientierung**
  Die Fähigkeit, sich in die Zielgruppe hineinversetzen zu können, setzt die Bereitschaft voraus, sich mit anderen Perspektiven auseinandersetzen zu wollen. Wer von der Wahrhaftigkeit seiner eigenen Sicht felsenfest überzeugt ist, dem wird es schwerfallen, andere Sichtweisen und Perspektiven anzuerkennen. Wer sich andererseits ernsthaft und glaubhaft mit anderen Perspektiven auseinandersetzt, läuft weniger Gefahr, nur scheinbar relevante Argumente zu finden. In Diskussionsrunden im Fernsehen wird rasch deutlich, wenn ein Diskussionspartner nur eine technische Form der Einwandbehandlung betreibt, aber keine wertschätzende und partnerschaftliche Auseinandersetzung erfolgt. Entsprechend wenig überzeugend wirken dann die vermittelten Argumente. Die erste Regel des Platon lautet: „Sei alterozentriert!" „Alterozentrierung meint eine psychische Grundeinstellung, die es einem Menschen erlaubt, von sich selbst und seinen Interessen (Bedürfnissen und Erwartungen) abzusehen und sich auf das Ziel, das er verfolgt, und auf die Menschen, die dabei eine Rolle spielen, möglichst umfassend einzustellen, um sein Ziel (Problemlösung oder Überzeugungstransfer) zu erreichen" (Lay 1999). Das Interesse am Gegenüber, also die Bereitschaft, sich in andere einzudenken oder einzufühlen, ist ein zentraler Bestandteil von Empathie (Becks & Mahinova 2013). Um relevant zu sein, muss sich der Redner also ausreichend weit von seinen eigenen Sichtweisen lösen, um sich auf die Sichtweise des anderen einzulassen, ohne dabei aber das eigentliche Überzeugungsziel aus dem Auge zu verlieren. Relevanz ist damit auch eine Frage der richtigen Balance zwischen „Lösen" und „Festhalten" des eigenen Überzeugungsziels.

Logik

- **Fähigkeiten und Handwerkszeug**
  Überzeugungskraft im Sinne von Logik entfaltet sich, wenn das Überzeugungsziel möglichst zwingend durch die vorgelegten Argumente bewiesen werden kann. Logik umfasst dabei die Struktur des einzelnen Arguments sowie die Struktur der gesamten Rede oder Präsentation. Redepläne stellen eine gute Grundlage dar, um Redebeiträge logisch und schlüssig zu strukturieren. Meist in Form von Fünfsätzen, z. B. der lineare Fünfsatz, wird dabei eine Anleitung für den Aufbau der Argumentation gegeben. Einzelne Argumente werden induktiv (über empirische Beobachtungen und Einzelfälle) oder deduktiv (aus allgemeingültigen Thesen abgeleitet) überzeugend aufgebaut. Sowohl in der Vorbereitung als auch im Dialog muss der Redner in der Lage sein, einzelne Argumente logisch aufzubauen und Redepläne anzuwenden. Dazu zählt auch die Fähigkeit, Gegenargumenten und Einwänden durch angemessene Techniken zu begegnen.

- **Wissen und Erfahrung**
  Um die Vielfalt der Redepläne anwenden zu können, muss der Redner sie zunächst kennen. Dabei hilft die Erfahrung bei der Frage, welche Redepläne in welchen Situationen und bei welchen Zielgruppen am besten überzeugen. Die Zeitschrift managerSeminare führte anlässlich eines Artikels zum Thema „Überzeugung mit Strategie" eine Leserbefragung durch. Danach gaben 74% der Befragten an, dass sie „Argumente und Begründungen, die auf Erfahrungen und Erlebnissen beruhen" am ehesten überzeugen (Dihsmaier & Paschen 2005).

- **Orientierung**
  Logisch stimmige Redepläne und fundierte Argumente vorzubereiten, kann mit mehr oder weniger Anstrengung verbunden sein. Die Bereitschaft, diese für manchen anstrengende kognitive Vorbereitung zu erbringen, ist im Bereich der Leistungsbereitschaft anzusiedeln. Weiterhin muss der Redner die eigenen Aussagen überhaupt beweisen wollen. Wer der Überzeugung ist, dass er es nicht nötig hat, seine Aussagen zu beweisen, wird sich kaum die Mühe machen, stringente Argumentationsketten vorzubereiten. Viele überzeugende Redner lassen deutlich ihre Freude am kognitiven Austausch und intellektuellen Wettbewerb erkennen.

Präsenz

- **Fähigkeiten und Handwerkszeug**
  Präsenz meint die Frage, inwieweit der Redner persönlich in die Sache involviert wirkt. Diese Facette umfasst den zielgerichteten Einsatz der körpersprachlichen und stimmlichen Instrumente des Redners wie Arme, Stimme, Mimik etc. Irrtümlicherweise wird diese einzelne Facette von Überzeugungskraft oft mit Überzeugungskraft an sich gleichgesetzt. Tatsächlich lassen sich mithilfe des Trainings der Stimme, der Atemtechnik oder auch der Gestik rasch positive Effekte in Bezug auf die eigene Überzeugungskraft erzielen. Als alleiniger Erklärungsfaktor für Überzeugungskraft reicht dies jedoch nicht aus, da alle inhaltlichen Faktoren außer Acht bleiben. Zudem kann eine einseitige Fokussierung auf diese Fertigkeiten auch schnell das Gegenteil bewirken und zu einem Verlust der Authentizität und Glaubwürdigkeit führen.

- **Wissen und Erfahrung**
  Mangelnde Präsenz in Überzeugungssituationen ist oft Ausdruck von Unsicherheit, die sich dann wiederum in einem begrenzten Einsatz der stimmlichen und körpersprachlichen Mittel ausdrückt. Erfahrungen mit unterschiedlichsten Überzeugungssituationen und positive Rückmeldungen zu der eigenen Wirkungskraft steigern die persönliche Präsenz. Erfahrene Redner haben entsprechend ihre eigene Wirkung auf andere bereits in verschiedensten Konstellationen erlebt.

- **Orientierung**
  Wer an sich selber glaubt, dem fällt es auch leichter, andere davon zu überzeugen, seinen Botschaften zu folgen. Ein gewisses Maß an Enthemmtheit unterstützt dabei die persönliche Darstellungskraft. Die Bereitschaft und Freude, sich darzustellen, fördert die Wirkung der persönlichen Präsenz. Aber auch hier gilt, entscheidend ist die richtige Dosierung.

Funktionalität

- **Fähigkeiten und Handwerkszeug**
  Inwieweit gelingt es, die Intention, also das Überzeugungsziel, zu übermitteln? Ist die Intention zudem legitim und legitimierbar? Grundlage von Funktionalität ist die Fähigkeit, das Überzeugungsziel zunächst klar definieren zu können. Im Rahmen von Verhandlungen, die eine

spezifische Form von Überzeugungssituationen sind, unterscheidet das Harvard-Konzept in diesem Zusammenhang zwischen Positionen und Interessen (Fisher et al. 1997). In Überzeugungssituationen beobachten wir oft ein Beharren auf den eigenen, starren Positionen und weniger ein Verfolgen der wesentlich flexibleren Interessen.

> **Beispiel**
>
> Stellen Sie sich folgenden Dialog vor:
>
> Mitarbeiterin: „Chef, ich möchte meine Arbeitszeit reduzieren!"
>
> Vorgesetzter: „Bei der aktuellen Auftragslage ist das nicht möglich!"
>
> Sollten beide Seiten auf ihrer anfänglich geäußerten Position beharren, hätte vermutlich die Mitarbeiterin wenig Erfolg, ihren Vorgesetzten zu überzeugen. Aber worum geht es der Mitarbeiterin eigentlich? Möglicherweise ist sie als Mutter berufstätig und möchte mehr Zeit mit ihren Kindern verbringen. Dies ist das eigentliche Interesse der Mitarbeiterin und sollte daher auch ihr Überzeugungsziel darstellen. Das Ziel „mehr Zeit für die Kinder" könnte dann mit unterschiedlichen Lösungen erreicht werden, die auch dem Interesse des Vorgesetzten entgegenkommen könnten. Lösungen könnten dann z. B. eine flexiblere Gestaltung der Arbeitszeit je nach Auftragslage oder auch die Einführung von Home-Office-Tagen sein.

Hat der Redner für sich das Überzeugungsziel und seine Interessen definiert, muss er im nächsten Schritt dann in der Lage sein, seine Legitimation für das Überzeugungsziel realistisch einzuschätzen und dem Gegenüber zu verdeutlichen. Die Frage nach der Legitimation meint die Frage nach der Ermächtigung oder Berechtigung, ein bestimmtes Ziel zu verfolgen. Legitimation entscheidet sich immer aus der Perspektive derer, die eine Legitimation an- oder eben aberkennen. Es reicht nicht, wenn der Sprecher sich für legitimiert hält; entscheidend ist, dass seine Zuhörer dies so sehen. Oft ist zum Beispiel nur der Vorstand legitimiert, eine Präsentation zur zukünftigen Unternehmensstrategie vor dem Aufsichtsrat zu halten, nicht aber der Vorstandsassistent, auch wenn dieser in vielen Stunden Arbeit die Präsentation vorbereitet hat. Der Pfarrer ist auf einer Beerdigung legitimiert, Hoffnung auf ein Leben nach dem Tod zu spenden. Dazu ist der langjährige Freund des Verstorbenen und bekennende Atheist wiederum nicht legitimiert, wohl aber, um die Lebensleistung des Verstorbenen zu würdigen. Die Einschätzung der eigenen Legitimation ist im Wesentlichen Handwerkszeug im Sinne von Perspektivübernahme und gegebenenfalls der

Erhöhung der wahrgenommenen Legitimation durch zusätzliche Erläuterungen (z. B. der eigenen Rolle, Erfahrung).

- **Wissen und Erfahrung**
  Das Wissen um die Unterscheidung zwischen Positionen und Interessen fördert die Klarheit in der Formulierung des eigenen Überzeugungsziels. Auch helfen Erfahrungen mit der Zielgruppe, um die eigene Legitimation besser einschätzen zu können („Werden meine Gesprächspartner mich für einen berechtigten Vertreter dieses Ziels halten?").

- **Orientierung**
  Die zentrale Voraussetzung, um andere zu überzeugen, ist der eigene Überzeugungswille. Wer überzeugend sein will, muss überzeugen wollen. Überzeugen wollen bedeutet aber auch, andere beeinflussen zu wollen. Fehlende Klarheit in Bezug auf das eigene Überzeugungsziel ist oft ein Ausdruck von mangelnder Bereitschaft, andere beeinflussen zu wollen. Manche fachlich ausgesprochen fundiert vorgetragenen Präsentationen bleiben ohne große Wirkung, weil der Redner für sich das Ziel formuliert hat, „nur informieren zu wollen".

Authentizität

- **Fähigkeiten und Handwerkszeug**
  Authentizität entfaltet sich, wenn die vermittelten Emotionen echt wirken. Die Absicht und das ausgestrahlte Gefühl müssen zusammenpassen. Ein Stärke, Tatkraft und Zuversicht ausstrahlender Barack Obama konnte authentisch „Yes! We can!" vermitteln. Bei vielen anderen Politikern würde diese Botschaft eher befremdlich oder künstlich wirken. Die zentrale Grundlage dafür ist die Fähigkeit, Emotionen ausdrücken zu können. Diese kann in einem gewissen Maß durchaus trainiert werden (Abschnitt 4.8).

- **Wissen und Erfahrung**
  In Trainings wird die Erinnerung an frühere Situationen genutzt, um bereits erlebte Emotionen wieder abzurufen und auf die aktuelle Überzeugungssituation anzuwenden. Wer nie Trauer erfahren hat, dem wird es schwerfallen, dieses Gefühl in anderen Situationen glaubhaft zu vermitteln.

- **Orientierung**
  Kann es gelingen, authentisch eine Botschaft zu vermitteln und dabei andere Emotionen zum Ausdruck zu bringen als die, die man tatsächlich verspürt? Und ist dies ethisch vertretbar? Die Frage der ethischen Legitimation bedarf sicherlich einer eingehenderen Auseinandersetzung an anderer Stelle. Dennoch zeichnen sich überzeugende Persönlichkeiten dadurch aus, dass sie bereit sind, die persönlichen Emotionen, die nicht das Überzeugungsziel unterstützen, bei Bedarf zurückzuhalten. Beispielsweise kann eine Führungskraft in einer Phase der Umstrukturierung nur schwer Zuversicht und die Bereitschaft zum Durchhalten vermitteln, wenn sie ihre eigenen Ängste und Sorgen ungefiltert gegenüber den Mitarbeitern zum Ausdruck bringt. Neben dem Zeigen der im Sinne des Ziels hilfreichen Emotionen geht es unter dem Aspekt der authentischen Überzeugungskraft auch darum, überhaupt Emotionen zuzulassen. Uns begegnen immer wieder Führungskräfte, die das Zeigen der eigenen Emotionen im beruflichen Kontext generell unterbinden. Ausgangspunkt dafür ist der Glaubenssatz: „Emotionen sind unprofessionell!" Oft findet sich eine tieferliegende Angst vor Emotionen dahinter. Das glaubwürdige Darstellen von Emotionen kann aber sehr professionell und überzeugend sein. Wer bewegen will, muss selber bewegt sein! Umgekehrt gilt sogar: Ohne das Zeigen von Emotionen werden manche Überzeugungsziele unerreichbar bleiben.

4.2 Die Geschichte der Kompetenz

Die erste ausdrückliche und systematische Theorie der Redekunst wird Aristoteles (384–322 v. Chr.) zugeschrieben. Er unterschied drei Überzeugungsmittel, die unserem bereits vorgestellten Modell der Überzeugungskraft zugrunde liegen:

1. Der Charakter des Redners (ēthos),

2. Die Emotionen des Publikums (pathos),

3. Das Argument (logos).

Nach einer Phase der Ablehnung der griechischen Rhetoriklehrer etablierte sich das Unterrichten von Rhetorik auch in Rom. Marcus Tullius Cicero (106–43 v.

Chr.) gilt als einer der berühmtesten Redner Roms. Ciceros Arbeiten bildeten im Mittelalter die Grundlage der Lehre zur Rhetorik. An Universitäten war zu dieser Zeit die Überzeugungskraft als Bestandteil des sogenannten Triviums (Grammatik, Dialektik, Rhetorik) wesentlicher Teil des Grundstudiums jeder gelehrten Tätigkeit.

Zu Zeiten der Aufklärung geriet die Rhetorik als Wissenschaft „der überzeugenden Propagierung von Wahrscheinlichem" (Zimmer 2004) in die Kritik. Inhalte rückten gegenüber der Form stärker in den Vordergrund. Die enge Verbindung zur Logik „rettete" schließlich die Rhetorik. Als wissenschaftliche Disziplin erhielt sie viel Konkurrenz und verlor an Bedeutung, blieb jedoch als Redepraxis erhalten.

Die Bedeutung politischer Rhetorik wurde in Europa in den Demokratisierungsbewegungen des 18. und 19. Jahrhunderts sichtbar. Während der Weimarer Republik etablierte sich die Rede als gezielt einsetzbares Massenmedium.

Heute ist die Rhetorik aus Wirtschaft, Politik, Werbung und dem alltäglichen Leben nicht mehr wegzudenken. Mitarbeiter erwarten, von ihren Chefs nicht nur angewiesen, sondern überzeugt zu werden. Konsumenten wollen angesichts vielfältiger Angebote überzeugt werden, warum sie ausgerechnet ein bestimmtes Produkt kaufen sollen. Führung in Projektkontexten erfordert besondere Sinnstiftung, da Führung über Hierarchie nicht zur Verfügung steht.

4.3 Die individuelle Entwicklung der Kompetenz

Welche Faktoren beeinflussen die Entwicklung der Kompetenzen im Bereich Überzeugungskraft? Für die allgemeine Entwicklung grundlegender Kompetenzen der Überzeugungskraft liefern verschiedene entwicklungspsychologische Theorien Erklärungsansätze. Zudem wird die individuelle Entwicklung dieser Kompetenz durch verschiedene Anlage- und Umweltfaktoren beeinflusst und gefördert.

4.3.1 Allgemeine Entwicklung

Überzeugungskraft ist eng verbunden mit sprachlichen und kommunikativen Kompetenzen. Die frühkindliche Ausbildung kommunikativer Fertigkeiten und der Erwerb der sprachlichen Ausdruckskraft stellt eine erste wichtige Grundlage für die individuelle Entwicklung dieser Kompetenz dar.

Darüber hinaus ist die Ausbildung eines Ich-Bewusstseins notwendig. Um zu verstehen, dass ich andere benötige, um meine Bedürfnisse zu verwirklichen, muss ich zunächst gewahr werden, dass es diese anderen Menschen in Abgrenzung zu mir selbst gibt. Das Kind wird sich bewusst, dass es nicht eins ist mit der Mutter beziehungsweise dem Vater und entwickelt so sein Ich-Bewusstsein. Im nächsten Schritt muss ich dann wahrnehmen, dass mein Gegenüber ein anderes Interesse, eine andere Intention als ich selber hat. Die Theory of Mind befasst sich in diesem Zusammenhang mit der Entwicklung der Fähigkeit, eine Annahme über Bewusstseinsvorgänge in anderen Personen vorzunehmen. Nach der Theory of Mind beginnen Kinder ab dem vierten bis fünften Lebensjahr damit, diese Fähigkeit auszubilden. Die wahrgenommenen Überzeugungen anderer können dann in die eigenen Überlegungen und Handlungen mit einbezogen werden.

4.3.2 Individuelle Einflussfaktoren

Das Paradigma des „Kompetenten Kindes" (Juul 2008), das in der heutigen westlichen Erziehung weit verbreitetet ist, führt dazu, dass Kindern heute mehr Aufmerksamkeit geschenkt wird, wenn sie ihre Bedürfnisse artikulieren. Die Demokratisierung der Erziehung und der partnerschaftliche Ansatz in der Interaktion zwischen Kindern und Erwachsenen bestärkt Kinder in ihren Überzeugungsversuchen, um ihre Vorstellungen gegenüber anderen durchzusetzen. Die autoritärer geprägte Erziehung vergangener Generationen ließ dagegen wenig Raum, um sich in frühen Jahren in Überzeugung und Argumentation gegenüber den Eltern oder anderen Autoritätspersonen zu versuchen. Viele Kindergärten und Schulen fördern mit ihren pädagogischen Konzepten zudem die Fähigkeiten im Diskurs und in der Argumentation. Schülersprecher und Schülermitverwaltung gewinnen zunehmend Einfluss auf die Entscheidungen der schulischen Belange. Initiativen wie „Jugend debattiert" unter der Schirmherrschaft des Bundespräsidenten sind getragen von dem Gedanken, dass Debattieren eine förderungswürdige Fähigkeit ist, die an Schulen gelehrt werden kann und soll.

> „Eine Demokratie braucht Menschen, die kritische Fragen stellen. Menschen, die aufstehen, ihre Meinung sagen und sich mit den Meinungen anderer auseinandersetzen. Menschen, die zuhören und reden können. Menschen, die fair und sachlich debattieren. Deshalb kommt es darauf an, dass jeder schon in der Schule lernt, wie und wozu man debattiert, und regelmäßig übt, auch selbst zu debattieren." (https://www.jugend-debattiert.de/service/faq.html).

Die frühe positive Erfahrung, dass Argumentieren und Debattieren sich lohnt, muss sich nicht nur positiv auf die Fähigkeiten auswirken, sondern insbesondere auch die auf Ausbildung des Überzeugungswillens. Umgekehrt müssen Kinder, die in Umfeldern aufwachsen, in denen situative Einflussnahme nicht kommunikativ, sondern z. B. per Autorität oder Gewalt zurückgewonnen wird, Defizite in der Überzeugungskraft entwickeln. Auch kann davon ausgegangen werden, dass sich eine eher geringe Überzeugungsorientierung, dafür aber eine stärkere Durchsetzungsorientierung ausbildet.

4.4 Formen der Kompetenz und Typologien

Als Ergebnis der individuellen Entwicklung von Überzeugungskraft gibt es schließlich unterschiedliche Überzeugungstypen. Wenn Sie einmal beispielhaft an Menschen denken, denen Sie eine hohe Überzeugungskraft zuschreiben, die aber sehr unterschiedlich agieren und wirken, an wen denken Sie dann?

- Barack Obama?

- Joachim Gauck?

- Angela Merkel?

- Michel Friedman?

Ohne Zweifel verfügt jeder der vier über eine gewisse Überzeugungskraft. Die Orientierung, andere überzeugen zu wollen, sowie die Erfahrung mit herausfordernden Überzeugungssituationen weisen sicherlich alle gleichermaßen auf. Ebenso ist zu vermuten, dass alle vier über das Handwerkszeug verfügen, professionell zu argumentieren und mit Einwänden umzugehen. Möglicherweise agiert der eine dabei geschickter als der andere. Dabei handelt es sich eher um ein qualitatives Unterscheidungsmerkmal (im Sinne von mehr oder weniger ausgeprägter Überzeugungskraft) als um eine grundsätzliche Unterscheidung der Überzeugungsweise.

Bei der Suche nach grundsätzlichen Unterscheidungskriterien kann als erstes das Energielevel helfen, auf dem Personen agieren. Joachim Gauck und Angela Merkel treten in Überzeugungssituationen meist ruhiger auf als Barack Obama und Michel Friedman. Eine erste Achse in der Unterscheidung von Überzeugungstypen stellt daher das Kontinuum **Ruhe – Expressivität** dar.

Joachim Gauck und Barack Obama unterscheiden sich demnach bezüglich ihrer Expressivität. Aber gibt es auch ein Merkmal, das sie eint? Und möglicherweise von Angela Merkel und Michel Friedman unterscheidet?

Können Sie sich einen der folgenden Sätze von Angela Merkel vorstellen?

„Ich übernachte heute im Schloss – auch schön so etwas." (1)

„Ich werde jeden Morgen aufwachen und hart für euch kämpfen!" (2)

Wahrscheinlich nicht. In einem typischen Zitat würden wir eine derart emotionale Ansprache von Frau Merkel nicht erwarten.

„Es gibt das Gerücht, dass Staaten nicht pleitegehen können. Dieses Gerücht stimmt nicht." (3)

Dieser Satz scheint schon eher zu passen. Und tatsächlich wird er Frau Merkel zugeschrieben. (Auflösung: Zitat (1) soll hingegen von Joachim Gauck stammen, Zitat (2) von Barack Obama; Links im Literaturverzeichnis). Menschen lassen sich dadurch unterscheiden, ob sie in Überzeugungssituationen vor allem eine emotionale oder eine rationale Ansprache nutzen. In den Reden Joachim Gaucks und Barack Obamas finden sich zahlreiche emotionale Formulierungen und Gedankenführungen, so wie die beiden zuvor genannten Zitate zeigen. Angela Merkels Ausführungen sind da deutlich rationaler geprägt. Dies ist gerade bei emotional aufgeladenen Themen zu erkennen, die dann doch eine gewisse Nüchternheit aufweisen:

„Ich bin heute erst einmal hier, um zu sagen: Ich freue mich darüber, dass es gelungen ist, Bin Laden zu töten." (Pressestatement von Angela Merkel am 2. Mai 2011 zur Tötung von Osama Bin Laden) Die zweite Achse zur Unterscheidung von Überzeugungstypen stellt daher das Kontinuum **Rational – Emotional** dar. Neben Angela Merkel ist Michel Friedmann ein zweiter Vertreter der eher rationalen Überzeugungstypen – sicherlich ein expressiverer Vertreter, aber dennoch rational und logik-orientiert.

„Wäre ich 18 und ein Deutscher, was ich ja nicht bin, würde ich dieses Land umgehend verlassen und im Ausland arbeiten." (Link im Literaturverzeichnis)

Achten Sie einmal darauf, wenn Sie im Fernsehen oder live eine Rede verfolgen. In vielen Fällen werden Sie sofort einen bestimmten Typen erkennen. In den Fällen, bei denen es Ihnen schwerer fällt, achten Sie auf die Sprachmuster. Bei emotionalen Typen hören Sie Formulierungen wie „intensiv", „aufregend", „unglaublich" oder „wunderbar", während „klar", „logisch" „rational", „kalte Wirklichkeit" und „Fakt" häufig auf rationale Typen schließen lassen.

Abbildung 4.1 zeigt die vier Typen im Überblick, jeweils mit beispielhaften Vertretern. Selbstverständlich lässt sich ein Mensch – und schon gar nicht jemand, den man nur aus der Ferne in der Öffentlichkeit beobachtet – nicht einfach in eine Kategorie einordnen. Wir haben uns bei unseren Beispielen an typischen Aussagen, Argumentationsformen und dem Auftreten der Personen orientiert, um Beispiele liefern zu können, erheben jedoch nicht den Anspruch auf eine vollständige Persönlichkeitsdiagnostik.

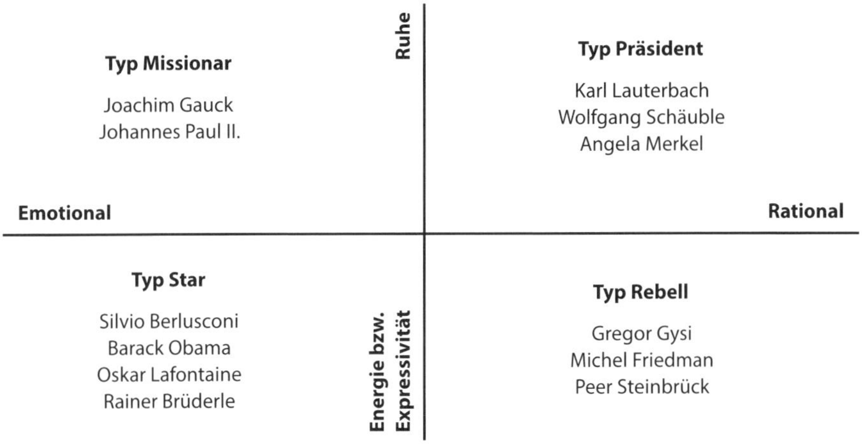

	Ruhe	
Typ Missionar Joachim Gauck Johannes Paul II.		**Typ Präsident** Karl Lauterbach Wolfgang Schäuble Angela Merkel
Emotional		**Rational**
Typ Star Silvio Berlusconi Barack Obama Oskar Lafontaine Rainer Brüderle	Energie bzw. Expressivität	**Typ Rebell** Gregor Gysi Michel Friedman Peer Steinbrück

Abb. 4.1: Unterschiedliche Überzeugungstypen

Das Modell weist starke Parallelen zu bekannten Persönlichkeitsmodellen wie dem DISG-Modell (Gay 2003) auf. Dies verwundert insofern nicht, als dass sich das Modell als sehr hilfreich zur Unterscheidung von Persönlichkeiten erwiesen hat. Dass diese Persönlichkeitsunterschiede auch in der Weise sichtbar werden, wie jemand versucht, andere für seine Überzeugungen zu gewinnen, ist nachvollziehbar.

Allerdings gibt es einen wesentlichen Unterschied zwischen Persönlichkeits- und Überzeugungstypen: Im Überzeugungstypenmodell finden Sie nur diejenigen Menschen, die überzeugen **wollen**. Diejenigen, die entweder kein Ziel haben, von dem sie überzeugen könnten, oder die zwar ein Ziel kennen, aber andere nicht beeinflussen beziehungsweise überzeugen wollen, finden sich in dem Überzeugungstypenmodell nicht wieder. Es stellt daher eine Subgruppe der Persönlichkeitstypen dar. Woran Sie die unterschiedlichen Überzeugungstypen erkennen, zeigt Ihnen Abbildung 4.2.

Die Psychologie von Potenzial und Kompetenz

	Ruhe	
Der Missionar • vorsichtige, diplomatische, umsichtige Formulierungen, • leise Töne, • mitfühlend, • Ich-Botschaften. Typische Formulierungen: • „Wir glauben …" • „Ich empfinde …" • „Schön!" • „mit meinem Herzen"		**Der Präsident** • fakten- und zahlenorientiert, • abwägend, • Fokus auf den Inhalt, weniger auf den Auftritt. Typische Formulierungen: • „Vergleicht man Vor- und Nachteile …" • „Mein Standpunkt …" • „Sie haben möglicherweise eine andere Auffassung …"
Emotional		**Rational**
Der Star • selbstbewusster Auftritt, Leichtigkeit und Freude im Rampenlicht, • Leidenschaft, • Inszenierung des Auftritts. Typische Formulierungen: • „Fantastisch!" • „Unglaublich!" • „Schwachsinn!"	Energie bzw. Expressivität	**Der Rebell** • klar positioniert, • markante Formulierungen, • drastische Botschaften. Typische Formulierungen: • „Fakt ist …" • „umgehend" • „unmittelbar" • „lässt nur einen Schluss zu"

Abb. 4.2: Merkmale unterschiedlicher Überzeugungstypen

4.5 Äußerungsform der Kompetenz

Wie äußert sich Überzeugungskraft im beruflichen Kontext? Wir unterschieden hierfür zwischen einem generalisierten Überzeugungsmotiv und einem spezifischen Überzeugungsmotiv.

Menschen mit einem **generalisierten Überzeugungsmotiv** haben eine große Bereitschaft, andere in unterschiedlichsten Themen zu überzeugen. Hier steht das grundsätzliche Bedürfnis nach „beeinflussen wollen" im Vordergrund. Die Vermutung liegt nahe, dass diese Personen in ihrer beruflichen Entwicklung eher nach Aufgaben streben, in denen Einflussnahme auf andere möglich ist. Typischerweise bietet die Rolle der Führungskraft hierfür eine breite Plattform. Aber auch Aufgaben wie beispielsweise im Vertrieb, Rechtsbereich oder Einkauf (vorausgesetzt, der Einkäufer befindet sich nicht in einer dominanten Verhandlungssituation) müssen für Menschen mit einer generellen Überzeugungsbereitschaft attraktiv sein. Auch kann beobachtet werden, dass diese Personen recht offensiv Überzeugungssituationen wie Präsentationen, Verkaufsgesprächen, Verhandlungen oder auch Podiumsdiskussionen begegnen.

Personen mit einem **spezifischen Überzeugungsmotiv** zeigen dagegen eine hohe innere Überzeugung von der Richtigkeit eines spezifischen Themas, für das sie dann andere gewinnen wollen. Die Überzeugungsbereitschaft äußert sich in Bezug auf ein spezifisches Thema im beruflichen, persönlichen, gesellschaftlichen oder auch politischen Kontext. Manchmal ist dieses Thema eine echte „Herzensangelegenheit" und kann dann auch mit einem gewissen Sendungsbewusstsein einhergehen. Das kann bedeuten, dass diese Personen sehr engagiert und offensiv „ihr Thema" vertreten, sich aber bei zahlreichen anderen Themen eher zurückhaltend positionieren.

4.6   Berühmte Repräsentanten

Als ein Musterbeispiel für Überzeugungskraft gilt der 2011 verstorbene Steven „Steve" Paul Jobs, Mitgründer und langjähriger CEO von Apple Inc. Stundenlang sollen Menschen, ähnlich wie Teenager, die auf ihre Lieblingsband warten, angestanden haben, um einen guten Platz bei einer Rede von Steve Jobs zu ergattern. In Abschnitt 4.1 haben wir definiert, die Qualität der Überzeugungskraft erschließe sich durch die Reaktion des Gegenübers. Der Erfolg der Apple-Produkte und Millionen überzeugter Kunden geben Steve Jobs diesbezüglich recht.

„Wir sind hier, um eine Delle im Universum zu hinterlassen" soll Steve Jobs gesagt haben (Gallo 2011, S. 64). Darin lässt sich ohne Zweifel ein wichtiger Bestandteil von Überzeugungskraft erkennen: der Wille, überzeugen zu wollen. Die Leidenschaft, mit der sich Steve Jobs seinem Überzeugungsziel widmete, und die Emotionalität, mit der er dieses verfolgte, zeichneten Steve Jobs als Redner aus. In unserem Modell der Überzeugungskraft (Abschnitt 4.1.2) schneidet Steve Jobs ohne Zweifel herausragend auf den Dimensionen der Funktionalität und der Authentizität ab.

Auch in Bezug auf den Überzeugungsfaktor Verständlichkeit lassen sich beeindruckende Beispiele bei Steve Jobs finden: „Die Einführung der Intel-Prozessoren war wie eine große Herztransplantation [...]. Wir haben es in sieben

Monaten geschafft und es war der reibungsloseste und erfolgreichste Übergang, den wir in der Geschichte unserer Branche jemals erlebt haben". Zum selben Thema sagte Bill Gates: „Die Prozessoren erweitern jetzt die Speicherkapazität auf bis zu 64-bit und das ist ein Übergang, den wir ohne viel Inkompatibilität vollziehen, ohne zusätzlich viel Geld auszugeben" (beide Zitate: Gallo 2011, S. 197). Weggefährten schreiben Steve Jobs zudem eine starke Kontaktkraft zu.

Als einer der bestbezahltesten Redner der Welt gilt Bill Clinton, von 1993 bis 2001 Präsident der Vereinigten Staaten von Amerika. Ein Redeauftritt von Bill Clinton soll 100.000 bis 350.000 Dollar kosten. Ein starkes Beispiel für die Überzeugungskraft der Relevanz lieferte Bill Clinton 2012 bei seiner Nominierungsrede für Barack Obama ab (http://www.youtube.com/watch?v=i5knEXDsrL4). In der nach Meinung vieler Kommentatoren besten Rede, die er je gehalten hat, beschränkte sich Clinton konzentriert auf sein Anliegen und wesentliche Thesen statt komplizierter Ausführungen. Mit passender Körpersprache unterstrich er seine Botschaften und punktete somit in Sachen Präsenz. Und bei Bill Clinton sehen Sie, wie bei Steve Jobs, erneut die authentische, starke Verbundenheit mit dem Ziel. Der Wille, die Anwesenden von seinem Ziel überzeugen zu wollen, treibt ihn sichtbar an.

Ein weiteres erfolgreiches Beispiel für die Wirkung einfach formulierter, klar strukturierter und dadurch leicht verständlicher Botschaften, die dazu mit starker persönlicher Präsenz und hoher Authentizität vorgetragen werden, stellt der sogenannte „Massen-Evangelist" Billy Graham dar. Der 1918 geborene US-amerikanische Baptistenpfarrer trat bei über 400 Großveranstaltungen auf mit dem Ziel, Menschen vom christlichen Glauben zu überzeugen.

Markante Stärken in der Überzeugungskraft zeigte auch Franz Josef Strauß (1915–1988), ehemals Bundesminister und Bayerischer Ministerpräsident. Insbesondere in Bezug auf den Überzeugungsfaktor Verständlichkeit wird ihm eine oft bildhafte Sprache zugeschrieben (z. B. zum Unterschied zwischen einer Million DM und einer Milliarde DM: „Ein Stapel mit druckfrischen 1.000-DM-Scheinen im Wert von 1 Million DM hat eine Höhe von 11 Zentimetern. Ein Stapel mit 1.000-DM-Scheinen im Wert von 1 Milliarde DM hat demzufolge eine Höhe von 110 Metern!"). Franz Josef Strauß konnte seine Reden an unterschiedlichstes Publikum anpassen und erzeugte wahlweise Volksfeststimmung oder einen fachlichen Diskurs mit brillantem Allgemeinwissen auf hohem Niveau.

In der Kunst des Dialoges, einem wichtigen Teil der Überzeugungskraft, wies Franz Josef Strauß jedoch auch Schwächen auf. Bei einer Wahlkampfrede in den 60er-Jahren soll Strauß gesagt haben „Ach halten's doch den Mund, Sie Trottel. Ich sehe Sie schon seit längerer Zeit. Wenn Sie schon kein Hirn haben, dann halten Sie wenigstens das Maul. Dieses dämliche Gequatsche eines politisierenden Beatles, Sie Filzkopf!" Bei Einwänden und Gegenargumenten die Kontrolle zu verlieren und bisweilen sogar persönlich verletzend zu werden, ist der Überzeugungskraft nicht zuträglich.

4.7 Diagnose der Kompetenz

Auf der Suche nach Möglichkeiten, Überzeugungskraft zu diagnostizieren, lassen sich zwei Gruppen diagnostischer Zugänge unterscheiden:

- Beobachtungen im Berufsalltag und

- spezifische diagnostische Instrumente.

4.7.1 Beobachtungen im Berufsalltag

Im Berufsalltag stellen Sie Überzeugungskraft vor allem vom Ergebnis her fest: Jemand hat Sie oder jemand anderen überzeugt. Je leichter ihm dies gelungen ist oder je widriger die Umstände waren, desto mehr Überzeugungskraft schreiben Sie ihm zu. Umgangssprachlich sagen wir auch „das war überzeugend". Diese Logik gelingt bei Überzeugungskraft einfacher und stringenter als bei anderen Kompetenzen. Bei Teamfähigkeit (Borchardt & Faerber, 2012) sehen Sie auch ein Teamergebnis, wissen aber noch lange nicht, ob der Einzelne teamfähig dazu beigetragen hat. Bei analytischer Kompetenz (Paschen, 2012) sehen Sie ein Ergebnis, aber noch nicht, wie analytisch der Weg dahin war.

Wenn Sie der Überzeugung eines anderen folgen und er hat Sie dazu nicht gezwungen, haben Sie Überzeugungskraft gesehen.

Die **Orientierung**, überzeugen zu wollen, sehen Sie beispielsweise in Meetings. Wer positioniert sich mit einem eigenen Standpunkt? Wer setzt sich für diesen auch gegen Einwände ein? Wem fällt es nicht leicht, seine Idee unmittelbar aufzugeben? Auch erkennen Sie die Orientierung, wenn es darum geht, Inhalte vor anderen zu präsentieren. Wie gerne übernimmt jemand eine solche Aufgabe? Wie selbstsicher geht er diese an?

Das **Handwerkszeug** der Überzeugungskraft lässt sich vor allem im Geschick mit den Zuhörern erkennen. Wie gut stellt sich jemand auf seine Zielgruppe ein? Spricht er verständlich und klar und liefert relevante Argumente? Sind die Inhalte logisch durchdacht? Stellt er auch Kontakt zu seinen Zuhörern her?

Die Leichtigkeit im Umgang mit dem Handwerkszeug spricht oft für ausgeprägtes **Wissen und Erfahrung**. Routine in Überzeugungssituationen führt zu einem selbstbewussten, gelassenen Auftritt, der wiederum die Überzeugungswirkung erhöht.

4.7.2 Spezifische diagnostische Instrumente

Überzeugungskraft ist eine Kompetenz, die gut beobachtbar und bewertbar ist. Zuhören können, den Informationsbedarf des Gesprächspartners erfassen, Botschaften auf den Punkt bringen, Sachverhalte verständlich erklären können, Zuhörer fesseln können durch interessante, dynamische Erzählungen – diese Grundbedingungen der Überzeugungskraft können in einem persönlichen Gespräch schnell erfasst werden. Oft erkennen Sie nach wenigen Minuten, dass Sie nicht überzeugt sind.

Per definitionem müssen Sie Überzeugungskraft aus der Interaktion heraus diagnostizieren. Daher gibt es auch kein sinnvolles Testverfahren zur Überzeugungskraft. Sie brauchen ein Gegenüber, das überzeugt wird, um Überzeugungskraft sehen zu können. Daher lässt sich Überzeugungskraft vor allem im Assessment-Center diagnostizieren.

Ein klassisches Beispiel für eine solche Übung im Assessment-Center sind **Präsentationen**. Sie stellen eines der am häufigsten genutzten Übungsformate dar. Präsentationen (oder Reden) sind ein guter Anlass, um Überzeugungskraft sichtbar zu machen. Damit dies fundiert gelingt, empfehlen wir folgende Gestaltungsprinzipien für Präsentationen:

- Geben Sie den Teilnehmern **Zeit für eine Vorbereitung**! Ad-hoc-Präsentationen sind zwar schnell in einen Zeitplan integriert, verraten aber oft mehr über Improvisationsfähigkeit und Spontaneität der Teilnehmer als wirklich über ihre Überzeugungskraft. Bill Clinton und Steve Jobs haben ihre berühmten Reden auch nicht mit fünf Minuten Vorbereitungszeit gehalten. Gerade bei Überzeugungskraft kann es spannend sein, zu erfassen, wie überzeugend jemand mit maximaler Vorbereitungszeit auftritt. Wir haben gute Erfahrungen damit gemacht, Teilnehmer Präsentationen vorab zu Hause vorbereiten zu lassen. Dann differenziert die Überzeugungsleistung zwischen denjenigen, die sich gut auf die Zielgruppe einstellen, logisch argumentieren und mit Leichtigkeit Kontakt aufbauen, stärker, als wenn alle Teilnehmer unter dem Stress einer Ad-hoc-Präsentation stehen.

- Wählen Sie ein **inhaltlich relevantes Thema**! Bei Überzeugungskraft geht es nicht nur um Körpersprache und Auftreten, sondern vor allem um Inhalte. Diese können Sie nur substanziell betrachten, wenn Sie den Teilnehmern ein für sie inhaltlich relevantes Thema vorgeben.

- Planen Sie Zeit ein für **Interaktion**! So können Sie sehen, wie jemand Einwände entkräftet und mit Widerständen umgeht. In einer reinen Präsentation wäre Franz Josef Strauß (s. Abschnitt 4.6) überzeugender gewesen als in manchem Dialog.

Der Aspekt der Interaktion lässt sich insbesondere in einem weiteren Klassiker diagnostischer Instrumente beobachten und beurteilen: in einem **Rollenspiel**. Viele relevante Begegnungen, die ein Teilnehmer in der Realität überzeugend absolvieren muss, lassen sich in einem Rollenspiel simulieren. Ähnlich wie bei Präsentationen empfehlen wir, einige Grundregeln zu beachten, damit Überzeugungskraft differenziert und fundiert diagnostiziert werden kann:

- Bilden Sie die **typische Überzeugungssituation** möglichst konkret ab. Gegenüber wem ist Überzeugungskraft gefragt? Einem Kunden? Einem Lieferanten? Einem Vorgesetzten? Einem erfahrenen Kollegen? Einem Mitbestimmungsgremium? Schaffen Sie Parallelen zur Realität, damit Sie differenzierte Eindrücke zu den bei Ihnen benötigten Facetten der Überzeugungskraft gewinnen können!

- Testen Sie **Verhaltensbandbreite**! Schaffen Sie nach Möglichkeit zwei unterschiedliche Rollenspielsituationen, in denen jemand auf unterschiedliche Typen trifft, die es zu überzeugen gilt. Gelingt ihm das, sind Sie prognostisch sicherer in Aussagen über die Überzeugungskraft, als wenn er nur ein Gespräch erfolgreich führt. Haben Sie nur eine Gesprächssituation, lassen Sie das Gegenüber unterschiedliche Verhaltensfacetten zeigen und schauen Sie sich an, wie der Teilnehmer reagiert.

- Geben Sie **kein Ziel** vor! Insbesondere im Hinblick auf den Willen und die Motivation zu überzeugen ist es wichtig zu beobachten, wie ein Teilnehmer eine Situation interpretiert und welches Überzeugungsziel er für sich ableitet.

- Setzen Sie einen **erfahrenen Rollenspieler** ein. Wenn Sie zwei Teilnehmer „gegeneinander" antreten lassen und bei beiden Überzeugungskraft diagnostizieren wollen, hängen beide unweigerlich voneinander ab. Mit einem geschulten Rollenspieler können Sie den Schwierigkeitsgrad bestimmen und vereinheitlichen.

- Nehmen Sie sich Zeit für eine kurze **Nachreflexion**. Fragen Sie den Teilnehmer nach seinen Zielen, seinen Strategien und seiner Zufriedenheit mit dem Gespräch. Dann lernen Sie viel darüber, wie strategisch und überlegt ein Teilnehmer eine Überzeugungssituation angeht oder auch wie gut es ihm gelungen ist, die Perspektive des Gegenübers zu verstehen und wahrzunehmen.

4.7.3 Interview

Wie bereits zu Beginn dieses Abschnitts ausgeführt, liegt eine weitere diagnostische Möglichkeit im persönlichen Gespräch, das heißt in dem Diagnostikinstrument **Interview**. Dort gewinnen Sie viele Erkenntnisse schon durch die Kommunikation des Teilnehmers während des Interviews und dadurch, wie überzeugend seine Antworten wirken. Darüber hinaus können Sie in einem Interview erfassen, welchen Erfahrungshintergrund jemand mitbringt, z. B. welche Erfahrung er mit kritischen Gesprächspartnern, großen Zuhörerrunden oder sensiblen Schnittstellen hat. Zudem können Sie die Orientierung, inwieweit jemand überhaupt überzeugen will, in der Regel ebenso erkennen wie das Wissen über unterschiedliche Strategien, die er dazu einsetzt.

Im Folgenden werden daher zunächst konkrete Interviewfragen und entsprechende Verhaltensanker dargestellt, bevor abschließend Verhaltensanker für den Einsatz in Beobachtungsinstrumenten für Rollenspiele oder Präsentationen oder in Kompetenzmodellen und Anforderungsprofilen beschrieben werden.

Mögliche Fragen und Verhaltensanker für ein Interview	
Wissen/Erfahrung	
Frage	Verhaltensanker
<ul><li>Wen mussten Sie an Ihren vergangenen beruflichen Stationen überzeugen? Wer war dabei besonders anspruchsvoll?</li><li>Welches war eine besonders anspruchsvolle Situation, in der Sie jemanden überzeugen mussten? Warum war diese für Sie anspruchsvoll?</li><li>Welche Situationen, in denen es darum geht, andere zu überzeugen, fallen Ihnen leicht? Welche fallen Ihnen schwerer? Woran liegt das?</li></ul>	<ul><li>Verfügt über umfassende Erfahrung in der Überzeugung relevanter Zielgruppen.</li><li>Vermittelt Zutrauen und Selbstbewusstsein im Umgang mit herausfordernden Überzeugungssituationen.</li><li>Zeigt anhand von Beispielen, dass er die für die Zielposition relevanten Überzeugungssituationen mühelos bewältigen kann.</li></ul>
Orientierung	
Frage	Verhaltensanker
<ul><li>Wo war es Ihnen einmal besonders wichtig, andere von Ihrer Sache zu überzeugen? Warum?</li><li>Wofür setzen Sie sich auch gegen Widerstände ein? Wann lassen Sie sich hingegen überzeugen? Bitte nennen Sie Beispiele!</li></ul>	<ul><li>Will andere von seinen Vorstellungen überzeugen.</li><li>Zeigt anhand von Beispielen, seine Überzeugungen auch gegen Widerstände zu verfolgen.</li><li>Kann leicht Beispiele benennen, in denen er andere überzeugen wollte und konnte.</li></ul>
Fähigkeiten	
Frage	Verhaltensanker
<ul><li>Wie gehen Sie vor, um andere von Ihrem Standpunkt zu überzeugen? Was sind Ihre Strategien, um andere zu überzeugen?</li><li>Wie bereiten Sie sich auf Überzeugungssituationen vor? Wann mussten Sie einmal Ihre vorbereitete Strategie im Gespräch wechseln? Bitte beschreiben Sie uns ein Beispiel.</li><li>Wo ist es Ihnen einmal schwergefallen, jemand anderen zu überzeugen? Wie sind Sie vorgegangen, um trotzdem Ihr Ziel zu erreichen?</li></ul>	<ul><li>Wendet unterschiedliche Strategien an, um andere zu überzeugen.</li><li>Bereitet sich gezielt auf die Zielgruppe vor.</li><li>Erkennt die Interessen und Bedürfnisse der Zielgruppen und passt seine Strategie bei Bedarf flexibel an.</li><li>Tritt im Interview überzeugend auf (Verhaltensanker s. u.).</li></ul>

Mögliche Verhaltensanker für Gesprächs- und Präsentationssituationen

Verständlichkeit

- Spricht deutlich, klar und verständlich.
- Nutzt Begriffe und Formulierungen, die für die Zielgruppe angemessen sind (keine unbekannten Fachbegriffe, Fremdwörter etc.).
- Strukturiert die Präsentation bzw. das Gespräch klar und stringent.
- Unterstreicht das Gesagte durch sinnvolle Visualisierungen.
- Formuliert prägnant, vermeidet unnötige Wiederholungen und Füllwörter.
- Nutzt Bilder und Beispiele in seinen Darstellungen.

Relevanz

- Bedient den Informationsbedarf der Zuhörer.
- Hat sich erkennbar mit seiner Zielgruppe auseinandergesetzt.
- Fokussiert seine Ausführungen auf die wesentlichen Kernbotschaften, schweift nicht ab.
- Beantwortet Fragen auf den Punkt.
- Argumentiert mit dem Nutzen des Gegenübers.
- Versetzt sich in die Situation des Gegenübers, um hilfreiche Argumente zu entwickeln.

Logik

- Argumentiert logisch richtig und stimmig.
- Argumentiert fundiert und differenziert.
- Liefert Belege für seine Aussagen, begründet seine Überlegungen.
- Hat einen stringenten Aufbau des Gesprächs bzw. der Präsentation vorbereitet.
- Entkräftet Gegenargumente inhaltlich.

Präsenz

- Tritt selbstbewusst auf, vermittelt persönliche Präsenz.
- Unterstreicht das Gesagte durch eine lebhafte, angemessene Körpersprache.
- Stellt Blickkontakt zu seinem Gegenüber bzw. seinen Zuhörern her und hält diesen aufrecht.
- Setzt die eigene Stimme ein, um seine Botschaften zu unterstreichen (Lautstärke, Modulation).

Funktionalität

- Kann ein klares Überzeugungsziel benennen.
- Setzt sich ein realistisches Überzeugungsziel.
- Will erkennbar von etwas überzeugen, steht für sein Überzeugungsziel ein.

Mögliche Verhaltensanker für Gesprächs- und Präsentationssituationen
Authentizität
• Setzt Emotionen ein, um den anderen zu überzeugen. • Zeigt Emotionen. • Die gezeigten Emotionen wirken authentisch. • Vermittelt authentisch, hinter dem Überzeugungsziel zu stehen (versteckt sich z. B. nicht hinter Autoritäten).

4.8 Personalentwicklung bzw. Coaching der Kompetenz

Das Angebot an Rhetoriktrainings auf dem Seminarmarkt ist überwältigend. Grundsätzlich können **Trainings** eine gute Möglichkeit darstellen, um Kompetenzen im Bereich Überzeugungskraft aufzubauen oder zu vertiefen. Wir empfehlen aber unbedingt zuvor die differenzierte Diagnose des individuellen Entwicklungsbedarfs und den gezielten Abgleich mit den jeweiligen Seminarinhalten. Zahlreiche Seminare setzen ihren Schwerpunkt auf das Trainieren technischer Fertigkeiten wie der richtigen Körperhaltung, Mimik und Stimme. Das kann der richtige Ansatz sein, muss es aber nicht. Soll die Ausdruckskraft der Stimme entwickelt werden, kann dagegen ein gezieltes Stimmtraining als Gruppen- oder Einzelmaßnahme besser geeignet sein als ein allgemeines Rhetoriktraining. Soll dagegen die Ausdruckskraft im Bereich der Emotionen und der körperlichen Präsenz geschult werden, bieten beispielsweise erfahrene Schauspieltrainer hier sehr gute Seminare an. Grundsätzlich können alle Facetten von Überzeugungskraft in entsprechenden Trainings vertieft werden.

Ein **individuelles Coaching** bietet sich an, wenn es darum geht, sich sehr gezielt auf eine spezifische, herausfordernde Überzeugungssituation vorzubereiten. Der Coach kann dabei ein externer Experte oder auch ein erfahrener, interner Sparringspartner sein. Im Rahmen von Coachings können gut spezifische, individuelle Entwicklungsfragen thematisiert werden wie z. B. die Analyse tiefer liegender, emotionaler Blockaden und die Entwicklung individueller Strategien. Darüber hinaus stellt Coaching auch eine gute Möglichkeit dar, wenn es darum geht, Fragen der Orientierung in Bezug auf die eigene Überzeugungskraft zu reflektieren und weiterzuentwickeln. Das können beispielsweise Fragen sein wie „Wie kann es mir gelingen, mich besser in unterschiedliche Zielgruppen hineinzuversetzen und mich auch im Diskurs auf sie offen einzulassen?" Oder „Wie gehe ich mit meinen eigenen Emotionen und Werten in ethisch schwierigen Überzeugungssituationen um?"

Die Begleitung von erfahrenen Dialektikern in der Vorbereitung und Durchführung von Überzeugungssituationen stellt ein sehr effizientes und oft einfach realisierbares Personalentwicklungsinstrument dar. Das **Lernen am Modell** bietet sich sowohl für junge Mitarbeiter wie auch für erfahrene Führungskräfte an.

Das **Studium der Literatur** oder **Internetrecherche** unterstützt beim Erwerb von Kenntnissen im Bereich von Redeplänen, Argumentationstechniken, Aufbau und Gestaltung von Präsentationen oder auch der Sammlung von Argumenten.

Die bisher beschriebenen Ansätze fallen in die Kategorie der flankierenden Personalentwicklungsmaßnahmen. Die beste Grundlage einer intensiven, persönlichen Entwicklung wird durch die **Bereitstellung von Herausforderungen** ermöglicht. Herausforderungen zur Entwicklung der persönlichen Überzeugungskraft lassen sich im Unternehmenskontext in der Regel sehr einfach ermöglichen. Dies kann z. B. durch die Übertragung von Präsentationen vor anspruchsvollen Zielgruppen, die Verantwortung von Verhandlungen mit verschiedenen Gremien oder aber die Leitung von Projekten mit zahlreichen Schnittstellen geschehen.

4.9 Literatur

Becks, U., Mahinova, E. (2013): Empathie – Sich in andere hineinfühlen oder auch in andere hineinversetzen können. In: Laske, S., Orthey, A., Schmid, M. (Hrsg.), PersonalEntwickeln (Loseblatt), Köln, Beitrag 6.118

Borchardt, A., Faerber, Y. (2012): Teamfähigkeit als Kompetenz. In: Laske, S., Orthey, A., Schmid, M. (Hrsg.): PersonalEntwickeln (Loseblatt), Köln, Beitrag 6.111

Dihsmaier, E., Paschen, M. (2005): Wirkungsvoll reden – Überzeugen mit Strategie. in: managerSeminare, Heft 85, April 2005.

Fisher, R. et al. (2013): Das Harvard-Konzept, Frankfurt/M.: Campus.

Gallo, C. (2011): Überzeugen wie Steve Jobs. Das Erfolgsgeheimnis seiner Präsentationen. München: Ariston.

Gay, F. (2003): Das persolog Persönlichkeits-Profil: Persönliche Stärke ist kein Zufall. Mit Fragebogen zur Selbstauswertung. Offenbach: Gabal.

Juul, J. (2008): Das kompetente Kind. Reinbek: rororo.

Lay, R. (1999): Dialektik für Manager. Berlin: Econ.

Oerter, R., Montada, L. (2008): Entwicklungspsychologie. Weinheim: Beltz PVU.

Paschen, M. (2012): Potenziale und Kompetenzen beurteilen und entwickeln. In: Laske, S., Orthey, A., Schmid, M. (Hrsg.): PersonalEntwickeln (Loseblatt), Köln, Beitrag 6.107

Paschen, M. (2012): Analyse als Kompetenz. In: Laske, S., Orthey, A., Schmid, M. (Hrsg.): PersonalEntwickeln (Loseblatt), Köln, Beitrag 6.115

Paschen, M., Dihsmaier, E. (2011): Psychologie der Menschenführung. Berlin Heidelberg: Springer.

Reichel, G. & Reichel, O. (2009). Sag mir, wo die Redner sind ... 60 Jahre Grundgesetz, 60 Jahre Demokratie, 60 Jahre freie Rede. In: Deutscher Vertriebs- und Verkaufsanzeiger. 22. Jg., Nr. 248., 10.08.2009, S. 14–15.

Reichel, G. (2009): Rhetorik: Tipps und Todsünden – Was wir von Franz Josef Strauß und Konrad Adenauer lernen können! Online: http://www.onpulson.de/themen/1285/rhetorik-tipps-und-todsuenden/ (14.02.2014).

Thiele, A. (1999): Die Kunst zu überzeugen. Berlin Heidelberg: Springer.

Trautner, H. M. (2003): Allgemeine Entwicklungspsychologie. Stuttgart: Kohlhammer.

Zimmer, T. (2004): Rhetorik-Einführung in ihre Geschichte, Analyse und Anwendung. Eine Unterrichtseinheit für die Oberstufe. Unterrichts-Konzepte Deutsch. Sprache, Freising

Links Zitate

Zitat Joachim Gauck: http://www.focus.de/politik/deutschland/tid-26188/100-tage-als-bundespraesident-ein-gauck-ist-ein-gauck-ist-ein-gauck_aid_768812.html (14.02.2014)

Zitat Barack Obama: http://www.badische-zeitung.de/ausland-1/polemik-und-kontroverse-positionen--63373697.html (14.02.2014)

Zitat Michel Friedmann: http://www.quotez.net/german/michel_friedmann.htm (14.02.2014)

Zitat Jugend debattiert: https://www.jugend-debattiert.de/service/faq.html (14.02.2014)

SOZIALKOMPETENZEN

5 KONTAKTSTÄRKE ALS KOMPETENZ

Claudia Qualbrink & Elena Mahinova

In diesem Beitrag erfahren Sie,

- *was Kontaktstärke ist und aus welchen Facetten sie besteht,*
- *wie Sie erfolgreich Kontakt aufbauen können,*
- *wie wichtig Kontaktstärke in der Business-Welt von heute und morgen ist,*
- *woran Sie bei anderen Menschen erkennen, ob diese kontaktstark sind,*
- *wie Kontaktstärke entsteht und wie man sie entwickeln kann.*

5.1 Begriffsbestimmung

Kontaktstärke als moderne Handlungskompetenz
Als vor 200 Jahren der Großteil unserer Vorfahren in kleinen Dörfern lebte und Tätigkeiten nachging, die schon ihre Mütter und Väter ausgeübt hatten, kam der Fähigkeit, mit unterschiedlichen, neuen Menschen Kontakt aufzubauen, eine geringe Bedeutung zu. Entscheidend war die Fähigkeit, die Beziehungen in einem engen, häufig über das gesamte Leben stabilen Beziehungsnetz erfolgreich zu gestalten. Insofern ist die Kompetenz der Kontaktfähigkeit eine moderne Handlungskompetenz, die mit der zunehmenden Möglichkeit des schnellen Wechsels des Ortes, des Arbeitgebers, des Lieferanten, aber auch des Lebenspartners und Freundeskreises rasant an Bedeutung gewonnen hat. In allen Lebensbereichen ist es mittlerweile wichtig geworden, in kürzester Zeit eine Beziehung so aufbauen zu können, dass wir als Potenzialträger für verantwortungsvolle Aufgaben im Unternehmen, als interessanter Lieferant oder auch als möglicher Partner unter einer Vielzahl von Optionen in guter Erinnerung behalten werden.

Trotz der stark zunehmenden Bedeutung der Kompetenz Kontaktstärke finden sich in der Literatur bisher wenig Konzeptualisierungen. Im Bereich der Verkaufsforschung liefern viele Ratgeber praktische Hinweise zum Aufbau eines guten Kontakts zum Kunden. In diesem Artikel möchten die Autorinnen darüber hinausgehen und Kontaktstärke als Kompetenz auf Basis der Erkenntnisse verschiedener relevanter Forschungsbereiche stärker konzeptualisieren, um darauf aufbauend die systematische Diagnostik und Entwicklung der Kompetenz beschreiben zu können.

Was ist Kontaktstärke?
Im ersten Schritt möchten wir Kontaktstärke als Kompetenz definieren: Kontaktstärke ist die Bereitschaft und Fähigkeit, in kurzer Zeit einen von den Beteiligten positiv bewerteten Kontakt zu unterschiedlichen Interaktionspartnern aufbauen zu können. Ziel des Kontaktaufbaus ist dabei mittel- bis langfristig die Befriedigung der eigenen Bedürfnisse und Interessen.

Diese Definition impliziert, dass es im Weiteren nicht um eher mittel- bis langfristig orientierte wichtige soziale Kompetenzen wie Teamfähigkeit oder Führungsstärke geht, sondern darum, wie erfolgreich Individuen den Beginn einer Führungs-, Team- oder Lieferantenbeziehung gestalten. Es geht also um einen häufig recht kurzen Zeitraum, der in hohem Maße entscheidend für den weiteren Erfolg des Beziehungsverlaufs ist, wie die psychologische Forschung beweist: In der Regel entscheiden wir innerhalb von wenigen Augenblicken, ob wir mit einer Person in Kontakt treten wollen und was wir vom weiteren Beziehungsverlauf erwarten (Aronson et al. 2006; Hassebrauck & Kümmerling 2006). Diese Prozesse laufen gewöhnlich in hohem Maße unbewusst ab. Entscheidungsfindung gerade im Bereich der komplexen Entscheidungen im persönlichen und sozialen Bereich wird – wie die aktuelle neuropsychologische Forschung beweist – durch ein komplexes Wechselspiel verschiedener Hirnareale und Körperfunktionen gesteuert. So entsteht bei der Begegnung mit einem Menschen in Bruchteilen von Sekunden unbewusst eine Vorstellung vom möglichen Ergebnis dieser Begegnung. Diese Vorstellung wird dann im Rahmen körperlicher Rückkopplungsprozesse blitzschnell emotional positiv oder negativ eingefärbt (Damasio 2004). Dies hat dann natürlich entscheidenden Einfluss darauf, ob unser Gegenüber den Kontakt mit uns vertiefen möchte, wir wenig Bedeutung für ihn erlangen oder er den Kontakt sogar vermeidet. Welche Eindrücke entstehen, ist dabei durch die individuellen Lebenserfahrungen des Einzelnen geprägt. Wenn Sie z. B. in Ihrem Auftreten eine gewisse Stärke und Dominanz vermitteln, kann dies – je nach Vorerfahrung ihres Gegenübers mit dominanten Kontaktpartnern – dazu führen, dass dieser den Kontakt mit Ihnen eher sucht oder vermeidet.

Kontaktstärke bedeutet, dass das Gegenüber möglichst dauerhaft eine positive Bewertung mit uns als Kontaktpartner verbindet. Diese Bewertungen haben einen emotionalen und einen rationalen Anteil: Zum einen sollten im Rahmen des Kontaktaufbaus positive Emotionen aktiviert werden. Diese erhöhen deutlich die Wahrscheinlichkeit, dass die mit unserer Person verbundenen Bewertungen positiv ausfallen. Was positive Emotionen auslöst, ist – wie gerade dargestellt wurde – individuell unterschiedlich. Deshalb zeichnen sich besonders kontaktstarke Personen dadurch aus, dass es ihnen gelingt, auch bei sehr unterschiedlichen Interaktionspartnern schnell und adäquat emotional positive Impulse setzen zu können. In der Praxis heißt dies: Als Projektleiter kommen Sie in Ihrem neuen Projektteam mit einem neuen Teammitglied eher über den Austausch über Familie, Hobbies etc. in positiven emotionalen Kontakt, während ein anderes Teammitglied eher eine kompetente Auseinandersetzung in Sachfragen mit Ihnen schätzt. Zum anderen ist im Hinblick auf den rationalen Anteil der Bewertung wichtig, mit welchen rationalen Inhalten diese generalisiert positive Bewertung Ihrer Person verknüpft wird. In die Praxis übersetzt heißt dies, dass Sie als erfolgreicher Außendienstmitarbeiter gewöhnlich nicht nur daran interessiert sind, dass Ihr Kunde Sie sympathisch findet und gerne mit Ihnen Mittag essen geht, sondern dass dieser mit Ihnen auch ein hervorragendes Produkt verknüpft, das er gerne ordern möchte.

Dies führt uns zum letzten Teil der Definition: Kontaktstärke hat mittel- bis langfristig die Befriedigung der eigenen Bedürfnisse und Interessen zum Ziel. Dieser Aspekt mag vielleicht Stirnrunzeln bei Ihnen auslösen. Hat „Kontakt herstellen" immer die eigene Bedürfnisbefriedigung zum Ziel? Bei extrinsisch motivierten und bewusst gesteuerten Zielen wie dem Verkauf von Produkten oder der gezielten Positionierung der eigenen Person bei relevanten Ansprechpartnern mag dies auf der Hand liegen. Gerade sehr kontaktstarke Personen bauen Kontakte aber doch häufig wenig bewusst zielorientiert auf! Es passiert diesen Personen doch eher „einfach so", dass sie die Bekanntschaft vieler Menschen machen, „weil es mir Freude bereitet, mit Menschen in Kontakt zu kommen", wie eine in ihrem Unternehmen sehr gut vernetzte Führungskraft berichtet.

Ein großes Engagement im Bereich des Herstellens von Kontakten wird aber befeuert durch eine hohe motivationale Befriedigung, die aus dem Knüpfen vieler positiver Kontakte gezogen wird. Dies wird in Abschnitt 5.4 noch ausführlich dargestellt. Eine solche intrinsische Motivation erhöht die Wahrscheinlichkeit, beim Kontaktaufbau sehr erfolgreich zu sein. Im Bereich der Kontaktstärke bedeutet **intrinsische Motivation**, Kontakte zunächst deswegen aufzubauen, weil wir motivationale Befriedigung aus dem Prozess des Kontaktaufbaus ziehen. **Extrinsische Motivation** im Bereich der Kontaktstärke heißt, Kontakte aufzubauen, weil wir uns davon einen Vorteil im Sinne unserer Ziele versprechen oder Nachteile vermeiden möchten. Beide Motivationen finden sich auch im organisationalen Kontext: In Unternehmen beispielsweise wird jemand dann als besonders erfolgreich in seiner Kontaktstärke wahrgenommen, wenn er sowohl intrinsisch als auch extrinsisch zum Kontaktaufbau motiviert ist. Dies ist der Außendienstmitarbeiter, der wirklich gerne mit seinen Kunden spricht und gleichzeitig klar einen Vertragsabschluss erreichen möchte, im Gegensatz zur Wirkung seines Kollegen, der zwar große Freude am Kontakt mit seinen Kunden hat, aber darüber im entscheidenden Moment immer wieder vergisst, den Kunden in Richtung eines Abschlusses zu lenken.

Kontaktstärke ist also eine über die Befriedigung der eigenen Bedürfnisse motivierte Kompetenz, die in ihrer Wirkung auf positive Emotionen und Bedürfnisbefriedigung beim Interaktionspartner ausgerichtet ist, wie bei der Beschreibung des Prozesses des Kontaktaufbaus im Folgenden deutlich werden wird.

5.2 Der Prozess des Kontaktaufbaus

Unsere allgemeine Beschreibung des Prozesses des Kontaktaufbaus soll vor allem im Hinblick auf den organisationalen Kontext erfolgen. Sie basiert auf relevanten Ergebnissen der sozial-, motivations- und neuropsychologischen Forschung, auf zentralen Annahmen der Verkaufsforschung und auf Theorien zum Thema Führung und Charisma. Darüber hinaus wurden auch archetypische Verführerfiguren in der Literatur analysiert: beispielsweise Casanova, dem angesichts seiner erfolgreichen Zielerreichung im interpersonellen Bereich ein ausgeprägtes Maß an Kontaktstärke unterstellt werden darf.

Aus den Erkenntnissen dieser Quellen haben wir ein Modell entwickelt, das den Prozess des Kontaktaufbaus systematisch beschreibt (Abbildung 5.1).

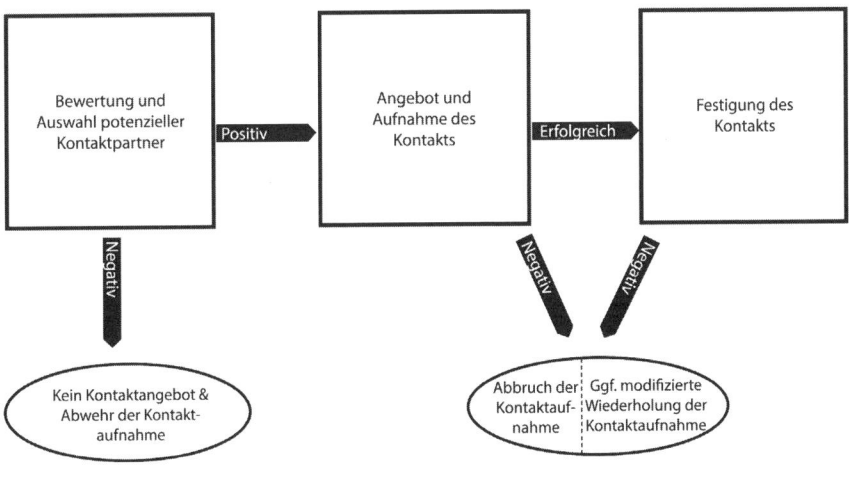

Abb. 5.1: Der Prozess des Kontaktaufbaus

Es wird deutlich, dass der Prozess des Kontaktaufbaus aus unterschiedlichen Schritten besteht, deren Erfolg durch verschiedene Faktoren determiniert ist, die im Folgenden differenziert beschrieben werden. Mit welcher Intensität und welchem Aufwand die einzelnen Schritte unternommen bzw. nach nicht erfolgreichem Vorgehen wiederholt werden, hängt von der Höhe der intrinsischen und extrinsischen Motivation für den Kontaktaufbau ab.

5.2.1 Bewertung und Auswahl potenzieller Kontaktpartner

Der erste Schritt des Kontaktaufbaus besteht in der Bewertung und Auswahl eines potenziellen Kontaktpartners. Hierbei spielen – wie bereits dargestellt – sowohl rationale als auch emotionale Prozesse eine Rolle. Wir möchten mit den häufig unbewusst ablaufenden emotionalen Prozessen beginnen, da diese gewöhnlich automatisiert und blitzschnell stattfinden und die Wahlmöglichkeiten im ersten Schritt einschränken.

Stellen Sie sich folgende Situation vor: Sie sind alleine in der Kantine, um Mittag zu essen, da Ihre Kollegen keine Zeit haben. Sie suchen nach einem Platz und am einzigen nicht komplett besetzten Tisch sitzt ein Herr mittleren Alters im Dreiteiler. Bereits in diesem Moment haben Sie unbewusst eine erste emotionale Bewertung des Mannes vorgenommen und auf Basis Ihrer bisherigen Erfahrungen mit ähnlich wirkenden Personen abgeschätzt, ob Sie den Kontakt mit ihm eher suchen oder vermeiden sollten. Die Möglichkeit des Kontaktes mit ihm wurde in ein positives oder negatives emotionales Licht gerückt.

Die parallel einsetzenden rationalen Prozesse lassen Sie differenziert bewerten, wer Ihr Gegenüber wohl sein mag, welche Interessen ihn bewegen, wie relevant er im Hinblick auf Ihre Ziele und Interessen ist, welche Ressourcen (z. B. zeitlicher Natur) und Möglichkeiten der Kontaktaufnahme Ihnen zur Verfügung stehen etc. Dabei kann es durchaus passieren, dass Sie sich trotz einer ersten positiven Bewertung gegen eine Kontaktaufnahme entscheiden oder dass Sie trotz einiger negativer Grundgefühle den Kontakt aufnehmen, da Sie vermuten, dass Ihr Gegenüber für Sie zukünftig relevant sein könnte. Als Konsequenz einer insgesamt positiven Bewertung würden Sie im nächsten Schritt den Kontakt aufnehmen. Nach einer negativen Bewertung würden Sie selber kein Kontaktangebot machen und mögliche Kontaktangebote Ihres Gegenübers entweder unbewusst gar nicht wahrnehmen, weil Sie z. B. aufgrund negativer Vorerfahrungen kein Kontaktangebot erwarten, oder diese bewusst ignorieren, weil Sie den Kontakt nicht aufnehmen möchten.

5.2.2 Angebot und Aufnahme des Kontaktes

Nach einer positiven Entscheidung für den Aufbau des Kontaktes folgt ein erstes Angebot zur Kontaktaufnahme. In der Literatur zur Kommunikations- und Verkaufspsychologie finden sich viele Hinweise darauf, welche Signale für den erfolgreichen Aufbau eines Kontaktes wichtig sind. Becker (2004) beschreibt als relevante Kommunikationsebenen für den erfolgreichen Verkauf die verbale und die nonverbale Ebene. Auf der verbalen Ebene muss dann noch einmal unterschieden werden, worüber inhaltlich kommuniziert wird (z. B. Sachinhalte, Appelle oder Beziehungsbotschaften) und wie dies stilistisch geschieht (z. B. Verständlichkeit, Sprachmenge, Geschwindigkeit). Auf der nonverbalen Ebene sind körperliche Aspekte (z. B. Aussehen, Mimik, Gestik, Blickkontakt), aber auch materielle Aspekte (z. B. Kleidung, Geschenke, Umfeld) entscheidende Faktoren für den Erfolg einer Kontaktaufnahme.

Übereinstimmend betonen fast alle Autoren, die sich mit dem Thema Kontaktaufbau aus wissenschaftlicher oder verkaufspraktischer Perspektive beschäftigen (z. B. Becker 2004; Wiswede 1987; Weinberg 1986; Schüller 2009; Holzheu 2000), die Bedeutung von Empathie und emotionaler Hinwendung in der Eröffnungsphase des Kontaktes. Es wird betont, dass die Vermittlung eines echten persönlichen Interesses auf verbaler und nonverbaler Ebene von entscheidender Bedeutung ist.

Auch andere verwandte Forschungsfelder – etwa die Therapieforschung oder die Flirtforschung – unterstreichen, dass es im ersten Schritt des Kontaktaufbaus vor allem darum geht, positiven Beziehungskredit aufzubauen. Die Entwicklung positiver Emotionalität steht also im Vordergrund.

Welche Vorgehensweisen und Inhalte lassen Menschen nun beim ersten Kontaktaufbau mehr oder weniger erfolgreich sein? Als ein Beispiel für solche Erfolgsfaktoren werden auf nonverbaler Ebene Aspekte wie eine offene, selbstbewusste, aber nicht dominante Körperhaltung und offener Blickkontakt von vielen Autoren hervorgehoben. Wichtig ist bei solchen Hinweisen immer, Signale entsprechend kultursensibel senden und deuten zu können. Ein aus deutscher Sicht offener Blickkontakt würde in den USA als Anstarren (Lamson 2010) und in Indonesien ggf. als echte Unhöflichkeit (Kessel 2000) wahrgenommen.

Die sozialpsychologische Forschung im Bereich der interpersonellen Attraktion (Aronson et al. 2008; Hassebrauck & Kümmer 2006) hat darüber hinaus weitere Faktoren untersucht, die dazu führen, dass bei einem Kontaktpartner positive Emotionalität in der Phase des Kontaktaufbaus entsteht. Zu diesen Faktoren zählen insbesondere:

- **Ähnlichkeit:** Die Einschätzung, dass wir in Interessen, Einstellungen, Werten, sozialen Hintergründen bzw. Persönlichkeitseigenschaften übereinstimmen, erhöht die Wahrscheinlichkeit, dass mein Gegenüber mich sympathisch findet. Drücke ich dazu noch explizit Wertschätzung für ihn oder sie aus, hat dies ebenfalls eine positive Wirkung. Der Ähnlichkeitsfaktor gilt auch für den interpersonellen Stil: Wenn die Präferenz meines Gegenübers in einem knappen, sachorientierten Kontaktstil liegt, so wird er eine entsprechende Kontaktaufnahme positiv bewerten. Wenn mein Gegenüber eher einen offenen, persönlichen Stil pflegt, so wird er bei der ersten Kontaktaufnahme tendenziell einen entsprechenden Stil wertschätzen.

- **Nähe:** Wenn mir jemand häufig begegnet, erhöht das die Chance, dass zwischen uns Kontaktinteresse entsteht.

- **Physische Attraktivität:** Ein Aussehen, das im Bereich des Schönheitsideals des jeweiligen kulturellen und sozialen Kontextes liegt, erhöht ebenfalls die Wahrscheinlichkeit, dass ich in der Eröffnungsphase des Kontaktes von meinem Kontaktpartner positiv wahrgenommen und bewertet werde.

Ist es nun so, dass ich, wenn ich gut darin bin, mein Gegenüber richtig anzuschauen, die Ähnlichkeiten zwischen uns zu betonen und wertzuschätzen und ich darüber hinaus mein Äußeres pflege, sehr gute Chancen habe, in der ersten Kontaktphase erfolgreich zu sein? Die Forschung und vielleicht auch Ihre persönliche Erfahrung würden sagen: grundsätzlich ja, zumindest auf der Ebene des Handelns. Es fehlt aber noch eine weitere Ebene, die relevant dafür ist, ob Ihre Signale beim Gegenüber ankommen: die Ebene der Haltung, d. h. die Frage der echten emotionalen Involvierung in den Kontaktprozess. Für Casanova und Don Juan war zumindest für den jeweiligen kurzen Moment die Dame ihres aktuellen Interesses die einzig Begehrens- und Liebenswerte. Hierdurch konnten sie ein Maß an positiver Emotionalität vermitteln, das ihnen in den Augen ihrer Angebeteten ein noch höheres Maß an Attraktivität verlieh. Auch die aktuelle Forschung im Bereich Kommunikation, Dienstleistung und Networking (Becker 2004; Ferrazi & Tahl 2009; Hoffmann & Rietmann 2009) betont, dass authentisch gefühltes Interesse und Sympathie beim Kontaktsuchenden eine deutlich höhere positive emotionale Wirkung beim Gegenüber erzeugen als eine auf der Handlungsebene richtige, aber mit wenig „echtem" Gefühl vermittelte Kontaktaufnahme.

Ein wichtiger Erfolgsfaktor ist also die Bereitschaft zur echten positiven emotionalen Involvierung und die Fähigkeit, diese positiven Emotionen dem Gegenüber anbieten zu können. Denn werden diese Emotionen nicht sichtbar gemacht, können sie ihre Wirkung nicht entfalten. Wobei für die Kompetenz Kontaktstärke in Abgrenzung zu anderen sozialen Kompetenzen Bereitschaft und Fähigkeit durchaus zunächst kurzfristig orientiert sein können. Bei vielen kontaktstarken Personen ist in der akuten Kontaktsituation hohe emotionale

Intensität zu beobachten, die nach Ende der Situation wieder stark abnimmt. Diese Intensität basiert auf einer motivationalen Kombination: aus der Bereitschaft, sich emotional zu involvieren, und einem hohen Interesse an immer neuen Erfahrungen.

Ein weiterer zentraler Wirkfaktor in der Phase der Kontaktaufnahme wird zum Beispiel in aktuellen Konzepten zum Thema Charisma (Paschen & Dihsmaier 2012) herausgearbeitet: Diese beschreiben Charisma unter anderem als die Fähigkeit, die emotionalen Bedürfnisse von Menschen aufnehmen und sich als derjenige positionieren zu können, von dem sich der andere die Befriedigung der eigenen Bedürfnisse verspricht. Dies bedeutet für die Kontaktaufnahme, dass diese umso wahrscheinlicher erfolgreich ist, je genauer und schneller der Kontaktsuchende erkennt, welche Bedürfnisse sein Gegenüber bewegen. Im nächsten Schritt sollte er dann durch sein Auftreten und seine Aussagen Signale senden können, die die Befriedigung dieser Bedürfnisse versprechen. Dabei kann es sich zum Beispiel um das Bedürfnis nach Nähe und Kontakt oder das Bedürfnis nach der Erhöhung des eigenen Status etc. handeln.

Wichtig ist bei der Kontaktaufnahme darüber hinaus der reflektierte Umgang mit der eigenen Rollenzuschreibung. Dies bedeutet, dass derjenige, der den Kontakt aufnimmt, sich darüber bewusst ist, in welcher Rolle er von seinem Gegenüber wahrgenommen wird und welche Verhaltenserwartungen an ihn existieren. Sonst drohen Schwierigkeiten im Prozess der Kontaktaufnahme. So wird eine eher lässige, kumpelhafte Kontaktaufnahme zwischen zwei Fans desselben Fußballclubs im Rahmen der gegenseitigen Rollenerwartung als stimmig erlebt. Sollten sich die beiden selben Männer als Lieferant und Einkäufer in einer kritischen Verhandlung gegenübersitzen, würde die gleiche Form der Kontaktaufnahme wahrscheinlich Irritationen hervorrufen.

Wenn die erste Kontaktaufnahme erfolgreich war, folgt als nächster Schritt die Festigung des Kontaktes. Falls die erste Kontaktaufnahme nicht erfolgreich war, wird der Kontakt entweder abgebrochen oder auf eine gegebenenfalls modifizierte Art und Weise wiederholt. Dies geschieht vor allem in Abhängigkeit von zwei Faktoren: der Höhe der intrinsischen und extrinsischen Motivation, diesen Kontakt aufbauen zu wollen, und der Einschätzung der eigenen Kompetenz, dies auch tun zu können. Dies bedeutet, dass eine hohe Sicherheit und Verhaltensflexibilität in Kombination mit einer hohen Motivation zur Kontaktaufnahme an dieser Stelle entscheidend sind.

5.2.3 Festigung des Kontakts

Ist der Kontakt positiv aufgebaut, d. h., sind Sie Ihrem Gegenüber bekannt und verbindet dieser grundsätzlich positive Emotionen und Gedanken mit Ihnen, geht es in der nächsten Phase um die Festigung des Kontaktes. Dies geschieht natürlich auch vor dem Hintergrund der mittel- bis langfristigen eigenen Zielerreichung. Was erfolgreiches Agieren in dieser Phase bedeutet, lässt sich aus verschiedenen Quellen wie der lerntheoretischen Forschung, der Literatur zur Verkaufspsychologie und zum Networking, aber auch der Beschreibung von Verführerfiguren wie De Molinas (2007) Don Juan oder dem Vicomte de Valmont aus Choderlos de Laclos (1985) berühmten mehrfach verfilmten Roman „Gefährliche Liebschaften" ableiten.

Erfolgreiche Verführer, seien sie rein literarische oder reale Persönlichkeiten, agieren auf Basis eines Prinzips, das der berühmte Lerntheoretiker B. F. Skinner als „intermittierende Verstärkung" (Lefrancois 1994; Zimbardo et al. 2003) bezeichnet: Zunächst wird ein Kontakt in Phase 2 durch kontinuierliche positive Verstärkung aufgebaut. Die langfristige Festigung des Kontaktes gelingt aber in Phase 3 am besten dadurch, dass positive Verstärkung nicht mehr ständig, sondern nur ab und zu gegeben wird. Die lerntheoretische Forschung konnte beweisen, dass durch eine solche intermittierende Verstärkung erworbenes Verhalten zwar langsamer erlernt wird, dafür aber langfristiger erhalten bleibt und auch durch Phasen der Frustration nicht geschwächt, sondern sogar gestärkt wird. Don Juan oder der Vicomte de Valmont bauen zunächst mit Charme, Komplimenten, Geschenken etc. den positiven Kontakt auf, um dann durch temporären Rückzug und das Wecken von Sehnsucht bei den Damen ihres Begehrens ein umso höheres Interesse an ihrer Person entstehen zu lassen.

Nun müssen sich Kontakter oder Verkäufer nicht zwangsläufig als Verführer im Stile eines Don Juan verstehen. Zumal die erwähnten Herren durchaus vor dem Hintergrund moralisch fragwürdiger Ziele agierten und keinen im Unternehmenskontext gewöhnlich relevanten mittel- bis langfristigen Beziehungsaufbau beabsichtigten. Die beschriebenen Strategien können jedoch auch in der organisationalen Kontaktarbeit sehr hilfreich sein. Für den erfolgreichen Verkäufer würde dies zum Beispiel bedeuten – wenn einmal erfolgreich der Kontakt zu einem Neukunden aufgebaut ist –, diesen nun nicht täglich anzurufen und die Vorzüge des eigenen Produktes darzustellen. Im Hinblick auf einen mittel- bis langfristig erfolgreichen Kontaktaufbau würde der Verkäufer besser daran tun, seine Anrufe beim Kunden nicht zu schnell aufeinander folgen zu lassen. Wenn dann Kontakt besteht, sollte er einerseits dafür sorgen, weiterhin auf persönlicher Ebene das positive Erleben des Erstkontaktes beim Gegenüber erneut aufleben zu lassen, diesem andererseits aber auch deutlich machen, welche seiner Bedürfnisse und Interessen in der aktuellen Situation nicht befriedigt sind. Dies erfordert eine deutlich bessere Kenntnis der Situation und vor allem auch der Interessen- und Motivlage des Gegenübers. Denn was sich schon in Phase 2 der Kontaktaufnahme andeutet, gewinnt in Phase 3 umso mehr Bedeutung: Mittel- bis langfristig werden sich vor allem solche Kontakte erfolgreich festigen, bei denen beide Seiten dauerhaft eine Befriedigung ihrer Bedürfnisse und Interessen erleben. Dem geschickten Verkäufer gelingt es aber auch, bei seinem neuen Kunden solche Bedürfnisse zu wecken, die diesem vorher noch gar nicht bewusst waren.

Im Hinblick darauf, dass das Ziel eines erfolgreichen Kontaktes also mittel- bis langfristig die Erreichung der eigenen Ziele und Bedürfnisse und auch der Ziele und Bedürfnisse des Gegenübers ist, ist hier im weiteren Kontakt auf einen sinnvollen Ausgleich zu achten. Wobei – wie bereits dargestellt – diese Ziele sowohl auf rationaler als auch emotionaler Ebene liegen können. Auch die neuere Literatur zur Verkaufspsychologie betont, dass der Aufbau langfristig loyaler Kundenbeziehungen häufig gewinnbringender ist als der einmalige Verkaufs- oder Verhandlungserfolg. In dieser Hinsicht sei es wichtig, so Schüller (2009), vom Gegenüber langfristig vor allem als integrer und vertrauenswürdiger Kontaktpartner wahrgenommen zu werden. Es gilt also, die eigenen Ziele im Blick zu behalten, im Hinblick auf einen mittel- bis langfristigen Kontakterhalt aber für einen als angemessen wahrgenommenen Ausgleich der eigenen und fremden Interessen zu sorgen. An dieser Stelle kommen Co-Kompetenzen wie Überzeugungskraft (Borchardt & Färber 2013) und Verhandlungskompetenz eine entscheidende Bedeutung zu.

In Kontaktsituationen, in denen es (noch) kein spezifisches externales Ziel für den Kontaktaufbau gibt, erläutert die gerade aufkeimende Literatur zum Networking, welche Faktoren in der Phase der Kontaktfestigung hilfreich sein können. So betonen Ferrazi und Raz (2009), dass neben der in der Beschreibung von Phase 1 und 2 bereits betonten Grundhaltung einer echten Freude am Herstellen von Kontakten noch mehr hilfreich sein kann:

- Strategien wie das zunächst nicht zielmotivierte Einbinden anderer in eigene Aktivitäten („Geh nie alleine essen"),

- die aktive Vermittlung von Informationen und Kontakten,

- das Ansprechen auf gemeinsame Themen oder

- kleine Anrufe zu passender Gelegenheit.

Dies ermöglicht es dem erfolgreichen Kontakter dann, wenn einer seiner Kontakte für eines seiner Ziele hilfreich sein kann, auf dem Fundament eines positiv aufgeladenen und gefestigten Kontaktes aufzubauen.

Falls die Festigung des Kontaktes nicht erfolgreich war, wird der Kontakt entweder abgebrochen oder die Kontaktfestigung auf eine gegebenenfalls modifizierte Art und Weise wiederholt. Dies geschieht wiederum vor allem in Abhängigkeit von der Höhe der intrinsischen und extrinsischen Motivation, diesen Kontakt aufrechterhalten zu wollen, sowie der Wahrnehmung der eigenen Kompetenz, dies auch tun zu können.

5.3 Facetten und Co-Kompetenzen

5.3.1 Facetten der Kontaktstärke

Wie aus der Beschreibung der drei Phasen deutlich wird, sind aus Kompetenzperspektive verschiedene Facetten relevant im Hinblick auf die Frage, ob wir jemanden als kontaktstark wahrnehmen oder nicht. Motivationale Faktoren sind dabei nach unserer Untersuchung – wie deutlich wurde – von besonderer Bedeutung. Daneben gibt es weitere Facetten, die eher auf der Verhaltens- und Erfahrungsebene anzusiedeln sind. Dies entspricht der psychologischen Perspektive, dass sich Kompetenzen aus Orientierungen, Erfahrungen sowie Fähigkeiten zusammensetzen (Paschen & Dihsmaier 2012). Dementsprechend haben wir die Facetten der „Kontaktstärke" entlang dieser drei Kategorien gegliedert.

- Orientierung bzw. Wollen,

- Fähigkeit bzw. Können und

- Erfahrung bzw. Wissen.

Orientierung bzw. Wollen

Stimulanzorientierung	Eine wichtige motivationale Voraussetzung für Kontaktstärke ist „Stimulanzorientierung". Stimulanzorientierung beschreibt das intrinsische Interesse an immer neuen Erfahrungen und Begegnungen. Der Stimulanz-Orientierte ist sehr flexibel, schätzt Veränderung und Freiheit in inhaltlicher und sozialer Hinsicht. Diese Orientierung erleichtert es, sich im Bereich des Kontaktes immer wieder positiv und offen auf neue Begegnungen und Menschen einzulassen und gleichzeitig eine gewisse innere Distanz zu wahren, die für den schnellen Aufbau vieler Kontakte hilfreich ist.
Anerkennungsmotivation	Ein zweiter wichtiger motivationaler Faktor ist Anerkennungsmotivation. Anerkennungsmotivierte haben das Bedürfnis, möglichst viel Aufmerksamkeit von anderen Menschen zu bekommen. Emotional positiv gefärbte Kontakte sind für sie von großer motivationaler Bedeutung. Der Anerkennungsmotivierte möchte von anderen geschätzt und gemocht werden. Wie aus der Beschreibung des Phasenmodells deutlich wurde, ist gerade der Wunsch, möglichst viel positive Emotionalität im Kontaktaufbau herzustellen, von entscheidender Bedeutung für den Erfolg in der Kontaktaufnahme. Anerkennungsmotivation trägt darüber hinaus dazu bei, dass der so Motivierte versucht, viele Kontakte aufzubauen, da dies die Möglichkeiten, Aufmerksamkeit und Anerkennung zu erhalten, deutlich erhöht.
Bereitschaft, sich emotional zu involvieren	Die Bereitschaft, sich emotional zu involvieren, ist – wie bereits im Phasenmodell des Kontaktaufbaus dargestellt – ein wichtiger Erfolgsfaktor, um im ersten Schritt Bindung aufzubauen. Derjenige, der bereit ist, emotional quasi „in Vorleistung" zu gehen, erhöht deutlich die Wahrscheinlichkeit, dass auch sein Gegenüber entsprechend reagiert. Darauf aufbauend kann dann die für den Kontaktaufbau so wichtige erste positive emotionale Bindung entstehen. Die Bereitschaft, sich emotional zu involvieren, korreliert hoch mit starker Anerkennungsmotivation, wird hier aber noch einmal wegen ihrer besonderen Bedeutung im Prozess des Kontaktaufbaus gesondert hervorgehoben.
Zielorientierung	Kontaktaufbau ist – z. B. im organisationalen Umfeld – häufig nicht nur intrinsisch motivierter Selbstzweck. Eine entsprechende Zielorientierung trägt dazu bei, dass der Kontaktstarke nicht nur mit Freude und Ausdauer Kontakte zu verschiedenen Personen aufbaut, sondern daneben auch seine professionellen oder persönlichen Ziele erreicht. Daneben stärkt Zielorientierung auch die extrinsische Motivation, einen Kontaktversuch, der nicht gelungen ist, noch einmal zu wiederholen, da der Kontaktsuchende die Erreichung seiner Ziele vor Augen hat.

Fähigkeit bzw. Können

Reflexionsfähigkeit	Um die eigenen Impulse und das eigene Verhalten während des Kontaktaufbaus gut steuern zu können, ist eine hohe Reflexionsfähigkeit hilfreich. Es geht darum, sich mit den eigenen Impulsen – z. B. sich möglichen Kontaktpartnern eher zu- oder sich abzuwenden – bewusst auseinanderzusetzen und gegebenenfalls trotz eines gegenteiligen Impulses den Kontakt aufzubauen. Reflexionsfähigkeit beinhaltet im Bereich des Kontaktaufbaus auch die Fähigkeit der Reflexion der eigenen Rollenzuschreibung und die Fähigkeit, die eigenen Strategien immer wieder hinterfragen zu können, um möglicherweise adäquatere Vorgehensweisen zu identifizieren.
Verhaltensflexibilität	Wer verhaltensflexibel ist, ist in der Lage, sich in seinem Kontaktverhalten auf unterschiedliche Kontaktpartner einzustellen. Dies umfasst verschiedene Ebenen des Verhaltens: Sowohl die materielle Ebene (z. B. Anpassung der Kleidung an den Kontext), die nonverbale Ebene (z. B. die Anpassung der eigenen Mimik und Gestik an die Mimik und Gestik des Kontaktpartners, auch „Pacing" genannt) und auch die verbale Ebene (z. B. die Ansprache von Themen, die die Ähnlichkeit zum Gegenüber betonen und dessen Bedürfnisse abholen). Verhaltensflexibilität trägt auch dazu bei, die in den unterschiedlichen Phasen des Kontaktaufbaus durchaus differierenden Verhaltensstrategien (z. B. vom positiv aufgeladenen, emotional involvierten Kontaktangebot zur intermittierend verstärkten Kontaktfestigung) zu leben und bei nicht gelungenem Kontaktaufbau alternative Strategien für eine erneute Kontaktaufnahme zu entwickeln.
Fähigkeit, positive Emotionalität aufbauen zu können	Positive Emotionalität ist, wie in der Beschreibung des Phasenmodells deutlich wurde, der „Schmierstoff" des Kontaktaufbaus. Dementsprechend sind kontaktstarke Personen in der Lage, bei ihrem Gegenüber aktiv positive Emotionalität aufzubauen. Dies kann z. B. durch den Ausdruck von Interesse und Wertschätzung, das Hervorheben von Gemeinsamkeiten oder positive nonverbale Signale wie Lächeln und Lachen geschehen.
Fähigkeit, mit Frustration umgehen zu können	Der Prozess des Kontaktaufbaus birgt auch immer die Möglichkeit in sich, dass der Kontaktaufbau nicht beim ersten Versuch gelingt. Umso wichtiger ist es, mit der aus dieser Situation entstehenden Frustration umgehen zu können. Dies bedeutet, dass kontaktstarke Personen die Möglichkeit des Nicht-Erfolgs beim Kontaktaufbau akzeptieren, die daraus kurzfristig entstehenden negativen Emotionen aufnehmen und damit umgehen können, um möglichst schnell wieder in den Zustand einer nach vorne gerichteten Handlungsfähigkeit zu gelangen. Dieser Zustand ermöglicht es dann, sich entweder bewusst für einen Abbruch des Kontaktaufbaus zu entscheiden oder einen erneuten Versuch mit einer gegebenenfalls modifizierten Strategie zu unternehmen.

Erfahrung bzw. Wissen

Kenntnis sozialer Normen und Regeln	Man sollte die im jeweiligen Kontext relevanten Normen und Regeln kennen, um den Kontaktaufbau entlang dieser Normen und Regeln adäquat gestalten zu können. Hierbei geht es sowohl um die im jeweiligen kulturellen Kontext herrschenden gesellschaftlichen Normen als auch um spezielle Regeln, die aus dem jeweiligen Kontext und der jeweiligen Rollenkonstellation entstehen. Eine möglichst breite Kenntnis solcher Normen und Regeln für unterschiedliche Kontexte erleichtert den Kontaktaufbau sehr.
Erfahrungen mit unterschiedlichen Kontaktpartnern	Eine hohe Kontaktstärke drückt sich vor allem dadurch aus, mit unterschiedlichen Personen schnell einen guten Kontakt aufbauen zu können. Obwohl es sicherlich möglich ist, viel theoretisches Wissen über Persönlichkeitsunterschiede und soziale Normen und Regeln zu erwerben, entwickelt sich echte Kontaktstärke vor allem aus der konkreten Erfahrung. Je häufiger wir die Gelegenheit haben und suchen, Kontakt zu unterschiedlichen Personen aufzubauen, umso mehr haben wir die Möglichkeit, unsere sozialen Interpretations- und Handlungsmuster zu differenzieren und zu verbreitern.
Themenbreite	Wer an die unterschiedlichsten Themen inhaltlich anknüpfen kann, hat es leichter, mit unterschiedlichen Personen schnell einen guten Kontakt aufzubauen. Dabei geht es bei der Kontaktaufnahme meistens weniger um tiefes Wissen zu bestimmten Spezialthemen (es sei denn, dies ist für den Kontaktpartner der entscheidende Anknüpfungspunkt), sondern vielmehr darum, ganz unterschiedliche Themen als Anknüpfungspunkt anbieten zu können. Das bedeutet, was klassisch „eine gute Allgemeinbildung" genannt wird, ist im Hinblick auf Kontaktstärke eine sehr hilfreiche Ressource.
Wissen um Strategien zur Kontaktpflege	Vor allem für die Festigung des Kontaktes ist es entscheidend, verschiedene Strategien der Kontaktpflege zu kennen. Hier geht es z. B. um Wissen über unterschiedliche Kanäle der Kontaktpflege (wie Grüße zum Geburtstag, Anrufe, elektronische Netzwerke), adäquate Häufigkeiten und Formen der Kontaktpflege sowie Strategien zur Wiederaufnahme eingeschlafener Kontakte.

5.3.2 Co-Kompetenzen der Kontaktstärke

Neben diesen Facetten gibt es verschiedene andere Kompetenzen, die in hohem Maß mit Kontaktstärke korrelieren (sogenannte Co-Kompetenzen). Die Co-Kompetenzen sind zwar im Gegensatz zu den Facetten eigenständige Kompetenzen, aber ebenso wie die Facetten wichtige Faktoren für ein erfolgreiches Agieren im Bereich des Kontaktaufbaus.

- **Überzeugungskraft**: Um andere vor allem in den Phasen des Kontaktaufbaus und der Kontaktfestigung wirklich gewinnen zu können, bedarf es einer großen Überzeugungskraft. Diese umfasst laut Färber und Bochardt (2013) Aspekte wie eine hohe persönliche Präsenz und auch die Fähigkeit, die eigenen Argumente auf rationaler und emotionaler Ebene zielgruppenbezogen zu entwickeln und vorzutragen.

- **Empathie**: Wer empathisch ist, kann sich in einen anderen Menschen „hineinfühlen" (emotionale Empathie) bzw. „hineindenken" (kognitive Empathie) und dessen Emotionen teilen bzw. eine bestimmte Situation aus dessen Perspektive betrachten (vgl. Becks & Mahinova 2013). Darauf aufbauend kann der Kontaktstarke dann das eigene Verhalten an den Bedürfnissen, Gefühlen und der Perspektive des Gegenübers ausrichten. Wir gehen davon aus, dass im Hinblick auf den häufig in einem kurzen Zeitfenster stattfindenden und durchaus zielorientierten Prozess des Kontaktaufbaus vor allem die kognitive Empathie eine wichtige Co-Kompetenz ist.

- **Verhandlungskompetenz**: Verhandlungskompetenz als rationale Strategie des Konfliktmanagements ist vor allem in der dritten Phase der Kontaktfestigung, in der die Befriedigung der eigenen Ziele und Bedürfnisse relevant wird, von Bedeutung. Es ist wichtig, die eigenen Interessen und die Interessen des Gegenübers so in einen Ausgleich zu bringen, dass schließlich beide Seiten sowohl im Hinblick auf das eigene Ziel als auch im Hinblick auf die Beziehung ein positives Ergebnis erzielen. Hierzu ist es wichtig, die richtige Verhandlungsstrategie auszuwählen und einzusetzen.

5.4 Geschichte der Kontaktstärke

Wie bereits zu Beginn des Abschnitts 5.2 dargestellt, handelt es sich bei der Kontaktstärke aus Kompetenzperspektive um eine moderne Handlungskompetenz. Der Basisimpuls, zu anderen einen guten Kontakt aufzubauen, ist aus evolutionärer Perspektive aber ein sehr alter: In teilweise feindlichen Umwelten war es wichtig, dass der Mensch in der Lage war, Kontakt zu anderen Menschen aufzubauen, um dann in der Gemeinschaft besser für das eigene Überleben sorgen zu können. Bei diesen Verhaltensweisen kann man aber eher von Basisreflexen des Menschen im Bereich der sozialen Kontaktaufnahme als von einer echten Kompetenz sprechen.

Bis in das 19. Jahrhundert hinein war es für die Mehrzahl der Menschen wenig relevant, über den Kontakt zu einer kleinen, häufig recht stabilen Gruppe von Menschen hinaus regelmäßig neue Kontakte aufzubauen. Natürlich gab es auch in diesen Zeiten schon weltliche und religiöse Eliten, die Kontakt zu einer Vielzahl von Menschen herstellten und pflegten. Doch war diese Gruppe im Vergleich klein und die Möglichkeiten der Kontaktaufnahme und -pflege waren durch schwierige Bedingungen im Bereich der Mobilität und des kommunikativen Austausches eingeschränkt. Darüber hinaus war die mögliche Qualität der Kontaktaufnahme durch klare soziale Regeln – z. B. zum Umgang zwischen Menschen unterschiedlicher gesellschaftlicher Schichten oder Geschlechter – begrenzt.

Eine echte Veränderung setzte erst mit dem 19. Jahrhundert und der beginnenden Industrialisierung ein. Diese führte dazu, dass viele Menschen die traditionellen dörflichen Gemeinschaften verließen, um in den stark wachsenden Städten Arbeit zu finden. Durch diese zunehmende Verstädterung ergab sich für die Menschen ein deutlich breites Spektrum an Kontaktmöglichkeiten. Darüber hinaus erfuhren auch die bisher starren sozialen Regeln erste Aufweichungen. Das Individuum war in zunehmendem Maße selber für die Gestaltung seiner sozialen Beziehungen verantwortlich. Darüber hinaus verstärkte die industrielle Produktion auch den Handel – auch über größere räumliche Distanzen hinweg. Kontaktstärke gewann als unternehmerisch relevante Handlungskompetenz zum ersten Mal an Bedeutung. Ein weiterer unterstützender Faktor war in dieser Phase auch die technische Weiterentwicklung, insbesondere die Verbreitung der Eisenbahn. Diese erhöhte die Mobilität größerer Gruppen der Gesellschaft.

Mit Beginn des 20. Jahrhunderts und dem damit einhergehenden exponenziellen Wachstum des Handels, der zunehmenden Mobilität in der Bevölkerung und der technischen Weiterentwicklung, die im Laufe des Jahrhunderts weiten Teilen der Bevölkerung in den Industrieländern z. B. das Telefon als Möglichkeit der schnellen Kontaktaufnahme zur Verfügung stellen sollte, wuchs die Bedeutung der Kontaktstärke als Handlungskompetenz maßgeblich. Großunternehmen wie z. B. Daimler oder Thyssen gründeten um die Jahrhundertwende erste professionelle Vertriebsabteilungen. Unter dem Einfluss der Weltkriege und vor dem Hintergrund der gesellschaftlichen Veränderungen der 50er- und 60er-Jahre änderten sich die sozialen Regeln noch einmal deutlich.

Die Frage, welchen Zugang jemand zu Ressourcen und beruflichem Erfolg hat, hing nun nicht mehr primär von seiner Herkunft ab, sondern auch von seinen individuellen Begabungen und Bemühungen. Dies führte dazu, dass der Aufbau eines Netzes an hilfreichen Kontakten und Beziehungen für viele Arbeitnehmer zu einem immer entscheidenderen Erfolgsfaktor wurde.

Bis in die 70er- bzw. 80er-Jahre des vergangenen Jahrhunderts hinein hatten viele Arbeitnehmer in Europa die Erwartung, ihr gesamtes Leben bei demselben Arbeitgeber tätig zu sein. Auch dies hat sich radikal verändert. Mittlerweile ist der mehrfache Wechsel des Arbeitgebers und damit einhergehend der relevanten Kontakte im Berufsleben und – bedingt durch Ortswechsel – relevanter Kontakte im Privatleben die Normalität in Arbeitnehmerbiografien geworden. Eine Situation, die sich in den USA z. B. schon seit den 20er- bzw. 30er-Jahren des vergangenen Jahrhunderts finden lässt. Diese Situation führt dazu, dass Kontaktstärke mittlerweile nicht mehr nur für den professionellen Verkäufer, sondern auch für die große Mehrzahl der Menschen zu einem entscheidenden Faktor des beruflichen und privaten Erfolges geworden ist.

Eine neue Dimension der Möglichkeit des Kontaktaufbaus entstand zu Beginn des neuen Jahrtausends durch die Neuen Medien, insbesondere das Internet. Heute sind der Kontaktaufbau und die Kontaktpflege in professionellen und privaten Netzwerken im Internet zu einer Selbstverständlichkeit für viele Menschen geworden. Kontakte werden schnell und manchmal ohne persönliches Kennenlernen geschlossen. Darüber, wie sich diese Art des Kontaktaufbaus von traditionellen Formen des Kontaktaufbaus unterscheidet, gibt es bislang nur wenig fundierte Erkenntnisse. Erste Forschungsergebnisse (z. B. Chan & Cheng, in Aronson et al. 2008) beschreiben, dass die erlebte Intensität bei Online-Kontakten vor allem in der Anfangszeit als nicht so hoch wahrgenommen wird, da viele relevante Informationskanäle ausgeschlossen sind und die direkte emotionale Involvierung nicht so hoch ist. Über einen längeren Zeitraum der Kontaktpflege (1 bis 2 Jahre) verlieren sich diese Effekte. Grundsätzlich lässt sich für den organisationalen Kontext die Empfehlung ableiten, dass eine Kombination verschiedener Medien, d. h. persönlicher Kontakt, Telefon und Internet, für einen schnellen und gelungenen Kontaktaufbau am erfolgversprechendsten ist.

Eine diesbezüglich interessante Überlegung aus Kompetenzperspektive ist die Frage, ob sich eine andere Form der Kontaktstärke im Bereich des Internets etablieren wird. Wie die Kompetenzbeschreibung deutlich macht, war bisher der hoch kontaktmotivierte, eher extrovertierte Typ mit breitem Interessenspektrum im Bereich der Kontaktaufnahme im Vorteil. Das Internet bietet nun auch ein Forum zur Kontaktaufnahme auf einer stark inhaltlichen Ebene.

Der Einzelne hat die Möglichkeit, als Person stärker im Hintergrund bleiben und seine Reaktionen länger vorzubereiten. Dies führt dazu, dass das Internet z. B. für eher inhaltsmotivierte, introvertierte Personen ein ideales Medium der Kontaktaufnahme sein kann. Wir gehen davon aus, dass die in Abschnitt 5.2 beschriebenen Facetten und Co-Kompetenzen nicht grundsätzlich an Bedeutung verlieren werden, da relevante Kontakte auch weiterhin häufig im persönlichen Kontakt geschlossen werden. Es kann aber zukünftig durchaus interessant sein, zu überprüfen, ob je nach Kontaktforum bestimmte Facetten ergänzt oder in ihrer Bedeutung relativiert werden müssen.

5.5 Individuelle Entwicklung der Kompetenz

Wie bei anderen Kompetenzen auch, spielen bei der Kompetenz Kontaktstärke sowohl angeborene Anlagen als auch Umweltfaktoren wie beispielsweise Erziehung, frühkindliche Erfahrungen etc. eine Rolle.

Wie bereits dargestellt, sind gerade bei der Kompetenz Kontaktstärke motivationale Faktoren bzw. Facetten der Orientierung von entscheidender Bedeutung. Darum gehen wir im Folgenden vor allem auf deren Entwicklung ein. Darüber hinaus zieht eine bestimmte Orientierung häufig die Entwicklung entsprechender Fähigkeiten und entsprechenden Wissens nach sich.

Wie bereits im vorangegangenen Abschnitt erwähnt, geht die psychologische Forschung (vgl. Bischof 1995) mittlerweile von einem angeborenen Anschlussbedürfnis beim Menschen aus, das dazu dient, dessen Überleben zu sichern. So ist jedes Baby mit Kontaktreflexen und bestimmten physisch anziehend wirkenden Merkmalen, dem sogenannten „Kindchen-Schema", ausgestattet, die dazu beitragen, dass andere Menschen positiv auf das Baby reagieren. Dieses generelle Anschlussbedürfnis reicht jedoch nicht aus, um zu erklären, warum bestimmte Menschen häufig schon als Kind ein hohes Maß an Kontaktstärke zeigen, während diese bei anderen weniger stark ausgeprägt ist.

Zu den eher angeborenen Einflussfaktoren auf die individuelle Ausprägung der Kontaktstärke gehört die grundsätzliche Orientierung der eigenen Energie nach außen, die positive Offenheit für neue Erfahrungen und Objekte (Stangl 2011; Velden 1994), die wir bei der Beschreibung der Kompetenzfacetten als „Stimulanzorientierung" bezeichnet haben. Diese macht die aktive Kontaktaufnahme zu einem natürlichen, motivational positiv erlebten Impuls für bestimmte Menschen. Der Umstand, dass diese Orientierung grundsätzlich angeboren ist, bedeutet nicht, dass nicht die meisten Menschen die Fähigkeit zur aktiven Hinwendung und Begegnung mit ihrer Umwelt entwickeln könnten. Viele erfolgreiche Führungskräfte haben diese Fähigkeit z. B. erst durch die konstante Herausforderung des Umgangs mit unterschiedlichen Menschen erworben.

Eine entscheidende Rolle in der Entwicklung der individuellen Kontaktstärke spielen darüber hinaus individuelle frühkindliche Lernerfahrungen. Die allgemeine Motivationspsychologie beschreibt das Anschlussmotiv als eines der zentralen Motive menschlichen Verhaltens (McClelland 1985; Asendorpf 1996). Das Anschlussmotiv, also der Wunsch, positive, sichere Beziehungen zu anderen Menschen aufzubauen und aufrechtzuerhalten, ist für die Entwicklung von Kontaktstärke von zentraler Bedeutung. Die moderne Motivationsforschung geht davon aus, dass im Bereich menschlicher Beziehungen vor allem solche Motive unser Verhalten auch als Erwachsene nachhaltig steuern, die in der frühen Kindheit zu wenig oder im Übermaß befriedigt wurden (Sachse 2009; Asendorpf 1996). Jemand, den wir heute als besonders kontaktfreudig und offen erleben, kann als Kind beispielsweise durchaus die Erfahrung gemacht haben, dass sein Wunsch nach Anschluss und Nähe von den wichtigen Bezugspersonen nicht in ausreichendem Maße oder in angemessener Form befriedigt wurde. Dies führte dazu, dass das Kind früh gelernt hat, dass es Anschluss und Aufmerksamkeit nicht selbstverständlich und nicht ohne eigene Aktivität bekommt. Ein solches Kind, das als anerkennungsmotiviert im Sinne der Kompetenzfacetten bezeichnet werden kann, wird – vor allem, wenn es zudem in seiner Energie eher nach außen gerichtet ist – früh Strategien entwickeln, um Kontakt und Anschluss zu bekommen. Zur positiven Entwicklung der Kontaktstärke trägt dann im weiteren Verlauf bei, dass die Bemühungen des Kindes zumindest teilweise von Erfolg gekrönt sind. Diese positiven Erfahrungen führen dann im Laufe der weiteren Entwicklung dazu, dass der heranwachsende Mensch und später auch der Erwachsene seine Fähigkeiten und sein Wissen im Hinblick auf den Aufbau von Kontakten immer weiter entwickelt und verfeinert.

5.6 Berühmte Persönlichkeiten mit ausgeprägter Kontaktstärke

Nachdem wir uns mit dem Prozess, den verschiedenen Facetten und der Entstehung der Kontaktstärke beschäftigt haben, möchten wir nun einige berühmte Persönlichkeiten beschreiben, die sich durch ein besonderes Maß an Kontaktstärke auszeichnen. Wie Sie sich vorstellen können, ist bei vielen prominenten Personen ein gewisses Maß an Kontaktstärke vorhanden, da Prominenz per definitionem die – gerne positive – Bekanntheit bei einer Vielzahl unterschiedlicher Menschen voraussetzt. Wir möchten Ihnen nun einige Persönlichkeiten vorstellen, die sich durch ein besonderes Maß an Kontaktstärke hervortun.

Eine Persönlichkeit, die sich durch besondere Kontaktstärke hervorgetan hat, ist **Bill Clinton**. Viele verbinden mit Clinton vielleicht zunächst den öffentlichen Skandal seiner zweiten Amtszeit. Darüber hinaus war Clinton aber auch der jüngste Gouverneur, der in den USA jemals ernannt wurde, der einzige Demokrat außer Roosevelt, der im 20. Jahrhundert zum zweiten Mal zum Präsidenten gewählt wurde, und er erhielt am Ende seiner ökonomisch und politisch in verschiedenerlei Hinsicht erfolgreichen Präsidentschaftszeit das mit Abstand höchste „end-office approval" über alle Bevölkerungsgruppen hinweg, das ein US-Präsident im 20. Jahrhundert in den USA jemals erzielt hat. Heute verdient Clinton als der aktuell bestbezahlte „Speaker" weltweit sein Geld mit Reden bei ganz unterschiedlichen Veranstaltungen. Was an diesen Erfolgen auffällt, ist, dass Clinton niemals nur bei einzelnen Teilgruppen der Bevölkerung erfolgreich war wie andere Präsidenten und Politiker, sondern dass es ihm gelang, verschiedenste Zielgruppen positiv zu erreichen und anzusprechen. Seine gefühlte „Volksnähe" und Flexibilität im Umgang mit und in der Ansprache von ganz unterschiedlichen Zielgruppen waren dabei ein zentraler Erfolgsfaktor. Interessant im Hinblick auf das Thema Kontaktstärke und Kontaktwirkung ist darüber hinaus, dass nach dem „Impeachment"-Verfahren der zweiten Wahlperiode die positive Wahrnehmung von Clinton in der Gesamtbevölkerung laut Meinungsumfragen die höchste seiner gesamten Amtszeit war. Dieses eigentlich kontra-intuitive Ergebnis steht sicherlich in Verbindung damit, dass Clintons zweite Amtsperiode zu den wirtschaftlich erfolgreichsten Perioden des vergangenen Jahrhunderts in den USA zählte. Aber das alleine reicht nicht als Erklärung. Scheinbar ist es Clinton gelungen, diesen Erfolg durch seine hohe persönliche Präsenz direkt mit seiner Person zu verbinden. Und auf der anderen Seite wirkt er nahbar durch seine Menschlichkeit bis hin zu seinen „allzu menschlichen" Schwächen. Eine Kombination, die zu großem Erfolg in der öffentlichen Wahrnehmung und Meinung beitragen kann.

Eine andere sehr kontaktstarke prominente Persönlichkeit, bei der die gefühlte menschliche und emotionale Nähe in Kombination mit gezielten öffentlichen Auftritten bei ganz unterschiedlichen Zielgruppen ein zentraler Erfolgsfaktor war, war **Diana**, die ehemalige **Princess of Wales**. Diana war als Mitglied des britischen Hochadels in einer sehr privilegierten und von der Restbevölkerung distanzierten Bevölkerungsschicht groß geworden und gehörte dieser auch ihr gesamtes Leben an. Trotzdem galt sie zum Zeitpunkt ihres Todes als „Prinzessin der Volkes", mit der sich große Teile der britischen Bevölkerung identifizieren konnten. Wie konnte dies geschehen? Prinzessin Diana brachte ein hohes Maß an Anerkennungsmotivation mit, wie an ihrer ästhetischen und medialen Selbstinszenierung deutlich wurde. Darüber hinaus hatte sie auch die Bereitschaft, sich emotional zu involvieren und zu zeigen – ob nun im Kampf gegen Landminen oder in der öffentlichen Darstellung persönlicher Erfahrungen und Schwächen. Diese gefühlte „menschliche" Nahbarkeit bei aller schichtbedingten Distanz kombiniert mit einer hohen Bereitschaft und Fähigkeit – zumindest in der öffentlichen Wirkung –, mit unterschiedlichsten Menschen in persönlichen Kontakt zu treten, hat sicherlich einen großen Beitrag zu ihrer schichtübergreifenden Popularität geleistet. Darüber hinaus wird im Falle Diana ein weiterer zentraler Erfolgsfaktor kontaktstarker Prominenter deutlich: Es gelingt ihnen, zu einer positiven Identifikationsfigur im Kontext eines aktuellen gesellschaftlichen Problems zu werden. In Großbritannien war dies zum Zeitpunkt von Dianas Tod die gefühlte Distanz des britischen Volkes zur Oberschicht und zum Königshaus. Diese wurde durch Dianas „Menschlichkeit", gepaart mit ihrer Attraktivität und einem Interesse, Wirkung beim Gegenüber zu erzielen, überbrückt.

Ein ähnliches Phänomen in ganz anderem Kontext erlebte die katholische Kirche bei der Ernennung von **Papst Franziskus** nach dem Rücktritt von Papst Benedikt XVI. Auch über Papst Franziskus wurde schon sehr bald sehr positiv vor allem im Hinblick auf seine „Bodenständigkeit", seine persönliche Nahbarkeit und sein echtes Interesse an der Begegnung mit Gläubigen berichtet. Unabhängig von inhaltlichen Standpunkten galt Franziskus schnell persönlich als Hoffnungsträger der katholischen Kirche, da es ihm gelang, durch sein Verhalten ganz unterschiedliche Zielgruppen in der Kirche anzusprechen. Auch er ist sehr früh zu einer die Hierarchiegrenzen überbrückenden Identifikationsfigur für viele Anhänger der katholischen Kirche geworden, lange bevor sein inhaltliches Programm in seiner Gänze klar wurde. Auch bei Papst Franziskus haben wir es mit einer sehr kontaktstarken Persönlichkeit zu tun, die sowohl in vielerlei Hinsicht die Orientierung als auch die Fähigkeit und Erfahrung zur zumindest symbolischen Kontaktaufnahme mit vielen unterschiedlichen Menschen mitbringt, was ihn zum Beispiel von seinem Vorgänger unterscheidet.

5.7 Diagnose der Kontaktstärke

Zur Diagnose von Kontaktstärke können und sollten vor dem Hintergrund der beschriebenen Facetten unterschiedliche Zugänge gewählt werden. Über die Erfassung der unterschiedlichen Facetten hinaus kann als zusätzlicher diagnostischer Indikator auch das Ergebnis von Kontaktstärke im professionellen

Kontext – die Breite und Tiefe des professionellen Netzwerks – herangezogen werden. Mit Breite ist in diesem Zusammenhang insbesondere die Quantität der Kontakte auch über unterschiedliche Kontaktfelder hinaus gemeint, mit Tiefe die Qualität und Belastbarkeit der jeweiligen Kontakte.

Die folgende Darstellung betrachtet die Diagnose von Kontaktstärke durch verschiedene Instrumente sowohl auf der Ebene der Kompetenzfacetten als auch auf der Ebene des gerade beschriebenen Ergebnisses. Darüber hinaus werden auch mögliche Verhaltensanker zur Diagnose von Kontaktstärke vorgestellt.

5.7.1 Interview

Das Interview eignet sich sehr gut als Instrument zur Diagnose von Kontaktstärke. Dies liegt daran, dass das Interview per se eine typische Kontaktsituation darstellt, in der die Kontaktstärke sowohl auf der Ebene der reflexiven Selbstbeschreibung des Teilnehmers als auch auf der Ebene der Verhaltensbeobachtung erfasst werden kann.

Um auf der Ebene der Selbstbeschreibung mehr über den Kandidaten zu erfahren, können folgende Beispielfragen genutzt werden:

Mit dem Fokus „**Orientierung bzw. Wollen**":

- Was macht einen potenziellen neuen Kontakt im professionellen Kontext für Sie interessant? Was macht einen potenziellen professionellen Kontakt für Sie eher uninteressant? Warum? Bitte beschreiben Sie Beispiele für beide Situationen.

- Was ist Ihnen wichtig, wenn Sie im professionellen Kontext Kontakte aufbauen? Warum legen Sie diesen Schwerpunkt bzw. diese Schwerpunkte? Bitte nennen Sie ein Beispiel, das diese Schwerpunkte illustriert.

- Welche Rolle nehmen Sie typischerweise beim Aufbau von professionellen Kontakten ein? Bitte nennen Sie hierzu konkrete Beispiele.

- Nach welchen Kriterien entwickeln Sie Ihr professionelles Netzwerk? Bitte geben Sie hierzu Beispiele. Wie haben sich diese Kriterien im Laufe Ihrer bisherigen beruflichen Entwicklung verändert?

- Wenn Sie Ihr aktuelles professionelles Netzwerk betrachten: Welche Aspekte haben viele Ihrer Kontakt gemeinsam? Worin unterscheiden sie sich deutlich? Bitte nennen Sie Beispiele. Wo würden Sie Ihr Netzwerk noch erweitern wollen?

- Was ist für Sie ein Grund, einen potenziell wichtigen beruflichen Kontakt abzulehnen bzw. ihn nicht weiter aufzubauen? Bitte beschreiben Sie hierzu – falls möglich – eine konkrete Erfahrung, die Sie in der Vergangenheit gesammelt haben.

Mit dem Fokus „**Fähigkeit bzw. Können**":

- Wie gehen Sie typischerweise vor, wenn Sie neue professionelle Kontakte aufbauen? Bitte geben Sie ein typisches Beispiel: Wie gestaltete sich die Situation? Wie sind Sie vorgegangen? Was war das Ergebnis? Wie entwickelte sich der Kontakt weiter?

- Was fällt Ihnen leicht beim Aufbau neuer Kontakte? Was fällt Ihnen eher schwer? Bitte beschreiben Sie konkrete Erfahrungen, die Sie gesammelt haben.

- Wo wollen Sie Ihr aktuelles berufliches Netzwerk erweitern? Was tun Sie dafür? Bitte nennen Sie ein Beispiel.

- Was hat sich im Laufe Ihrer beruflichen Entwicklung an Ihrer Herangehensweise beim Aufbau professioneller Kontakte geändert? Warum? Bitte beschreiben Sie einen typischen Fall, der dies illustriert.

- Wann ist es Ihnen einmal gelungen, einen wichtigen beruflichen Kontakt aufzubauen, obwohl sich dies zunächst schwierig gestaltete? Wie sind Sie vorgegangen? Was waren die Herausforderungen? Wie sind Sie damit umgegangen? Was haben Sie aus dieser Situation gelernt?

- Wie gelingt es Ihnen, dauerhafte Kontakte zu Personen aufzubauen, die von sich aus wenig an der Kontaktaufnahme interessiert sind? Wie gehen Sie vor? Bitte nennen Sie ein Beispiel. Wie hat sich Ihr Vorgehen im Laufe Ihrer beruflichen Erfahrungen verändert?

Mit dem Fokus „**Erfahrung bzw. Wissen**":

- Mit welchen Personen fällt es Ihnen leicht, Kontakt aufzubauen? Bei welchen Personen fällt es Ihnen eher schwer? Wen meiden Sie eher? Welche Erfahrungen haben Sie in der Vergangenheit mit diesen unterschiedlichen Personengruppen gesammelt?

- Welche Regeln sollte man aus Ihrer Sicht unbedingt beachten, wenn es um den Aufbau neuer Kontakte geht? Bitte illustrieren Sie dies an einem Beispiel.

- Welche Themen sind aus Ihrer Erfahrung besonders geeignet, um im professionellen Kontext Kontakte aufzubauen? Von welchen Themen würden Sie eher abraten? Warum? Welches sind Ihre Lieblingsthemen beim Kontaktaufbau?

- Was ist aus Ihrer Sicht wichtig, um einen einmal aufgebauten Kontakt erfolgreich zu pflegen? Wie gehen Sie persönlich bei der Pflege Ihres Netzwerkes vor? Was hat sich an Ihren Strategien in diesem Bereich in den vergangenen Jahren verändert? Bitte geben Sie ein Beispiel.

Mit dem Fokus auf das **Ergebnis des Kontaktaufbaus**:

- Wie groß ist Ihr engeres professionelles Netzwerk aktuell? Wie groß ist Ihr weiteres professionelles Netzwerk? Was macht für Sie den Unterschied zwischen Ihrem engeren und weiteren professionellen Netzwerk aus?

- Mit wem pflegen Sie aktuell aktiv einen regelmäßigen Austausch und Kontakt? Bei welchen Personen ist dieser Kontakt eher durch äußere Ereignisse getrieben?

- Wie zufrieden sind Sie mit Ihrem aktuellen beruflichen Netzwerk? Warum? Bitte nennen Sie Beispiele. Wo sehen Sie noch Lücken?

- Welche relevanten Kontakte bringen Sie im Hinblick auf die Position XY mit? Wie eng sind diese Kontakte? Bitte nennen Sie einige typische Beispiele.

Um auf der Ebene der **Verhaltensbeobachtung im Interview** mehr über die Kontaktstärke eines Teilnehmers zu erfahren, können folgende Beobachtungsperspektiven interessant sein:

- Was war Ihr erster Eindruck von dem Teilnehmer? Welche Attribute bzw. Verhaltensweisen führten zu diesem Eindruck?

- Wie veränderte sich Ihr Eindruck im Laufe des Interviews? Was hat Ihr Interviewpartner getan bzw. nicht getan, damit es zu dieser Veränderung Ihres Eindrucks kam?

- Wie gestaltete der Teilnehmer den Kontakt zu Ihnen? Welches Maß an Aktivität zeigte er bzw. sie im Kontaktaufbau? Wie zeigte sich diese Aktivität? Welche Themen schnitt er bzw. sie an? Welche nonverbalen Signale sandte er bzw. sie? In welcher Rolle positionierte er bzw. sie sich Ihnen gegenüber?

- Mit welchem Gefühl gehen Sie aus dem Interview heraus? Würden Sie den Teilnehmer gerne in Ihr persönliches Netzwerk aufnehmen? Was führte zu diesem Eindruck?

Bei mehreren Interviewern oder einem mehrstufigen Interviewprozess ist darüber hinaus diagnostisch interessant, zu erfassen, wie der Kandidat den Kontakt zu unterschiedlichen Interviewern aufbaut und wie diese subjektiv den Kontakt erleben. Wo gibt es Gemeinsamkeiten, wo gibt es Unterschiede? Wodurch sind diese entstanden?

5.7.2 Gesprächssimulationen

Auch Gesprächssimulationen sind gut geeignet, um etwas über die Kontaktstärke einer Person zu erfahren. Solche Gesprächssimulationen sind typischerweise die Simulation eines Mitarbeiter-, Kollegen- oder Kundengesprächs in Form eines Rollenspiels. Auch die Präsentation eines realen oder fiktiven Themas vor einer Gruppe von Beobachtern bzw. Rollenspielern, die aktiv mit dem Teilnehmer interagieren, gehört in die Kategorie der geeigneten Gesprächssimulationen.

Das Besondere einer Gesprächssimulation ist, dass es sich um eine mit diagnostischer Intention gesteuerte Kontaktsituation handelt. Bei entsprechend professioneller Gestaltung der Simulation vonseiten der Rollenspieler lassen sich dabei insbesondere die Fähigkeitsfacetten der Kontaktstärke gut sichtbar machen.

Wichtig bei der Konzeption der Rollenspielsituation ist, diese im Hinblick auf Aspekte der Kontaktaufnahme möglichst offen zu gestalten. Dies gibt dem

Teilnehmer die Möglichkeit, auf seine zentralen Strategien zur Kontaktaufnahme zuzugreifen und diese zu zeigen. Darüber hinaus kann es interessant sein, den Teilnehmer mit einer durchaus herausfordernden Kontaktsituation, z. B. einem wenig offenen Gesprächspartner, zu konfrontieren. Dadurch sind seine Fähigkeiten, aktiv positive Emotionalität aufzubauen, mit Frustration umzugehen und sich flexibel in seinem Verhalten zu zeigen, besonders gefordert. In der Beurteilung der Rollenspielsituation können dann verschiedene unter Abschnitt 5.6.4 beschriebene Verhaltensanker zur Bewertung herangezogen werden.

Integriert ein diagnostisches Verfahren mehrere Kontaktsituationen, z. B. ein Interview, ein Mitarbeitergespräch und eine Überzeugungspräsentation, ist es darüber hinaus diagnostisch relevant, das Kontaktverhalten über die verschiedenen Situationen hinweg in seiner Entwicklung zu beobachten: Welche Strategien bzw. Vorgehensweisen setzt der Teilnehmer in ähnlicher Weise in allen Situationen ein? Wo sind Veränderungen zu erkennen? In welchen Situationen bzw. bei welchen Personen fällt es dem Teilnehmer leicht, Kontakt aufzubauen? In welchen Situationen bzw. bei welchen Personen fällt es ihm schwer? Wie leicht fällt es dem Teilnehmer im Laufe des Prozesses, eine schwierige Gesprächserfahrung zu verarbeiten und wieder in positiven Kontakt zu den Beobachtern zu gehen?

5.7.3 Sonstige Praxiserfahrungen

Um etwas über die Kontaktstärke eines Menschen zu erfahren, kann es in Ergänzung zu Interview und Gesprächssimulation hilfreich sein, Beobachtungen aus realen Kontaktsituationen mit dieser Person zusammenzutragen. Dies können sowohl Kontaktsituationen innerhalb als auch außerhalb des diagnostischen Prozesses sein. Eine systematische Reflexion dieser Beobachtungen lässt Rückschlüsse sowohl auf die Facetten der Kontaktstärke in den Bereichen der Fähigkeiten und der Erfahrungen als auch auf das Ergebnis der Kontaktstärke des Teilnehmers zu. Da diese Beobachtungen naturgemäß kaum vollständig sind und in ihrer Ausprägung immer bestimmten, nicht kontrollierbaren situativen Umständen geschuldet, sollten sie nur als ergänzendes und nicht als einziges diagnostisches Instrument zur Erfassung der Kontaktstärke eingesetzt werden.

Relevante Fragestellungen in der Analyse von Praxiserfahrungen mit dem Teilnehmer sind z. B.:

- Wie kam der aktuelle Kontakt mit dem Teilnehmer zustande?

- Wie gestaltete der Teilnehmer die verschiedenen Stufen des Kontakts?

- Wie verhält er sich gegenüber unterschiedlichen Kontaktpartnern (z. B. gegenüber unterschiedlichen Persönlichkeitstypen, Hierarchiestufen, unterschiedlichem kulturellen Hintergrund, Alter, Geschlecht)?

- Was ist über sein professionelles Netzwerk bekannt (z. B. Größe, Breite, Tiefe, Art der Kontaktpartner, Dauer der Kontakte, Arten der Kontaktpflege)?

- Welche Foren der Netzwerkentwicklung nutzt er? Wie nutzt er diese?

5.7.4 Mögliche Verhaltensanker zur Diagnose von Kontaktstärke

Zur Beurteilung der Kompetenz Kontaktstärke können die folgenden Verhaltensanker genutzt werden, die beispielhaft – orientiert an den verschiedenen Facetten der Kompetenz – entwickelt wurden:

- zeigt eine hohe Motivation, Kontakt zu unterschiedlichen Personen aufzubauen;

- hat Freude am Sammeln von neuen Erfahrungen mit unterschiedlichen Menschen;

- hat ein hohes Interesse daran, ein umfassendes professionelles Netzwerk aufzubauen;

- ist bereit, sich auch persönlich in den Kontaktaufbau zu involvieren;

- ist motiviert, Kontakte aktiv positiv zu gestalten;

- zeigt glaubwürdig Interesse an seinem bzw. ihrem Gegenüber;

- schafft eine positive und offene Atmosphäre;

- stellt sich flexibel auf seinen Gesprächspartner ein;

- setzt unterschiedliche Strategien ein, um einen positiven Kontakt zu anderen aufzubauen;

- gewinnt sein Gegenüber auf der inhaltlichen und der persönlichen Ebene;

- wird von unterschiedlichen Kontaktpartnern positiv wahrgenommen;

- reflektiert positiv über verschiedene – auch herausfordernde – Kontaktsituationen;

- geht auch mit kritischen Erfahrungen im zwischenmenschlichen Kontakt konstruktiv um;

- kennt und nutzt verschiedene Strategien, um das eigene Netzwerk aufzubauen und zu pflegen;

- kennt und agiert entsprechend relevanter sozialer Normen und Regeln;

- ist sicher im Austausch über unterschiedliche Themen und Inhalte;

- hat Erfahrungen mit unterschiedlichen Personen und Situationen gesammelt;

- verfügt über ein großes professionelles Netzwerk.

5.8 Personalentwicklung: Kontaktstärke fördern

Neben der Diagnose der Kontaktstärke ist eine weitere relevante Frage, wie Kontaktstärke im Kontext von Organisationen weiter entwickelt werden kann.

Kontaktstärke ist – wie bereits beschrieben – stark durch Facetten des Wollens oder der Orientierung beeinflusst. Dementsprechend steht auch bei der Förderung von Kontaktstärke zunächst die Diagnose und Entwicklung der entsprechenden Orientierungsfacetten im Vordergrund. Dies kann insbesondere durch ein **Coaching** geschehen. Unter Begleitung eines internen Coach oder Mentors oder auch eines externen Coach kann der Betreffende für sich bewusst seine Grundhaltung hinsichtlich der Kontaktaufnahme mit anderen reflektieren. Das unter Abschnitt 5.1.2 beschriebene Prozessmodell kann dabei sowohl dem begleitenden Coach als auch dem Coachee helfen, für sich festzustellen, an welchen Punkten gegebenenfalls Hindernisse im Bereich der Motivation und Einstellung vorliegen, mit denen dann gearbeitet werden kann. Falls z. B. die extrinsische Motivation schwach ist – der Betreffende für sich also keinen wirklichen Sinn im Aufbau vielfältiger Kontakte sieht – so kann daran durch das Aufzeigen und Erarbeiten der konkreten Vorteile im Coaching-Prozess gearbeitet werden. Liegt das Hindernis hingegen eher in der Sorge vor Zurückweisung bei dem Versuch der Kontaktaufnahme, so wäre im Coaching eher an mentalen und verhaltensorientierten Gegenstrategien zu dieser Angst zu arbeiten.

Ein weiterer hilfreicher Aspekt bei der Weiterentwicklung der Wollens-Facetten von Kontaktstärke ist der **Umgang mit Rollenmodellen**. So kann es z. B. für eine Sales-Mitarbeiterin oder eine Nachwuchs-Führungskraft einen starken motivationalen Push geben, wenn er oder sie in der Arbeit mit kontaktstarken Kollegen oder Vorgesetzten erlebt, wie wichtig für den beruflichen Erfolg Kontaktstärke ist. Darüber hinaus können durch die Beobachtung eines guten Rollenmodells auch viele relevante Könnensfacetten der Kontaktstärke wie die Fähigkeit, positive Emotionalität aktiv aufzubauen, oder Verhaltensflexibilität im Umgang mit verschiedenen Kontaktpartnern erlernt werden. Darüber hinaus kann ein solches Rollenmodell oder ein solcher Mentor auch z. B. Wissen über Strategien der Kontaktaufnahme und -pflege, über soziale Normen und Regeln, über relevante Themen oder auch Kontakte an sich vermitteln.

Der letztgenannte Punkt – die Vermittlung und aktive Aufnahme von Kontakten – ist ein besonders wichtiger. Für die Entwicklung des Wollens, Könnens und Wissens im Bereich der Kontaktstärke ist es zentral, dass Personen, die sich hier entwickeln wollen, regelmäßig **mit entsprechenden Herausforderungen, d. h. Kontaktsituationen, umgehen**. Viele im Bereich des Wollens stärkende Erfahrungen können nur durch den direkten Kontakt und die daraus folgende Bestätigung gesammelt werden. Auch z. B. die Fähigkeit mit Frustration umgehen zu können oder die Kenntnis sozialer Regeln und Normen lässt sich zumindest in Teilen nur aus der direkten Erfahrung erwerben. So sollte der Betreffende ermutigt werden, relevante Kontaktsituationen – z. B. Kongresse, größere Businessmeetings, gemeinsame Mittagessen, Abendveranstaltungen – aktiv aufzusuchen.

Der Besuch eines **Trainings** und das **Selbststudium relevanter Literatur** können sehr hilfreich sein, um Könnens- und Wissens-Facetten hinzuzugewinnen. So kann der Betreffende in Trainings z. B. durch entsprechende Inputs, Rollenspiele und Feedbacks lernen, flexibel mit unterschiedlichen Kontaktpartnern umzugehen, seine Reflexionsfähigkeit im Bereich der Kontaktstärke zu erhöhen und sicher im Umgang mit bestimmten relevanten Kontaktsituationen zu werden. Darüber hinaus können gegebenenfalls auch Etikette-Trainings hilfreich sein. Die Beschäftigung mit Literatur zum Thema Kontaktaufbau, Networking etc. ist ein weiteres Entwicklungsinstrument. Durch ein entsprechendes Selbststudium lässt sich auch die individuelle Themenbreite und Kenntnis relevanter sozialer Regeln und Normen erweitern.

5.9 Fazit

In einer Welt, in der Angebote und Möglichkeiten immer vielfältiger und Kontaktsituationen immer flüchtiger werden, kommt es immer mehr darauf an, im entscheidenden Moment der Mensch zu sein, der in positiver Erinnerung bleibt.

Die Autorinnen wollten deutlich machen, dass Kontaktstärke heute nicht mehr als die angeborene Begabung einzelner Charismatiker oder Top-Verkäufer gelten muss, sondern dass Kontaktstärke als Kompetenz in ihrem Prozess und ihren Facetten verstehbar und für viele Menschen entwickelbar ist.

In der Zukunft wird es insbesondere interessant zu beobachten sein, wie technologische und soziale Veränderungen unsere Möglichkeiten, Kontaktstärke zu zeigen und zu entwickeln, verändern werden.

5.10 Literatur

Asendorpf, J. B. (1996): Psychologie der Persönlichkeit. Berlin Heidelberg: Springer.

Aronson, E., Wilson, T., Akert, R. M. (2008): Sozialpsychologie. München Boston: Addison-Wesley.

Bischof, N. (1995): Das Rätsel Ödipus. München: Piper.

Becker, W. (2004): Verkaufspsychologie: Theoretische Grundlagen und praktische Anwendung. München: Profil.

Becks, U., Mahinova, E. (2013): Empathie – sich in andere hineinfühlen oder hineindenken können. In: Laske, S., Orthey, A., Schmid, M. (Hrsg.): Personal Entwickeln (Loseblatt 1993 ff.), Köln, Beitrag 6.118.

Blankertz, S., Doubrawa, E. (2005): Lexikon der Gestalttherapie. Köln: Hammer.

Casanova, G. (1989): Aus meinem Leben. Ditzingen: Reclam.

Borchardt, A., Faerber, Y. (2012): Überzeugungskraft als Kompetenz. In: Laske, S., Orthey, A., Schmidt, M. (Hrsg.): Personal Entwickeln (Loseblatt 1993 ff.), Köln, Beitrag 6.120.

Damasio, A. (2004): Descartes' Irrtum. Berlin New York: List.

De Laclos, C. (1985): Gefährliche Liebschaften. Zürich: detebe.

De Molina, T. (2007): Don Juan – Der Verführer von Sevilla und der steinerne Gast. Ditzingen: Reclam.

Dihsmaier, F. (2007): Klarheit über eigene Motive, Beweggründe und Sichtweisen gewinnen. In: Paschen, M. (Hrsg.): Psychologie für Führungskräfte, Band 2. Düsseldorf: Euroforum Verlag.

Ferrazi, K., Tahl, R. (2009): Geh nie alleine essen. Kulmbach San Francisco: books4success.

Goleman, D. (1997): Emotional Intelligence. New York: Bantam.

Häcker, H. et al. (1998): Dorsch – Psychologisches Wörterbuch. Bern: Hans Huber.

Hassebrauck, M., Kümmerling, A. (2006): Interpersonelle Attraktion. In: Bierhoff, H.-W., Frey, D. (Hrsg.): Handbuch der Psychologie, S. 214–218. Göttingen: Hogrefe.

Heuberger, A. (2007): Networking – durch interessante Kontakte zum Erfolg: Grundregeln – Prozess – Felder. Berlin: Cornelsen.

Hoffmann, C., Rietmann, S. (2009): Networking. In: Rietmann, S., Hensen, G. (Hrsg.): Werkstattbuch Familienzentrum: Methoden für die erfolgreiche Praxis, S. 145–159. Wiesbaden: Verlag für Sozialwissenschaften.

Holzheu, H. (2000): Wer nicht lächeln kann, macht kein Geschäft. Wien Frankfurt: Ueberreuter.

Kessel, A. (Hrsg.) (2000): Handbuch Businesstraining Südostasien. Berlin: Cornelsen.

Kierkegaard, S. (1974): Tagebuch eines Verführers. München: Insel.

Lamson, M. (2010): No such thing as small talk. Silicon Valley: Happy About.

Lefrancois, G. R. (1994): Psychologie des Lernens. Berlin Heidelberg: Springer.

McClelland, D. (1985): Human Motivation. Cambridge: Cambridge University Press.

Myers, D. G. (200): Psychology. New York: Worth Publishers.

Paschen, M., Dihsmaier, E. (2011): Psychologie der Menschenführung. Berlin Heidelberg: Springer.

Paschen, M. (2012): Potenziale und Kompetenzen beurteilen und entwickeln. In: Laske, S., Orthey, A., Schmidt, M. (Hrsg.): Personal Entwickeln (Loseblatt 1993 ff.), Köln, Beitrag 6.107.

Riemann, F. (1995): Grundformen der Angst: Eine tiefenpsychologische Studie. München: Reinhard.

Sachse, R. et. al. (2009): Grundlagen und Konzepte klärungsorientierter Psychotherapie. Göttingen: Hogrefe.

Schüller, A. (2009): Erfolgreich verkaufen: Wie Sie Menschen und Märkte gewinnen. Business Village: Göttingen.

Stangl, W. (2011). Stichwort „Extraversion". In: Lexikon für Psychologie und Pädagogik. www:http://lexikon.stangl.eu/7608/extraversion/(13-04-02)

Topf, C. (2002): Small Talk. Freiburg: Haufe-Lexware.

Velden, M. (1994): Psychophysiologie: Eine kritische Einführung. Berlin München: Quintessenz.

Weinberg, P. (1986): Nonverbale Marktkommunikation. Heidelberg: Physica.

Wiswede, G. (1990): Motivation des Kaufverhaltens. In: Graf Hoyos, C. et. al. (Hrsg.): Wirtschaftspsychologie in Grundbegriffen (2. Aufl.), S. 420–426. München: Beltz PVU.

Zimbardo, P. G. et. al. (2003): Psychologie. Berlin Heidelberg: Springer.

6 TEAMFÄHIGKEIT ALS KOMPETENZ

Anika Borchardt & Yvonne Faerber

In diesem Beitrag erfahren Sie,

- *was unter Teamfähigkeit zu verstehen ist,*
- *in welchen Formen sich Teamfähigkeit äußert,*
- *wie sich Teamfähigkeit diagnostizieren lässt.*

6.1 Begriffsbestimmung und sprachliche Beschreibung

„Teamfähig" zu sein, gilt als eine der am häufigsten genannten Anforderungen in Stellenausschreibungen und Anforderungsprofilen. In einer Untersuchung der Fachhochschule Koblenz (Beck 2007) tauchte in knapp 1.900 von 4.200 untersuchten Stellenanzeigen die Forderung nach Teamfähigkeit der Bewerber auf. Damit stellte Teamfähigkeit die am meisten geforderte überfachliche Kompetenz dar und belegte im Häufigkeitsranking hinter Berufserfahrung, Fremdsprachen, Studium, Computerkenntnissen und Berufsausbildung Rang sechs.

Intuitiv glauben viele, ein Verständnis davon zu haben, wer oder was ein „Teamplayer" ist. Bei genauerem Hinsehen jedoch zeigt sich, dass die Frage, was Teamfähigkeit ausmacht, nicht trivial ist. Betrachten wir einige beispielhafte Versuche, Teamfähigkeit zu definieren.

Teamfähig zu sein könnte bedeuten, einen wichtigen Beitrag zu einem Team zu leisten. Schließlich betrachten wir in der Regel arbeitsbezogene Teams und da ist die entscheidende Frage, ob jemand ein Team durch seine Tätigkeit voranbringt. Verfolgt man diesen Ansatz konsequent, muss jedoch auch jemand als hoch teamfähig gelten, der dem Projektplan einen Auftrag entnimmt, sich für zwei Wochen in ein Einzelbüro bei geschlossener Tür zurückzieht und nach Ablauf der Zeit ein perfekt durchdachtes Ergebnis abliefert, ohne dazu mit einer anderen Person interagiert zu haben. An dem Beispiel zeigt sich: Ausschließlich über den Ergebnisbeitrag lässt sich Teamfähigkeit offenbar nicht definieren.

Also scheint Teamfähigkeit etwas mit der Interaktion mit anderen zu tun zu haben. Man könnte somit Teamfähigkeit definieren als die Fähigkeit, sich anderen anzuschließen, soziale Kontakte aufzubauen und eine akzeptierte Position im Team zu finden. Verfolgt man diesen Ansatz wiederum konsequent, muss auch jemand als hoch teamfähig gelten, der an jedem Meeting des Teams teilnimmt, freundlichen und höflichen Small Talk mit den anderen hält, darin auch von den anderen akzeptiert wird, aber keinen inhaltlichen Beitrag liefert. Daran zeigt sich: Die unauffällige, ruhige, freundliche Integration in ein Team kann nicht ausreichen, um eine hohe Teamfähigkeit attestiert zu bekommen.

Weder der reine Fokus auf den Ergebnisbeitrag noch der auf die Beziehung zu den anderen Teammitgliedern liefern zufriedenstellende Definitionen für die Kompetenz Teamfähigkeit. Zur Lösung des Problems hilft es, sich noch einmal zurückzubesinnen, wie genau eigentlich „Team" definiert wird. Allgemein bezeichnet man mit „Team" (engl.: das Gespann, die Mannschaft, die Arbeitsgemeinschaft) einen Zusammenschluss von zwei oder mehr Personen zur Lösung einer gemeinsamen Aufgabe oder zur Erreichung eines gemeinsamen Ziels, wobei die in der Zusammenarbeit entstehenden Synergien genutzt werden.

Entscheidend in der Team-Definition ist die Realisierung von Synergien und nicht (z. B. in Abgrenzung zu einer „Gruppe") das Gesellige oder Gesellschaftliche. Teamfähig ist also jemand, der es einem Team ermöglicht, unter der Realisierung von Synergien das gemeinsame Ziel zu erreichen. Und, noch genauer, da wir dann von einer Kompetenz sprechen, wenn Verhalten wiederholt beobachtbar ist (s. Kapitel 1), jemand, der in verschiedenen Teams, diversen Teamzusammensetzungen, auf dem Weg zu unterschiedlichen Zielen und unter verschiedenen Umständen dazu beiträgt, dass das jeweilige Team das gemeinsame Ziel erreicht.

Teamfähigkeit ist in jedem Fall abzugrenzen gegenüber Führungskompetenz. Teamfähigkeit kann gerade bedeuten, bereit zu sein, Führung abzugeben und sich einem anderen Teammitglied oder einem Mehrheitsentscheid unterzuordnen. In anderen Situationen zeigt sich Teamfähigkeit gerade dadurch, dass jemand Führung übernimmt, indem er z. B. eine gemeinsam getragene Entscheidung herbeiführt oder ein Problem in der Zusammenarbeit durch eine klare Ansprache klärt. Es ist daher möglich, grundsätzlich teamfähig zu sein, ohne über Führungskompetenz zu verfügen. Wer jedoch über keinerlei Führungskompetenz verfügt, begrenzt seine eigene Teamfähigkeit in dem Sinne, dass er bestimmte Teamsituationen, in denen Führung benötigt wird, aber kein Teammitglied eine führende Rolle übernehmen will, nicht im Sinne des Teams bedienen kann.

Teamfähigkeit bedeutet demnach eine hohe Rollenflexibilität. Es geht nicht darum, ein bestimmtes Verhalten in jedem Team abzurufen, sondern mit Situationssensitivität zu erkennen, welches Verhalten im jeweils aktuellen Team benötigt wird und dieses abrufen zu können.

Auf der Basis dieses Grundverständnisses können wir nun die Kompetenz Teamfähigkeit genauer beleuchten. Eine Kompetenz setzt sich aus drei Aspekten zusammen (s. Kapitel 1):

- Fähigkeiten und Handwerkszeug (im Sinne von Techniken und Methoden),

- Orientierung und Motivation,

- Wissen und Erfahrung.

Diese drei Aspekte der Kompetenz Teamfähigkeit werden im Folgenden einzeln beleuchtet.

6.1.1 Handwerkszeug der Teamfähigkeit

Auf der Ebene von Fähigkeiten und Handwerkszeug ist Teamfähigkeit nicht überschneidungsfrei zu anderen Kompetenzen, da ein teamfähiger Mensch das Handwerkszeug abruft, welches das Team benötigt (analytische Aufbereitung eines Themas; Feedback klar, aber annehmbar vermitteln; aufmerksam zuhören etc.) und die sich auch als Bestandteile anderer Kompetenzen (analytische Kompetenz, Führungskompetenz, Empathie etc.) wiederfinden. Der wesentliche, determinierende Aspekt von Teamfähigkeit besteht, wie wir weiter unten diskutieren, in der Teamorientierung. Dennoch gibt es Techniken und Methoden, die einen teamfähigen Menschen auszeichnen, da sie ihm helfen, die einzelnen Prozesse in einem Team zu beherrschen. Bei den ganz grundlegenden, basalen Prozessen in einem Team handelt es sich um:

- Entscheidungsprozesse,
- Koordinationsprozesse,
- Informationsprozesse.

In diesen Prozessen sind vor allem Kommunikations-, Moderations- und Projektmanagementmethoden gefragt. Ohne Zweifel ergibt sich an dieser Stelle ein großes Überschneidungspotenzial mit Kompetenzen wie Kommunikations- und Überzeugungsfähigkeit (s. Kapitel 4), Moderationskompetenz, Projektmanagementkompetenz und letztlich auch Führungskompetenz (s. Kapitel 2). Tabelle 6.1 zeigt die verschiedenen Aspekte des Könnens, die in den einzelnen Teamprozessen relevant werden.

Teamprozess	Erforderliches Handwerkszeug (Beispiele)
Entscheidungsprozess	**Moderationstechniken** • verschiedene Techniken zur Sammlung von Ideen anwenden können, • verschiedene Techniken zur Bewertung von Ideen anwenden können, • verschiedene Techniken zur Herbeiführung einer Entscheidung in Gruppen anwenden können.

Teamprozess	Erforderliches Handwerkszeug (Beispiele)
Koordinationsprozess	**Projektmanagementtechniken** • Ziele und Arbeitspakete trennscharf definieren können, • Zeitfenster realistisch abschätzen und planen können, • einen umfassenden Projektplan inkl. Zeitpuffer aufsetzen können.
Informationsprozess	**Präsentations- bzw. Kommunikationstechniken** • eigene Ideen übersichtlich, prägnant und nachvollziehbar darstellen können, • aktiv zuhören und Informationen aufnehmen können.

Tab. 6.1: Handwerkszeug der Teamfähigkeit nach Teamprozessen

Auf der Fähigkeitsebene lässt sich Teamfähigkeit daher vor allem über den flexiblen Einsatz unterschiedlicher Fähigkeiten und dem Mitwirken an wesentlichen Teamprozessen beobachten und ist wenig unterscheidbar von anderen Kompetenzen. Wesentlicher für das Verständnis von Teamfähigkeit ist die zugrunde liegende Komponente der Teamorientierung, die im folgenden Abschnitt dargestellt wird.

6.1.2 Teamorientierung

Wie alle Kompetenzen besteht die Teamfähigkeit zu einem wichtigen Teil aus der zugrunde liegenden Orientierung oder Motivation, in diesem Fall der Teamorientierung. Doch welche inneren Strukturen bringen Menschen dazu, sich teamfähig zu verhalten? Welche Orientierung treibt einen Menschen dazu, sich so in ein Team einzubringen, dass Synergien realisiert und somit die gemeinsamen Ziele erreicht werden?

Teamorientierung bezeichnet die Bereitschaft, sich in den Dienst des Teams stellen zu wollen und die Ziele des Teams über mögliche eigene Ziele zu stellen. Ein teamorientierter Mensch nimmt das Teamziel als sein eigenes Ziel an, orientiert sich am gemeinsamen Auftrag und will anderen dabei helfen, mehr aus den Einzelbeiträgen herauszuholen als jeder alleine geschafft hätte.

Gegenpole von Teamorientierung sind daher Individualismus oder Wettbewerbsorientierung. Wenn jemand gemeinsamen Zielen gegenüber indifferent ist und ausschließlich seine eigenen verfolgt (Individualismus) oder sich selbst stets im Wettbewerb und nicht in der Kooperation mit anderen sieht (Wettbewerbsorientierung), kann er nicht als teamorientiert gelten.

Auch Durchsetzungsorientierung kann als Gegenpol von Teamorientierung gelten, wenn Durchsetzungsorientierung bedeutet, dass jemand seine eigenen Interessen zulasten des Teams oder zulasten der Beziehung zu den Teammitgliedern durchsetzt. Allerdings kann eine gewisse Durchsetzungsorientierung auch förderlich für die Teamfähigkeit sein, wenn diese z. B. notwendig ist, um sich im Sinne des Teams gegen ein Teammitglied durchzusetzen, das den Teamerfolg gefährdet. Dann verlangt die Situation Durchsetzungsbereitschaft gegenüber einem Teammitglied, das mir eventuell persönlich wichtig ist, aber ich muss bereit sein, die Beziehung zu diesem Teammitglied zu belasten, um das Teamergebnis zu sichern (und somit teamfähig zu sein).

Teamorientierung setzt sich aus unterschiedlichen Facetten zusammen, die in Abbildung 6.1 zusammengefasst werden.

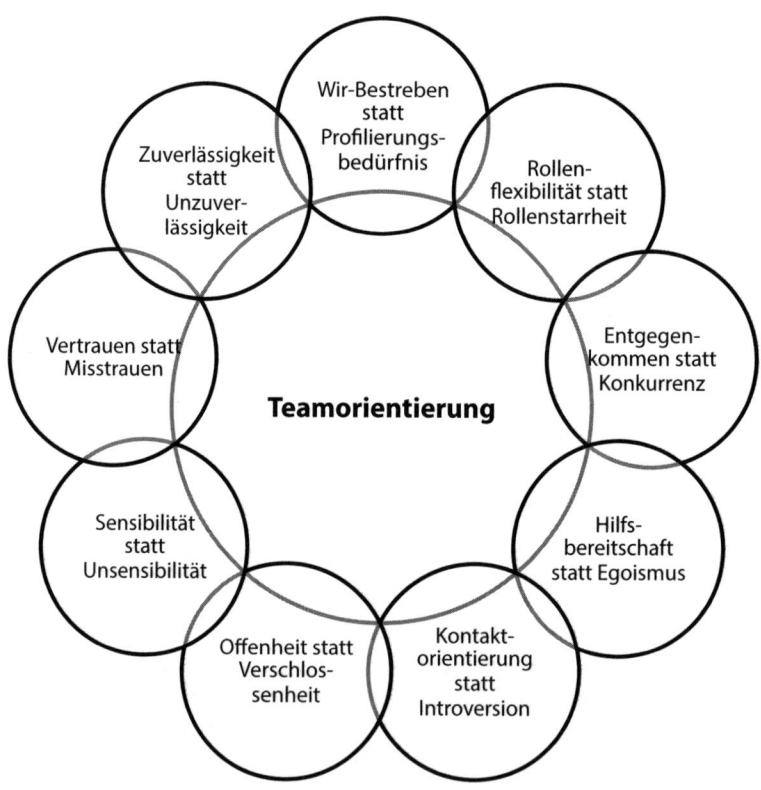

Abb. 6.1: Facetten der Teamorientierung

- **Wir-Bestreben**
  Der Teamorientierte will an einem gemeinsamen Ergebnis mitwirken. Das gemeinsame Ziel wird zum eigenen Ziel, nicht das Herausstellen der eigenen Leistung ist der entsprechende Treiber. Der Gegenpol von Wir-Bestreben ist demnach Profilierungsbedürfnis. Wem es darum geht, mit individuell zurechenbarer Leistung sichtbar und anerkannt zu werden, wird die Kompetenz der Teamfähigkeit nicht voll ausprägen können.

- **Rollenflexibilität**
  Der Teamorientierte ist bereit, sich mit verschiedenen Rollen in unterschiedliche Teams einzubringen. Erstrebenswert erscheint die flexible Anpassung des eigenen Vorgehens an die Situation, nicht das konstante Abrufen eines erprobten Handlungsmusters. Rollenstarrheit stellt daher den Gegenpol zu Rollenflexibilität dar, der für eine hohe Teamfähigkeit hinderlich wäre.

- **Entgegenkommen**
  Die Bereitschaft, Kompromisse einzugehen und anderen entgegenzukommen, zeichnet teamfähige Personen aus. Wer hingegen auf reine Konkurrenz aus ist und sich mit anderen messen will, wird nicht nach gemeinsamen Lösungen suchen und demnach nicht als voll teamfähig bezeichnet werden.

- **Hilfsbereitschaft**
  Wer flexibel und am gemeinsamen Ergebnis interessiert zu einem Team beitragen will, zeichnet sich auch durch Hilfsbereitschaft aus. Dies meint die Bereitschaft, unkompliziert an unterschiedlichen Stellen im Team auszuhelfen und andere zu unterstützen, z. B. bei der Bewältigung ihrer Teilaufgaben. Den Gegenpol dazu stellt Egoismus (beispielsweise im Sinne von „ich habe meinen Teil erledigt, die anderen können schauen, wie sie fertig werden") dar.

- **Kontaktorientierung**
  Teamfähigkeit setzt auf der Orientierungsseite voraus, dass jemand gerne in Kontakt mit anderen tritt. Menschen, die sehr introvertiert agieren, erzielen eher hervorragende Einzelleistungen, als dass sie Teams erfolgreich machen können. Das Interesse daran, auf andere zuzugehen und mit anderen zusammenzuarbeiten, stellt daher (mit dem Gegenpol Introversion) eine weitere wesentliche Facette der Teamorientierung dar.

- **Offenheit**
  Teamorientierung umfasst auch die Facette, Ergebnisse, Einsichten und Meinungen offen mit anderen teilen zu wollen. Ein offener, gradliniger Austausch anstelle von Manipulation oder Verschlossenheit begünstigt die Ausprägung von Teamfähigkeit.

- **Sensibilität**
  Der Teamorientierte wendet sich anderen Menschen zu und setzt sich mit ihren Bedürfnissen auseinander. Da im Team über die Zusammenarbeit mit anderen Synergien gehoben werden, stellt die Sensibilität eine wichtige Facette von Teamorientierung dar. Wer sich unsensibel gegenüber anderen und der Situation zeigt, wird in Bezug auf Teamfähigkeit nicht die volle Leistung abrufen können.

- **Vertrauen**
  Erfolgreiche Zusammenarbeit mit anderen setzt voraus, dass jemand auf die Integrität und die Leistungsfähigkeit der anderen Teammitglieder vertraut. Andernfalls würden Fortschritte, Probleme und Ergebnisse kaum offen diskutiert. Personen, die anderen grundsätzlich misstrauisch begegnen, können sich nur schwer in ein Team integrieren.

- **Zuverlässigkeit**
  Teamfähigkeit setzt auch die Orientierung voraus, verbindlich und verlässlich arbeiten zu wollen. Erfolgreiche Teams müssen sich auf die Beiträge ihrer Mitglieder verlassen können. Gerade dann, wenn in Teams aus hierarchisch gleichgestellten Teammitgliedern wenige Druckmittel zur Verfügung stehen, stellt die Bereitschaft zur zuverlässigen, disziplinierten Arbeitsweise einen wichtigen Aspekt von Teamfähigkeit dar.

6.1.3 Teamfähigkeit – Wissen und Erfahrung

Damit wir jemanden als teamfähig beschreiben, muss er glaubhaft aufzeigen können, dass er in unterschiedlichen Teams in verschiedenen Rollen zum jeweiligen Teamerfolg beigetragen hat. Eine teamfähige Person hat in der Vergangenheit bereits herausfordernde Teamsituationen gemeistert und kennt aus diesen Zeiten typische Dynamiken, Phasen und Rollenverteilungen in Teams.

Neben diesem universellen Verständnis von Wissens- und Erfahrungsbestandteilen, die zu Teamfähigkeit gehören, kann es je nach unternehmerischem

Kontext weitere, spezifische Aspekte unter der Überschrift „Wissen und Erfahrung" geben, die für eine starke Ausprägung der Kompetenz Teamfähigkeit gefordert werden. In vielen Unternehmen steht heute die Erfahrung in interdisziplinären Projektteams im Vordergrund, andere arbeiten verstärkt in Teams über Kultur- und Landesgrenzen hinweg, in wieder anderen Kontexten spielen virtuelle Teams an verschiedenen Standorten eine bedeutende Rolle.

6.2 Die Geschichte der Kompetenz

Die Wurzeln und Grundlagen der Teamarbeit gehen bis in die Steinzeit zurück. Alte Höhlenzeichnungen zeigen, dass schon in dieser Zeit Teams von acht bis zwölf Mitgliedern zweifellos ein gemeinsames Ziel hatten – eine erfolgreiche Jagd. Wer sich in diese Teams erfolgreich eingliedern konnte, Synergien realisierte und seinen Beitrag zum Team lieferte, sicherte sein Überleben.

Innerhalb von Unternehmen trat Teamarbeit zu Beginn des 20. Jahrhunderts in den Hintergrund. Zu Zeiten des Taylorismus (zurückgehend auf Frederick Winslow Taylor, 1856–1915) stellte „Team" keinen entscheidenden Begriff dar. Stattdessen ging es darum, Prozesse so klar zu gestalten und zu strukturieren, dass keine Abstimmung zwischen den handelnden Personen notwendig war. Arbeit sollte möglichst ergonomisch und standardisierbar zerlegt werden. Kommunikation fand in der Regel als Einwegkommunikation und mit festgelegten, engen Inhalten statt.

In diesen eng definierten Strukturen wurde die Teamfähigkeit des Einzelnen nicht als relevante Kompetenz betrachtet. Erst später stellte man fest, dass diese klaren Prozesse zwar notwendig sind, aber nicht hinreichend, um im Wettbewerb gewinnen zu können.

Mit Elton Mayo und der von ihm eingeleiteten Social Man Ära rückte ab den 30er-Jahren des 20. Jahrhunderts der Mitarbeiter in den Mittelpunkt der Betrachtungen. Dieser sollte sich am Arbeitsplatz wohlfühlen. Den Beziehungen zwischen Mitarbeitern wurde zum ersten Mal eine wirkliche Bedeutung beigemessen. Da, wo die Strukturierungsbestrebungen ihre Grenzen erreichten, mussten nun Menschen erfolgreich zusammenarbeiten. Flachere Hierarchien und Eigenverantwortung sowie gemeinsame Entscheidungsfindungs- und Meinungsbildungsprozesse rückten in den Vordergrund. Aus unternehmerischer Perspektive wurde es gleichzeitig immer bedeutender, hohe Qualität und professionelle Dienstleistung anzubieten, um Produkte erfolgreich vertreiben und im Wettbewerb bestehen zu können. Hinter herausragender Qualität und Dienstleistung stecken in der Regel motivierte, engagierte Mitarbeiter.

Auf der Grundlage dieser Erkenntnisse und Entwicklungen wurde das Verständnis von erfolgreichem Management in der zweiten Hälfte des 20. Jahrhunderts kontinuierlich mitarbeiterorientierter. Straffe, effiziente Strukturen wurden selbstverständliche Grundvoraussetzung – entscheidend für den Erfolg jedoch die Zusammenarbeit der Menschen in den Strukturen und über sie hinaus.

Diese „menschenlastige" Entwicklung führte in den 50er- und 60er-Jahren dazu, dass die Psychologie als Allheilmittel angesehen wurde. Die Vertreter der humanistischen Psychologie (z. B. Frederick Herzberg) gingen davon aus, dass die gute Behandlung von Mitarbeitern und eine hohe Arbeitszufriedenheit die wesentliche Grundlage für Erfolg darstellen. Im Management musste man jedoch feststellen, dass diese positive Grundannahme schlichtweg nicht der Realität entsprach. Gute Behandlung (einschließlich Teamarbeit und damit Teamfähigkeit als wichtige Mitarbeiter- und Führungskompetenz) allein reichten offenbar nicht aus, damit Menschen erfolgreich zusammenarbeiteten. Führung musste her, um Ziele zu setzen, Richtung vorzugeben und Entscheidungen zu treffen.

Nichtsdestotrotz stellt Teamfähigkeit auch heute noch eine der populärsten, meist zitierten und häufig geforderten Managementkompetenzen dar, ohne dass jedoch bewiesen wäre, dass insbesondere im Topmanagement Manager mit hoher Teamfähigkeit erfolgreicher wären. Zweifellos erwarten Mitarbeiter heutzutage Eigenverantwortung, Einbindung in Entscheidungsprozesse und schätzen an vielen Stellen flache Hierarchien. Heute ist es eher die Kompetenz der situativen, an der Persönlichkeit ihrer Mitarbeiter ausgerichteten Führung, die Führungskräfte erfolgreich macht, als die rollenflexible, kompromissbereite und hilfsbereite Einordnung in verschiedene Teams.

6.3 Die individuelle Entwicklung der Kompetenz

Die Grundvoraussetzungen für Teamfähigkeit entwickeln sich bereits in früher Kindheit. Insbesondere die Fähigkeit, anderen Menschen zu vertrauen, statt ihnen mit Misstrauen zu begegnen, wird maßgeblich durch unsere Beziehungen zu unseren frühen Bezugspersonen beeinflusst. Auch unsere Zuverlässigkeit wird dadurch geprägt, welche Strukturen und Regeln unsere Bezugspersonen uns vorleben. Die Tendenz, sich in Teams dominant und konkurrenzorientiert zu zeigen, wird zum Teil auch durch genetische und hormonelle Faktoren (z. B. Testosteron) bestimmt.

Bestimmte Grundlagen zur Entwicklung von Teamfähigkeit sind demnach sehr individuell geprägt. Grundsätzlich zeigen jedoch alle Kleinkinder die Tendenz, mit ihren Altersgenossen gut auskommen und spielen zu wollen und verfügen damit über die für die Entwicklung von Teamfähigkeit relevante Kontaktorientierung. Untersuchungen zeigen, dass Kinder sich schon im Alter von drei Jahren im Team gegenseitig unterstützen und sich teamfähiger zeigen als beispielsweise Schimpansen (Dean et al. 2012). Inwiefern sie jedoch in ihrer Entwicklung die Möglichkeit haben, den Umgang mit anderen zu üben, beeinflusst die Entwicklung von Teamfähigkeit nachhaltig.

Früher fand das Üben von Teamfähigkeit automatisch statt. Schließlich stellt die Familie das erste Team da, mit dem sich Kinder konfrontiert sehen und innerhalb dessen es gilt, Teamfähigkeit zu erproben und zu beweisen. In großen Familien sind Kinder kontinuierlich gefordert, ihren Platz, ihre Bedeutung und ihre Aufgabe zu finden und zum Gelingen des gemeinsamen Alltags beizutragen. Die Entwicklung von Teamfähigkeit wird in einer solchen Konstellation täglich gefördert. Dass die durchschnittliche Zahl geborener Kinder pro Frau im gebärfähigen Alter von 2,51 (1965) auf 1,38 (2012) zurückgegangen ist und seit vielen Jahren ein Trend zur Kleinfamilie erkennbar ist, wirkt sich auch auf die Entwicklungsmöglichkeiten von Teamfähigkeit aus. 2012 hatten nach Angaben des Statistischen Bundesamtes mehr als die Hälfte der Familien (53,5%) nur ein Kind. In 36,0 % der Familien wächst ein Kind mit einem Geschwisterkind auf, nur in 8,4 % der Fälle umfasst das Geschwisterteam, innerhalb dessen ein Kind Teamfähigkeit früh erproben kann, drei Personen. Das tägliche Üben mit Geschwistern wird daher für die meisten Kinder in Deutschland schwerer.

Kinder entwickeln Teamfähigkeit demnach heute oft durch die bewusste Unterstützung ihrer Eltern, Kindergärtner und Lehrer. Teamfähigkeit ist zu einem expliziten Bildungsziel geworden. Unterrichtskonzepte, Leitbilder von Schulen und Kindergärten, Ferienangebote und Sportvereine kommen heute kaum noch ohne die Integration teamfähigkeitsfördernder Elemente aus. Im Umgang mit herausfordernden sozialen Situationen lernen Kinder, gemeinsam konstruktiv Probleme zu lösen und Gruppenprozesse erfolgreich zu gestalten. Somit wird deutlich, dass die eigene Entwicklung von Teamfähigkeit auch eine kulturelle Komponente hat. Sie wird davon beeinflusst, inwieweit unser soziales und gesellschaftliches Umfeld Teamfähigkeit lebt und hochhält.

Im weiteren Entwicklungs- und Ausbildungsprozess nutzen wir diese frühkindlichen Erfahrungen dann für komplexere Tätigkeiten wie z. B. ein konkretes Rollen- und Dominanzverhalten in Teams. Bestimmte Schulformen, Ausbildungen und Studiengänge untermauern die grundlegende Tendenz in Richtung Teamfähigkeit mit kulturellen Werten, die dem Thema Teamfähigkeit noch einmal eine andere Bedeutung beimessen. So werden Studenten von geisteswissenschaftlichen Studiengängen tendenziell mehr Teamfähigkeit zeigen, da ihnen innerhalb ihres Studiengangs die Bedeutung teamfähigen Verhaltens stärker und expliziter nahegelegt wird als in einem naturwissenschaftlichen Studiengang. Studierende, die in vorlesungsdominierten Studiengängen die meiste Zeit ihres Studiums mit 200 Studenten in einem Hörsaal oder alleine über Lehrbüchern verbringen, werden weniger Teamfähigkeit entwickeln als solche, die ausschließlich in Projektarbeiten und Kleingruppen ihre Leistungsnachweise erbringen.

In der beruflichen Sozialisation fördern Umfelder, in denen viel Abstimmung und Zusammenarbeit stattfinden, die Entwicklung von berufsbezogener Teamfähigkeit. Interdisziplinäre Projekte, Zusammenarbeit in der Matrixorganisation und virtuelle Teams stellen beispielhafte Herausforderungen dar, in und an denen Berufseinsteiger und berufserfahrene Personen ihre Teamfähigkeit weiter entwickeln.

6.4 Formen der Kompetenz und Typologien

Verschiedene Formen der Teamfähigkeit werden sichtbar, wenn man die einzelnen Rollen betrachtet, die ein teamfähiger Mensch in einem Team einnehmen kann. Ein substanzielles Verständnis verschiedener Teamrollen kann aus der Betrachtung der Prozesse, die ein erfolgreiches Team abdeckt, abgeleitet werden.

Charles Margerison (2001) unterscheidet neun Prozesse, die in erfolgreichen Teams aktiv erledigt werden, und differenziert dabei die drei Grundprozesse Entscheiden, Koordinieren und Informieren (s. Abschnitt 6.1) noch einmal erheblich aus:

1. **Beraten** – Informationen werden gesammelt und bereitgestellt,

2. **Erneuern** – neue Konzepte und Ideen werden entwickelt und ausprobiert,

3. **Fördern** – neue Ansätze werden gefunden und andere Teammitglieder von diesen überzeugt,

4. **Entwickeln** – neue Ansätze werden beurteilt und auf Anwendbarkeit geprüft,

5. **Organisieren** – Möglichkeiten zur Aufgabenerledigung werden gefunden,

6. **Umsetzen** – Leistung wird dauerhaft vollbracht,

7. **Kontrollieren** – Qualität wird gesichert, Systeme werden kontrolliert und Fehler behoben,

8. **Bewahren** – Standards und Prozesse werden auf einem hohen Niveau unterstützt und geschützt,

9. **Verbinden** – die Arbeit anderer wird koordiniert und in ein Gesamtwerk integriert.

Wenn man Teamfähigkeit im Arbeitsalltag wahrnimmt, bedeutet das meist, dass eine Person einen oder mehrere dieser Prozesse in sinnvoller Weise für das Team ausfüllt. Verschiedene Typen in Teams werden daher dadurch sichtbar, dass sie unterschiedliche Aufgaben oder Prozesse im Team abdecken. Jemand, den wir im Alltag als teamfähig wahrnehmen,

- bringt als **Berater** immer wieder neue Informationen ein und schaut über den Tellerrand,

- entwickelt als **Erneuerer** Konzepte und Ideen und probiert sie mutig aus,

- findet als **Förderer** in festgefahrenen Situationen neue Ansätze und gewinnt andere auch gegen erste Widerstände für diese,

- prüft als **Entwickler** neue Ansätze eher kritisch und fokussiert auf die Anwendbarkeit von Ideen,

- verteilt als **Organisator** Aufgaben und plant und vereinbart Zeitvorgaben,

- erledigt als **Umsetzer** zuverlässig, gewissenhaft und entlang der getroffenen Vereinbarungen seine Aufgaben innerhalb des Teams,

- hat als **Kontrollierer** einen detaillierten Blick auf die Qualität und bemerkt dadurch Fehler und Abweichungen vom Plan,

- wirkt als **Bewahrer** zunächst wenig offen für Veränderungen, sorgt aber dafür, dass Standards und Prozesse eingehalten werden und Kontinuität herrscht bzw.

- setzt sich als **Verbinder** aktiv für die Zusammenarbeit und die Beziehungen zwischen den Teammitgliedern ein.

In manchem Verständnis von Teamfähigkeit steht vor allem die Rolle des Verbinders im Fokus des Interesses. Dort gilt derjenige als teamfähig, der sich aufmerksam mit den anderen auseinandersetzt, gut zuhört und für ein konstruktives Teamklima sorgt. Die Ausrichtung des Verständnisses von Teamarbeit am gemeinsamen, unter Nutzung von Synergien zu erzielenden Ergebnis zeigt jedoch, dass es mehr als eines netten Umgangs miteinander bedarf, um Teamarbeit erfolgreich zu gestalten. Demnach haben auch die anderen Rollen eine wesentliche Berechtigung im Konzept der Teamfähigkeit.

Es gilt jedoch zu beachten, dass die in diesem Abschnitt dargestellten Typen keine stabilen Persönlichkeitsmerkmale darstellen. Da Teamfähigkeit als Anspruch definiert wurde, sich situationsabhängig in ein Team einzufügen und die für den gemeinsamen Erfolg kritische Rolle einzunehmen, sind die hier dargestellten Typen eher als situative Momentaufnahme zu verstehen. Teamfähige Personen übernehmen zu unterschiedlichen Zeitpunkten unterschiedliche Rollen, die sich in dem jeweiligen Moment dann als Typen oder Formen von Teamfähigkeit beobachten lassen, die aber keineswegs über die Zeit konstant sein müssen. Das Gegenteil gilt: Wenn jemand nur die Rolle des Bewahrers übernehmen kann, ist er in seiner Teamfähigkeit eingeschränkt, da er Teams, die weniger einen Bewahrer als einen Erneuerer benötigen, nicht weiterbringen kann.

Bei aller Rollenflexibilität lässt sich jedoch trotzdem ein Zusammenhang zwischen bestimmten Orientierungen auf der einen Seite und bestimmten Rollenvorlieben auf der anderen Seite feststellen. Personen, bei denen die Facette „Vertrauen" gering ausgeprägt ist, werden weniger wahrscheinlich die Rolle des Verbinders ausfüllen. Wer eine eher geringe Orientierung in Richtung „Zuverlässigkeit" aufweist, wird vermutlich seltener die Rolle des Bewahrers übernehmen. Nichtsdestotrotz besteht der Anspruch an eine volle Ausprägung der Kompetenz „Teamfähigkeit" darin, auch bei gering ausgeprägter Facette einer Orientierung per Willenskraft im Sinne des gemeinsamen Ergebnisses eine bestimmte Rolle ausfüllen zu können.

6.5 Äußerungsformen der Kompetenz

Wie nimmt die Umwelt, wie nehmen Außenstehende den Teamfähigen wahr? Die Grundlage von Teamfähigkeit ist Teamorientierung, die wiederum mit einer entsprechenden Beziehungsorientierung einhergeht. „Beziehungsorientierte Menschen suchen Nähe und Geborgenheit. Sie sind teamorientiert, offen für andere, gewähren einen Vertrauensvorschuss und genießen Offenheit und das Zusammensein mit anderen Menschen." (Paschen & Dihsmaier 2011). Nach Paschen und Dihsmaier (2011) streben Menschen mit einer ausgeprägten Beziehungsorientierung dazu,

- die Nähe zu anderen Menschen zu suchen,

- eine Aufgabe zu suchen, die es ermöglicht, für andere etwas Sinnvolles zu tun und sie zu fördern,

- auf andere Menschen mit viel Einfühlungsbereitschaft und Offenheit zuzugehen,

- sich emotional an andere zu binden und tolerant mit ihren Fehlern umzugehen,

- sich anderen Menschen tendenziell eher altruistisch, friedfertig und bescheiden zu nähern,

- ein moralisches und humanistisches Verhalten zu bevorzugen,

- unter Distanz und Zurückweisung zu leiden,

- eine harmonische Atmosphäre in der Zusammenarbeit anzustreben,

- andere nur ungern zu kritisieren.

Im **Berufsleben** äußert sich Teamorientierung oft schon in der Berufswahl. Team- und beziehungsorientierte Menschen fühlen sich von Tätigkeiten angesprochen, die die enge Zugehörigkeit zu einer Gruppe ermöglichen und idealerweise auch Motive wie beispielsweise Hilfsbereitschaft oder Vertrauen ansprechen. Ein gutes Beispiel hierfür stellt der Beruf des Lehrers dar, der die Möglichkeit bietet, „etwas für andere zu tun". Die Gefahr, sich durch ein zu starkes Ausleben dieser Motive im Beruf zu stark zu verausgaben, führt dazu, dass wir bei Angehörigen dieser Berufsgruppen häufig auf Burnout oder Suchtprobleme treffen. Im Umgang mit anderen sind Teamorientierte oft sehr geschätzte und beliebte **Kollegen** und **Mitarbeiter**. Sie unterstützen andere, verhalten sich gegenüber dem Team und den Kollegen loyal und offen. Aufgrund der ausgeprägten Wir-Orientierung fällt es dem Teamorientierten leichter, für die Interessen des ganzen Teams zu kämpfen, als die persönlichen Interessen und Belange gegen Widerstand zu vertreten. In länger andauernden Konfliktsituationen besteht die Gefahr, dass mentale „Rabattmarken" gesammelt werden. In der Beziehung mit einem Kollegen oder auch Vorgesetzten werden wiederholte Ärgernisse über längere Zeit hinweg verdrängt. Jeder verdrängte und nicht ausgetragene Konflikt entspricht einer Rabattmarke. Irgendwann ist dann auch für den altruistischsten Teamorientierten das eigene Rabattmarkenheft voll.

Dann entlädt sich – für Außenstehende oft vollkommen unvermittelt – meist sehr emotional und heftig der angesammelte Unmut.

Teamorientierte **Führungskräfte** würden auf die Frage: „Was reizt Sie an der Führung?" antworten: „Ich verstehe mich gut mit meinen Mitarbeitern. Ich habe Freude daran, mit ihnen im Team gemeinsam etwas zu erreichen und sie dabei zu unterstützen und zu fördern." Aufgrund des Bedürfnisses, sich zu einer Gruppe zugehörig zu fühlen, sprechen teamorientierte Führungskräfte von ihren Mitarbeitern oftmals als Kollegen. Die Bedeutung der Kompetenz Teamorientierung ist insbesondere zu Beginn der beruflichen Entwicklung bedeutsam. Je höher die hierarchische Position, desto mehr treten andere Kompetenzen in den Vordergrund. Die Notwendigkeit, unpopuläre Entscheidungen zu treffen, die Einsamkeit, die oft mit bestimmten Managementebenen einhergeht und die nicht immer einvernehmlich lösbaren Konflikte mit Mitarbeitern stellen insbesondere für teamorientierte Manager eine besondere persönliche Herausforderung dar.

Im **Privatleben** treffen wir teamfähige Menschen oft als aktive Mitglieder in Vereinen oder Gruppen. Sie nehmen dabei gerne unterstützende Ämter und Aufgaben wahr. Auch die Unterstützung sozialer Aktivitäten, „bei denen es um die gute Sache geht und anderen geholfen werden kann", ist interessant. Im Rahmen der Rekrutierung von Mitarbeitern leitet sich bei Interviewern daraus oft die Vorstellung ab, dass alle Menschen, die einem Mannschaftssport wie Fußball nachgehen, automatisch teamorientiert sind, während Menschen mit Hobbys, denen man gut alleine nachgehen kann, beispielsweise Schach, eher Einzelkämpfer sind. Deswegen erfreut sich die Frage nach den Hobbys im Interview großer Beliebtheit. Doch leider kann dieser Schluss nicht so unmittelbar gezogen werden – auch wenn es sicherlich eine höhere Wahrscheinlichkeit dafür gibt, dass Menschen mit einer hohen Teamorientierung entsprechenden Hobbys nachgehen. Im Interview ist es wichtig, zu ergründen, warum jemand sich gerade für diese Freizeitaktivität entschieden hat. Manchmal werden Freizeitaktivitäten auch gewählt, um ganz bewusst einen Kontrapunkt zur individuellen Orientierung zu setzen.

6.6 Berühmte Repräsentanten

Teamfähige Menschen zeichnen sich durch ihre hohe Wir-Orientierung aus. So liegt es in der Natur der Sache, dass wir seltener Beispiele berühmter Einzelrepräsentanten für diese Kompetenz in der Literatur finden. Vielmehr treffen wir auf zahlreiche Beispiele erfolgreicher oder auch weniger erfolgreicher Teams oder Gruppen.

Ein besonders dramatisches Beispiel gelungener Teamarbeit stellt die erfolgreiche Rettung der Apollo-13-Crew dar. Prominenter Vertreter der gesamten Mannschaft ist Gene Kranz, seinerzeit Flugdirektor des Apollo-Programms, der den berühmten Satz äußerte: „Failure is not an option." Obwohl er selbst als Flugdirektor maßgeblich verantwortlich für den erfolgreichen Ausgang der Mission war, betonte er in verschiedenen Interviews und Reden die Bedeutung der Teamarbeit für die Rettung der Crew: „There we learn the difference between the ‚I' and the ‚We' component of the team" (Foust 2005).

Zahlreiche Beispiele erfolgreicher Teamarbeit finden sich im Sport. Die US-amerikanische Basketball-Nationalmannschaft, die überlegen bei den Olympischen Spielen 1992 in Barcelona die Goldmedaille gewann, prägte den Begriff Dream-Team.

Der deutschen Fußball-Nationalmannschaft von 2006 wurde exzellente Teamarbeit nachgesagt, auch wenn sie am Ende des Turniers nur den dritten Platz belegte. Um den Teamgeist der Spieler zu fördern, ließ der Fitnesstrainer der Mannschaft, Mark Verstegen, die Spieler jeweils am Ende des Trainings zusammenkommen. Verstegen soll dann gerufen haben: „We are one …", worauf die im Kreis versammelten Spieler antworteten: „Team". Ein weiteres Beispiel für hervorragende Teamarbeit stellt die spanische Fußballnationalmannschaft dar, die 2010 Weltmeister wurde.

Auch in anderen Sportarten treffen wir auf erfolgreiche Teams. Der Erfolg des Schweizer Teams Alinghi, das 2003 den America's Cup gewann, stellt ein gutes Beispiel dar, wie aus Einzelkämpfern ein erfolgreiches Team gebildet werden kann. Durch verschiedene interne Trainingswettbewerbe mit wechselnden Teamzusammenstellungen wurden die besten Teammitglieder ermittelt.

„Dadurch entstand ein ständiger Anreiz, gemeinsam immer besser zu werden, denn keiner konnte alleine erfolgreich sein." „Allen Beteiligten war von vornherein klar, dass die endgültige Auswahl von Skipper, Taktiker, Navigator, Pitman & Co. für die Rennen um den America's Cup ausschließlich nach dem Prinzip erfolgte, das jeweils am besten passende Teammitglied für jede Funktion zu finden" (Schneider 2012). Damit ging der Cup erstmals in der 152-jährigen Geschichte des America's Cup an ein europäisches Team.

6.7 Diagnose der Kompetenz

Im Berufsalltag gibt es viele Anlässe, die es notwendig machen, eine fundierte Einschätzung der Kompetenz Teamfähigkeit von Mitarbeitern oder Führungskräften vorzunehmen, sei es im Rahmen von Potenzialbeurteilungen, Mitarbeitergesprächen, im Rahmen von Talent-Management-Aktivitäten oder aber bei der Frage der internen oder externen Besetzung von vakanten Positionen.

Grundsätzlich lassen sich zwei Gruppen diagnostischer Zugänge unterscheiden:

- Beobachtungen im Berufsalltag und

- spezifische diagnostische Instrumente.

6.7.1 Beobachtungen im Berufsalltag

In der Natur dieser Kompetenz liegt es, dass sich Teamfähigkeit insbesondere in konkreten Gruppensituationen, z. B. im Rahmen von Projektarbeiten oder auch Arbeitsgruppen, beobachten lässt. Sie werden insbesondere dann jemanden als teamfähig wahrnehmen, wenn er sich in unterschiedlichen Teamkonstellationen mit verschiedenen Erfolgsstrategien bewährt hat.

Um zu aussagekräftigenden Beobachtungen zu kommen, ist es wichtig, dass eine echte Wahlmöglichkeit zwischen Kompromissbereitschaft und Konkurrenz besteht. Das Gegenbeispiel hierfür wäre ein sehr wettbewerbsorientiertes Vertriebsumfeld, in dem die regelmäßige Kommunikation der Vertriebsleistungen sowie die jährliche Auszeichnung der erfolgreichsten Verkäufer ein fest etabliertes Anreizsystem ist. In einem solchen Umfeld, das eher die Konkurrenz- und Wettbewerbsorientierung der Mitarbeiter anspricht, als die Kompromissbereitschaft zu belohnen, wird es schwer sein, Teamfähigkeit fundiert beobachten zu können. Das heißt nicht, dass alle Außendienstmitarbeiter automatisch nicht teamfähig sind, sondern nur, dass unter diesen Rahmenbedingungen die Beobachtung dieser Kompetenz erschwert ist.

6.7.2 Spezifische diagnostische Instrumente

Die spezifischen diagnostischen Instrumente werden oft z. B. im Rahmen von Assessment-Centern oder Orientierungs-Centern eingesetzt. Ein Klassiker in diesem Zusammenhang sind **Gruppenarbeiten**.

Hierbei gilt es, gemeinsam mit einer definierten Gruppe anderer Teilnehmer eine konkrete Aufgabenstellung gemeinsam zu erarbeiten. Dies kann beispielsweise die Entwicklung eines gemeinsamen Entscheidungsvorschlags zu den zukünftigen Produktschwerpunkten, die Erarbeitung einer Internationalisierungsstrategie des Unternehmens, Budgetplanung und Realisierung von Einsparpotenzialen oder auch eine Krisensitzung aufgrund negativer Presseberichte sein. Gruppenarbeiten erfreuen sich im Personalumfeld und bei Führungskräften großer Beliebtheit. Damit bei Gruppenarbeiten diagnostisch aussagekräftige Ergebnisse möglich sind, muss ein besonderes Augenmerk auf die Konzeption der Aufgabenstellung gelegt werden. Einen vertieften Blick auf die methodischen Besonderheiten von Gruppendiskussionen werfen Stöwe und Paschen (2012).

> **Das macht eine aussagefähige Gruppenübung aus:**
>
> - Provokation einer sinnvollen, inhaltlichen und tiefen Auseinandersetzung,
> - Notwendigkeit, unterschiedliche Standpunkte und Interessen zu vertreten,
> - Realitätsbezug, dadurch bessere Identifikation mit dem Diskussionsgegenstand,
> - Notwendigkeit, zu einem gemeinsamen konkreten Ergebnis zu kommen.

Um die für Teamfähigkeit wichtige Facette der Rollenflexibilität abzubilden, wäre es im Rahmen von Assessment-Centern interessant, zwei verschiedene Gruppenübungen in unterschiedlichen Teamzusammensetzungen durchzuführen. Dadurch könnte die Frage beobachtet werden, ob der Teilnehmer in diesen zwei Situationen in der Lage ist, unterschiedliche Rollen einzunehmen und bei Bedarf sein Verhaltensmuster anzupassen und zu ändern. Aus Ressourcengründen ist dies oft leider nicht möglich. Deswegen empfiehlt es sich, die

Gruppensituation, ebenso wie auch bilaterale Rollenspiele, im Nachgang mit dem Teilnehmer zu reflektieren.

> **Fragen für die Nachreflexion von Gruppenübungen könnten sein:**
> - Wie haben Sie die Gruppenarbeit erlebt?
> - Womit sind Sie in Bezug auf das erreichte Ergebnis zufrieden?
> - Womit sind Sie weniger zufrieden und warum?
> - Was war Ihr Beitrag zum Ergebnis?
> - Wie würden Sie Ihre Rolle in der Gruppe beschreiben?
> - Warum haben Sie sich so verhalten?
> - Welche anderen Rollen wären für Sie denkbar gewesen?

Neben Gruppenübungen bieten **Rollenspiele** im Rahmen von Assessment-Centern und Orientierungs-Centern eine zusätzlich gute Möglichkeit, um Teamfähigkeit abzubilden. Bei diesen Rollenspielen handelt es sich in der Regel um Kollegengespräche oder Konfliktgespräche auf gleicher hierarchischer Ebene. Auch im Nachgang zu dieser Übung ist die oben beschriebene Nachreflexion sehr interessant und aufschlussreich. Auch wenn hier nur ein Einzelgespräch und keine eigentliche Teamsituation simuliert wird, lassen sich doch wichtige Facetten des Handwerkszeugs und der Orientierung von Teamfähigkeit (z. B. Kommunikationstechniken oder Kompromissbereitschaft) erfassen.

Für die Einschätzung von Teamorientierung stellen **psychologische Testverfahren** ein sinnvolles diagnostisches Instrument dar. Psychologische Testverfahren sind streng genommen eine strukturierte Form einer standardisierten Selbstbeschreibung. Ein renommiertes Testverfahren stellt der Belbin-Teamrollen-Test dar, der neun verschiedene Rollen unterscheidet (Belbin 1993; Martin & Fellenz 2010). Dieser wird oft auch als Instrument zur Selbsteinschätzung im Rahmen von Trainings oder Team-Workshops angewandt.

Ein weiteres bewährtes Instrument zur strukturierten Selbsteinschätzung stellt das **360°-Feedback** dar. Der eigenen Selbsteinschätzung in Bezug auf verschiedene Kompetenzen wird hier die Fremdeinschätzung verschiedener Personenkreise, in der Regel bestehend aus dem Vorgesetzten, den Mitarbeitern und den Kollegen, gegenübergestellt. Bisweilen wird als weitere Perspektive die Einschätzung interner oder externer Kunden mit aufgenommen.

Im Rahmen von **teilstrukturierten Interviews** können sowohl die Teamorientierung als auch Fähigkeiten sowie Wissen und Erfahrung des Interviewten gut erfasst werden. Da Teamfähigkeit, wie oben bereits dargestellt, aus verschiedenen Facetten besteht, muss bei der Konzeption von Interviews, wie auch Assessment-Centern und Orientierungs-Centern, ein besonderes Augenmerk darauf gelegt werden, diese Kompetenz möglichst überschneidungsfrei zu anderen Kompetenzen zu definieren. Oft werden einzelne Facetten, die nach Auffassung der Autoren originär der Teamfähigkeit zuzuordnen sind, bereits in Kompetenzen wie Konfliktmanagement oder Integrität mit erfasst.

6.7.3 Mögliche Interviewfragen

Die folgenden Fragen eignen sich, um die Kompetenz Teamfähigkeit im Rahmen von halbstrukturierten Interviews erheben zu können:

Wir-Bestreben; Wir-Orientierung

- Was reizt Sie an der Arbeit im Team, was weniger?

- Welche Aufgaben erledigen Sie lieber im Team, welche lieber alleine und warum?

- Wenn Sie die Wahl hätten zwischen einer Position, bei der Sie die meisten Aufgaben im Team erledigen würden, im Vergleich zu einer Position, bei der Sie die überwiegende Anzahl der Aufgaben alleine bearbeiten würden: Welche Position würde Sie mehr reizen und warum?

Rollenflexibilität

- Was ist Ihre bevorzugte Rolle in der Zusammenarbeit mit anderen in einer Gruppe? Warum nehmen Sie diese Rolle in der Regel ein? Bitte beschreiben Sie uns eine Situation, in der Sie nicht Ihre bevorzugte Teamrolle einnehmen konnten. Was waren die Gründe? Wie sind Sie vorgegangen?

- Was ist Ihr Beitrag zum Erfolg von Teams? Bitte beschreiben Sie uns dies an einem konkreten Beispiel.

- Bitte beschreiben Sie uns zwei unterschiedliche Teamkonstellationen, die Sie einmal erlebt haben. Welche Rollen haben Sie jeweils in dieser Situation eingenommen? Wo lagen für Sie die besonderen Herausforderungen in dieser Situation?

Sensibilität

- Woran merken Sie, dass es Spannungen im Team gibt? Bitte beschreiben Sie uns dies an einem konkreten Beispiel.

- Bitte beschreiben Sie uns eine Situation, bei der Sie festgestellt haben, dass ein Teamkollege nicht zufrieden mit der Teamarbeit bzw. Teamsituation war. Woran haben Sie dies festgemacht? Wie sind Sie im Weiteren vorgegangen?

Entgegenkommen

- Bitte beschreiben Sie uns eine Situation, bei der Sie einmal Ihre persönlichen Interessen hinter die Interessen der Gruppe gestellt haben. Warum haben Sie dies getan? Was ist Ihnen daran schwergefallen?

- Wo endet Ihre Kompromissbereitschaft gegenüber anderen im Team? Bitte beschreiben Sie uns dies an einer konkreten Situation.

- Bei welchen Aspekten in der Zusammenarbeit mit anderen sind Sie eher bereit, Kompromisse einzugehen, bei welchen Aspekten sind Sie weniger bereit, Kompromisse einzugehen und warum?

Kontaktorientierung

- Wie verhalten Sie sich typischerweise, wenn Sie in eine neue Gruppe kommen?

- In Ihrer aktuellen Position: Zu welchen Personen pflegen Sie besonderen Kontakt und warum?

- Wie sieht Ihr professionelles Netzwerk aus? Warum gehören diese Personen zu Ihrem Netzwerk?

Offenheit

- Mit welchen Personen fällt Ihnen die Zusammenarbeit leichter? Mit welchen fällt sie Ihnen schwerer und warum?

- Bitte beschreiben Sie uns eine Situation, in der Sie nicht alle Informationen, die Sie zur Verfügung hatten, den Kollegen weitergegeben haben. Warum war dies so?

Hilfsbereitschaft

- Es gibt ja immer wieder Situationen, in denen andere die eigene Hilfsbereitschaft ausnutzen. Wann hatten Sie zuletzt das Gefühl, dass Sie gegenüber einem Kollegen zu hilfsbereit waren?

- Worin zeigt sich Ihre Hilfsbereitschaft gegenüber Kollegen im Alltag? Wo grenzen Sie sich in Ihrer Hilfsbereitschaft bewusst ab und warum?

Vertrauen

- Was denken Sie über den Spruch „Vertrauen ist gut – Kontrolle ist besser"? Bitte beschreiben Sie uns dies an einem konkreten Beispiel.

- Wann ist es Ihnen einmal schwergefallen, Vertrauen in die Kompetenz der Gruppe bzw. des Teams zu bringen? Was waren die Hintergründe?

Zuverlässigkeit

- Wie stellen Sie Verbindlichkeit in der Zusammenarbeit sicher?

- In Projekten geht es in der Regel darum, die Aufgabe in der definierten Zeit im vorgegebenen Kostenrahmen mit der vereinbarten Qualität zu erfüllen. Manchmal ist es allerdings nicht möglich, alle drei Aspekte gleichermaßen zu berücksichtigen. Wo setzen Sie für sich persönlich den Schwerpunkt und warum?

- Bitte beschreiben Sie uns eine Situation, in der es Ihnen einmal nicht möglich war, im Rahmen eines Projekts die Aufgabe wie vereinbart zu erfüllen. Wo haben Sie persönlich Ihre Prioritäten gesetzt? Wie sind Sie mit der Situation umgegangen?

6.7.4 Diagnose der Kompetenz Teamfähigkeit

Mögliche Verhaltensanker zur Diagnose der Kompetenz Teamfähigkeit sind:

Wir-Bestreben; Wir-Orientierung

- Arbeitet gerne mit anderen im Team zusammen.
- Definiert sich mehr über den Erfolg des Teams als über individuelle Erfolge.

Rollenflexibilität

- Verfügt über ein breites Spektrum unterschiedlicher Rollen.
- Passt sein Verhalten flexibel an unterschiedliche Teamkonstellationen an.

Sensibilität

- Zeigt ein Gespür für die Stimmung im Team.
- Nimmt seine Teamkollegen sensibel und differenziert wahr.

Entgegenkommen; Kompromissbereitschaft

- Ist bereit, sinnvolle Kompromisse einzugehen.
- Stellt bei Bedarf seine individuellen Interessen zugunsten der Interessen des gesamten Teams zurück.
- Findet eine sinnvolle Balance zwischen den eigenen Interessen und denen des Teams.

Kontaktorientierung

- Nimmt mit Freude Kontakt zu anderen Menschen auf.

- Verfügt über ein breites, professionelles Netzwerk.

- Baut mit Leichtigkeit berufliche Beziehungen auf.

Offenheit

- Kommuniziert offen mit anderen.

- Weiß, welche Informationen an andere weitergegeben werden können und müssen.

- Schafft Transparenz in seinem Arbeitsumfeld.

Hilfsbereitschaft

- Unterstützt andere.

- Engagiert sich bei Bedarf über das notwendige Maß hinaus für Kollegen bzw. für das Team.

- Begegnet anderen vertrauensvoll.

- Vertraut auch in unsicheren Situationen dem Team.

Zuverlässigkeit

- Sorgt für verbindliche Absprachen.

- Legt Wert darauf, eigene Zusagen einzuhalten.

- Setzt bei Bedarf sinnvolle Prioritäten, um den Projekterfolg sicherzustellen.

6.8 Personalentwicklung bzw. Coaching der Kompetenz

Kann man Teamfähigkeit lernen? Und wenn ja, welche Methoden und Zugänge unterstützen die Entwicklung dieser Kompetenz?

Da Teamfähigkeit in erster Linie eine Frage der persönlichen Orientierung ist, muss die Entwicklung bzw. der Ausbau dieser Kompetenz an diesem Punkt ansetzen. Das Erlernen einer neuen Orientierung bzw. die Anpassung und Veränderung bestehender Haltungen und Einstellungen ist immer deutlich schwieriger als der Erwerb neuer Fähigkeiten bzw. der Ausbau bestehenden Wissens und Erfahrungen. Die Veränderung bzw. Weiterentwicklung von Orientierungen basiert immer auf einer intensiven Selbstreflexion auf Basis des eigenen Selbstbilds im Abgleich zum erlebten Fremdbild.

Ansatzpunkte, um die Selbstreflexion in Bezug auf die eigene Teamfähigkeit bzw. Teamorientierung zu unterstützen, sind zunächst einmal alle Methoden, die eine strukturierte Selbsteinschätzung ermöglichen. Ein besonders intensives Feedback-Instrument stellt hierbei das **360°-Feedback** dar. Im Rahmen von 360°-Feedbacks erhalten Mitarbeiter und Führungskräfte die Gelegenheit, ihre eigene Selbsteinschätzung mit dem Fremdbild verschiedener Personenkreise, in der Regel dem Vorgesetzten, den Kollegen und den Mitarbeitern, abzugleichen. Oftmals kommt als weiterer Feedback-Geber noch die Gruppe der internen oder externen Kunden hinzu. Besonders hilfreich sind 360°-Feedbacks dann, wenn die schriftliche Auswertung durch einen Coaching- oder Workshop-Prozess ergänzt wird.

In Unternehmen erhalten die Mitarbeiter und Führungskräfte ein strukturiertes Feedback in der Regel auch durch fest verankerte Personalinstrumente, beispielsweise Mitarbeitergespräche oder Beurteilungen im Rahmen eines Talent-Management-Prozesses.

Die im vorangegangenen Abschnitt beschriebenen Instrumente zur Diagnose der Teamfähigkeit im Rahmen von **Assessment-Centern** wie **Gruppendiskussion**, **Interview** oder **Rollenspiele** dienen selbstverständlich auch als Basis für eine gezielte Personalentwicklung, wenn sie mit einem entsprechend fundierten Feedback durch die Beobachter gekoppelt sind. In Orientierungs-Centern, bei denen in der Regel der Fokus mehr auf der Personalentwicklung und Potenzialerkennung und weniger auf der konkreten Stellenbesetzung liegt, erfolgt das Feedback meist durch die anderen teilnehmenden Kollegen auf gleicher hierarchischer Ebene, unterstützt durch das externe Feedback der außenstehenden Beobachter.

Auch können die oben beschriebenen **psychologischen Testverfahren** zur strukturierten Selbstbeschreibung eingesetzt werden.

Modulare Förderprogramme bestehen aus einer Kombination von Trainings und Angeboten zur Selbstreflexion, z. B. in Form von **Coachings** und **kollegialer Beratung** anhand konkreter Fragestellungen aus der Praxis der Teilnehmer (Turck, Faerber & Zielke 2007). Entweder explizit, weil durch die Zielsetzung des Programms intendiert, oder implizit, indem die Teilnehmer im

Rahmen solcher Förderprogramme (als positiver Nebeneffekt) viel über ihre eigene Einstellung zur Arbeit in Teams erfahren. Zudem erhalten sie Feedback, wie andere Kollegen sie in der Teamarbeit wahrnehmen.

Zusätzlich zu Reflexions- und Feedback-Elementen wird die Teamfähigkeit durch Herausforderungen **„on the job"** entwickelt. Insbesondere Berufseinsteiger, die in der Schule und Ausbildung wenig in Teams gearbeitet haben, entwickeln teamfähiges Verhalten erst durch Erfahrungen in Teams sowie entsprechende Reaktionen und Feedbacks zu ihrem Verhalten. Gleiches gilt für erfahrenere Mitarbeiter und Führungskräfte. Ein Teilnehmer, der in einem Assessment-Center die Empfehlung erhält, seine Teamfähigkeit auszubauen, kann von einer Projektarbeit in einer herausfordernden Teamkonstellation profitieren.

Um die Teamarbeit in einem neuen Team, z. B. im Rahmen eines Vorgesetztenwechsels, auf eine gute Grundlage zu stellen oder aber dann, wenn es bereits zu Spannungen im Team gekommen ist, werden **Teambildungs-Workshops** angeboten. Bei diesen Personal- und Organisationsentwicklungsmaßnahmen können verschiedene Perspektiven im Fokus stehen:

- Ich und das Team,

- wir als Team (Innenbetrachtung),

- unser Team und andere Teams (Außenbetrachtung).

Für solche Teambildungs-Workshops steht ein vielfältiger Baukasten an Instrumenten und Methoden zur Verfügung, die genau auf die jeweilige Zielstellung angepasst werden müssen. Häufiger Bestandteil sind Übungen mit einem intensiven Gruppenerfahrungscharakter.

Eine besondere Form solcher Teambildungs-Workshops sind die sogenannten **Kickoff-Workshops** zu Beginn von Projekten. Hier stehen das Kennenlernen, der Aufbau einer Vertrauenskultur wie auch die Klarheit über die eigenen Rollen und gegenseitigen Erwartungen im Fokus.

6.9 Literatur

Belbin, R. M. (1993): Team Roles at Work. Oxford (UK): Taylor & Francis.

Beck, C. (2007): Kompetenzstudie. Online unter http://www.fh-koblenz.de/fileadmin/medien/Koblenz/Betriebswirtschaft/Prof._Dr._Beck/Kompetenzstudie_Final_01.pdf (04.07.2012)

Dean, L. G., Kendal; R. L., Schapiro, S. J., Thierry, B., Laland, K. N. (2012): Identification of the Social and Cognitive Processes Underlying Human Cumulative Culture. In: Science, Vol. 335, pp. 1114–1118.

Foust, J. (2005): "We must never fail": Gene Kranz, Apollo 13, and the future. The Space Review. Online unter: http://www.thespacereview.com/article/357/1 (22.03.2014)

Paschen, M. (2012): Potenziale und Kompetenzen beurteilen und entwickeln. In: Laske, S., Orthey, A., Schmid, M. (Hrsg.), PersonalEntwickeln (Loseblatt), Beitrag 6.107.

Paschen, M., Dihsmaier, E. (2011): Psychologie der Menschenführung. Berlin Heidelberg: Springer.

Margerison, C. (2001): Team competencies, Team Performance Management, York (UK), Vol. 7 Iss:7/8, pp. 117–122.

Martin, J., Fellenz, M. (2010): Organizational Behaviour & Management (4th Edition). Andover: Cengage Learning.

Schneider, T. (2012): Wie erfolgreiche Teamperformance gelingen kann. Online unter http://www.humanresourcesmanager.de/_files/magazin/leistungssport.pdf (05.07 2012).

Stöwe, C., Paschen, M. (2012): Gruppendiskussion. In: W. Sarges (Hrsg.): Management-Diagnostik (4. Aufl.). Göttingen: Hogrefe.

Turck, D., Faerber, Y., Zielke, C. (2007): Coaching als Instrument der Personal- und Organisationsentwicklung. Stuttgart: Kohlhammer.

7 INTERKULTURELLE KOMPETENZ

Elena Mahinova & Claudia Qualbrink

In diesem Beitrag erfahren Sie,

- *warum internationale Kompetenz an Bedeutung gewinnt,*
- *was interkulturelle Kompetenz ist und „woraus sie besteht",*
- *warum interkulturelle Kompetenz einen Beitrag zu unserem Erfolg leisten kann,*
- *woran Sie bei anderen Menschen erkennen, ob diese interkulturell kompetent sind bzw. das Potenzial mitbringen, interkulturelle Kompetenz zu entwickeln,*
- *wie interkulturelle Kompetenz entsteht und wie man sie entwickeln kann.*

7.1 Begriffsbestimmung

7.1.1 Kultur

Wenn wir „interkulturelle Kompetenz" definieren wollen, erscheint es zunächst wichtig, zu beschreiben, was „Kultur" bedeutet. In der Literatur existieren zahlreiche unterschiedliche Begriffsbestimmungen, von denen wir einige wenige aufgreifen möchten:

- Laut Thomas (2003) stellt Kultur ein für die Gesellschaft, Organisation oder Gruppe typisches Orientierungssystem dar. In der Kultur spiegelt sich also wider, was die Mehrheit der Kulturzugehörigen als selbstverständlich, typisch und normal bewertet.

- Hofstede (2009) beschreibt Kultur als eine Art mentale Programmierung, die unsere Wahrnehmung, unser Denken, Fühlen und Handeln leitet. Dabei manifestiert sich die Kultur in unseren Symbolen, Ritualen, Regeln und Werten, die wiederum unser Denken und Handeln sowohl im privaten als auch beruflichen Umfeld dirigieren.

- Trompenaars (1993) postuliert, Kultur sei der Weg, auf dem menschliche Gesellschaften zur Lösung von Problemen finden.

- „Die Summe aller Führungsstrukturen, die von einer Gruppe, einer Organisation, einer Familie oder einem Land geteilt wird, nennt man Kultur. Unsere Kultur ist die Summe aller geteilten, verhaltenslenkenden Elemente, die von einer bestimmten Anzahl Personen geteilt wird" (Paschen 2012).

Aus den Definitionen lässt sich ableiten, dass die Kultur, in die wir hineingeboren werden beziehungsweise in der wir aufwachsen, in hohem Maß identitätsstiftend ist, d. h. uns Orientierung gibt. Was wir gut beziehungsweise schlecht finden, was wir für richtig beziehungsweise falsch halten, ist demnach in hohem Maß von unserer Kultur abhängig. Beobachten kann man Kultur aber selbstverständlich auch in ganz alltäglichen und gewöhnlichen Aspekten des Lebens: Begrüßung, Essen, Zeigen und Verbergen von Emotionen, Körperhygiene, Körperabstand zu anderen etc. Aber eine andere Kultur zu „beobachten" heißt noch lange nicht, sie auch richtig interpretieren zu können. Genau aus diesem Grund kommt es so häufig zu Missverständnissen zwischen den

Angehörigen unterschiedlicher Kulturkreise. Die gleichen Verhaltensweisen, Situationen oder Signale werden – in Abhängigkeit von der jeweiligen Kultur – unterschiedlich gedeutet.

Kultur, die laut Berninghausen und Hecht-El Minshawi (2011) Ergebnis der Umwelt beziehungsweise der Umgebung sowie Geschichte des jeweiligen Landes ist, ist allerdings nicht nur statisch, sondern vielmehr Veränderungsprozessen unterworfen, jedoch sind diese Veränderungsprozesse langwierig und von außen kaum direkt beeinflussbar. Dass Kulturen grundsätzlich nur bedingt von außen steuerbar sind, sieht man auch daran, dass Projekte, die sich mit der Änderung einer Unternehmenskultur befassen, nicht selten scheitern.

Doch worin unterscheiden sich die Kulturen voneinander? Hierzu existieren in der Literatur zahlreiche Ausführungen. Erwähnenswert sind in dem Zusammenhang beispielsweise die Arbeiten von Hofstede (2009), Hall und Hall (1990) oder Trompenaars (1998). Diese und andere Autoren haben auf Basis von Untersuchungen mehrere Dimensionen definiert, in denen sich Kulturen unterscheiden, z. B.:

- Einstellung zu Umwelt und Natur,

- Umgang mit Zeit,

- Wahrnehmung von Hierarchie und Ungleichheit,

- Beziehung zwischen Individuum und Gesellschaft,

- Beziehung zwischen Privatsphäre und öffentlichem Raum,

- Kommunikationsstil,

- Einstellung zu Regeln,

- Umgang mit Risiken und Unsicherheiten.

Auf Basis dieser sogenannten Kulturdimensionen lassen sich demnach die wesentlichen Unterschiede zwischen Kulturen benennen. Vergleicht man beispielsweise die USA mit China anhand der Dimension „Beziehung zwischen Individuum und Gesellschaft", lassen sich die Unterschiede besonders deutlich machen. In China liegt die Identität eines Einzelnen mehr im sozialen Netzwerk begründet, dem man angehört (Kollektivismus). Enge Bindungen (auch zwischen Arbeitgeber und Arbeitnehmer) sowie Harmoniewahrung sind dabei typische Merkmale. In den USA (und mit einer gewissen Tendenz auch in Deutschland) ist die Identität vielmehr im Individuum selbst begründet (Individualismus), d. h. nicht die Zugehörigkeit zu einem bestimmten Netzwerk beziehungsweise einer Gemeinschaft bestimmt in erster Linie, wer wir sind, sondern wir selbst (unsere Leistung, die von uns erzielten Ergebnisse und Erfolge etc.). Bindungen sind in vielen Fällen lose und die Beziehung zwischen Arbeitgeber und Arbeitnehmer ist ein Vertrag, der sich auf gegenseitigem Nutzen gründen soll.

Anhand der oben dargestellten Kulturdimensionen lassen sich sehr praktisch grobe Unterschiede zwischen den Kulturen beschreiben. Beispielsweise hat Hofstede in seinen Langzeitstudien über 70 Länderkulturen auf insgesamt fünf Dimensionen einander gegenübergestellt. Dabei sollten wir jedoch berücksichtigen, dass es sich um Tendenzen und Verallgemeinerungen handelt, die es uns nicht erlauben, mit Sicherheit zu sagen, wie beispielsweise „der Franzose" genau tickt.

Hofstede nimmt zudem an, dass es Kulturen gibt, die sich insgesamt recht ähnlich sind, sodass die Anforderungen an die interkulturelle Kompetenz im Falle eines Auslandsaufenthalts geringer ausfallen. Nichtsdestotrotz können die Kulturunterschiede manchmal größer ausfallen, als auf den ersten Blick anzunehmen wäre, wie beispielsweise zwischen Deutschland und Österreich (Hofstede 2006). Dementsprechend wird unsere interkulturelle Kompetenz umso mehr gefordert, wenn wir in ein Land gehen beziehungsweise mit einer Kultur in Kontakt treten, das sich in allen potenziellen Kulturdimensionen deutlich von unserer Kultur unterscheidet.

7.1.2 Interkulturelle Kompetenz

Doch was macht oder kann jemand, der interkulturell kompetent sein soll? Diese Frage möchten wir unter anderem mithilfe einiger ausgewählter Definitionen beantworten:

- Fähigkeit des Individuums, im Umgang mit einer oder mehreren Personen mit unterschiedlichen kulturellen Hintergründen beziehungsweise unterschiedlichen mentalen Programmen (Hofstede 2009) effektiv zu interagieren.

- Leenen und Grosch (1998) bezeichnen interkulturelle Kompetenz als Kommunikations- und Handlungsfähigkeit in kulturellen Überschneidungssituationen. Demnach kann die interkulturelle Kompetenz als eine Form der sozialen Kompetenz verstanden werden, die um die kulturelle Komponente erweitert wird.

- Thomas (2003) definiert interkulturelle Kompetenz wie folgt: „Interkulturelle Kompetenz zeigt sich in der Fähigkeit, kulturelle Bedingungen und Einflussfaktoren im Wahrnehmen, Urteilen, Empfinden und Handeln bei sich selbst und bei anderen Personen zu erfassen, zu respektieren, zu würdigen und produktiv zu nutzen im Sinne einer wechselseitigen Anpassung, von Toleranz gegenüber Inkompatibilitäten und einer Entwicklung hin zu synergieträchtigen Formen der Zusammenarbeit, des Zusammenlebens und handlungswirksamer Orientierungsmuster in Bezug auf Weltinterpretation und Weltgestaltung."

- Laut IIKD (Institut für Interkulturelle Kompetenz und Didaktik e. V.) ist interkulturelle Kompetenz die Fähigkeit, beidseitig effektiv mit Menschen aus anderen Kulturen umzugehen und zusammenzuarbeiten.

Basierend auf den Definitionen interkultureller Kompetenz möchten wir zwei Aspekte herausstellen: Zum einen erscheint es uns wichtig, zu betonen, dass die Begriffsbestimmungen sich dahingehend unterscheiden, dass die einen interkulturelle Kompetenz vorrangig als soziale Komponente betrachten, welche die Interaktion mit anderen Kulturen grundsätzlich zu erleichtern vermag. Andere (z. B. Thomas 2003) gehen einen Schritt weiter und erweitern den zuerst genannten Aspekt um eine etwas konkretere Zielorientierung. In diesem Sinne reicht es nicht aus, die andere Kultur nur zu verstehen und mit deren Mitgliedern vernünftig in Interaktion treten zu können. Vielmehr ist jemand dann interkulturell kompetent, wenn er auch in einem für ihn fremden kulturellen Kontext Ziele erreichen und (im Berufskontext) erfolgreich sein kann. Demnach geht es hier um die Handlungsflexibilität im Umgang mit unterschiedlichen Anforderungen in anderen Kulturen, deren Hintergrund zunächst durch Sensibilität und Erlernen sozialer Regeln erschlossen werden muss.

Zum anderen wird bei der Betrachtung unterschiedlicher Begriffsbestimmungen deutlich, dass interkulturelle Kompetenz keine „reine" Kompetenz darstellt, sondern vielmehr als (erfolgreiches) ganzheitliches Zusammenspiel mehrerer Komponenten oder Facetten zu verstehen ist (Bolten 2007). Die wesentlichen Facetten, die interkulturelle Kompetenz ausmachen beziehungsweise fördern, werden wir im nachfolgenden Unterkapitel darstellen und näher erläutern.

7.1.3 Facetten der interkulturellen Kompetenz

Da sich Kompetenzen unter einer psychologischen Perspektive aus Orientierungen, Erfahrungen sowie Fähigkeiten zusammensetzen (Paschen & Dihsmaier 2012), haben wir die Facetten der „interkulturellen Kompetenz" entlang dieser drei Kategorien gegliedert. Grundsätzlich lässt sich folgern, dass je mehr Facetten bei einer Person hoch ausgeprägt sind, desto höher ihre interkulturelle Kompetenz ist. Im Umkehrschluss muss man nicht zwingend über alle Facetten verfügen, um interkulturell kompetent zu sein. Zudem möchten wir an dieser Stelle erwähnen, dass die jeweiligen Facetten nicht als absolut trennscharf zu betrachten sind.

Orientierung bzw. Wollen	
Neugierde	Eine erste Voraussetzung für interkulturelle Kompetenz stellt die Neugierde dar. Menschen, die etwas Neues sehen und erleben wollen, Lust auf Andersartigkeit haben sowie eine hohe Offenheit für andere Werte und Normen mitbringen, legen einen wichtigen Grundstein für den Ausbau ihrer interkulturellen Kompetenz.
Interkulturelle Lernbereitschaft	Die Lernbereitschaft geht einen Schritt weiter als die Neugierde. Hier geht es nicht nur darum, etwas Neues erleben zu wollen, sondern auch darum, etwas aus Erlebtem mitnehmen zu wollen: Man will die andere Kultur verstehen sowie deren Werte und Normen kennenlernen. Zur interkulturellen Lernbereitschaft gehört auch, aus anderen Denk- und Verhaltensweisen lernen zu wollen, statt sie lediglich zu beurteilen oder gar zu verurteilen.
Anpassungsbereitschaft	Die Anpassungsbereitschaft baut wiederum auf der Lernbereitschaft auf. Um interkulturell kompetent zu sein, reicht es nicht aus, die andere Kultur nur kennenzulernen. Zusätzlich sollte man die Bereitschaft mitbringen, sich bei Bedarf neue Verhaltensweisen anzueignen und sich an die gegebenen neuen Rahmenbedingungen anzupassen. Wer von Anfang an sagt: „Ich bin wie ich bin, und zwar überall", reduziert seine Erfolgschancen im interkulturellen Kontext.
Ambiguitätstoleranz	Bei der Ambiguitätstoleranz geht es um die Bereitschaft, auch widersprüchliche, mehrdeutige Situationen zu ertragen. Wie bereits weiter oben beschrieben, haben ähnliche Verhaltensweisen in unterschiedlichen Kulturen unterschiedliche Bedeutungen. Darauf aufbauend wird man gerade in interkulturellen Umgebungen oft mit mehrdeutigen Informationen konfrontiert, die schwer verständlich oder sogar inakzeptabel erscheinen. Wer in solchen Fällen zum „Schwarz-Weiß-Denken" tendiert, wird im Ausbau der interkulturellen Kompetenz limitiert.

Erfahrung bzw. Wissen	
Wissen um die eigene Kultur	Hierbei geht es um das Kennen der eigenen Kulturstandards, Werte und Normen sowie der in der eigenen Kultur vorherrschenden Menschenbilder. Wie bereits in der Einleitung beschrieben, kann man andere Kulturen erst in Abgrenzung zu der eigenen Kultur wirklich verstehen. Daher benötigt man in erster Linie das Wissen um die eigene Kultur beziehungsweise kulturelle Prägung.
Wissen um die andere Kultur	Mit dieser Facette ist die Kenntnis der Kulturstandards, Werte, Normen, Menschenbilder, Arbeitsweisen, Praktiken der anderen Kultur gemeint. Auch Geschichtskenntnisse helfen häufig beim Verständnis der kulturellen Prägung der anderen Kultur.
Sprachkenntnisse	Bei den Sprachkenntnissen geht es nicht zwingend darum, die jeweilige Landessprache zu kennen. Wichtig ist vielmehr eine gemeinsame Sprache (z. B. Englisch). Doch auch wenn die Kenntnisse der jeweiligen Landessprache nicht zwingend erforderlich sind, erleichtern sie doch die Akzeptanz im anderen Kulturkreis und fördern zudem das Verständnis der anderen Kultur, die sich auch in der Sprache widerspiegelt.
Interkulturelle Erfahrungen	Wer in einem anderen Land gearbeitet und gelebt hat oder Erfahrungen im Umgang mit internationalen Verhandlungs- und Geschäftspartnern sammeln konnte, verfügt über interkulturelle Erfahrungen, die ebenfalls zu interkultureller Kompetenz gehören. An dieser Stelle drängt sich die Frage auf, ob jemand, der in einem kleinen Dorf aufgewachsen, dieses noch nie verlassen hat und nie mit Ausländern in Kontakt getreten ist, interkulturell kompetent sein kann. Die Antwort ist „nein", da die Erfahrung einen wichtigen Bestandteil einer Kompetenz darstellt und es darüber hinaus ohne „Realitätstest" keine Prüfung der Leistungsdimension der interkulturellen Kompetenz geben kann. Dennoch kann man auch ohne interkulturelle Erfahrungen das **Potenzial** zur interkulturellen Kompetenz haben, sofern die Anforderungen an die Orientierung (s. oben) und gegebenenfalls auch die Fähigkeit (s. unten) erfüllt sind. Und dann stellt sich auch die Frage, **wie viel** interkulturelle Erfahrungen man benötigt. Diese Frage lässt sich nicht eindeutig beantworten. Sicherlich fördert es die interkulturelle Kompetenz, wenn ich beispielsweise in Deutschland mit vielen Ausländern aufwachse. Noch stärker wird die interkulturelle Kompetenz gefordert und gefördert, wenn ich mich über einen längeren Zeitraum im Ausland aufhalte. Wie viele Länder und Kulturen man kennengelernt haben muss, um **genug** Auslandserfahrung zu haben, kann jedoch nicht pauschal beantwortet werden. Vielmehr kommt es darauf an, was man bei seinen jeweiligen Auslandaufenthalten mitgenommen hat und wie sehr sich die andere Kultur von der eigenen unterscheidet. Wenn ich beispielsweise als Deutscher genau die Kompetenzen mitbringe, die in einem Land als erfolgsförderlich angesehen werden, kann ich mich in diesem Land gut bewegen, ohne besonders interkulturell kompetent sein zu müssen.

Fähigkeit bzw. Können	
Reflexionsfähigkeit	Hierbei geht es darum, sich mit den eigenen, aus der Kultur resultierenden Verhaltens- und Denkmustern auseinandersetzen, Stereotype sowie Vorurteile selbstkritisch wahrnehmen und eigene Werte gegebenenfalls infrage stellen zu können. Demnach verringert die Reflexionsfähigkeit den **Ethnozentrismus**, d. h. die Überzeugung, dass die eigenen Werte und Verhaltensmuster immer normal, natürlich, gut und richtig sind, während die fremden schlecht(er), unnatürlich(er), irrational und inkorrekt sind (Glaube an die Überlegenheit der eigenen Kultur). Reflexionsfähigkeit bedeutet aber auch, die andere Kultur reflektieren, dekodieren und verstehen zu können, um darauf aufbauend in der Lage zu sein, die Kulturen miteinander zu vergleichen. Die Reflexionsfähigkeit hilft also dabei, sich mit den Kulturen auf kognitiver Ebene auseinanderzusetzen und das Wissen um die jeweiligen Kulturen entsprechend zu verarbeiten.
Verhaltensflexibilität	Wer verhaltensflexibel oder auch anpassungsfähig ist, schafft es, sich trotz einer bestimmten kulturellen Prägung im Ausland bei Bedarf anders zu verhalten. Dies kann zum Beispiel bedeuten, dass ein eher dominanter und extrovertiert Mensch sich entsprechend zusammenreißen und sich in Zurückhaltung üben kann, wenn er weiß, dass seine ausländischen Geschäftspartner dies von ihm erwarten beziehungsweise die Zurückhaltung in dem Fall eher zum Erfolg führt. Verhaltensflexibilität beziehungsweise Anpassungsfähigkeit beinhaltet aber auch eine rein physische Ebene. So gehört es auch zur interkulturellen Kompetenz, in China mit Stäbchen zu essen oder in England die linke Fahrspur benutzen zu können.

Aus unserer Definition lässt sich ableiten, dass man, wenn man die entsprechenden Voraussetzungen im Bereich Wollen, Können und Wissen mitbringt, die Wahrscheinlichkeit erhöht, in einem bestimmten Land erfolgreich zu sein. Allerdings trifft man im Ausland nicht selten Expatriates, die keineswegs in unsere Definition passen und dennoch erfolgreich sind. Diese Personen sind vielleicht nicht interkulturell kompetent im klassischen Sinne, aber schaffen es – auf welche Weise auch immer – dennoch, ihre Ziele zu erreichen. Nicht selten ist dies der Tatsache geschuldet, dass diese Personen schlicht und einfach in die „fremde" Kultur besser passen, d. h., sie bringen bereits Kompetenzen mit, die in dieser Kultur als erfolgversprechend gelten. Manchmal sind solche Expatriates in dem fremden Land vielleicht sogar erfolgreicher und erreichen ihre Ziele besser als im Heimatland. Diese Personen würden wir nicht als interkulturell kompetent bezeichnen, da die Wahrscheinlichkeit, dass sie auch in anderen

Ländern erfolgreich sind, durchaus gering ist. Es gibt nur von Anfang an diese Passung zwischen ihnen und einer bestimmten Kultur.

Bei der Darstellung der interkulturellen Kompetenz einschließlich der dazugehörigen Facetten haben wir uns bislang darauf fokussiert, welche Orientierungen, Fähigkeiten und Erfahrungen dazu beitragen, in irgendeinem bestimmten Land kompetent agieren zu können. Anders formuliert stellen die Facetten Voraussetzungen oder das Potenzial dafür dar, dass ich mich in einer fremden Kultur erfolgreich bewegen kann.

Darüber hinaus erscheint uns die Betrachtung eines weitergehenden Aspektes wichtig. Sie haben sich möglicherweise gewundert, warum ausgerechnet auf der Ebene des Könnens nur wenige Facetten genannt wurden. Dies liegt auch daran, dass die interkulturelle Kompetenz, ähnlich wie Teamfähigkeit (vgl. Borchardt & Faerber 2012), nicht überschneidungsfrei zu anderen Kompetenzen ist: Ein interkulturell kompetenter Mensch muss in der Lage sein, je nach interkultureller Anforderung diejenige Kompetenz bewusst abzurufen, die in dem Kontext als zielführend wahrgenommen wird („Kann jemand in China überzeugen?" „Kann jemand in Russland führen?" „Kann jemand in Australien networken?" etc.). Schließlich ist in China gute Kommunikationsfähigkeit etwas anderes als in Deutschland, wer in Russland als führungsstark gilt, muss beispielsweise in den USA nicht zwingend eine gute Führungskraft sein, Verhandlungsgeschick in Indien beinhaltet andere Komponenten als Verhandlungsgeschick in Frankreich etc. Der Grund dafür liegt darin, dass auch Kompetenzen kulturelle Konventionen darstellen. Laut Paschen (2012) sind Kompetenzen „bewusst wiederholbare Verhaltensweisen, die **in einem bestimmten Kulturraum** als erfolgsförderlich wahrgenommen werden." Je höher also meine interkulturelle Kompetenz, desto höher die Wahrscheinlichkeit, dass ich in ganz unterschiedlichen Ländern in der Lage sein werde, bestimmte Verhaltensweisen bewusst an den Tag zu legen.

Zusammenfassend gesprochen sehen wir, ob jemand interkulturell kompetent ist, nicht unmittelbar, sondern vor allem an der erfolgreichen Leistung in bestimmten anderen Kompetenzen in anderen Kulturräumen. Die von uns vorgestellten Facetten erhöhen demnach die Wahrscheinlichkeit, dass jemand es schafft, wichtige, in einem anderen Kulturraum notwendige Kompetenzen entsprechend abzurufen.

7.1.4 Co-Kompetenzen der interkulturellen Kompetenz

Im Folgenden stellen wir in Kürze Kompetenzen dar, die in hohem Maß mit der interkulturellen Kompetenz korrelieren (sogenannte Co-Kompetenzen).

Wie Sie bereits gesehen haben, existieren auf der Fähigkeitsebene nur wenige Facetten. Die Co-Kompetenzen sind zwar im Gegensatz zu den Facetten eigenständige Kompetenzen, stellen aber genau wie unsere Facetten wichtige Voraussetzungen für die interkulturelle Kompetenz dar beziehungsweise sind mit dieser eng verzahnt:

- **Empathie**
    Wer empathisch ist, kann sich in einen anderen Menschen „hineinfühlen" beziehungsweise „hineindenken" und dessen Emotionen teilen beziehungsweise eine bestimmte Situation aus dessen Perspektive sehen, um darauf aufbauend das eigene Verhalten an den Gefühlen und der Perspektive des Gegenübers ausrichten zu können (Becks & Mahinova 2013). Erweitert man Empathie um den interkulturellen Aspekt, werden die Gemeinsamkeiten zwischen interkultureller Kompetenz und Empathie besonders deutlich.

- **Konfliktfähigkeit**
    Gerade in internationalen Kontexten sind Konflikte aufgrund interkultureller Missverständnisse keine Seltenheit. Wer über gute Konfliktmanagementfähigkeiten verfügt, erhöht demnach die Wahrscheinlichkeit, in interkulturellen Kontexten mit schwierigen Gesprächspartnern beziehungsweise in Konfliktsituationen lösungsorientiert und daher erfolgreich interagieren zu können.

- **Stressmanagement**
    In internationalen Kontexten wird man, wie wir bereits weiter oben dargestellt haben, nicht selten mit widersprüchlichen Gegebenheiten und Informationen konfrontiert. Man muss im Ausland beziehungsweise im Umgang mit internationalen Ansprechpartnern damit umgehen können, dass man nicht sofort versteht, man nicht sofort erfolgreich ist, man trotz guter Absichten abgelehnt wird etc. Dazu gehören Strategien zur Stressbewältigung, Frustrationstoleranz und damit einhergehend ein hohes Maß an Geduld.

- **Kontaktfähigkeit**
    Auch die Kontaktfähigkeit, also die Fähigkeit, offen auf andere Menschen zuzugehen und mit ihnen in Interaktion zu treten, korreliert in hohem Maß mit der interkulturellen Kompetenz. Denn das Kennenlernen Angehöriger anderer Kulturkreise und der Austausch mit ihnen

erleichtern auch das Kennenlernen der jeweiligen Kultur, was sich wiederum positiv auf die interkulturelle Kompetenz auswirkt.

7.2 Geschichte der interkulturellen Kompetenz

Es geht uns an dieser Stelle weniger darum, die geschichtliche Entwicklung der Kompetenz an bestimmten Jahreszahlen festzumachen, sondern wir möchten vielmehr darauf eingehen, welche Veränderung die Bedeutung von interkultureller Kompetenz im Verlauf der Menschheitsgeschichte genommen hat. Die interkulturelle Kompetenz hat insbesondere im zwanzigsten Jahrhundert enorm an Gewichtigkeit gewonnen. Dabei sind die Integration Europas, der Fall des Eisernen Vorhangs, die wirtschaftliche Expansion Chinas nur einzelne Beispiele, die in diesem Kontext genannt werden können.

Ein weiterer übergeordneter Grund für den Anstieg der Bedeutung der interkulturellen Kompetenz liegt sicherlich auch darin, dass globalisierte Finanz- und Warenmärkte, weltweite Medienstrukturen und Migrantenströme zu einer exponentiellen Zunahme kultureller Austauschprozesse geführt haben. Und wo viele Kulturen aufeinandertreffen – unabhängig davon, ob faktisch oder vielleicht nur virtuell –, steigen die Anforderungen an die interkulturelle Kompetenz der jeweiligen Mitglieder einer bestimmten Kultur. Heute ist es wichtiger denn je, andere im internationalen Kontext zu überzeugen, gemeinsam Ziele zu erreichen, miteinander beidseitig erfolgreich zu wirtschaften und anderweitig voneinander zu profitieren. Und die Verflechtung zwischen unterschiedlichen Kulturen beziehungsweise Ländern wächst (auch wenn nicht flächendeckend) weiter, sowohl auf politischer als auch auf wirtschaftlicher Ebene.

Und wenn man sich beispielsweise frühere Hafen- und Hansestädte anschaut, könnte man annehmen, dass die Handelsleute in diesen Städten sich schon recht früh mit Fragen rund um die interkulturelle Kompetenz befassen mussten. Hamburg war bereits im Spätmittelalter eine bedeutende Hansestadt, die sich „weltoffen" zeigte. Sicherlich war es auch damals schon wichtig, zu verstehen, wie Norweger oder Briten ticken, um mit diesen erfolgreich Seehandel betreiben zu können. Allerdings wird zur damaligen Zeit kaum jemand den Begriff „interkulturelle Kompetenz" in den Mund genommen haben. Dieser kam erst Mitte der 80er- bis Anfang der 90er-Jahre besonders in Mode und erfuhr ab da eine recht inflationäre Verwendung (Thomas 2003).

7.3 Individuelle Entwicklung der interkulturellen Kompetenz

Die meisten Bestandteile der eigenen Kultur werden in der frühen Kindheit im Rahmen der Erziehung erlernt. Die Kinder lernen eine bestimmte Sprache, bekommen beigebracht, wie man sich „unter Leuten", am Tisch, im Kindergarten zu verhalten hat und was man auf keinen Fall tun darf etc. Dies führt wiederum zu einer langfristigen Verfestigung von Verhaltensmustern, Werten und Vorstellungen, die laut Hofstede (2009) in unseren kulturspezifischen „mentalen Programmen" münden.

Auch der Grundstein für ein hohes „interkulturelles Potenzial" wird bereits sehr früh gelegt (Anlagen, frühkindliche Erziehung): Ist man eher vorsichtig und verunsichert oder abenteuerlustig? Hat man Spaß oder Angst vor neuartigen und fremden Dingen? Fällt es leicht, offen mit anderen in Kontakt zu treten? Kommen die beiden Elternteile vielleicht aus unterschiedlichen Ländern? etc.

Bereits im frühen Alter sind es häufig die „kleinen Entdeckergeister", die sich für alles interessieren, Spaß (statt Angst) an Neuartigem und Andersartigem haben. Später gehen sie möglicherweise viel auf Reisen, um neue Länder zu entdecken und andere Sitten kennenzulernen, indem sie beispielsweise den Kontakt zu Einheimischen suchen. Heutzutage hat man darüber hinaus bereits in der Schulzeit sowie insbesondere während des Studiums einige Gelegenheiten, sich mit anderen Ländern und Kulturen auseinanderzusetzen: Schüleraustausch, Auslandssemester etc. Die Kompetenz wird somit in hohem Maß durch den Kontakt mit Menschen anderer Kulturen und die bewusste oder unbewusste Auseinandersetzung mit deren Kultur erlernt. Sicherlich wird die Entwicklung der Kompetenz auch unterstützt, wenn man beispielsweise mit vielen Kollegen anderer Kulturkreise zusammenarbeitet. Doch stärker wird der Aufbau der interkulturellen Kompetenz gefördert, wenn man sich über einen längeren Zeitraum im Ausland aufhält, weil man dann in viel mehr (um nicht zu sagen in fast allen) Lebensbereichen dem Andersartigen und Fremden ausgesetzt ist.

Das Lernen im Rahmen dieser interkulturellen Begegnung erfolgt laut Hofstede, Hofstede und Minkov (2010) dabei in der Regel in unterschiedlichen, aufeinander aufbauenden Phasen:

Häufig ist es die **Euphorie**, die am Anfang eines Auslandsaufenthalts steht. Man freut sich auf das Reisen und hat Lust darauf, das Neue und Unbekannte kennenzulernen. Vielleicht hat man sich im Vorfeld schon ein wenig informiert und einige positive Erlebnisgeschichten erzählt bekommen, die diese Euphorie zusätzlich befeuern. Doch hält diese Euphorie (vorausgesetzt, es gab sie zu

Beginn tatsächlich) häufig nicht lange an. Sobald man das tatsächliche Leben in der neuen Umgebung anfängt, erwartet einen in vielen Fällen eine Art **Kulturschock**. Plötzlich sitzt man beispielsweise in Australien in einem Meeting-Raum, wundert sich, warum man der einzige Anwesende ist und ärgert sich, als die Kollegen gut gelaunt erst 15 Minuten später erscheinen und sich noch nicht einmal für ihr Zuspätkommen entschuldigen. Oder man ist in China und hat soeben einem chinesischen Mitarbeiter sehr klar erklärt, was er zu tun hat, um kurze Zeit später festzustellen, dass nichts von dem, was man ihm aufgetragen hatte, ausgeführt worden ist. Dabei hat der Mitarbeiter doch verständnisvoll dreingeschaut, eine freundliche Mimik aufgesetzt und zugesagt, die Aufgabe zu übernehmen.

Nach diesem ersten Schock, der einen ein Gefühl von Angst oder Hilflosigkeit verspüren lassen oder je nach Intensität in einigen Fällen zum Abbruch des Auslandsaufenthalts führen kann, fängt man im nächsten Schritt an, die Situation zu beobachten und gewisse Verhaltensweisen der anderen aus einem anderen Blickwinkel zu betrachten. Man liest Bücher wie „Beruflich in Land XY", um die andere Kultur besser zu verstehen, tauscht sich mit erfahreneren Personen des eigenen Kulturkreises aus und schaut zu, was andere tun, um dieses Verhalten gegebenenfalls imitieren oder zumindest besser nachvollziehen zu können. Auf diese Weise erfolgt langsam die **kulturelle Anpassung**: Man lernt, in der neuen Umgebung zurechtzukommen. Und mit Fortschreiten der Zeit **stabilisiert sich** dann ein gewisser **Status**, der sowohl negativer (man fühlt sich einsam, diskriminiert etc.) als auch positiver Natur (neue Lebensweise, gewisse Freiheiten etc.) sein kann.

Das Aneignen von interkultureller Kompetenz ist also ein langwieriger Prozess. Dabei reicht es nicht aus, eine fremde Sprache zu erlernen oder sich Wissen über andere Kulturen anzueignen. Eine gelungene Interaktion oder Zusammenarbeit mit Menschen verschiedener Kulturen benötigt die Fähigkeit und den Willen der Anpassung sowie eine intensive Auseinandersetzung mit dem eigenen Weltbild (Bredella & Christ 2007) und die Infragestellung sowie gegebenenfalls Korrektur der eigenen Werte statt Bildung von Werturteilen über die andere Kultur und „Schwarz-Weiß-Denken" (Wie können die nur …?!" oder „So etwas macht man doch nicht!"). Wer dazu nicht in der Lage oder bereit ist, wird sehr wahrscheinlich in der Entwicklung seiner interkulturellen Kompetenz eingeschränkt.

7.4 Interkulturell kompetente Typen

Wir stellen im Folgenden unterschiedliche interkulturelle Kompetenz-Typen vor. Alle von uns ausgearbeiteten Typen sind als mehr oder weniger interkulturell kompetent zu verstehen, allerdings unterscheiden sie sich in ihrem Anpassungsverhalten, in ihrer Zielsetzung und ihrem Handeln.

Assimilator

Der „Assimilator" will und kann sich äußerst schnell an neue Kulturen anpassen. Überspitzt formuliert passt sich der Assimilator nicht nur an, sondern geht vielmehr in der neuen Kultur auf, indem er die eigene Identität (seine Einstellungen, Eigenschaften etc., die zu seiner eigenen Kultur gehören) zu vielen Teilen aufgibt, sobald er intensiv in Berührung mit einer neuen Kultur kommt. Der Assimilator ist eher zurückhaltend, wenig geltungsbedürftig und legt nicht so viel Wert darauf, seine eigene Kultur im Umgang mit anderen Kulturen kenntlich zu machen, sondern fühlt sich wohler damit, in der neuen Umgebung nicht aufzufallen, was eben zu der Assimilation führt. Damit einhergehend bringt er ein hohes Maß an Lernbereitschaft mit.

Der Assimilator kann mit einem Chamäleon verglichen werden, das seine Farbe immer an die jeweilige Umgebung anpassen kann und dadurch für den Beobachter nicht auf Anhieb erkennbar ist. Um dies allerdings erzielen zu können, benötigt der Assimilator ein gutes Gespür für andere Kulturen und eine ausgesprochen hohe Verhaltensflexibilität. In Zusammenarbeit mit Mitarbeitern der anderen Kultur kann er für ein konfliktarmes Miteinander sorgen und den Teamgedanken fördern, weil er Andersartigkeit akzeptiert, als ambiguitätstolerant anzusehen ist und sich – wie bereits erwähnt – hervorragend anpassen kann. Aufgrund seiner hoch ausgeprägten Flexibilität wird der Assimilator vermutlich in vielen auch sehr heterogenen Teams gut zurechtkommen und erfolgreich arbeiten können. Allerdings ist dieser interkulturell kompetente Typ wenig geeignet, wenn es beispielsweise darum geht, ins Ausland entsendet zu werden, um dort bestimmte Interessen der eigenen Kultur oder der eigenen Organisation zu vertreten.

Wichtig ist uns zu betonen, dass der Assimilator sich nicht vorrangig deshalb anpasst, weil er ein bestimmtes Ziel verfolgt, sondern weil die Anpassung an die jeweilige Umgebung seinem Naturell entspricht. Damit einhergehend ist der Assimilator weniger derjenige Typ, der sich kritisch mit der anderen Kultur auseinandersetzt und beim Assimilieren dieser sehr differenziert reflektiert.

Botschafter

Der „Botschafter" – wir meinen damit nicht nur den Botschafter im eigentlichen Sprachgebrauch – fungiert in der anderen Kultur als Vertreter bestimmter Interessen, die im Einklang mit der eigenen Kultur stehen. Der Botschafter agiert selbstsicher von einem starken Fundament aus. Da es dem Botschafter darum geht, die Interessen seiner Kultur, seiner Organisation oder eben seine persönlichen Interessen in einer anderen Kultur oder Organisation zu vertreten, muss er die eigene Kultur sowie die Unterschiede zu der anderen Kultur entsprechend kenntlich machen.

Dem Botschafter ist es also wichtig zu vermitteln, wofür sein Land, seine Organisation oder er selbst steht. Hierzu ist es nicht unerheblich, den Kontakt zwischen der eigenen Kultur und der Kultur des Gastlandes aufzubauen und zu fördern. Um dies zu erzielen, muss der Botschafter zu bedeutenden Angehörigen der anderen Kultur gute Beziehungen pflegen und entsprechend diplomatisch kommunizieren sowie auftreten. Die Herausforderung für ihn besteht darin, sich so weit anzupassen, dass er in der anderen Kultur akzeptiert wird (schließlich ist der Botschafter niemand, der der anderen Kultur eigene Ziele druckvoll aufoktroyieren möchte), sich zugleich aber auch so weit abzugrenzen, dass die Interessen der eigenen Kultur beziehungsweise seine persönlichen Interessen nicht in den Hintergrund geraten. Um diesen Spagat erfolgreich vollziehen zu können, ist der Botschafter zum einen stark in der kommunikativen Auseinandersetzung, zum anderen aber weniger greifbar als Person, weil er sich nicht 100-prozentig positioniert. Im Umgang mit der anderen Kultur tritt er wenig wertend auf und bringt eine hohe Ambiguitätstoleranz mit.

Gut geeignet sind Botschafter daher für sensible Verhandlungen zwischen beispielsweise zwei Unternehmen aus unterschiedlichen Ländern, für die Übernahme von Führungspositionen im Ausland oder für den Aufbau einer ausländischen Tochterorganisation, bei der es darum geht, die richtige Balance zwischen Zentralisierung oder Standardisierung (d. h. Angleichung an den Mutterkonzern) und Anpassung an lokale Gegebenheiten zu finden. Denken Sie beispielsweise an deutsche Automobilhersteller, die genau diese Balance in China gut hinbekommen haben, indem sie zwar ihrer Linie treu geblieben sind, ihre Produkte aber dennoch an die Gewohnheiten und Bedürfnisse der Lokalbevölkerung angepasst haben.

Veränderer

Der „Veränderer" geht noch einen Schritt weiter als der Botschafter. In der anderen Kultur verfolgt er ein klares Ziel, das über die Vertretung der Interessen des eigenen Landes beziehungsweise der eigenen Organisation hinausgeht:

Er will Veränderungen initiieren und damit die fremde Kultur beeinflussen. Der Veränderer ist selbstbewusst, mit seiner Meinung klar positioniert und durchsetzungsorientiert. Im Gegensatz zu dem Botschafter ist er weniger diplomatisch, nicht so stark angepasst und legt weniger Wert auf den Aufbau enger Beziehungen zu wichtigen Vertretern der anderen Kultur. Darüber hinaus trägt der Veränderer die eigene Kultur offen zur Schau: Er stellt die Vorteile der eigenen Kultur klar dar und steht zu deren Werten und Riten.

Dennoch benötigt der Veränderer einige Kenntnisse der fremden Kultur, weil er erst auf dieser Basis die richtigen Ansatzpunkte herausfinden kann, um die Angehörigen dieser Kultur zu beeinflussen beziehungsweise eine bestimmte Veränderung in der anderen Kultur zu initiieren. Doch auch wenn der Veränderer bis zu einem gewissen Grad in der Lage sein muss, auf kognitiver Ebene die Perspektive der anderen Kultur zu übernehmen, ist seine Reflexionsfähigkeit bei Weitem nicht so stark ausgeprägt wie bei den anderen Typen. Diejenige Facette, die bei ihm darüber hinaus schwach ausgeprägt ist, ist die Ambiguitätstoleranz, d. h. der Wille, Doppeldeutigkeiten auszuhalten, da für ihn letztendlich die **Beeinflussung** der anderen Kultur im Fokus steht.

Eine gute Aufgabe für den Veränderer sind Change-Projekte, bei denen es beispielsweise darum geht, ein aufgekauftes ausländisches Unternehmen in den Mutterkonzern einzugliedern. Anders als beim Botschafter steht hier jedoch die Zentralisierung, Standardisierung und Anpassung an den Mutterkonzern im Fokus und nicht so sehr die Berücksichtigung der lokalen Gegebenheiten. Einige Unternehmen aus der Finanz- und Versicherungsbranche in Europa können hier als Beispiele fungieren. Aufgrund seiner Durchsetzungsorientierung und seiner gering ausgeprägten Verhaltensflexibilität läuft der Veränderer Gefahr, Widerstände in der entsprechenden fremden Kultur hervorzurufen. Weniger geeignet ist der Veränderer daher für sensible Verhandlungen, die Verbesserung der Kooperation zwischen Vertretern zweier Kulturkreise etc.

Beobachter
Genau wie der Veränderer verfolgt auch der „Beobachter" Ziele, die jedoch nicht zwingend auf eine offene Veränderung der anderen Kultur bezogen, nicht auf den ersten Blick offenkundig und auch nicht zwingend spezifisch sind. Der Beobachter verfolgt das Ziel, die Kultur gut kennenzulernen und in die andere Kultur „einzudringen", um die für sich oder seine Organisation notwendigen Informationen erhalten zu können oder um die andere Kultur schlicht und einfach besser kennenzulernen. Anders als beim Botschafter, der die eigenen Interessen beziehungsweise die Interessen seiner Kultur offen zur Schau stellt und diese vertritt, macht der Beobachter die eigene Kultur weniger kenntlich,

d. h., er grenzt sich nicht von der anderen Kultur ab, was darin resultiert, dass er nicht sonderlich auffällt. Sein Ziel besteht zum Beispiel darin, notwendige Informationen zu ziehen und diese an seine eigene Organisation, welche Zwecke diese auch immer damit verfolgen mag, weiterzuleiten. Ein Spion stellt demnach eine Extremform des Beobachters dar.

Der Beobachter bringt ein mittleres Maß an Anpassungsbereitschaft mit. Auch seine Verhaltensflexibilität ist kleiner als die des Assimilators, jedoch größer als die des Veränderers. Man könnte vielmehr sagen, dass er sich so wenig wie möglich, jedoch soviel wie nötig anpasst, um mit der anderen Kultur entsprechend in Interaktion treten zu können. Von anderen wird er tendenziell als distanziert und zurückhaltend wahrgenommen. Des Weiteren reflektiert der Beobachter die eigene sowie die andere Kultur intensiv, bringt gute strategische Fähigkeiten mit und ist in hohem Maß lernbereit.

Im Gegensatz zum Botschafter und insbesondere im Gegensatz zum Veränderer sind die Ziele des Beobachters nicht an eine konkrete Handlung seinerseits geknüpft. Daher eignet dieser Typ sich weniger für die Initiierung von Change-Prozessen oder für die Führung von Verhandlungen. Vielmehr besteht die Stärke des Beobachters darin, eine Art „analytische Vorarbeit" zu leisten, indem er die andere Kultur beobachtet und mit ihr interagiert, um an bestimmte Informationen zu kommen. Diese Informationen können sich zum Beispiel auf eine intensive Marktbeobachtung beziehen, auf die Verbesserung des Verständnisses über die Konkurrenz im anderen Land oder aber auf die Beobachtung bestimmter Unternehmensstrukturen als Vorbereitung für ein anstehendes Change-Projekt.

Fazit
Bei den von uns präsentierten Typen handelt es sich um Extremformen. Diese Reintypen findet man in der Realität nicht so häufig wieder wie bestimmte Mischformen. Die Unterteilung in unterschiedliche Typologie hilft jedoch, beispielsweise für eine bestimmte Aufgabe im Ausland diejenige Person oder denjenigen interkulturell kompetenten Typen auszuwählen, der für diese Aufgabe am ehesten geeignet erscheint. Demnach ist keiner dieser Typen per se schlecht oder gut, sondern je nach Kontext und Situation mehr oder weniger passend beziehungsweise als Erfolgsgarant anzusehen.

7.5 Berühmte Repräsentanten interkultureller Kompetenz

Eine Person, die von vielen als „echter Europäer", „Architekt des neuen Europa" oder „Vater Europas" beschrieben wurde, war **Jean-Baptiste Nicolas Robert Schuman** (1886–1963), ein deutsch-französischer Staatsmann. Schuman wurde in Luxemburg geboren, studierte in Deutschland, arbeitete im Ersten Weltkrieg in der deutschen Verwaltung und nahm nach der Abtrennung Lothringens die französische Staatsangehörigkeit an. Schuman war Ministerpräsident von Frankreich und bereitete als französischer Außenminister den Weg zur Schaffung der Montanunion vor. Später war Schuman Präsident des Europäischen Parlaments. Für viele ist sein Name untrennbar verbunden mit der europäischen Einigungsbewegung und der deutsch-französischen Aussöhnung nach dem Zweiten Weltkrieg. 1958 erhielt Schuman den Karlspreis (Internationaler Karlspreis zu Aachen), der alljährlich für Verdienste um die Europäische Einigung verliehen wird.

Glaubt man den Überlieferungen, muss auch der venezianische Händler und Entdecker **Marco Polo** (1254–1324) nicht zuletzt aufgrund seiner interkulturellen Erfahrungen (z. B. langjährige Reise durch China) eine interkulturell kompetente Persönlichkeit gewesen sein. Erst 17 Jahre alt war Marco Polo, als er die lange Reise nach Asien antrat. Nach rund 20 Jahren machte er sich auf den Weg zurück in seine Heimat. Eigentlich sollte Marco Polo dem Großkhan in China eine Nachricht des damaligen Papstes überbringen. Stattdessen ließ sich Marco Polo in China nieder und wurde zum Vertreter des mongolischen Herrschers Großkhan ernannt. In dieser Rolle reiste Marco Polo mehrere Jahre durch ganz China und schrieb seine Erfahrungen nieder.

Eine weitere interkulturelle „Person", die wir an dieser Stelle nennen möchten, ist **Kara Ben Nemsi**, der autobiographisch beeinflusste Ich-Erzähler in den Orient-Romanen von Karl May. Kara Ben Nemsi verkörpert dabei einen jungen Deutschen, der meist zusammen mit Begleitern wie seinem Diener und Führer Hadschi Halef Omar oder dem englischen Lord Sir David Lindsay durch Nordafrika, den Nahen Osten, den Sudan und den Balkan zieht und bei seinem Kampf für Frieden und Gerechtigkeit allerlei Abenteuer erlebt. Karl May verwischte in seinen Geschichten immer wieder die Grenzen zwischen Wirklichkeit und Fantasie. Unabhängig davon, wie viel der Schriftsteller sich ausgedacht hat, ist es ihm gelungen, eine „interkulturell kompetente" Figur zu schaffen.

Ein weiteres nicht-fiktives Beispiel für eine interkulturell kompetente Persönlichkeit liefert **Yukako Uchinaga**, die seit 2008 Vorstandsvorsitzende von Berlitz Corporation (Berlitz-Sprachschulen) ist. Unter ihrer Leitung hat sich Berlitz zu einem Unternehmen für globales Führungstraining sowie internationale Aus- und Weiterbildung entwickelt. Gerade Themen wie „globale Unternehmensführung" oder „Weiterentwicklung im Bereich Technologiemanagement" zählen zu den Steckenpferden Uchinagas. Zuvor war sie unter anderem Aufsichtsrat von IBM Japan oder Geschäftsführerin von Asia Pacific technical operations. 1999 wurde Uchinaga als erste Frau außerhalb der Vereinigten Staaten in der „Hall of Fame" der „Women in Technology International" (WITI) aufgenommen. In der deutschen Presse konnte man im Herbst 2012 ein Interview mit Frau Uchinaga lesen, in dem sie sich unter anderem zu der interkulturellen Kompetenz der deutschen Manager äußerte und in dem Zusammenhang bemerkte, die Deutschen könnten sowohl in Bezug auf ihre Small-Talk-Kompetenz als auch in Bezug auf ihren Humor noch einiges dazulernen. Ihrer Meinung nach seien Deutsche immer sehr auf die Sache und auf Zahlen fokussiert, nicht aber auf die Personen, was sie als „sehr schade" empfinde, da diese Fokussierung sie in ihrer interkulturellen Kompetenz einschränke.

7.6 Diagnose der interkulturellen Kompetenz

Für die Diagnose von interkultureller Kompetenz sind unterschiedliche diagnostische Zugänge sinnvoll. Wichtig ist in dem Zusammenhang, dass interkulturelle Kompetenz sich auf zwei Ebenen beobachten lässt. Wenn wir wissen möchten, ob jemand über ein grundsätzliches interkulturelles Potenzial verfügt, dann erscheint die Betrachtung der von uns in Abschnitt 7.1.3 dargestellten Facetten (sowie der Co-Kompetenzen, Abschnitt 7.1.4) interkultureller Kompetenz als sinnvoll.

Wenn es aber um interkulturelle Kompetenz „an sich" geht, lässt sich diese beispielsweise mithilfe eines „kulturspezifischen interkulturellen Assessment-Centers" (Kinast 2005) diagnostizieren. Hierzu benötigt man interkulturell erfahrene Beobachter, die bestimmte Kompetenzen auf ihre Leistungsdimension in einer anderen Kultur hin beurteilen können. Am besten lässt sich diese „kulturspezifische" interkulturelle Kompetenz beobachten, wenn man eine klare Zielkultur und das damit einhergehende Anforderungsprofil vor Augen hat. Auf diese Weise ließe sich die Frage beantworten, ob beispielsweise ein deutscher Manager auf die Position eines Geschäftsführers in Südafrika passt oder ob ein Franzose die passende Besetzung für die Stelle eines Marketing-Managers in Russland darstellt. Denn schließlich sind Führungsstärke, Kommunikationskompetenz, Verhandlungsgeschick etc. nicht in jeder Kultur mit den gleichen Anforderungen unterlegt.

Daher ist es sowohl für die Konzeption als auch für die Durchführung eines Assessment-Centers wichtig, dass man die Anforderungen in dem jeweiligen Zielland oder der jeweiligen Zielorganisation berücksichtigt, um aussagekräftige Diagnosen und Prognosen erstellen zu können. Dazu gehört ein passendes Anforderungsprofil beziehungsweise Kompetenzmodell mit entsprechend definierten Verhaltensankern, Übungen, die in den jeweiligen Kontext passen, sowie – wie bereits oben erwähnt – international erfahrene Beobachter, welche die Leistung der Kandidaten im Hinblick auf die Zielkultur zu beurteilen vermögen.

Ähnliches gilt auch für das Assessment von internationalen Gruppen. Häufig wendet man in Deutschland „deutsche" Diagnostikverfahren an, wenn es z. B. um die Bewertung von Potenzialträgern geht, die zwar alle einem deutschen Konzern angehören, jedoch aus unterschiedlichen Länderorganisationen stammen. Allerdings vermögen diese Verfahren oft nicht, die interkulturelle Komponente ausreichend zu berücksichtigen, und sind demnach wenig geeignet, interkulturelle Gruppen gut und treffend zu bewerten, da sie eben nach **deutschen** Maßstäben messen. Aus unserer Perspektive erscheinen „deutsche" Assessment-Center (d. h. Assessment-Center mit ausschließlich deutschen Beobachtern, mit Aufgaben und Fragestellungen, die für den deutschen oder europäischen Raum typisch sind etc.) für internationale Teilnehmergruppen nur dann legitim, wenn man nach Personen sucht, die auch an den jeweiligen ausländischen Standorten in die Unternehmenskultur des deutschen Mutterkonzerns passen sollten. Ansonsten bleiben wir bei der obigen Empfehlung, mit international erfahrenen Beobachtern beziehungsweise Beobachtern aus der jeweiligen Zielkultur(en) zusammenzuarbeiten, um die Teilnehmerleistung kulturspezifisch einordnen zu können.

Da sich häufig nicht allgemein sagen lässt, welche Kompetenzen wie zu messen sind, da diese immer vor dem Hintergrund der jeweiligen Zielkultur zu definieren sind, fokussieren wir uns in diesem Kapitel auf das „interkulturelle Potenzial". Wir werden also diejenigen Facetten interkultureller Kompetenz beleuchten, die als Voraussetzung dafür angesehen werden können, dass jemand in einem anderen Land beziehungsweise im internationalen Kontext interkulturelle Kompetenz entwickeln und erfolgreich agieren kann. Anders formuliert fokussieren wir uns auf die Diagnose der allgemeinen Tendenz hinsichtlich der Tauglichkeit eines Kandidaten für eine Auslandsentsendung (Bolten 2001).

Zunächst stellen wir eine Sammlung typischer Fragen vor, die Sie im Rahmen von (Einstellungs-)Interviews dazu nutzen können, um mehr über die Voraussetzungen für interkulturelle Kompetenz Ihres Bewerbers beziehungsweise Ihres Mitarbeiters zu erfahren. Diese Fragen beziehen sich auf alle Komponenten der Kompetenz: **Erfahrung** (Wissen), **Fähigkeit** (Können), **Orientierung** (Wollen):

- Bitte beschreiben Sie Ihre internationale Erfahrung (wo, wie lange, in welchem Kontext?). Was haben Sie als schwierig empfunden und warum? Wie sind Sie damit umgegangen? Womit konnten Sie weniger gut umgehen?

- Welche Erfahrungen konnten Sie in der Vergangenheit in der Zusammenarbeit mit Menschen anderer Kulturen sammeln? Was hat Sie dahin gehend besonders geprägt? Bitte schildern Sie zwei konkrete Situationen!

- Welche überraschenden und unerwarteten Erfahrungen haben Sie im Ausland sammeln können? Was haben Sie aus diesen Erfahrungen gelernt?

- Bitte beschreiben Sie eine Situation, in der Ihre interkulturelle Kompetenz in hohem Maß gefordert wurde! Wie sind Sie in dieser Situation vorgegangen?

- Wo sind Sie im Rahmen der interkulturellen Zusammenarbeit auf Schwierigkeiten und Hürden gestoßen? Woran lag das? Wie sind Sie mit diesen umgegangen? Was würden Sie rückblickend anders machen?

- Geben Sie ein Beispiel, bei dem Sie einen neuen Mitarbeiter oder Kollegen unsere Kultur haben „erleben" lassen!

- Wie haben Sie sich auf Ihren Auslandsaufenthalt vorbereitet?

- Wie würden Sie die Kultur des Landes XY, in dem Sie eine gewisse Zeit verbracht haben, beschreiben? Wie kommen Sie zu dieser Einschätzung?

- Können Sie sich vorstellen, im Ausland zu arbeiten? Warum? Welche Länder kommen für Sie (nicht) infrage?

- Warum möchten Sie im Land XY arbeiten? Was reizt Sie an der Kultur? Welche Herausforderungen erwarten Sie in dem Zusammenhang?

- Welches Verhalten würden Sie als „typisch" für Ihre kulturelle Herkunft nennen?

- In welchen Aspekten können Kulturen unterschiedlich sein?

- Welche Ihrer persönlichen Eigenschaften sind nützlich beziehungsweise förderlich im Umgang mit unterschiedlichen Kulturen, welche sind eher hinderlich?

- Was tun Sie, um in oder mit internationalen Teams erfolgreich zusammenarbeiten zu können? In welcher Hinsicht haben Sie sich durch die Zusammenarbeit in oder mit internationalen Teams weiterentwickelt?

- Was sind Ihrer Meinung nach die wesentlichen Erfolgsfaktoren im Umgang mit anderen Kulturen? Aus welchen persönlichen Erfahrungen leiten Sie diese ab?

- Was denken Sie über die unterschiedlichen Kulturen innerhalb unseres Unternehmens? Wo sehen Sie Ähnlichkeiten und wie könnten potenzielle Unterschiede überwunden werden?

Da man interkulturelle Kompetenz und dabei insbesondere die Fähigkeitskomponente (Können) nicht in vollem Umfang abfragen kann beziehungsweise den Fragen auch gewisse Grenzen gesetzt sind, bietet sich die Durchführung kulturspezifischer und nicht-kulturspezifischer (Online-)Testverfahren an, von denen es mittlerweile eine Reihe auf dem Markt gibt. In vielen dieser Tests werden den Probanden Situationen im interkulturellen Kontext beschrieben oder Bilder (z. B. Handzeichen, Gesichtsausdrücke) von Angehörigen anderer Kulturen gezeigt. Die Aufgabe besteht darin, die Situationen beziehungsweise Bilder entsprechend zu deuten und vor dem Hintergrund der jeweiligen Kultur zu erklären.

Auch „kulturallgemeine interkulturelle Assessment-Center" (Kinast 2005), die Simulationen einsetzen, die als repräsentativ für die Realität (den Kontext) der Organisation gelten, können zur Beurteilung der interkulturellen Kompetenz (und anderer relevanten Kompetenzen) eingesetzt werden. Dabei ist es durchaus sinnvoll, das Assessment-Center beispielsweise in Englisch durchzuführen, um sichergehen zu können, dass der Kandidat im Falle eines Auslandsaufenthalts oder der Zusammenarbeit mit internationalen Kollegen und anderen Ansprechpartnern verhandlungssicher auftreten kann.

Denkbar bei der Durchführung eines interkulturellen Assessment-Centers wäre der Einsatz von Rollenspielen. Neben der Beobachtung des Teilnehmerverhaltens im Rahmen des Rollenspiels kann auch die Nachreflexion zum

Gespräch dazu genutzt werden, mehr über seine Facetten zur interkulturellen Kompetenz zu erfahren. Mögliche Fragen wären dabei: „Was haben Sie im Gespräch über den Gesprächspartner gelernt? Welche seiner Verhaltensweisen haben Sie überrascht? Was waren Ihre Ziele und warum sind Sie in diesem Kontext gerade so vorgegangen?" etc.

Eine weitere Simulation, die in einem Assessment-Center zum Einsatz kommen kann, ist eine Fallstudie, bei der die Teilnehmer beispielsweise in der Rolle eines Projektleiters vor der Aufgabe stehen, im Ausland einen neuen Standort zu eröffnen. In diesem Kontext kann beobachtet werden, welche „lokalen" Aspekte (z. B. Marktgegebenheiten) in welchem Maß berücksichtigt werden, wie reflektiert mit kulturellen Unterschieden (z. B. zwischen Mutterkonzern und dem potenziellen Tochterunternehmen) umgegangen wird, inwiefern der Teilnehmer Kenntnisse über das jeweilige Land oder über die jeweilige Kultur einfließen lässt etc.

Wenn Sie im Rahmen eines Assessment-Centers (in Kombination mit einem strukturierten Interview) die interkulturelle Kompetenz der Teilnehmer beobachten und einschätzen möchten, bieten sich – je nach konkreter Anforderung an die Kandidaten – einige der im Folgenden aufgeführten Verhaltensanker an. Diese beschreiben konkrete Verhaltensweisen und erlauben auf diese Weise eine differenziertere Bewertung der interkulturellen Kompetenz beziehungsweise des interkulturellen Potenzials bei den Kandidaten:

Orientierung (Wollen)

- ist grundsätzlich bereit, seinen oder ihren Einsatzort zu verändern beziehungsweise im Ausland zu arbeiten;

- begegnet Menschen und Sachverhalten offen und vorbehaltlos; geht neugierig auf fremde Kulturen zu;

- ist aufgeschlossen beziehungsweise neugierig gegenüber anderen Kulturen und respektiert sie;

- ist flexibel und probiert gerne Neues aus, zeigt Interesse an anderen Kulturen;

- ist bereit, von anderen zu lernen und sich zu integrieren;

- akzeptiert Andersartigkeiten beziehungsweise Ambiguitäten (Rasse, Geschlecht, Religion, sozialer Status, Alter etc.);

- zeigt Verständnis für abweichende Prozesse und Interessen in den Landesorganisationen.

Fähigkeit (Können)

- kann sich in andere hineinversetzen und stellt sich auf unterschiedliche Mentalitäten (unternehmensinterne bzw. regionale Kulturunterschiede) ein;

- ist sensibel für die verschiedenen Verhaltensregeln, die in anderen Kulturen gelten;

- beobachtet und beschreibt kulturelle Unterschiede differenziert;

- nimmt kulturelle Unterschiede wahr;

- versteht die Zusammenhänge fremder Kulturen und insbesondere landestypischer Verhaltensweisen;

- reflektiert sein oder ihr Handeln vor einem interkulturellen Hintergrund;

- ist sich kultureller Unterschiede bewusst; agiert achtsam für kulturelle Unterschiede;

- kann sich auf unterschiedliche Mentalitäten (Unternehmens- bzw. Bereichskulturen) einstellen;

- kann herausfordernde interkulturelle Situationen meistern;

- berücksichtigt die Gepflogenheiten des jeweiligen Landes in seinem oder ihrem Vorgehen;

- findet sich leicht in neuen Situationen beziehungsweise Umgebungen zurecht;

- zeigt Verständnis für andere Kulturen und fördert durch das eigene Verhalten aktiv die Kooperationsbereitschaft;

- fördert aktiv eine heterogene Zusammensetzung von Teams, Projekten etc.

Erfahrung (Wissen)

- ist in der Lage, sich sprachlich auf internationale Gesprächspartner einzustellen; spricht für die Aufgabe erforderliche Fremdsprachen;

- spricht mindestens eine Sprache verhandlungssicher, ist in der Lage, auch schriftlich zu kommunizieren;

- hat schon in interkulturellen Teams gearbeitet beziehungsweise diese geleitet;

- besitzt bereits Erfahrungen im Umgang mit Kollegen oder Mitarbeitern aus anderen Kulturkreisen;

- verfügt über Erfahrungen in der Zusammenarbeit mit anderen Kulturen und reflektiert diese differenziert und angemessen;

- verfügt über differenzierte Konzepte zur erfolgreichen Zusammenarbeit im interkulturellen Kontext;

- kennt die kulturell unterschiedlichen (Geschäfts-)Gepflogenheiten eines relevanten Landes;

- schildert seine oder ihre Erfahrungen mit anderen Kulturen offen und respektvoll.

7.7 Personalentwicklung: interkulturelle Kompetenz fördern

Grundsätzlich kann festgehalten werden, dass interkulturelle Kompetenz das Ergebnis des **interkulturellen Lernprozesses** darstellt. Das Konzept des interkulturellen Lernens beinhaltet dabei sowohl bewusst herbeigeführte, formale Lernsituationen als auch informelle und beiläufige, eher unbewusste Lernprozesse, wie sie in Situationen interkultureller Begegnung entstehen (Thomas 2003).

Wie wir schon in den vorangegangenen Abschnitten dieses Kapitels beschrieben haben, hängt unsere Wahrnehmung von unserer individuellen Prägung und von unserem durch unsere Kultur geformten Wertesystem ab. Anders formuliert kann unsere Wahrnehmung mit dem Blick durch eine bestimmte „kulturelle Brille" verglichen werden. Unsere Sichtweise spiegelt demnach nicht **die** Realität wider, sondern wie **wir** diese Realität sehen. Selbstverständlich gibt es zwischen „unserer" Realität und der Realität anderer eine große Schnittmenge. Die relevanten Unterschiede werden aber insbesondere dann sichtbar, wenn wir uns (und andere) fragen, was eine gute Führungskraft ist, was richtige oder falsche Verhaltensweisen sind, was gute Kommunikationsfähigkeiten ausmacht etc. Wenn man interkulturelle Kompetenz aufbauen möchte, ist es demnach unabdingbar, zum einen zu verstehen, **dass** es diese unterschiedlichen „Brillen" gibt. Zum anderen geht es darum, die Denkweise des Angehörigen eines anderen Kulturkreises nachvollziehen zu können.

Doch das Nachvollziehen allein reicht nicht aus, um als interkulturell kompetent zu gelten. Wie wir bereits im Rahmen der Begriffsbestimmung festgehalten haben, beinhaltet interkulturelle Kompetenz unterschiedliche Facetten auf drei Ebenen: Orientierung (Wollen), Fähigkeit (Können) und Erfahrung (Wissen). Häufig konzentrieren sich beispielsweise Trainings zum Aufbau interkultureller Kompetenz auf die Wissenskomponente, behandeln nur teilweise die Ebene des Könnens und lassen die Orientierung nahezu vollständig außer Acht, was sich negativ auf die Erfolgsaussichten des Trainierten im Ausland oder in der Zusammenarbeit mit Angehörigen anderer Kulturkreise auswirken kann. Daher ist es uns ein Anliegen, alle drei Kompetenzebenen entsprechend zu beleuchten:

Orientierung (Wollen)

Neugierde, (interkulturelle) Lernbereitschaft, Anpassungsbereitschaft und Ambiguitätstoleranz stellen Vorbedingungen für interkulturelle Kompetenz auf der Wollen-Ebene dar. Wer diese Orientierungen mitbringt und schon in anderen Situationen unter Beweis stellen konnte, hat einen wichtigen Grundstein für den Ausbau interkultureller Kompetenz gelegt. Diese Aspekte lassen sich nicht im Rahmen eines zwei- oder dreitägigen Trainings zur interkulturellen Kompetenz fördern, da sie eng mit unserer Persönlichkeit verknüpft sind. Wer partout kein Interesse an anderen Kulturen hat und absolut keine Bereitschaft mitbringt, im interkulturellen Kontext zu lernen und sich anzupassen, der kann sich aufwendige Trainings zur interkulturellen Kompetenz auf der Fähigkeits-

beziehungsweise Wissensebene sparen. Wer aber die Bereitschaft mitbringt, sich mit den eigenen Stereotypen und Einstellungen differenziert und kritisch auseinanderzusetzen, beim Denken an eine „multikulturelle Lebensweise" nicht direkt in Panik gerät und gewillt ist, kulturbedingte Unterschiede des Erlebens, Denkens und Verhaltens sensibel wahrzunehmen und zu akzeptieren, hat einen wichtigen Schritt in die richtige Richtung getan.

Fördern lassen sich Themen wie Lernbereitschaft, Anpassungsbereitschaft sowie Ambiguitätstoleranz insbesondere auch im Rahmen eines Coachings, in dem mithilfe gezielter Fragen eines Coachs der Reflexionsvorgang beim Coachee angeregt wird. Damit einhergehend können unter anderem die bestehenden Denkmuster des Beteiligten hinterfragt werden, um im Rahmen des Coaching-Prozesses durch neue Perspektiven und Blickwinkel ergänzt oder gar ersetzt werden zu können. Dabei ist das Coaching nicht als isolierte Maßnahme zu betrachten, sondern als Begleitprozess für Personen, die bereits interkulturelle Erfahrungen gesammelt haben oder gerade dabei sind, dies zu tun, da die interkulturellen Erfahrungen die Reflexionsbasis darstellen.

Möglich ist aber auch, dass gerade die Ambiguitätstoleranz positiv beeinflusst wird, wenn der Betroffene bereits des Öfteren im Ausland gewesen ist und entsprechende Erfahrungen mit unterschiedlichen Kulturen sammeln konnte. Die Erfahrung mit zahlreichen mehrdeutigen Situationen und die bewusste Auseinandersetzung damit fördern die Ambiguitätstoleranz, eine der Voraussetzungen für interkulturelle Kompetenz. Informationen über Andersartigkeit und mehrdeutige Situationen aus zweiter Hand können stellvertretend – allerdings mit einem etwas geringeren Effekt – für die Steigerung der Ambiguitätstoleranz genutzt werden.

Die Lern- und Anpassungsbereitschaft kann bis zu einem gewissen Grad auch gesteigert werden, wenn derjenige, der ins Ausland entsendet werden soll oder vor der Aufgabe steht, mit unterschiedlichen internationalen Ansprechpartnern erfolgreich zu interagieren, sich bewusst wird, welche Rolle die Lern- und Anpassungsbereitschaft beim Aufbau interkultureller Kompetenz spielt. In dem Fall kann allein über die argumentative Ebene der Reflexionsvorgang angestoßen werden, der die für die interkulturelle Kompetenz unabdingbare Lern- und Anpassungsbereitschaft fördert.

Erfahrung (Wissen)
Allein der Begriff Erfahrung impliziert schon, dass man die Facetten dieser Ebene der interkulturellen Kompetenz am besten durch den direkten Kontakt mit der anderen Kultur oder deren Angehörigen ausbaut. Dies gilt insbesondere für die Facette „interkulturelle Erfahrungen", die zur Wissensebene der

Kompetenz zählt. Sofern man sich in einer anderen Kultur befindet, ist es für den Aufbau relevanter Erfahrungswerte förderlich, an sozialen Aktivitäten teilzunehmen, die lokale Zeitung zu lesen, landestypische Mahlzeiten einzunehmen, mit den unterschiedlichsten Menschen vor Ort zu sprechen etc.

Möglich ist aber auch der Aufbau von Wissen im Rahmen von Trainings. Dabei stehen das Wissen um die eigene sowie fremde Kultur und das Erlernen der jeweiligen Sprache (Englisch oder jeweilige Landessprache) im Fokus. Wenn man sein Wissen rund um die andere Kultur erweitern möchte, kann man dies mithilfe eines Selbststudiums, im Rahmen von Vorträgen oder auch in Trainings tun. Dabei erscheinen als Vorbereitung auf den Kontakt mit internationalen Geschäftspartnern folgende Informationen sinnvoll:

- allgemeine Information über die Kultur,

- Geschichte, Geographie und Klima,

- politisches System und Wirtschaftssystem,

- Rechtssystem (Verkehr, Wirtschaft, Beruf, Strafgesetze),

- aktuelle Ereignisse, wirtschaftliche und soziale Lage,

- wichtige Persönlichkeiten,

- Religionen und nationale Kulturen,

- Sprache(n) und Dialekte,

- Kunst und Musik,

- Feiertage und Ferienzeiten,

- Informationen zu Gesetzen, Krankheiten, Kriminalität und Sicherheitsrisiken vor Ort,

- typische Geschäftsprozesse wie Arbeitszeiten und Zahlungszeiträume,

- Diskussionsstile, Meeting-Regeln,

- Kommunikation und deren Regeln,
- Werte und Einstellungen,
- Verhaltens- und Rollenerwartungen,
- Beziehungen zu Fremden,
- Umgang mit Konflikten etc.

Hilfreich kann in dem Zusammenhang auch die Auseinandersetzung mit unterschiedlichen Kulturen anhand spezifischer **Kulturdimensionen** nach Hofstede (2009), Hall und Hall (1990) oder Trompenaars (1998) sein, die wir in Abschnitt 7.1.1 dargestellt haben, um mehr über die andere Kultur zu lernen.

Wer sein Wissen um die oben genannten Aspekte erweitert hat, hat einen wichtigen Schritt in die richtige Richtung getan, weil dadurch größere „Fettnäpfchen" im Umgang mit Angehörigen eines anderen Kulturkreises vermieden werden können. Des Weiteren sind kulturspezifische Kenntnisse dahingehend nützlich, als dass sie Informationen und Erfahrungen vermitteln, die den Teilnehmern eine realistischere Perspektive der Kultur des Entsendelandes vermitteln und somit dazu beitragen, einen **Kulturschock** abzumildern. Warnen möchten wir allerdings vor stark verallgemeinerten Informationen über beispielsweise den „Chinesen an sich". Diese Botschaften können zwar hilfreich sein, münden aber womöglich in einer erhöhten Stereotypenbildung, was definitiv nicht das Ziel von Trainings zur interkulturellen Kompetenz sein sollte.

Wichtig in der Auseinandersetzung mit anderen Kulturen ist auch das Erkennen und Verstehen der eigenen Normen, Werte und Verhaltensweisen, da diese ebenso einen wichtigen Bestandteil der Wissensebene der interkulturellen Kompetenz ausmachen. Wie wir bereits weiter oben beschrieben haben, kann man andere Kulturen nur in Abgrenzung zu der eigenen Kultur wirklich verstehen. Zudem sollte man als interkulturell kompetente Person in der Lage sein, nicht nur die eigenen Kulturstandards zu identifizieren, sondern auch ihre Wirkung in der Begegnung mit einer fremden Kultur abzuschätzen. Daher sollte beispielsweise im Rahmen von Trainings die Reflexion in Bezug auf die eigene Kultur nicht zu kurz kommen. Gerade durch den Aufbau von Wissensbeständen über die „fremde" Kultur und durch den darauf folgenden Vergleich zwischen den eigenen und fremden Kulturen werden die kulturelle Wertschätzung sowie interkulturell adäquate Kommunikations- und Verhaltensweisen gefördert (Leenen & Grosch 1998).

Fähigkeiten (Können)

Genau wie bei der Ebene des Wissens, wird auch das Können in hohem Maß durch die direkte Erfahrung im interkulturellen Kontext gestärkt. Es kann mithilfe von Coaching- und Trainingsmaßnahmen unterstützt werden.

Zum Aufbau der Reflexionsfähigkeit ist es wichtig, zum einen sein Wissen über die anderen Kulturen aufzubauen. Dadurch wird, wie oben genannt, die „kulturelle Brille" beziehungsweise das Wertesystems der Angehörigen einer anderen Kultur zugänglicher, was wiederum den für eine hoch ausgeprägte interkulturelle Kompetenz wichtigen Perspektivenwechsel fördert und die Gefahr von Missinterpretationen unterschiedlicher Verhaltensweisen reduziert. Des Weiteren gehört zur Reflexionsfähigkeit, sich mit den eigenen Stereotypen bezüglich der anderen Kultur kritisch auseinandersetzen zu können. Dazu zählt aber auch, in der Lage zu sein, andere kulturelle Muster als fremd wahrzunehmen, ohne sie automatisch (positiv oder negativ) zu bewerten.

Diese Fähigkeit zu einer kulturflexiblen Perspektivübernahme kann gefördert werden, wenn die Teilnehmer in interkulturellen Kontexten die Verhaltensweisen der anderen beobachten und sich auch im Austausch mit den Angehörigen anderer Kulturkreise durch das Stellen offener Fragen wichtige Informationen verschaffen (Leenen & Grosch 1998). An dieser Stelle sieht man ein weiteres Mal, dass eine der besten Personalentwicklungsmaßnahmen für interkulturelle Kompetenz darin besteht, den Betroffenen mit anderen Kulturen direkt zu konfrontieren. Ansonsten ist die Gefahr groß, dass man interkulturelles Wissen aufgebaut hat, ohne zu wissen, ob die Fähigkeitsseite vorhanden ist.

Als eine wichtige Facette der interkulturellen Kompetenz haben wir die Verhaltensflexibilität oder Anpassungsfähigkeit definiert. Wir möchten an dieser Stelle betonen, dass Anpassung keineswegs bedeuten muss, die eigene Persönlichkeit aufzugeben, um ein Mitglied der anderen Kultur zu werden. Vielmehr geht es darum, mithilfe der eigenen Verhaltensflexibilität diejenigen Verhaltensweisen zu zeigen, die in der jeweiligen Kultur der Zielerreichung dienen. Dies können ganz praktische Themen sein (Essen mit Stäbchen in China), aber auch komplexere Aspekte, beispielsweise Kommunikationsweisen oder Mitarbeiterführung in einem anderen Land: zu wissen, wie man in Norwegen richtig führt und es auch zu wollen heißt noch lange nicht, dass man es auch kann. Gerade der Aspekt der Anpassungsfähigkeit kann am ehesten erlernt werden, wenn man direkt mit einer anderen Kultur in Berührung kommt, da man nur dann feststellen kann, ob man in der Lage ist, seine bisherigen Verhaltensmuster je nach Situationsanforderungen zu durchbrechen. Insgesamt geht es bei der Verhaltensflexibilität darum, mit kulturellen Regeln flexibel umgehen, fremde

Kulturstandards selektiv übernehmen und zwischen kulturellen Optionen situationsadäquat und begründet wählen zu können.

Weitere Aspekte, die im Rahmen von Trainings und anderen Personalentwicklungsmaßnahmen (z. B. Coaching) gefördert werden können, sind Bewältigung von Angst und Unsicherheit in interkulturellen Begegnungssituationen, Umgang mit Stress, der durch kulturelle Unterschiede entsteht, Entwicklung von Geduld und Einübung eines Grundbestands an konfliktarmen Verhaltensweisen. Gerade Geduld und gute Strategien zur Stressbewältigung helfen den Betroffenen im Umgang mit Kulturschocks.

Zusammenfassend gesprochen existieren einige Möglichkeiten der Personalentwicklung in Bezug auf das Thema interkulturelle Kompetenz: Es können vorbereitende ein- oder mehrtägige Trainings durchgeführt werden, die neben der reinen Wissensvermittlung auch Rollenspiele und andere Simulationsübungen beinhalten sollten. Gerade auf der Wissensebene eignet sich darüber hinaus der Erfahrungsaustausch mit Angehörigen der eigenen Kultur, die über einen breiten Erfahrungsschatz im Ausland beziehungsweise in der Zusammenarbeit mit anderen Kulturen verfügen.

Wichtig ist, die Personen, die ins Ausland gehen, nicht nur **vor** der Entsendung vorzubereiten, sondern sie auch **während** des Auslandsaufenthalts entsprechend zu unterstützen. Dies kann beispielsweise durch den auslandserfahrenen Vorgesetzten oder einen anderen interkulturell kompetenten Mentor erfolgen. Dazu gehören zum einen der reine fortlaufende Erfahrungsaustausch, die Analyse „kritischer Ereignisse" sowie die gemeinsame Suche nach alternativen Handlungsmöglichkeiten. Zum anderen gehören auch die Unterstützung bei der emotionalen Verarbeitung von Erfahrungen sowie Motivation als Gegenmittel zum Phänomen der kulturellen Ermüdung zu wichtigen Aufgaben im Rahmen der Förderung interkultureller Kompetenz. Wie wir bereits beschrieben haben, stellt auch das Coaching eine erfolgversprechende Begleitmaßnahme dar.

Zuletzt – und das ist sicherlich die effektivste Personalentwicklungsmaßnahme – kann man interkulturelle Kompetenz trainieren, indem man direkt mit einer anderen Kultur konfrontiert wird, sei es im Ausland oder im Inland mit anderen Kulturen. In diesem Kontext kann man beobachten und unterschiedliche Verhaltensweisen im Sinne eines „reality tests" direkt ausprobieren.

7.8 Zusammenfassung und Ausblick

Im Rahmen dieses Kapitels haben wir bei der Betrachtung der interkulturellen Kompetenz unterschiedliche Kulturen getrennt voneinander betrachtet. Vereinfacht gesprochen: ein Land – eine Kultur. Einigen mag dies gerade vor dem Hintergrund zahlreicher internationaler Kontakte und Vernetzungen nicht mehr allzu zeitgemäß erscheinen. Schließlich verändern sich lokale Kulturen und gehen ungewohnte Kombinationen ein. Die Grenzen zwischen dem Eigenen und dem Fremden verwischen zusehends und die menschlichen Lebenswelten gewinnen an kultureller Heterogenität. Wir leben mit Einwanderern, mit ihren Sprachen, Religionen, Weltsichten, die überall auf der Welt ein Teil der lokalen Welten geworden sind (Zukrigl & Breidenbach 2003). Dies ist sicherlich nicht von der Hand zu weisen und dennoch bestehen heute teilweise äußerst große Unterschiede zwischen unterschiedlichen Kulturen. Und jeder, der schon mal im Ausland war, wird dies bestätigen. Ob diese Kulturunterschiede sich an konkreten Landesgrenzen festmachen lassen oder nicht, spielt dabei eine zweitrangige Rolle.

Darüber hinaus lassen sich die Erkenntnisse zu der interkulturellen Kompetenz auch auf Branchen-, Organisations- oder Gruppenkulturen übertragen. Wenn wir beispielsweise von einem deutschen Unternehmen zu einem anderen deutschen Unternehmen wechseln, wird die Landessprache als solche kein Problem sein. Aber denken wir doch mal an die unternehmensspezifischen Abkürzungen und Symbole, die sich in der Sprache manifestieren und die ein Außenstehender nicht auf Anhieb versteht. Genauso wie die Sprache als Teil der Erfahrungskomponente interkultureller Kompetenz lassen sich auch andere Facetten auf andere, also nicht-landesspezifischen Kulturen übertragen und erfahren dort eine äußerst vergleichbare Geltung.

Und dann könnte man Kultur beziehungsweise die interkulturelle Kompetenz aus einem weiteren Blickwinkel betrachten: Inwiefern benötigt man in einem „Global Village" und bei den zahlreichen interkulturellen Verflechtungen sowie Überschneidungen überhaupt eine hoch ausgeprägte interkulturelle Kompetenz?

Denn gerade im Business-Kontext ist der Austausch zwischen den unterschiedlichsten Nationen und die damit einhergehende **gegenseitige** Anpassung ziemlich hoch. Handelt es sich daher beispielsweise bei Personen aus dem oberen Management internationaler Konzerne nicht vielmehr um eine Art „elitäre Drittkultur", in der die kulturellen Feinheiten eine untergeordnete Rolle spielen und es vielmehr darum geht, sich im Rahmen dieser Drittkultur erfolgreich bewegen zu können? Es reicht aus, Englisch zu sprechen, man übernachtet in

Hotels, deren Einrichtung und auch das Essen bis auf einige interkulturelle Unterschiede überall auf der Welt recht ähnlich sind etc.

Doch auch wenn dieser Gedanke einen wahren Kern haben dürfte, ist er nicht weitreichend genug und betrifft maximal einen kleinen Kreis, sodass die interkulturelle Kompetenz auch weiterhin eine wichtige Komponente darstellt, wenn man im internationalen Kontext agiert und erfolgreich sein möchte. In diesem Sinne ist und bleibt die interkulturelle Kompetenz eine bedeutende Anforderung in der heutigen Arbeitswelt.

7.9 Literatur

Baumer, T. (2002): Handbuch interkulturelle Kompetenz. Zürich: Orell Fuessli.

Bennett, M. J. (1986): Towards ethnorelativism. A developmental model of intercultural sensitivity. In: Paige, R. M. (Ed.): Cross-cultural orientation. Lanham : Rowman & Littlefield.

Bergemann, N., Sourisseaux A. L. J. (2003): Interkulturelles Management (3. Aufl.). Berlin Heidelberg: Springer.

Berninghausen, J., Hecht-El Minshawi, B. (2011): Interkulturelle Kompetenz – Managing Cultural Diversity. Trainings-Handbuch (4. Aufl.). Bremen Boston: Kellner.

Blom, H., Meier, H. (2002): Interkulturelles Management. Interkulturelle Kommunikation. Internationales Personalmanagement Diversity-Ansätze im Unternehmen. Berlin: NWB Verlag.

Bolten, J. (2001a): Interkulturelles Coaching, Mediation, Training und Consulting als Aufgaben des Personalmanagements internationaler Unternehmen. In: Clermont, A. et al. (Hrsg.): Strategisches Personalmanagement in Globalen Unternehmen. München: Vahlen.

Bolten, J. (2001b): Interkulturelle Assessment Center. In Sarges, W. (Hrsg.): Weiterentwicklungen der Assessment Center-Methode (2. Aufl.). Göttingen: Hogrefe.

Bolten, J. (2007): Was heißt Interkulturelle Kompetenz? Perspektiven für die internationale Personalentwicklung. In: Künzer, V., Berninghausen, J. (Hrsg.): Wirtschaft als interkulturelle Herausforderung. Frankfurt/M: IKO.

Borchardt, A., Faerber, Y. (2012): Teamfähigkeit als Kompetenz. In: Laske, S., Orthey, A., Schmid, M. (Hrsg.): PersonalEntwickeln (Loseblatt), Köln, Beitrag 6.111.

Bredella, L., Christ, H. (2007): Fremdverstehen und interkulturelle Kompetenz. Tübingen: Narr.

Breidenbach, J., Zukrigl, I. (2003): Vernetzte Welten – Identitäten im Internet. In: Aus Politik und Zeitgeschichte, 49–50 (2003), S. 29–36.

Chen, G. M., Starosta, W. J. (1998): Foundations of Intercultural Communication. Boston: University Press of America.

Hall, E. T., Hall M. R. (2000): Understanding Cultural Differences. Boston London: Intercultural Press.

Hofstede, G. (2011): Lokales Denken, globales Handeln (5. Aufl.). München: dtv.

Hofstede, G., Hofstede, G. J., Minkov, M. (2010): Cultures and Organizations – Software of the Mind: Intercultural Cooperation and Its Importance for Survival (4. Aufl.). New York, NY: Mcgraw-Hill Professional.

Heringer, H.-J. (2010): Interkulturelle Kommunikation. Grundlagen und Konzepte (3. Aufl.). Stuttgart: UTB.

Kinast, E.-U. (2005): Diagnose – Training – Evaluation – Coaching. In: Thomas, A., Kinast, E.-U., Schroll-Machl, S. (Hrsg.): Handbuch Interkulturelle Kommunikation und Kooperation. Band. 1: Grundlage und Praxisfelder (2. Aufl.). Göttingen: Vandenhoeck & Ruprecht.

Leenen, R. W., Grosch, H. (1998): Bausteine zur Grundlegung interkulturellen Lernens. In: Bundeszentrale für politische Bildung (Hrsg.): Interkulturelles Lernen, Bonn.

Lewis, R. D. (2000): Handbuch internationale Kompetenz. Mehr Erfolg durch den richtigen Umgang mit Geschäftspartnern weltweit. Frankfurt/M New York, NY: Campus.

Paschen, M. (2012): Potenziale und Kompetenzen beurteilen und entwickeln. Fundamentale Einsichten zu einem Dauerthema der Personalarbeit. In: Laske, S., Orthey, A., Schmid, M. (Hrsg.): PersonalEntwickeln (Loseblatt), Köln, Beitrag 6.107.

Paschen, M., Dihsmaier, E. (2012): Wie entstehen Stärken? Kompetenz und Potenzial. In: managerSeminare, 174 (2012), S. 74–79.

Thomas, A. (2003): Interkulturelle Kompetenz. Grundlagen, Probleme und Konzepte. In: Erwägen – Wissen – Ethik 14 (1), Stuttgart.

Thomas, A., Kinast, E.-U., Schroll-Machl, S. (2005): Handbuch Interkulturelle Kommunikation und Kooperation. Band. 1: Grundlage und Praxisfelder (2. Aufl.). Göttingen: Vandenhoeck & Ruprecht.

Trompenaars, F. (1993): Handbuch Globales Managen. Düsseldorf Wien: Econ.

Trompenaars, A. (2012): Riding the Waves of Culture: Understandig Cultural Diversity in Global Business (3. Aufl.). New York, NY: Nicholas Brealey Publishing.

UNTERNEHMERISCHE KOMPETENZEN

8 STRATEGISCHES DENKEN ALS KOMPETENZ

Alexander Fritz, Steffen Gaiser & Stefan Reinecke

In diesem Beitrag erfahren Sie,

- *was der Begriff des strategischen Denkens beinhaltet,*
- *welche Fähigkeiten positiv mit dem strategischen Denken korrelieren,*
- *wie sich die verschiedenen Strategietypen systematisieren lassen,*
- *in welchen Formen sich Kompetenz äußert,*
- *durch welche Methoden, Fragen und Operationalisierungen, strategisches Denken evaluiert werden kann,*
- *inwiefern strategische Kompetenz im Rahmen von unternehmerischen Personalentwicklungsansätzen gefördert werden kann.*

8.1 Begriffsbestimmung und sprachliche Beschreibung

„Nichts ist so beständig wie der Wandel." Dieses Zitat von Heraklit von Ephesus (etwa 540–480 v. Chr.) wird beinahe täglich aufs Neue bestätigt. Grundlegende Annahmen des Wirtschaftens werden durch immer schnellere Zyklen und unvorhersehbare Entwicklungen in einer immer komplexer werdenden Umwelt ad absurdum geführt. Heraklit scheint bereits vor 2.500 Jahren eine Zusammenfassung heutiger Unternehmensrealitäten gegeben zu haben.

Die Antwort der Unternehmen auf eine abnehmende Planbarkeit und Konstanz sind Ansätze des strategischen Managements. Durch eine durchdachte Strategie soll auf die Unwägbarkeiten des Marktes geantwortet werden. Erfolgreiche Unternehmen unterscheiden sich von weniger erfolgreichen heutzutage weniger durch temporäre Produkterfolge als vielmehr durch langfristigen Erfolg und ein stabiles Geschäftsmodell. Um dies zu erreichen, müssen zahlreiche Spannungsfelder und inhaltliche Mehrdeutigkeiten zielgerichtet gelöst werden. Wie bringt ein Unternehmen beispielsweise langfristige Investitionen in Industriegüter mit kurzfristigen Marktentwicklungen in Einklang?

Es zeigt sich also schnell, dass die strategische Kompetenz eines Unternehmens nicht überbewertet werden kann. Doch so klar die Wichtigkeit und die Auswirkungen einer Unternehmensstrategie auch beschrieben werden können, so verschwommen und unklar ist die Verwendung des Strategiebegriffes in der Literatur.

Kaum ein Begriff wird uneinheitlicher und flexibler genutzt. Auf einer allgemeinen Ebene geht es um die Unternehmensstrategie, die entweder als langfristige Planung interpretiert wird oder als Orientierungssignal an den Kapitalmarkt. Gerade bei letzterem Verständnis zeigt sich der Erfolg einer Strategie in der Wertschätzung durch den Markt und der Loyalität der Anleger. Ergänzend finden sich Strategien aber auch in vielen unternehmerischen Teilbereichen. Die Unternehmensstrategie wird auf zahlreiche Substrategien heruntergebrochen, die ihrerseits für eine Komplexitätsreduktion im jeweiligen Fachgebiet, beispielsweise Personal, Finanzen oder Vertrieb, zur Anwendung kommen. Der Strategiebegriff findet ebenfalls Platz im Rahmen des Sports oder anderen Bereichen des gesellschaftlichen Lebens. Als kleinsten definitorischen Nenner kann der Terminus Strategie synonym für die Erreichung eines schwierigen, komplexen Vorhabens mit hohem Unsicherheitsfaktor benutzt werden.

In der Literatur findet eine Präzisierung häufig über die jeweiligen Ausprägungsformen, Einflussfaktoren, anzuwendende Methoden und Instrumente sowie die entsprechenden Prozesse statt. Auf einer instrumentellen und methodischen Ebene gibt es dementsprechend sehr detaillierte und wissenschaftlich fundierte Heuristiken, die eine konkrete Beschreibung unterschiedlicher Herangehensweisen und deren Bewertung ermöglichen. Weit weniger detailliert und im Fokus werden hingegen die Fähigkeiten und die Attribute der strategisch denkenden Personen diskutiert und evaluiert.

Mit dem Strategen werden, ganz im Gegensatz zum Begriff der Strategie, häufig sehr plakative und martialische Begrifflichkeiten assoziiert. Häufig wird mit dem Bild des strategischen Managers etwas Mystisches und Sagenumwobenes verbunden, was das Bild eines einsamen Kämpfers heraufbeschwört, der auf sich allein gestellt mit viel Risikobereitschaft verantwortungsvolle Entscheidungen trifft. Auch wenn dieser Vergleich sicherlich überzeichnet ist, kann doch eine Diskrepanz in der inhaltlichen Ausgestaltung der Begriffe Strategie und Stratege ausgemacht werden. Diese Diskrepanz findet ihre Erklärung darin, dass sich das strategische Denken häufig als Blackbox-Phänomen präsentiert. Während der unternehmerische Strategieprozess transparent und nachvollziehbar ist, bleibt das Denken des Strategen im Verborgenen und offenbart sich allein in der Sichtbarkeit der getroffenen Entscheidung. Bei einem Blick in die Wirtschaftsliteratur werden unter dem Begriff der Strategie klassisch die (meist langfristig) geplanten Verhaltensweisen der Unternehmen zur Erreichung ihrer Ziele verstanden. In diesem Sinne zeigt die Unternehmensstrategie in der Unternehmensführung, auf welche Art ein mittelfristiges (ca. 2 bis 4 Jahre) oder langfristiges (ca. 4 bis 8 Jahre) Unternehmensziel erreicht werden soll.

Diese klassische Definition von Strategie steht heute vor allem aufgrund ihrer Annahme der Planbarkeit in der Kritik und hat sukzessive Erweiterungen erfahren. Eine wichtige Ergänzung stammt von Porter (2008), dass nicht die Planung, sondern die Fähigkeit zur langfristigen Entwicklung von Wettbewerbsvorteilen relevant ist. Andere Erweiterungen betrachten eher den evolutionären Charakter von Strategien; so spricht Harry Igor Ansoff beispielsweise von „geplantem Lernen". Zusammenfassend kann konstatiert werden, dass eine homogene Auffassung des Begriffes Strategie in der wissenschaftlichen Literatur nicht existiert.

So spezifisch und einleuchtend die Problemanalyse von Heraklit auch ist, strategisches Management als Antwort ist komplex und facettenreich. Dies hat Mintzberg (2007) auf eindrucksvolle Weise in einer Auflistung der inhaltlichen Ausrichtungen des strategischen Managements mit zehn unterschiedlichen Untergruppen zusammengefasst. Seiner Meinung nach lassen sich die Facetten strategischen Managements beziehungsweise Handelns in folgende Aspekte unterteilen:

- Gestaltung (im Sinne von Architektur),
- Planung (im Sinne der Systemtheorie),
- Positionierung (im Sinne der Militärgeschichte),
- Unternehmertum (im Sinne der Wirtschaftswissenschaften),
- Kognition (im Sinne der Psychologie),
- Lernen (im Sinne der Pädagogik),
- Macht (im Sinne der Politikwissenschaften),
- Kultur (im Sinne der Anthropologie),
- Umwelt (im Sinne der Biologie),
- Konfiguration (im Sinne der Geschichte).

Diese Auflistung verdeutlicht, dass der Umgang mit strategischen Aufgaben die Strategen als handelnde Personen vor besondere Herausforderungen stellt.

Die Heterogenität im Hinblick auf die Verwendung des Strategiebegriffs lässt sich zweifelsfrei auf die persönliche Beschreibung und Evaluierung von Managern übertragen. Um den Begriff für die weitere Verwendung innerhalb dieses Artikels zu konkretisieren, wurden von den Autoren Begriffe wie Strategiekompetenz, strategische Kompetenz, strategisches Wissen und strategisches Denken diskutiert.

Generell setzt eine Kompetenz sich in einer psychologischen Perspektive zusammen aus einer Orientierung, einer Fähigkeit sowie Wissen und Erfahrungen. Vor diesem Hintergrund wurde kritisch hinterfragt, welcher Aspekt die strategischen Fähigkeiten eines Managers am stärksten beschreibt. Nach Ansicht der Autoren scheint der Begriff des strategischen Denkens am passendsten. Dies wird im weiteren Verlauf des Artikels dadurch begründet, dass insbesondere die Orientierung eines Managers, d. h. seine persönliche Orientierung und Einstellung, das wesentliche Kriterium für eine kompetenzorientierte Abgrenzung ist.

Den Autoren ist bewusst, dass bei der Nutzung des Begriffs „Strategisches Denken" die Handlungsfacette der Kompetenz vernachlässigt wird. Dies soll nicht bedeuten, dass strategisches Denken nur eine rein theoretisch und gedanklich stattfindende Übung ist – ganz im Gegenteil. Dennoch soll betont werden, dass gerade der Prozess der Komplexitätsreduktion und der Ideenfindung als Differenzierungsmerkmal entscheidender ist als das tatsächlich beobachtbare Ergebnis. Auch aus diesem Grund verwenden die Autoren für den weiteren Artikel den Begriff „Strategisches Denken".

Im Sinne einer Annäherung soll die Antizipation als anthropologische Parallele für das strategische Denken eingeführt werden. Bei der Betrachtung von Tieren zeigt sich beispielsweise, dass ein Affe in der Befriedigung seines Hungertriebes durch Bananen, wenn er eine bestimmte Hürde oder ein Problem überwinden muss, bei der Problemlösung typischerweise nach dem Versuchs- und Irrtumsprinzip vorgeht. Er testet unterschiedliche Ideen und Vorgehensweisen so lange aus, bis er die tatsächlich richtige gefunden hat. Dieser Prozess ist naturbedingt zeitintensiv und auch häufig mit Kosten beziehungsweise Schmerzen verbunden.

Im Gegensatz dazu testet ein Stratege seine Thesen zur Problemlösung erst gedanklich, um anschließend mit einem überlegten Konzept zu handeln. Strategen sind dadurch in der Lage, zeit- und ressourceneffizient Risiken und Misserfolge auszuschließen und den Lösungsweg mit dem höchstmöglichen Realisierungspotenzial anzuwenden.

Der strategisch denkende Mensch folgt dabei immer dem Problemlöseprozess:

1. Problemwahrnehmung,

2. Lösungsvermutung,

3. Elimination erschwerender Bedingungen,

4. Umsetzung der Strategie in die Praxis.

Das Gegenkonzept zur Strategie ist die Anpassung. Adaption beziehungsweise Anpassung sind reaktive und in ihren Handlungsmöglichkeiten stark limitierende Konstrukte. Anpassung erfolgt immer kurzfristig und folgt keinem echten Gestaltungsziel.

In einer ersten groben Zusammenfassung beinhaltet strategisches Denken die Fähigkeit zur Komplexitätsreduktion, die Fähigkeit zum Umgang mit Mehrdeutigkeit, eine komplexe Entscheidungskompetenz und eine ausgeprägte gedankliche Problemlösekompetenz. Die entscheidende Voraussetzung für strategisches Denken ist die Größe und die Langfristigkeit der anzugehenden Probleme. Es wird deutlich, dass strategisches Denken immer dann notwendig ist, wenn es um große und langfristige, sprich komplexe Problemstellungen geht. Bei operativen und taktischen Fragestellungen, also Herausforderungen, die kurzfristiger und weniger komplex sind, muss das strategische Denken nicht immer der entscheidende Erfolgsfaktor sein.

Bezogen auf einen Managementkontext zeigen sich diese Attribute gut nachvollziehbar in einer Definition von Bosilie et al. (2000), die strategisches Denken beschreiben als die Fähigkeit:

- das eigene Denken und Handeln auf die Ziele des Unternehmens auszurichten,

- eine Teilstrategie für den eigenen Zuständigkeitsbereich abzuleiten, die mit der Unternehmensstrategie im Einklang steht,

- Unternehmenskultur zu gestalten und Wertschöpfungsbeiträge zu generieren.

Diese unternehmerische, aber immer noch abstrakte Definition soll noch einmal durch unterschiedliche Facetten des strategischen Denkens konkretisiert werden, um die inhaltliche Bandbreite verständlicher zu machen.

8.1.1 Simulationskompetenz bzw. Simulationsfähigkeit

Strategien sind zukunftsorientiert, sie basieren auf Erwartungen über die Entwicklung eigener Kompetenzen und Umweltzustände. Ein wesentlicher Erfolgsfaktor für das strategische Denken ist daher die Fähigkeit, zukünftige Entwicklungen zu antizipieren. Damit wird deutlich, dass sich strategisches Denken mit einem Zustand in einer weiter vorausliegenden Zukunft beschäftigt. Dementsprechend ist es für Manager wichtig, vorausschauend Annahmen für das eigene Markt- und Wettbewerbsumfeld treffen zu können. Damit einhergehend ist das Denken in Szenarien ebenso wie das Denken in Chancen und Risiken ein wichtiger Aspekt. Ein weiterer Aspekt ist aber auch die Simulationsfähigkeit. Das Denken in Szenarien beinhaltet dementsprechend nicht nur die Annahme von möglichen Situationen, sondern zeigt auch die Fähigkeit, mögliche Entwicklungen des eigenen Unternehmens auf diese Szenarien zu projizieren. Hierzu gehört auch die Fähigkeit, einen gedanklichen Problemlöseprozess simulieren zu können. Dementsprechend können strategisch denkende

Manager nicht nur Probleme und deren Lösungen antizipieren, sondern auch gleichzeitig die Erfolgswahrscheinlichkeit der von ihnen entwickelten Lösungen, aber auch die Erfolgswahrscheinlichkeit des eigenen Unternehmens in diesem Szenario kalkulieren.

8.1.2 Systematische Kompetenz

Strategien sind auf das ganze Geschäft, nicht nur auf einzelne Funktionsbereiche gerichtet. Strategisch denkende Manager können daher Probleme mit einem hohen Maß an Systematik adressieren. Sie verfügen über die entsprechenden Problemlösemuster und -prozesse, um komplexe Probleme zielführend zu bearbeiten. Hierzu gehört die breite Informationsaufnahme aus unterschiedlichen Bereichen, aber auch deren Vernetzung in Hinblick auf die Identifizierung von Wechselwirkungen unterschiedlicher Parameter.

8.1.3 Marktorientierung

Strategisches Denken beschäftigt sich immer mit der Generierung von Chancen und Vorteilen für das eigene Unternehmen. Strategisch denkende Manager zeigen dementsprechend eine hohe Markt- und Wettbewerbsorientierung. Sie versuchen, proaktiv Bedarfe zu entdecken und Strategien zu deren Deckung zu entwickeln. Dementsprechend erlebt man strategische Manager weniger als Engpassbeseitiger, sondern viel stärker als Bedarfsdecker. Die wesentliche Voraussetzung ist hier der Blick nach außen, sprich die intensive Marktorientierung. Die kontinuierliche Beschäftigung mit dem eigenen Umfeld ist hier die grundlegende Prämisse für die Identifizierung von Chancen und Opportunitäten.

8.1.4 Denken in Handlungsfeldern

Strategisches Denken erfordert eine unternehmerisch ganzheitliche Perspektive. Der Stratege kann sich nicht allein auf den eigenen Verantwortungsbereich konzentrieren, sondern muss das Unternehmen in allen Facetten als vernetzt agierendes System begreifen. Strategische Manager benötigen einen Blick über den eigenen Tellerrand, um Schnittstellen und Einflussfaktoren auf den eigenen Verantwortungsbereich zu identifizieren. Auch die Beschäftigung mit übergeordneten Unternehmensentwicklungen ist eine wesentliche Facette. Ein weiterer Aspekt ist aber auch das konstruktive Schnittstellenmanagement. Strategisch denkende Manager benötigen eine gute Vernetzung im Unternehmen, um das höchstmögliche Maß an Informationen erhalten zu können.

8.1.5 Das Treffen von großen Entscheidungen

Strategische Manager zeigen die klare Fähigkeit, große Entscheidungen treffen zu können. Hierzu gehört der souveräne Umgang mit Unsicherheiten, der umgangssprachlich auch häufig als Ambiguitätstoleranz bezeichnet wird. Strategisch denkende Manager akzeptieren, dass sie nie alle Informationen zu komplexen Problemen erhalten werden, und trauen es sich zu, große Entscheidungen auch unter Unsicherheit treffen zu können. Dies geht meist mit der Bereitschaft einher, Mehrdeutigkeit aushalten zu können, einem hohen Maß an Selbstvertrauen, dem Glauben an die eigene Urteilskraft, aber auch der Fähigkeit zur ausgeprägten Kritik. Aufgrund der Langfristigkeit und Größe strategischer Probleme lässt sich sagen, dass diese immer auch sehr fundamentale, sprich grundsätzliche Überlegungen nach sich ziehen. Strategische Überlegungen beinhalten damit immer auch das Infragestellen von fest etablierten Strukturen, Prozessen, aber auch Produktfeldern. Strategisch denkende Manager können dementsprechend ihre eigene Umwelt infrage stellen.

8.1.6 Konkurrenzbezug

Strategien sind konkurrenzbezogen, d. h., sie bestimmen das Handlungsprogramm in Relation zu Konkurrenten. Der strategisch denkende Manager zeigt immer eine ausgeprägte Konkurrenzorientierung. Er sucht und fordert den Wettbewerb auf allen Ebenen und möchte in diesem Wettbewerb durch optimale Leistung und Ergebniserreichung bestehen. Dieser Konkurrenzbezug findet in einer sehr frühkindlichen Entwicklungsphase statt und soll im späteren Verlauf dieses Artikels noch einmal dargestellt werden. Allerdings zeigt sich auch, dass diese Konkurrenzfähigkeit beziehungsweise dieser Konkurrenzbezug zu einer ausgeprägten Ergebnis- und Leistungsorientierung bei strategisch denkenden Managern führt. Die eigene Identitätsfindung beziehungsweise Selbstwertbestätigung findet dementsprechend über das Erbringen exzellenter, überdurchschnittlicher Leistungen statt. Diese finden sich häufig in der Bewältigung größerer Probleme, sodass sich sagen lässt, strategisch denkende Manager suchen bewusst große Problemkontexte auf.

8.1.7 Kenntnis von Prozessen der strategischen Planung

Strategische Planung – komplex und mehrstufig – ist kein einmaliger Akt in einer Unternehmung, sondern ein vielstufiger, immer wieder zu leistender Prozess. Aus methodischer Sicht kann gesagt werden, dass die Methoden zur Entwicklung von Strategien in der heutigen Zeit sehr weit ausgereift sind.

Unterschiedliche Theorien und Methoden des strategischen Managements wurden über den ressourcenorientierten Ansatz bis hin zum kompetenz- oder kernkompetenzorientierten Ansatz seit den 40er-Jahren entwickelt. Neben diesen theoretischen Herangehensweisen lassen sich aber auch konkrete Analysemodelle und -methoden in der heutigen Managementliteratur in großer Bandbreite finden. Strategisch denkende Manager besitzen dementsprechend eine differenzierte Kenntnis von Prozessen und Methoden der strategischen Planung und verstehen, umgangssprachlich gesagt, auf dieser Ebene ihr Handwerk. Das heißt, das gedankliche Gerüst wird in zielführende Strukturen und Methoden eingebettet.

8.1.8 Denken in Kompetenzen

Steinmann und Schreyögg schreiben in ihrem Buch „Management – Grundlagen der Unternehmensführung": „Jede Strategieplanung baut ihren Selektionsprozess (…) auf zwei Grundpfeilern auf, nämlich der Analyse der Umweltsituation und der Analyse der internen Möglichkeiten und Grenzen." Dieses Zitat verdeutlicht, dass strategisch denkende Manager in der Lage sind, die Stärken und Schwächen des eigenen Unternehmens realistisch, klar und vorbehaltlos, beispielsweise durch die Orientierung an externen Benchmarks, einschätzen zu können. Das strategische Denken erfordert die Gegenüberstellung der eigenen Fähigkeiten im Vergleich zu den Anforderungen des Marktes.

8.1.9 Einfallsreichtum bzw. Kreativität

Strategisches Denken beschäftigt sich nicht nur mit der Analyse von Situationen, dem Aufzeigen von Differenzen zwischen Soll- und Ist-Zuständen, sondern letzten Endes auch mit der Entwicklung erfolgreicher Problemlösungsstrategien. Strategisch denkende Manager sind in der Lage, für Probleme ein höchstmögliches Maß an Optionen zu generieren. Im Gegensatz zu einer intuitiven Problemlösefähigkeit generieren strategisch denkende Menschen zunächst einmal unterschiedliche Optionen, um darauf aufbauend die bestmögliche auswählen zu können.

8.1.10 Identifikation und Willensstärke

Strategisch denkende Manager können sich in einem höchstmöglichen Maß mit einem Unternehmen beziehungsweise einer soziale Gruppe identifizieren. Die Konkurrenzfähigkeit bezieht sich dabei nicht nur darauf, innerhalb des eigenen Unternehmens zu konkurrieren, sondern auch für das Unternehmen mit anderen Marktteilnehmern in Wettbewerb zu treten. Der strategisch denkende Mensch ist dementsprechend in der Lage, sich auf ein langfristiges und großes Ziel zu verpflichten und dieses mit einer ausgeprägten Willensstärke anzugehen. Dahinter verbirgt sich die Fähigkeit, auch emotionale, sprich motivationale Schwankungen, die im Rahmen eines langfristigen Problemlöseprozesses immer stattfinden, aushalten zu können und mit konstanter Kraft und Ausdauer ein Ziel zu verfolgen.

Neben diesem bereits sehr breiten Überblick über die Facetten der Kompetenz korrelieren auch weitere Fähigkeiten und Fertigkeiten (sogenannten Co-Kompetenzen) mit dem strategischen Denken. Als wesentliche Co-Kompetenzen lassen sich die folgenden Aspekte zusammenfassen:

- **Analysefähigkeit**
  Analysefähigkeit unterstützt im strategischen Kontext bei der Entwicklung neuer Strategien durch die Analyse und Erarbeitung verschiedener Optionen. Es lässt sich sagen, dass die Analysefähigkeit dazu dient, Komplexität zu reduzieren und Informationen zielgerichtet und zielorientiert insbesondere unter Zeitdruck bearbeiten zu können.

- **Entscheidungsfähigkeit**
  Eng mit dem Konstrukt der Willensstärke einhergehend ist die Fähigkeit zur Entscheidung, d. h. das individuelle Bewusstsein, gegen Informationen abzuschirmen, die eine Entscheidung verzögern würden. Strategisch denkende Manager können nicht zielführende Informationen konsequent aussortieren. Auf der anderen Seite geht es auch darum, bei mehrdeutigen Informationen Prioritäten zu setzen und sich für eine Alternative zu entscheiden. Dies gilt gleichermaßen für die Entwicklung von Entscheidungsoptionen. Im Gegensatz zum intuitiven Entscheidungsstil, wo die erste Option als bestmögliche anerkannt wird, suchen strategisch denkende Manager kontinuierlich nach Optionen, auch wenn bereits ein positiver Lösungsweg identifiziert worden ist.

- **Innovationsfähigkeit**
  Es geht darum, neue, unkonventionelle und Mehrwert stiftende Lösungen für erkannte Bedarfe zu finden.

- **Planungsfähigkeit**
  Die Planungsfähigkeit ist eine der grundlegendsten kognitiven Fähigkeiten eines Menschen. Generell gilt, dass das Planen von Menschen durch Gefühle und Motivationen beeinflusst wird. Wie bereits beschrieben, können strategisch denkende Menschen diesen Einfluss aber bis zu einem gewissen Grad minimieren. Darüber hinaus setzt Planen immer das Vorliegen neuer Ausgangssituationen voraus, sprich Situationen, die neuartig sind. Das Besondere ist, dass man für diese Situationen keine altbewährten Handlungsstrategien parat hat und dementsprechend in der Lage ist, neue Strategien und Problemlösungsprozesse zu finden.

Als weitere Co-Kompetenz wurde weiterhin die Risikobereitschaft diskutiert, wobei im Rahmen der Diskussion dieser Aspekt schnell wieder verworfen wurde. Die Begründung hierfür ist, dass es im Grunde genommen unerheblich ist, ob eine Strategie risikobereit oder risikoscheu verfolgt wird. Ausschlaggebend ist an der Stelle die Tatsache, dass es ein Ziel gibt, das angestrebt wird. Risikobereitschaft ist eher ein Attribut der Zielerreichung und sagt wenig über die strategische Denkfähigkeit aus, die in diesem Kapitel von eigentlichem Interesse ist. Ein Stratege zeichnet sich daher nicht durch die Art und Weise der Problemumsetzung aus, sondern vielmehr dadurch, wie er ein Problem durchdenkend lösen kann. Was stellenweise als Risikobereitschaft interpretiert wird, ist aus strategischer Perspektive das Produkt eines differenzierten und abwägenden Problemlösungsprozesses.

8.2 Die Geschichte der Kompetenz

Die Geschichte der Strategie beziehungsweise des strategischen Denkens ist eng verwoben mit der Geschichte der Politik und des Militärs als deren Instrument. Durch die wachsende Akkumulationsgröße von Staaten erhöhten sich auch die Langfristigkeit von Zielen und die Komplexität von Entscheidungen und Bedrohungen. Kriegerische Auseinandersetzungen wurden zunehmend umfassender und beschränkten sich nicht mehr allein auf einzelne Schlachten, sondern entwickelten sich zu komplexen Szenarien, die gleichzeitig zu Wasser und zu Land ausgetragen wurden. Zudem führte die Übermacht einzelner Staaten dazu, dass die Kriegsführung nicht mehr in einem konventionellen Sinne stattfand. Diese zunehmende Komplexität im sozialen Umfeld führte dazu, dass Strategien zur Erreichung sozialer, sprich gemeinschaftlicher Ziele definiert werden mussten. Die Griechen entwickelten beispielsweise erstmals eine Strategie zur Erreichung ihrer Unabhängigkeit von den Persern.

Der Titel des „Strategen" bezeichnete entsprechend im antiken Griechenland ein politisches Amt, für dessen Wahrnehmung das Wissen um die Kriegskunst und der Strategie befähigte.

Die Anwendung militärischer Strategien wurde erstmals von Sunzi (544–496 v. Chr. in China) in seinem Buch „Die Kunst des Krieges" behandelt. In diesem Buch definiert Sunzi allgemeine Prinzipien und Ratschläge für die Kriegsführung, die auch heute noch in einem Managementkontext aktuell sind. In einigen seiner Kapitel geht er insbesondere auf die Punkte der Planung ein. Das angesprochene Denken in Kompetenzfeldern wird bei Sunzi als Ressourcennutzung beschrieben. Auch die Analyse von Stärken und Schwächen, der heutige Ausgangspunkt unternehmerischer Strategieentwicklung, findet bei Sunzi eine intensive Berücksichtigung. Ein weiterer Aspekt ist die Strategieanpassung bei Änderung der Gegebenheiten. Es ist sicherlich ein sehr wichtiger Punkt, dass bei der Erreichung langfristiger Ziele eine kontinuierliche Anpassung des Lösungsweges erfolgen muss. Sunzi setzte so schon früh voraus, dass eine Planung nie vollständig verlässlich sein kann.

In der Wirtschaft hat der Begriff der Strategie explizit seit den 60er-Jahren an Bedeutung gewonnen. Durch die zunehmende Industrialisierung, die Entdeckung komparativer Kostenvorteile zwischen einzelnen Ländern und eine wachsende Globalisierung stieg die Komplexität in der Unternehmensführung immens. Planungsorientierte Dogmen wurden ad absurdum geführt und verloren zunehmend an Bedeutung. Dynamik, Komplexität, Schnelligkeit und Vielfältigkeit im Unternehmensumfeld erschweren zusätzlich die Beständigkeit und damit die Existenz der Unternehmen. Ziel ist es, langfristig in die Zukunft hinein Entscheidungen zu treffen, die angesichts der angezeigten Wirkungen auf das Unternehmen geradezu trivial erscheinen. Daher ist gerade in der heutigen Situation eine Strategie einer der wichtigsten Bestandteile des Managements.

Der Begriff wird heute in ganz unterschiedlichen Kontexten eingesetzt. Es gibt nach wie vor die klare Affinität zum militärischen Bereich, aber auch in einem Managementkontext. Darüber hinaus wird die Strategie im Bereich der Spieltheorie, des Schachs, aber auch als List oder Trick sowie als eine manipulative Aktion im politischen oder im Privatleben verwendet.

8.3 Die individuelle Entwicklung der Kompetenz

In seiner Entwicklung hat der strategisch denkende Mensch gelernt, dass er seine Ziele über eine emotionale Herangehensweise nicht oder weniger befriedigend erreichen kann. Bestimmte frühkindliche Bedürfnisse bleiben beispielsweise unbefriedigt, wenn die Mutter als wesentliche Bezugsperson die Zuneigung entzogen hat, sobald Probleme nicht ausreichend durchdacht angegangen wurden. Das heißt, einem solchen Kind wurde früh eine rationale und antizipative Verhaltensweise abverlangt.

Dies zeigt aber auch, dass die Entwicklung des strategischen Denkens bei einer überprotektiven Mutter in einem hohen Maße unwahrscheinlich ist. Die Entwicklung strategischen Denkens setzt voraus, dass die Eltern dem Kind frühzeitig Verantwortung für eigene Handlungen übertragen haben und eine rationale Herangehensweise, sprich ein besonnenes, planvolles und „wenig spielerisches" Verhalten, belohnt wurde. Darüber hinaus wurde dem Kind häufig ein hohes Maß an Leistungsorientierung abverlangt. Dies setzt typischerweise voraus, dass die Eltern dem Kind gegenüber ambitionierte Leistungsansprüche gestellt und die Befriedigung von Bedürfnissen vom Erfolg und der Anstrengung des Kindes abhängig gemacht haben.

Für die Entwicklung der Kompetenz strategisches Denken in früher Kindheit lässt sich dahingehend zusammenfassen, dass folgende Aspekte relevant waren:

- Die emotionale Einbringung des Kindes war nicht durch Erfolg gekennzeichnet. Vielmehr lautete der Beziehungsvertrag zwischen Kind und Eltern: Erst denken und dann bewusst handeln. Im Nachgang erfolgte die Belohnung.

- In der frühkindlichen Entwicklung entdeckte der Stratege die List als beziehungstechnisches Gestaltungsinstrument im Umgang mit anderen. Die Analyse von Menschen, die Identifikation von Ansatzpunkten und das bewusste Gestalten von Beziehungen wurden vom Strategen früh entwickelt.

- Das Lernen am Modell prägte den Strategen dahingehend, dass er lernt, dass eine schnelle und intuitive Herangehensweise nicht zum Erfolg führt. Dies können beispielsweise Misserfolgserlebnisse im Familienkontext sein oder auch die Wahrnehmung von hoher Fehlerwahrscheinlichkeit bei intuitiven Entscheidungsprozessen im eigenen Umfeld.

Kinder können darüber hinaus durch die Prägung der Eltern unterschiedliche Strategiefacetten erlernen. Eine erste ist die **Imitation**. Dabei geben die Eltern dem Kind den Ratschlag, sich von anderen Altersgenossen oder älteren Geschwistern bestimmte Verhaltensweisen oder Fähigkeiten abzuschauen. Das Kind lernt, durch die Beobachtung anderer und die Imitation erfolgreicher Verhaltensweisen das eigene Handlungsrepertoire kontinuierlich zu verbreitern.

Bei der Facette der **Kooperation** geht es darum, dass früh gelernt wird, sich mit anderen zu verbünden. „Gemeinsam sind wir stark" bezeichnet hier die aktive Suche nach Allianzen, um Ziele zu erreichen beziehungsweise Probleme zu lösen.

Ein weiterer Aspekt, der insbesondere bei sehr stark leistungsorientierten Eltern entwickelt wird, ist der der **Dominanz**. Hierbei lernen Kinder, den eigenen Willen mit einem hohen Maß an Durchsetzungsbereitschaft durchzusetzen. Hier geht es darum, sich möglichst wenig dem allgemeinen Willen zu beugen, sondern die eigenen Vorstellungen mit dem höchstmöglichen Maß an Energie und Bereitschaft zur Beziehungsbelastung durchzusetzen.

Ein letzter Bereich ist der der Abgrenzung, sprich **Autonomie**. Das Kind lernt hier, dass es positiv dafür belohnt wird, wenn es sich gegenüber anderen abgrenzt, seinen eigenen Willen bildet und hier mit einem höchstmöglichen Maß an Unabhängigkeit Entscheidungen trifft. Diese vier Facetten finden in unterschiedlicher Prägung statt, fördern aber generell die Herausbildung eines strategischen Denkens bei Kindern.

In der Schulzeit wird die bisher beschriebene Basis dadurch gefördert, dass das Kind viel Anerkennung für die Lösung größerer Probleme erhält. Dazu gehört das Einbringen in gesellschaftlichen Bereichen, in denen Verantwortung übernommen wird, sei es als Schulsprecher oder in der Organisation größerer Veranstaltungen. Die nach erfolgreicher Bewältigung erhaltene Anerkennung ist ein positiv verstärkender Faktor für die Anwendung strategischen Denkens. Ebenso werden nicht nur Handlungen anerkannt, beispielsweise erfolgreiche Leistungen und Erfolg im Sport, sondern der strategisch denkende Mensch erhält für seine Besonnenheit und Umsicht ebenso Anerkennung und Wertschätzung von anderen.

Generell lernt ein strategisch denkender Mensch, seine eigenen Emotionen nicht als Lebenskompass zu nutzen. Der Stratege ist daher eher ein Verdränger emotionaler Bedürfnisse, der sich stärker auf die rationale und gedankliche Bewältigung von Problemen konzentriert.

Positiv kann gesagt werden, dass mit zunehmender Reife und Entwicklung von Ich-Stärke (Selbstbewusstsein, Selbstsicherheit und Selbstvertrauen) die Fähigkeit zum strategischen Denken zunimmt. Es kann vermutet werden, dass die Präsenz emotionaler Bedürfnisse tendenziell abnimmt, dass aber auch die Fähigkeit zur Kritik und die Fähigkeit zur eigenen Entscheidungs- und Willensbildung tendenziell zunehmen.

8.4 Form der Kompetenz und Typologien

Um zu einer Typisierung strategischen Denkens zu gelangen, ist es zunächst einmal notwendig, die Komplexität eines Problems zu definieren. Wie bereits in vorangegangenen Kapiteln dargestellt, korreliert die Komplexität eines Problems sehr stark mit der Notwendigkeit, strategisch zu denken. Dementsprechend werden zunächst die Definitionsmerkmale für komplexe Probleme abgeleitet, um nachfolgend drei unterschiedliche (Strategie-)Typen im Bereich des strategischen Denkens zu entwickeln.

Wenn man die Komplexität eines Problems definieren möchte, kristallisieren sich drei Aspekte als relevant heraus:

- **Dauer bzw. Länge**
  Ein Problem ist komplex, wenn es eine hohe Langfristigkeit und Zukunftsorientierung aufweist. Dies bedeutet, komplexe Probleme zeichnen sich dadurch aus, dass sie in ihrer Komplexität zeitlich nicht überschaubar werden. Es wird immer einen Bereich geben, der nur durch Antizipation gelöst werden kann, da die Faktenentwicklung nicht statistisch oder gedanklich vorgeschrieben werden kann.

- **Größe**
  Ein Problem ist dann komplex, wenn es sich nicht nur auf den eigenen Geltungsbereich bezieht, sondern zahlreiche Schnittstellen zu anderen Fachbereichen hat. Das heißt, im Hinblick auf die Entwicklung einer Lösung geht es nicht nur darum, im Rahmen des eigenen Verantwortungsbereichs Lösungen zu definieren, sondern auch darüber hinaus die Wichtigkeit und die Implikation aus anderen Fachbereichen mit zu berücksichtigen.

- **Vernetzungen bzw. Wechselwirkungen**
  Ein Problem ist komplex, wenn es viele betrifft und die zahlreichen Wechselwirkungen der unterschiedlichen Anspruchsgruppen berücksichtigt werden müssen. Gerade die Vielzahl von Interessen, die im

Hinblick auf die Erreichung eines Ziels in Einklang gebracht werden muss, erfordert eine ausgeprägte Kompetenz im Bereich des strategischen Denkens.

Aus diesen Aspekten können folgende Strategietypen abgeleitet werden:

- **Typ 1: Der langfristig denkende Visionär**
  Der langfristig denkende Visionär zeichnet sich dadurch aus, dass er sich gedanklich sehr stark in der Zukunft bewegt. Häufig haben Visionäre wenig Bezug zum operativen Geschäft, sondern beschäftigen sich gedanklich mit den Optionen, die die Zukunft bieten könnte. Visionäre haben eine hohe Reizstimulation und suchen immer nach Möglichkeiten für zukünftige Entwicklungen. Im Hinblick auf die Größe eines Problems lässt sich sagen, dass der Visionär nicht zwingend dazu neigt, große Ziele zu definieren. Es ist vielmehr das Fokussieren auf die Zukunft, das dazu führt, dass der Visionär strategisch denkt.

- **Typ 2: Der Architekt**
  Der Architekt besitzt dadurch eine wesentliche Kompetenz im Bereich der Strategie, dass er große Ziele und Lösungen durchdenken und entwickeln kann. Hier geht es weniger um das Verweilen in der Zukunft, sondern eher um die konkrete Entwicklung eines zukünftigen Zielzustandes. Der Architekt zeichnet sich dadurch aus, dass er anhand konkreter Pläne und Strukturen ein Bild der Zukunft entwirft. Dabei bewegt sich der Architekt weniger konkret im Bereich der Optionen und Möglichkeiten, sondern für ihn geht es darum, große Ziele und Probleme zu gestalten.

- **Typ 3: Der Politiker**
  Der Politiker besitzt eine Stärke insbesondere darin, dass er die zahlreichen Wechselwirkungen komplexer Probleme und die damit einhergehende Interessenvielfalt optimal managen kann. Die Fähigkeit, strategische Allianzen zu finden und zu schließen, sowie die Kompetenz, unterschiedliche Ziele und Interessen in Einklang zu bringen, zeichnen den Politiker an dieser Stelle aus. Der Politiker nimmt in Kauf, dass dieser Problemlöseprozess im politischen Bereich zahlreiche Abstimmungen, Geduld, Hartnäckigkeit und gegebenenfalls eine gewisse Nachgiebigkeit erfordern. Dem Politiker geht es weniger darum, das langfristige Ziel möglichst konkret zu gestalten, da dies die optimale Bedienung von

Schnittstellen und Wechselwirkungen häufig behindern würde. Vielmehr versucht der Politiker, das eigene Ziel mit dem geringsten Maß an Zugeständnissen zu erreichen.

8.5 Äußerungsform der Kompetenz

- Strategisch denkende Menschen sind in ihrem Blickwinkel auf die Welt bereit, alles zu instrumentalisieren, um Ziele zu erreichen. Sie verhalten sich in einem hohen Maße rational, fühlen sich in geringerem Maße emotional gebunden und sind dadurch in der Lage, vorhandene Ressourcen bestmöglich zu nutzen.

- Darüber hinaus verhalten sich strategisch denkende Menschen sehr stark objektiviert. Plakativ gesagt machen sie die Welt zu einem Objekt. Hierzu ist insbesondere die Fähigkeit zur Rationalität und Distanz notwendig.

- Ein weiterer Aspekt ist der Fokus auf Ergebnisse. Der Stratege versucht durch sein Verhalten, Ergebnisse zu erzielen und hier im Wettbewerb zu bestehen. Dementsprechend geht es immer darum, klare Ergebnisse zu erreichen.

- Der Stratege zeigt darüber hinaus die große Bereitschaft zur Beharrlichkeit und Konsistenz. Der Stratege ist in der Lage, die eigenen Triebe und Bedürfnisse zugunsten eines Ziels zurückzustellen und genießt umso stärker die Kompensation im Nachhinein.

- Der Stratege findet sich kontinuierlich in einer psychologischen Kampfsituation. Er hat eine hohe Sensitivität für Herausforderungen und Kampfsituationen und möchte in diesen optimal bestehen beziehungsweise gewinnen.

Im **Berufsleben** legt der strategisch denkende Manager seine Karriere langfristig an. Er fällt weniger in die Kategorie des Jobhoppers, sondern hat ein klares, langfristiges Ziel vor Augen, zu dessen Erreichung er bewusst unterschiedliche berufliche Stationen anstrebt. Insbesondere in der Gestaltung der eigenen Biografie zeigen sich wenig Umwege oder Ausbrüche, sondern eher ein kontinuierlicher Weg, der den Karriereverlauf des Strategen charakterisiert. Sollte es größere Brüche geben, können diese immer gut begründet werden und stehen immer mit einem familiären oder unvorhergesehenen Ereignis im Zusammenhang. Der Stratege betrachtet die persönlichen Finanzen als wichtigste Ressource, da diese ihm zum einen Unabhängigkeit verleihen und zum anderen die Möglichkeit zur Gestaltung und Einflussnahme bieten. Der Stratege ist daher eher materialistisch veranlagt und seine Motive befinden sich weniger im idealistischen Bereich.

Im **Privatleben** lässt sich festhalten, dass der Stratege keine spontanen und ungeplanten Entscheidungen trifft. Ein Hauskauf wird immer von langfristigen, fundierten und besonnenen Überlegungen begleitet sein. Private Entscheidungen werden im Vorfeld gründlich geplant und können immer gut begründet werden. Der Stratege zeigt sich daher im Privaten geübt im eigenen Triebaufschub. Er tendiert nicht zu einer spontanen Bedürfnisbefriedigung, sondern kann eigene Triebe zugunsten späterer Belohnungen zurückstellen. Die Hobbys eines Strategen zeichnen sich häufig durch eine hohe kognitive Komponente aus. Zudem können die Hobbys eines Strategen meist allein, d. h. unabhängig von anderen, ausgeübt werden. Der Stratege sucht daher auch bei der Ausübung von Hobbys eher die Autonomie. Hier können beispielsweise das Sammeln von Artefakten oder auch das Spielen von Schach als stereotypische Hobbys aufgeführt werden.

Im Hinblick auf die Ausübung von **Sport** lässt sich provozierend die Frage stellen, ob gute Strategen auch tatsächlich gute Spieler oder Sportler werden. Typischerweise neigen Strategen dazu, eher in die Trainerrolle zu schlüpfen, da dieser strategisch, sprich auf einer Metaebene, denken muss. Die Traineraufgabe besitzt tendenziell eine höhere Komplexität und dementsprechende Attraktivität. Sie ist längerfristig, bedarf einer höheren Distanz zum direkten Spielgeschehen und hat tendenziell mehr Schnittstellen. Der Spieler hingegen muss eher operativ und taktisch gut sein. Strategen tendieren dazu, sportliche Hobbys auszuüben, die in ihrer Erreichung auch eine Langfristigkeit voraussetzen. Hier kann der Langstreckenlauf als Beispiel angeführt werden.

In der **Gesprächsführung und Kommunikation** nimmt der Stratege häufig eine beobachtende Haltung ein. Er folgt hier seinem Prinzip, möglichst viele Informationen aus einem Gespräch zu ziehen. Dabei ist der Stratege weniger konfliktfreudig und fungiert eher als Interviewer.

Im Hinblick auf das **Konfliktverhalten** zeigt sich erfahrungsgemäß, dass Strategen aufgrund ihrer Antizipationsfähigkeit in der Lage sind, viele Konfliktfelder im Vorfeld zielführend und stimmig zu minimieren. Für den Strategen kommen in den meisten Fällen affektive Konfliktbewältigungsstrategien nicht infrage. Er tendiert insgesamt zu einer starken Rationalisierung von Konflikten. Bezug nehmend auf die geschichtliche Entwicklung kann hier gesagt werden, dass ohne das Vorhandensein von Konflikten das Phänomen der Strategie nicht bestehen würde. Die Strategie bezeichnet hier die überlegte und besonnene Herangehensweise an Konflikte, um diese in einem höchstmöglichen Maße ressourcenorientiert und erfolgswahrscheinlich zu bewältigen.

8.6   Berühmte Repräsentanten

Ein besonders bekanntes Beispiel für einen strategisch denkenden Menschen ist Leonidas aus Sparta. Leonidas war von 490 bis 480 v. Chr. König von Sparta und befehligte in dieser Rolle den Hellenenbund bei der Schlacht der Thermopylen. In diesem Ereignis blockierte eine griechische Streitmacht von etwa 5.200 Mann den Thermopylenpass, um das persische Reichsheer mit einer Gesamtstärke von 50.000 bis 100.000 Mann unter Xerxes I. aufzuhalten. Die Griechen waren durch die strategische Führung von Leonidas in der Lage, der persischen Übermacht zu widerstehen. Durch die enge Passage des Passes im Vorteil, mussten die Perser herbe Verluste hinnehmen, während es auf griechischer Seite kaum Ausfälle gab. Bevor das griechische Heer von dem Gegner eingekesselt wurde, zog der Großteil der griechischen Streitmacht ab und Leonidas fiel im Kampf mit einer Truppe von 600 Kämpfern zurück, um den Rückzug zu sichern.

Als ein weiterer, sehr überzeugender Vertreter lässt sich Julius Caesar beschreiben. Sein Anfangssatz im Bellum Gallicum, „Ich kam, sah und siegte", beschreibt per se den strategischen Prozess. Bezug nehmend auf die vorab beschriebenen Kompetenztypen, hatte Julius Caesar seine Fähigkeiten eher im Bereich der Politik. Beim Blick auf seine Biografie wird deutlich, dass Julius Caesar, insbesondere durch strategische Allianzen, sprich den Zusammenschluss mit anderen, in der Lage war, seine politischen Ziele zu erreichen. Seine Fähigkeiten zur Allianz, zum Kompromiss und zur Gemeinsamkeit lassen sich mit dem Begriff des Triumvirats bezeichnen. Dieses von den römischen Geschichtsschreibern als erste strategische Partnerschaft beschriebene Bündnis zwischen Cäsar, Crassus und Pompeius brachte Geld, Militär und politischen Einfluss und sorgte dafür, dass Caesar im Jahr 59 v. Chr. zum Konsul entgegen des Widerstands vieler Senatoren gewählt wurde.

Ein deutscher Vertreter lässt sich in Carl Philipp Gottlieb von Clausewitz finden. Clausewitz nahm als preußischer Offizier an den Napoleonischen Kriegen teil. Er verfasste insbesondere in der Nachkriegszeit zahlreiche Schriften zur

Militärstrategie. Clausewitz wandte sich in seinen Schriften insbesondere gegen die Systemmacher. Das heißt, er wandte sich gegen die bis dato akribische und konkrete Handlungsanweisung für Generäle. Clausewitz war der Überzeugung, dass man Feldzüge nur zu einem sehr geringen Grad planen kann, da immer sogenannte Fiktionen, d. h. unkalkulierbare Einflüsse oder Ergebnisse, stattfinden. Clausewitz war der Meinung, dass militärische Führer in der Lage sein müssen, Entscheidungen unter Zeitdruck mit unvollständigen Informationen zu treffen.

Ein moderner Stratege aus der Wirtschaft ist Steve Jobs, der als Visionär bezahlbare Computer für alle Haushalte und Schulen etablieren wollte. Seine kreativen und zukunftsträchtigen Ideen prägen die Medienwelt nachhaltig. Aber auch Lenker Herbert Heiner, der mit viel Geduld, Beharrlichkeit und Konsequenz das Unternehmen sukzessive zu einem globalen Konzern ausgebaut hat, zählt zu den bedeutenden Strategen unserer Zeit.

8.7 Diagnose der Kompetenz

Die inhaltliche Ausgestaltung der Diagnose von strategischem Denken soll vorab durch eine kurze Beschreibung von möglichen Methoden und Ansätzen für die Diagnose der Kompetenz im Management eingeleitet werden.

Im Rahmen einer differenzierten **Selbstbeschreibung** (Interview) lassen sich am ehesten die Problemlösungskonzepte und -haltungen sowie die individuelle Orientierung von Bewerbern oder Teilnehmern erheben. Die bisherigen Ausführungen haben gezeigt, dass es unerlässlich ist, dass der Interviewer über ein differenziertes Konzept von strategischem Denken verfügt, um gerade bei Teilnehmern mit einem ausgeprägten Erfahrungshintergrund eine trennscharfe Differenzierung zwischen Erfahrungswissen und strategischem Denken beziehungsweise dem Vorhandensein einer echten Kompetenz herausarbeiten zu können.

Eine sehr verbreitete und aussagefähige Übung ist die Demonstration einer **Arbeitsprobe**. Häufig werden Teilnehmer gebeten, für den eigenen Verantwortungsbereich oder für eine angestrebte Stelle bereits eine erste strategische Kurzpräsentation auszuarbeiten. Diese Präsentation sollte dahingehend angelegt sein, dass die einstellende Führungskraft oder der jeweilige Vorgesetzte (im Rahmen eines Entwicklungsverfahrens) in der Lage ist, die Herangehensweise, die Systematik, die Ideen und die Lösungsvorschläge des Teilnehmers mit der eigenen Unternehmensrealität benchmarken zu können. Diese Übung bietet gerade Beobachtern einen differenzierten Einblick in die Problemlösekompetenz und die strategischen Fähigkeiten von Teilnehmern.

Im Hinblick auf die unterschiedlichen Teilaspekte, beispielsweise das Informationsmanagement, die Antizipation von Marktentwicklungen oder auch das Ziehen von Schlussfolgerungen, lässt sich festhalten, dass diese durch **strukturierte Testverfahren** abgebildet werden können. Zum aktuellen Zeitpunkt gibt es aussagefähige Tests auch für übergeordnete Ebenen, die entsprechend valide Testverfahren bereitstellen. Solche Verfahren nehmen in der Akzeptanz von Teilnehmern, gerade aus dem oberen Management, sukzessive zu und bieten einen deutlichen Mehrwert im Hinblick auf die Aspekte Analysefähigkeit, Vernetzung und Antizipationsvermögen.

Eine weitere Übung zur Diagnose von strategischem Denken ist die Konfrontation mit **strategischen Fallstudien** außerhalb des eigenen Verantwortungsbereichs. Sicherlich ist dies eine der aussagefähigsten Übungen zur Frage, wie ein Teilnehmer durch strategisches Denken komplexe Probleme zielführend löst. Gerade die Tatsache, dass eine solche Fallstudie sich nicht aus dem aktuellen Erfahrungsumfeld speist, sondern gezielt branchenfremde Inhalte hat, erfordert die Anwendung von strategischem Denken als Kompetenz. Die Prämisse, dass die Teilnehmer in einer solchen Situation nicht von ihrem bisherigen Erfahrungswissen profitieren können, klärt für die Beobachter häufig sehr eindeutig, inwiefern die Fähigkeit des strategischen Denkens bei Teilnehmern gegeben ist.

Tendenziell lässt sich noch ergänzen, dass es neben Fallstudien, die das Thema Komplexitätsreduktion zum Ziel haben, auch **Fallstudien** gibt, die sehr viel stärker **handlungs- und entscheidungsorientiert** angelegt sind. Eine derartige Fallstudie sollte sehr klar Themen beinhalten, die es ermöglichen, den Entscheidungsstil, aber auch die Vernetzungsfähigkeit, die Schlussfolgerungen und die Marktorientierung von Teilnehmern überprüfen zu können.

8.7.1 Mögliche Interviewfragen, um das strategische Denken im Rahmen von halb strukturierten Interviews erheben zu können

- Bitte beschreiben Sie den aktuellen Status Ihrer Abteilung. Welches Szenario können Sie sich für die weitere Entwicklung vorstellen? Gehen Sie bitte dabei explizit auf mögliche Chancen und Risiken ein.

- Welche Methoden nutzen Sie, um komplexe Probleme zielführend zu reduzieren und handhabbar zu machen? Bitte beschreiben Sie an Beispielen, innerhalb derer Sie auch unter Unsicherheit eine Problemlösung finden mussten. Wie sind Sie dabei vorgegangen? Bitte beschreiben Sie sich als Problemlösungstyp. Was ist Ihnen bei der Adressierung von Problemen wichtig?

- Wie würden Sie die aktuelle Marktsituation Ihres Unternehmens beschreiben? Bitte erklären Sie uns, wie Ihr Unternehmen im Vergleich zum Wettbewerber dasteht. Wo sehen Sie explizite Stärken, wo sehen Sie im Vergleich zum Wettbewerber noch Verbesserungsbedarf? Welche Bedarfe konnten Sie in der Vergangenheit aktiv adressieren? Bitte beschreiben Sie den Problemlösungsprozess von der Analyse bis zur Umsetzung der Lösung.

- Bitte machen Sie deutlich, inwiefern Sie die unterschiedlichen Ressourcenkompetenzen auch aus anderen Unternehmensbereichen nutzen. Welche Schnittstellen sind für Ihren Verantwortungsbereich die entscheidenden und wie bedienen Sie diese? Bitte beschreiben Sie, wie Sie bei der Lösung eines komplexen Problems die Schnittstellen aus anderen Bereichen aktiv mit einbezogen haben.

- Welche schwerwiegende Entscheidung mussten Sie unter Unsicherheit treffen? Wie sind Sie hierbei vorgegangen? Welche Methoden der Entscheidungsfindung haben Sie angewandt? Bitte beschreiben Sie, welche Optionen und Alternativen bei der Entscheidung zur Auswahl standen. Warum haben Sie sich für die von Ihnen ausgewählte Option entschieden? Was lernen wir daraus über Ihren Entscheidungsstil? Welche Entscheidungen treffen Sie autonom? Bei welchen ist Ihnen die explizite Einbindung von Schnittstellen oder anderen Personen wichtig?

- Welche Methoden der strategischen Planung wenden Sie an? Was ist Ihnen bei der Entwicklung einer Mittelfrist- oder Langfristplanung wichtig? Was sind für Sie die erfolgskritischen Faktoren, die Sie bei der Entwicklung nachhaltiger Faktoren berücksichtigen?

- Bitte beschreiben Sie uns die Kernkompetenzen Ihres Unternehmens. Durch welche Prozesse oder Strukturen besitzt Ihr Unternehmen im aktuellen Wettbewerbsumfeld Vorteile? In welchen Bereichen sehen Sie noch Handlungsbedarf? Welche Benchmarks haben Sie zuletzt genutzt, um die Leistungsfähigkeit der eigenen Organisation zielführend zu überprüfen? Wonach suchen Sie mögliche Benchmarking-Partner aus und wie konsistent setzen Sie die erhobenen Ergebnisse im Rahmen Ihrer Organisation um?

- Welches Problem wurde von Ihnen schon einmal auf unkonventionelle Art und Weise gelöst? Wie sind Sie hier bei der alternativen Entwicklung vorgegangen?

- Bitte machen Sie deutlich, welche Zielsetzungen Sie schon einmal beharrlich und über einen längeren Zeitraum gegen Widerstände durchgesetzt haben. Wie sind Sie hierbei vorgegangen? Welche kritischen Situationen sind Ihnen dabei begegnet und wie haben Sie diese gelöst? Was lernen wir daraus über Ihren Managementstil?

8.7.2 Mögliche Verhaltensanker zur Diagnose von strategischem Denken

- Entwickelt für seinen Verantwortungsbereich unterschiedliche Optionen und Szenarien.

- Denkt in Chancen und Risiken, kann wesentliche Herausforderungen erkennen.

- Orientiert sich nicht am Status quo, sondern antizipiert unterschiedliche Zukunftsszenarien.

- Kann für den eigenen Verantwortungsbereich unterschiedliche Fortentwicklungsoptionen entwickeln.

- Kennt Techniken und Methoden, um für gegebene Situationen verschiedene zukünftige Szenarien zu entwickeln.

- Will Probleme jederzeit systematisch und simulativ angehen.

- Kennt unterschiedliche Methoden zur Komplexitätsreduktion und wendet sie zielführend an.

- Hat Erfahrung, wie komplexe Probleme reduziert und in zielführende Maßnahmen überführt werden können.

- Orientiert sich in seiner Herangehensweise konsequent an Marktentwicklungen.

- Kann eine Chancen-Risiken-Analyse des Marktes und der Marktsituation durchführen.

- Besitzt differenzierte Marktkenntnisse und Wettbewerbskenntnisse.

- Zeigt bei der Analyse von Problemen einen breiten Blick über die Grenzen des eigenen Verantwortungsbereichs hinaus.

- Orientiert sich in der Analyse von Problemen am Gesamtunternehmen.

- Betreibt ein aktives Schnittstellenmanagement.

- Kann die Kausalzusammenhänge und Wirkungsmechanismen innerhalb des eigenen Verantwortungsbereichs konsequent beschreiben und nutzen.

- Kennt die wesentlichen Schnittstellen für seinen eigenen Verantwortungsbereich.

- Demonstriert eine ausgeprägte Entscheidungsbereitschaft.

- Demonstriert das Zutrauen und die Kompetenz, schwerwiegende Entscheidungen auch unter Unsicherheit und zeitnah treffen zu können.

- Kennt Methoden der Entscheidungsfindung und wendet sie zielführend an.

- Kann aus einer Fülle von Informationen die relevanten Aspekte herausfiltern.

- Kann Geschäftsmodelle infrage stellen und erkennt langfristigen beziehungsweise zukunftsorientierten Entscheidungsbedarf.

- Orientiert sich zur Identifikation von Problemen und Realisierung von Chancen konsequent am Wettbewerb.

- Sucht aktiv den Wettbewerb mit Dritten, will sich durch überdurchschnittliche Leistung beweisen.

- Besitzt differenzierte Kenntnisse des Wettbewerbs.

- Verfügt über Methoden, Kompetenzen und Fähigkeiten des Wettbewerbs aktiv in die eigene Organisation zu überführen.

- Sucht aktiv strategische Allianzen, um sich im Wettbewerb behaupten zu können.

- Setzt schwerwiegende und zukunftsorientierte Entscheidungen auch gegen interne Widerstände langfristig durch; wirkt beharrlich und persistent.

- Kann Entscheidungen autonom und autark treffen und auch unangenehme Entscheidungen innerhalb der Organisation kommunizieren und durchsetzen.

- Will komplexe Probleme systematisch, prozessorientiert und anhand stimmiger, konsistenter Methoden lösen.

- Kennt Prozesse und Methoden der strategischen Planung.

- Besitzt Erfahrungen im Bereich der Mittelfrist- und Langfristplanung.

- Kennt die erfolgskritischen Faktoren stimmiger und realistischer Planungsprozesse.

- Bezieht bei der Entscheidungsfindung die Fähigkeiten des gesamten Unternehmens mit ein.

- Kann den eigenen Verantwortungsbereich hinsichtlich Starken und Schwächen realistisch und konsistent beschreiben.

- Nutzt externe Benchmarks konsequent, um den Leistungsstand der eigenen Organisation zu überprüfen.

- Beschränkt sich in der Lösungsfindung nicht nur auf bekannte und konventionelle Lösungswege.

- Kennt Methoden des Innovations- und Kreativitätsmanagements.

- Bleibt bei der Lösungssuche nicht bei offensichtlichen Lösungen stehen, sondern sucht konsequent die beste Alternative.

- Demonstriert eine ausgeprägte Willensstärke und Unabhängigkeit.

8.8 Personalentwicklung bzw. Coaching der Kompetenz

In diesem Kapitel wollen wir noch einmal beschreiben, welche Bausteine und modularen Systeme die Entwicklung der Kompetenz bilden können. Zunächst einmal lässt sich sagen, dass für Teilnehmer, die eine Entwicklung im Bereich des strategischen Denkens anstreben, bereits eine fundierte berufliche Erfahrung vorausgesetzt werden kann. Entwicklungsmaßnahmen im Bereich des strategischen Denkens setzen typischerweise erst ab einer bestimmten Managementebene an.

Ein dementsprechend opportunes Instrument zur Weiterentwicklung einer derartigen Kompetenz ist das **Coaching**. Grundsätzlich lässt sich hier sagen, dass der Coachingprozess im Ansatz den vorab beschriebenen Strategietypen angepasst werden sollte. Hier sollte sich die Herangehensweise, aber auch der Inhalt des Coachings, klar an den Stärken und Schwächen der Typen Visionär, Architekt und Politiker orientieren. Als Baustein ist hier denkbar, dass zunächst einmal Handlungen reflektiert werden. Das können zum einen operative Herausforderungen im Arbeitsalltag sein, die gemeinsam mit einem Coach differenziert besprochen und gelöst werden können. Ein weiterer Baustein könnte es aber auch sein, die realen und komplexen Probleme, die den Coachee zum Coaching veranlassen, in den Fokus des Prozesses zu stellen. Gerade der Einsatz systemischer Techniken, beispielsweise mit der Zielsetzung Imitation, Kooperation und Dominanz, könnte hier ein entsprechender Ansatz sein. Generell lässt sich sagen, dass immer ein Planungsproblem die Grundlage für das Coaching sein sollte. Strategisches Denken lässt sich nur schwer in einem theoretischen Kontext erarbeiten. Das Vorhandensein konkreter Herausforderungen und Problemen ist eine wesentliche Voraussetzung dafür, den Coachingprozess effizient, nachhaltig und erfolgreich zu gestalten. Darüber hinaus kann der Coachingansatz immer auch instruktionsorientiert sein. Gerade die Herangehensweise aus einer methodenbasierten Perspektive ist hier zielführend.

In Ergänzung lässt sich noch sagen, dass gerade die **Hospitation und Rotation** in unterschiedlichen Unternehmensbereichen eine sehr wesentliche Voraussetzung für strategisches Denken ist. Das Kennenlernen unterschiedlicher Unternehmensbereiche versetzt den strategisch denkenden Manager in die Lage, deren Interessen und Bedürfnisse zielführend antizipieren und in die eigene Herangehensweise integrieren zu können. Zudem verbreitet sich der Blick auf das eigene Unternehmen deutlich und das Verständnis von vorhandenen Ressourcen beziehungsweise Stärken, aber auch entsprechenden Schwächen beziehungsweise Herausforderungen, wirkt noch einmal in einem hohen Maße präzisiert und vertieft.

Gute Erfahrungen lassen sich auch mit sogenannten **Business Cases** machen. Es gibt Management-Schulen, die sich darauf konzentriert haben, für Unternehmen eigene Business Cases zu entwickeln, die es Managern ermöglichen, in sogenannten Round Tables oder Management Meetings einheitlich am eigenen Business Case des Unternehmens arbeiten zu können. Der Vorteil ist, dass bereits im Vorfeld durch die jeweilige Business School eine hohe Abstraktion von Informationen beziehungsweise der aktuellen Situation des Unternehmens stattgefunden hat. Durch diese automatisch stattfindende Distanzierung zum eigenen täglichen Verantwortungsbereich werden die Manager in die Lage versetzt, die Situation sehr viel rationaler und damit auch realistischer bewerten und bearbeiten zu können. Darüber hinaus führt auch der Austausch mit Kollegen im oberen Management dazu, das eigene strategische Denken zu schärfen und hier gemeinsam einen breiten, aber auch konsistenten Blick auf das Unternehmen zu entwickeln.

Eine letzte denkbare Trainingsmaßnahme zur Entwicklung von strategischem Denken ist die Aneignung von **Instrumenten und Methoden**. Diesbezüglich sind der Baukasten und die zur Verfügung stehenden Ansätze nahezu unbegrenzt. Vom Selbststudium entsprechender Literatur zu Trainings von Anbietern in diesem Bereich oder ganze Management Curricula der jeweiligen Business Schools bestehen unzählige Ansätze.

8.9 Literaturhinweise

Boselie, P., Paauwe, J., Jansen, P. (2000): Human Resource Management and Performance: Lessons from the Netherlands. Rotterdam: Erasmus University.

Clausewitz, C. (2010): Vom Kriege. Hinterlassenes Werk des Generals Carl von Clausewitz (19. Aufl.). Neukirchen: Nikol.

Mintzberg, H., Ahlstrand, B., Lampel, J. (2007): Strategy Safari. Eine Reise durch die Wildnis des strategischen Managements. Heidelberg: Ueberreuter.

Porter, M. (2008): Wettbewerbsstrategie: Methoden zur Analyse von Branchen und Konkurrenten (11. Aufl.). Frankfurt/M.: Campus.

Steinmann, H., Schreyögg, G. (2013): Management. Grundlagen der Unternehmensführung (7. Aufl.). Wiesbaden: Springer Gabler.

Sunzi (2009): Die Kunst des Krieges. Leipzig: Insel.

9 KUNDENORIENTIERUNG ALS KOMPETENZ

Steffen Gaiser, Alexander Fritz & Stefan Reinecke

In diesem Beitrag erfahren Sie,

- *was unter Kundenorientierung konkret verstanden wird,*
- *wie Kundenorientierung als Kompetenz bei einem Individuum entsteht,*
- *wie eine Typologie kundenorientierter Personen aussehen kann,*
- *wie sich der Alltag von Menschen mit ausgeprägten Kompetenzfähigkeiten gestaltet,*
- *in welchem Verhalten sich Kundenorientierung im (Berufs-)Alltag widerspiegelt und an welchem Verhalten man kundenorientiert handelnde Menschen erkennen kann,*
- *mit welchen Personalentwicklungsmaßnahmen die Kundenorientierung von Mitarbeitern in Ihrer Entwicklung unterstützt werden kann.*

9.1 Was heißt Kundenorientierung?

9.1.1 Begriffsbestimmung und sprachliche Beschreibung

In den letzten Jahrzehnten hat sich der Begriff Kundenorientierung zu einem beliebten Schlagwort in Unternehmen und anderen Organisationen entwickelt. Er findet sich in Stellenbeschreibungen genauso wieder wie in manchen Kompetenzmodellen und ist durchaus Thema bei Tagungen von Führungskräften und in Entwicklungsprogrammen. Kundenorientierung scheint dabei eines dieser Schlagworte zu werden, an deren Gebrauch in modernen Organisationen kein Weg mehr vorbeiführt. In vielen Stellenausschreibungen in der Presse oder im Internet finden sich Formulierungen wie „Kundenorientierte Persönlichkeit gesucht" oder „Wir suchen eine Führungskraft mit ausgeprägter Kundenorientierung". Dabei wird Kundenorientierung als Kompetenz verstanden, die unterschiedliche Individuen in unterschiedlicher Ausprägung besitzen oder eben nicht. Aber ist Kundenorientierung wirklich eine Individualkompetenz? Diese Frage werden sich all diejenigen stellen, die sich beruflich in Organisationen oder aus wissenschaftlicher Perspektive mit dem Thema Marketing befassen beziehungsweise befasst haben. Auch wird diese Formulierung bei denjenigen Irritationen hervorrufen, die sich mit Kompetenzen im individualpsychologischen Sinne auseinandersetzen. Und beide haben recht: Der Begriff der Kundenorientierung entstammt keinesfalls einer psychologischen Disziplin, sondern basiert vielmehr auf Überlegungen zum Thema Prozessgestaltung in Organisationen. Auch führt der Wortteil „Orientierung" Psychologen zuerst einmal auf eine falsche Fährte. Sie denken hier an Ausrichtung und Vorlieben, aber nicht an eine Kompetenz, in dem Sinne, wie sie beispielsweise von Paschen (2012) definiert wurde. Eine Kompetenz setzt sich aus psychologischer Perspektive zusammen aus einer Orientierung, einer Fähigkeit sowie Wissen und Erfahrungen. Kundenorientierung als Begriff fokussiert von der Bedeutung des Wortes her ausschließlich auf die erste Komponente – die Ausrichtung – und vernachlässigt die beiden anderen Komponenten.

Diese sprachlichen Verwirrungen werden dadurch hervorgerufen, dass in der Psychologie und insbesondere in der Organisationspsychologie bislang noch kein gängiger Begriff existiert, der die Fähigkeit und den Wunsch von Individuen beschreibt, sich in ihrem Handeln und Denken an ihren Kunden auszurichten und ihr Wissen und Können zielgerichtet für Kunden einzusetzen. Treffender als Kundenorientierung wäre in diesem Kontext sicherlich der Begriff Kundenkompetenz. Da dieser Begriff jedoch weder im Duden noch in anderen Nachschlagewerken zu finden ist und ein Begriff immer nur der

Umschlag eines Buches ist, hinter dem sich die eigentliche Geschichte verbirgt, verwenden wir in diesem Kapitel die gängige Bezeichnung Kundenorientierung.

Um eine genauere sprachliche Beschreibung des Begriffs vorzunehmen, erweist es sich als sinnvoll, diesen in seine Bestandteile zu zerlegen. Kundenorientierung besteht somit aus zwei Zutaten: Zum einen ist es die Orientierung, zum anderen der Kunde beziehungsweise die Kunden. Der Ursprung des Wortes Orientierung liegt in der Kartographie und geht zurück auf das Mittelalter, als geographische Karten nicht wie heute nach Norden ausgerichtet waren, sondern nach Osten. Das Ausrichten der Karte auf die aufgehende Sonne ermöglichte es damals insbesondere den Seefahrern, ihren Standort zu bestimmen und ihren Kurs festzulegen. In dem Wort Orientierung findet sich das alte Wort für Osten: Orient. Aus diesem Ursprung des Wortes kann auch abgeleitet werden, was für eine Orientierung wichtig ist: zum einen der eigene Standpunkt und zum anderen ein Bezugspunkt, an dem sich das Individuum ausrichtet. Wer sich an etwas orientiert, der richtet sich daraufhin aus und schenkt seine Aufmerksamkeit diesem Bezugspunkt oder Bezugssystem.

Der zweite Teilbegriff, der sich in dem Wort Kundenorientierung verbirgt, ist der Kunde beziehungsweise sind die Kunden. Unter Kunden können laut DIN EN ISO 8402 die Empfänger eines vom Lieferanten bereitgestellten Produkts oder einer Dienstleistung verstanden werden. Der Kunde stellt somit die wichtigste Zielgruppe für das Handeln von Unternehmen dar, denn Kunden entrichten bei dem Kauf eines Produkts oder bei der Entgegennahme einer Dienstleistung eine monetäre Gegenleistung, die für das produzierende Unternehmen oder den Dienstleister von lebensnotwendiger Bedeutung ist.

In den letzten Jahrzehnten hat sich im Sprachgebrauch von Unternehmen der Begriff des Kunden dahin gehend erweitert, dass nicht nur externe Abnehmer von Dienstleistungen und Waren als Kunden bezeichnet werden, sondern auch interne Stellen, Bereiche und Organisationseinheiten. Zu den externen Kunden gesellten sich somit die internen. Der Hintergrund dieser neuen Definition von Kunden kann darin gesehen werden, dass leistungsempfangende Organisationseinheiten ebenso ernst genommen werden sollten wie externe Kunden.

Ein Begriff, der meist synonym zu dem Wort Kundenorientierung Verwendung findet, ist die Dienstleistungsorientierung. Insbesondere bei amerikanischen oder angelsächsischen Unternehmen wird oft der Begriff Dienstleistungsorientierung und weniger der Begriff Kundenorientierung verwendet. Auch wenn dieser Begriff auf den ersten Blick dasselbe impliziert, unterscheidet er sich bei genauerer Betrachtung von Kundenorientierung. Zwar handelt es sich bei Dienstleistungsorientierung auch um eine Orientierung, jedoch zeigt sich bei näherer Betrachtung ein anderer magnetischer Nordpol, auf den die Nadel des Kompasses ausgerichtet ist. Ist es bei dem Begriff Kundenorientierung der Kunde als reale oder juristische Person, so ist es bei der Dienstleistungsorientierung die Dienstleistung, also das Produkt, das erbracht wird. Als Übersetzung in eine Kompetenz würde hier der Begriff Dienstleistungskompetenz passend erscheinen, der in erster Linie das Dienen dem Kunden gegenüber in den Fokus rückt. Er berücksichtigt somit eher einseitig die Beziehung der Unternehmen zum Kunden. Kundenorientierung zielt dagegen mehr auf eine umfassendere Perspektive ab, die eine strukturelle und prozessbezogene genauso wie eine Beziehungskomponente umfasst.

9.1.2 Facetten der Kompetenz

Um Kundenorientierung als Kompetenz einzugrenzen und dadurch auch im diagnostischen Sinne erfassbarer zu machen, lohnt es sich, Überlegungen darüber anzustellen, wie die beiden Aspekte Beziehung und Struktur weiter differenziert und konkretisiert werden können. Aus diesem Grund werden im Folgenden Facetten der Kundenorientierung vorgestellt und kurz diskutiert.

- **Markt- und Kundenkenntnis**

  Um kundenorientiert agieren zu können, ist es wichtig, ein gutes Verständnis des Marktes, also des Verhaltens der Wettbewerber, der Lieferanten und der Kunden für die relevanten Produkte zu besitzen. Aufbauend auf diesem Wissen können dann Aktionen und Veränderungen geplant und durchgeführt werden, die tatsächlich auf die Kunden hin ausgerichtet sind. Kundenorientierte Mitarbeiter verfügen somit über Kenntnisse von Methoden der gezielten Marktbeobachtung. Sie erhalten Informationen aus Fachzeitschriften, werten Käuferstatistiken aus und informieren sich gezielt über anstehende Produkterneuerungen bei Wettbewerbern.

- **Kundenbeziehungskompetenz**

  Um neue Kundenbeziehungen aufzubauen und bereits bestehende Verbindungen zu Kunden langfristig aufrechterhalten zu können, erweist es sich als unumgänglich, eine hohe Beziehungskompetenz zu besitzen. Diese zeigt sich insbesondere darin, wie auf potenzielle Kunden zugegangen wird, wie die Kommunikation mit diesen gestaltet wird und wie breit die Verhaltensflexibilität und Empathie des Mitarbeiters ausgeprägt ist, um sich auf unterschiedliche Ansprechpartner optimal einstellen zu können.

- **Marktetablierung: Reputation, Netzwerke, Kontakte**
  Ähnlich wie die letztgenannte Facette bezieht sich diese auf die Beziehungen, die ein Mitarbeiter zu seinen Kunden pflegt. Im Gegensatz zu der Facette Kundenbeziehungskompetenz geht es hier eher um eine quantitative Betrachtung. Die zentrale Frage lautet: Wie groß ist das Netzwerk bereits existierender Kunden und potenzieller zukünftiger Kunden, das sich das Individuum in seiner beruflichen Entwicklung aufgebaut hat? Aus der umgekehrten Perspektive kann man auch die Frage stellen, wie der Bekanntheitsgrad des Individuums unter den potenziellen Kunden für das Produkt ist.

- **Außenorientierung**
  Bei dieser Facette geht es darum, dass kundenorientierte Mitarbeiter mehr den Blick nach außen, also auf den Markt und die Kunden, gerichtet haben, als auf innere Themen der Organisation. Für sie sind Zahlen, Daten und Fakten zu Vorgängen auf dem Markt wichtiger als das interne Zahlenwerk des Unternehmens. Anders als beispielsweise Mitarbeiter aus dem Bereich des Controllings fragen sie nicht in erster Linie danach, wie die Kostenstruktur von Prozessen ist, sondern wie die Kunden sich verhalten und wie Prozesse besser für die Kunden gestaltet werden können.

- **Kundenintegration**
  Da es kundenorientierten Individuen ein Anliegen ist, den Kunden die Produkte anzubieten, die bestmöglich zu diesen passen, achten sie auch darauf, dass die Entwicklung neuer Produkte und Dienstleistungen möglichst unter Einbeziehung der Kunden geschieht. Zu diesem Zweck regen sie gerne die Integration von Kunden oder Mitarbeitern der Kunden bei der Produktentwicklung beziehungsweise -weiterentwicklung an.

- **Vertriebskompetenz**
  Eine weitere Facette der Kundenorientierung stellt die Vertriebskompetenz dar. Dieser Punkt bezieht sich nicht nur auf das aktive Vertreibenwollen und -können von Produkten durch das betroffene Individuum. Vielmehr bezieht sich diese Kompetenz auch darauf, bei den Kunden

noch nicht existierende Wünsche nach spezifischen Produkten des Unternehmens zu wecken. Hierfür ist die Fähigkeit, sich in die Lage der Kunden hineinzuversetzen, von unabdingbarer Notwendigkeit.

- **Kundenzentrierte Prozessausrichtung**
  Diese Kompetenz stellt auf der einen Seite eine klassische Prozesskompetenz dar. Die zentrale Frage diesbezüglich lautet: Inwieweit kann das Individuum auf bestehende Prozesse einwirken, um diese stärker auf die Wünsche und Bedürfnisse der Kunden auszurichten? Somit umfasst diese Facette sowohl die Fähigkeit, den Status quo der internen Prozesse zu hinterfragen, als auch die Fähigkeit, die richtigen Impulse zur Veränderung zu setzen. Auf der anderen Seite bezieht sie sich aber auch auf das Verhalten des Individuums und damit auf seine Vorbildfunktion für andere Mitarbeiter. Insbesondere bei potenziellen oder bereits aktiven Führungskräften spielt diese Facette eine große Rolle, da sie durch ihr Handeln als Vorbild für ihre Mitarbeiter wirken.

- **Reaktionsgeschwindigkeit auf Kundenwünsche**
  Mitarbeiter und Bewerber auf Stellen, die einen hohen Grad an Kundenorientierung erfordern, lassen sich ferner dadurch unterscheiden, inwieweit sie in der Lage sind, schnell auf Kundenwünsche zu reagieren. Die zugrunde liegende Dimension hierbei ist das Thema des Zeitmanagements und der Arbeitsmethodik. Organisiert sich das Individuum so, dass es Kundenanfragen mit hoher Priorität bearbeitet, und ist es in der Lage, auch spontane Umpriorisierungen im Tagesablauf vorzunehmen? Werden bei der Strukturierung des Tages oder der Woche bewusst Puffer für die Bearbeitung spontaner Kundenwünsche eingeplant oder nicht?

- **Kenntnis von Instrumenten der Marktbeobachtung**
  Da die Beobachtung des Marktes, des Verhaltens der Kunden, Wettbewerber und Lieferanten, wie oben bereits dargestellt, wichtige Aspekte der Kundenorientierung darstellen, verfügen kundenorientierte Individuen oft auch über Kenntnisse von Methoden und Instrumenten der Marktbeobachtung. Sie kennen sich aus mit Programmen und Systemen aus dem Bereich des Customer Relationship Managements (CRM) und sind in der Lage, Statistiken zu kundenbezogenen Themen stimmig zu interpretieren.

9.1.3 Co-Kompetenzen

Bei der Betrachtung der einzelnen Facetten der Kundenorientierung als Individualkompetenz fällt auf, dass diese insbesondere bei Menschen feststellbar sind, die über spezifische Kompetenzen und Potenziale in anderen Bereichen verfügen. Diese Co-Kompetenzen sind strategische Kompetenz, Kreativität und Flexibilität sowie das breite Feld der sozialen Kompetenzen.

- Kundenorientiertes Handeln fordert die Fähigkeit zum strategischen Denken. Nur der Manager, der auch über eine hohe **strategische Kompetenz** verfügt, ist in der Lage, zu erkennen, wie der Status quo in Bezug auf die Prozesse in seinem Umfeld aussieht und wie er diese verändern muss, um sie stärker auf den Kunden auszurichten. Die Neuausrichtung bestehender Prozesse hin auf eine stärkere Orientierung am Kunden fordert ferner eine hohe Prozess- und vor allem Change-Kompetenz. Wenn Prozesse verändert werden, muss sich auch das Handeln der an dem Prozess beteiligten Individuen konsequent und nachhaltig ändern.

- Des Weiteren erweisen sich **Kreativität und Flexibilität** als Co-Kompetenzen der Kundenorientierung. Nur wer in der Lage ist, auch kurzfristig kreativ auf Veränderungen der Kundenbedürfnisse am Markt zu reagieren, ist in der Lage, die Prozesse in seinem Umfeld auch entsprechend auszurichten. Umgekehrt erweisen sich Menschen mit einem hohen Grad an Struktur- und Stabilitätsorientierung meist als weniger talentiert in Bezug auf Kundenorientierung. Sie halten an altbewährten Prozessen fest und stehen Veränderungen eher kritisch gegenüber. Da sich Menschen ihre Arbeit und auch ihren Arbeitgeber primär danach aussuchen, welche Werte in der Unternehmenskultur vorhanden sind und wo sie ihre eigenen Motive am besten ausleben können, entscheiden sich struktur- und stabilitätsorientierte Individuen beispielsweise eher für die Arbeit bei weniger kundenorientierten Unternehmen oder Organisationen. Wenig kundenorientierte Organisationen stabilisieren und reproduzieren somit ihre Kultur autopoietisch, also aus sich heraus, und erweisen sich deshalb oft als kaum wandlungsbereit.

- Ferner erweist sich ein gutes Maß an **sozialer Kompetenz** dahingehend als hilfreich, dass sie es ermöglicht, Beziehungen zu Kunden zu knüpfen, diese positiv zu gestalten und dadurch auch über einen längeren Zeitraum für das Unternehmen nutzbar zu machen. Soziale Kompetenz in diesem Sinne hat eine beziehungsstiftende und eine beziehungserhaltende Komponente. Menschen mit einer hohen Kundenorientierung werden somit auch häufig als sozial kompetent angesehen.

- In dieser Logik steht auch die Fähigkeit, selbst die Perspektive des anderen einzunehmen und sich emphatisch in diesen hineinzuversetzen, um seine Wünsche und Anforderungen frühzeitig erkennen beziehungsweise die Auswirkungen des eigenen Handelns auf sein Gegenüber, also den Kunden sowie dessen Reaktion, abschätzen zu können. Somit sind **Empathie** und die **Fähigkeit zum Perspektivenwechsel** ebenfalls Co-Kompetenzen der Kundenorientierung.

9.2 Die Geschichte der Kompetenz

Wie einleitend bereits angemerkt, stammt der Begriff der Kundenorientierung nicht aus der Psychologie, sondern aus der betriebswirtschaftlichen Disziplin des Marketings. Dort wird unter Kundenorientierung eine Prozesskompetenz von Organisation verstanden, die darauf abzielt, die internen Prozesse der Organisation möglichst stringent auf die Bedürfnisse der relevanten Kunden am Markt auszurichten. Diese Kompetenz erweist sich heute in den meisten Märkten als eine der überlebensnotwendigen Kernkompetenzen von Organisationen. Geschichtlich betrachtet hatte das Thema der Kundenorientierung für Organisationen nicht immer eine Relevanz. In der gängigen Literatur aus dem Bereich Marketing werden oft verschiedene geschichtliche Phasen bei der Entwicklung von Unternehmen aufgelistet, im Laufe derer sich Kundenorientierung als Kompetenz von Unternehmen erst entwickelt hat. Die Anzahl der Entwicklungsstufen und deren Bezeichnung variiert dabei von Autor zu Autor, die Grundtendenz ist in allen Betrachtungen jedoch einheitlich. Die geschichtliche Entwicklung von Unternehmen beziehungsweise deren Ausrichtung läuft von der Konzentration auf interne Vorgänge hin zum Markt beziehungsweise den Kunden auf dem Markt (vgl. Bartels 1988).

Am Anfang der Entwicklung von Wirtschaftsunternehmen zu Beginn des Kapitalismus stand die Produktion der Güter im Fokus der Überlegungen zur internen Prozessgestaltung. Unternehmen richteten ihre ganze Aufmerksamkeit auf die Produktion der Güter, für die sie das Know-how hatten und die sie der Vielzahl möglicher Käufer – oft auch aus einer Art Monopolstellung heraus – anbieten konnten. Die Märkte für ihre Produkte waren oft dadurch gekennzeichnet, dass die Unternehmen als einzige oder nahezu einzige Anbieter auf dem Markt auftraten. Zudem existierte oft Produktknappheit, verursacht beispielsweise durch Kriege oder Naturkatastrophen, welche die Stellung der wenigen Produzenten weiter stabilisierte. Aus dieser Monopolstellung heraus mussten sich die Unternehmen kaum Gedanken darüber machen, was die spezifischen Wünsche und Bedürfnisse ihrer Kunden waren. Die Preise der Produkte bestimmten sich nahezu ausschließlich aus den Produktionskosten und der Gewinnspanne, welche die Unternehmen auf diese aufschlugen. Die Unternehmen folgten damals dem Leitgedanken, dass das Angebot die Nachfrage generiert, was auch unter dem Begriff des sayschen Theorems (Gesetzes von Say), benannt nach Jean-Baptiste Say (1767–1832), Einzug in die Literatur gefunden hat. Diese Grundeinstellung von Unternehmern zeigt sich insbesondere in dem historisch überlieferten Satz von Henry Ford, der einmal gesagt haben soll, dass die Kunden jedes seiner Ford-T-Modelle in jeder gewünschten Farbe erhalten können, solange die Farbe schwarz sei.

Auch wenn dies heute bestimmt noch für eine kleine Zahl von Unternehmen gilt, hat sich die Situation auf den Märkten für die meisten Unternehmen grundlegend geändert. Im Laufe der Geschichte mussten Unternehmen lernen, sich Schritt für Schritt den Anforderungen und Wünschen ihrer Kunden anzunähern. Die Märkte wandelten sich zunehmend, insbesondere durch die Zunahme von Unternehmen, die vergleichbare Produkte als Konkurrenten anboten, von einem Verkäufermarkt, in dem der Verkäufer aufgrund des Mangels an Gütern und Dienstleistungen Preise und Konditionen weitgehend bestimmen konnte, hin zu einem Käufermarkt, in dem die Vielzahl an Wettbewerbern immer mehr Kunden die Wahl ermöglichte, ob sie das Angebot überhaupt annehmen wollten.

Im Laufe dieser Entwicklung kristallisierten sich diejenigen Unternehmen als im evolutionären Sinne überlebensfähig heraus, die sich bei der Entwicklung ihrer Produkte, bei ihrer Preisgestaltung und dadurch natürlich auch bei der Gestaltung ihrer internen Prozesse konsequent an den Bedürfnissen der Kunden auf dem Markt orientierten, zu ihren Kunden langfristig stabile Beziehungen pflegten und ihre internen Prozesse beispielsweise durch ein konsequentes Customer Relationship Management ausrichteten.

9.3 Die individuelle Entwicklung der Kompetenz

Als logische Schlussfolgerung aus der geschichtlichen Entwicklung von Unternehmen stellt sich zwangsläufig die Frage, welche Eigenschaften die Manager auszeichneten, die ihre neu gegründeten Organisationen kundenorientiert geplant beziehungsweise bestehende Organisationen kundenorientiert ausgerichtet haben. Wie sieht er aus, der kundenorientierte Manager, und was hat ihn zu diesem gemacht? In dem Abschnitt Begriffsbestimmung und Co-Kompetenzen wurden bereits Facetten aufgelistet, die einen kundenorientierten Manager auszeichnen beziehungsweise die eng mit der Kompetenz Kundenorientierung verbunden sind. Kurz zusammengefasst sind dies die Fähigkeit, den Markt und seine Vorgänge zu verstehen, strategisch zu denken und zu handeln, Prozesse durch das eigene Einwirken umgestalten zu können, stabile Beziehungen aufzubauen und zielorientiert zu pflegen sowie eine gut ausgeprägte Empathie und die Fähigkeit, sich in das Gegenüber hineinzuversetzen. Da es sich bei Kundenorientierung eher um eine Mischkompetenz handelt, die sich aus mehreren Facetten zusammensetzt, sollen an dieser Stelle Überlegungen dahingehend angestellt werden, wie sich diese Fähigkeiten in der individuellen Entwicklung herausbilden. Insbesondere soll dabei auf die Beziehungskomponente der Kundenorientierung und die strukturelle Komponente in Form von strategischen Fähigkeiten eingegangen werden. Somit ergeben sich als kritische Entwicklungsschritte bei der Herausbildung von Kundenorientierung bei Individuen drei Entwicklungsstufen:

- die frühkindliche Entwicklung für die Anlage der Beziehungsfähigkeit,

- die Entwicklung im Kindesalter für die Anlage der Fähigkeiten, Probleme durch Strategien zu lösen,

- die berufliche Sozialisierung, in der die Konfrontation mit Kunden stattfindet.

Die erste Komponente, die hier dargestellt werden soll, ist die Fähigkeit, Beziehungen aufzubauen und diese auch zu stabilisieren. Nach dem derzeitigen Kenntnisstand kann davon ausgegangen werden, dass sich diese Fähigkeit bereits in der frühkindlichen Entwicklung herausbildet. Eltern, die insbesondere im ersten Lebensjahr die Beziehung zu ihren Kindern positiv gestalten und ihnen Liebe und Zuneigung entgegenbringen, legen dadurch den Grundstein für eine spätere Beziehungsfähigkeit. Menschen, die einen guten Grad an Kundenorientierung besitzen, insbesondere in Bezug auf die beziehungsorientierte Komponente, haben mit großer Wahrscheinlichkeit in ihrer frühkindlichen Entwicklung positive Erfahrungen gemacht. Auch haben sie in der Interaktion schon früh gelernt, abzuschätzen, welches Verhalten bei ihren Interaktionspartnern auf Gegenliebe stößt. Als Kinder waren sie mit großer Wahrscheinlichkeit bei ihren Eltern deshalb beliebt, weil sie sich früh gedanklich in diese hineinversetzen und dadurch die Reaktionen abschätzen konnten, die ihr potenzielles Verhalten bei den Eltern auslösen würde. Durch die positiven Erfahrungen hieraus hat sich in späteren Jahren die Bereitschaft zur Perspektivenübernahme bei ihnen verfestigt.

Personen, die über einen hohen Grad an Kundenorientierung verfügen, haben des Weiteren mit großer Wahrscheinlichkeit recht früh in ihrer individuellen Entwicklung gelernt, durch ihr Verhalten anderen Menschen offen zu begegnen, und verfügen über einen angemessenen Grad an Extraversion. Sie haben in ihrer Entwicklung ein gutes Maß an Selbstsicherheit entwickelt, das es ihnen ermöglicht, aus einer sicheren Position heraus auf andere zuzugehen.

Ein weiterer Baustein zur Kundenorientierung als Kompetenz von Individuen liegt ferner in den strategischen Fähigkeiten. Im Kindesalter werden die Grundlagen gelegt, komplexe Probleme zu analysieren und auch komplexere Lösungsalternativen gegeneinander abzuwägen. Menschen, bei denen diese Entwicklung positiv verlaufen ist, haben mit großer Wahrscheinlichkeit früh gelernt, mit Belohnungsaufschub umzugehen und sich Pläne zu entwerfen, wie sie das von ihnen gewünschte Ziel nicht direkt, sondern eher mittelfristig erreichen können. Gleichzeitig haben sie aber auch gelernt, dass die besten Pläne nichts nutzen, wenn sie nicht konsequent und schnell an veränderte Umweltbedingungen angepasst werden. Diese grundlegende strategische Kompetenz wird beispielsweise durch die frühe Auseinandersetzung mit Spielen und Rätseln gefördert, die eine strategische Komponente besitzen und nicht allein durch das Glück der Spieler entschieden werden.

Die letzte Entwicklungsstufe, in der sich die erstgenannten Entwicklungsschritte vereinen und auf konkrete Kunden ausrichten, ist die berufliche Sozialisierung. Hier werden die Jugendlichen oder jungen Erwachsenen mit Prozessen, Strukturen und Kulturen konfrontiert, die sich auf dem jeweiligen Markt bewährt haben. Es findet ein Lernen am Modell statt, bei dem sich die Berufseinsteiger mit erfahrenen Mitarbeitern, Ausbildern oder Betreuern in Trainee-Programmen aktiv vergleichen, auseinandersetzten und von diesen lernen können. Durch konkretes Verhalten und Rückmeldung werden wichtige Erfahrungen gesammelt, welche die Kundenorientierung prägen. Somit spielt insbesondere die erste berufliche Station eine prägende Rolle in Bezug auf die Entwicklung von Kundenorientierung. Menschen, die ihren Berufseinstieg in wenig kundenorientierten Unternehmen oder Organisationen gemacht haben, haben es erfahrungsgemäß später schwer, sich in ihrem Verhalten stärker auf die Kunden auszurichten. Hier müssen dann meist die Entwicklungsmaßnahmen greifen, wie sie im letzten Abschnitt dieses Artikels dargestellt werden.

9.4 Formen der Kompetenz und Typologien

Die Kompetenz der Kundenorientierung kann sich bei Mitarbeitern und Führungskräften in Unternehmen in mehreren Varianten zeigen, weshalb es nicht den kundenorientierten Mitarbeiter oder die kundenorientierte Führungskraft per se gibt, sondern eher unterschiedliche Typen kundenorientiert agierender Individuen. Im Gegensatz zu den Modellen der Persönlichkeitstypologie gehen wir nicht davon aus, dass die unterschiedlichen Typen in Bezug auf Kundenorientierung situationsüberdauernde Prädispositionen von Individuen sind, die über einen langen Zeitraum stabil bleiben und nur durch kritische Ereignisse eine Wandlung erfahren können. Vielmehr verstehen wir die Typen als Beschreibung einer Momentaufnahme.

Wie bei jeder Typologie lohnt es sich zuerst einmal, sich Gedanken darüber zu machen, anhand welcher Dichotomien eine Unterscheidung der Typen vorgenommen werden kann. In einem zweiten Schritt werden diese Typen dann mit möglichst treffenden und plakativen Bezeichnungen versehen. Die griffigen Bezeichnungen sollen dabei helfen, das Reden über die unterschiedlichen Typen an den betroffenen Stellen und Organisationseinheiten des Unternehmens zu vereinfachen. Insbesondere sind dies die Organisationseinheiten, die sich mit der Entwicklung von Personal befassen, sowie die Abteilungen oder Teams, die für die Rekrutierung und Selektion von Personal verantwortlich sind.

Die erste Unterscheidung, die wir in Bezug auf Typen kundenorientierter Mitarbeiter empfehlen, bezieht sich auf den Anspruch der fachlichen Betreuungsleistung. Die Frage für die Einschätzung auf dieser Skala lautet: Welchen Anspruch an die fachliche Expertise der Betreuungsleistung hat der Mitarbeiter?

Die zweite Unterscheidung bezieht sich auf die Intensität der Beziehung, die zu den Kunden aufgebaut wird. Spielt die Beziehung eine große oder eher eine untergeordnete Rolle?

Aus diesen Überlegungen lassen sich vier Typen von kundenorientierten Mitarbeitern ableiten.

Jeder dieser Typen wird darüber definiert, dass er im direkten Kontakt mit dem Kunden steht. Es geht also weniger um strategische und konzeptionelle Eigenschaften, die in nachfolgenden Abschnitten noch einmal separat erläutert werden, als um eine kundenorientierte Klassifikation im eigentlichen Sinne. Auch wenn als Begrifflichkeiten normale beziehungsweise funktionsspezifische Bezeichnungen gewählt wurden, eignen sich diese doch auch in einem übergreifenden Sinne, um die individuelle Kundenorientierung von Personen plakativ zu charakterisieren.

- Typ 1: **Der Key-Account-Manager** (hohe Ausprägung sowohl bei Anspruch der fachlichen Betreuungsleistung als auch bei der Beziehungsintensität)
  Der Key-Account-Manager zeichnet sich insbesondere durch die Intensität und Komplexität seines Betätigungsfeldes aus. Durch die sehr starke Bündelung von Fachwissen und unternehmensspezifischen Aufgaben (Vertrieb, Kundenbindung, Trendanalyse, Produkt(weiter)entwicklung) benötigt er ein stark ausgeprägtes produkt-technisches Wissen, um aufseiten des Kunden eine hohe Akzeptanz zu erzielen. In Verbindung damit sind ebenfalls eine unternehmerische Grundhaltung und betriebswirtschaftliche Kenntnisse notwendig, da er häufig der zentrale Kontakt zum Kunden ist und somit auch für Preisverhandlungen und Kalkulationen verantwortlich ist. Dies bedingt zwingend eine detaillierte Kenntnis interner Zusammenhänge und Abläufe. Ebenso stark ist der Key-Account-Manager für die Kundenbindung und die Pflege der Beziehungen verantwortlich. Er muss also als Person für eine Gruppe von heterogenen Ansprechpartnern im Kundenunternehmen anknüpfbar sein. Der Key-Account-Manager ist häufig durch ein hohes Autonomiemotiv und eine ausgeprägte Leistungsmotivation gekennzeichnet.

- Typ 2: **Der beratende Experte** (hoher Anspruch bezüglich der fachlichen Betreuungsleistung, aber eher geringerer Anspruch bei der Beziehungsintensität)
  Der beratende Experte bezieht seine Akzeptanz vorwiegend aus der fachlichen Expertise. Er wird insbesondere in Fragen mit einem starken fachlichen Bezug geschätzt und zeichnet sich häufig durch eine hohe Integrität und Glaubwürdigkeit aus. In dieser Rolle unterstützt er Kunden in der Weiterentwicklung von Produkten und Prozessen, indem er seine Expertise gewinnbringend zur Verfügung stellt. Kundenorientierung lässt sich hier eher als eine fachliche Leistung verstehen, da die Erwartungen an den Experten in puncto Beziehungsarbeit eher als relativiert zu betrachten sind. Der Experte zeichnet sich häufig durch eine fachliche Motivation aus und besitzt ein ausgeprägtes Gestaltungsmotiv.

- Typ 3: **Der Vertriebler/Verkäufer** (nicht unbedingt hoher Anspruch in Bezug auf die fachliche Betreuungsleistung, dafür hohe Beziehungsintensität)
  Der Verkäufer legitimiert sich insbesondere durch seine ausgezeichneten Fähigkeiten im Beziehungsmanagement. Er besitzt eine hohe Kom-

petenz darin, Kontakte aufzunehmen und Beziehungen zielführend zu gestalten. Durch eine ausgeprägte Extraversion und ein gewisses Maß an sozialer Enthemmtheit kann er Kunden schnell für sich einnehmen und Produkte mit Energie und Leidenschaft anpreisen. Kunden fühlen sich in seiner Nähe wertgeschätzt und umsorgt. Es lässt sich sagen, dass der Verkäufer insbesondere durch einen als angenehm empfundenen Verkaufsprozess seine Akzeptanz erzielt. Der Verkäufer zeichnet sich dabei durch ein hohes Beziehungs- und Statusmotiv aus und besitzt meist ein hohes Leistungsmotiv.

- Typ 4: **Der Call-Center-Agent** (Anspruch an die fachliche Beratungsleistung eher weniger ausgeprägt und aufgrund des sporadischen und oft auch einmaligen Kontakts oft auch kaum Intensität in der Beziehung)
  Die Kundenorientierung des Call-Center-Agents liegt im Vergleich mit den vorgenannten Typen eher in der mittelbaren Erbringung einer Kundenleistung. Diese lässt sich vorwiegend im Bereich des Informationsmanagements ansiedeln. Der Call-Center-Agent erbringt eher eine Hygieneleistung, als dass er aktiv zu einer verstärkten Kundenorientierung beiträgt. Die Akzeptanz gegenüber Kunden erzielt der Agent insbesondere durch eine schnelle und spezifische Bereitstellung von Informationen und einen angemessenen Kommunikationsprozess. Der Call-Center-Agent lässt sich durch adäquate Umgangsformen und ein hohes Maß an persönlicher Stabilität und Belastbarkeit kennzeichnen.

9.5 Äußerungsformen der Kompetenz: Kompetenz in Alltag und Zusammenarbeit

Die grundlegende Frage, mit der sich dieser Abschnitt beschäftigt, lautet: Wie lebt ein Mensch mit ausgeprägten Fähigkeiten in der Kompetenz in seinem Alltag?

Im Gegensatz zu anderen Kompetenzen zeigt sich Kundenorientierung naturgemäß ausschließlich im beruflichen Umfeld. Sie bedingt das Vorhandensein eines Marktes, existierender oder potenzieller Kunden sowie von Prozessen der Leistungserstellung. Somit kann Kundenorientierung als Kompetenz kaum außerhalb der beruflichen Umgebung festgestellt werden.

Menschen mit einer ausgeprägten Kundenorientierung suchen sich ihren Arbeitgeber und ihre Arbeitsstelle meist danach aus, wo sie ihre Kompetenz am besten in ihrer Arbeit ausleben können. Sie interessieren sich für Positionen als Key-Account-Manager oder als Mitarbeiter im Vertrieb. Als Unternehmensgründer oder Unternehmenslenker findet man sie in Unternehmen, die Kundenwünsche oft vorwegnehmen und sie befriedigen, noch bevor sie richtig artikuliert werden, beziehungsweise in Unternehmen, die Kundenwünsche zeitnah und schnell erfüllen.

Menschen, die in diesen Positionen erfolgreich sind, haben sichtlich Spaß daran, sich mit Kunden auseinanderzusetzen. Sie nehmen oft auch dann Kontakt mit ihren Kunden auf, wenn sich gerade keine direkte geschäftliche Notwendigkeit ergibt. Aus der Sicht ihrer Kollegen laufen sie Gefahr, als wenig zielorientiert gesehen zu werden. Der Eindruck, auf dem diese Sichtweise beruht, ist das oft längere Kommunizieren mit Kunden auch über nicht direkt vertriebsrelevante Themen, das die kundenorientierten Mitarbeiter dazu nutzen, um im Gespräch relevante Informationen zu erhalten, die sie später bei der Entwicklung von Produkten und Dienstleistungen beziehungsweise beim Vertrieb nutzen können.

Sie verfügen ferner über ein stabiles soziales Netzwerk, das auch ihre Ansprechpartner bei Kunden umfasst und das sie auch dadurch pflegen, dass sie sich durchaus auch am Wochenende mit diesen zu treffen beziehungsweise sich über private Kommunikationskanäle mit diesen auszutauschen bereit sind. Der Begriff soziales Netzwerk steht dabei auf der einen Seite für das klassische soziale Netzwerk, das über Face-to-face-Kontakte und über traditionelle technische Hilfsmittel, beispielsweise Telefon, Post oder E-Mail, gepflegt wird. Auf der anderen Seite bedienen sich Menschen mit einer ausgeprägten Kundenorientierung auch der sozialen Netzwerke im neueren Sinne, beispielsweise Facebook, Twitter und Xing. Sie sind meist auf Online-Plattformen vertreten, auf denen auch die für sie relevanten Kunden aktiv sind, und nutzen diese sowohl zu Anbahnung als auch zu Kontaktpflege.

In ihrem direkten sozialen Umfeld am Arbeitsplatz fallen Menschen mit einer hohen Kundenorientierung oft auch dadurch auf, dass sie als Innovator oder Treiber von Veränderungen gesehen werden, die, wenn ihnen Widerstände bei der Veränderung von Prozessen und Strukturen entgegengebracht werden, oft eine radikale Argumentationskette verwenden, die dem Grundtenor folgt: „Wir müssen das so machen, sonst gehen die Kunden eben zu einem Unternehmen, das bereit ist, diesen Schritt zu tun". Dadurch werden sie oft, insbesondere von Kolleginnen und Kollegen, die eher einen Kosten- oder Produktionsfokus besitzen, als radikal und einseitig in ihrer Denk- und Vorgehensweise angesehen.

Manche Menschen mit einer hohen und unausgeglichenen Ausprägung dieser Kompetenz neigen dazu, in ihrer Arbeit einen gewissen Grad von Unterwürfigkeit gegenüber den Kunden zu entwickeln. Für sie ist der Kunde im wahrsten Sinne des Wortes ein König, dem sie sich bedingungslos unterordnen müssen. Es erübrigt sich an dieser Stelle zu sagen, dass Menschen mit dieser Einstellung zwar bei Kunden sehr beliebt sind, weil sie ihnen keinen Wunsch abschlagen können, aber auch dazu tendieren, die eigene Person und insbesondere auch die notwendige Regeneration aus den Augen zu verlieren, was sie anfällig für stressbedingte Überlastungserscheinungen macht. Dadurch, dass sie sich durch das Erbringen von Leistungen für Kunden selbst definieren und eine innere Befriedigung aus der Befriedigung der externen Kundenwünsche ableiten, laufen sie Gefahr, sich bei negativen Rückmeldungen seitens der Kunden oder im Extremfall bei dem Verlust von Kunden stark negativen Emotionen hinzugeben, die von ihrem sozialen Umfeld dann auch wahrgenommen werden.

9.6 Berühmte Repräsentanten

Bei der Suche nach berühmten Repräsentanten von Personen, die eine ausgeprägte Kundenorientierung besitzen, verengt sich der Blickwinkel des Betrachters zwangsweise auf die Gruppe von Unternehmensgründern oder Unternehmenslenkern. Die kundenorientiert arbeitenden Mitarbeiter innerhalb von Organisationen erlangen normalerweise nicht die Berühmtheit, welche die stellenweise schillernden Personen an der Spitze von Unternehmen erreichen. Ähnlich wie früher Herrscher oder Feldherren erlangen diese Personen oft erst dadurch Berühmtheit, dass andere über ihre Taten in Form von Büchern oder Filmen berichten.

Der erste Repräsentant erlangt insbesondere dadurch einen herausgehobenen Status in Bezug auf das Thema der Kundenorientierung, da er sich von seinem größten Konkurrenten genau in dieser Eigenschaft abgehoben hat. Die Rede ist von Steve Jobs, einem der Mitbegründer und, mit Unterbrechung, bis zu seinem Ableben Geschäftsführer des IT-Unternehmens Apple, das in den 1970er-Jahren in Cupertino, Kalifornien gegründet wurde. Steve Jobs hat es wohl wie kein anderer Verantwortlicher in einem Unternehmen, das sich auf die Entwicklung von Hard- und Software spezialisiert hat, verstanden, bei der Entwicklung innovativer Produkte konsequent die Sicht der Kunden einzunehmen. Das Betriebssystem der Apple-Computer genauso wie das Design, die Funktionsweise der iPhones und nicht zuletzt die benutzerfreundliche Bedienung der iPads zeigen eindrucksvoll, wie sich Apple unter der Leitung von Steve Jobs konsequent Gedanken darüber gemacht hat, welche Produkte die Kunden wünschen und wie sie diese am intuitivsten bedienen können. In der Zeit, in der Jobs Apple verlassen hatte, nahm diese Orientierung nach und nach ab, was sich auch an den Umsatzzahlen und am Gewinn zeigte. Erst die Rückkehr von Jobs zu Apple und der darauffolgende Launch des iPhones führten das Unternehmen wieder auf diesen Weg und in die Gewinnzone zurück. Steve Jobs und Apple wirken aber auch, wie oben bereits beschrieben, besonders deswegen als kundenorientiert, weil ihr wirtschaftlicher Gegenspieler, der weltumspannende IT-Konzern Microsoft unter der langjährigen Leitung des Firmengründers Bill Gates, oft dadurch Schlagzeilen machte, dass seine Betriebssysteme weniger intuitiv zu bedienen waren und sich die Benutzer öfter an die Denkweise von IT-Spezialisten und Programmierern anpassen mussten, als dies umgekehrt der Fall gewesen zu sein scheint.

Ein weiterer Firmengründer, der in Bezug auf die Kompetenz der Kundenorientierung eine sehr hohe Ausprägung aufweist und diese auch konsequent in eine Erfolgsgeschichte seiner Unternehmung umgesetzt hat, ist Mark Zuckerberg, der Initiator, Mitbegründer und Firmenchef des sozialen Netzwerks Facebook, das 2004 das Licht der breiten Öffentlichkeit erblickte. Zuckerberg hatte bereits während seines Studiums erkannt, dass es eine zunehmende Anzahl von Personen gibt, die sich der Öffentlichkeit präsentieren möchten und eine Plattform suchen, um mit ihren Freunden und Bekannten in Verbindung zu stehen. Die Entwicklung von Facebook als Plattform eines sozialen Netzwerks traf dabei den Nerv der wachsenden Online-Gemeinde. Zuckerberg fragte sich konsequent, was die Nutzer seines Netzwerks wollen und was sie an anderen Nutzern interessiert. Leider stellt Facebook aber auch ein Negativbeispiel dahingehend dar, dass die Überlegungen dazu, was Nutzer und potenzielle Nutzer an Funktionen wünschen, konsequent über rechtliche Bestimmungen, beispielsweise die Gesetze zum Datenschutz, gesetzt werden.

Nachdem die ersten beiden Beispiele für bekannte Persönlichkeiten mit einem hohen Grad an Kundenorientierung aus dem Bereich eines Entwicklungs- und Produktionsunternehmens und im zweiten Fall eines Dienstleistungsunternehmens stammen, soll als drittes Beispiel auf den Gründer und Firmenchef eines Handelsunternehmens verwiesen werden. Die Rede ist von Götz Werner, der schon früh die Vision hatte, das klassische Drogeriediscountgeschäft durch eine kompetenten Kundenfachberatung zu ergänzen. Götz Werner arbeitete zunächst in dem Drogeriegeschäft seiner Eltern, bevor er zu einer großen Drogeriemarktkette wechselte. Rückblickend auf seine erste berufliche Sozialisierung im Betrieb seiner Eltern erkannte er nach und nach, dass ein kritischer Erfolgsfaktor für Drogeriemärkte zum einen natürlich in dem Angebot von Waren und Markenartikeln zu einem günstigen Preis lag, zum anderen aber definitiv auch in der individuellen und kompetenten fachlichen Beratung der Kunden. Nachdem sich Götz Werner mehrfach dafür eingesetzt hatte, diese beiden Ideale bei seinem Arbeitgeber zu verankern und bei diesem auf wenig Gegenliebe für seine Vorschläge gestoßen war, gründete er 1973 seinen ersten eigenen Drogeriemarkt in Karlsruhe. Den Namen, den er seinem Unternehmen gab, stellt das Akronym für Drogeriemarkt dar. Unter dem Namen dm entwickelte sich dann eine für den deutschsprachigen Raum beispiellose Erfolgsgeschichte für Drogeriemärkte. Werner hat es wie kein anderer geschafft, das klassische Discounter-Prinzip (also Selbstbedienung durch die Kunden bei einem hohen Rabattsatz durch Größenvorteile beim Einkauf), das zu dieser Zeit gerade im Lebensmitteleinzelhandel Einzug gehalten hatte, auf Drogeriemärkte zu übertragen. Er ergänzte dieses Prinzip durch die kompetente Beratung seiner Kunden, die durch fachlich geschultes Personal vorgenommen wurde. Dadurch gelang es ihm aufzuzeigen, dass Discountgeschäft und Kundenorientierung sich keinesfalls gegenseitig ausschließen, sondern sich wunderbar zu einem erfolgreichen Gesamtkonzept verbinden lassen.

9.7 Diagnose der Kompetenz

Als Zwischenfazit aus den bislang genannten Überlegungen kann festgehalten werden, dass Kundenorientierung für Unternehmen, die auf einem Käufermarkt agieren, einen kritischen Erfolgsfaktor darstellt. Unternehmen, die nicht über eine Monopolstellung verfügen, sollten ein zentrales Interesse daran haben, sich in ihren Prozessen und in ihrer Organisationskultur konsequent auf die Bedürfnisse der Kunden am Markt auszurichten. Da die Kultur eines Unternehmens zwar maßgeblich durch die Firmengründer beziehungsweise das Topmanagement bestimmt wird, aber auch durch die Mitarbeiter auf allen Hierarchieebenen der Unternehmung, sind Unternehmen gut darin beraten, bereits bei der Auswahl neuer Mitarbeitern darauf zu achten, dass diese in Bezug auf die Kompetenz Kundenorientierung eine positive Ausprägung besitzen. Dies ist insbesondere für diejenigen Bewerber wichtig, die sich auf Stellen bewerben, die einen direkten Bezug zum Kunden mit sich bringen. Aber auch für Führungskräfte in nahezu allen Organisationseinheiten und auf allen hierarchischen Ebenen besitzt dieses Thema Relevanz. Die Frage, die sich Unternehmen diesbezüglich bei der Rekrutierung neuer Mitarbeiter, aber auch bei der Festlegung strukturierter Entwicklungspläne für bereits bestehende Mitarbeiter stellen sollten, lautet: Wie lässt sich mithilfe diagnostischer Verfahren feststellen, über welche Ausprägungen der Kompetenz Kundenorientierung ein bereits im Unternehmen arbeitender oder potenzieller neuer Mitarbeiter verfügt?

9.7.1 Diagnostische Instrumente

Für die Diagnose dieser Kompetenz gilt in erster Linie, wie für alle anderen Kompetenzen auch, dass sie mithilfe unterschiedlicher diagnostischer Instrumente identifiziert und in ihrer Ausprägung eingeschätzt werden kann. Diese diagnostischen Instrumente lassen sich in die drei Grundkategorien Befragung über das Selbstkonzept, Befragung relevanter anderer, die den Mitarbeiter beurteilen können und natürlich auch in die Kategorie Beobachtung in unterschiedlichen Situationen und Übungen unterteilen. Für die Diagnose der Ausprägung der Kompetenz Kundenorientierung bieten sich verschiedene Instrumente aus den oben genannten Kategorien an, die im Folgenden weiter differenziert werden sollen.

- **Interview**

  Das Interview als diagnostisches Instrument zielt darauf ab, die Sicht des Befragten auf die Welt und sich selbst zu erfahren. Bei genauerer Betrachtung kann es aber auch nur dies leisten. Das bedeutet, wenn ein Befragter über ein Selbstbild verfügt, das im Laufe seiner Entwicklung nur wenig mit den Einschätzungen und Sichtweisen anderer in seinem Umfeld abgeglichen wurde, können keine eindeutigen Belege für die Ausprägung der Kompetenz Kundenorientierung erhalten werden. Darüber hinaus fällt es wenig selbstreflektierten Menschen schwer, über sich zu berichten. Ein weiterer Nachteil, der sich bei der Beurteilung der Kompetenz Kundenorientierung in Bezug auf das Interview als diagnostisches Instrument zeigt, ist, dass das Interview für kundenorientierte Positionen gerade bei versierten Bewerbern dahingehend keine Herausforderung darstellt, da sie sich gut selbst vermarkten können. Hier sind die Interviewer und Beobachter dann in besonderer Weise gefordert, sich nicht durch das ausgeprägte Beziehungsmanagement der Teilnehmer in ihrer Beurteilung, beispielsweise durch den Sympathieeffekt, beeinflussen zu lassen.

- **Simulation sozialer Situationen (Rollenspiel)**

  Aus diesem Grund empfiehlt es sich, das Interview durch weitere diagnostische Methoden zu ergänzen. In Bezug auf das Thema Kundenorientierung, aber auch für alle anderen Kompetenzen, erweist es sich als sinnvoll, Simulationen zu erzeugen, in denen anhand konkreter Verhal-

tensbeobachtungen Rückschlüsse über die Ausprägung der Kompetenz getroffen werden können. Ein klassisches Instrument, das hierbei sinnvollerweise Anwendung findet, stellt die Simulation sozialer Situationen in Rollenspielen dar. Der Vorteil von Rollenspielen liegt darin, dass sie als Kurzrollenspiel ins Interview integriert werden können, aber auch in einer elaborierteren Ausbaustufe als Übung im Rahmen von Assessment-Centern bzw. Development-Centern, in denen es um die gezielte Entwicklung bereits eingestellter Mitarbeiter geht, eingesetzt werden können.

Für die Diagnose von Kundenorientierung als Kompetenz und die Einschätzung dieser Ausprägung empfehlen wir deshalb, Rollenspiele zu entwerfen, die konkrete Interaktionen mit Kunden oder Kundengruppen simulieren, mit denen die Teilnehmer in ihrem Arbeitsalltag konfrontiert werden. Im Gegensatz zu der Modellierung abstrakter Situationen liefern diese spezifisch auf das Unternehmen und das Arbeitsumfeld zugeschnittenen Übungen konkretere Ergebnisse. Allerdings können auch durch abstrakte Übungen, die also nicht aus dem direkten Arbeitsalltag der relevanten Stelle entwickelt wurden, ebenfalls Erkenntnisse zu Handlungskonzepten in Bezug auf Kundenorientierung gewonnen werden. Hier ist jedoch ein höheres Abstraktionsniveau durch die Beobachter vonnöten.

- **Handlungsorientierte Fallstudie**
  Ein weiteres Instrument, das einen tiefergehenden Einblick in die Ausprägung der Kompetenz Kundenorientierung geben kann, stellt die handlungsorientierte Fallstudie dar. Bei diesem Instrument wird der Bewerber gebeten, anhand konkreter Informationen zu aktuell existierenden Problemstellungen eines fiktiven Unternehmens Lösungsalternativen zu identifizieren und deren Umsetzung zu planen. Im Rahmen dieser Problemstellungen können auch Themen eingeführt werden, die einen direkten Kundenbezug besitzen. Der Grad der Bearbeitung dieser Themen sowie deren Priorisierung im Gesamtbild der dargestellten Problemfelder gibt dann Aufschluss darüber, wie es um die Kompetenz Kundenorientierung bei dem Bewerber bestellt ist.

- **Fachpräsentation**
  Ferner kann die Fachpräsentation als Instrument Aufschluss über die Kundenorientierung eines Bewerbers geben. Zur Diagnose kann der Teilnehmer beispielsweise gebeten werden, bereits im Vorfeld des diagnos-

tischen Verfahrens eine Präsentation zu erstellen, in der er auf kundenrelevante Themenstellungen eingeht und aufzeigt, inwieweit er bereits dafür Sorge getragen hat, sein bisheriges Verantwortungsgebiet auf die Kunden auszurichten. Eine andere Alternative für die Präsentation kann die Frage nach der antizipierten (Neu-)Ausrichtung der zu besetzenden Stelle in Bezug auf das Thema Kundenorientierung sein. Eine klassische Frage könnte dabei lauten: Wie würden Sie Ihren Verantwortungsbereich ausrichten, damit er kundenorientierter aufgestellt ist?

9.7.2 Mögliche Fragen für Interviews

In diesem Abschnitt listen wir Fragen auf, die in Interviewleitfäden Verwendung finden können, um einen besseren Einblick in die Ausprägung der Kundenorientierung eines Teilnehmers zu erhalten.

- In welchen Situationen konnten Sie einen hohen Grad an Kundenorientierung bei Ihren bisherigen Tätigkeiten unter Beweis stellen?

- Mit welchen Wettbewerbern auf dem Markt konkurrieren Sie derzeit um die Gunst der Kunden?

- Welche Trends erkennen Sie derzeit in den Anforderungen Ihrer Kunden?

- Wer sind die Kunden, mit denen Sie in Ihrer täglichen Arbeit zu tun haben?

- Wie gewinnen Sie neue Kunden?

- Was tun Sie, um die Beziehung zu bestehenden Kunden zu pflegen?

- Was tun Sie konkret, um die Wünsche und Bedürfnisse Ihrer Kunden zu erfahren?

- Wie groß schätzen Sie Ihr Kundennetzwerk ein?

- Wie schätzen Sie Ihren Bekanntheitsgrad unter den potenziellen Kunden für Ihr Produkt ein?

- Welche Veränderungen beziehungsweise Verbesserungen an bestehenden Produkten gehen auf Ihre Initiative zurück?

- Welche Anpassung oder Neueinführung von Prozessen und Strukturen, die auf das Thema Kundenorientierung abzielen, haben Sie in Ihrer bisherigen beruflichen Entwicklung bereits vorgenommen?

- An welchen Beispielen können Sie aufzeigen, dass Sie nicht nur in der Lage sind, bestehende Kundenwünsche zu bedienen, sondern auch Wünsche bei Kunden zu wecken?

- Was können sich Ihre Mitarbeiter beziehungsweise Kollegen bei Ihnen als Vorbild in Bezug auf das Thema Kundenorientierung abschauen?

- Anhand welcher Begebenheit aus Ihrer bisherigen beruflichen Entwicklung können Sie aufzeigen, dass Sie über eine hohe Reaktionsgeschwindigkeit in Bezug auf die Erfüllung von Kundenwünschen verfügen?

- Mit welchen Systemen in Bezug auf das Thema CRM (Customer-Relationship-Management) sind Sie bei ihrer Arbeit konfrontiert?

- Welchen Wunsch eines internen oder externen Kunden mussten Sie in der Vergangenheit ablehnen? Wie sind Sie dabei vorgegangen?

- Was sind für Sie Grenzen bei dem Thema Kundenorientierung?

9.7.3 Verhaltensanker für die Beobachtung und Einschätzung

In diesem Abschnitt werden Verhaltensbeschreibungen aufgelistet, anhand derer eine gezielte Einschätzung der Ausprägung der Kompetenz Kundenorientierung in den einzelnen Facetten vorgenommen werden kann. Dabei empfiehlt es sich, eine Einschätzung anhand einer festgelegten Skala vorzunehmen und das beobachtete Verhalten in den Übungen beziehungsweise das beschriebene Verhalten im Interview in Bezug auf die Aussagen der Verhaltensanker einzuschätzen.

- Besitzt ein stimmiges Bild der Situation auf dem Markt.

- Kann Aussagen zum Verhalten der Wettbewerber treffen.

- Ist in der Lage, den Markt aus Kundensicht zu beschreiben.

- Ist in der Lage, aufzuzeigen, wer seine Kunden sind.

- Differenziert nach internen und externen Kunden.

- Ist in der Lage, Veränderungen im Nachfrageverhalten der Kunden aufzuzeigen.

- Erkennt Trends, die sich auf dem Markt in Bezug auf die Nachfrage bei Kunden abzeichnen. Verfügt über klare Vorstellungen darüber, wie er Kunden aus der relevanten Zielgruppe ansprechen und für das Unternehmen gewinnen kann.

- Kennt unterschiedliche Möglichkeiten, um Kunden zu gewinnen.

- Hat bereits gezeigt, dass er Kunden gewinnen kann.

- Zeigt auf, dass er unterschiedliche Kundentypen zielgerecht zu behandeln versteht. Arbeitet im Gespräch an der Herstellung einer positiven und tragfähigen Beziehungsebene zu seinem Kunden.

- Stellt sich im Gespräch gezielt auf die Persönlichkeit seines Kunden ein und schafft es auch, diesen auf der persönlichen Ebene für sich zu gewinnen.

- Erfragt im Gespräch konkret die Bedürfnisse seines Kunden und zeigt die Bereitschaft, auf diese einzugehen.

- Zeigt sich im Gespräch als verlässlicher und vertrauenswürdiger Ansprechpartner für den Kunden.

- Führt das Gespräch auf eine konkrete Vereinbarung mit dem Kunden hin.

- Verfügt über ein gut gepflegtes und großes Netzwerk an Kunden, das er bewusst pflegt.

- Besitzt einen guten Bekanntheitsgrad unter den relevanten Ansprechpartnern für das Produkt am Markt.

- Ist in der Lage, die Wünsche und Anforderungen der Kunden aktiv in Neuerungen auf Produktebene zu überführen.

- Ist in der Lage, aufbauend auf seinem Wissen über seine Kunden, bei diesen spezifische Wünsche zu wecken, die dann durch Produkte oder Dienstleistungen befriedigt werden. Geht strukturiert und planvoll bei der Ergründung der Kundenwünsche vor.

- Nutzt ein Netzwerk von Ansprechpartnern, um Kundenwünsche zu antizipieren.

- Legt dar, dass das Thema der Kundenorientierung für ihn ein wichtiger Teil seiner Vorbildfunktion ist.

- Ist sich der Auswirkung seines Verhaltens auf sein direktes Umfeld bewusst und nutzt dieses konkret.

- Betrachtet die Prozesse in seinem Umfeld aus Sicht des Kunden.

- Bringt Zeit und Energie auf, um Prozesse in seinem Arbeitsumfeld an den Kunden auszurichten.

- Hat seinen Tagesablauf so organisiert, dass er für die Bearbeitung spontaner Kundenwünsche Zeit reserviert hat beziehungsweise diese organisieren kann.

- Delegiert andere Aufgaben, um sich um spontane Kundenanfragen zu kümmern.

- Kennt Systeme, die das Managen von Kundenbeziehungen erleichtern.

- Hat sich Gedanken zu Systemen gemacht, die CRM unterstützen.

- Ist in der Lage, seine Kundenorientierung durch weitere wirtschaftliche Überlegungen auszubalancieren.

- Behält trotz kundenorientiertem Denken auch relevante Themen wie Kosten und Nutzen im Blick.

9.8 Personalentwicklung bzw. Coaching der Kompetenz

Nachdem der Fokus bislang auf der Diagnose der Kompetenz Kundenorientierung gelegen hat, befasst sich dieser Abschnitt mit der Frage, die insbesondere die Personalentwickler in Unternehmen umtreibt. Sie lautet: Mit welchen Methoden kann die Kompetenz Kundenorientierung der einzelnen Individuen gefördert, ausgebaut und verbessert werden? Bei der Darstellung der Methoden folgen wir dabei der Gliederung von Personalentwicklungsmaßnahmen, die sich auf die Art der Entwicklung bezieht. Konkret sind dies das aktive Aneignen von Wissen beispielsweise durch ein Selbststudium, das Antrainieren von Verhaltensweisen in Trainings, die Unterstützung weiteren Hinterfragens mentaler Modelle durch einen Coach und die Unterstützung des betroffenen Mitarbeiters durch seine Führungskraft.

Für das Selbststudium empfehlen sich die Aspekte von Kundenorientierung, die mit der Aneignung von Wissen entwickelt beziehungsweise verbessert werden können. Fehlt es einem bereits von seiner Einstellung her kundeorientierten Mitarbeiter an der Kompetenz, Prozesse zu analysieren, Kennzahlen in Bezug auf Kundenorientierung zu erheben oder Prozessveränderungen zu planen, kann dieses Wissen durch die Bearbeitung von Fachliteratur oder gegebenenfalls durch zu diesem Thema verfügbaren Web-based- oder Blendedlearning-Angebote durch den Mitarbeiter selbst erworben werden.

Zu der Entwicklung oder Erweiterung der verhaltensbezogenen Komponente von Kundenorientierung empfiehlt sich das Selbststudium naturgemäß nicht, da die Entwicklung von Verhalten eher auf der Ebene des Könnens und weniger des Wissens basiert. Um Mitarbeitern kundenorientiertes Verhalten näherzubringen, empfehlen sich eher Entwicklungsmaßnahmen, die ein Lernen am Modell ermöglichen. Ein Beispiel hierfür stellt das Mentoring durch einen kundenorientierten Kollegen oder eine entsprechende Führungskraft dar. Durch die Beobachtung dieser Führungskraft in ihren kundenbezogenen Interaktionen, in Verbindung mit dem regelmäßigen verbalen Austausch über dieses Verhalten und das Thema an sich, kann es gelingen, die verhaltensbezogene Komponente der Kundenorientierung zu entwickeln. Auch können die Mitarbeiter „on the job" von ihren Mentoren dazu angeleitet werden, ihre Wahrnehmung von Marktrends und Entwicklungen bei den Kunden zu schärfen.

Die verhaltensbezogene Komponente kann ferner durch gezielte Trainings bearbeitet werden, in denen die Teilnehmer kundenorientiertes Verhalten anhand von Schemata und Modellen einüben, die ihnen von einem erfahrenen Trainer vermittelt werden. Idealerweise sollten in diesen Trainings auch die konsequente Reflexion des gezeigten Verhaltens stattfinden und die Teilnehmer regelmäßig Feedback vom Trainer und den anderen Teilnehmern erhalten.

Die schwierigste, langwierigste und damit auch teuerste Entwicklungsmaßnahme bezieht sich auf die Veränderung individueller Sichtweisen auf kundenbezogene Aspekte der Arbeit. Da Sichtweisen oft eng mit der Persönlichkeitsstruktur des betroffenen Mitarbeiters verbunden sind, kann dieser Entwicklungsaspekt nur durch ein konsequentes Hinterfragen und Bearbeiten der mentalen Modelle geschehen. Dies erfordert einen erfahrenen Coach, der zusammen mit dem Mitarbeiter diese mentalen Modelle reflektiert, neue Sichtweisen aufzeigt und ihm somit Perspektiven eröffnet, neu zu denken.

9.9 Literatur

Bartels, R. (1988): The History of Marketing Thought (3rd. ed.), Westerville OH (USA)

DIN EN ISO 8402 (zwischenzeitlich auch EN ISO 9000: 2005), Berlin.

Paschen, M. (2012): Potenziale und Kompetenzen beurteilen und entwickeln. In: Laske, S., Orthey, A., Schmid, M. (Hrsg.): PersonalEntwickeln (Loseblatt), Beitrag 6.107, Köln.

Sowell, T. (1972): Say's Law: An Historical Analysis. Princeton: Princeton University Press.

10 UNTERNEHMERISCHES DENKEN UND HANDELN ALS KOMPETENZ

Stefan Reinecke, Steffen Gaiser & Alexander Fritz

In diesem Beitrag erfahren Sie,

- was der Begriff des unternehmerisches Denkens und Handelns beinhaltet,

- welche Fähigkeiten positiv mit dem unternehmerischen Denken und Handeln in Verbindung stehen,

- wie unternehmerisches Denken und Handeln als Kompetenz bei einem Individuum entsteht,

- wie sich verschiedene Typen unternehmerischen Denkens und Handelns systematisieren lassen,

- in welchen Formen sich die Kompetenz äußert,

- durch welche Methoden, Fragen und Operationalisierungen unternehmerisches Denken und Handeln evaluiert werden kann,

- inwiefern im Rahmen von Personalentwicklungsaktivitäten unternehmerisches Denken und Handeln gefördert werden kann.

10.1 Begriffsbestimmung und sprachliche Beschreibung

Im Kontext der Auseinandersetzung mit dem unternehmerischen Denken und Handeln als zentraler Managementkompetenz lässt sich eine große Heterogenität im Hinblick auf die Verwendung verschiedener Begrifflichkeiten festhalten. Begriffe wie Unternehmertum, Entrepreneur (Unternehmer), Intrapreneur (Unternehmer im Unternehmen), Unternehmensgründer und Erfinder, unternehmerisches Handeln, Unternehmergeist, Unternehmerpersönlichkeit oder unternehmerisches Denken und Handeln finden dabei Verwendung. Für eine Annäherung und Fokussierung auf den Gegenstandsbereich wurde von den Autoren daher zunächst die richtige Begrifflichkeit diskutiert. Entsprechend der drei Bestandteile einer Kompetenz ergeben sich drei relevante Fragen:

- **Wissen und Erfahrung:** Welches Wissen muss eine unternehmerisch denkende und handelnde Person aufgebaut und welche Erfahrungen gesammelt haben? Welches Wissen um allgemeine wirtschaftliche und unternehmerisches Zusammenhänge und Prozesse muss sie beispielsweise haben? Oder welche Erfahrungen im Hinblick auf die Entwicklung und Funktionsweise von Märkten muss sie reflektiert haben?

- **Fähigkeit:** Was muss eine unternehmerisch denkende und handelnde Persönlichkeit können? Welche Fähigkeiten im Sinne von Techniken und Methoden muss sie beherrschen? Wie gut ist sie beispielsweise in der Lage, Innovationen zu entwickeln und diese erfolgreich im Unternehmen und Markt zu etablieren?

- **Orientierung:** Was muss sie wollen? Wozu muss sie bereit sein? Wie bereit ist sie beispielsweise, Risiken abzuwägen und gegebenenfalls zu übernehmen? Oder wie bereit ist sie, Widerstände auf dem Weg der Umsetzung beharrlich auszuräumen?

Nach Ansicht der Autoren scheint der Begriff des unternehmerischen Denkens und Handelns entsprechend der inhaltlichen Breite, die sich aus den drei Bestandteilen einer Kompetenz und den formulierten Leitfragen ableiten lässt, am passendsten. Dies wird dadurch begründet, dass sowohl die Orientierung (im Handeln), das Wissen und die Erfahrung (im Denken) als auch die Handlungsfacette einer Person im Sinne von „etwas unternehmen" (im Handeln) wesentliche Kriterien für eine kompetenzorientierte Abgrenzung bieten, sodass der Begriff unternehmerisches Denken und Handeln die Anforderungen am treffendsten beschreibt.

Was aber ist nun unter unternehmerischem Denken und Handeln zu verstehen?

Unser heutiges Verständnis ist hierzu stark geprägt durch Joseph Schumpeter, einen der bekanntesten Vordenker in Sachen Unternehmertum. In seinem Werk „Kapitalismus, Sozialismus und Demokratie" aus dem Jahr 1942 definiert er den Unternehmer als Erneuerer, als Innovator und als jemanden, der Risiken auf sich nimmt und eine im positiven Sinne störende Kraft in der Wirtschaft darstellt. Störend insofern, als der Unternehmer neue oder bessere Produkte auf den Markt bringt, die andere Produkte an den Rand oder völlig vom Markt drängen. Diesen Prozess nannte Schumpeter „Schöpferische Zerstörung".

Steve Jobs kann in diesem Zusammenhang zweifelsfrei als ein Beispiel für einen Unternehmer genannt werden, der als Innovator gewirkt hat und mit seinen Produkten (iMac, iTunes, iPod, iPhone, iPad) andere Produkte vom Markt gedrängt hat.

Der Unternehmer ist die Ursache von Veränderungen, die weg vom alten Gleichgewicht führen. Er ist nicht primär Erfinder, sondern Innovator, der neue Ideen aufgreift und durchsetzt. Der materielle und immaterielle „produktive Kräfte" kreativ kombiniert und so existierende Strukturen verdrängt beziehungsweise zerstört und neue etabliert. Neben der Innovations- und Handlungsorientierung wird hier deutlich, dass unternehmerisches Denken und Handeln nicht ausschließlich als Mittel zur Gründung neuer Unternehmen zu betrachten ist, sondern als generelle Grundhaltung, die von jedermann im täglichen Leben und bei jeder Art von Erwerbstätigkeit nutzbringend eingebracht werden kann.

Kao (1989) formulierte, ein Unternehmer ist „a dreamer who does". Dabei muss der Unternehmer nicht unbedingt selbst ein Erfinder sein. Aus einem Erfinder kann ein Unternehmer werden, aber nicht jeder Erfinder ist zwingend auch ein erfolgreicher Unternehmer. So waren Werner von Siemens und Mark Zuckerberg beispielsweise zunächst sicherlich erst fasziniert von einer Idee, dann Erfinder und wurden dann zu Unternehmern.

An diesem Punkt setzt auch die Denkrichtung des „Intrapreneurship" an. Der Begriff „Intrapreneur" ist abgeleitet von „Entrepreneur". Unter „Intrapreneur" ist der Unternehmer innerhalb einer bestehenden Organisation zu verstehen. Die begriffliche Differenzierung ist insofern sinnvoll, als Erfinder, Gründer, Eigentümer sowie Geschäftsführer im Laufe der Zeit immer seltener in eine Person fallen und darüber hinausgehend alle Führungskräfte und Mitarbeiter eines Unternehmens angesprochen sind. Jochen Zeitz (ehemals Puma) und Berthold Beitz (ehemals Krupp/ThyssenKrupp) können hier als prominente Beispiele für Unternehmenslenker im Sinne des Intrapreneurship genannt werden. Intrapreneure treiben „den Prozess der Umwandlung neuer Ideen in einen Geschäftserfolg nachhaltig voran" (Kuhn 2000) und übernehmen gleichzeitig „die praktische Verantwortung für die Umsetzung der Innovation innerhalb einer Organisation" (Pinchot 1985). Entrepreneure und Intrapreneure können als „Motor" des wirtschaftlichen Fortschrittes angesehen werden.

Dabei sind beide Wege vorstellbar, auch wenn es wahrscheinlicher ist, dass selbstständig operierende Unternehmer oftmals aus internen hervorgehen, Intrapreneurship also Entrepreneurship zeitlich vorgelagert ist, zeigen einzelne Beispiele (Rene Obermann war beispielsweise vor seiner Zeit als Vorstandsvorsitzender der Deutschen Telekom AG als Unternehmer selbstständig) dass auch der andere Weg möglich ist.

Laut Kao (1989) ist ein Unternehmer darüber hinaus jemand, der mithilfe von Kreativität und Intuition dort Marktchancen sieht, wo andere sie nicht entdecken. Möglicherweise hat er ein feineres Gespür, ist besser in der Lage, Trends zu erkennen und Komplexität zu reduzieren. Ein Unternehmer hat den Wunsch, neue Dinge zu erschließen und gewohnte Bahnen zu verlassen. Ein Unternehmer will seine Idee durchsetzen, auch wenn es auf dem Weg zum Ziel Schwierigkeiten zu überwinden gilt. In diesem Aspekt wird auch deutlich, dass eine Idee zu haben alleine nicht ausreicht. Es geht auch um Einsatzbereitschaft und Durchhaltevermögen. Eine unternehmerisch agierende Person richtet ihre Energie auf ihre Ziele und Visionen aus. Sie ergreift die Initiative und setzt alles daran, sich durchzusetzen und Bestehendes zu verdrängen. Howard Schultz beispielsweise war Mitarbeiter bei Starbucks, irgendwann missfiel den Starbucks Eigentümern der Expansionsdrang von Schultz, dieser verließ daraufhin das Unternehmen und gründete eine eigene Kaffeehausfirma, die schließlich Starbucks übernahm. Ray Kroc verkaufte Küchengeräte, bis ihm eines Tages ein neuartiges Fast-Food-Restaurant in Kalifornien auffiel. Er drängte sich den Besitzern, den Brüdern McDonald auf, später dann drängte er sie aus dem Geschäft und entwickelte eine globale Restaurant-Kette (Heuser & Jungclaussen 2004).

Ripsas (1997) beschreibt unternehmerisches Denken und Handeln als das Erkennen, Schaffen und Nutzen von Marktchancen. Innovatives Unternehmertum bedeutet, den Markt genau zu beobachten, querzudenken, Bestehendes zu hinterfragen und neue Produkte zur Befriedigung von Kundenbedürfnissen zu entwickeln und dadurch neuen Wert zu schaffen.

Im Kontext der jüngsten Debatten um unternehmerisches Missmanagement, Ursachen der Finanzkrise, Managergehälter, Korruption und Bestechung etc. ist vor allem der Aspekt der Moral und Verantwortung als ein wichtiger Bestandteil der Kompetenz unternehmerisches Denken und Handeln relevant geworden. Das Konzept des ehrbaren Kaufmanns erlebt in diesem Zusammenhang eine Renaissance und Revitalisierung. Die Bezeichnung ehrbarer Kaufmann steht für ein ausgeprägtes Verantwortungsbewusstsein für das eigene Unternehmen, für die Gesellschaft, für Mitarbeiter und für die Umwelt. Ein ehrbarer Kaufmann stützt sein Verhalten auf Tugenden, die den langfristigen wirtschaftlichen Erfolg zum Ziel haben, ohne den Interessen der Gesellschaft entgegenzustehen. Als eine Reaktion auf diese Entwicklungen hat Siemens – als ein Beispiel – eine neue Vorstandstelle geschaffen, die die Ressorts Recht, Compliance und Audit umfasst.

Im Zuge der Globalisierung ergibt sich für unternehmerisches Denken und Handeln zusätzlich die Anforderung, unternehmerische Praktiken lokalen Gegebenheiten und kulturellen Besonderheiten anzupassen. So müssen beispielsweise Produkte lokalen Gegebenheiten angepasst werden, um erfolgreich den lokalen Markt zu bedienen. Darüber hinaus reicht es nicht aus, unternehmerische Geschäftsmodelle des Westens anderen Kulturen zu überstülpen. Es gilt, die kulturellen und gesellschaftlichen Wirklichkeiten im Prozess der Wirtschaftstätigkeit zu berücksichtigen (s. Kapitel 7).

10.2 Facetten der Kompetenz

Um unternehmerisches Denken und Handeln als Kompetenz weiter einzugrenzen und dadurch auch im diagnostischen Sinne erfassbarer zu machen, lohnt es sich, Überlegungen darüber anzustellen, durch welche unterschiedlichen Facetten unternehmerisches Denken und Handeln konkretisiert werden kann. Aus diesem Grund werden im Folgenden Facetten des unternehmerischen Denkens und Handelns vorgestellt und kurz diskutiert.

Identifizieren von Chancen und Potenzialen
Unternehmerisch denkende und handelnde Personen suchen und identifizieren Chancen und Vorteile für das eigene Unternehmen, um daraus Werte zu erzielen. Sie entwickeln Optimierungen des Bestehenden, identifizieren Kundenbedürfnisse sowie Ungleichgewichte in den Märkten und nutzen sich daraus ergebenden Gelegenheiten. Sie generieren neue, kreative Ideen, Innovativen und Produkte. Sie beobachten Märkte, Kundenbedürfnisse, Produktentwicklungen und Gesellschaften. Sie analysieren Marktpotenziale und entwickeln Ziele und

Visionen. Mit Chancen und Potenzialen können auch die Entwicklung neuer Produkte oder Produktqualitäten, die Entwicklung und Weiterentwicklung von Produktionsverfahren, (Weiter-)Entwicklung und Etablierung von Organisationsstrukturen, die Identifikation und Erschließung neuer Beschaffungs- beziehungsweise Absatzmärkte gemeint sein.

Strukturieren und planen
Die unternehmerisch denkende und handelnde Person strukturiert die für die Umsetzung des Vorhabens notwendigen Ressourcen und plant und entwickelt ein schlüssiges Vorgehenskonzept. Larry Page von Google beispielsweise besorgte sich das nötige Kapital für Google Inc. nicht bei einem großen Finanzierer, sondern lieh es sich bei verschiedenen Geldgebern in jeweils kleineren Summen. Dahinter steckte seine Strategie, sich nicht von einem großen Geldgeber abhängig zu machen, sondern von Anfang an die Kontrolle über das Projekt in den eigenen Händen zu behalten.

Umsetzen und agieren
Hier geht es vor allem um die Initiative und Handlungsorientierung. Eine unternehmerisch agierende Persönlichkeit trifft notwendige Entscheidungen und agiert mit Entschlossenheit und Willenskraft, um ihre Ziele und Visionen zu verwirklichen. Sie richtet ihre Energie auf die Handlung und blendet „nebensächliche" Dinge aus. Sie glaubt an sich und die Machbarkeit ihres Vorhabens und Ziels, verarbeitet Misserfolge und löst Widerstände auf.

Verantwortung übernehmen
Unternehmerisch agierende Personen sind bereit, Verantwortung für das eigene Unternehmen, für Mitarbeiter und für die Umwelt zu übernehmen. Sie wägen (persönliche und sachliche) Risiken ab und gehen kalkulierbare Risiken ein. Dabei ist eine zu hohe Risikobereitschaft genauso wenig förderlich wie eine zu geringe Risikobereitschaft. Forschungen zeigen, dass risikofreudige Gründer sogar weniger erfolgreich sind.

Wissen um allgemeine wirtschaftliche Zusammenhänge und unternehmerische Methoden
Unternehmerisch denkende und handelnde Personen besitzen eine Grundkenntnis von allgemeinen Zusammenhängen und Spielregeln in der Wirtschaft sowie Prozessen und Methoden der unternehmerischen Planung und Steuerung (Strategie, Marketing, Produktentwicklung, Finanzen und Controlling, Vertrieb etc.).

10.3 Co-Kompetenzen

Neben diesem Überblick über die Facetten der Kompetenz korrelieren auch weitere Fähigkeiten und Fertigkeiten mit dem unternehmerischen Denken und Handeln. Als erfolgsförderliche Co-Kompetenzen lassen sich die folgenden Aspekte zusammenfassen:

- Innovationsfähigkeit,
- Entscheidungs- und Durchsetzungsfähigkeit,
- emotionale Stabilität und Ambiguitätstoleranz,
- Lernfähigkeit und Reflexionsvermögen,
- Analyse- und Problemlösefähigkeit,
- Kundenorientierung,
- Überzeugungs- und Begeisterungskraft,
- Networking und Beziehungsmanagement,
- strategische Kompetenz,
- Leistungsorientierung und Willenskraft,
- Führungskompetenz sowie
- interkulturelle Sensibilität.

Diejenigen Aspekte, die eher als mögliche kritische Nebenbefunde und erfolgslimitierend mit unternehmerischem Denken und Handeln einhergehen können, wären die folgenden Aspekte:

- Orientierung am Bestehenden sowie Verhaften im Hier und Jetzt,
- wenig Offenheit für Neues und anderes,

- wenig Auseinandersetzung mit der Zukunft, mit Trends und Entwicklungen,

- wenig Kreativität und Vorstellungsvermögen,

- ausgeprägte Risikoneigung oder eine ausgeprägte Sicherheitsorientierung,

- mangelnder Selbstwert und mangelnde internale Kontrollüberzeugung,

- ein Zuviel an Rücksichtslosigkeit und wenig Empathie und Verantwortungsbereitschaft,

- Entscheidungsschwäche und starke Harmonieorientierung,

- wenig Interesse an wirtschaftlichen Zusammenhängen und

- wenig Geduld, Beharrlichkeit und Ausdauer.

10.4 Die Geschichte der Kompetenz

Unternehmertum ist so alt wie die menschliche Zivilisation – und hat schon immer für Wachstum und Fortschritt gesorgt (Landes et al. 2010). Keilinschriften deuten darauf hin, dass Händler im heutigen Irak bereits im 3. Jahrtausend v. Chr. profitorientiert dachten und es als Händler zu Reichtum und Anerkennung brachten.

Die Kulturen im antiken Griechenland und im kriegerischen Rom dagegen waren unternehmerfeindlich: Als findiger Gründer konnte man es in der kulturellen und philosophischen Blütezeit nicht weit bringen. Mit Waren zu handeln oder handwerklich zu arbeiten war Sache von Sklaven und Außenseitern. Soziale Anerkennung und Landbesitz gab es stattdessen für militärische Erfolge. „Es war lukrativer zu erobern, als neue Dinge zu erfinden", schreibt Ökonom Michael Hudson (1993). Wiederbelebt wurde der Unternehmergeist durch die Ausbreitung des Islams im 7. Jahrhundert. Neben den kulturellen Gepflogenheiten spielt die Religion eine wichtige Rolle. Kein Geringerer als Prophet Mohammed gilt als Erwecker des Unternehmertums. Er habe „immensen sozialen, politischen, ökonomischen und militärischen Einfallsreichtum" vorgelebt, als er mit seinen Anhängern von Mekka nach Medina übergesiedelt ist, um dort ein rudimentäres Staatssystem aufzubauen (Hudson 1993). Nach diesem Vorbild hat sich in den folgenden Jahrhunderten in der schnell wachsenden islamischen Welt ein einheitliches Vertrags- und Rechtssystem entwickelt – durchaus eine Grundvoraussetzung für erfolgreiches Entrepreneurship. Bis ins frühe Mittelalter gehörten islamische Unternehmer zu den innovativen Trendsettern ihrer Zeit. Einer von ihnen war der Ägypter Abu Taqiyya. Gemeinsam mit Geschäftspartnern baute er ein ganzes Konglomerat von Kaffeehäusern auf – das Starbucks des Mittelalters. Um dem Kaffee eine süßliche Note zu geben, erweckte der Unternehmer zusätzlich die Zuckerproduktion am Nil zum Leben. Mehr als mit dem richtigen Aroma hatte der Kaffee-Krösus aus Kairo mit Geschäftspartnern und den Menschen auf der Straße zu kämpfen. Islamische Traditionalisten hielten die „braune Brühe" für ein sündhaftes Getränk und zerstörten einige Kaffeehäuser.

Im frühen Mittelalter findet das Konzept des ehrbaren Kaufmanns seinen Ursprung, als Europas Wirtschaftsordnung von den Hansekaufleuten im Norden und den italienischen Kaufleuten im Süden neu definiert wurde. Die ersten Kaufleute – damals noch zu Fuß unterwegs – waren auf ihren langen Reisen mit diversen Herausforderungen konfrontiert. So erwies es sich als schwierig für Handelsreisende, dass sie auf ihren Reisen an jedem Ort Fremde waren und zudem das Vorurteil gegen sich hatten, in betrügerischer Absicht zu agieren. Auch der Umstand, dass ein Stadtbewohner, der Ansprüche gegen einen Kaufmann hatte, diese Ansprüche bei jedem anderen Kaufmann befriedigen konnte, erschwerte das Leben der Kaufleute. Die mit dieser kollektiven Schuldnerhaftung einhergehenden Unsicherheiten in Verbindung mit den zuvor genannten Herausforderungen führten dazu, dass sich Kaufleute in Gemeinschaften zusammenschlossen, um die Bedingungen des Wirtschaftens zu verbessern. Es entstand das Kaufmannsrecht von „Treu und Glauben", was zugleich den Grundstein für die Entwicklung von Handelsreisenden hin zu ehrbaren Kaufmännern legte. Ein Kaufmann konnte sich ehrbar nennen und von diesem Ruf profitieren, wenn er im Einklang mit den Normen agierte. Verstieß er allerdings gegen diese Normen, so musste er mit gesellschaftlicher Missbilligung rechnen und wurde im schlimmsten Falle aus der Gemeinschaft verstoßen. Der Erfolg des Kaufmanns wurde damit nicht nur durch praktische Fähigkeiten wie Lesen, Rechnen oder Schreiben oder einer Empathiefähigkeit, Kommunikationsfähigkeit oder wirtschaftlichem Geschick beeinflusst, sondern ebenso durch ethisches Handeln. Tugenden wie Integrität, Aufrichtigkeit oder Anstand ließen den Kaufmann ehrbar werden. Hier zeigt sich eine Parallele zu den heutigen Erwartungshalten an einen Unternehmenslenker, von dem wir genau diese oben genannten Tugenden erwarten.

Die Entwicklungen des wirtschaftlichen Wettbewerbs in den 50er-Jahren führten zur Konzeptbildung des Intrapreneurship (Unternehmer im Unternehmen). Die Unternehmen erkannten, dass es für eine erfolgreiche Unternehmensentwicklung und Zukunftssicherung vor allem Führungskräfte und Mitarbeiter bedarf, die mit Freude Verantwortung übernehmen, selbst die Initiative ergreifen und keine Angst vor Veränderung haben, sondern neue Herausforderungen mutig annehmen (Thom & Jörg 1999). Im Kontext dieser Entwicklungen etablierten sich auch Entrepreneurausbildungen an den Universitäten sowie verschiedene Entrepreneurial Development Programme in den Unternehmen selbst.

10.5 Die individuelle Entwicklung der Kompetenz

Natürlich wird das unternehmerische Denken und Handeln, in der Schule z. B. durch die Gründung von Schülerfirmen oder die Simulation von Unternehmen im Rahmen von Planspielen, im Rahmen der beruflichen Ausbildung und des Studium sowie durch entsprechende Management-Programme in den Unternehmen stark gefördert. Wichtige Grundvoraussetzungen für unternehmerisches Denken und Handeln entwickeln sich jedoch sicherlich schon in der Kindheit und Jugend.

Entwicklung von Ich-Stärke
Die unternehmerisch denkende und handelnde Person hat über den Verlauf der Biografie eine positive Einstellung zu sich selbst und einen stabilen Selbstwert entwickelt. Sie hat als Kind Vertrauen in die Wirksamkeit eigener Handlungen entwickelt und gelernt, selbst etwas schaffen und Einfluss ausüben zu können. Ich-Stärke ist somit eine Voraussetzung dafür, bereit zu sein, sich vom aktuellen Status und dem Stabilen zu lösen und die mit dem Neuen und anderen einhergehenden Unsicherheiten und Risiken erfolgreich meistern zu können. Wer mehr Chancen als Bedenken sieht, wird eine Idee schneller und entschlossener umsetzen als andere. Schumpeter (1942) prägte in diesem Zusammenhang den Begriff der schöpferischen Zerstörung. Einen überzogenen und ungünstig wirkenden Selbstwert finden wir übrigens beim Narzissten. Narzissten halten sich für die Besten, wollen bestätigt und bewundert werden. Eine gewisse Empathielosigkeit und Arroganz vereinen sie mit einer starken Anspruchshaltung.

Entwicklung von Dominanz

Eine weitere wichtige Voraussetzung für erfolgreiches unternehmerisches Handeln ist der Aspekt der Dominanz. Es geht hierbei vor allem um die Bereitschaft, die eigenen Ziele und Visionen ausdauernd und auch gegen Widerstand zu verfolgen. Dominanz wird insbesondere bei stark leistungsorientierten Eltern entwickelt. Die Kinder lernen, den eigenen Willen mit einem hohen Maß an Durchsetzungsbereitschaft durchzusetzen. Hier geht es darum, sich möglichst wenig dem allgemeinen Willen zu beugen, sondern die eigenen Vorstellungen mit dem höchstmöglichen Maß an Energie und Bereitschaft zur Beziehungsbelastung durchzusetzen. Je vehementer dies durch die Eltern gefördert und auch vorgelebt wird, desto stärker bildet sich eine Bereitschaft zur Dominanz aus. Eine überzogene und ungünstig wirkende Dominanz finden wir sicherlich beim Machiavellist. Der Name des italienischen Staatsmanns, Philosophen und Dichters steht für rücksichtslose Machtpolitik. Machiavellisten sind manipulative Machtmenschen und kennen viele Strategien, um Gegner unter Druck zu setzen.

Entwicklung von Moral

Die Relevanz der Moralentwicklung ist sicherlich durch die Diskussionen rund um das Thema gesellschaftliche Verantwortung von Unternehmen und Unternehmenslenkern wiederbelebt worden. Dort, wo das Wohlergehen der Menschen vom Verhalten anderer Menschen abhängig ist, betreten wir den Bereich der Moral (Oser & Althof 1994). Unter Moral versteht man gemeinhin die Achtung vor einem System von Regeln menschlichen Miteinanders. Kinder lernen moralisches Denken und Handeln in einem schrittweisen Prozess. Sie werden dabei von verschiedenen Einflüssen geprägt. Das Elternhaus spielt eine entscheidende Rolle, aber auch Kindergarten, Schule und Freunde prägen die Erfahrungen des Kindes. Im Verhalten der Menschen der nahen Umgebung spiegeln sich die Werte der Kultur, die aktuellen gesellschaftlichen Bedingungen und die Religions- und Schichtzugehörigkeit wieder. Coles (1998) bezeichnet die sich allmählich entwickelnde Fähigkeit zwischen richtig und falsch, gut und böse zu unterscheiden als moralische Intelligenz. Er schreibt, dass das Kind ein ständig wachsamer Zeuge der Moral Erwachsener – oder ihres Fehlens ist. Entsprechend kann die Moral als eine Art Koordinatensystem verstanden werden, vor dessen Hintergrund Entscheidungen getroffen werden. Sie bestimmt, auf Basis welcher Werturteile entschieden wird. Je nachdem, wie weit ein Mensch in seiner moralischen Entwicklung kommt, werden sich eigene (unternehmerische) Entscheidungen dann auf die Vermeidung von Strafen beziehen, die eigene Bedürfnisbefriedigung fokussieren, grundlegende Kategorien von gut und schlecht beinhalten, das Ziel sozialer Ordnung berücksichtigen, Gerechtigkeit und soziale Nützlichkeit zum Inhalt haben oder sich an übergreifenden ethischen Prinzipien orientieren (vgl. hierzu Kohlbergs Stufentheorie zur moralischen Entwicklung, 1996).

Entwicklung von Nonkonformismus
Als Nonkonformismus oder Nonkonformität werden gewöhnlich persönliche Haltungen, Positionen oder individuelle Handlungen verstanden, die nicht im Einklang mit dem vorherrschenden Lebensstil oder dem kulturellen Mainstream stehen. Konformismus demgegenüber bezeichnet eine Haltung, die sich in der Entscheidungsfindung überdurchschnittlich stark unter Aufgabe eigener Individualität an den Normen und Meinungen der Mehrheit orientiert. Nonkonforme Personen streben vergleichsweise stark eigene selbstständige Entscheidungen an. Der Drang zu Nonkonformismus fördert sicherlich die Innovations- und Schaffenskraft eines unternehmerisch denkenden und handelnden Menschen und kann somit als eine weitere wichtige Entwicklungsvoraussetzung betrachtet werden. Man kann sich leicht vorstellen, dass der Drang auszubrechen und sich in seiner Individualität abzugrenzen wiederum stark in der Sozialisation im Kindes- und Jugendalter grundgelegt ist. Kinder, die in engen Grenzen und moralischen Kategorien von gut und schlecht, mit vielen Vorgaben sowie starren und allgemeingültigen Regeln aufgewachsen sind, werden in der Pubertät sicherlich eher und stärker rebellieren als Kinder, die sehr freiheitlich aufgewachsen sind.

10.6 Formen der Kompetenz und Typologien

Wir stellen im Folgenden drei unterschiedliche Typen von unternehmerisch denkenden und handelnden Personen vor. Alle Typen denken und handeln unternehmerisch, unterscheiden sich jedoch in ihrer Grundorientierung im Hinblick auf die Facette Identifikation von unternehmerischen Chancen und Potenzialen sowie ihrer Bereitschaft, Risiken zu übernehmen. Das Ziel aller Typen ist eine positive Wert- und Unternehmensentwicklung.

Der Optimierer
Der Optimierer zeichnet sich dadurch aus, dass er sich gedanklich stark mit dem Bestehenden auseinandersetzt, dieses hinterfragt und kontinuierlich verbessern sowie sukzessive erweitern will. Produkte, Lieferanten, interne Prozesse und Abläufe, Strukturen und Kosten werden vom Optimierer auf den Prüfstand gestellt und auf Weiterentwicklungen überprüft und getrieben. Das

Ganze macht er mit Augenmaß und mit einem überschaubaren Risiko. Seine Risikoneigung ist eher gering ausgeprägt. Optimierer haben eine Unternehmensentwicklung durch eine kontinuierliche Weiterentwicklung des Bestehenden zum Ziel. Sie können als Optimierer des Ressourceneinsatzes und Maximierer von Nutzen und Gewinn beschrieben werden. In Phasen, in denen sich Unternehmen in Krisen befinden und tief „in den roten Zahlen stecken", sind die Optimierer (in diesem konkreten Anwendungsfall Sanierer genannt) diejenigen, die als Heilsbringer gesucht werden.

Der Händler
Der Händler zeichnet sich dadurch aus, dass er bei der Wahrnehmung entsprechender Chancen bereit ist, Risiken einzugehen. Die Stärke der Händler besteht darin, sich ergebende Chancen für das Unternehmen durch z. B. Marktentwicklungen aufzugreifen und entsprechend reaktionsschnell zu handeln. Der Börsenmakler kann sicherlich – wenn auch zuweilen negativ belastet – als ein prototypisches Beispiel eines Händlers gelten. Aber auch der Vertriebsmitarbeiter, der seine Kunden aufmerksam beobachtet und sich ergebende Chancen für „weiteres Geschäft" zielgerichtet nutzt, kann in diesem Sinne als Händler verstanden werden. Manager die in Fusionen, Aufkäufen und Übernahmen unternehmerisches Entwicklungspotenzial sehen, gehören ebenfalls zu diesem Typus.

Der Innovator
Der Innovator besitzt eine Stärke darin, Innovationen zu entwickeln und Gewohntes zu verlassen. Beim Innovator geht es um „etwas Neues oder radikale Änderungen". Neue Produkte, neue Märkte, neue Verfahren, neue Vorgehensweisen, neue Prozesse, neue Vertriebswege, neue Werbeaussagen und vieles mehr. Der Innovator zeichnet sich dadurch aus, dass er bereit ist, gewisse Risiken zu übernehmen. Auf der Achse der Risikobereitschaft von gering zu hoch kann er als mittelmäßig risikobereit beschrieben werden. Er kann aber sicherlich als jemand beschrieben werden, der ein konkretes „visionäres" Vorstellungsbild der Zukunft vor Augen hat.

10.7 Äußerungsformen der Kompetenz: Worin sich die Kompetenz in Alltag und Zusammenarbeit widerspiegelt

Unternehmerisch denkende und handelnde Menschen sind in ihrem Tun an Wertschöpfung orientiert und interessiert. Input und Output oder Kosten und Nutzen müssen in einem positiven Verhältnis zueinander stehen. Sie sehen in der Weiterentwicklung und in der Innovation die Chance zur Unternehmensentwicklung und Wertschöpfung.

Der Unternehmer zeigt eine hohe Identifikation mit und emotionale Anbindung an seine Ideen und Erfindungen. Darüber hinaus sind unternehmerisch agierende Persönlichkeiten bereit, Risiken zu kalkulieren. Sie treffen Entscheidungen und entwickeln eine ausgeprägte Bereitschaft zur Beharrlichkeit und Durchsetzung ihrer Ziele. Sie sind bereit, persönliche „Opfer" zugunsten des Ziels zu erbringen. Sie werden in diesem Zusammenhang als diszipliniert und leistungsmotiviert erlebt.

Im Berufsleben plant der Unternehmer seine Karriere nicht strategisch und langfristig. Er ist vor allem auf der Suche nach Aufgaben und Möglichkeiten, die Gestaltungs- und Entfaltungsmöglichkeiten bieten. Er sucht Möglichkeiten, etwas zu bewegen. Stillstand versucht er zeitlebens abzuwehren. Er sieht sich als Motor der Entwicklungen, als Macher und Gestalter. Er ist motiviert, im Berufsleben Einfluss auszuüben; entweder auf Produkte, Prozesse und Strukturen oder auch auf Menschen. Er will mitbestimmen und sich einbringen. Er ist bereit, sich emotional stark an ein Unternehmen oder ein Produkt zu binden. Dennoch zeigt er auch im Berufsleben die Bereitschaft, sich bietende Chancen zur Weiterentwicklung und Wertschöpfung (ob intern oder extern) wahrzunehmen. Er ist nicht selten selbstständig oder Unternehmensgründer.

In der Gesprächsführung und Kommunikation nimmt der Unternehmer häufig eine aktiv steuernde und richtunggebende Haltung ein. Im Hinblick auf das Konfliktverhalten zeigt sich, dass der unternehmerisch denkende und handelnde Mensch Konflikte durchaus als Chance sieht, eine Optimierung der Ist-Situation herzustellen. Insofern wird er Konflikte sicherlich nicht vermeiden, sondern Konflikte eher lösungs- und zukunftsorientiert bearbeiten. Im Konflikt sieht man aber auch die Durchsetzungsbereitschaft und Wettkampfmentalität eines Unternehmens.

Auch im Privatleben zeigt sich die Orientierung an der Wertschöpfung und der Bereitschaft, Risiken einzugehen. Ein Hauskauf wird beispielsweise nicht nur unter der Berücksichtigung persönlicher Bedürfnisse und Anforderungen geplant, sondern immer auch vor dem Hintergrund der Möglichkeit der Wertschöpfung. Auch persönliche Netzwerke haben einen klaren Profitfokus. Der Unternehmer ist oftmals sowohl beruflich als auch privat gut vernetzt und bereit, sein Netzwerk für die Erreichung seiner Ziele zu nutzen. Im Umgang mit privaten Entscheidungen kann er durchaus auch als pragmatisch, schnell und umsetzungsorientiert beschrieben werden. Wir treffen unternehmerisch denkende und handelnde Menschen häufig in ehrenamtlichen Spitzenpositionen, auch in diesen Rollen wird ihr Motiv Einfluss auszuüben deutlich. Sie übernehmen die Rolle des Vorstands oder Geschäftsführers des Sportvereins oder sind in der regionalen Politik aktiv.

10.8 Berühmte Repräsentanten

Ein besonders markantes Beispiel für einen unternehmerisch denkenden und handelnden Menschen ist Iddin-Marduk. Der junge Mann lebte im 7. Jahrhundert v. Chr. in Babylonien, dem Zweistromland zwischen Euphrat und Tigris. „Er hat ein Nischenprodukt entdeckt und ist damit reich geworden", sagt Cornelia Wunsch (1993). Bei der Getreideernte fragte sich der Iddin-Marduk: „Warum nicht auch mit den Knollen handeln, die sonst keiner beachtet?" Bis dahin hatten Bauern Zwiebeln nur zum Privatgebrauch angebaut. Iddin-Marduk kaufte ihnen die Knollen im großen Stil ab und verschiffte sie in die Städte. Auf den Märkten, auf denen bislang vor allem Datteln und Getreide verkauft wurden, entstand in kürzester Zeit ein florierender Zwiebelhandel. Bald war die Knolle aus keinem Kochtopf mehr wegzudenken. Um das Jahr 500 v. Chr. besaß die Familie dieses Entrepreneurs 16 Häuser, mehr als 100 Sklaven und einen unüberschaubaren Landbesitz. Der Zwiebelhandel war nur eine der Einnahmequellen, die Spezialität der Dynastie wurden dann kreative Kredit- und Immobiliengeschäfte. Die Familie kaufte Häuser und vermietete sie weiter. Die Mieteinnahmen reichten aus, um Kredite inklusive Zinsen zu bedienen. Ein revolutionäres Geschäftsmodell, das der Familie stets genügend Liquidität für neue Investitionen bescherte.

Henry Ford kann ebenfalls zweifelsfrei als ein Beispiel für erfolgreiches unternehmerisches Denken und Handeln beschrieben werden. Ford perfektionierte beispielsweise konsequent die Fließbandtechnik im Automobilbau, womit er die Fertigung von Fahrzeugen revolutionierte und sich entsprechend Marktvorteile Wettbewerbern gegenüber sicherte. Ebenfalls ein markantes Beispiel sind die Gebrüder Albrecht. Die Brüder schafften es, aus dem Brotladen des Vaters und einem Tante-Emma-Laden der Mutter ein wegweisendes neues Geschäftsmodell zu entwickeln. Durch erfinderisches Handeln und überzeugendes Verhandlungsgeschick fanden sie einen Weg, die übliche Preisbindung an Markenartikel durch die Produktion von No-name-Artikeln zu umgehen. Vieles, was damals üblich war, wurde einfach weggelassen. Waren wurden aus geöffneten Kartons oder von Paletten verkauft, die Personaldichte wurde so gering wie möglich gehalten und das Sortiment war auf Fluktuation ausgelegt. Ingvar Kamprad, der Gründer von IKEA, ist ein weiterer Vertreter. Mit 17 gründete er das Unternehmen IKEA. Zunächst verkaufte er diverse Konsumgüter, später begann er Möbel zu verkaufen, besonders an die Bauern in seiner Region. So konnte er die Kosten vom Hersteller bis zum Kunden niedrig halten. 1951 erschien der erste IKEA-Katalog. In den IKEA-Katalogen wurden bald Möbel nicht nur als einzelne Objekte, sondern als Teil eines gesamten, fertig eingerichteten Zimmers abgebildet. Diese Darstellungen waren zur damaligen Zeit ungewöhnlich. Die Kataloge wurden zum Bindeglied zu den Kunden und zum wichtigsten Marketinginstrument des Unternehmens. Ab 1955 bot Kamprad erstmals eigens für IKEA entworfene Möbel an. Die Möbel wurden zur Einsparung von Montage- und Versandkosten ab 1956 als Bausatz verschickt. Aber auch Berthold Beitz und Jochen Zeitz können als Repräsentanten erfolgreichen unternehmerischen Denkens und Handelns genannt werden. Beitz wurde nach dem Krieg Generalbevollmächtigter bei Alfred Krupp. Gemeinsam mit Krupp baute Beitz den Krupp-Konzern nach dem Krieg wieder auf und wandelte nach dem Tod Krupps das Kruppsche Familienvermögen in eine Stiftung um. Als Testamentsvollstrecker des Krupp-Erbes und Vorsitzender des Kuratoriums der Alfred-Krupp-von-Bohlen-und-Halbach-Stiftung hat Beitz während des Niedergangs der Montanindustrie über fünf Jahrzehnte hinweg den Strukturwandel im Ruhrgebiet wesentlich mitbestimmt. Jochen Zeitz wurde 1993 im Alter von 30 Jahren zum Vorstandsvorsitzenden von Puma berufen. Zeitz führte Puma in den folgenden Jahren aus der Krise und verwandelte den einst angeschlagenen Sportartikelhersteller in ein international erfolgreiches Sport- und Lifestyle-Unternehmen.

10.9 Diagnose der Kompetenz unternehmerisches Denken und Handeln

Die inhaltliche Ausgestaltung der Diagnose von unternehmerischem Denken und Handeln soll vorab durch eine kurze Beschreibung möglicher Methoden und Ansätze für die Diagnose der Kompetenz im Management eingeleitet werden. Im Rahmen einer differenzierten Selbstbeschreibung (Interview) lassen sich am ehesten die Konzepte sowie die individuelle Orientierung von Bewerbern oder Teilnehmern erheben. Eine sehr verbreitete und aussagefähige Übung ist die Demonstration einer Arbeitsprobe. Häufig werden Teilnehmer gebeten, für den eigenen Verantwortungsbereich oder für eine angestrebte Stelle bereits eine erste Kurzpräsentation (Wie würden Sie die aktuelle unternehmerische Situation des Verantwortungsbereichs beschreiben? Welche Ideen zur Geschäftsentwicklung haben Sie? Welche unternehmerischen Chancen und Risiken sehen Sie? Welche Innovationen möchten Sie realisieren?) auszuarbeiten. Diese Präsentation sollte dahingehend angelegt sein, dass die einstellende Führungskraft oder der jeweilige Vorgesetzte (im Rahmen eines Entwicklungsverfahrens) in der Lage ist, die Herangehensweise, die Systematik, die Ideen und die Lösungsvorschläge des Teilnehmers mit der eigenen Unternehmensrealität benchmarken zu können. Diese Übung bietet gerade Beobachtern einen differenzierten Einblick in die Problemlösekompetenz und die unternehmerischen Fähigkeiten von Teilnehmern. Eine weitere Möglichkeit zur Diagnose von unternehmerischem Denken und Handeln ist die Konfrontation mit einer unternehmerischen Fallstudie außerhalb des eigenen Verantwortungsbereichs. Sicherlich ist dies eine der aussagefähigsten Übungen dahingehend, wie ein Teilnehmer durch unternehmerisches Denken und Handeln komplexe unternehmerische Situationen zielführend gestaltet und aktuelle Unternehmensprobleme und Herausforderungen löst. Gerade die Tatsache, dass eine solche Fallstudie sich nicht aus dem aktuellen Erfahrungsumfeld speist, sondern gezielt branchenfremde Inhalte hat, erfordert die Anwendung von unternehmerischem Denken und Handeln als Kompetenz. Gerade die Prämisse, dass die Teilnehmer in einer solchen Situation nicht von ihrem bisherigen Erfahrungswissen profitieren können, klärt für die Beobachter häufig sehr eindeutig, inwiefern die relevante Kompetenz bei Teilnehmern gegeben ist. Auch Rollenspiele (z. B. Überzeugungsgespräch interner Kollegen oder eigener Mitarbeiter zu unternehmerischen Veränderungen, Chancen und Risiken) eignen sich zur Diagnostik der Kompetenz unternehmerisches Denken und Handeln. Verschiedene Facetten und relevante Co-Kompetenzen können auch durch strukturierte wissenschaftliche Testverfahren eruiert werden (z. B. Verfahren zur Messung der Analysefähigkeit, Verfahren zur Erhebung persönlicher Werte und Motive, Fragebögen zur Messung wichtiger Persönlichkeitsaspekte etc.).

10.9.1 Mögliche Interviewfragen, um das unternehmerische Denken und Handeln im Rahmen von halb strukturierten Interviews erheben zu können

Identifizieren von Chancen und Potenzialen

- Welche unternehmerischen Verantwortungen und Aufgaben sehen Sie in Ihrer Rolle?

- Bitte schildern Sie uns ein Beispiel für eine Situation, in der Ihr unternehmerisches Denken und Handeln zur erfolgreichen Situationsgestaltung notwendig war und deutlich zur Geltung gekommen ist. Wie sind Sie mit der Situation umgegangen? Unter welchen Bedingungen hätten Sie sich anders verhalten? Was haben Sie daraus gelernt?

- Welche Rolle spielt das Identifizieren unternehmerischer Chancen und Potenziale für ihre aktuelle Position?

- Bitte schildern Sie uns ein Beispiel für eine Situation, in der Sie unternehmerische Potenziale und Chancen identifiziert haben!

- Wenn Sie auf Ihr Unternehmen, das Marktumfeld, die Kunden und die Wettbewerber, Trends und Entwicklungen schauen, wo stehen Sie? Worin sehen Sie die Erfolgsfaktoren, aber auch Chancen und Risiken?

- Bitte erklären Sie uns, wie Ihr Unternehmen im Vergleich zu den Wettbewerbern dasteht. Wo sehen Sie explizite Stärken, wo sehen Sie im Vergleich zu den Wettbewerbern noch Verbesserungsbedarf?

- Wie würden Sie die aktuelle Marktsituation Ihres Unternehmens beschreiben?

- Wie gehen Sie vor, um den Markt zu beobachten? Wie spüren Sie die Interessen und Bedürfnisse Ihrer Kunden auf?

- Bitte beschreiben Sie den aktuellen Status ihres Verantwortungsbereiches. Welches Szenario können Sie sich für die weitere Entwicklung vorstellen? Gehen Sie dabei bitte explizit auf mögliche Chancen und Risiken ein.

- Welche Chancen zur unternehmerischen Weiterentwicklung sehen Sie?

- Welche Ideen haben Sie, den eigenen Verantwortungsbereich zu optimieren? Was läuft aktuell sehr gut? Wo liegen noch Verbesserungspotenziale und Optimierungsmöglichkeiten?

- Wie schaffen Sie es, innovative Ideen und kreative Neuerungen zu entwickeln?

- Welche Beiträge haben Sie bisher leisten können, um das Unternehmen mitzugestalten und zu entwickeln?

- Welche eigenen Ideen und Innovationen haben Sie eingebracht? Wo haben Sie Ihren persönlichen Stempel zur Unternehmensentwicklung aufgedrückt?

- Wie identifizieren Sie unternehmerische Chancen? Wie und woran erkennen Sie Marktpotenziale? Wie gehen Sie in der Analyse und Bewertung unternehmerischer Situationen vor?

- Welche eigenen Ideen und Konzepte konnten Sie in Ihrer Arbeit einbringen und umsetzen? Bei welchen Aufgaben waren Sie konzeptionell besonders gefordert?

- Für welches Problem haben Sie eine besonders pfiffige oder außergewöhnliche Lösung gefunden? Wie sind Sie dabei vorgegangen? Warum sind Sie genau so vorgegangen?

Planen und strukturieren

- Welche Rolle spielen das Planen und Strukturieren für ihre aktuelle Position?

- Bitte schildern Sie uns ein Beispiel für eine Situation, in der Sie planen und strukturieren mussten. Warum war das in dieser Situation wichtig? Wie sind Sie dabei vorgegangen?

- Wie gehen Sie vor, um identifizierte Chancen, mögliche Optimierungen und generierte Ideen in die Tat umzusetzen? Wie sieht Ihr Planungsprozess aus? Beschreiben Sie Ihr Vorgehen möglichst konkret an einem Beispiel!

- Wie entwickeln Sie schlüssige Konzepte?

- Welche Planungsmethoden nutzen Sie auf dem Weg zur Zielerreichung?

- Was sind für Sie die erfolgskritischen Faktoren in der Planung und Umsetzung?

- Wie erlebt man Sie in Entscheidungssituationen? Welche Entscheidungen trafen Sie bisher? Bei welchen Entscheidungen stimmen Sie sich ab?

- Welche unternehmerischen Entscheidungen haben Sie in der Vergangenheit getroffen beziehungsweise treffen müssen? Wie gingen Sie dabei vor? Worauf legen Sie Wert?

- Welche schwerwiegende Entscheidung mussten Sie unter Unsicherheit treffen? Wie sind Sie hierbei vorgegangen?

- Welche Methoden der Entscheidungsfindung haben Sie angewandt? Bitte beschreiben Sie, welche Optionen und Alternativen bei der Entscheidung zur Auswahl standen. Warum haben Sie sich für die von Ihnen ausgewählte Entscheidungsoption entschieden? Was lernen wir daraus über Ihren Entscheidungsstil?

- Wie sichern Sie sich die notwendigen Ressourcen zur Zielerreichung? Woher wissen Sie, was und wen Sie brauchen? Skizzieren Sie uns dazu bitte ein praktisches Beispiel!

- Wie gewinnen Sie wichtige Verbündete? Woher wissen Sie, wer ein Verbündeter sein könnte und wen es gilt, wann einzubinden?

- Wie bauen Sie sich ein Netzwerk auf?

Umsetzen und agieren

- Welche Rolle spielen Umsetzung und Handeln für ihre aktuelle Position?

- Bitte schildern Sie uns ein Beispiel für eine Situation, in der Sie etwas umsetzen und handeln mussten. Warum war das in dieser Situation wichtig? Wie kam es dazu? Wie sind Sie dabei vorgegangen?

- Wenn eine Entscheidung getroffen ist, wie gehen Sie damit um?

- Wann sind Sie in der Vergangenheit initiativ und aktiv geworden, um einen Missstand zu optimieren, eine Idee auf den Weg zu bringen?

- Für welche Themen haben Sie sich in der Vergangenheit mit besonderer Entschlossenheit eingesetzt? Warum war Ihnen das so wichtig? Was lernen wir dadurch über Sie?

- Welches unternehmerische Problem haben Sie gelöst, obwohl Sie zu dessen Behebung nicht ausdrücklich aufgefordert wurden? Wie haben Sie das Problem gelöst? Was haben Sie dadurch erreicht? Was war an diesem Verhalten typisch für Sie?

- Gab es schon einmal eine Situation, in der es Widerstände auf dem Weg der Zielerreichung gegeben hat?

- Wie erlebt man Sie im Umgang mit Widerständen (im Unternehmen, im Umfeld)?

- In welchen Situationen wurden Ihre Durchsetzungsbereitschaft und Ihre Widerstandsfähigkeit auf eine besondere Probe gestellt? Wie haben Sie hier eine Lösung oder Entschärfung der Situation herbeiführen können? Was daran war typisch für Sie?

- Wann mussten Sie schon einmal Menschen von einer Idee überzeugen? Warum mussten Sie diese Menschen überzeugen? Gab es Zweifel? Woher kamen die Zweifel und Bedenken?

- Wonach entscheiden Sie, was welche Priorität hat? Warum entscheiden Sie so?

- In welchen Situationen mussten Sie schon einmal mit Rückschlägen und Misserfolgen umgehen?

Verantwortung übernehmen

- Welche Rolle spielt die Abwägung von Risiken und das Übernehmen von Verantwortung für Ihre aktuelle Position?

- Bitte schildern Sie uns ein Beispiel für eine Situation, in der Sie Risiken abwägen mussten. Warum war das in dieser Situation wichtig? Wie sind Sie dabei vorgegangen?

- Bitte schildern Sie uns ein Beispiel für eine Situation, in der Sie Verantwortung übernommen haben. Für wen haben Sie in dieser Situation Verantwortung übernommen? Wie bewerten Sie das?

- Welche Risiken gehen Sie ein, welche nicht oder nicht mehr? Beschreiben Sie bitte beispielhafte Aspekte!

- Wie würden Sie Ihre eigene Risikobereitschaft beschreiben? Was sind Sie für ein Risikotyp?

- Wie gehen Sie mit erkannten Risiken um? Wie stellen Sie Rückzugsstrategien sicher, wenn das Risiko eintritt oder steigt?

- Wofür sind Sie derzeit verantwortlich? Was wäre für Sie attraktiv an der Übernahme weitergehender Verantwortung, was weniger?

Wissen um betriebswirtschaftliche Zusammenhänge und unternehmerische Methoden

- Welche betriebswirtschaftlichen Instrumente und Methoden kennen und nutzen Sie zur Steuerung des eigenen Verantwortungsbereichs?

- Mit welchen unternehmerischen Instrumenten (z. B. aus dem Controlling, Marketing, der Strategieentwicklung etc.) arbeiten Sie in Ihrer derzeitigen Tätigkeit? Welches ist das für Ihre Arbeit hilfreichste Instrument?

- An welchen wirtschaftlichen Kriterien und Kennzahlen orientieren Sie sich?

- Bitte schildern Sie uns eine konkrete Situation, in der Sie Ihr eigenes Handeln im Hinblick auf Wirtschaftlichkeit und Wertschöpfung kritisch reflektiert haben!

10.9.2 Mögliche Verhaltensanker zur Diagnose des unternehmerischen Denkens und Handelns

Identifizieren von Chancen und Potenzialen

- denkt unternehmerisch und in Chancen;

- ist sich seiner Verantwortung im Hinblick auf das Thema „Chancen und Potenziale identifizieren" bewusst;

- identifiziert Chancen und Potenziale zur Unternehmensentwicklung;

- denkt in Chancen und Risiken, kann wesentliche Herausforderungen erkennen;

- kann den Markt, den Wettbewerb und Kunden präzise einschätzen;

- kann für den eigenen Verantwortungsbereich unterschiedliche Optionen entwickeln;

- bringt sich mit eigenen Ideen und Innovationen zur Unternehmensentwicklung ein;

- schafft Räume für Kreativität und Innovation.

Planen und strukturieren

- ist sich seiner Verantwortung im Hinblick auf das Thema „planen und strukturieren" bewusst;

- geht planvoll und strukturiert vor;

- entwickelt schlüssige Konzepte;

- kennt und nutzt Methoden der Planung;

- reflektiert erfolgskritische Faktoren in der Planung und Umsetzung;

- ist bereit, Entscheidungen zu treffen;

- demonstriert eine ausgeprägte Entscheidungsbereitschaft;

- trifft Entscheidungen auch unter Unsicherheit;

- nutzt Methoden der Entscheidungsfindung, um Entscheidungen zu systematisieren;

- sichert Ressourcen zur Zielerreichung;

- gewinnt Verbündete und bildet Koalitionen;

- baut strategische Netzwerke auf.

Umsetzen und agieren

- ist sich seiner Verantwortung im Hinblick auf das Thema „umsetzen und handeln" bewusst;
- ergreift die Initiative und handelt;
- setzt Entscheidungen in die Tat um;
- geht tatkräftig und anpackend vor;
- optimiert Sachverhalte, will stetige Verbesserungen;
- handelt entschlossen und engagiert;
- ist ausdauernd und beharrlich;
- lässt sich durch Widerstände nicht entmutigen;
- löst Widerstände auf;
- ist bereit, sich durchzusetzen;
- gewinnt andere inhaltlich;
- gewinnt andere persönlich;
- setzt Prioritäten und richtet seine Energie auf wesentliche Themen aus;
- lässt sich durch Rückschläge nicht entmutigen.

Verantwortung übernehmen

- ist sich seiner Verantwortung im Hinblick auf das Thema „Risiken abwägen und Verantwortung übernehmen" bewusst;
- wägt Risiken ab;
- kann unterschiedliche Risiken reflektieren;

- übernimmt Verantwortung;
- hat einen differenzierten Zugang zu seinem persönlichen Risikoverhalten;
- entwickelt Strategien zum präventiven Umgang mit Risiken;
- entwickelt Rückfallstrategien und alternative Szenarien;
- steht zu seinen Verantwortungen;
- vermittelt verantwortungsbewusste Werte.

Wissen um betriebswirtschaftliche Zusammenhänge und unternehmerische Methoden

- kennt und nutzt betriebswirtschaftlichen Instrumente und Methoden;
- steuert den eigenen Bereich mithilfe betriebswirtschaftlicher Instrumente und Methoden;
- steuert den eigenen Bereich anhand wirtschaftlichen Kriterien und Kennzahlen;
- reflektiert sein unternehmerisches Handeln kritisch und lernt aus der Vergangenheit.

10.10 Personalentwicklung bzw. Coaching der Kompetenz

Nachdem der letzte Fokus auf der Diagnose der Kompetenz unternehmerisches Denken und Handeln gelegen hat, befasst sich dieser Abschnitt mit der Frage, die insbesondere die Personalentwickler in Unternehmen umtreibt. Sie lautet: Mit welchen Methoden kann die Kompetenz unternehmerisches Denken und Handeln der einzelnen Individuen gefördert, ausgebaut und verbessert werden?

Selbststudium
Für das Selbststudium empfehlen sich vor allem die Aspekte von unternehmerischem Denken und Handeln, die mit der Aneignung von Wissen entwickelt beziehungsweise verbessert werden können. Liegt der Entwicklungsbedarf auf

der Orientierungsseite der Kompetenz, kann dies durch die Bearbeitung von Fachliteratur oder gegebenenfalls durch zu diesem Thema verfügbaren web-basierten oder Blended-learning-Angebote eher weniger wirksam bearbeitet werden. Für das Selbststudium eignen sich:

- Literatur zum Thema unternehmerisches Denken und Handeln;
- Literatur zu unternehmerischen Methoden und wirtschaftlichen Zusammenhängen;
- Literatur zum Thema Methoden der Kreativität und Innovation;
- Geschäftsberichte und Pressespiegel;
- web-basierte oder Blended-learning-Angebote;
- Besuch von relevanten Fachmessen und Kongressen.

Training

Auch ein Training oder Trainingsprogramm zum Thema Unternehmertum und Management kann eine hilfreiche Unterstützung auf dem Weg der (Weiter-)Entwicklung der Kompetenz unternehmerisches Denken und Handeln sein. Der Fokus und die Wirksamkeit im Rahmen von Trainingsmaßnahmen liegt sicherlich stärker auf der Ebene des Wissens und der Fähigkeiten der Kompetenz, weniger auf der Seite der Orientierung. Dabei kann sich ein Curriculum an den entsprechenden Facetten und relevanten Co-Kompetenzen des unternehmerischen Denkens und Handelns orientieren.

- Identifizieren von Chancen und Potenzialen;
- planen und strukturieren;
- umsetzen und agieren;
- Verantwortung übernehmen;
- Wissen um betriebswirtschaftliche Zusammenhänge und unternehmerische Methoden.

Mentoring bzw. Patenschaft

Zu der Entwicklung oder Erweiterung des unternehmerischen Denkens und Handelns (auf den Ebenen Wissen, Fähigkeit und Orientierung) empfiehlt sich ein Mentoring. Ein geeigneter Mentor sollte jemand sein, bei dem die Kompetenz unternehmerisches Denken und Handeln stark ausgeprägt ist. Es kann ein interner oder externer Mentor eines anderen Unternehmens beziehungsweise aus einer anderen Branche sein. Mentor und Mentee haben die Chance, sich regelmäßig zu unternehmerischen Themen auszutauschen, und der Mentee kann seinen Mentor als Reflexionsfläche und Sparringspartner im Umgang mit entsprechenden unternehmerischen Herausforderungen nutzen.

Coaching

Ein weiteres Instrument zur Weiterentwicklung des unternehmerischen Denkens und Handelns ist das Coaching. Coaching ist vor allem dann hilfreich, wenn das Entwicklungspotenzial in diesem Kompetenzbereich auf der Seite der Orientierung (Bereitschaft und Motivation) liegt. Das Vorhandensein von konkreten Herausforderungen und Problemen in diesem Bereich ist eine wesentliche Voraussetzung dafür, den Coachingprozess effizient, nachhaltig und dementsprechend erfolgreich zu gestalten. Ähnlich wie das Training könnte das Coaching inhaltlich an den verschiedenen Facetten, relevanten Co-Kompetenzen und Typen ansetzen und jeweils die zentralen Entwicklungsherausforderungen (sicherlich mit einem Fokus auf die Seite der Orientierungen) des Coachee aufgreifen.

Hospitation und Rotation

Die Hospitation und Rotation in unterschiedlichen Unternehmensbereichen ist eine wesentliche Voraussetzung für unternehmerisches Denken und Handeln. Das Kennenlernen unterschiedlicher Unternehmensbereiche versetzt den unternehmerisch agierenden Manager in die Lage, deren Interessen und Bedürfnisse zielführend antizipieren und in die eigene Herangehensweise integrieren zu können. Zudem verbreitert sich der Blick auf das eigene Unternehmen deutlich und das Verständnis von vorhandenen Ressourcen und Stärken, aber auch entsprechenden Schwächen beziehungsweise Herausforderungen, wird noch einmal in einem hohen Maße präzisiert und vertieft.

Unternehmensplanspiele und Fallstudien

Auch Unternehmensplanspiele und Fallstudien sind gut geeignet, die Kompetenz zu fördern. Bei einem Planspiel beispielsweise steuern die Teilnehmer ein simuliertes Unternehmen und vertiefen dabei die zugrunde liegenden unternehmerischen und betriebswirtschaftlichen Zusammenhänge, lernen aktuelle Management-Instrumente kennen und wenden im Team das erworbene Wissen an. Planspiele können im Rahmen von Präsenzveranstaltungen, aber auch in Online-Formen bearbeitet werden.

Projektarbeit
Das Mitwirken in unternehmerisch und strategisch relevanten Projekten ist ein weiteres zentrales Entwicklungsinstrument für eine ganzheitliche und arbeits- sowie unternehmensnahe Weiterentwicklung der Kompetenz unternehmerisches Denken und Handeln.

10.11 Literatur

Coles, R. (1998): Moralische Intelligenz oder Kinder brauchen Werte. Reinbek: Rowohlt.

Heuser, J. U., Jungclaussen J. F. (2004): Schöpfer und Zerstörer: Grosse Unternehmer und ihre Momente der Entscheidung. Reinbek: Rowohlt.

Hudson, M. (1993): Trade, Development and Foreign Debt: A history of theories of polarisation and convergence in the international economy. London: Pluto Press.

Kao, J. J. (1989): Entrepreneurship, Creativity and Organization. New Jersey: Prentice-Hall.

Kohlberg, L. (1996): Die Psychologie der Moralentwicklung. Berlin: Suhrkamp.

Kuhn, T. (2000): Internes Unternehmertum. München: Vahlen.

Landes, D., Mokyr J., Baumol, W. J. (2010): The Invention of Enterprise: Entrepreneurship from Ancient Mesopotamia to Modern Times. Princeton: Princeton University Press.

Oser, F., Althof, W. (1994): Moralische Selbstbestimmung. Modelle der Entwicklung und Erziehung im Wertebereich. Ein Lehrbuch. Stuttgart: Klett-Cotta.

Pinchot, G. (1985): Intrapreneuring, Why You Don't Have to Leave the Corporation to Become an Entrepreneur. New York: Harpercollins.

Ripsas, S. (1997): Entrepreneurship als ökonomischer Prozess: Perspektiven zur Förderung unternehmerischen Handelns. Wiesbaden: Deutscher Universitäts-Verlag.

Schumpeter, J. (1942): Capitalism, Socialism and Democracy. New York: Harper & Row.

Thom, N., Jörg, P. (1999): Mitarbeiter zu (Mit-)Unternehmern fördern: Stärkung durch unternehmerische Mitarbeiterentwicklung. In: Wunderer, R. (Hrsg.): Mitarbeiter als Mitunternehmer: Grundlagen – Förderinstrumente – Praxisbeispiele, S. 219–233. Neuwied Kriftel: Luchterhand.

Wunsch, C. (1993): Die Urkunden des babylonischen Geschäftsmannes Iddin-Marduk. Groningen: STYX Publications.

PROBLEMLÖSE-
KOMPETENZEN

11 ANALYSE ALS KOMPETENZ

Michael Paschen & Erich Dihsmaier

In diesem Beitrag erfahren Sie,

- *welche Bedeutung analytische Kompetenz im modernen Management hat,*
- *wie analytische Kompetenz im Laufe der Geschichte eine besondere Bedeutung gewann,*
- *welche Zusammenhänge es zwischen analytischer Kompetenz und Intuition gibt,*
- *wie sich analytische Kompetenz praktisch äußert,*
- *welche Besonderheiten und Prägungen es in der Biografie analytisch orientierter Personen gibt,*
- *wie man analytische Kompetenz erfassen und beurteilen kann,*
- *wie man die Entwicklung analytischer Kompetenzen fördert.*

11.1 Begriffsbestimmung und sprachliche Einordnung

Der Begriff Analyse kommt aus dem Griechischen und das Wort „analysein" heißt zunächst „auflösen, einen Stoff in seine Bestandteile zerlegen". Analyse setzt also voraus, dass vorher etwas als zusammengefasst oder zusammengefügt erlebt wurde. Analyse setzt voraus, dass wir einen Sachverhalt betrachten, der eine gewisse Komplexität und Kompliziertheit hat, die sich erst bei der Zerlegung dieses Sachverhaltes in seine Bestandteile offenbart. Analyse ist damit untrennbar sowohl mit Komplexität als auch mit dem „Impliziten" verbunden. Implizit bedeutet in diesem Zusammenhang, dass ein Sachverhalt noch etwas verbirgt, was sich nicht sofort als offenkundig und evident (also explizit) darstellt. Wer analysiert, sucht immer danach, etwas (Implizites) herauszubekommen, zu entdecken, freizulegen und Klarheit zu erlangen. Es geht darum, eine Situation in ihre Bestandteile zu zerlegen und dann das Spezifische sichtbar zu machen, was sie ausmacht.

Im unternehmerischen Kontext handelt es sich hierbei um die verborgenen Momente im Hinblick auf Potenziale, Chancen, Risiken, Schwächen oder Möglichkeiten. Der Begriff der Analyse wurde zunächst in der Philosophie und dann in der Naturwissenschaft genutzt. In der Chemie (sogar schon früher in der Alchemie) hat man schon recht früh in diesem Sinne „analysiert". Chemiker oder Alchimisten waren ihrem Wesen nach Analytiker, denn auch ihnen ging es darum, komplexe Stoffe in ihre Bestandteile zu zerlegen. Dann wurde in der Philosophie analysiert. Hier ging es häufig darum, wie ein Wort oder ein Begriff zu verstehen war und was man in ihm erkennen konnte. Der „Urtyp" des Analytikers ist also jemand, der Stoffe oder Sachverhalte zerlegt, in bestimmte Elemente auflöst und durch den Zusammenhang dieser Elemente etwas verstehen kann, was man dem Stoff selbst nicht sofort angesehen hat.

Als dann im Wirtschaftsleben das Ideal des Rationalismus einzog (besonders deutlich ist diese Strömung beispielsweise im frühen Taylorismus mit seiner arbeitsteiligen – und damit analytischen – Organisation), wurde der Begriff der Analytik im Management hoffähig und nicht mehr nur auf Naturwissenschaft und Philosophie beschränkt. Und auch wenn der Begriff der analytischen Kompetenz in vielen unternehmerischen Kompetenzmodellen und Anforderungsprofilen zunächst ein wenig unscheinbar daherkommt, so repräsentiert er doch das, worum es im Management in seinem innersten Kern geht, nämlich um Rationalität und um das Aufdecken von Sachverhalten (Problemen oder Chancen) in komplexen Systemen und Situationen.

Analytische Kompetenz ist damit die Fähigkeit, eine komplexe Lage und Situation so aufzulösen, dass Strukturen und Ordnungen sichtbar werden.

Diese Strukturen und Ordnungen stehen dann in einem kausalen Wirkzusammenhang. Wenn wir diesen Wirkzusammenhang verstanden haben, dann haben wir etwas über die Sache selbst verstanden. Analytische Kompetenz funktioniert also so, dass man einen komplexen Sachverhalt zu einem Objekt der Vorstellung macht und diese Vorstellung dann in ihre Bestandteile zerlegt und strukturiert. Der Analytiker betrachtet Sachverhalte also mit einem geistigen Abstand, der es ihm erlaubt, etwas, was in der Realität zusammengehört, so zu zerlegen, dass dadurch neues, bisher nicht Sichtbares erkennbar wird.

Nehmen wir als ein besonders plakatives Beispiel Albert Einstein und die von ihm entwickelte Relativitätstheorie. Albert Einstein sich hat in der Wirklichkeit den Vorgang der Himmelskörperbewegungen angesehen (wie auch schon Newton vor ihm). Er war dann überzeugt davon, dass es etwas Implizites, Hintergründiges in der Gravitation geben musste, das sich bei oberflächlicher und ganzheitlicher Betrachtung nicht erschließt. Und so begann er, die unterschiedlichen Aspekte, die er zum Phänomen der Gravitation als zugehörig erachtete (Raum, Zeit, Masse, Energie etc.), für sich genommen zu betrachten und ein Modell zu entwerfen, in dem diese Aspekte zueinander in Beziehung stehen und in dem sich Kausalitäten und Wirkzusammenhänge beschreiben ließen. Nach und nach entstand in seinem Kopf ein Modell, durch das es gelang, die Beobachtungen der Wirklichkeit immer besser zu beschreiben und vorherzusagen. Auf diese Weise wurde plötzlich ein komplexer Vorgang verstehbar, weil die Kausalketten zu richtigen Vorhersagen kamen. Dadurch, dass die Details unter der Oberfläche betrachtet worden sind, wurde auf einmal Erkenntnis möglich und wir konnten etwas begreifen, was wir bei einer ganzheitlichen, intuitiven Betrachtung nie gesehen hätten.

Damit ist auch klar, was das Gegenteil von Analyse ist: Es ist nämlich die ganzheitliche Wahrnehmung, das intuitive Erfassen, die subjektive Auffassung. Das Gegenteil von analytischer Kompetenz ist das Beharren auf grundsätzlichen Ideen und dementsprechend die begrenzte Aufnahmefähigkeit für die Details, aus denen sich die Komplexität zusammensetzt.

Zu dem Zeitpunkt, als das Management wissenschaftlich wurde, hielt dementsprechend auch die analytische Kompetenz als die zentrale Grundlage für wissenschaftlich orientiertes Management Einzug. Die moderne Betriebswirtschaftslehre (und zum Teil natürlich auch die Volkswirtschaftslehre) versucht, Management wissenschaftlich zu betreiben, also systematisch und eindeutig, empirisch und mit dem Anspruch guter Modelle mit funktionierenden Kausalketten. Die Betriebswirtschaftslehre möchte über Wissen, Informationen, Theorien und Modelle zu unternehmerisch richtigen Entscheidungen kommen. Es geht dabei um ein objektivierendes, faktenbasiertes Management, in dem Wissen und Erkenntnisse nicht nur über Gewohnheit und Intuition gewonnen werden, sondern so präzise aufbereitbar und kommunizierbar sind, dass sie lernbar sind und systematische Planung möglich machen.

Die Analyse ist damit der Teil des Managements, in dem Situationen geklärt werden, in dem Lagen definiert und Chancen konkretisiert werden. Diese Analyse bildet also die Grundlage dafür, Handlungen, Prozesse und Vorgehensweisen planvoll vorzubereiten. Der Plan und die strukturierte Handlungsempfehlung ist damit übrigens auch Teil der Analyse, denn er geht ja der Umsetzung und Handlung voraus und ist dementsprechend zunächst eine gedankliche Leistung. Der analytisch orientierte Manager untersucht die Lage und die ihr innewohnenden Kausalitäten und leitet dann einen Plan ab, der auf der Überlegung fußt, dass durch bestimmte Aktivitäten das zu beeinflussende System am besten beherrschbar und entwickelbar ist. Erst an dieser Stelle ist die Analyse wirklich abgeschlossen und dann wird aus Analyse Handlung.

11.2 Die Geschichte der Kompetenz

Heutzutage werden in der Managementliteratur oftmals die Aspekte „Management" und „Leadership" voneinander getrennt. Leadership bezieht sich damit zumeist auf den charismatischen Teil des Führungsgeschehens, auf den Aspekt der Menschenführung oder auf den visionären Teil der Führung (jede Vision entspringt dem Intuitiven, weil die Analyse nur sagen kann, was ist, und nicht, was sein soll). Häufig wird in diesen Darstellungen impliziert, dass „Leadership" die modernere oder sogar die wertvollere Facette der Führung sei. Es gibt eine Reihe von Publikationen und Aussagen von „Führungsexperten", die behaupten:

„Wir brauchen mehr Leader und weniger Manager."

Rein historisch betrachtet ist das eher ein Rückschritt als ein Fortschritt. Den „Leader" (im Sinne des charismatischen Visionärs) gab es nämlich in vielen politischen und wirtschaftlichen Führungskontexten schon wesentlich früher als den Manager (im Sinne des planvollen Analytikers). In früheren Führungskontexten der Menschheitsgeschichte waren die Wirklichkeiten, denen sich Führer ausgesetzt sahen, zumeist weniger komplex als heute, sie waren weniger technisiert, langsamer und beinhalteten wesentlich weniger Stellschrauben und Variablen. Kriege waren auch früher strategisch, aber die Optionen und Möglichkeiten in der Kriegsführung waren in den Zeiten, in denen sich Soldaten mit Säbeln bekämpften, geringer als in der heutigen hochtechnisierten Welt. Viele

Sachverhalte schienen „explizit" vor einem zu liegen (vor allen Dingen, wenn man seine Entscheidungsfindungen auch noch auf dem Fundament unerschütterlicher Überzeugungen aufbauen konnte, z. B. auf Religion) und es musste nichts Implizites aus komplexen Sachverhalten herausgeschält werden. Erst als die Wirklichkeit immer komplexer zu werden begann, wurde das Thema Führung auch zunehmend mit Analyse verknüpft.

Eine besondere Hochphase erlebte dieser Ansatz im Taylorismus. Taylor verfolgte das Ideal, Aufgaben in der Produktion analytisch so zu zerlegen und zu strukturieren, dass sie hinsichtlich eines ganz besonderen Merkmals beherrschbar und beeinflussbar wurden: Ihm ging es vor allen Dingen um Effektivität. Nach Philosophie und Naturwissenschaft begann damit die Analyse ihren Siegeszug im Management. In den darauf folgenden Jahrzehnten und in der Zeit der Explosion von Innovation und Wissen ließen sich die immer komplexer werdenden Produkte und Technologien, die Unternehmen auch in immer komplexeren Prozessen herstellten, überhaupt nicht ohne analytisch orientierte Manager beherrschen.

Die Aussage, dass wir „mehr Leader und weniger Manager" brauchen, kann gewiss nicht für den überwiegenden Teil der Führungsmannschaft großer Konzerne gelten, die Innovationen in komplizierten Technologien in immer schnelleren Zeitabständen auf den Markt bringen müssen – hier käme man mit „weniger Managern" nicht weiter. In den letzten 100 Jahren haben wir gesehen, wie die Rolle des Managers sich zunehmend von der Rolle des typischen „Leiters" zur Rolle eines „Informationsverarbeiters" umgestaltete. Management ist heutzutage zu einem großen Teil Informationsmanagement geworden. Viele Unternehmen agieren in so komplexen Umwelten und mit so komplexen Produkten, dass genauer hingeschaut werden muss und man nicht mehr impulsiv handeln und entscheiden kann, sondern nur nach reichlicher Überlegung und Planung. Management wurde zu einem Informationsverarbeitungsprozess, in dem Situationen moduliert, Vorstellungen gebildet und Auffassungen entwickelt werden und zunächst einmal geistig gearbeitet werden muss, bevor gehandelt werden kann.

In der analytischen Kompetenz geht es damit um etwas sehr Zentrales. Wir brauchen heute Manager, die systematisch arbeiten und zu Modellen kommen, die wir dann an eine komplexe Situation anlegen können und auf diese Weise Entscheidungsfähigkeit und Verständnis gewinnen. Wir brauchen Manager, die etwas entdecken und explizieren können, was nicht direkt ersichtlich war, sondern erst herausgefunden werden musste. Nur so können wir Fehler finden und Optimierungspotenzial entfalten. Dort, wo Fehler und Optimierungspotenzial für jeden evident auf der Hand liegen, bietet die Realisierung keinen Wettbewerbsvorteil und kein Differenzierungsmerkmal für Erfolg. Der

Wettbewerbsvorteil kann erst dann genutzt werden, wenn man Chancen und Probleme entdeckt, die wesentlich tiefer in einem Sachverhalt verborgen sind. Aktionistisches Handeln ist gerade in größeren Unternehmen nicht mehr möglich. Dadurch hat sich insbesondere in den großen Unternehmen auch der Managertyp gewandelt, der erfolgreich ist. Der impulsive Praktiker ist im Top-Management großer Konzerne selten. Natürlich gibt es Branchenunterschiede und unterschiedliche Schwerpunkte, aber eines ist sicher: Sobald ein größerer Verantwortungsbereich gesteuert werden muss, ist dies heutzutage nicht mehr ohne ein gewisses Maß an analytischer Arbeit und analytischer Fähigkeit möglich.

Jetzt fragt man sich natürlich, wie stark dies ausgeprägt sein muss, aber ein Mindestmaß wird in größeren Umfeldern immer Grundbedingung für den Erfolg sein. Wir können uns heute in größeren Unternehmen keine Manager mehr vorstellen, die nicht ein Minimum an Kompetenzen in der Verarbeitung und Interpretation z. B. zahlenmäßiger Aufbereitungen und Informationen haben. Insofern ist die Aussage, dass wir heutzutage „mehr Leader als Manager" brauchen, in dieser Absolutheit nicht richtig. Wir brauchen in großen Unternehmen auch die zahlenorientierten, detailgestützten Manager, die überlegt, besonnen und nüchtern entscheiden, auch wenn sie dabei bisweilen als harte Technokraten wahrgenommen werden. Wir wollen damit keineswegs die Leistungen eher sozial orientierter Visionäre, intuitiver und ganzheitlich denkender „Leader" herabwürdigen, wir möchten nur darauf hinweisen, dass ein „Gegeneinander-Ausspielen" dieser beiden Kompetenzfacetten nicht zweckdienlich ist. Es gibt in jedem Fall Führungskontexte, in denen gute „Manager" im Sinne präzisierender Analytiker und planvoll Handelnder unbedingt gebraucht werden.

Die Tatsache, dass analytische Kompetenz eine wichtige Voraussetzung für den Managementerfolg ist, lässt sich auch noch aus folgendem Sachverhalt heraus verstehen: Analytische Kompetenz ist eine wichtige Vorbedingung für die Ausrichtung der Arbeit. Je größer eine Aufgabe ist, desto weniger lässt sie sich allein intuitiv steuern. Intuition bleibt zwar eine wichtige Grundlage vieler Erkenntnisse, aber sie reicht nicht alleine aus, um größere und komplexere Aufgaben zu verstehen, die ihre Kausalitätszusammenhänge nicht auf den ersten Blick offenbaren. Man muss Folgendes sehen: Man kann nicht einfach „intuitiv eine Erkenntnis haben" und sich diese auch nicht so ohne Weiteres zum benötigten Termin erarbeiten. Der intuitive Mensch muss die Intuition in gewissem Sinne „abwarten" (per Definition „kommt" die Intuition als plötzliches „Evidenzerleben" und ist gerade nicht das Ergebnis der detailorientierten, planvollen Struktur). Im Management haben wir aber viele Situationen, in denen wir nicht einfach „abwarten" können, bis die Intuition da ist. Intuition kann ohne Zweifel oftmals ein wichtiger Ratgeber sein, aber wir können sie nicht auf Dauer und regelmäßig garantieren. Insofern brauchen wir die analytische Kompetenz für den dauerhaften Erfolg. Denn sie erlaubt es uns, auch dann ein Problem zu bearbeiten, wenn wir gerade nicht auf eine Intuition warten können. Unsere Intuition kann uns immer wieder einen punktuellen und situativen Erfolg liefern, aber wir können nicht sicher sein, dass wir immer eine haben, wenn wir sie benötigen, und wir können sie nicht erzwingen.

Abschließend sei hier auch noch einmal folgender Gedanke wichtig: Intuitive Ideen setzen in einem gewissen Sinne immer voraus, dass man sich in einem Problemfeld auskennt und etwas über dieses Problemfeld weiß. Wenn jemand von einem Thema überhaupt keine Ahnung hat, wird ihm seine Intuition kaum eine Idee für eine sehr komplexe Problematik liefern können. Die analytische Kompetenz kann also manchmal auch als ein Mittel verstanden werden, durch das Intuition stimuliert werden kann. Mit analytischer Kompetenz tauchen Sie tief in einen Sachverhalt ein. Und erst dann, wenn Sie ihn wirklich verstanden haben, kann Ihre Intuition eine Lösung liefern, die etwas Neuartiges und Fortschrittliches hat.

Kompetenz lässt sich auch als wiederholbares Verhalten beschreiben. Um ein Verhalten wiederholbar zu machen, brauchen wir Modelle im Kopf, nämlich ein Modell unseres Verhaltens und ein Modell derjenigen Situationen, in denen wir unser Verhalten anwenden. Auch dieser Prozess erfordert ein Minimum an Analysefähigkeit. Denn man muss Muster in Situationen erkennen können, um die Situation als Aufforderung begreifen zu können, ein bestimmtes Verhalten zu wiederholen. Es geht also um Methode und Systematik, es geht um Modelle von Abläufen. Je komplizierter nun diejenigen Modelle sind, mit denen Sie operieren müssen, umso größer muss Ihre analytische Kompetenz sein. Der Alleineigentümer eines kleinen Unternehmens mit überschaubarer Ausdehnung kann seine eigenen Vorstellungen entwickeln und prägen, ohne dem gleichen Druck zur Objektivierung zu unterliegen wie der Chef-Controller eines internationalen Konzerns. Der zuerst beschriebene Kleinunternehmer kann seine eigene, intuitiv entstehende Sicht auf die Realität anwenden und wird damit unter Umständen auch erfolgreich sein, wenn sie zu den richtigen Handlungen führt. Aktivität und Initiative machen den Erfolg in diesen Kontexten aus. Sobald wir uns aber mit größeren Dimensionen beschäftigen, müssen wir diese zunächst verstehen, damit wir mit unseren Ableitungen überzeugen können. Wir müssen Orientierung gewinnen, Schwerpunkte und Prioritäten bilden und unsere Modelle verfeinern und verbreitern. Dann ist analytische Kompetenz wichtig. Überall dort, wo komplexe Systeme gebaut, entwickelt oder beherrscht werden müssen, braucht man analytische Kompetenz. Die

Geschichte unseres Fortschritts und der Siegeszug von Wirtschaftsunternehmen als der zentralen Organisationsform, die Fortschritt und Innovation hervorbringt, ist damit auch eine Geschichte der analytischen Kompetenz.

11.3 Die individuelle Entwicklung der Kompetenz

Aus einer psychologischen Perspektive ist zu vermuten, dass in einer Lebensbiografie die Grundrichtung einer eher analytischen oder intuitiven Herangehensweise an die Welt schon relativ früh festgelegt wird. Eine Haltung, die stärker auf Distanzierung und Objektivierung und weniger auf Emotionalität und Intuition setzt, dürfte sich bereits in der frühen Kindheit ausbilden. Hierbei kann es durchaus genetische Dispositionen geben, es können Lerneffekte oder ein Zusammenspiel aus beidem sein. Ein Kind lernt unter Umständen recht früh, dass es in schwierigen Situationen, die es noch nicht kennt, weiterkommt, wenn es nachdenkt und sie untersucht und sich nicht einfach seinen Emotionen (z. B. Enttäuschung) hingibt. Die biografische Erfahrung analytisch orientierter Menschen ist, dass man sich in Situationen erlebt, in denen man mit Emotionen nicht weiterzukommen scheint. Gleichzeitig ist das Bedürfnis da, aus diesen Situationen doch noch etwas zu machen. Dahinter liegt also ein Drang nach Autonomie und Kontrolle einer Situation. Wenn das Ausleben der Emotion die Situation nicht kontrollieren lässt, das Bedürfnis nach der Bewältigung dieser Situation aber nicht verschwindet, so wird man beginnen, zu analysieren.

Diese Dimension wird auch durch die Lehrinhalte in unserem Bildungssystem gefördert. In der Schule gibt es viele Fächer, in denen es um distanzierte und klare Einsicht geht, z. B. in Physik, Chemie oder Mathematik. So schult und etabliert sich ein Zugang zur Welt, in dem eine nüchterne und Struktur bildende Herangehensweise die Strategie der Wahl darstellt. Oftmals erlebt man dann Anerkennung und Wertschätzung für analytische Erfolge und für die Entdeckung von Dingen und Sachverhalten, die noch nicht evident sind, sondern die man sich durch intensiven und beharrlichen Einsatz erarbeiten musste (was beispielsweise in der Mathematik der Fall ist).

Kompetenz bildet sich gerade dann aus, wenn durch die wiederholte Applikation eines bestimmten Verhaltens innere Strukturen entstehen, die dieses Verhalten immer stärker üben und stabilisieren. In analytischen Biografien generalisiert sich der analytische Zugang zur Welt und in Relation dazu tritt der emotionale und intuitive Zugang in den Hintergrund. Unser Bildungssystem bietet die Möglichkeit von Wettbewerbserfolgen und Stolz auf verbriefte Leistungen vor allen Dingen für analytische und weniger für intuitiv-emotionale Leistungen. Wer in der Kindheit und Schulzeit für diese Leistungen verstärkt wurde, fühlt sich möglicherweise auch später zu entsprechenden Themen hingezogen. In der eher zahlenlastigen Betriebs- und Volkswirtschaftslehre, in der Ingenieurswissenschaft oder in den Naturwissenschaften wird dann eine Wiederholung der analytischen Talente erlebt und die Bereitschaft verstärkt, die gelernten Modelle auch in einem unternehmerischen Kontext zur Anwendung zu bringen.

Natürlich sehen wir an dieser Darstellung auch, dass die Entwicklung der Analysekompetenz bereits eine kulturelle Komponente hat. Eine eher charismatische und emotionalisierende Kultur wird weniger stark systematisierendes und detailorientiertes Wissen fördern.

Die Diskussion um das Bildungssystem in Deutschland und der Willen der Politik, techniklastige und analytisch geprägte Studiengänge attraktiv zu halten, um z. B. ausreichenden Ingenieurnachwuchs sicherzustellen, sind klarer Ausdruck einer Kultur, die analytische Leistungen besonders wertschätzt. Aber auch unternehmenskulturell lässt sich sehr klar ablesen, wo analytische Kompetenz besonders gewünscht und gefördert wird. Man kann sicherlich sagen, dass sehr techniklastige Unternehmen analytische Kompetenzen stärker fördern und wertschätzen als beispielsweise Vertriebsgesellschaften für Commodity-Produkte. Letztere sind eher emotional und auf Überzeugungsprozesse hin angelegt und werden dementsprechend Kompetenzen in diesem Bereich stärker fördern und weiterentwickeln.

11.4 Form der Kompetenz und Typologien

Ein Analytiker ist jemand, der Muster erkennt und daraus Schlussfolgerungen zieht. Metaphorisch könnte man sagen, ein Analytiker legt Sachverhalte unter einen Röntgenapparat (und sieht das dahinter Verborgene) oder er taucht Sachverhalte in ein Säurebad ein, durch das oberflächliche Strukturen zerstört werden und das Dahinterliegende sichtbar wird. Analysieren ist immer konkret. Wir können nicht „generell" analysieren, sondern immer nur im Hinblick auf konkrete Informationen. Wenn wir Analytiker beschreiben, so sagen wir z. B., jemand sei ein kritischer Geist, ein präziser Controller, ein aufmerksamer Beobachter, ein erhellender Berichterstatter, ein kenntnisreicher Experte, ein scharfsinniger Fehleraufdecker, vielleicht ein findiger Ermittler (Sherlock Holmes war in diesem Sinne der Inbegriff des Analytikers, der durch die präzise Beobachtung der Fakten messerscharf die dahinter liegenden Vorgänge deduzieren konnte). Der Analytiker ist hoch motiviert, Potenziale zu identifizieren, und er kann dabei auf hohem Niveau abstrahieren und schlussfolgern. Er kann Daten klassifizieren und strukturieren. Er ist systematisch, nüchtern, rational und objektiv. Seine Analysen sind sorgfältig und detailreich, gründlich, valide und durchaus auch originell (die Raum-Zeit-Krümmung der Einsteinschen Relativitätstheorie war ein unglaublich unkonventioneller und origineller Gedanke).

Wenn man Typologien von Analytikern unterscheiden möchte, so muss man hierbei zwei wesentliche Dimensionen heranziehen. Die erste Dimension bewegt sich zwischen den beiden Polen „praktische" und „theoretische" Fokussierung. Bei der zweiten Dimension geht es eher um die Frage, ob der Schwerpunkt der Analyse auf der Untersuchung oder der Lösungsentwicklung liegt. Hierdurch ergeben sich vier Typologien von Analytikern, die in der folgenden Abbildung 1 dargestellt werden.

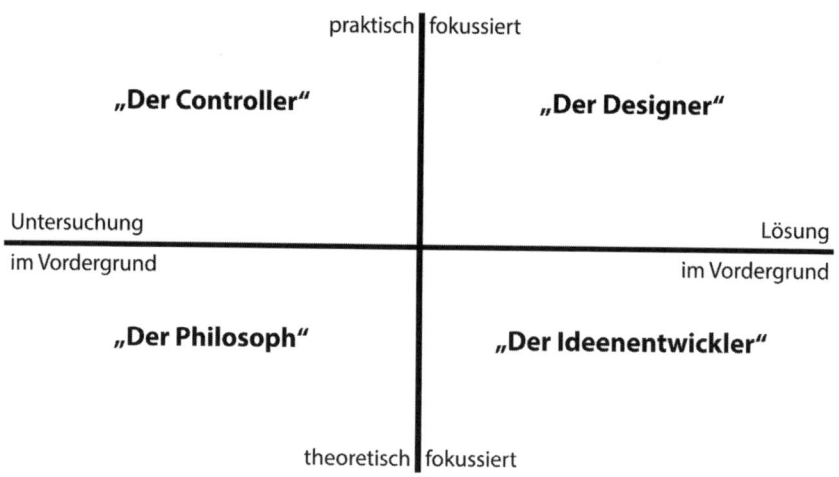

Abb. 11.1: Typologien von Analytikern

In dieser Typologie dominieren also zwei Fragen: Zum einen geht es um die Frage, ob man eher theoretisch oder praktisch orientiert ist (also ob man eher etwas Grundsätzliches betrachtet oder eher einen konkreten einzelnen Sachverhalt im Mittelpunkt des Interesses sieht) und ob man die Priorität eher auf das Untersuchen (und damit das Verstehen) legt oder ein Problem sofort lösen möchte. Ein praxisorientierter Manager, der schnell ein konkretes Problem lösen will, ist in diesem Sinne ein Designer. Jemand, der praxisnah arbeitet, aber trotzdem seinen Schwerpunkt auf der Untersuchung hat, wäre in dieser Hinsicht eben der Controller. Jemand, der eher theoretisch (und damit generell) arbeitet, aber seinen Fokus auf Lösungen hat, wäre der Ideenentwickler, der z. B. auch sehr komplexe Pläne und Überlegungen entwerfen kann. Wer sich eher mit grundsätzlichen, theoretischen Themen befasst und eine Priorität auf das Untersuchen legt, wäre hier der Philosoph, natürlich aber auch der naturwissenschaftliche Grundlagenforscher.

11.5 Äußerungsform der Kompetenz

Analytische Kompetenz offenbart sich in insgesamt vier Aspekten. Jeder dieser Aspekte kann hierbei mehr oder weniger stark dominieren. Letztlich sind diese vier Aspekte der Management-Problemanalyse dem chemischen Prozess der Analyse abgeleitet. Als erfolgreicher „Analytiker" in der Chemie muss man die folgenden vier Schritte beherzigen:

- Welches Verfahren oder welcher Versuchsaufbau ist bei einem bestimmten Untersuchungsgegenstand vielversprechend? Wie soll gemessen werden?

- Wie soll der Versuch durchgeführt und wie sollen die Ergebnisse protokolliert werden?

- Was folgt aus den gewonnenen Daten und Ergebnissen?

- Wie lassen sich die Ergebnisse kommunizieren und aufbereiten?

Analog zu diesen vier Schritten würde man in der Berufswelt die folgenden vier konkreten Aspekte sehen, in denen sich analytische Kompetenz realisiert:

- **Aufgabenerfassung und Strukturierung:** Auch im Management und im Berufsleben geht es darum, Kenntnisse über Verfahren und Instrumente mitzubringen und diese an eine ganz bestimmte Aufgabe anlegen zu können. Nehmen wir einmal an, dass z. B. eine neue Marketingstrategie erarbeitet werden soll. Vor diesem Hintergrund würde man eine Marktanalyse voranschicken. Hier geht es nun darum, zu erfassen, welche Gegenstandsbereiche, Themen und Daten analysiert werden müssen und wie die Erfassung dieser Daten sinnvoll strukturiert werden kann.

- **Informationsgewinnung und Recherche:** Der zweite Teil der Aufgabe betrifft dann die Datenerhebung selbst. Auch hier handelt es sich um einen analytischen Prozess, weil die Datengewinnung in einer gewissen Weise kontrolliert, verlässlich, belastbar und systematisch erfolgen muss.

- **Ergebnisinterpretation und Ergebnisstrukturierung sowie Schlussfolgerung aus den Daten:** Im nächsten Schritt wird man die gewonnenen Daten aufbereiten, betrachten und aus ihnen Schlussfolgerungen ziehen: Welche Daten legen welche Empfehlung nahe? Hierzu braucht der Analytiker ein „Regelwerk" (ein gegebenes oder selbst entwickeltes), durch das verstehbar wird, welche Aspekte der Daten welche Interpretation nahelegen.

- **Aufbereitung und Kommunikation der Aufgabenstellung und der Ergebnisse:** Auch im Berufsleben kommt die Aufbereitung und Kommunikation der Ergebnisse und Schlussfolgerungen zum Prozess der Problembearbeitung hinzu. Und auch dieser Prozess hat analytische Facetten. Man kann einen Gegenstandsbereich niemals „erschöpfend" aufbereiten, sondern muss Prioritäten setzen, bestimmte Argumentationsketten deutlicher akzentuieren als andere, unwesentlichere Einflussfaktoren vernachlässigen, um die Schlussfolgerung zu schärfen etc. Auch dies ist eine analytische Leistung.

Zusammenfassend erfolgt hier eine Aufstellung über diejenigen Tätigkeiten, die Manager umsetzen, wenn sie analysieren:

Grundsätzliche Tätigkeiten

- nachdenken,
- reflektieren,
- rekapitulieren,
- sichten.

Informationsgewinnungstätigkeiten

- messen,
- ablesen,

- studieren,
- beobachten,
- untersuchen.

Rechnen und Ermitteln

- rechnen,
- ein Modell durchspielen,
- Daten vor dem Hintergrund eines Modells auswerten,
- überschlagen,
- erproben.

Sortieren und Verdichten

- ordnen,
- sammeln,
- zusammenschreiben,
- kategorisieren,
- Prozesse, Strukturen, Prioritäten und Entscheidungskriterien ableiten.

Kommunizieren

- zeigen,
- Erkenntnisse präsentieren,
- mit Fokus auf Erkenntnis und klaren Erklärungen Quintessenzen ableiten,
- grundsätzliche Muster erläutern.

Analytische Kompetenz geht häufig noch mit anderen Kompetenzfacetten einher. Hierbei gibt es vorteilhafte, aber auch als nachteilig erlebte Kompetenzfacetten. Vorteilhafte Kompetenzfacetten, die oftmals mit analytischer Kompetenz verbunden sind, sind die folgenden:

- Willensstärke,
- Belastbarkeit,
- Durchsetzungsbereitschaft,
- Strukturierung,
- Systematik und Ordnungsliebe,
- sprachliche Differenzierungsfähigkeit,
- sachlicher und konzentrierter Kommunikationsstil,
- Gewissenhaftigkeit,
- Pflichtbewusstsein,
- Verlässlichkeit.

Diejenigen Aspekte, die eher als mögliche kritische Nebenbefunde mit analytischer Kompetenz einhergehen können, wären die folgenden Aspekte:

- Zwanghaftigkeit,
- weniger Offenheit für Emotionen und Gefühle,
- wenig emotionale Sensitivität und Empathie,
- unsensibler Umgang mit anderen,
- wenig Veränderungsoffenheit,
- wenig Flexibilität,

- wenig Kreativität,
- wenig Spontanität,
- geringe Teamorientierung,
- Entscheidungsschwäche.

Möglicherweise werden Sie bei den letzten beiden Aspekten gestutzt haben. Analytische Kompetenz geht natürlich nicht zwangsläufig mit einer geringen Teamorientierung und mit Entscheidungsschwäche einher, aber es sind mögliche negative Konnotationen, die durchaus gehäuft zusammentreffen können. Der Analytiker betrachtet Sachverhalte schließlich nicht unter dem Aspekt von Konsens und Einbindung (wie der teamorientierte Manager), sondern als Ergebnis rationaler Ableitung (und damit eben auch dann als durchsetzungswürdig, wenn es der Teamharmonie gerade nicht gut tut). Entscheidungsschwäche kann deswegen manchmal ein mit hoher Analyseorientierung einhergehender Aspekt sein, weil hoch analytisch orientierte Personen Entscheidungen so vorzubereiten suchen, dass Risiken so gut wie möglich ausgeschlossen sind und möglichst alle Unwägbarkeiten in Betracht gezogen wurden. Dies ist im Management vielfach nicht möglich, weil man bei einer weitreichenden Entscheidung Unsicherheit und Ungewissheit einfach aushalten muss. Für hoch analytisch orientierte Personen ist das nicht selten schwer.

11.6 Berühmte Repräsentanten analytischer Kompetenz

Bei den berühmten Repräsentanten können wir als Kategorie noch einmal auf die Typologie unserer vorhergehenden Überlegungen zurückgreifen. Wir hatten dort die vier Analysetypen (Philosoph, Controller, Designer und Ideenentwickler) beschrieben.

Den eher theoretischen und untersuchungsorientierten Analytiker hatten wir Philosoph genannt. An dieser Stelle würden wir vor allen Dingen Personen mit z. B. herausragenden Leistungen in der wissenschaftlichen Grundlagenforschung einordnen. Albert Einstein war in jedem Fall ein besonders herausragender Vertreter dieser Kategorie. Er hatte ein ganz klares theoretisches Interesse – ihm ging es zunächst um das Verstehen der Dinge an sich und nicht um die Lösung eines bestimmten praktischen Problems. Außerdem ging es ihm wesentlich stärker um das Untersuchen als um das Ableiten von Handlungen.

Es ging um das Verständnis an sich, um das Entwerfen des Modells, um die Aufdeckung der impliziten und verborgenen Kausalketten in der Natur. Albert Einstein ist damit ein Paradebeispiel für den theoretisch interessierten, untersuchenden Analytiker.

Auch wenn es sich um eine fiktive Person handelt, so sei doch an dieser Stelle noch einmal auf Sherlock Holmes eingegangen, den wir im gewissen Sinne als ein Paradebeispiel für den Controller betrachten würden. Der Untersuchungsgegenstand von Sherlock Holmes ist nämlich nicht theoretisch, sondern ausgesprochen praktisch gewesen: Ihm ging es immer um die Rekonstruktion bestimmter konkreter Tathergänge auf der Basis von Indizien oder Aussagen und eben nicht um die Entwicklung eines allgemeinen theoretischen Gebäudes. Sherlock Holmes war in diesem Sinne durchaus praktisch interessiert, aber seine Zugangsweise ist dennoch untersuchend und nicht lösend gewesen. Es ging ihm nicht so sehr um die Ableitung bestimmter Handlungsoptionen, sondern vorrangig um ein Verständnis des Tathergangs und der Ursache eines Verbrechens (auch wenn dies in der Literatur zumeist die „Lösung des Falls" genannt wird). Der Fall war aufgelöst, wenn er verstanden war.

Die dritte Kategorie hatten wir als Ideenentwickler bezeichnet. Hier ging es um jemanden, der durchaus grundsätzliche Theorien betrachtet und entwickelt, diese aber auf praktische Probleme anwendet und so zu unter Umständen sehr komplexen neuen Plänen gelangt. Auch wenn wir als Repräsentant hier keine konkrete Person nennen wollen, so lassen sich doch viele Juristen oder Politiker an dieser Stelle einordnen. Ihnen geht es üblicherweise um die Ableitung einer ganz bestimmten Handlungsstrategie (z. B. bei Politikern um die Formulierung eines Gesetzes, das praktische Probleme löst, oder beim Juristen um die Anwendung eines Gesetzes, das zum Sachverhalt passt). Neue Gesetze sollen ein Problem lösen, müssen aber gleichzeitig in ein Gefüge vorhandener Modelle (Theorien) und Rahmenbedingungen passen. Die Ideenentwicklung braucht also ein theoretisches Fundament.

An vierter Stelle hatten wir den praxisorientierten Problemlöser gesehen, den Gestalter oder Designer. Als berühmten Repräsentanten könnten wir hier beispielsweise den verstorbenen Apple-Gründer Steve Jobs verorten, der ohne Zweifel über extrem hohe analytische Kompetenzen verfügte. Ihm ging es bei der Anwendung seiner analytischen Kompetenz aber immer um die praktische Implikation und um die Ableitung einer Lösung und eines Entwurfs, was ihm einen Wettbewerbsvorteil verschaffte. Die Produkte von Apple sind Paradebeispiele dafür, wie technische Komplexität in hohe Praxistauglichkeit und Einfachheit überführt werden kann. Das Ziel der analytischen Leistung war nicht ein Gedanke, eine Theorie oder ein Konzept, sondern ein Produkt, dem man die analytische Komplexität im Hintergrund nicht mehr anmerkt.

11.7 Die Diagnose der analytischen Kompetenz

Wenn wir analytische Kompetenz diagnostizieren wollen, gehen wir bereits implizit davon aus, dass es eine Leistungsdimension gibt, anhand der sich ein „Weniger" oder „Mehr" beschreiben lässt. Die analytische Leistung besteht aus einer schematischen Darstellung einer Situation und einer systematischen Benennung von Angriffspunkten zur Veränderung der Situation. Analytische Leistungen enthalten das strukturierte Suchen, die systematische Auseinandersetzung mit dem Gefundenen und das stringente Ableiten von Erkenntnissen und Lösungen: Das Erkennen von Strukturen und von Möglichkeiten ist damit die zentrale Leistungsfacette der analytischen Kompetenz.

Wir hatten in Abschnitt 11.1 beschrieben, dass eine Kompetenz sich immer aus einer Orientierung zusammensetzt, aus einer Fähigkeitsfacette und aus Wissen und Erfahrung. Analytische Kompetenz beginnt dementsprechend mit einer analytischen Orientierung, also einer Motivation, sich mit Sachverhalten in einer distanzierenden Art und Weise auseinanderzusetzen, Sachverhalte eher geistig als praktisch zu bearbeiten und einem Willen, sich beharrlich auch nicht offensichtlichen Lösungen zu widmen. Das ist die motivationale Seite der analytischen Kompetenz, die die Grundlage dafür ist, dass sich die Fähigkeiten und Erfahrungen ausbilden können.

Wer Aufgaben eher praktisch bearbeiten möchte (z. B. durch Versuch und Irrtum), wer Emotionen und Intuitionen lieber gleich ausagiert, wer den Lustgewinn der schnellen Lösung einer komplexen Aufgabe nicht so lange aufschieben kann, dass ausreichend Energie für die Lösungsprozesse vorhanden ist, und wer mit den scheinbar offensichtlichen Dingen zufrieden ist, wird sicherlich keine großen analytischen Stärken ausbilden können.

Neben dieser analytischen Orientierung ist für eine gute analytische Leistung naturlich die Fähigkeit zur Abstraktion und Objektivierung nötig. Dies ist diejenige Facette der analytischen Kompetenz, die wir am ehesten mit Intelligenz gleichsetzen und die wir im gewissen Sinne als die „Prozessorkapazität und Geschwindigkeit" unseres Hirns bezeichnen würden.

Zur Anwendung der analytischen Kompetenz gehört aber auch noch die Fähigkeit, analytische Instrumente und Modelle zur Anwendung zu bringen. Man muss Theorien und Prozesse auch applizieren können, um analytische Leistungen zu vollbringen. Letztlich gehören dann auch noch Erfahrungen im

Umgang mit komplexen Aufgabenstellungen zur analytischen Kompetenz hinzu: Echte Realitätskompetenz wird man in komplexen Aufgabenstellungen nur dann haben, wenn man schon einmal Erfahrungen mit ihnen gesammelt hat.

Die Erfassung der analytischen Kompetenz erscheint vielen Personalfachleuten oder Führungskräften in einem Interview (z. B. im Rahmen von Auswahlgesprächen) eher schwierig. Insofern werden bei Testverfahren zur Erfassung der analytischen Kompetenz (vor allem bei Auszubildenden oder Hochschulabsolventen) häufig Praxisaufgaben eingesetzt wie z. B. Fallstudien. Fallstudien sind ein sehr hilfreicher und valider Test der Leistungsdimension der analytischen Kompetenz. Insbesondere die unterschiedlichen Unterfacetten lassen sich in gut gemachten Fallstudien differenziert abbilden.

So lassen sich Beispiele für Fallstudien entwickeln, in denen es vor allen Dingen um Daten- und Faktenstrukturierung geht, es lassen sich Fallstudien ersinnen, in denen das Schlussfolgern und das Entdecken von impliziten Möglichkeiten im Vordergrund stehen, es lassen sich Fallstudien generieren, in denen bestimmte Muster erkannt und erklärt werden müssen, und es lassen sich Fallstudien denken, in denen bestimmte Fakten auf Plausibilität oder Fehler hin zu untersuchen und zu beurteilen sind. Kaum ein anspruchsvolles Assessment-Center oder Development-Center kommt dementsprechend ohne Fallstudien aus. In fast allen Assessments wird die Problemlösefähigkeit erfasst und bewusst von dem konkreten positionsspezifischen Fachwissen getrennt. Dies ist der Grund dafür, warum die im Assessment-Center zum Einsatz kommenden Fallstudien zumeist in einem fachlich verfremdeten Kontext spielen. Man möchte hierdurch im gewissen Sinne die analytische Leistung unabhängig von einem spezifischen fachlichen Erfahrungsschatz (was natürlich niemals vollständig geht) erfassen oder man möchte nicht, dass Unterschiede im Hinblick auf fachliches Vorwissen zu Kompensationsphänomenen führen, die die eigentliche analytische Leistungsfähigkeit überlagern.

Neben der Erfassung durch Fallstudien lässt sich analytische Kompetenz aber durchaus auch in einem Interview erfassen. Hierbei gilt es, Fragen zu formulieren, die sich auf einen komplexen Gegenstandsbereich beziehen. Hierdurch kann dann durchaus erfasst werden, wie schnell und facettenreich der Sachverhalt beschrieben wird, welche und wie viele Kategorien bei der Analyse des Sachverhalts betrachtet werden, wie strukturiert und systematisch diese erklärt oder aufbereitet werden und wie zutreffend oder umfassend die Schlussfolgerungen sind, die daraus gezogen werden. Beispielhafte Interviewfragen zur Erfassung der analytischen Kompetenz sind in der folgenden Aufstellung enthalten.

Fragen zur Einschätzung der analytischen Kompetenz im Interview

- Wie ist die Lage in Ihrer Abteilung bzw. in Ihrem Verantwortungsbereich? Wie gut steht Ihr Bereich im Unternehmen da und wodurch begründet sich diese Einschätzung?

- Was sind die wesentlichen Unterschiede Ihres Bereichs zu anderen Bereichen bzw. zu einem vergleichbaren Bereich in anderen Unternehmen?

- Was ist bei Ihnen günstiger, ungünstiger, produktiver, unproduktiver, wirtschaftlicher oder unwirtschaftlicher als anderswo?

- Warum kommt es zu welchen Fehlern? Was sind Fehlerquellen? Wie können diese abgeschaltet werden?

- Wo sind Potenziale und Verbesserungsmöglichkeiten? Wie identifizieren und untersuchen Sie solche Potenziale? Welche Erfolge haben Sie hierbei bereits erzielen können?

- Welche potenziellen Probleme sehen Sie in der Zukunft auf Ihren Bereich zukommen? Wie beurteilen Sie die Bewältigungskompetenz Ihres Bereichs?

- Auf welchen Wegen besorgen Sie sich die Informationen, die zur Steuerung Ihres Bereichs notwendig sind? Welche Informationen ziehen Sie dabei heran?

- Welche Potenziale, Fehler, Probleme haben Sie in der Vergangenheit in Ihrem Bereich identifiziert? Wie haben Sie eine Verbesserung erwirken können? Wie haben Sie diese Verbesserungsideen erarbeitet?

- Wie würden Sie die wesentlichen Probleme und Aufgabenstellungen definieren, mit denen Sie sich auseinandersetzen müssen? Welche grundsätzlichen Modelle oder Regeln nutzen Sie zur Bewältigung dieser Aufgabenstellungen?

- Was waren die bedeutendsten Erkenntnisse, die Sie sich erarbeitet haben, und welchen Nutzen haben Sie aus diesen gezogen?

Wichtig ist in der Interviewführung, dass man sich in der Diskussion der hier beschriebenen Fragen wirklich Zeit lässt und zu ausreichend differenzierten und tief gehenden Antworten ermuntert. Die Grenze der Differenziertheit und Klarheit, mit der ein Bewerber einen bestimmten Sachverhalt darstellen kann, ist die Grenze der analytischen Kompetenz, die in diesem Sachverhalt Anwendung finden kann. Die folgende Aufstellung zeigt nun Verhaltensbeschreibungen (oder „Beurteilungsanker"), die bei der Beschreibung oder Beurteilung der analytischen Kompetenz genutzt werden können.

Wer analytische Kompetenz besitzt,

- kann an Sachverhalten und Problemstellungen gedanklich arbeiten,
- kann konsequent und systematisch an einem Sachverhalt arbeiten,
- kann einen Sachverhalt in Einzelaspekte zerlegen und zergliedern,
- kann systematisch Optimierungsbedarf, Potenziale, Chancen, Probleme oder Risiken erkennen und auffinden,
- zeigt eine distanzierende und objektivierende Haltung zu seinem Umfeld und ist dabei in der Meinungsbildung auf Rationalität (und weniger auf Partizipation und Konsens) bedacht,
- kann Erkenntnisprozesse systematisch angehen und organisieren,
- kann Sachverhalte schnell erfassen,
- zeigt Sensibilität für Details,
- findet Ungenauigkeit und Fehler,
- kann Schlussfolgerungen und Erkenntnisse systematisch gliedern,
- kann Meinungen und Ergebnisse präzise herleiten und erklären,
- kann Ergebnisse schlüssig begründen und interpretieren,

- kann bekannte Modelle auf neuartige Sachverhalte anwenden,
- erkennt Muster und Vernetzungen in komplexen Aufgabenstellungen.

Zusammenfassend gibt es vier große Dimensionen, hinsichtlich derer die Leistungsfähigkeit in der analytischen Kompetenz beschrieben werden kann:

- Schnelligkeit,
- Tiefgang,
- Strukturiertheit,
- Fruchtbarkeit und Erkenntnis gewinnende Ableitungen.

11.8 Personalentwicklung bzw. Coaching der Kompetenz

Die analytische Kompetenz steht wie keine andere Kompetenz in dem Verdacht, eine hohe genetische Disposition zu haben. Die vielen Untersuchungen zur Erblichkeit der Intelligenz haben hierzu sicherlich beigetragen. Es soll auch an dieser Stelle nicht bestritten werden, dass die analytische Kompetenz sicherlich Anteile hat, die auch im Kompetenzfeld Disposition zu finden sind. Vermutlich sind dies vor allen Dingen die analytische Orientierung und die Fähigkeit zur Abstraktion. Es gibt aber auch Bestandteile der analytischen Kompetenz, die ohne Zweifel das Ergebnis eines Lern- und Übungsprozesses sind und die sich dementsprechend auch durch lernen und üben verbessern lassen. Dies betrifft die Strukturen und Modelle, mit denen ein Gegenstandsbereich beschrieben werden kann, und es betrifft die Erfahrung in der Anwendung dieser Modelle. Lassen Sie uns diese Argumentation anhand eines einfachen Beispiels erläutern: Betrachten wir einmal die Analysekompetenz im Gegenstandsbereich von Weinkenntnis. Hier könnte man sechs Stufen der Kompetenzentwicklung ausmachen:

1. Unkenntnis über Weinsorten und Weintypen,

2. erste Kenntnis von Weinarten und Weintypen,

3. breite Kenntnis von Weinarten und Weintypen,

4. Fähigkeit zur Analyse von Weinen durch Verkostung,

5. Kenntnisse über Unterschiede in den Jahrgängen, Sorten und zu Besonderheiten der aktuellen Qualitäten,

6. Fähigkeit zur Übertragung der Kenntnisse über bestimmte Weinsorten kreativ auf andere Anbauregionen in der Welt.

Unsere analytische Kompetenz entwickelt sich nach diesen qualitativen Stadien in einer analogen Art und Weise:

1. Unkenntnis einer tieferen Struktur oder eines Modells,

2. erste Kenntnis einer tieferen Struktur oder eines Modells,

3. Anwendungserfahrung mit einem oder mehreren Instrumenten,

4. Übung im Umgang mit einem Modell und zunehmende Versiertheit,

5. aktuelle Kenntnis über Modelle und Strukturen eines Sachgebietes,

6. kreativer Transfer von Instrumenten und Verfahren eines Sachgebietes auf neue Sachgebiete.

Aus diesen Stufen lässt sich auch ein Coaching-Programm ableiten. Es gibt auch in der analytischen Kompetenz eine Reihe von Teilaspekten, an denen man im Coaching gemeinsam arbeiten kann. Grundsätzlich muss ein Coaching zur Analysekompetenz immer sehr systematisch ablaufen, damit Systematik insgesamt erworben werden kann und geübt wird.

Zunächst einmal benötigt jemand, der sich in seiner analytischen Kompetenz weiterentwickeln möchte, viele Informationen über die Analysekompetenz als solche. Es muss verstanden werden, welche Facetten im Rahmen eines Coaching-Prozesses geübt werden müssen. Das systematische Arbeiten muss dabei nicht unbedingt als Gegenthese zur Intuition geübt werden, sondern als Erweiterung.

Im nächsten Schritt könnte man im Coaching die Beobachtungsfähigkeit für Situationen sensibilisieren und durch eine Übung der Wahrnehmung und eine strukturierte Beobachtung steigern. Man lernt Grundmodelle, die man an bestimmte Situationen anlegen kann, und übt dann die Beschreibung einer

Situation anhand dieser Modelle. Hierbei kann man sowohl auf bestehende Modelle zurückgreifen als auch gemeinsam mit dem Coachee systematische Modelle entwickeln. Im nächsten Schritt würde man dann lernen, bestehende Modelle zu erweitern, zu verbessern und noch facettenreicher und präziser zu machen.

Darüber hinaus muss man natürlich im Coaching der analytischen Kompetenz auch theoretisches Arbeiten üben. Es gilt also, eine bestimmte Theorie zu kennen und dann auf der Basis von Daten das Schlussfolgern zu üben. Als Drittes wäre zu lernen und zu üben, wie Erkenntnisse und Analysen sprachlich aufbereitet und vermittelt werden. Hier geht es um Kommunikation und Dokumentation.

Das Wichtigste in diesem Coaching-Prozess ist die Feststellung, dass Situationen (d. h. Fallstudien, Daten, Ausgangslagen etc.) immer unter Zuhilfenahme eines ganz bestimmten Musters analysiert werden (das ist der Unterschied zum intuitiven Erfassen) und dass dieses Muster unter Umständen auswendig gelernt, selbst entwickelt oder verbessert werden muss. Auf diese Weise lässt sich in jedem Fall ein gewisser Trainingsfortschritt dahingehend erzielen, dass man das grundsätzliche Arbeiten mit Modellen und das grundsätzliche Arbeiten mit Struktur vermittelt. Im nächsten Schritt müssen noch diejenigen Modelle vermittelt werden, die für die praktischen Aufgaben relevant sind.

Auch wenn sich – wie man aus den vorangegangenen Überlegungen sieht – ein Trainingsprogramm zur analytischen Kompetenz aufstellen ließe, so sind in der Praxis entsprechende Qualifizierungen selten. Analytische Kompetenz wird für viele Aufgaben eher als Voraussetzung und nicht als explizit entwickelbare Kompetenz definiert. Rein faktisch gehört sie aber zu vielen Entwicklungsprozessen und -programmen dazu und repräsentiert sich in bestimmten Praxisaufgaben (z. B. angeleitete Projektarbeit), die analytische Kompetenz benötigen und damit auch trainieren.

Analytische Kompetenz ist mehr als Intelligenz. Analytische Kompetenz ist der Wegbereiter und die Voraussetzung des modernen Managements.

12 ENTSCHEIDUNGSKOMPETENZ

Patrick Wiederhake & Christian Stöwe

In diesem Beitrag erfahren Sie,

- *was unter Entscheidungskompetenz zu verstehen ist,*
- *wie der Prozess der Entscheidungsfindung abläuft,*
- *was eine gute Entscheidung ist,*
- *wie sich die Entscheidungskompetenz bewerten lässt,*
- *welche Formen der Entscheidungskompetenz existieren.*

12.1 Die Beschreibung der Entscheidungskompetenz

12.1.1 Was sehen wir, wenn wir eine Entscheidung sehen?

Gloria Becker wählte als Titelbild für ihr Buch „Soll ich – soll ich nicht? Warum wir zögern und zweifeln" (2012) einen Jungen, der von einem Sprungturm ins Becken hinabblickt und gleichzeitig noch Halt am Geländer sucht. Dieses Bild beschreibt ein zentrales Wesensmerkmal von Entscheidungen. Entscheidungen sind Festlegungen. Ich kann springen oder nicht – aber in dem Moment des Sprungs kann ich nicht mehr nicht springen. Ich kann den Absprung nicht rückgängig machen. Die Schwierigkeit beim Entscheiden liegt meist nicht darin, eine gute Alternative zu sehen – sie liegt darin, gute Alternativen abzulehnen. Jede Entscheidung für etwas ist auch immer eine Entscheidung gegen etwas: Sie ist ein Vergehen an den Alternativen.

Mit Entscheidungen wird definiert, was ist. Das kann eine Sache betreffen (Strategie, Produktspezifikation etc.), also etwas in der Welt, oder die sich entscheidende Person selbst (Bewerbung um eine Position, Kleidungsstil etc.). Zuletzt ist allerdings jede Entscheidung eine Entscheidung über mich, mit jeder Entscheidung sage ich: So bin ich. Auch das, was ich für die Welt entscheide, fällt auf mich zurück. Wenn ich sage „So soll es sein", sage ich eigentlich: „Ich bin einer, der sagt, es soll so sein." Es gibt keine unpersönliche Entscheidung. Mit der Entscheidung zeigt sich der Entscheider – manchmal ungewollt, manchmal bewusst. So können wir uns durch Entscheidungen zum Ausdruck bringen – für andere und auch für uns selbst. Entscheiden ist Mittel und Möglichkeit der Selbstbestätigung.

Aus dem Gesagten folgt im Übrigen auch, dass ich mich nicht **nicht** entscheiden kann. Der Begriff Entscheidung kennt keine Negation, denn selbst der Zustand der Unentschiedenheit stellt eine Festlegung dar – auch wenn diese passiv geschieht. Umgekehrt bekommt eine Festlegung erst durch die damit verbundene Aktion eine reale Relevanz. Dadurch, dass ich sage: „Diogenes soll sterben", ist er noch nicht tot. Dadurch, dass ich sage: „Wir bauen ein neues Werk", ist es noch nicht da. Ich kann die Entscheidung vertreten, dafür einstehen, mich persönlich auch nach außen sichtbar an die Entscheidung binden – so wird aus Entscheidung Entschiedenheit. Aber ob aus der Entscheidung tatsächlich ein Effekt in der Welt entsteht, hängt von weiteren Faktoren ab. Hierzu zählen physische Energie, Überzeugungskraft, Führungsstärke, Unterstützung, ein offenes und nach Orientierung suchendes Umfeld.

Jede Entscheidung ist mit einem Risiko verknüpft. Wenn es kein Risiko gibt, ist es keine Entscheidung, denn dann wäre zuvor schon definiert, was geschieht. Erst aus der Möglichkeit der Fehlentscheidung ergibt sich die Freiheit der Wahl. Das Risiko kann andere betreffen oder den Entscheider selbst. Bei der Führung ist es immer eine Kombination. Psychologisch gesehen steht dem Risiko immer ein Sicherheitsbedürfnis gegenüber. Auch hier gibt es ein Sicherheitsbedürfnis anderer und das eigene. So entsteht Widerstand gegen die Festlegung durch die von einer Entscheidung betroffenen Personen, aber auch im Entscheider selbst. Der innere Prozess des Ringens um eine Definition spiegelt sich im äußeren, zwischenmenschlichen Prozess – und umgekehrt.

12.1.2 Entscheiden als Kompetenz im Unternehmen

Die Frage der Entscheidung ist für Unternehmen entscheidend. Wie wir gesehen haben, ist mit jeder Entscheidung eine Definition, eine Festlegung des Entscheiders verbunden. Im Unternehmen ist nun aber jeder Entscheider in einer für das Unternehmen relevanten Rolle. Dies bedeutet, dass bei Entscheidungen, die dieser im Unternehmen trifft, immer auch definiert wird, was das Unternehmen ist – im Großen und im Kleinen. Entscheidungen legen, gestützt und ermächtigt durch die Funktion des Entscheiders, fest, was produziert wird, wo produziert wird, welche Strategie verfolgt wird, wer ins Team kommt und wer an die Spitze. Entscheidungen legen aber auch fest, ob die Überstunde in Kauf genommen wird, ob die Beschwerde weitergegeben wird, wie die Rolle als Sachbearbeiter im Einklang mit den Regeln ausgefüllt wird. Auf verschiedenen Ebenen im Unternehmen sind es die Entscheidungen, die nachfolgend Strukturen, Prozesse, Produkte und Strategien werden und das Bild des Unternehmens nach innen und außen bestimmen. Aus Entscheidungen entstehen letztlich die Struktur und die Kultur des Unternehmens, die dann wiederum Einfluss auf zukünftige Entscheidungen nehmen. Der Prozess der Entscheidung läuft also immer in Zirkeln, er ist rückbezüglich. Und auch wenn der Entscheider selbst das Unternehmen verlässt, bleiben seine Entscheidungen als Struktur und über die Kultur Teil der Unternehmensidentität.

Wenn es hier um die Entscheidungs-Kompetenz im Unternehmen gehen soll, müssen wir vor dem Hintergrund des Gesagten Folgendes klären: **Was ist eine gute Entscheidung im Sinne des Unternehmens und was muss jemand können, um zu guten Entscheidungen zu kommen?**

12.1.3 Prozess der Entscheidungsfindung

Um beide Fragen beantworten zu können, schauen wir zunächst auf den Prozess der Entscheidungsfindung. Dieser läuft immer auf vergleichbare Art ab:

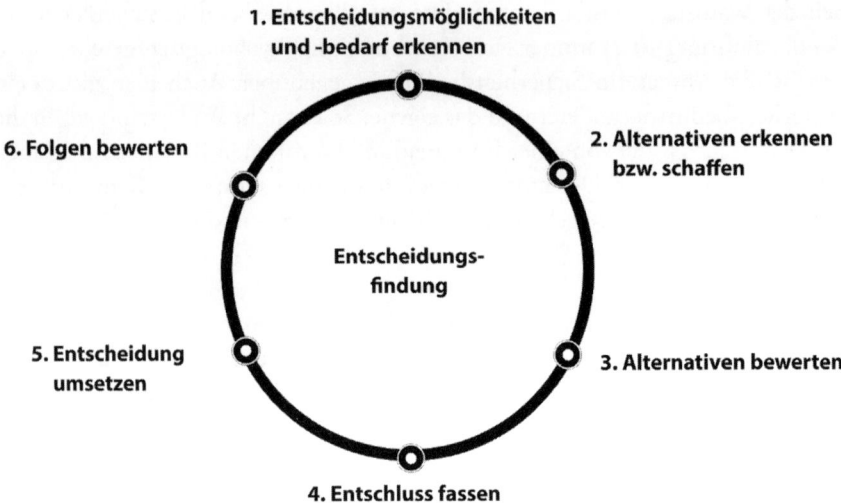

Abb. 12.1: Ablauf der Entscheidungsfindung

Als Konsequenz der Umsetzung einer Entscheidung kommt es zu Folgeeffekten, die herangezogen werden, um die Entscheidung zu bewerten. Der hierdurch mögliche Lernprozess hat dann wiederum Einfluss auf zukünftige Entscheidungen (vgl. Heckhausen 1980, 2010). Der Wendepunkt im Entscheidungsprozess stellt das Fassen des Entschlusses dar. Dies ist der Moment, in dem sich bei dem Jungen auf dem Sprungturm die Muskeln zum Absprung spannen und die Hand das Geländer loslässt. Heinz Heckhausen beschrieb diesen Moment treffenderweise mit dem Bild des Flusses Rubikon, den Caesar mit seinen Truppen 49 v. Chr. überschritt. Ab diesem Moment gab es für ihn kein Zurück – nur noch Sieg oder Niederlage. Die Worthistorie des Begriffs der Entscheidung legt ebenfalls eine martialische, auf Eindeutigkeit verweisende Definition dar: Ent-scheiden ist der Akt des Ziehens eines Schwerts.

12.1.4 Was ist eine gute Entscheidung?

Die Frage danach, was eine gute Entscheidung ist, wirft das sogenannte „Kriterium-Problem" auf: Wenn gesagt werden soll, ob eine Entscheidung gut war, muss man zunächst sagen, woran – also an welchem Kriterium – dies festgemacht werden soll. Damit verbunden ist die Frage, wer festlegt: der Aktionär? Der Kunde? Die Mitarbeiter? Die Gesellschaft? Darüber hinaus ist für die Bewertung einer Entscheidung relevant, wann bewertet wird: Schauen wir nach einem Monat oder nach fünf Jahren auf das Ergebnis? Beide Aspekte haben umso mehr Relevanz, je bedeutsamer die Entscheidung ist. Je nach Zeitpunkt und Perspektive kann dieselbe Entscheidung gut oder schlecht sein.

12.1.5 Bewertung der Entscheidungskompetenz

Ein Ausweg aus diesem Dilemma im Hinblick auf das Ziel, Entscheidungskompetenz zu bewerten, liegt darin, neben den Entscheidungsfolgen in erster Linie das Zustandekommen der Entscheidung in einer bestimmten Situation einzuschätzen. Entlang des Entscheidungsprozesses kann dann für jede Stufe gefragt werden, wie jemand es macht und ob das Vorgehen im Hinblick auf die Vorbereitung der nächsten Stufe und im Sinne des Ziels der Entscheidung hilfreich ist. Insbesondere in Bezug auf die Wertung verschiedener Alternativen wird es dabei Dissens geben können, da hier die subjektive Betrachtung besonders relevant ist. Gerade weil Entscheidungen nur dort nötig sind, wo es keine eindeutig bestimmbare und folgerichtige Ableitung gibt, ist die Auseinandersetzung aufgrund unterschiedlicher Einschätzungen vorprogrammiert. Als Diagnostiker kann man hier sinnvollerweise nur darüber Auskunft geben, wie stichhaltig die Alternativen vom Entscheider begründet wurden und ob sich dabei ein zielführendes Handeln erkennen lässt. Ob „die richtige" Alternative ausgewählt wurde, legt dann das Unternehmen – und hierin jeder Einzelne – individuell fest.

Vor diesem Hintergrund wird die Kulturabhängigkeit der Entscheidungskompetenz besonders deutlich. Erfolgreiches Entscheiden lässt sich immer nur kulturspezifisch erkennen. Nicht nur Landeskulturen, auch Unternehmenskulturen oder die Kultur einer sozialen Gruppe werden zu Unterschieden in der Bewertung einer Entscheidung führen. Dieselbe Führungskraft wird mit derselben Entscheidungsweise in dem einen Unternehmen Erfolg und im anderen die eigene Kündigung erwirken können. Wenn über das vorhandene Maß an Entscheidungskompetenz geurteilt werden soll, müssen folglich zwei Fragen beantwortet werden: Kann er sich entscheiden? Und: Passt seine Entscheidungsweise zur Kultur des Unternehmens?

12.1.6 Was ist Entscheidungskompetenz?

Entscheidungskompetenz im Unternehmen sehen wir, wenn es jemandem gelingt, sich bewusst und wiederholt

- mit dem Ziel des unternehmerischen Erfolgs,

- im Bereich der durch übergeordnete Rahmenbedingungen eingeschränkten Freiheitsgrade,

- nach hinreichendem Ausleuchten und Abwägen von Alternativen,

- unter Unsicherheit festzulegen,

- entschieden für seine Festlegung einzustehen und

- aus den Folgen seiner Entscheidung zu lernen.

Um den Hintergrund dieser Definition zu verdeutlichen, werden die einzelnen Aspekte genauer erklärt:

Aspekt 1: Ziel des unternehmerischen Erfolgs

Das **Ziel des unternehmerischen Erfolgs** ist die Grundbedingung der Entscheidungskompetenz wie auch aller anderen Kompetenzen im unternehmerischen Kontext. Im Bereich der Entscheidung erhält dieser Aspekt dadurch eine besondere Note, dass, wie wir gesehen haben, jede Entscheidung zunächst immer eine Entscheidung über die eigene Person ist. Persönliche Motive werden und müssen daher immer eine Rolle spielen. Die Anforderung besteht darin, sie in Einklang mit den Unternehmensinteressen zu bringen. Wenn nicht im unternehmerischen Sinne entschieden wird, heißt das meist, dass persönliche gegenüber unternehmerischen Motiven die Oberhand gewonnen haben. Die im Sinne des Unternehmens entscheidende Führungskraft schafft es demgegenüber entweder, die persönlichen Motive mit den unternehmerischen in Einklang zu bringen, oder aber die eigenen Motive willentlich, bewusst oder unbewusst, hinten anzustellen. „Es gefällt mir nicht, aber ich weiß, dass es sein muss" lautet die relevante Selbstaussage.

Unternehmen haben im Übrigen gelernt, individuelle Bedürfnisse im eigenen Sinne zu nutzen und „Überschneidungsmöglichkeiten" im oben beschriebenen Sinne anzubieten. Daher gibt es Belohnungsstrukturen, Entwicklungsprogramme und Ähnliches – strukturelle Festlegungen also, die individuelle Belohnung mit unternehmerisch wünschenswertem Verhalten verknüpfen.

Aspekt 2: Durch Rahmenbedingungen eingeschränkte Freiheitsgrade
Mit den **durch Rahmenbedingungen eingeschränkten Freiheitsgraden** einer Entscheidung sind in diesem Sinne die Vorgaben durch die eigene Führungskraft ebenso gemeint wie die formelle und informelle Definition einer Rolle. Beides entspringt wiederum aus den darüberstehenden Rahmenbedingungen. Dieser Prozess setzt sich von der Unternehmensspitze bis zum einzelnen Mitarbeiter fort. Die Chefin schaut, wie die Lage am Markt ist und entscheidet, was getan werden muss. Dazu gehört die Entwicklung einer Strategie, aus der sich Aufgaben und Verantwortlichkeiten der Abteilungsleiter ableiten lassen. Hierdurch werden die Freiheitsgrade, also das Spektrum möglicher Entscheidungen, für die Abteilungsleiter definiert. Die Abteilungsleiter definieren im Rahmen ihres Entscheidungsspielraums ihrerseits Aufgaben und Verantwortlichkeiten für die Teamleiter – und so weiter. Nutzt jemand die Freiheitsgrade seiner Rolle nicht, füllt er sie nicht vollumfänglich aus. Trifft jemand eine Entscheidung, zu der er gemäß seiner Rolle nicht befugt ist, bekommt er Probleme. Das ist der Grund, warum Menschen mit ausgeprägtem Entscheidungswillen häufig anecken oder Fehler im Sinne des Systems produzieren. Der Investment-Banker, der das Kapital einer Bank verspielt, der Leiter der Leitwarte, der aufgrund übereilter Handlungen einen Reaktorschaden mitverursacht, der Vertriebler, der dem Kunden einen unangemessenen Rabatt gewährt, nur um den einzelnen Auftrag zu bekommen – sie alle entscheiden mehr, als sie gemäß ihrer Rolle entscheiden dürfen und werden dafür belangt. Da Unternehmen meist auf Fehlerfreiheit angelegt sind, können sehr entscheidungsmotivierte Menschen hier nur schwer gehalten werden.

Einen Haken hat diese Regel allerdings. Große Taten und die Rettung eines Unternehmens hängen häufig genau damit zusammen, dass jemand die Grenzen seiner Rolle sprengt. Nicht umsonst ist genau dieser Akt des Sprengens von Regeln Kern zahlreicher literarischer Erzählungen über Mut und Verantwortung – und Grundstein für den Mythos großer Management-Geschichten.

Aspekt 3: Ausleuchten und Abwägen der Alternativen
Zum **Ausleuchten und Abwägen der Alternativen** gehört zunächst **das Erkennen der Möglichkeit von Alternativen.** Jemand muss sehen, dass entschieden werden kann, dass eine Wahl bestehen kann. Wenn dies nicht gegeben ist, folgen die Handlungen den in der Person und im Umfeld vorgegebenen Strukturen. Diese sind dann so fest, dass Möglichkeiten zu eigenverantwortlichem Entscheiden nicht gesehen werden – dies ist der „Blinde Fleck" der eigenen Entscheidungskompetenz. Im Ausleuchten möglicher Alternativen setzt sich die Anforderung an das Erkennen fort: Niemandem gelingt es, sich ein voll-

ständiges Bild der rational gegebenen Umwelt zu machen. Wir entscheiden alle vor dem Hintergrund einer eingeschränkten Rationalität („bounded rationality", Simon 1957). Wie eng dieser Rahmen ist, macht allerdings einen Unterschied aus. Wenn ich mich zu schnell auf vorgegebene Wahlmöglichkeiten beschränke, begrenze ich den Effekt meiner Entscheidung. Das kann gewollt sein, sollte aber bewusst geschehen. Nicht jede Entscheidung muss kreativ oder revolutionär sein – wenn meine Entscheidungen einen Unterschied machen sollen, ist es wichtig, über das von allen Gedachte hinauszugehen.

Im Abwägen zeigen sich zwei Modi der Entscheidungsfindung: die Anwendung rationaler Entscheidungshilfen, das logische Ableiten von Empfehlungen auf der einen Seite und das häufig unbewusste, ganzheitliche, intuitive Empfinden von Präferenzen auf der anderen. Gute Entscheider nutzen beides.

Aspekt 4: Unter Unsicherheit festlegen

Sich **unter Unsicherheit festzulegen** ist zunächst deswegen eine relevante Anforderung der Entscheidungskompetenz, weil Unsicherheit Wesensmerkmal einer Entscheidung ist. Ich kann nur dann etwas definieren, wenn prinzipiell unterschiedliche Definitionen begründbar sind. Um dies zu tun, benötige ich Gründe. Jede Entscheidung ist, wie Braun (2010) treffend bemerkt, psychologisch folgerichtig. Die Entscheidung folgte einer schlüssigen inneren Logik – doch diese Logik ist hochgradig subjektiv und wird von der Welt stets kontrovers diskutiert werden. Umgekehrt ist eine unstrittige Ableitung auf Basis bestehender Regeln keine Entscheidung. Ich entscheide nicht, dass zweimal zwei vier ist, und ich entscheide nicht, dass eine Unternehmensbilanz ein Defizit aufweist. Entscheidungskompetenz wird dann benötigt, wenn zwei oder mehr Alternativen schlüssig, aber nicht eindeutig sind. Unsicherheit, und damit Risiko, gehört zum Wesen der Entscheidungssituation. Der Physiker und Konstruktivist Heinz von Foerster prägte in diesem Zusammenhang den Satz: „Nur die Fragen, die prinzipiell unentscheidbar sind, können wir entscheiden" (Foerster 1993).

Aspekt 5: Für seine Festlegung einstehen

Warum ist es wichtig, **für seine Festlegung einzustehen**? Diese Frage führt zurück zum ersten Aspekt der Definition: den unternehmerischen Zielen. Nicht die Entscheidung selbst ist die Leistung im Unternehmen, gemessen wird man immer am Effekt. Nur wenn ich in der Lage bin, meine Festlegung auch zu äußern und sie gegenüber den Verfechtern anderer Alternativen zu verteidigen, kann sich hieraus etwas ergeben. Hiermit ist noch nicht all das gemeint, was zur Ausführungskompetenz gehören mag, z. B. IT-Fähigkeiten, Projektmanagementkompetenz, Gesprächsführungskompetenz oder Ähnliches. Es geht lediglich darum, für die eigene Entscheidung einzustehen und sich somit als Person an die Entscheidung zu binden. Dies ist die Grundbedingung dafür, dass auch andere Personen an die Entscheidung gebunden werden können.

Aspekt 6: Aus den Folgen seiner Entscheidung lernen
Um **aus den Folgen seiner Entscheidung zu lernen**, muss der Entscheider zunächst das eigene Entscheidungsverhalten reflektieren können. Er muss sich bewusst sein, dass er auch anders hätte entscheiden können, dass er also die Wahl hatte. Das Lernen aus den Folgen ist das Gegengewicht zur Entschiedenheit. Für meine Entscheidungen einzustehen und sie zu verteidigen, darf nicht bedeuten, dass ich blind werde für die Konsequenzen – und für mögliche Alternativen, die ich gehabt hätte. Nur wenn ich bei Bedarf die Entscheidung neu bewerten und nachvollziehen kann, bin ich in der Lage, die nötige Distanz zur eigenen Vorgehensweise zu wahren – und diese bei Bedarf im nächsten Entscheidungsprozess anzupassen.

Mit Blick auf diese Verhaltensweisen, die den von außen erkennbaren Teil der Entscheidungskompetenz beschreiben, können wir nun die Frage beantworten, was benötig wird, um all dies immer wieder zu zeigen. Gemäß der Definition einer Kompetenz nach Paschen (2012) braucht es drei Dinge, um Verhalten in verlässlicher Weise und in unterschiedlichen Situationen bewusst wiederholen zu können:

- eine entsprechende Orientierung und Motivation,

- Fähigkeiten und Handwerkszeug,

- Wissen und Erfahrung.

Entscheidungskompetenz im Bereich der Orientierung und Motivation
Im Bereich der **Orientierung und Motivation** braucht es zur Entscheidungskompetenz in erster Linie den Willen zur Freiheit und die Lust, sich unter Unsicherheit festzulegen. Entscheidungskompetenz beinhaltet hohe Autonomie-Orientierung, Mut und Entschlossenheit. Der Drang zu entscheiden ist sehr unterschiedlich ausgeprägt. Während der eine die Freiheit sucht und sich Spielräume schafft, ist der andere von der Freiheit beeindruckt und kehrt aus Furcht in eine scheinbar sichere Bestimmtheit zurück (vgl. Fromm 1941). Erst mit dem Willen zur Freiheit entsteht die Fähigkeit zu entscheiden.

Entscheidungskompetenz im Bereich Fähigkeiten und Handwerkszeug

Im Bereich **Fähigkeiten und Handwerkszeug** gehört auf der Fähigkeitsebene ein guter Zugang zu den eigenen Bedürfnissen und Motiven zur Entscheidungskompetenz. Dieser ist neben der Erfahrung die Grundvoraussetzung für eine gute Intuition, denn Intuition entsteht dann, wenn ich einer Situation eine gefühlsmäßige Wertung zuweisen kann. Gefühle wiederum entstehen immer erst im Abgleich mit Bedürfnissen, woraus folgt, dass ich mit der Kenntnis meiner Bedürfnisse weiß, wie ich eigene Gefühle einordnen kann. Darüber hinaus kommen als Fähigkeiten noch vorausschauendes Denken, Kreativität und die Fähigkeit zur Komplexitätsreduktion hinzu.

Auf der Ebene des Handwerkszeugs stehen dem kompetenten Entscheider Methoden der Entscheidungsfindung zur Verfügung, z. B. Erwartungmal-Wert-Berechnungen, Listenvergleiche, Ursache-Wirkungs-Diagramme etc. Diese sind Produkte zahlreicher Forschungsprojekte im Bereich der rationalen Entscheidungstheorie, die sich mit dem stochastischen Berechnen „guter" Entscheidungen beschäftigt. Wie in anderen Bereichen auch, hat sich unser Gehirn in Bezug auf die Art, wie es Entscheidungen trifft, pragmatisch und effizienzorientiert entwickelt. Die Folge davon sind Entscheidungsmechanismen, die manchmal nützlich sind, manchmal aber auch gezielt hinterfragt und verlangsamt werden müssen (lesenswert hierzu: Kahneman 2011). Hierbei helfen Entscheidungstechnik und strukturiertes Reflektieren der Entscheidungsfindung (z. B. Hammond, Keeney & Raiffa 1998).

Entscheidungskompetenz im Bereich Wissen und Erfahrung

Auf der Ebene von **Wissen und Erfahrung** sehen wir, dass jemand durch die Komplexität, das Risiko und den Zeitdruck einer Entscheidung auf Basis seiner Erfahrung mit ähnlichen Situationen ruhiger, besonnener und damit auch freier entscheiden kann. Darüber hinaus kann sich durch Erfahrung mit eigenen Verhaltensweisen, Bedürfnissen und relevanten äußeren Einflüssen eine Art **innerer Unabhängigkeit** ergeben, die die nötige Distanz zum eigenen Entscheidungsverhalten stärkt.

Kompetenzbereich	Kompetenzmerkmal
Orientierung und Motivation	• Aushalten von Unsicherheit (Ambiguitätstoleranz), • Bereitschaft zur Festlegung; Mut, • Entschiedenheit; Aushalten von Widerständen.

Kompetenzbereich	Kompetenzmerkmal
Fähigkeiten und Handwerkszeug	• Zugang zu eigenen Bedürfnissen, • Vorausschauendes Denken, • Reflektierte Intuition, • Rationale Entscheidungstechniken, • Gezielter Umgang mit Entscheidungsfallen, • Entscheidungstheorie und Stochastik, • Logisches Denken.
Wissen und Erfahrung	• Erfahrung im Umgang mit Unsicherheit, • Persönliche Reife und innere Unabhängigkeit.

Tab. 12.1: Facetten der Entscheidungskompetenz

Bei der Einschätzung von Entscheidungskompetenz ist es wichtig zu berücksichtigen, dass alle drei Komponenten auch in zu starker Form auftreten können:

- Eine sehr starke Orientierung in Richtung Autonomie und Mut führt – wie bereits gesehen – potenziell zum Überschreiten von Grenzen. Gerade in stark vorstrukturierten und auf verlässliche Ausführung angelegten Tätigkeitsfeldern ist ein ausgeprägter Entscheidungswillen eher hinderlich. Letztlich lassen sich aber in allen Tätigkeitsbereichen Einschränkungen finden, an die sich jemand, wenn auch nicht motiviert, zumindest willentlich wird halten müssen. Extrem entscheidungsorientierte Personen werden hierzu immer ein hohes Maß an Reflexion und Willenskraft benötigen, das nicht vorausgesetzt werden kann.

- Ein zu starker Fokus auf Handwerkszeug im Bereich der Analyse von Alternativen kann die Entscheidung verzögern und den Zugang zur eigenen Intuition verstellen. Entscheidungen werden in diesem Fall vielleicht gar nicht mehr getroffen oder dauern sehr viel länger als nötig. Umgekehrt wird ein zu starker Fokus auf das eigene Bauchgefühl dazu führen, dass eigene Entscheidungen nicht mehr rational hinterfragt werden.

- Viel Wissen und Erfahrung können schnell dazu führen, dass sich Personen zu sehr darauf verlassen, dass bei vergleichbaren Ausgangsbedingungen gleiche Entscheidungen zu treffen sind. Abweichende Informationen werden gerade von erfahrenen Personen häufig übersehen.

12.1.7 Co-Kompetenzen der Entscheidungsfähigkeit

Gute Entscheidungen kommen zustande, wenn mehr als Entschiedenheit vorliegt. Der Wille zur Festlegung ist eine notwendige, aber keine hinreichende Bedingung von Entscheidungskompetenz. Hier kommen weitere Kompetenzen ins Spiel, die einen Einfluss auf die Qualität von Entscheidungen haben:

- **Analysefähigkeit**
  Analysefähigkeit hilft dem Entscheider, Alternativen zu beleuchten und ihre Eignung im Sinne des Ziels einer Entscheidung zu beurteilen. Durch die Analysefähigkeit gelingt es dem Entscheider zum einen, Komplexität zu schaffen – er kann Optionen erzeugen und definieren, die andere nicht sehen – zum anderen aber auch, Komplexität zu reduzieren. Mit Analysefähigkeit lassen sich Modelle bilden und Muster erkennen, sodass Bilder entstehen, welche die Konsequenzen der Alternativen klarer werden lassen.

- **Teamfähigkeit**
  Teamfähigkeit, oder genauer Teamorientierung (im Sinne von Borchardt & Faerber 2012) ist dann wichtig für eine Entscheidung, wenn die beschriebenen Verzerrungs- und Beeinflussungseffekte umgangen werden sollen. Daniel Kahneman entwickelte hierzu mit zwei Kollegen eine Liste von Fragen, die man seinem Team vorlegen soll, bevor eine Entscheidung getroffen wird. (Kahneman, Lovallo & Sibony 2011). Wer nicht bereit ist, Entscheidungen durch andere prüfen und beeinflussen zu lassen, wird schnell in eine Sackgasse laufen. Andererseits kann Teamorientierung dazu führen, Entscheidungen, die im Sinne des Ganzen richtig sind, aus Rücksicht auf das Team abzuschwächen. Große Entscheidungen werden von den Betroffenen häufig als harte Entscheidungen wahrgenommen. So wird deutlich, dass ein mittleres Maß an Teamorientierung gute Entscheidungen wahrscheinlich macht, ein hohes Maß an Teamorientierung richtige Entscheidungen aufweichen kann.

- **Unternehmerische Kompetenz**
  Unternehmerische Kompetenz beschreibt die Fähigkeit, das eigene Handeln so auszurichten, dass es im Sinne unternehmerischen Erfolgs erfolgt. Wie beschrieben, ist dies eine notwendige Grundlage der Entscheidungsfähigkeit im Unternehmen. Starke Entscheider werden dann keinen Erfolg im Unternehmen haben, wenn sie ihre Entscheidungen nicht im Sinne des Unternehmens treffen können oder wollen.

- **Selbstreflexion**
  Ein gutes Maß an Selbstreflexion, also der Fähigkeit, die eigenen Verhaltensweisen und -muster in Relation zu setzen, ist eine wesentliche Co-Kompetenz, wenn Entscheidungen situativ angemessen getroffen werden sollen.

- **Innovation**
  Im Rahmen dieses Buches wird in Kapitel 13 noch einmal speziell auf den Bereich der Innovationsfähigkeit eingegangen werden. Letzten Endes geht es darum, neue und unkonventionelle sowie Mehrwert stiftende Lösungen für erkannte Bedarfe zu finden. Hierzu müssen neue Alternativen entwickelt und Entscheidungsmöglichkeiten kreiert werden.

- **Initiative**
  Die Fähigkeit und der Willen, initiativ zu werden, rahmt die Entscheidungskompetenz im Handlungsprozess ein. Initiative bedeutet, sich und etwas in Bewegung zu setzen (vgl. Wiederhake & Stöwe 2014). Ich brauche sie, um in den Entscheidungsprozess einzusteigen – ich sehe dann die Notwendigkeit zur Entscheidung als Basis einer Handlung – und ich brauche sie, um die Entscheidung umzusetzen und die dazu notwendigen Maßnahmen einzuleiten. Ohne Initiative entsteht weder ein eigenständiger Handlungsimpuls noch ein Überführen der Entscheidung in die Tat.

12.2 Die Geschichte der Entscheidungskompetenz

Entscheidungen haben von jeher die Geschichte der Menschheit geprägt. Jede menschlich beeinflusste Wendung der Geschehnisse ist Folge einer großen Entscheidung. Es war eine Entscheidung, die dazu führte, Länder zu besiedeln, eine Stadt zu gründen und einen Staat. Durch Entscheidungen wurden Kriege begonnen und beendet, Könige gekrönt oder enthauptet, Grenzen gezogen oder geleugnet. Aber wie hat sich das Verständnis der Entscheidungskompetenz verändert und wie hat sich die Art geändert, in der Entscheidungen getroffen werden?

Entscheidungen werden, wie wir gesehen haben, immer vor dem Hintergrund einer kulturellen Einbindung getroffen und bewertet. In Folge der daraus resultierenden, selektiven Reaktion auf Entscheidungen werden bestimmte Klassen von Entscheidungen gesellschaftsfähig oder inakzeptabel. Wenn die

Entscheidung, die eigene Meinung frei zu äußern, sanktioniert wird und so das Grundbedürfnis körperlicher Unversehrtheit beeinträchtigt ist, werden weniger Menschen dem König die Meinung sagen. Bis heute nimmt die Kultur Einfluss auf das Entscheidungsverhalten von Menschen – und das Entscheidungsverhalten lässt sich seinerseits neben individuellen Eigenschaften durch den Einfluss der Kultur erklären. Wenn man die Entwicklung dieses Phänomens über die Geschichte hinweg betrachtet, lässt sich feststellen, dass Entscheidungen, und damit auch das Maß an Entscheidungskompetenz, nach und nach **in das Individuum** vorrückten. Lange Zeit war die Wahlmöglichkeit des Einzelnen extrem eingeschränkt durch die Vorgaben anderer Instanzen. Aus Sicht des Einzelnen war es lange Gott, der entschied. Er tat dies selbst oder über seinen Stellvertreter, den Pharao, Papst oder Kaiser. In heidnischen Kulturen und bei Ungläubigen war es dann das Schicksal, das bestimmte, wie das Leben verläuft. Später waren es die Könige, Fürsten und Grundbesitzer mit ihren knebelnden und unwiderstehlichen Vorgaben. Erst mit der Idee der Aufklärung konnte die Entscheidung schließlich einen großen Schritt weit ins Ich vorrücken. Lange undenkbar geglaubte Freiheiten wie die der Berufswahl oder des Lebenspartners, wurden greifbar.

Mit der Aufklärung wird Entscheidung dann auch zum Kern von Unternehmertum. Lange undenkbar kann nun auf einmal der Einzelne entscheiden, Produkte anzubieten. Im Gegenzug werden einfache Menschen zu Konsumenten und es entsteht das, was wir heute Marktmacht nennen. Befreien sollten wir uns allerdings von der Illusion, im heutigen Informationszeitalter in einer Welt der vollkommenen Entscheidungsfreiheit zu leben. Unzählige Marketingspezialisten, Journalisten, Politiker, Blogger etc. verfolgen mit guten oder weniger guten Absichten das Ziel, unser Entscheidungsverhalten zu beeinflussen – und sie tun dies mit Erfolg (z. B. Thaler & Sunstein 2008).

12.3 Wie sich Entscheidungskompetenz entwickelt

Entscheidungen geben dem Willen eine Richtung, sie legen fest, wofür die eigene Energie eingesetzt wird. Geprägt sind sie durch die Kultur, das Verhalten anderer, den spezifischen situativen Kontext und ganz wesentlich durch die eigene Persönlichkeit. Umgekehrt lässt sich aus den Entscheidungen einer Person viel über ihre Persönlichkeit und ihre Entwicklung lernen.

12.3.1 Psychologische Grundlagen für die Ausbildung von Entscheidungskompetenz

Grundsätzlich gesagt gibt es neben der Ausformung der oben beschriebenen Co-Kompetenzen zwei psychologische Grundlagen für die Ausbildung von Entscheidungskompetenz:

- Zugang zu den eigenen Bedürfnissen,

- Vertrauen darin, die richtige Wahl treffen und mit den Konsequenzen einer Entscheidung umgehen zu können.

Fehlt der Zugang zu den eigenen Bedürfnissen, wird das Abwägen unmöglich, denn die Alternativen können nicht emotional gemarkert, also mit persönlicher Bedeutung versehen werden. In der Folge ist dann immer eine rein analytische Zugangsweise notwendig und diese führt bei persönlichen Entscheidungen zu keinem Ergebnis. Menschen, die von dem treffenderweise als „Alienation" (im Sinne von sich selbst fremd sein) bezeichneten Phänomen betroffen sind, können im Extrem nicht einmal entscheiden, welche Zahnpasta sie lieber mögen, oder ob sie Lust haben, ins Kino zu gehen. Von unternehmerischen Entscheidungen kann da keine Rede sein.

Fehlt das Vertrauen in die eigene Fähigkeit, mit den Folgen einer Entscheidung umgehen zu können, dann fehlt die Energie zur Befeuerung des für eine Festlegung notwendigen Muts. Bei als stark erlebten Bedürfnissen entsteht ein innerer Spannungszustand, der als sehr unangenehm erlebt werden kann, aber nicht aufgelöst wird. Ich weiß, ich muss mich festlegen, um ein Bedürfnis zu befriedigen, aber gleichzeitig habe ich Angst davor, die falsche Entscheidung zu treffen. Da ich so tatsächlich nichts zu meiner Bedürfnisbefriedigung beitragen kann, erlebe ich mich als machtlos und inkompetent. Wenn dieser Zustand anhält, kann daraus ein sich Fügen in die Verhältnisse entstehen – die Energie lässt nach. Dies kann gepaart mit dem dann ja tatsächlich eintretenden Zustand des Ausgeliefertseins in eine „gelernte Hilflosigkeit" münden (Seligman 1991), welche die Welt als unveränderlich erscheinen lässt. Lethargie und „Opferhaltung" sind die Folge.

12.3.2 Individuelle Entwicklung der Entscheidungskompetenz

Um zu verstehen, wie es zu diesem Phänomen kommen kann, hilft der Blick auf die Entwicklung eines Menschen. Die individuelle Entwicklung der Entscheidungskompetenz formt die geschichtliche Entwicklung im Kleinen nach. Zunächst sind es die Eltern, die buchstäblich alles entscheiden, und für das Kind ist nur wichtig, ob die Grundbedürfnisse gestillt werden. Auch wenn Kinder noch keine eigenen Entscheidungen in unserem Sinne treffen, wird ihr späteres Entscheidungsverhalten stark beeinflusst. Frei werden Entscheidungen dann, wenn sie möglichst frei von Ängsten getroffen werden können. Wenn eine Angst den Abgleich von Alternativen bestimmt, wird deren Macht immer größer sein als die gegenüberstehende Hoffnung auf eine positive Konsequenz. In den ersten zwei Jahren werden grundlegende Beziehungsmuster gelernt und ein daraus resultierender „Bindungsstil" wird geprägt (z. B. Bowlby 1988). Dieser kann sich bei negativer Entwicklung (z. B. wenn die Mutter dem Kind widersprüchliche Signale der Zuneigung oder Akzeptanz sendet) dadurch auszeichnen, dass Kinder in Bezug auf ihre primäre Bindungsperson, die Mutter, ein starkes Hin-und-her-gerissen-Sein und eine damit einhergehende Spannung erleben. Dies zeigt sich darin, dass eine eindeutige Wahl, ob ich nun bei der Mutter sein will oder nicht, nahezu unmöglich ist. Wird hier durch eine positive Entwicklung Vertrauen in die Sicherheit relevanter Beziehungen geprägt, kann auch im weiteren Leben Vertrauen zu anderen Menschen gefasst werden. Der eigentliche Wille zur Entscheidung muss im Lauf einer Entwicklung wachsen können. Er entsteht, wenn das Kind im Alter von drei Jahren in die erste relevante Phase der Identitätsentwicklung einsteigt. Mit dem Erkennen der eigenen Person gehen das Erkennen eigener Bedürfnisse und deren Veränderbarkeit einher. Dies wiederum führt zum Wunsch nach Wahlmöglichkeit. Ich möchte so handeln können, dass meine Bedürfnisse in einem bestimmten Moment befriedigt werden. Mit der ersten Entscheidung eines Kindes zeigen sich dessen individuelles Bedürfnis und damit auch ein relevanter Teil seiner Persönlichkeit.

Da, wie beschrieben, Entscheidung immer mit Risiko einhergeht, besteht ein weiterer zentraler Entwicklungsschritt darin, dass ein Kind Selbstvertrauen, also Vertrauen in die Wirksamkeit eigener Handlungen entwickeln kann. Die Grundvoraussetzung für die Bereitschaft, Risiken einzugehen, ist ein Vertrauen in die eigene Person, eine ausreichend gute Abwägung vornehmen zu können und im Zweifel auch der mit einem Risiko einhergehenden Gefahr ins Auge blicken zu können. Darüber hinaus muss das Selbst des Kindes auch dahingehend gestärkt werden, dass eine Versöhnung mit den Merkmalen, Stärken und Schwächen der eigenen Person stattfindet. Wenn man nicht lernt, sich selbst zu wählen, kann man nicht entscheiden

Vielleicht kann man die Pubertät vor dem Hintergrund des in Bezug auf die Geschichte der Kompetenz Gesagten als „Aufklärung des Einzelnen" betrachten. Hier werden die von außen gesetzten Vorgaben und Wahlmöglichkeiten auf radikale Art hinterfragt und durchbrochen, hier werden neue Alternativen entdeckt und entwickelt, die den individuellen Raum möglicher Entscheidungen substanziell erweitern. Ein letzter großer Einflussfaktor für die Ausprägung der Entscheidungskompetenz ist die Moralentwicklung. Die eigene Moral wird geprägt von der Kultur des eigenen Umfelds und der Auseinandersetzung mit diesem über das eigene Leben hinweg. Sie bildet als Koordinatensystem eine innere Kultur, vor deren Hintergrund Entscheidungen getroffen werden. Je nachdem, wie weit ein Mensch in seiner moralischen Entwicklung kommt, werden sich Entscheidungen dann auf die Vermeidung von Strafen beziehen, die eigene Bedürfnisbefriedigung fokussieren, grundlegende Kategorien von **gut** und **schlecht** beinhalten, das Ziel sozialer Ordnung berücksichtigen, Gerechtigkeit und soziale Nützlichkeit zum Inhalt haben oder sich an übergreifenden ethischen Prinzipien orientieren (vgl. hierzu Kohlbergs Stufentheorie zur moralischen Entwicklung 1996).

Letztlich sind bei der Entwicklung der Entscheidungskompetenz also ein Stärke- und ein Richtungspfeil zu unterscheiden. Ersterer gibt Auskunft darüber, wie viel prinzipielle Entscheidungsstärke beziehungsweise Entscheidungsbereitschaft im Sinne einer übergeordneten Orientierung heranwächst. Er speist sich aus der wahrgenommen Unvollkommenheit von Situationen ohne Klarheit und entsteht durch Zugang zu den Bedürfnissen und Selbstvertrauen. Der Richtungspfeil bestimmt dann den für eine Person typischen Ausgang einer Entscheidungssituation: Wird eher risikovermeidend oder erfolgsorientiert entschieden, wird ein Entschluss eher schnell und impulsiv oder überlegt und abwägend getroffen? Wird eher im Sinne der Stabilität oder im Sinne des Wandels entschieden? Welche Moralvorstellung bietet Halt beim eigenen Urteil?

12.4 Ausformungen der Entscheidungskompetenz und Typologie

Wir haben gesagt, dass sich im Entscheiden die Persönlichkeit zeigt. Entsprechend gibt es so viele unterschiedliche Typen von Entscheidern wie es Persönlichkeitstypen gibt. Jede Persönlichkeitseigenschaft hat einen Einfluss auf das Entscheidungsverhalten. Um dies etwas einzugrenzen, lassen sich zunächst anhand der Beschreibung der Entscheidungsfindung aus Abschnitt 12.1.3 Anhaltspunkte für mögliche Unterscheidungen finden. Fasst man diese mit den relevanten Einflüssen auf die Entwicklung der Entscheidungskompetenz

(Abschnitt 12.3) zusammen, ergeben sich folgende mögliche Dimensionen zur Beschreibung des Entscheidungsverhaltens:

- Alternativen schaffend und gestaltend vs. Alternativen annehmend und wählend,

- veränderungsorientiert vs. stabilitätsorientiert und traditionell,

- erfolgsorientiert vs. risikovermeidend,

- schnell und impulsiv vs. abwägend und reflektiert.

Zudem lassen sich in Bezug auf die Begründung von Entscheidungen rationale Entscheider von emotional-intuitiv entscheidenden Personen unterscheiden, sowie Unterschiede darin erkennen, welche Moralvorstellung Halt bei der Urteilsfindung liefert. Auf diese beiden Aspekte gehen wir weiter unten genauer ein. Um uns dem unternehmerischen Entscheiden psychologisch zu nähern und ein Raster zur Erklärung des Hintergrunds einer Entscheidung zu bieten, gehen wir zuvor aber zum Kern des Entscheidungsprozesses zurück und kommen so zu Ausprägungsformen und Entscheidungsstilen. Diese unterteilen zuerst unterschiedliche innere Zustände und erst dann den äußeren Effekt. Wir schauen also zuerst auf die Ursachen und im zweiten Schritt auf die sichtbaren Folgen unterschiedlicher Entscheidungsstile.

Psychologisch betrachtet funktioniert der Entscheidungsprozess folgendermaßen: Eine äußere Unsicherheit wird als innere Ambivalenz erlebt. Die Entscheidung löst diese Ambivalenz auf und schafft auch äußerlich wieder Klarheit. Eine sich hieraus ergebende, grobe Typologisierung besteht darin, unterschiedliche Erlebensformen dieser Ambivalenz zu benennen. Im nächsten Schritt lassen sich dann Unterschiede in Bezug auf die Frage feststellen, wie die Ambivalenz beseitigt wird – wie es also zu einer Festlegung nach außen kommt. Wenn man sich die unten vorgestellte Typologisierung ansieht und versucht, bekannte Personen einzuordnen, zeigt sich, dass im beruflichen und privaten Kontext unterschiedliche Entscheidungsstile zu beobachten sind. Auch in unterschiedlichen beruflichen Themen kann sich in Abhängigkeit von der erlebten Schwierigkeit der Situation und der eigenen Kompetenzeinschätzung ein unterschiedliches Muster zeigen.

12.4.1 Erleben und Beseitigen von Ambivalenz

Das **Erleben** einer inneren Ambivalenz kann zwischen zwei Menschen sehr unterschiedlich sein: Der eine erlebt sie als Freiheit im Sinne der Möglichkeit, der andere als Bedrohung. Ein Dritter empfindet gar einen zwanghaft aufrechtzuerhaltenden Lustgewinn, der sich aus Angst vor der persönlichen Festlegung speist.

Wenn ich **Ambivalenz als Freiheit** erlebe, werde ich die Betrachtung der Ambivalenz, das Ausleuchten der eigenen Meinungen, genießen können. Ich erlebe aber auch, und das ist ein wichtiger Punkt, die Freiheit, mich einzuschränken. Freiheit in diesem Sinne führt zu der Lust, sich in einer Welt wahrgenommener Möglichkeiten zu positionieren.

Wenn ich **Ambivalenz als Bedrohung** erlebe, erlebe ich im Wesentlichen eine Furcht vor Unbestimmtheit. Dies kann damit zu tun haben, dass ich in ähnlichen Situationen bereits die Erfahrung gemacht habe, solche Unbestimmtheiten nicht handhaben zu können. Hiermit zusammenhängend ist der psychologische Drang nach Stabilität und Vorhersagbarkeit zu sehen (im Sinne von Fritz Riemanns „Grundformen der Angst" 2011). Klarheit und Balance stelle ich in dieser Situation entweder dadurch her, dass ich Situationen, die Ambivalenz erzeugen könnten, schlicht meide oder ignoriere. Anderseits bleibt mir die Möglichkeit, die Ambivalenz mittels klarer Regelungen und Ansagen aus der Welt räumen. In Gefahrensituationen kann das ein echter Vorteil sein, auch lange Diskussionen lassen sich so verhindern. In komplexeren Problemsituationen kommen Menschen mit diesem Stil häufig zu sehr vereinfachten Urteilen.

Wenn ich **Ambivalenz als zwanghafte Lust** erlebe, kann ich sie entweder aufrechterhalten und immer weiter abwägen. Oder ich benötige immer neue Situationen mit Ambivalenz und Unsicherheit und vermeide eine dauerhafte Einschränkung. Der Grund für eine derartige „Verhaltenssucht" ist darin zu sehen, dass mit dem dauerhaften Einschränken der Möglichkeiten, also mit der Ambivalenz-Beseitigung, eine Festlegung eintritt. Der für viele Menschen zentrale Drang nach persönlicher Veränderung und Stimulanz (Riemann 2011) kann zumindest in dem Punkt, der entschieden wurde, nicht aufrechterhalten werden. Darüber hinaus könnten gerade bei leistungsbezogenen Fragen die Folgen einer Festlegung im Scheitern bestehen – ich habe mich festgelegt und es war falsch. Demgegenüber wird vom später als „Debattierter" benannten Typ die Ambivalenz selbst als angenehmer empfunden. Personen aus dieser Gruppe können durchaus in der Lage sein, Entscheidungen zu treffen – diese betreffen in der Regel dann aber immer Bereiche oder Fragen, von denen sie selbst weniger stark betroffen sind.

Wichtig ist zu verstehen, dass sowohl Bedrohung durch die Ambivalenz als auch die zwanghafte Lust daran eine Abwehr von Freiheit beinhaltet. Denn Freiheit – so wie wir sie hier verstehen – bedeutet Möglichkeit, aber auch Einschränkung. Die äußere Freiheit entsteht durch Möglichkeiten in der Welt, aber die innere Freiheit entsteht erst, wenn ich in der Lage bin, mich einzuschränken und die äußeren Möglichkeiten zu beherrschen. In diesem Sinne will der „Bedrohte" keine Möglichkeiten und der „Zwanghafte" keine Einschränkung. Der „Bedrohte" schafft sich eine Illusion von Halt und Klarheit und verpasst die Möglichkeit von Alternativen. Der „zwanghafte Lustvolle" lebt in der Illusion der persönlichen Unbestimmtheit und ist doch gerade hierin festgelegt.

Das **Beseitigen** der Ambivalenz geschieht unabhängig von deren Erleben ebenfalls auf unterschiedliche Art:

- **Ablehnen:**
  Die einen lehnen eine aktive Beseitigung der Ambivalenz ab. Entweder weil sie nicht zu können glauben oder weil sie keinen motivationalen Drang hierzu spüren. Die Ambivalenz bleibt erhalten oder aber sie wird ignoriert.

- **Annehmen:**
  Die zweite Möglichkeit der Beseitigung besteht im Annehmen der Verantwortung für eine Beseitigung der Ambivalenz. Der Wert der Festlegung, die Entscheidung, wird prinzipiell hoch eingeschätzt. Das Erleben der Ambivalenz bestimmt dann, wie diese Festlegung aussieht und welche Objekte sie betrifft.

- **Auferlegen:**
  Die dritte Möglichkeit besteht darin, sich oder anderen die eigene Festlegung aufzuerlegen. Im positiven Sinne kann so ein großer Antrieb und Klarheit in der Krise entstehen. Im negativen Sinne wird Unbelehrbarkeit, Rigidität oder Rücksichtslosigkeit wahrgenommen.

12.4.2 Entscheidungstypen

Durch die Kombination von Erleben und Beseitigen lassen sich die in der Tabelle vorgestellten Typen bilden:

		Bestimmer	Befreier	Abenteurer
Ambivalenz-Beseitigung	Auferlegen	Einfache, schnelle und weitreichende Urteile Positiv: Schnelligkeit und Klarheit Negativ: Rigidität und „Basta-Mentalität"	Treibt sich und andere zur Freiheit; hält Möglichkeiten vor Positiv: inspirierend, umwälzend Negativ: belehrend; „missionarisch"	Sucht immer neue Möglichkeiten und „Spielfelder" Positiv: Erlebnis, Entdeckungen Negativ: unberechenbar, übergroßes Risiko, Verführung
		Regelwächter	**Steuermann**	**Ratgeber**
	Annehmen	Soll-Ist-Abgleich; systematisches Zerlegen, um beherrschen zu können Positiv: berechenbar, genau Negativ: penibel, dogmatisch, profillos	Ausleuchten von Alternativen; Verteidigung des eigenen Urteils Positiv: situativ, führend, einbeziehend Negativ: evtl. keine Bereitschaft zur Härte	Große Analysen; sachliche Schlussfolgerungen und Empfehlungen für andere Positiv: unabhängig, sachlich Negativ: wenig greifbar, distanziert
		Leugner	**Beobachter**	**Debattierer**
	Ablehnen	Ignorieren des Themas; Ausblenden der Notwendigkeit zur Festlegung Positiv: folgsam, regelkonform Negativ: ignorant, blass, uneigenständig	Bedürfnisse erscheinen befriedigt, kein Antrieb für weitere Festlegungen Positiv: tolerant; gelassen; erfahren Negativ: nicht involviert, antriebslos	Verharren im Ausleuchten, Abwägen und Diskutieren; kein Mut zur Festlegung Positiv: abwägend, differenziert, neugierig Negativ: unentschieden, endlos
		Bedrohung	Freiheit	Zwanghafte Lust
		Ambivalenz-Erleben		

Tab. 12.2: Entscheidungstypen im Erleben und in der Beseitigung von Ambivalenz

- Der **Bestimmer** will keine Ambivalenz aufkommen lassen. Die Auseinandersetzung wird als bedrohlich wahrgenommen. Je nach Situation hat diese Einschätzung mehr oder weniger Berechtigung. Entscheidungen sind klar, endgültig und gehen häufig auch über das eigentlich diskutierte Thema hinaus. Er legt auch sich selbst oft weitgehend fest. Von den einen als entschieden und stark wahrgenommen, erscheint er anderen als rigide und undifferenziert. Gut geeignet in Krisensituationen mit klaren Optionen.

- Der **Befreier** will anderen oder auch sich selbst Freiheit ermöglichen. Er treibt zum nächsten Schritt, hält Möglichkeiten vor Augen und zeigt hierbei viel Energie. Das eigene Kompetenzerleben ist hoch und wird auf andere übertragen. Er kann entsprechend auch als drängend oder nervend wahrgenommen werden. Gut geeigneter Entscheidungsstil für motivierende Reden und Situationen, in denen wahrgenommene Grenzen überwunden werden sollen.

- Der **Abenteurer** hat ebenfalls ein hohes Kompetenzgefühl und verspürt den Druck, sich immer wieder neu auszuprobieren und zu erleben. In der Führung werden immer neue Projekte in Angriff genommen, auch wenn diese hohe Risiken beinhalten. Andere müssen mit seinem Stil leben, werden mit ihren individuellen Bedürfnissen häufig aber nicht wahrgenommen. Gut geeigneter Entscheidungsstil für Projekte, die bewusst neues Terrain erkunden sollen und frei von operativen Zwängen laufen.

- Der **Regelwächter** bezieht sein Kompetenzerleben aus der Anwendung definierter Mechanismen und Vorgaben. Lässt die Situation dies aufgrund einer passenden Komplexität zu, kann er als solider Qualitätssicherer und gewissenhafter Mahner wahrgenommen werden. Bei steigender Komplexität lassen sich dann häufig keine zur Situation passenden Regeln oder Ableitungen mehr finden. Die Folge ist entweder ein Abgleiten in den bestimmenden oder leugnenden Stil – oder aber ein auch selbst als unangenehm erlebter Regress im Anwenden zugänglicher Analysemethoden und Anweisungen. Der Regelwächter ist in relevanten Fragen folglich traditionell und bewahrend. Gut geeigneter Stil für Aufgaben mit geringer bis mittlerer Komplexität und klar einzuhaltenden Vorgaben.

- Der **Steuermann** verkörpert einen bedachten, im Ergebnis dann aber klaren Entscheidungsstil. Er verschafft sich einen Überblick und entscheidet zielbezogen. In vielen Situationen ist dies der überlegene Entscheidungsstil, da er angstfrei, kompetent und motiviert erfolgt. Ob er angewendet werden kann, hängt neben dem Ambivalenz-Erleben vor allem von der Kompetenz des Entscheiders ab. Kann die Komplexität und Unsicherheit nicht bewältigt werden, wird der Kurs häufiger geändert und es entsteht der Eindruck mangelnder Konsequenz und fehlender Bereitschaft zur Härte.

- Der **Ratgeber** schätzt Situationen, in denen seine Kompetenz und Analyse gefragt sind. Er ist schnell mit einer Entscheidung zur Stelle – diese betrifft aber meist nicht ihn selbst, sondern es handelt sich vielmehr um eine Entscheidungsempfehlung. Soll er für die Konsequenz seiner Empfehlung Verantwortung übernehmen, weicht er sie häufig wieder auf. Eine dauerhafte persönliche Festlegung, z. B. auf ein eng gesetztes Themengebiet, wird vermieden. Dem Ratgeber fällt es leicht, passende Alternativen herauszufiltern. Es fällt ihm schwer, sich persönlich von Alternativen zu verabschieden.

- Der **Leugner** empfindet die Möglichkeit der Wahl als Bedrohung. Dies speist sich bisweilen aus tiefergehender Angst in Bezug auf ein Thema (gerade bei Beziehungsthemen, sexuellen Fragen etc.), ist im beruflichen Kontext aber in der Regel mit einem Mangel an wahrgenommener Kompetenz verbunden. Themen werden umgangen und vermieden, die Möglichkeit, eine Entscheidung zu treffen, wird ignoriert. Entscheidungen anderer und Regeln werden unreflektiert angenommen und es wird stur gefolgt. Geeignet ist dieser Stil daher auch nur dort, wo Folgen und unbedingte Loyalität gefragt sind.

- Der **Beobachter** tritt manchmal als seniorer, über den Dingen stehender Mensch auf, der sich und anderen nichts mehr beweisen muss. Seine Bedürfnisse erscheinen ihm befriedigt. Er würde immer sagen, er könne noch – er will aber nicht mehr. Häufig erscheint er anderen als „erleuchtet". Beobachter findet man aber auch unter jüngeren Menschen. Sie erkennen die Dynamik in einem Thema und wüssten, was sie im Zweifel täten. Sie wollen sich aber, wenn möglich, nicht involvieren und beschränken sich auf das Kommentieren. Im Unterschied zum Ratgeber bringen sie sich nicht aktiv in Situationen mit Ambivalenz. Beobachter sind wertvoll als erfahrene Mentoren oder in Situationen, in denen ein Team sehr selbstgesteuert Erfahrungen sammeln soll.

- Der **Debattierer** liebt das Abwägen, aber er hasst die Festlegung. Gegebene, aber nicht geäußerte Ursache hierfür ist meist die Angst davor, dass die eigene Festlegung fehlerhaft sein könnte. Man möchte lieber noch einmal von einer anderen Seite auf das Problem schauen und noch weitere Argumente ausloten. Der Debattierer empfindet lange durchaus Freude an der Ambivalenz – diese wird nach einiger Zeit häufig aber überschattet von den wahrgenommenen Folgen der Unbestimmtheit. Eine typische Form des debattierenden Stils ist auch das Aufschieben – die Entscheidung wird in die Zukunft geschoben. Gut geeignet sind Debattierer da, wo tiefes, facettenreiches Betrachten von Problemen und eine differenzierte Auseinandersetzung gefragt sind.

Die Zuordnung der Entscheidungsstile muss, wie bereits erwähnt, immer themenbezogen erfolgen. Da sie von der Kompetenz des Entscheiders in einem Thema abhängt, kann hier nur selten eine auf alle Fragen passende Einordnung vorgenommen werden. Das Ambivalenz-Erleben kann sich zudem in unterschiedlichen Bereichen unterschiedlich darstellen. Entsprechend unterschiedlich sind dann die von außen wahrgenommenen Entscheidungsthemen und die Begründungslogik.

12.4.3 Die Begründungslogik von Entscheidungen

Die Begründungslogik hat ebenfalls zwei Dimensionen, die kurz dargestellt werden sollen:

- **Rational vs. intuitiv**
  Der rationale Entscheider findet Sachargumente und kann eine Begründungslogik für seine Entscheidung darstellen. Diese erscheint häufig zwingend, muss aber nicht objektiv sein. Intuitive Entscheider legen mehr Wert auf ihr „Bauchgefühl" – und entscheiden damit immer auch emotional. Dieser Stil ist häufig bei in einem Thema weniger kompetenten oder aber sehr erfahrenen Entscheidern zu finden – Regeln werden bei Letzteren stärker implizit angewandt und können zum Teil auch nicht mehr inhaltlich beschrieben werden, Erstere verfügen noch nicht über die Mittel der sachlichen Abwägung und können nur „vermuten". Nicht zu verwechseln mit dem intuitiven Entscheidungsstil ist ein Entscheidungsverhalten, was in der (rationalen) Begründung stärkeren Wert auf emotionale Argumente („Wir machen es so, damit die Mitarbeiter sich gut fühlen") als auf sachbezogene Argumente legt („Wir machen es so, weil wir so die meisten Kosten sparen"). Das in diesem Sinne emotionale Entscheiden wird hier dann gleichgesetzt mit einem sensiblen, ganzheitlichen Entscheiden – Sachargumente werden als weniger sozial oder empathisch angesehen.

- **Utilitaristisch vs. prinzipientreu**
  Hier ist die Frage des ethischen Kompasses bei der Entscheidungsfindung gemeint. Der utilitaristische Entscheider geht situativ und zielbezogen vor. Der Zweck heiligt die Mittel. Möglichkeiten werden vor dem Hintergrund des zu erreichenden Nutzens in einer Situation abgewogen. Der prinzipientreue Entscheider hat klare Maximen, die ihm Orientierung geben. Er ist deswegen nicht zwingend den oben beschriebenen „Regelwächtern" zuzuordnen. Vielmehr geben ihm seine Maximen Orientierung und gerade dadurch die Freiheit, sich anderen Entscheidungsfragen zuzuwenden. Ein aktuelle Frage, die den Unterschied der beiden Stile deutlich macht, wurde vom Bundesverfassungsgericht entschieden: Darf man ein entführtes Passagierflugzeug abschießen, das Kurs auf ein vollbesetztes Stadion nimmt? Der Utilitarist fragt hier, wie maximal viele Leben gerettet werden können, der Prinzipientreue fragt, ob man töten darf.

12.5 Wie entscheidungsstarken Personen die Welt erscheint

Begabte Entscheider sehen die Welt als Ansammlung von Alternativen. Da wo andere nach Orientierung suchen, verschaffen sich begabte Entscheider selbst einen Überblick. Dabei agieren sie immer mit dem Ziel, sich festzulegen und Unbestimmtheiten zu beseitigen. Sie sehen dies als Möglichkeit, weiterzukommen und sich beziehungsweise ein Unternehmen zu entwickeln. Im **Berufsleben** haben begabte Entscheider ein gutes Gespür für Beschränkungen und Rahmenbedingungen. Es ist ihnen bewusst, welchen Entscheidungsspielraum sie besitzen. Sie entscheiden dann aktiv, ob er ihnen ausreicht oder ob sie sich ein anderes Betätigungsfeld suchen. Erkennen sie ein Entscheidungsvakuum, einen unbestimmten Bereich mit Relevanz für die unternehmerischen Ziele, dann werden sie aktiv. Entscheidungsstarke Personen scannen ihr Umfeld nach Entscheidungsmöglichkeiten ab. Sind sie in unserem Sinne kompetent, lassen sie mögliche Festlegungen vorüberziehen, wenn sie die Entscheidungsbefugnis relevanter anderer kreuzen, und konzentrieren sich auf die noch nicht besetzten Themen.

Das **Privatleben** entscheidungsstarker Menschen wirkt von außen in sich stimmig und häufig auch aufgeräumt. Begabte Entscheider haben sich für sich entschieden. Sie sind klar in Bezug auf den Kern ihrer Persönlichkeit und die Richtungsziele für ihr Leben. Das bedeutet nicht, dass sie stagnieren – im Gegenteil. Gerade dadurch, dass die übergeordnete Richtung feststeht, kommen sie in Bewegung, probieren sich aus und lernen dazu. Sie reifen, ohne zu erstarren. Entscheidungsstarke Personen erleben eine „innere Unabhängigkeit". Sie stehen mit beiden Beinen auf **ihrem Boden** und können gerade deshalb den Überblick behalten.

In der **Gesprächsführung und Kommunikation** werden entscheidungsstarke Personen zunächst als fragend und dann als festlegend erlebt. Sie nutzen Gespräche, um Optionen auszuloten und ihre Ideen durch die Perspektive anderer zu spiegeln. Sie hören gut zu, weil sich in den Aussagen ihrer Gesprächspartner wichtige Hinweise zur Entscheidungsfindung verbergen. Sie sind dann klar und schließen das Gespräch ab, wenn der innere Entschluss gefasst ist. Das Gespräch ist häufig also Mittel zum Zweck. Es wird gerade deshalb sehr ernst genommen – und gerade deshalb manchmal abgelehnt.

Im Hinblick auf das **Konfliktverhalten** zeigt sich der begabte Entscheider als gerechter Richter. Er erlebt Konflikte durchaus als emotional, kann sich aber auch von der eigenen Emotion lösen, um den Sachverhalt aus unterschiedlichen Perspektiven zu beleuchten. Im Sinne eines „geregelten Durchsetzens" eigener Interessen trägt er lösungsorientiert zu einer konkreten Lösung bei. Ihm ist wichtig, dass die Lösung ausreichend kreativ und eindeutig ist.

12.6 Berühmte Repräsentanten der Entscheidungskompetenz

Denkt man an die grundsätzliche Relevanz von Entscheidungskompetenz, dann liegen große historische Vergleiche und Persönlichkeiten selbstverständlich nahe.

Als ein großer berühmter Repräsentant von Entscheidungskompetenz erscheint **Gaius Julius Caesar** (100 v. Chr. bis 44 v. Chr.). Besonders verbunden wird sein Name mit der sprichwörtlichen Entscheidung, den Rubikon zu überschreiten. Als er dies gegen den Willen des römischen Senates mit seiner Legion ca. 49 v. Chr. tat, manifestierte sich darin seine Entscheidung, einen Staatsstreich durchzuführen. Verbunden mit dieser Situation ist auch das wohl berühmteste Caesar-Zitat „alea iacta est" (Der Würfel ist geworfen). Entsprechend können Caesar und diese Entscheidung als exemplarisches Beispiel für Mut und Risikobereitschaft gelten, vor allen Dingen aber auch für dessen Willen zur Macht. Insgesamt scheint Caesars Biografie allerdings vor allem ein Zeugnis davon zu sein, dass er sich bei seinen Entscheidungen stärker von seinem Machtwillen als von moralischen Überlegungen leiten ließ. So wurden auf seinen Befehl hin z. B. Hunderttausende von Germanen brutal ermordet, was als ein frühes Beispiel von Völkermord gilt. Entsprechend kann man Caesar nicht nur als Beispiel von Mut und Entschlossenheit, sondern auch als Beispiel für ein mangelndes, moralisches Fundament und einen stark ausgeprägten Egozentrismus bei Entscheidungen sehen. Ein zweiter großer historischer Herrscher, der mit Entscheidungskompetenz verbunden wird, ist **Napoleon Bonaparte**, französischer General, Staatsmann und Kaiser (1769–1821). Auch Napoleon gilt als mutiger Entscheider mit entsprechend großen Siegen, aber auch Niederlagen. So ist vor allen Dingen seine Niederlage in der Schlacht bei Waterloo sprichwörtlich. Darüber hinaus gilt Napoleon als begnadeter Stratege, wobei deutlich wird, dass es bei guten Entscheidungen oft auf neue Ideen und Handlungsalternativen ankommt. So gelten seine Überlegungen zu einer schnelleren und flexibleren Kriegsführung als innovativ. Auch bei Napoleon sieht man, dass der Wille zur eigenen Freiheit, Gestaltung und Entschlossenheit gepaart mit entsprechenden Mitteln und Macht große Effekte und Konsequenzen nach sich ziehen kann. Als ein Vertreter ganz anders ausgeprägter Entscheidungskompetenz gilt **König Salomon**. König Salomon herrschte etwa im 10. Jhd. v. Chr. in Israel und ist vermutlich der Erbauer des ersten Tempels von Jerusalem. Sein Name ist verbunden mit dem Begriff des „salomonischen Urteils", das vor allem durch Weisheit, Klugheit und Weitsicht geprägt ist. Die vermeintliche Entscheidung, das strittige Kind mit seinem Schwert in zwei Hälften zu teilen, führte dazu, die wahre Mutter zu identifizieren. Entsprechend gilt König Salomon als Person der moralischen Maßstäbe und der Gerechtigkeit. Gemäß dem Mythos hat Gott ihm einen Wunsch gewährt, worauf er sich Weisheit wünschte, um sein Volk gut regieren zu können, anstatt egoistischen Motiven zu folgen. Die historische Person des König Salomons gilt als umstritten, es gibt lediglich Indizien für seine Existenz. In seiner Rolle als Herrscher und Richter gilt König Salomon als Urbild des guten Richters an sich.

12.7 Diagnostik der Entscheidungskompetenz

12.7.1 Entscheidungen im Kontext verstehen

Entscheidungen sind immer nur im Kontext zu verstehen. Wenn ich nicht weiß, wie sich jemand in welchen Rahmenbedingungen bewegt – oder noch genauer: wie er diese Rahmenbedingungen subjektiv erlebt – dann kann ich die Entscheidung nicht verstehen. Geschichtlich gesehen bewegt uns diese Frage gerade hierzulande mit Blick auf das Verhalten der Deutschen während der NS-Diktatur. Aber auch durch die Entscheidung, eine Ehe zu beenden, die von außen doch stabil wirkt, kann ich nur dann etwas über den Entscheider erfahren, wenn ich etwas über beide Personen weiß. Jede Entscheidungsanalyse muss daher mit einer Situations- und Kulturanalyse einhergehen. Ich komme also vom Inhalt und frage mich dann: Wie entscheidet jemand?

Entscheidungskompetenz zeigt sich im Verhalten. Wenn das Verhalten einer Person untersucht werden soll, um auf die zugrunde liegende Kompetenz schließen zu können, muss folglich auch hier die subjektiv wahrgenommene Situation berücksichtigt werden, in der das Verhalten stattgefunden hat. Für die Diagnostik bedeutet dies zwei Dinge:

- Durch die Betrachtung des Entscheidungsverhaltens einer Person in einer Situation kann ich erkennen, zu welchen Handlungen sich der Entscheider bewegt sah und wozu er in der Lage war. Nicht mehr und nicht weniger. Hieraus kann dann, gerade durch den Vergleich mit anderen Personen, eine Aussage über den Grad der Angemessenheit und Funktionalität in dieser Situation getroffen werden. Wenn es eine für die zukünftigen Herausforderungen typische Situation war, kann ich zudem eine fundierte Vermutung in Bezug auf typisches Entscheidungsverhalten anstellen.

- Durch die Reflexion der Entscheidung durch den Entscheider wie auch durch eine nähere Beleuchtung des subjektiven Erlebens in der Situation kann man etwas über die individuellen Entscheidungstendenzen erkennen. Ich kann dann vielleicht sehen, ob das Verhalten typisch war oder ob die spezielle Situation einen substanziellen Einfluss hatte. Vielleicht gab es einen für die Person ganz speziellen Schlüsselreiz, der so in anderen Situationen nicht vorliegt. Vielleicht wurde eine Entscheidung hierdurch extremer als in anderen Situationen, oder aber ganz verhindert. Wir dürfen als Diagnostiker die Ursachen des Verhaltens nicht zu leichtfertig in der Person verorten. Die Gefahr, den hierdurch bezeichneten „fundamentalen Attributionsfehler" zu begehen, lässt sich nur verringern, wenn das Verhalten auch von außen nachvollzogen und situativ eingeordnet werden kann. Entscheidungskompetenz kann in diesem Sinne intentional, durch die Augen des Entscheiders gesehen und verstanden werden.

Vor diesem Hintergrund lassen sich die Möglichkeiten und Grenzen diagnostischer Zugänge beschreiben.

12.7.2 Möglichkeiten und Grenzen diagnostischer Zugänge

Interviews

In **Interviews** kann durch die Beschreibung und Reflexion der Vorgehensweise in einer Situation auf die Stärke der **Orientierung und Motivation** geschlossen werden, indem hinterfragt wird, wann und warum eine Situation entscheidungsrelevant für die Person war. Über die Beschreibung des Verhaltens in unterschiedlichen Situationen kann etwas über die Kenntnis relevanten Handwerkszeugs gesagt werden. Hier sollte der Blick vor allem darauf fallen, wie fundiert und begründet die Entscheidungen getroffen wurden – und ob die Person reflektieren kann, worin der eigene Antrieb in der Situation bestand. Auch das Maß an reflektierter Erfahrung in Entscheidungssituationen lässt sich hier erkennen. So lassen sich bereits im Interview alle Facetten der Kompetenz beleuchten. Typische Interviewfragen, mit denen dies gelingen kann, sind:

- Mit dem Fokus **Motivation und Orientierung**: Wie wichtig ist es Ihnen, klare Verhältnisse zu schaffen? Wo haben Sie dies einmal getan? Was war für Sie eine relevante Entscheidungssituation? Warum war es Ihnen in der Situation wichtig, eine Entscheidung zu fällen? Wo waren Sie einmal mit einer Situation konfrontiert, in der nicht klar war, was passieren soll? Wie war das für Sie? Was haben Sie getan?

- Mit dem Fokus **Fähigkeit und Handwerkszeug**: Wie entscheiden Sie in der Regel? Erzählen Sie uns von einer aus Ihrer Sicht wichtigen Entscheidung, die Sie treffen mussten: Wie sind Sie vorgegangen, um die Alternativen abzuwägen? Bitte beschreiben Sie, welche Optionen und Alternativen bei der Entscheidung zur Auswahl standen. Warum haben Sie sich insbesondere für die von Ihnen ausgewählte Entscheidungsoption entschieden? Was lernen wir daraus über Ihren Entscheidungsstil? Welche Entscheidungen treffen Sie autonom? Bei welchen ist Ihnen die explizite Einbindung von Schnittstellen oder anderen Personen wichtig? Welche Entscheidungstechniken kennen Sie? Wo haben Sie diese bereits angewandt?

- Mit dem Fokus **Wissen und Erfahrung**: Welche unterschiedlichen Entscheidungsprobleme haben Sie schon gelöst? Wann haben Sie zum ersten Mal eine relevante Entscheidung im unternehmerischen Sinne getroffen? Wann und wo haben Sie im Anschluss ähnliche Situationen erlebt?

Strategische Fallstudien

In **strategischen Fallstudien** begegnen Teilnehmer häufig zum einen der Herausforderung, komplexes Datenmaterial zu analysieren, und zum anderen der Aufgabe, eine Strategie abzuleiten. Nun bedingt jede Strategie eine Entscheidung, da ich einen Weg für die Zukunft des Unternehmens festlege. Hier zeigt sich sehr klar, ob Teilnehmer den Drang verspüren, eine Entscheidung für **und** gegen Alternativen zu treffen, oder ob sie alle Optionen gleichzeitig verfolgen. Man sieht, ob jemand gestalten, definieren, also entscheiden möchte. An der Begründung der Strategie lässt sich dann auch die Fähigkeit ausmachen, Alternativen strukturiert zu bewerten. Neben den Co-Kompetenzen der Analytik und Strategie zeigt sich hier insbesondere Entscheidungsfähigkeit.

Handlungsorientierte Fallstudien

Stärker operativ geprägt sind sogenannte **handlungsorientierte Fallstudien**. Auch hier wird die Analytik der Teilnehmer gefordert – gleichzeitig ergeben sich aber auch eine ganze Reihe möglicher Entscheidungssituationen. Ob sie vom Teilnehmer als solche erkannt werden (und welche Art von Situation entschieden wird), gibt auch hier wieder Aufschluss über die Stärke der Orientierung. Da in dieser Übung vor allem schnelle Entscheidungen gefragt sind, lässt sich auch etwas über die diesbezügliche Fähigkeit in Erfahrung bringen.

Rollenspiele

In **Rollenspielen** geht es seltener um inhaltlich komplexe Fragestellungen mit hoher analytischer Herausforderung. Dafür sind die Situationen häufig in Bezug auf die vorhandene Unsicherheit umso komplexer. In einer sozialen Problemlage zu einer Entscheidung zu kommen, ist zwar nicht immer mit weitreichenden Konsequenzen, aber oftmals mit deutlich mehr Risiko in Bezug auf mögliche Folgen verbunden. Gerade dann, wenn wir uns noch einmal den Richter als typischen Vertreter der Entscheidungskompetenz vor Augen führen, wird in Rollenspielen häufig sehr deutlich, ob und wie ein Teilnehmer über den anderen urteilt.

Mögliche Verhaltensanker zur Diagnose von Entscheidungskompetenz

- Erkennt Themen, die Entscheidungen ermöglichen; definiert Entscheidungsziele.

- Entwickelt Optionen, leuchtet den Raum möglicher Alternativen aus.

- Wägt Alternativen zielorientiert ab; entscheidet angemessen schnell und sicher; wägt den Wert unterschiedlicher Optionen sicher ab; wirkt in seinem oder ihrem Vorgehen entschieden und verteidigt Entscheidungen auch gegenüber Widerständen.

- Kennt und nutzt Methoden der Entscheidungsfindung; wägt relevante Aspekte geplant und nachvollziehbar ab; behandelt Alternativen bis zum Entschluss gleichwertig und vermeidet vorschnelle Festlegungen; erkennt mögliche Entscheidungsfallen und reagiert entsprechend.

- Bindet andere bei Bedarf in Entscheidungsprozesse ein; überprüft seine oder ihre eigene Einschätzung durch Befragung anderer.

- Zeigt die Bereitschaft zur Entscheidung, auch unter Unsicherheit; will sich festlegen; kommt zu klaren Schlüssen, legt sich fest und übernimmt damit Verantwortung.

- Steht zu seiner oder ihrer Entscheidung; wirkt entschieden und verteidigt seinen oder ihren Entschluss auch gegenüber Widerständen.

- Reflektiert das eigene Entscheidungsverhalten treffend; kann Gründe für seine oder ihre Entscheidung darlegen; kennt eigene Entscheidungstendenzen.

- Zeigt sich erfahren im Treffen schwieriger Entscheidungen, kann Folgen einer Entscheidung einschätzen.

12.8 Personalentwicklung und Coaching der Entscheidungskompetenz

In diesem Kapitel wollen wir noch einmal beschreiben, wie und in welchem Maß Entscheidungskompetenz entwickelt werden kann.

In Abschnitt 12.3.2 wurde die individuelle Entwicklung der Entscheidungskompetenz beschrieben. Als besonders relevant in diesem Zusammenhang hatten wir genannt: den Zugang zu eigenen Bedürfnissen, Vertrauen in die eigene Fähigkeit, die richtige Wahl treffen und mit den Folgen einer Entscheidung leben zu können. An diesen Punkten kann auch Personalentwicklung ansetzen.

Ein Mittel hierzu ist das **Coaching**, in dem insbesondere an den persönlichen Hindernissen auf dem Weg zu einer guten Entscheidungsfindung gearbeitet werden kann. Der Entscheidungsstil kann reflektiert und das subjektive Erleben von Entscheidungssituationen besprochen werden. Beides dient als Grundlage dazu, individuelle Entscheidungsmuster zu durchbrechen. Die Verhaltensbandbreite und somit die Freiheit der Entscheidung wird dadurch gestärkt. Angesagt ist Coaching dann, wenn die Kompetenz zur inhaltlichen Bewältigung einer Entscheidungssituation als gegeben beschrieben werden kann und dennoch zu wenig oder zu starre Festlegung stattfindet.

Im **Training** (individuell oder in der Gruppe) lassen sich Instrumente zur Entscheidungsfindung erlernen. Hier kann der Fokus auf der Entscheidungstheorie mitsamt dem gesamten Methodenkoffer der Stochastik und Entscheidungstechnik liegen.

In **Business Cases**, die ebenfalls im Rahmen eines Trainings oder Coachings eingesetzt werden können, kann das **Entwickeln von Szenarien** geübt werden. Simulationen ermöglichen ein Ausprobieren verschiedener Wenn-dann-Verknüpfungen und ein Abwägen von Alternativen in komplexen Situationen. Die Frage nach einem guten Entscheidungsprozess, also „Wie geht Entscheiden?", kann hier ebenfalls gestellt werden.

Durch **Hospitation und Rotation** schließlich kann Stück für Stück der Umgang mit mehr Verantwortung eingeübt werden. „Entscheidungen mit doppeltem Boden" gehen zwar schon über das Simulieren von Verantwortung hinaus, trotzdem ist noch jemand im Hintergrund, der die Entscheidung absegnet und im Zweifel auch verantwortet. Führungskräfte können quasi als Arbeitsprobe einen guten Eindruck davon gewinnen, wie sicher sich ihre Mitarbeiter im Umgang mit Unsicherheiten fühlen.

12.9 Literatur

Becker, G. (2012): Soll ich – soll ich nicht? Warum wir zögern und zweifeln. Köln: Edition Tag & Traum.

Borchardt, A., Faerber, Y. (2012): Teamfähigkeit als Kompetenz. In: Laske, S., Orthey, A., Schmid, M. (Hrsg.): PersonalEntwickeln (Loseblatt 1993 ff.), Köln, Beitrag 6.111.

Bowlby, J. (1990): A Secure Base: Parent-Child Attachment and Healthy Human Development. London: Basic Books.

Braun, W. (2010): Die (Psycho-)Logik des Entscheidens. Fallstricke, Strategien und Techniken im Umgang mit schwierigen Situationen. Bern: Hans Huber.

Fromm, E. (2011): Die Furcht vor der Freiheit. München: dtv.

Hammond, J. S., Keeney, R. L., Raiffa, H. (1998): The hidden traps in decision making. In: Harvard Business Review, 76 (5), S. 47 ff.

Heckhausen, J., Heckhausen, H. (2010): Motivation und Handeln. Berlin Heidelberg: Springer.

Kahneman, D. (2011): Thinking, fast and slow. London: Penguin.

Kahneman, D., Lovallo, D., Sibony, O. (2011): The Big Idea: Before You Make That Big Decision … In: Harvard Business Review, 89 (6), S. 50–60.

Kohlberg, L. (1996): Die Psychologie der Moralentwicklung. Berlin: Suhrkamp.

Luhmann, N. (2011): Organisation und Entscheidung. Wiesbaden: VS Verlag für Sozialwissenschaften.

Paschen, M. (2012): Potenziale und Kompetenzen beurteilen und entwickeln. Handbuch Personalentwicklung. 162. Erg.-Lfg. Juli 2012, S. 1–32.

Paschen, M., Dihsmaier, E. (2011): Psychologie der Menschenführung. Wie Sie Führungsstärke und Autorität entwickeln. Berlin Heidelberg: Springer.

Riemann, F. (2013): Grundformen der Angst. Eine tiefenpsychologische Studie (41. Aufl.). München: Reinhardt.

Seligman, M. E. P. (2006): Learned Optimism. How to Change Your Mind and Your Life. New York: Vintage.

Simon, H. A. (1997): Administrative Behavior, A Study of Decision-making Processes in Administrative Organisations (4. Aufl.). New York: Free Press.

Thaler, R. H., Sunstein, C. R. (2010): Nudge: Wie man kluge Entscheidungen anstößt. Berlin: Ullstein.

v. Foerster, H. (1993): KybernEthik. Berlin: Merve.

Wiederhake, P., Stöwe, C. (2014). Initiative als Kompetenz. In: Laske, S., Orthey, A., Schmid, M. (Hrsg.): PersonalEntwickeln (Loseblatt 1993 ff.), Köln.

13 INNOVATION ALS KOMPETENZ

Christian Stöwe & Patrick Wiederhake

In diesem Beitrag erfahren Sie,

- *was den eigentlichen Kern von Kreativität als Kompetenz ausmacht,*

- *inwiefern Kreativität erlernbar und entwickelbar ist,*

- *was Kreativität und Innovationskompetenz voneinander unterscheidet,*

- *inwieweit es vorhersehbar ist, ob Menschen in der Lage sind, kreative Ideen zu entwickeln,*

- *ob Genie und Wahnsinn wirklich nah beieinander liegen und wie „ver-rückt" jemand sein muss, um kreativ zu sein.*

13.1 Was Kreativität und Innovationskompetenz ausmacht

„Wie du weißt, hat er seit langem mit allem, was man Konventionen nennt, gebrochen. Seine Art, sich zu kleiden, und seine Allüren lassen sofort erkennen, dass er ein besonderer Mensch ist, und seit Jahren sagt, wer seiner ansichtig wird: ‚Das ist ein Verrückter (…)'." So schrieb Theo 1889 über seinen Bruder Vincent van Gogh.

Betrachtet man unterschiedliche Definitionen von Kreativität, so wird deutlich, dass es sich um ein sehr komplexes Phänomen handelt, bei dem letztendlich zumindest immer ein Zusammenspiel aus Persönlichkeit mit Befähigung und Motivation sowie einem entsprechenden Prozess als auch förderliche Umweltbedingungen zusammenkommen müssen, um besonders kreative Ideen und Produkte zu schaffen. Entsprechend kann die Betrachtung eines einzelnen Teilkomplexes nicht ausreichen, um kreative Phänomene oder Innovationen zu erklären. Sicherlich ist das einer der Gründe, warum in Unternehmen systematische Innovationsprozesse und die Förderung von Kreativität und Innovation oft sehr schwierig sind und nicht immer zum gewünschten Erfolg führen. Gerade das komplexe Zusammenspiel einer bestimmten Situation mit bestimmten Persönlichkeiten und Umfeldern erscheint schwer kontrollierbar oder steuerbar zu sein.

In diesem Zusammenhang spricht man oft vom **4- oder „5-P-Konzept"** der Kreativität (vgl. z. B. Kozbelt et al. 2010):

- der kreative **Prozess,**

- die kreative **Person** oder **Persönlichkeit,**

- das kreative **Produkt,**

- der kreative **Place** (im Sinne von z. B. Freiraum, aber auch „Ort", den Kreativität erfordert, manchmal auch als „Press" verstanden, der notwendige Druck der Situation) und

- die Fähigkeit zur „**Persuasion**", andere zu überzeugen (weil die kreative Idee sonst nicht als solche wahrgenommen und anerkannt wird).

Besonders bei „Place" fällt auf, dass einige Elemente geradezu widersprüchlich erscheinen. So benötigt Kreativität anscheinend einen gewissen sprichwörtlichen „kreativen Spielraum" und Freiheit, auf der anderen Seite scheinen große Ideen erst dann zu entstehen, wenn auch Leidens- und Lösungsdruck besteht (sei es durch äußere Einflüsse, sei es durch innerlich empfundene Unzufriedenheit). Ähnlich verhält es sich mit dem kreativen Prozess. Hier wird auf der einen Seite der „natürliche" und automatisch bei Menschen ablaufende Prozess (mit einer Problemwahrnehmung, Analyse- und Inkubationsphase etc.; vgl. z. B. Schlicksupp 2004) als notwendig und schwer vorhersehbar beschrieben, andererseits versuchen viele Kreativitätstechniken genau diesen Prozess nachzubilden und systematisch und geplant ablaufen zu lassen. Kreativität scheint aus einer komplexen Mischung aus Freiraum und Lösungsdruck, Chaos und Struktur, Nähe und Distanz zur aktuellen Realität und Disziplin wie auch der Fähigkeit zu bestehen, Regeln zu brechen. Vermutlich fällt es deshalb so schwer, Kreativität und Innovation zu managen. Es handelt sich bei Kreativität eher um eine Mischung besonderer Zutaten als um eine planbare Maschine.

Wenn wir hier Kreativität als Kompetenz betrachten, schauen wir in erster Linie auf die Person beziehungsweise Persönlichkeit des Kreativen und seine Fähigkeiten und Denkweisen.

13.1.1 Was sehen wir, wenn wir Kreativität und Innovationskompetenz sehen?

Wenn Menschen an Kreativität denken, denken die meisten zunächst an eine künstlerische Kreativität. Es geht oft um das Schaffen eines künstlerischen Werkes, den Ausdruck der eigenen Persönlichkeit in einer schöpferischen Tätigkeit. Kreativität geht auf das lateinische Wort „creare" zurück, was in etwa so viel bedeutet wie „etwas erzeugen, herstellen, erfinden, neu schöpfen". Außerdem wird als weitere Wurzel das lateinische Wort „crescere" gesehen, das „geschehen" und „wachsen" bedeutet. Entsprechend wird in dieser vom Wortstamm hergeleiteten Bedeutung von Kreativität deutlich, dass die beiden Aspekte eines aktiven Schöpfens und eines passiven Wachsens und Geschehenlassens einen konstitutionellen Bestandteil bilden. In der sehr umfangreichen Literatur zum Thema wird oft darauf verwiesen, dass Kreativität nicht nur eine Frage der Person und Persönlichkeit ist, sondern in vielen Definitionen auch als Prozess oder durch das Umfeld bedingt betrachtet wird. Entsprechend möchten wir hier in unserer Definition versuchen, die besonders relevanten Bestandteile zu fassen:

> „Kreativität ist das Zusammenspiel zwischen Persönlichkeit, Prozess und Umfeld, durch das Individuen oder eine Gruppe von Menschen ein sichtbares Ergebnis erstellen, das einen Neuigkeitswert hat und im derzeitigen sozialen Kontext als nützlich eingeschätzt wird."
>
> (nach Plucker et al. 2004)

In diesem Sinne möchten wir Kreativität in diesem Artikel verstanden wissen als eine funktionale Kreativität, die dazu dient, ein aktuelles Problem oder eine Herausforderung zu lösen, Vorgehensweisen zu verbessern oder Dinge zu einem Nutzen weiterzuentwickeln. Dies beinhaltet für uns ausdrücklich auch künstlerische Kreativitätsleistungen, die dazu beitragen können, kulturelle und philosophische Anregungen, Reflexionen und Weiterentwicklungen zu ermöglichen.

Im Sinne der wissenschaftlichen Diskussion und Unterscheidung zwischen „Big-C-" und „Little-c-"Kreativität (vgl. z. B. Kozbelt et al. 2010) möchten wir uns vor allem vor dem Hintergrund der unternehmerischen Anwendung von Kreativität und Innovation weniger mit der eher alltäglichen „Little-c-"Kreativität im Sinne eines kleinen alltäglichen Problemlösens oder auch innerer Vorgänge von Ideenentwicklung auseinandersetzen als vielmehr mit „Big-C-"Kreativität, durch deren Leistung ein sichtbarer Unterschied in der Welt entsteht. Entsprechend meinen wir hier, wenn wir von Kreativität sprechen, ausdrücklich z. B. nicht die kindliche Kreativität, bei der innere Repräsentationen oder Gefühle einen Ausdruck im Spielen oder künstlerischen Gestalten finden. In diesem Artikel wollen wir Kreativität als Basis von Innovationskompetenz verstanden wissen, die in ihrer Wirkung noch über die reine Kreativität hinausreicht. Dabei unterscheiden wir Innovation insofern von Kreativität, als dass Innovationen erst aus Ideen werden, wenn diese in neue Produkte, Vorgehensweisen oder Verfahren eingesetzt werden und eine erfolgreiche Anwendung finden.

Entsprechend ordnen wir Kreativität und Innovation hier im Rahmen eines ganzheitlichen Problemlösungsprozesses ein (vgl. Abb. 13.1).

Abb. 13.1: Prozess der Problemlösung

In diesem generellen Prozess der Problemlösung liegt der Schwerpunkt unserer Vorstellung von Kreativität vor allen Dingen in Schritt 2, der Ideengenerierung, wohingegen die Innovationskompetenz im Prinzip alle Schritte umfasst. Kreativität im Sinne von Ideenentwicklung wird so ein einzelner aber wesentlicher Bestandteil eines Innovationsprozesses.

Am Beispiel van Goghs und anderer sogenannter verkannter Genies wird sofort deutlich, dass extrem unkonventionelle und andersartige Ideen, wenn sie denn kein aktuelles Problem der Gesellschaft lösen, häufig zunächst auf zumindest Unverständnis oder gar starke Ablehnung stoßen. Entsprechend spielen sich Kreativität und Innovation immer im Spannungsfeld ab zwischen dem Anknüpfen an aktuell Relevantem und bereits Bekanntem und gleichzeitig dem Weiterentwickeln und etwas Neues hinzufügen. Ein Spannungsfeld, das auch Manager und Führungskräfte in Wirtschaftsunternehmen beschreiben, wenn sie die Frage aufwerfen, wie unkonventionell kreativ eine neue Idee im Unternehmen eigentlich sein darf, um von der Organisation überhaupt noch akzeptiert, aufgenommen und praktisch umgesetzt zu werden. Verbunden damit ist auch die Frage, wie unkonventionell die Entwickler dieser Ideen als Personen auftreten und agieren dürfen, um im Unternehmen noch wirksam werden zu können, ohne als „Spinner" ausgegrenzt zu werden. Gemäß unserer oben genannten Definition werden im Folgenden die einzelnen Bestandteile wie auch die Co-Kompetenzen als „Zutat" zur Kreativität näher beleuchtet.

13.1.2 Kreativität als Befähigung und Begabung

Als Basis und Grundstoff von Kreativität und damit Innovation gilt die Befähigung beziehungsweise Begabung eines Individuums (oder im Zusammenspiel auch die eines Teams), ungewöhnliche Ideen und Problemlösungen zu entwickeln. Im Sinne der grundlegenden Definition einer Kompetenz (vgl. Paschen 2012) müssen in der Person dafür bestimmte Anlagen und Befähigungen hinsichtlich der **individuellen Fähigkeiten und des Handwerkszeugs**, des **Wissens** und der **Erfahrungen** und der eigenen **Orientierung** und **Motivation** vorhanden sein. Eine in diesem Sinne mit Kreativitätskompetenz ausgestattete Person müsste über folgende Fähigkeiten verfügen:

- Probleme zu erkennen und gegebenenfalls in ihre Bestandteile zu zerlegen (im Sinne von Aufmerksamkeit und analytischer Kompetenz),

- die Fähigkeit, „quer" zu denken und bislang unverknüpfte Ideen, Prozesse und Aspekte miteinander in neuer Weise zu verbinden,

- die Fähigkeit, durch kognitive Begabung eine große Anzahl von Ideen zu entwickeln,

- die Fähigkeit, sich neue Dinge vorstellen zu können (im Sinne der Bildhaftigkeit der inneren Vorstellungswelt und Phantasie).

Auf der Seite der Befähigung gibt es eine lange wissenschaftliche Diskussion der Frage, ob Kreativität einen Teilbereich der Intelligenz eines Menschen darstellt und über einige Jahrzehnte der Intelligenzforschung wurde Kreativität als Subkompetenz der Intelligenz eines Menschen betrachtet. Aktuell gibt es zumindest Hinweise darauf, dass allgemeine Intelligenz und Kreativität in einer gewissen Korrelation zueinander stehen, wobei das Ausmaß dieses Zusammenhangs selbstverständlich auch von der jeweiligen Definition von Kreativität und Intelligenz abhängig ist.

13.1.3 Fertigkeiten, Wissen und Erfahrung

Für den Bereich Wissen und Erfahrung sowie Handwerkszeug und Fertigkeiten erscheint zumindest nach unserer Definition von Kreativität als einer „funktionalen Kompetenz" ein umfassendes fachliches Wissen und Erfahrung mit einem Themengebiet unabdingbar, um genau in diesem Themenfeld eine nutzbringende, neue kreative Idee entwickeln zu können. Viele Kreativitätstechniken (vgl. auch Abschnitt 13.1.5) setzen fast ausschließlich darauf, bereits bekannte Informationen und Wissen neu zu kombinieren, um neue Dinge zu schaffen. So werden z. B. bei Analogien bereits bekannte Prozesse und Systeme auf neue Bereiche übertragen, bei Synthesen werden bereits bekannte Elemente miteinander verknüpft und in einen neuen Zusammenhang gestellt. Selbstverständlich ist, dass eine zielgerichtete und nutzbringende Innovation immer auf Basis der Wahrnehmung eines aktuellen Problems oder Verbesserungsfeldes erfolgt. Für einen erfolgreichen Problemlösungs- und Innovationsprozess erscheint es dabei sogar unabdingbar, zunächst im Sinne der Fokussierung (vgl. Abb. 13.1) eine möglichst präzise Analyse und Definition einer aktuellen Problemstellung vorzunehmen, um die eigenen Ideen zielgerichtet entwickeln zu können. Es bedarf immer eines fundierten Wissens über einen Gegenstandsbereich, um eine praktisch funktionierende Idee entwickeln zu können.

Auch bei künstlerischen Entwicklungsprozessen lässt sich dies häufig insofern nachverfolgen, als dass viele Künstler Jahre ihres Lebens damit verbracht haben, sich immer wieder eine einzige Problemstellung vor Augen zu führen und auf Basis umfangreicher Erfahrungen und Wissen in ihrem Bereich so lange an einer Art der Darstellung zu arbeiten, bis tatsächlich der gewollte künstlerische Ausdruck entsteht. So hat z. B. der Bildhauer Alberto Giacometti Zeit seines Lebens ausschließlich die Frage versucht zu beantworten: Was ist ein Mensch? Über viele Jahrzehnte hinweg hat er fast alle dabei entstandenen Skulpturen wieder zerstört und war trotzdem mit dem Ergebnis nie zufrieden. Eine Lebensleistung, die nicht zuletzt dadurch anerkannt wird, dass Giacomettis Figuren die 100-Schweizer-Franken-Note zieren.

Aus dem Bereich Fertigkeit, Wissen und Erfahrung braucht es also vor allem als Zutat:

- fundierte Fachkenntnisse und umfassende Erfahrungen mit einem Gegenstandsbereich (das kreativ zu lösende Problem muss erkannt werden und die typischen, schon bekannten Lösungen müssen bewusst sein, um etwas weiterzuentwickeln),

- möglichst breite Kenntnisse anderer Methoden, Modelle, Prinzipien etc., damit z. B. durch die Kombination verschiedener Dinge neue Lösungen entstehen oder überhaupt eine Anregung für einen neuen Gedanken innerhalb der eigenen fachlichen Expertise empfangen wird,

- gegebenenfalls müssen Kreativitätsmethoden und Prozesse beherrscht werden, die helfen können, innovative Ideen zu entwickeln.

13.1.4 Orientierung und Motivation

Wie bei anderen Kompetenzen hat auch bei Kreativität die individuelle Orientierung und Motivation einen starken Einfluss auf die Kompetenz. Als wichtige motivationale Aspekte oder Co-Kompetenzen werden in der Regel diskutiert:

- Offenheit für neue Erfahrungen, Neugierde,

- Autonomie und Selbstvertrauen,

- Gestaltungswille und Zielorientierung,

- Leistungsmotivation und Ehrgeiz sowie

- Impulsivität.

Wie in Abschnitt 13.3 der individuellen Entwicklung der Kompetenz noch ausgeführt wird, scheint es einen starken Zusammenhang zu geben zwischen der Kreativität von Menschen und ihrem Streben nach Autonomie, ohne dabei vollkommen den Kontakt zur Außenwelt zu verlieren. In Bezug auf die Buchkapitel scheinen vor allen Dingen „Initiative", „Analyse" und „Entscheidung" wesentliche Co-Kompetenzen zu sein.

In seinem zeitlichen Ablauf beginnt ein kreativer Prozess mit dem Willen, Dinge zu verändern, zu gestalten und voranzubringen (vgl. Kapitel 16; Wiederhake & Stöwe 2014) und wird begünstigt durch ein Streben nach Unabhängigkeit, einem Erleben eigener Autonomie und Selbstwirksamkeit. Berücksichtigen wir hier den weiter gefassten Begriff der Innovationskompetenz, kommen noch weitere Orientierungen und Motivationen hinzu, z. B.

- der Wille, die eigenen Ideen durchzusetzen,

- Überzeugungsehrgeiz und Führungsmotivation zu entwickeln und

- die Umsetzung eigener Ideen ausdauernd zu verfolgen (im Sinne von Beharrlichkeit, Ausdauer oder Frustrationstoleranz).

Die große kreative Idee und Innovation bedarf also einer Menge spezifischer Zutaten, um geboren zu werden. Und es bleibt noch eine geheime Zutat.

Trotz aller Möglichkeiten der Neurophysiologie und der erfolgreichen Weiterentwicklung vieler psychologischer Konzepte, bleibt derzeit am Ende die Frage nach dem kreativen „Funken" oder „Impuls" leider mehr oder weniger unbeantwortet. Bei allen förderlichen Rahmenbedingungen, Eigenschaften und Kompetenzen, die als Voraussetzung oder Katalysator von Kreativität gelten, ist die Frage nach dem eigentlich „zündenden Funken" der „Erleuchtung" oder „Eingebung" unbeantwortet.

13.1.5 Kreativität als Prozess

Neben dem für uns zentralen „P" für Person oder Persönlichkeit stellen andere Theorien der Kreativität vor allem ein anderes P in den Mittelpunkt ihrer Überlegungen, den Kreativitäts-Prozess.

In diesen Ansätzen geht es vor allen Dingen darum, den Mechanismus abzubilden, der in Kraft tritt, wenn ein kreativer Prozess durchlaufen wird. In unterschiedlichen Modellen und Theorien werden die einzelnen Phasen variiert und mit einer unterschiedlichen Gewichtung versehen. Im Wesentlichen handelt es sich um die folgenden Phasen des kreativen Prozesses:

- **Vorbereitung – Fokussierung** des Problems oder Themas und gegebenenfalls Aktivierung von generellem oder spezifischem Wissen zum Themengebiet.

- **Erste Ideenentwicklung** – spontane oder angeleitete Entwicklung erster Ideen, ohne dabei schon nach ihrer Sinnhaftigkeit zu selektieren.

- **Inkubation und Illumination** – Phase, in der die Person oder das Team mit dem beschriebenen Problembereich und ersten Ideen „schwanger" geht. Hier wird oft darauf verwiesen, dass es sich in wesentlichen Teilen um eine unbewusste Verarbeitung des Problems handelt. Dies deckt sich mit der persönlichen Erfahrung, dass, nachdem man sich intensiv eine gewisse Zeit mit einem Themenfeld beschäftigt hat, einem plötzlich in Situationen eine Idee kommt, in denen man überhaupt nicht an dieses Thema dachte (z. B. unter der Dusche).

- **Verifikation oder Selektion** – Auswahl oder Überprüfung der entwickelten Ideen oder der am besten geeignet erscheinenden Idee. Spätestens in der nächsten Phase kommt man dann von der reinen Kreativität zur Innovation, wenn noch die

- **Kommunikation** dazukommt. In dieser Phase wird die Idee kommuniziert, mit anderen Experten geteilt und diskutiert.

- **Testung oder Umsetzung** der am besten erscheinenden Idee – entweder bereits in der unmittelbaren Anwendung oder in einer Simulation und einem Testfeld.

Diese prozessorientierten Theorien der Kreativität dienen in der praktischen Anwendung vor allen Dingen dazu, diesen natürlichen, mentalen Kreativitätsprozess bewusst und systematisch einzusetzen, um alleine oder im Team mit anderen Ideen zu entwickeln (vgl. z. B. Schlicksupp 2004, „Synektik"). Dieser meistens durch Beobachtung von als besonders kreativ geltenden Menschen abgeleitete Prozess soll so möglichst effektiv und effizient zu guten Ideen führen. Trotzdem bleibt auch bei diesen Prozessmodellen unklar, woher letztendlich der „zündende Funke" kommt.

Eine weitere interessante Anregung, über Kreativität als Prozess nachzudenken, bietet die Parallelität zu Darwins Evolutionstheorie, bei der genetisch vor allen Dingen durch Kombination von Genen (im Rahmen der Fortpflanzung) und Mutation von Genen (zufällig oder durch äußere Einflüsse) neue „kreative" Kombinationen entstehen, aus denen „neue" Lebewesen oder Merkmalsausprägungen werden. Im Sinne des Innovationsprozesses funktioniert Evolution im Darwin'schen Sinne dann durch die Selektion der entsprechenden Lebewesen, bedingt durch die Umweltbedingungen. Entsprechend werden die besten „neue Ideen" dann die sein, die sich erfolgreich in der aktuellen Umwelt beweisen und durchsetzen und dann erneut fortpflanzen können. Entsprechend liegt in diesem Sinne weniger ein gezielter Innovationsprozess zugrunde als vielmehr der Ansatz, möglichst viele neue Ideen zu generieren, praktisch auszuprobieren und zu sehen, welche Idee im wahrsten Sinne des Wortes überlebt. Ein Prozess, der für das Innovationsmanagement in Unternehmen häufig verständlicherweise als zu kostspielig angesehen wird. Auf der anderen Seite unternehmen viele Firmen mittlerweile sehr große Anstrengungen, um zumindest eine größere Anzahl von Ideen und neuen Ansätzen zu entwickeln, um wenigstens einige Ideen zur Marktreife zu bringen und nutzen zu können.

13.1.6 Das Produkt der Kreativität und die äußeren Rahmenbedingungen

Neben Prozessen und Persönlichkeit gibt es einige Kreativitätstheorien, die vor allen Dingen das **Produkt** der Kreativität betrachten: das Kunstwerk, die Erfindung, die Veröffentlichung etc. Hierbei werden vor allen Dingen Expertenurteile und Interrater-Reliabilität (Urteilerübereinstimmung) als Grad der Kreativität eines Produkts genommen. Leider bleibt dabei der Prozess, wie dieses Produkt entstanden ist, außerhalb der Betrachtung. Von unzweifelhaft kreativen Ergebnissen kann man darauf rückschließen, welche Person als Autor oder Schöpfer als kreativ gelten darf. Aber es resultiert hieraus weder eine Anleitung, das eigene kreative Potenzial besser auszuschöpfen, noch ein Hinweis, woran man kreatives Potenzial erkennen kann.

Ein weiteres, häufig in den Mittelpunkt von Kreativitätstheorien gerücktes P steht für „**Places**"- oder „**Press**"-Faktoren. Bei diesen Überlegungen geht es vor allen Dingen darum, unter welchen Umfeldbedingungen ein besonders kreatives Klima entsteht oder welche Umfelder und Situationen Menschen dazu anregen, besonders kreativ zu sein. Auf der einen Seite zeigt sich dabei, dass Kreativität offensichtlich besser entsteht, wenn:

- Möglichkeiten gegeben sind, mit Dingen spielerisch umzugehen,

- unabhängig gearbeitet werden kann und

- Wertschätzung und gegenseitige Unterstützung vorhanden sind.

Außerdem braucht es ein Umfeld, in dem originelle und ungewöhnliche Ideen grundsätzlich wertgeschätzt werden und in dem eine gewisse Fehlertoleranz herrscht (vgl. Dueck 2013; Amabile 1998).

Neben diesen Faktoren, die eine gewisse Parallelität zu den guten Rahmenbedingungen einer individuellen Entwicklung der Kreativitätskompetenz bilden, ist auf der anderen Seite zu berücksichtigen, dass manche sehr gute Problemlösungen sehr wohl auch unter Druck und „in der Not" entstehen, weil hier eine sehr hohe Motivation vorhanden ist, fokussiert und zielorientiert zu arbeiten. Auf der anderen Seite darf dieser äußere Druck offensichtlich nicht so stark sein, dass er den Gedankenfluss blockiert.

Neben diesen häufig in den Mittelpunkt von Kreativitätstheorien gestellten vier P's wird in aktuellen Publikationen darauf verwiesen, dass auch **Persuasion** (Überzeugungskraft) und das praktische **Potenzial** in den Mittelpunkt der Betrachtung gerückt werden können. Der Aspekt der Überzeugung berücksichtigt dabei vor allen Dingen den Teil unserer Definition, der darauf zurückgeht, dass eine kreative Idee und Innovation erst dann als solche anerkannt wird, wenn es dem Entwickler der Idee gelungen ist, andere für seine Idee zu gewinnen, zu überzeugen und diese so letztendlich in die Welt zu bringen. In diesem Kapitel betrachten wir Überzeugungskraft eher als Co-Kompetenz, die wir nicht zum Kern unserer Betrachtung der Kreativitäts- und Innovationskompetenz machen wollen.

13.1.7 Genie und Wahnsinn – Kreativität und Persönlichkeitsstörungen

Wie „ver-rückt" muss man sein, um kreativ zu sein und neue Dinge zu erschaffen? In der wissenschaftlichen empirischen Literatur gibt es zahlreiche Hinweise darauf, dass es zumindest einen Zusammenhang zwischen einzelnen Störungsbildern und kreativen Befähigungen gibt. Vor allem zu H. J. Eysencks Konstrukt des Psychotizismus (Merkmale sind u. a. Aggressivität, Gefühlskälte, Egozentrik, Impulsivität und Antisozialität) lassen sich einige Korrelationen finden. Man erkennt hier unter anderem die notwendige Autonomie und auch Aggressivität, die vor allem künstlerisch kreativen Menschen helfen kann, auch gegen bestehende Systeme und Widerstände ihre Ideen zu verfolgen und das Neue unter „Zerstörung" des Alten in die Welt zu bringen.

Häufig wird auch ein Zusammenhang zwischen Schizophrenie und Kreativität hergestellt, wobei hier besonders ein Überfluten des Schizophrenen mit assoziativen Gedankenketten, ein übersteigertes Erleben der Außenwelt bis hin zu Halluzinationen beschrieben wird. Verursacht wird dies möglicherweise durch einen genetischen Defekt, der die Signalübertragung zwischen den Nervenzellen stark verändert.

Generell scheinen neurologische Anomalien, die z. B. dazu führen, dass die Verbindung zwischen den Gehirnhälften (Hemisphären) verändert wird, oder dass die eigene Aufmerksamkeit weniger auf einzelne Aspekte fokussiert werden kann, zu einer Veränderung des kreativen Potenzials beizutragen.

Insgesamt ist es a priori so, dass ab einem gewissen sehr hohen Grad an Innovation einer Idee immer weniger Bezug zur derzeitigen Welt besteht und es dann zu einer Wahrnehmung der Person als verrückt oder gestört kommen muss. Umgekehrt führt eine besonders ungewöhnliche Persönlichkeit eines Menschen eher dazu, dass dieser Dinge anders sieht und auch ungewöhnliche Ideen entwickelt.

13.2 Die Geschichte der Kreativität als Kompetenz

Verkürzt kann man sagen, dass die Geschichte der Kreativität und Innovation als Kompetenz gleichzusetzen ist mit der Geschichte der Freiheit. Erst in dem Maß, wie das Individuum als freies Wesen und Schöpfer anerkannt und dies als ideal angestrebt wurde, spielte Kreativität überhaupt eine Rolle. Dabei gibt es bis heute teilweise grundlegende Unterschiede zwischen westlichen und östlichen philosophischen Ansätzen. So war das östliche Verständnis von Kreativität (wie z. B. im Buddhismus, Hinduismus oder bei den Taoisten) eher dadurch geprägt, dass durch Kreativität (in der Kunst) das Göttliche in der Welt dargestellt, nachgeahmt oder durch die künstlerische Bearbeitung sichtbar und entdeckbar gemacht werden sollte. Es ging eher darum, universelle, göttliche Prinzipien zu erkennen und aufzudecken, als neue Dinge „aus dem Nichts" zu schaffen. Auch in den westlichen, christlichen Ursprüngen unserer Kultur war der Glauben an einen allmächtigen Schöpfer zunächst damit verbunden, eine gegebene göttliche Ordnung möglichst zu respektieren oder erfolgreich umzusetzen, anstatt eigene Ideen zu entwickeln.

Allerdings wurde schon in der griechischen Mythologie Prometheus als derjenige beschrieben, der den Menschen die Kultur bringt und ihnen als Freund und Lehrmeister dient. So hat er der Sage nach die Menschen erweckt und gab ihnen ihre Eigenschaften (entsprechend gilt Prometheus in der griechischen Mythologie auch als Bringer aller Eigenschaften und Kompetenzen). Er brachte den Menschen für ihre Entwicklung auch das Feuer, wofür er bestraft und an einen Felsen gekettet wurde. Entsprechend dient in der späteren Literatur Prometheus vor allen Dingen als Figur der Aufklärung und des Widerstands gegen die bestehende Autorität (in der Mythologie in der Rolle des Zeus repräsentiert).

Wenn man davon ausgeht, dass grundlegende menschliche Eigenschaften wie Lernfähigkeit und Neugier und vor allem die Möglichkeit über sich selbst zu reflektieren evolutionär positive Selektionskriterien waren, dann scheint Kreativität in der Problemlösung dem Menschen angeboren und als Kompetenz prinzipiell schon sehr lange vorhanden zu sein.

Die Idee der Kreativität und Innovation durch ein Individuum und als Kompetenz ergibt allerdings kulturell nur Sinn, wenn es anerkannt ist, dass jemand über göttliche Vorbestimmung hinaus eigenverantwortlich handelt und weiterdenkt. Wenn wir Kompetenz verstehen als „bewusst wiederholbare Verhaltensweisen, die in einem bestimmten Kulturraum als erfolgsförderlich wahrgenommen werden" (vgl. Paschen 2012), ist die Geschichte der Kreativität verbunden mit der Geschichte der Individualität und Freiheit. Entsprechend trat dieser Gedanke nach der Antike erst wieder mit der Renaissance im 15. und 16. Jahrhundert in den Vordergrund. Vor allem große Künstler wie Leonardo da Vinci, Shakespeare, Dante Alighieri oder Albrecht Dürer erlangten schon in ihrer Zeit einigen Ruhm. In der Renaissance wurde z. B. auch der Begriff des „Genies" geprägt. Ursprünglich waren in der Antike die sogenannten Genien Ahnengeister, die über ihre Nachkommen wachten. Später wird der Begriff Genie auch auf „Ingenium" (natürliches, angeborenes Talent) zurückgeführt. Entsprechend verstand man in der Renaissance unter dem Wort Genie vor allen Dingen eine künstlerische Schaffenskraft. In der weiteren westlichen kulturellen Entwicklung entwickelte sich der Begriff des Genies für den aus sich heraus schaffenden Künstler, der die Natur nicht nur abbildet, sondern die Dinge weiterentwickelt oder in einem göttlichen Sinne vollendet. Durch diesen Schritt wird der Mensch zum Schöpfer und damit in gewissem Sinne auch selber zu einem Gott.

Heutzutage würde man in diesem Zusammenhang wohl eher von Hochbegabung sprechen. Zu beachten ist dabei auch, dass „Genie und Wahnsinn" sprichwörtlich nahe beieinander liegen und bestimmte Ausprägungen besonderer Hochbegabung und Genialität oft mit stark ausgeprägter Andersartigkeit und entsprechender Wahrnehmung als psychischer Störung einhergehen. Nachdem selbst im 18. Jahrhundert noch zentrale Fragen des gesellschaftlichen Diskurses waren, wo z. B. die Grenzen der individuellen Gedankenfreiheit liegen und was die soziale und politische Bedeutung dieser Freiheit ist, wurde durch die industrielle Revolution der sichtbare Beweis erbracht, dass wissenschaftliche Erkenntnis und neue technische Ideen das Leben der Menschen von Grund auf ändern können. Schnell und fest wurde so der Gedanke verankert, dass der technische Fortschritt unmittelbar nutzbringend für die Menschen sein kann und Kreativität und Innovation wichtige Kompetenzen sind. Entsprechend klar wird auch, dass eine gute Innovation und kreative Idee jeweils die praktischen Fragen der jeweiligen Zeit löst und gegebenenfalls neue aufwirft. Innovationen sind immer „Kinder ihrer Zeit" und für eine erfolgreiche Ausbreitung sind entsprechende gesellschaftliche Strukturen, Bedürfnisse und kulturelle Grundlagen nötig.

Mit zunehmender Verbreitung empirischer Forschung und wissenschaftlicher Theorien wurden Überlegungen zum Problemlösen und zur Kreativität vor allen Dingen im Rahmen der Erforschung der Intelligenz behandelt. Heute stellt die Kreativitätsforschung selbstverständlich einen eigenen Forschungszweig dar und wird in einer zunehmend großen Zahl von Publikationen und wissenschaftlichen Untersuchungen thematisiert. In dem Sinne, wie unsere heutige Gesellschaft als Informationsgesellschaft zu bezeichnen ist, ist sie zweifelsohne auch eine Innovationsgesellschaft. So wird häufig der Begriff „neu" schon als positives Attribut an sich betrachtet und Produkte werden entsprechend explizit als „Neu" beworben. Auch in der Führungstheorie und in der aktuellen Management-Literatur wird immer stärker die Entwicklung von Innovation und vor allen Dingen auch der daraus resultierende notwendige Umgang mit Veränderungen im Sinne eines erfolgreichen Change Managements als wichtige und zentrale Erfolgsfaktoren hervorgehoben. Es gilt als allgemein anerkannte zentrale Herausforderung für Führungskräfte und Manager, ihre Mitarbeiter und Organisationen bei immer unbestritten notwendigen Veränderungsprozessen mitzunehmen. Außerdem ist es erklärtes Ziel dafür zu sorgen, dass Organisationseinheiten an sich eine eigene Veränderungskompetenz und dauerhafte Lernfähigkeit erlangen, um auf sehr schnelle Veränderungen des eigenen Umfelds und Technologien mit neuen Ideen und Verhaltensweisen reagieren zu können.

13.3 Wie sich Kreativität entwickelt

Grundsätzlich kann man bei der Frage, wie sich Kreativität entwickelt, natürlich die Entwicklung der unter Abschnitt 13.1.2 bis 13.1.4 beschriebenen Facetten oder Co-Kompetenzen betrachten. Entwicklungspsychologisch lässt sich die Entwicklung der Kreativitätskompetenz selbstverständlich in unterschiedliche Konzepte und Modelle zu Entwicklungsphasen integrieren. So wäre z. B. in den Entwicklungsstufen nach Jean Piaget sicherlich das Stadium der Präoperationalen Intelligenz (2 bis 7 Jahre) zu nennen. In diesem Zeitraum werden nach Piaget Vorstellungs- und Sprechvermögen erworben, das Kind kann zwischen sich und der Umwelt klar unterscheiden und unterscheidet zwischen belebt und unbelebt. Darüber hinaus werden natürlich bestimmte Orientierungen und Motivationen, die der Kreativität förderlich sind, noch in der späteren Entwicklung unterstützt oder gehemmt. Hier sind besonders Offenheit für neue Erfahrungen, das eigene Selbstvertrauen, Gestaltungswille und Ausdauer zu nennen. Insgesamt konnten mittlerweile zahlreiche Studien belegen, dass das Lernumfeld einen deutlichen Einfluss auf die Kreativitätsentwicklung von Kindern und Jugendlichen ausübt. Es wird deutlich, dass es hier große Parallelen zwischen den Empfehlungen zur Kreativitätsentwicklung bei Kindern und zur Förderung von Kreativität bei Mitarbeitern gibt. So beschreiben z. B. Ekvall und Ryhammer (1999), dass Kreativität bei Mitarbeitern durch 6 Faktoren gefördert werden kann:

- Die Mitarbeiter sollen ihre Arbeit als bedeutungsvoll erleben,

- Führungskräfte sollen Freiräume einräumen,

- sie sollen Mitarbeiter in ihren Ideen unterstützen,

- sie sollen ihnen Vertrauen entgegenbringen,

- Führungskräfte sollen einen regelmäßigen, freien Austausch von Ideen ermöglichen und

- risikoreicheres Verhalten soll zugelassen und unterstützt werden.

Sandra W. Ruß und Julie A. Fiorelli (2010) kommen in einem Überblicksartikel zur Entwicklung von Kreativität bei Kindern zu ganz ähnlichen Schlussfolgerungen: Man soll

- Kindern Raum geben, sich in Rollenspielen und freiem Spielen auszuprobieren,

- Kinder unterstützen, für sich persönlich herauszufinden, woran sie Spaß haben und sie mit unterschiedlichen Möglichkeiten und Optionen in Kontakt bringen,

- ein Umfeld schaffen, in dem Kinder sich sicher und geborgen fühlen, um unkonventionelle Ideen zum Ausdruck zu bringen,

- kreative Ideen und neue Vorgehensweisen konsequent bestärken und unterstützen,

- die Unabhängigkeit der Kinder bei der selbstständigen Problemlösung unterstützen und eine optimale Balance zwischen Herausforderungen und Frustration bieten und

- Kinder ermutigen, ihre eigenen Gefühle in unterschiedlichen Situationen und Spielen zum Ausdruck zu bringen, damit diese sicher darin werden, unterschiedliche Emotionen zu integrieren, um so auch unterschiedlichste Erfahrungen frei abrufen und erinnern zu können.

Offensichtlich fördert die Unterstützung von freiem Spiel

- möglichst hohe Freiheitsgrade und gleichzeitig ein gutes Maß an Geborgenheit

- die Konfrontation mit unterschiedlichen Themen und Aspekten und

- sowohl die individuelle Befähigung zur Kreativität als auch die entsprechenden Orientierungen wie Neugierde und Autonomie.

Zu überdenken ist hierbei sicherlich, inwieweit vorstrukturierte Lern- und Spielangebote freies Explorieren und unterschiedlichste selbst gemachte Erfahrungen sicherstellen können. Vielleicht führen am Ende viele stärker angeleitete Lernerfahrungen und Konzepte zu einer stärkeren Fokussierung und Effizienz bei der Lösung definierter Probleme, aber zugleich zu geringeren Leistungen bei Kreativität und Innovation. So fasst Memmert (2008) zusammen: „Kreativität lebt also mehr von Freiheiten als von Instruktionen."

Neben diesen Rahmenbedingungen kann davon ausgegangen werden, dass grundsätzlich alle Menschen ein gewisses Potenzial zur Entwicklung kreativer Kompetenz in sich tragen. Es erscheint zweifelsohne als evolutionärer

Vorteil, mit Neugierde und Spaß an Exploration und Problemlösung geboren zu sein. Eine Eigenschaft, die Menschen offensichtlich generell innewohnt und nur durch enge äußere Strukturen und negative Erfahrungen eingeschränkt oder gar erstickt werden kann.

13.4 Unterschiedliche Formen von Kreativität

Bei allen unterschiedlichen Ansätzen und Ideen zum Thema Kreativität zeigt sich bei näherer Betrachtung unterschiedlicher Kreativitätstechniken und Vorgehensweisen letztendlich nur eine grundlegende Unterscheidung:

Kreativität wird entweder intuitiv, frei und spielerisch geschöpft oder durch Systematik, Struktur und analytische Prozesse. Bei beiden Vorgehensweisen ist letztendlich der kreative Prozess (wie in Abb. 13.1 dargestellt) identisch. Der einzige Unterschied ist, dass die Vorgehensweise eher intuitiv, spielerisch oder eher systematisch diskursiv erfolgt.

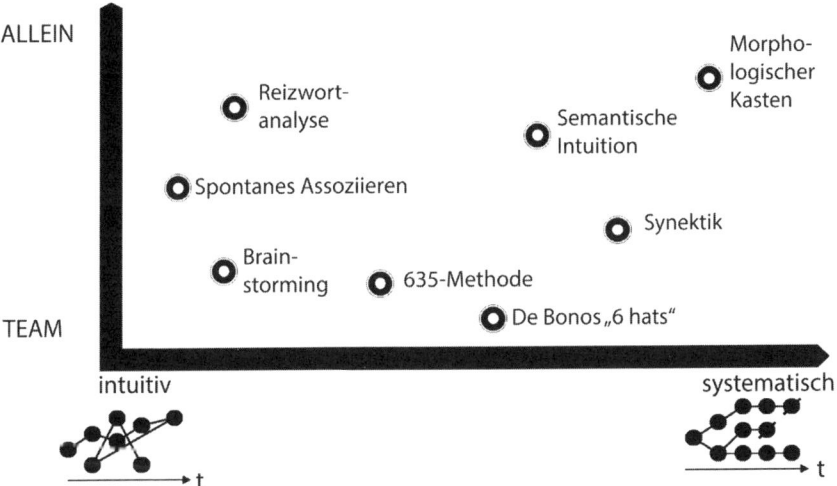

Abb. 13.2: Arten von Kreativitätstechniken

Abb. 13.2 zeigt diesen Zusammenhang für einige klassische Kreativitätsmethoden. So versucht man z. B. beim Brainstorming eher spontane Ideen zu generieren und aus einem schnellen Fluss der Ideen neue Anregungen, gegenseitige Befruchtung und eine Vielzahl von Optionen zu generieren. Dahingegen zeigen Techniken wie der Morphologische Kasten, dass Innovationen auch durch das systematische Bearbeiten und Permutation unterschiedlicher Optionen, z. B. in einer Matrix von unterschiedlichen Kriterien und Ausprägungen, mit viel Systematik und Struktur gelöst werden können. Für viele künstlerische Prozesse scheint eher eine intuitive Vorgehensweise typisch, wobei für viele kreative Prozesse, z. B. im ingenieurwissenschaftlichen Bereich, eher systematische und strukturierte Vorgehensweisen typisch sind.

Bildhaft zugespitzt lautet bei diesen beiden Formen kreativer Ideenentwicklung die Grundfrage: Entwickele ich meine Ideen eher wie Pippi Langstrumpf oder eher wie Daniel Düsentrieb?

Insgesamt orientiert sich der grundsätzliche Prozess moderner Forschung heute stärker an einer systematischen Vorgehensweise als an einer intuitiv spielerischen. Man entdeckt nicht zufällig neue Erkenntnisse, sondern versucht, diese systematisch zu gewinnen. Beispielsweise generiert man strukturiert Hypothesen und überlegt sich genau, durch welche Art von Experiment oder Erforschen eines Gegenstandes sich diese Hypothese belegen oder widerlegen lassen müsste. Dann entwickelt man in der empirischen Forschung mehrere Experimente oder Szenarien, die ausreichend repräsentativ für den Gegenstand der Untersuchung erscheinen, und führt diese Experimente und Erforschungen systematisch und strukturiert unter möglichst kontrollierten Rahmenbedingungen durch. Trotz dieser sehr strukturierten und prozessorientierten Vorgehensweise bleibt am Ende für eine große kreative Leistung trotzdem wieder der „göttliche Funke" oder die eine Inspiration wesentlich, um zu neuen Ideen und Erkenntnissen zu kommen.

Gerade im Prozess der modernen Forschung wird sehr deutlich, dass man erst über ein sehr fundiertes Wissen über den Gegenstandsbereich verfügen muss, um die richtigen Fragen zu stellen und diese systematisch bearbeiten zu können. Gleichzeitig erscheint es ebenso wichtig, aus möglichst vielen anderen Bereichen über Wissen zu verfügen, um neue Zusammenhänge herstellen und so auch entsprechend neue Lösungen erschaffen zu können.

Beide Typologien von Kreativität oder kreativen Vorgehensweisen bedürfen der gleichen Befähigungen, Erfahrungen und Motivationen. Allerdings braucht die eher intuitiv spielerische Vorgehensweise deutlich mehr Offenheit für neue Erfahrungen, Autonomie und Impulsivität, wohingegen die sehr systematische Vorgehensweise ein größeres Maß an analytischem Denkvermögen, Ausdauer und Zielorientierung benötigt. In beiden Fällen braucht es den Ehrgeiz und die Bereitschaft, sich mit einer Thematik sehr intensiv und ausdauernd zu beschäftigen, um zu neuen bahnbrechenden Ideen und Vorgehensweisen zu gelangen.

13.5 Kreative Innovatoren und wie sie die Welt sehen

„Man muss noch Chaos in sich haben, um einen tanzenden Stern gebären zu können."
(Friedrich Nietzsche)

"Genius is one percent inspiration, 99 percent perspiration."
(nach Thomas Alva Edison)

Wie kreative Innovatoren die Welt sehen, hängt vor allem davon ab, auf welche Art und in welchem Bereich sie kreativ tätig werden. Im Sinne der in Kapitel 13.4 vorgestellten Unterscheidung zwischen Kreativität als intuitivem, freiem und spielerischem Prozess und Kreativität als einem systematischen, strukturierten und analytischen Vorgehen lassen sich ziemlich klar unterschiedliche Sichtweisen auf die Welt, die eigene Arbeit und mögliche Vorgehensweisen ableiten. Gemeinsam ist allen kreativen Menschen allerdings eines: ihre stark ausgeprägte Initiative.

Wie in Kapitel 16 ausführlich dargestellt wird, ist der Ausgangspunkt jeden kreativen Handelns zweifelsohne die persönliche Erkenntnis, dass sich etwas nicht nur verändern kann, sondern auch muss. Es bedarf einer deutlich wahrgenommenen Diskrepanz zwischen dem Ist-Zustand im jetzigen Hier und einem möglichen Soll-Zustand in der Zukunft. Je größer dieses wahrgenommene Spannungsfeld ist, sei es aus Not und Leidensdruck geboren, sei es aus innerer Überzeugung und Gestaltungswillen, desto höher ist die Bereitschaft, sich auf den Weg zu machen, ein Themenfeld tief zu durchdringen und unablässig nach einer, wenn nicht **der** optimalen Lösung zu suchen. Insofern kann man zunächst einmal festhalten: **Kreative Menschen beauftragen sich selbst.**

Kreativität kann nicht angeordnet werden. Jemand, der kreativ tätig wird, ist in den allermeisten Fällen durchdrungen von dem Willen, die bestehenden Verhältnisse zu verändern, und dem festen Glauben daran, dass die eigenen Ideen dies können. Neben den in Abschnitt 13.1 beschriebenen Rahmenbedingungen, die Kreativität unterstützen können, brauchen kreative Menschen eine visionäre Kraft, sich die Dinge anders und neu vorstellen zu können, und ein hohes Maß an Selbstwirksamkeitsüberzeugung, dass man selber in der Lage ist, die Welt so zu gestalten. Darüber hinaus fällt auf, dass viele kreative Menschen und große Innovatoren der Menschheitsgeschichte (wie in Abschnitt 13.1.7 beschrieben) an der Grenze zwischen Genie und Wahnsinn leben. Nur ungewöhnliche Denk- und Sichtweisen können zu vollkommen neuen Ideen und Lösungen führen. Dabei haben viele große Schöpfer gemeinsam, dass sie in ihrem Themengebiet vollkommen aufgehen und die sich selbst gesteckten Ziele teilweise bis zur völligen Selbstaufgabe verfolgen. Entsprechend sind kreative Köpfe zumindest temporär sehr gut in der Lage, viele andere für das eigene Leben und die Welt relevante Themen vollkommen zu ignorieren und sich ausschließlich auf eine Fragestellung zu fokussieren. In der Wahrnehmung der Außenwelt gelten diese Menschen dann oft als besessen, verrückt und spätestens dann, wenn sie den Status quo radikal infrage stellen, nicht selten auch als gefährlich für das jeweils bestehende System.

In der Wahrnehmung der Außenwelt entsteht oft eine Gefühlslage, die zunächst einer Mischung aus Misstrauen und Vorsicht entspricht. Wenn erste Ideen funktionieren und anerkannt werden, wird diese oft zu Bewunderung – nicht selten entwickelt sich aber auch Angst bei der Frage, welche möglichen Ideen und Veränderungen da wohl noch kommen und welche unkontrollierten Auswirkungen dies auf die Welt haben könnte. Erst wenn die neuen Ideen, Konzepte, Vorgehensweisen oder Technologien von breiteren Teilen der Gesellschaft akzeptiert und in die bestehende Kultur integriert sind, kann diese Gefühlslage einer uneingeschränkten Begeisterung weichen und bis zu einem regelrechten Starkult und großer Verehrung führen.

Der kreative Mensch sieht dabei die Welt vor allen Dingen als durch ihn beeinfluss- und gestaltbar. Vor allen Dingen bei einer starken emotionalen Reaktion der Umwelt entsteht bei kreativen Menschen zum einen oft eine gewisse Eitelkeit, die sie den Applaus, Zuspruch und die Gefolgschaft anderer genießen lässt, auf der anderen Seite bleibt oft das Gefühl zurück, eigentlich nicht dazuzugehören und nicht „normal" zu sein. Dieses Gefühl wird nicht selten mal mit Stolz, mal mit Einsamkeit erlebt.

Selbstverständlich ist die Liste der großen Innovatoren und kreativen Geister der Menschheitsgeschichte sehr lang. Exemplarisch sollen hier drei Personen ganz unterschiedlichen Typs vorgestellt werden, um das Spektrum der kreativen Persönlichkeiten möglichst weit aufzuspannen.

Jackson Pollock
Als Repräsentant des intuitiv-künstlerisch Kreativen beschreibt Jackson Pollock seinen kreativen Prozess folgendermaßen:

"When I am in my painting, I'm not aware of what I'm doing. It is only after a sort of 'get acquainted' period that I see what I have been about. I have no fears about making changes, destroying the image etc., because the painting has a life of its own" („Wenn ich in meinem Bild bin, bin ich mir nicht bewusst, was ich tue. Erst nach einer Periode des Vertrautwerdens sehe ich, was ich gemacht habe Ich habe keine Angst, Veränderungen am Bild vorzunehmen, weil es ohnehin ein Eigenleben führt.")

Geboren am 28. Januar 1912 in den Vereinigten Staaten von Amerika, gestorben am 11. August 1956 im Bundesstaat New York, gilt Pollock als Erfinder des Action Paintings. Circa 1946 entwickelte er die sogenannte Drip-Painting-Technik, bei der er Farbe auf eine auf dem Boden liegende Leinwand tropft, schüttet und sprengt, sodass sich Muster und Strukturen bilden. Er gilt als einer der bedeutendsten amerikanischen Künstler der Moderne. Angeblich wurde 2006 sein Bild Nr. 5 für 140 Mio. Dollar privat verkauft.

Von Jackson Pollock ist bekannt, dass er tagelang wie besessen malte und dabei wenig Wert auf die äußeren Umstände seines Lebens legte. Über weite Phasen seines beruflichen Lebens galt er als Alkoholiker und ordnete alles seiner Suche nach dem richtigen Ausdruck unter. Er starb 1956 bei einem Autounfall, den er vermutlich unter Alkoholeinfluss selber verursachte. Seine Maltechnik gilt bis heute für seine Zeit als vollkommen innovativ und ohne jegliches Vorbild. Berühmt wurde er nicht zuletzt deshalb, weil er der amerikanischen Kunst seiner Zeit ein neues Selbstbewusstsein gab und die nordamerikanische Moderne begründete (vgl. auch Gündüz 2013).

Nikola Tesla

„Tesla hat mehr zur Wissenschaft im Bereich der Elektrizität beigetragen als irgendein anderer Mensch zuvor."
(Lord Kelvin, Erfinder der Kelvin-Skala)

„Die Menschheit ist Tesla zu ewigem Dank verpflichtet."
(Arthur Compton, Nobelpreisträger für Physik 1927)

„Die Welt wird noch lange auf einen Verstand warten müssen, der in seiner Schaffens- und Vorstellungskraft ebenbürtig mit jenem von Tesla ist"
(Edwin H. Armstrong, Erfinder des FM-Radio Systems)

Geboren am 10. Juli 1856 in Smiljan im damaligen Kaisertum Österreich, gestorben am 07. Januar 1943 in New York, gilt der Physiker und Erfinder Tesla in manchen Kreisen als „der Mann, der das 20. Jahrhundert erfunden hat". Zu den Erfindungen, die auf ihn zurückgehen oder für die er die Grundlagen geschaffen hat, gehören u. a. das Zweiphasenwechselstromsystem zur elektrischen Energieübertragung, der Wechselstrommotor, die Neonröhre, die Tesla-Turbine, das Tesla-Ventil, der Tesla-Transformator, das erste elektrische Wasserkraftwerk, der erste Geschwindigkeitsmesser für Autos, die Grundprinzipien der Radiowellenübertragung und der Radar. Im Verlauf seines Lebens erhielt er über 800 Patente und verfolgte wie besessen seine Idee der kabellosen Energieübertragung. Er galt als exzentrisch und als „Magier", weil er u. a. in Shows und Demonstrationen Röhren ohne Kabelanschluss zwischen zwei Elektronen aufleuchten ließ oder beeindruckende Blitze produzierte. Tesla war zweifelsohne ein wirklicher Exzentriker, der sich im Konflikt mit vielen Auftraggebern und Konkurrenten befand. Angeblich litt er zeitlebens an starken Phobien. So hatte er wohl Angst davor, das Haar anderer Menschen zu berühren, und vor dem Essen pflegte er den Kubikraum zu berechnen, den seine Nahrung im Magen ausfüllen würde. Im weiteren Verlauf seines Lebens wurde er zunehmend seltsamer, was sich nicht nur in seinen Aussagen zur „Energie eines Menschen" widerspiegelt, die angeblich durch die Hälfte seiner Masse multipliziert mit dem Quadrat einer noch unbekannten Geschwindigkeit definiert sei, sondern auch dadurch, dass er angab, 1899 bereits ersten Kontakt zu Außerirdischen gehabt zu haben. Am meisten besessen war er von der Idee eines Weltenergiesystems mit kabelloser Stromübertragung, durch das für alle Menschen weltweit kostenlos Energie zur Verfügung gestellt werden sollte. Nicht zuletzt von dieser Idee durchdrungen, investierte er sehr große Mengen Geldes in sein Labor, das er durch starke Blitzentladungen öfter in Brand setzte. Eines seiner Experimente führte 1899 dazu, dass die Stadt Colorado Springs tagelang keinen Strom hatte. Weil er sowohl die Stromrechnung als auch die Gehälter seiner Arbeiter und seine eigenen Steuerzahlungen vernachlässigte, starb er am Ende arm. Er galt als verwirrt und wahnsinnig, aber seine Aufzeichnungen und Unterlagen wurden von amerikanischen Behörden beschlagnahmt, aus Sorge, sie könnten in falsche Hände geraten (Krause 2009).

Aristoteles
Der Schüler Platons wurde vermutlich 384 v. Chr. geboren und starb 322 v. Chr. Wohl kaum jemand denkt bei Kreativität und Innovation sofort an Aristoteles. Aber Aristoteles ist nicht nur der Prototyp des Kreativen und Innovators, der durch viel Struktur und System zu neuen Gedanken und Modellen gelangt ist, er gilt heute als Begründer der Logik und der Wissenschaftstheorie an sich. Von daher kann er zweifelsohne als Urvater jedes wissenschaftlich analytisch kreativen Prozesses und Vorgehens gelten. Er begründete u. a. die formale Logik, arbeitete eine Wissenschaftstheorie aus, bei der er als Erster darauf verwies, dass man z. B. zwischen Form und Materie unterscheiden müsse, und beschrieb das Prinzip der Deduktion und Induktion. Über sein Leben weiß man relativ

wenig gemessen an seiner grundlegenden Bedeutung für die moderne Wissenschaft. Angeblich trat er mit 17 Jahren in Platons Akademie in Athen ein und wurde später Lehrer Alexanders des Großen. Neben seinen Reisen, verschiedenen Lehrtätigkeiten und den jeweils verfassten Schriften ist nicht viel darüber bekannt, wie Aristoteles arbeitete. Es scheint so zu sein, dass er zwischenzeitlich über eine große Bibliothek, zahlreiche Mitarbeiter und einigen Einfluss verfügte. Er war wohl recht wohlhabend und seine Schriften und Überlegungen lassen darauf schließen, dass er sehr systematisch, strukturiert und geplant arbeitete. Seine kreative Kraft schöpfte er zweifelsohne sehr stark aus seinen analytischen Fähigkeiten. So erfand er zwar keine Maschinen, aber die wesentlichen Prinzipien der modernen Wissenschaft. Er führte u. a. als erster die Unterscheidung zwischen Theorie und Praxis ein. Wie bei vielen Genies der Antike und Renaissance lässt sich im Nachhinein nur schwer feststellen, welche dieser Ideen und Prinzipien tatsächlich ursprünglich von ihm persönlich entwickelt wurden und welche auf Ideen und Schriften anderer vielleicht unbekannter Gelehrter und Erfinder zurückgehen (Düring 1966).

13.6 Kreativität und Innovationskompetenz diagnostizieren

Bei der Diagnose kreativer Kompetenz lassen sich selbstverständlich die einzelnen Facetten und Co-Kompetenzen, wie sie in den Unterkapiteln 13.1.2 bis 13.1.4 beschrieben wurden, einschätzen. Um diese Kompetenz von anderen Kompetenzen wie Analyse, Initiative, Gestaltungswille oder Frustrationstoleranz etwas unabhängiger zu diagnostizieren, empfehlen wir, Kreativität und Innovationsfähigkeit als eher ganzheitliches Konzept zu betrachten. Im Mittelpunkt steht dabei die Einschätzung, inwieweit jemand sich selbst beauftragt, etwas zu verbessern und weiterzuentwickeln, wie stark er daran glaubt, dies selber tun oder dazu beitragen zu können, und welchen Neuigkeits- und Innovationsgrad und welche praktische Bedeutung seine dabei entwickelten Ideen und Vorgehensweisen haben. Für den Anforderungsbereich Wissen und Erfahrung kann ergänzend natürlich auch nach der Kenntnis und dem Beherrschen von Kreativitätsmethoden und -prozessen gefragt werden.

Diagnostisch kann sowohl im Interview nach einer entsprechenden Motivation und Orientierung als auch nach Erfolgen und Vorgehensweisen aus der Vergangenheit gefragt werden. Darüber hinaus kann in praktischen Übungen relativ gut beobachtet werden, wie kreativ Problemlösungen sind, die jemand vorschlägt.

Fragen zur Einschätzung der kreativen Kompetenz im Interview:

- Wann hatten Sie in Ihrem Berufsleben einmal eine Situation, bei der Sie dachten, es müsse sich etwas maßgeblich ändern, und sich persönlich berufen fühlten, dieses Thema anzugehen? Was war aus Ihrer Sicht dabei genau verbesserungswürdig? Warum fühlten Sie sich dadurch angesprochen? Wie sind Sie bei der Entwicklung möglicher Ideen vorgegangen? Wie erfolgreich waren Sie bei der Umsetzung Ihrer Ideen?

- Wann in der Vergangenheit war es von Ihnen einmal gefordert, quer zu denken und Dinge außerhalb des üblichen Rahmens zu betrachten? Wie sind Sie darauf gekommen, dass hier übliche Vorgehensweisen nicht ausreichen? Inwiefern waren Ihre Ideen und Konzepte hier „quer" gedacht?

- Was würden Sie rückblickend bisher in Ihrem beruflichen Leben als Ihre beste Idee oder Innovation bezeichnen? Was hat Sie dazu bewogen, diese Idee zu entwickeln? Inwiefern waren Ihre Gedanken dazu neu oder ungewöhnlich? Wie ist es Ihnen gelungen, Ihre Idee wirksam werden zu lassen? Zu welchen positiven Ergebnissen hat dies geführt? Was ist daran typisch für Ihren Arbeitsstil?

- Welche Kreativitätstechniken erkennen und nutzen Sie? Wo sehen Sie Vorteile der Technik XY gegenüber anderen? Bitte schildern Sie ein Beispiel, wann Sie eine dieser Techniken einmal eingesetzt haben und mit welchem Ergebnis.

- Woran kann man bei Ihnen erkennen, dass Sie persönlich offen sind für neue Ideen und alternative Vorgehensweisen? Wann ist es Ihnen einmal schwergefallen, sich auf ein neues Thema einzustellen? Wann haben Sie einmal eine aus Ihrer Sicht gute Idee aufgegriffen und weiterentwickelt?

- Würden Sie sich selbst als kreativen Menschen beschreiben? Wie kommen Sie zu dieser Einschätzung? Bitte schildern Sie ein Beispiel zur Verdeutlichung.

Typische Verhaltensbeschreibungen (oder „Beurteilungsanker"), die bei der Beschreibung oder Beurteilung der kreativen Kompetenz genutzt werden können:

Wer kreative Kompetenz besitzt,

- hat in der Vergangenheit im eigenen Fachbereich selber Themen weiterentwickelt und optimiert,

- denkt in Lösungen breit und nutzt z. B. Erkenntnisse, Modelle und Systematiken aus anderen Fach- oder Lebensbereichen,

- zeigt die Bereitschaft, Dinge oder den Status quo zu hinterfragen,

- will Themen oder Dinge weiterentwickeln, verbessern und optimieren,

- glaubt von sich selber, kreativ zu sein, ist überzeugt davon, selber einen Unterschied machen zu können,

- kennt und beherrscht Kreativitätstechniken,

- ist in der Lage, eigene Ideen bis zur erfolgreichen Umsetzung zu verfolgen, kann sich eine mögliche andere Zukunft bildhaft, visionär vorstellen,

- kann quantitativ viele Ideen zur Lösung eines Problems entwickeln,

- interessiert sich über den eigenen engen Fachbereich auch für andere Themen und Gebiete,

- zeigt viel Offenheit für neue Erfahrungen, zeigt Neugierde,

- demonstriert den Willen, die eigenen Ideen durchzusetzen und praktisch werden zu lassen.

Als mögliche Bewertungskriterien für innovative Ideen dienen.

- Grad der Neuigkeit und Innovation (wie weit weg vom bereits Bekannten ist die Idee tatsächlich?),

- Anzahl der Ideen, die zur Lösung eines Problems entwickelt werden,

- Klarheit und Konkretheit der entwickelten Ideen,

- Umsetzbarkeit der Ideen in praktische Innovationen.

Neben dem Fragen nach Erfahrungen und Beispielen aus der Vergangenheit und den eigenen Techniken und Methoden kann man sich Kreativität in der Diagnostik selbstverständlich auch „zeigen lassen". Dazu können zum einen jede Art von Fallstudie und Problemschilderung dienen, bei der es darum geht, möglichst schnell möglichst viele möglichst ungewöhnliche Ideen zu entwickeln und auf ihre Praktikabilität hin zu überprüfen. So kann man z. B. in der Bearbeitung einer klassischen Management-Fallstudie verstärkt darauf achten, ob nur die üblichen, konventionellen und hinreichend beschriebenen Lösungen und Vorgehensweisen gewählt werden oder ob jemand auch ungewöhnliche Wege beschreitet. Dazu können z. B. in der Besprechung einer solchen Fallstudie Teilnehmer auch explizit aufgefordert werden, neben den vielleicht schon präsentierten üblichen Wegen noch eine kreative eher mutige Vorgehensweise und Möglichkeit zu entwickeln und vorzuschlagen. Genauso kann man in der Besprechung von Lösungsvorschlägen für Fälle auch innerhalb der Diskussion Variablen kurzfristig verändern, um zu sehen, wie unter neuen Rahmenbedingungen neue Ideen entwickelt werden können. Dies kann z. B. erfolgen, indem man explizit fragt: „Mal angenommen, die Variable X (z. B. Profitabilität, Umsatz oder Marksituation) wäre genau umgekehrt, welche Ideen und Lösungsvorschläge würden Sie dann verfolgen?". Auf diese Weise kann sowohl gesehen werden, ob jemand eher spontan intuitiv oder systematisch strukturiert in seiner Herleitung und Ideengenerierung agiert, als auch, wie breit und flexibel jemand denkt. Typischerweise zeigen kreative Menschen, die auch von ihrer eigenen Kreativität überzeugt sind, auch mehr Freude daran, Dinge weiterzudenken, neu zu überlegen und zu variieren. So zeigt sich oft eine gewisse Freude am spielerischen Umgang mit Themen.

Neben diesen typischerweise etwas größer angelegten Fällen und Management-Simulationen können bei der Diagnose der Kreativität auch kurze und kleine Übungen als eine Art Arbeitsprobe eingesetzt werden. So kann man Kandidaten z. B. danach befragen, welche Ideen ihnen spontan in den nächsten zwei Minuten dazu einfallen, was man alles mit einem Ziegelstein machen kann, außer ein Haus zu bauen. Oder welche Möglichkeiten man hat, um z. B. einen Stuhl von München nach Hamburg zu transportieren. In beiden Fällen lässt sich spontan relativ gut einschätzen, wie viele Ideen generiert werden, wie breit jemand im Denken ist und wie ungewöhnlich die Ideen und Vorschläge sind. Zu beachten ist hier, dass gerade in einer

Prüfungssituation auf der einen Seite natürlich automatisch der notwendige Druck aufseiten des Kandidaten entsteht, man aber darauf achten muss, im Sinne der optimalen Rahmenbedingung eine gewisse Lockerheit und Freiheit im Klima zu schaffen, in dem sich kreatives Potenzial wirklich entfalten kann. Entsprechend empfiehlt es sich, solche Übungen mit einem gewissen Maß an Humor zu instruieren.

Neben dieser „generellen" Einschätzung von Kreativitätskompetenz ist darauf zu achten, dass z. B. Kreativität im Rahmen eines bestimmten Fachbereichs meistens nur durch Experten auf diesem Fachgebiet eingeschätzt werden kann. Um sagen zu können, ob eine bestimmte technische Idee und Innovation tatsächlichen Neuigkeitswert hat und als Beleg für Kreativität gelten kann, muss man selber Experte in diesem Fach sein und die typischen und gängigen Vorgehensweisen kennen. Entsprechend bedient man sich so im Prinzip eines Expertenurteils, um den Grad der Kreativität einer Idee und damit einer Person zu messen. Und nicht zuletzt muss man natürlich bei der Betrachtung der Vergangenheit auch immer berücksichtigen, wie die Rahmenbedingungen waren, in denen die Person bisher agierte, und ob diese Kreativität eher gefördert haben oder unterdrückt.

13.7 Wie man Kreativität und Innovationskompetenz fördern und entwickeln kann

Wie in Abschnitt 13.3 bei der Frage nach der Entwicklung der Kompetenz bereits beschrieben, geht es bei der Entwicklung und Förderung von Kreativitätskompetenz zunächst einmal darum, die richtigen Rahmenbedingungen zu schaffen. Mitarbeiter, die kreativ arbeiten sollen, brauchen gewisse Freiräume dafür, um mit entsprechender Zeit oder auch anderen Ressourcen fokussiert Ideen entwickeln und ausarbeiten zu können. Dazu brauchen sie Führungskräfte, die sie unterstützen, für ihre Ideen positiv bestärken und ihnen Vertrauen entgegenbringen. Ebenfalls förderlich wirkt es sich aus, wenn ein freier Austausch von Ideen zwischen Mitarbeitern oder unterschiedlichen Bereichen ermöglicht wird. Darüber hinaus entsteht Kreativität typischerweise, wenn Führungskräfte risikoreicheres Verhalten zulassen, Fehler tolerieren und bereit sind, Dinge auszuprobieren.

Konzentriert man sich auf diese Rahmenbedingungen und auf notwendige Führungsleistungen, um Kreativität zu ermöglichen, so basiert dies selbstverständlich auf der Annahme, dass prinzipiell alle Mitarbeiter und Menschen in der Lage sind, kreativ zu arbeiten. Eine These, die aufgrund der Evolutionsgeschichte der Menschheit naheliegend ist. Von daher kann man zusammenfassend eigentlich sagen:

> Kreativität entwickelt sich vor allen Dingen da, wo sie nicht konsequent unterdrückt wird.

Darüber hinaus ist es wichtig, dass Mitarbeiter sich mit ihrer Aufgabe oder einem bestimmten Thema so stark identifizieren, dass sie sich selber beauftragen und persönlich einen starken Anreiz darin sehen, neue Wege und Möglichkeiten zu erarbeiten. Sie müssen im besten Sinne mit dem ihnen übertragenen Problem identifiziert sein.

Wie bei vielen anderen Personalentwicklungsthemen zeigt sich auch beim Thema Kreativität, dass Menschen vor allem durch die **richtigen Herausforderungen** lernen. Im Wesentlichen sind die Führungskräfte und Mitarbeiter gemeinsam gefordert, die richtigen Aufgaben und Projekte zu definieren, bei denen der Mitarbeiter sich intensiv mit einzelnen Problemstellungen beschäftigen und neue und ungewöhnliche Ideen entwickeln und ausprobieren kann.

Im praktischen Führungsalltag bedeutet dies konkret:

- Übertragen Sie Ihren Mitarbeitern Aufgaben und Probleme, mit denen die Mitarbeiter sich persönlich stark identifizieren können.

- Stellen Sie sicher, dass explizit Zeit und Raum dafür eingeräumt werden, kreativ zu arbeiten.

- Seien Sie selber offen für neue Ideen und Vorgehensweisen, bestärken Sie erste Ansätze positiv, anstatt diese zu kritisieren oder „das Haar in der Suppe zu suchen".

- Erkennen Sie positive Ideen und Innovationen konsequent an, auch wenn sie zunächst klein sind, geben Sie z. B. auch öffentlich Anerkennung dafür.

- Unterstützen Sie Ihre Mitarbeiter dabei, sich neben dem eigentlichen Fachgebiet noch mit anderen Themen auseinanderzusetzen und sich breit inspirieren zu lassen, indem sie z. B. einen Austausch mit anderen Bereichen, Abteilungen, Branchen oder Unternehmen ermöglichen (durch die Teilnahme an Trainings, Kongressen, Erfahrungskreisen, Hospitationen etc.).

- Schaffen Sie die Rahmenbedingungen, dass Ihre Mitarbeiter sich in ihrem Fachgebiet zu ausgewiesenen Experten entwickeln können. Nur wer ein wirklich vertieftes Verständnis seines Fachgebiets hat, kann die richtigen Probleme identifizieren und kennt die schon üblichen Lösungen, um weiter zu denken.

Ergänzend dazu ist es sicherlich hilfreich, wenn Mitarbeiter über eine grundlegende Vorstellung und Kenntnis unterschiedlicher Kreativitätstechniken und Problemlösungskonzepte verfügen. Gerade wenn die Ideen noch nicht spontan und frei sprudeln, hilft es sicherlich, sich an bewährten Systematiken und Kreativitätsmethoden zu orientieren. Dazu kann das Selbststudium entsprechender Literatur helfen oder auch die Teilnahme an einer entsprechenden Trainings- und Seminarmaßnahme. Die meisten Kreativitätstechniken sind relativ leicht zu verstehen und selber anzuwenden, man muss es eben einfach nur tun.

Neben dieser Arbeit an Wissen und Erfahrungen sowie den richtigen Rahmenbedingungen und dem richtigen Prozess kann selbstverständlich auch an der entsprechenden **Orientierung und Motivation** gearbeitet werden. Allerdings muss man sich darüber im Klaren sein, dass grundlegende persönliche Eigenschaften wie z. B. Offenheit für neue Erfahrungen, Neugierde, Autonomie und Selbstvertrauen, Gestaltungswille und Zielorientierung oft die Konsequenz eines langen persönlichen Lern- und Entwicklungsprozesses sind und sich bei Mitarbeitern im Erwachsenenalter nicht so ohne Weiteres verändern lassen. Man kann diese Motivation sicherlich fördern und unterstützen, auf der anderen Seite muss man sich im Klaren darüber sein, dass dort, wo jemandem im Kindesalter kein Raum gegeben wurde, frei zu spielen, wo Kinder nicht mit unterschiedlichen Möglichkeiten in Kontakt gebracht wurden, wo ein Kind sich nicht sicher und geborgen fühlen durfte, um auch neue Ideen und eigene Impulse zum Ausdruck bringen zu können, die Voraussetzungen zur Ausbildung von Kreativität und den entsprechenden notwendigen Co-Kompetenzen denkbar schlecht sind. Hier kann im höheren Alter nur eine graduelle Weiterentwicklung erfolgen, die in der Regel aber eines länger angelegten persönlichen Lern- und Entwicklungsprozesses bedarf. Insgesamt kann man sagen:

Kreativität und Innovationskompetenz lassen sich graduell weiterentwickeln und mit den richtigen Rahmenbedingungen und Unterstützungen steigen die Chancen für Kreativität. Doch sie lässt sich weder anweisen noch erzwingen noch bei Menschen entwickeln, die einfach nicht die entsprechenden Grundvoraussetzungen mitbringen. Wer die Inspiration und den „Funken" als Erwachsener nicht in sich trägt, wird kaum große Kunst schaffen, Industrien revolutionieren oder neue Universen entdecken. Aber vielleicht reicht oft auch die eine kleine smarte Idee, die das eigene Leben oder das anderer besser macht, die z. B. dabei hilft, Ressourcen einzusparen, Kunden zufriedener zu machen oder andere Menschen in ihren Möglichkeiten weiterzubringen.

13.8 Literatur

Amabile, T. M. (1998): How to kill Creativity. Harvard Business Review, Sep–Oct. Harvard Business School Press, Boston.

Csíkszentmihályi, M. (1988): Society, culture and person: A systems view of creativity. In R. J. Sternberg (Hrsg.): The nature of creativity (pp. 325–339). New York: Cambridge University Press.

Dueck, G. (2013): Das Neue und seine Feinde. Frankfurt a. M. New York: Campus.

Düring, I. (1966): Aristoteles. Darstellung und Interpretation seines Denkens. Heidelberg: Winter.

Ekvall, G. & Ryhammer, L. (1998): The creative climate: Its determinants and effects at a Swedish University. In: Creativity Research Journal, 12 (4), 303–310.

Gündüz, B. (2013): Jackson Pollock. Die Biographie. Berlin: Parthas Verlag.

Kozbelt, A., Beghetto, R. A. und Runco, M. A. (2010): Theories of Creativity. In: Sternberg, R. J. & Kaufmann J. C. (Hrsg.): The Cambridge Handbook of Creativity. Cambridge: University Press.

Krause, M (2009): Wie Nikola Tesla das 20. Jahrhundert erfand. Weinheim: Wiley-VCH Verlag.

Memmert, D. (2008): Kreativität – Impulse für eine innovationsfreundliche Unternehmenskultur. In: Personalführung 7/2008, S. 20–27.

Paschen, M. (2012): Potenziale und Kompetenzen beurteilen und entwickeln. Handbuch Personalentwicklung. 162. Erg.-Lfg. Juli 2012, S. 1–32.

Plucker, J. A., Beghetto, R. A. und Dow, G. (2004): Why isn't creativity more important to educational psychologists? Educational Psychologist, 39, 83–96.

Runco, M. A. und Albert, R. S. (2010): Creativity Research – A historical View. In: Sternberg, R. J. & Kaufmann J. C. (Hrsg.): The Cambridge Handbook of Creativity. Cambridge: University Press.

Ruß, S. W. und Fiorelli, J. A. (2010): Developmental Approaches to Creativity. In: Sternberg, R. J. & Kaufmann J. C. (Hrsg.): The Cambridge Handbook of Creativity. Cambridge: University Press.

Schlicksupp, H. (2004): Ideenfindung. Würzburg: Vogel Business Media.

Stefan, K. (2003): Van Gogh – Mythos und Wirklichkeit. Köln: DuMont.

Sternberg, R. J. und Kaufmann J. C. (Hrsg.) (2010): The Cambridge Handbook of Creativity. Cambridge: University Press.

Wiederhake, P. & Stöwe, C. (2014): Initiative als Kompetenz. In: Laske, S., Orthey, A., Schmid, M. (Hrsg.): PersonalEntwickeln (Loseblatt 1993 ff.), Köln.

SELBSTSTEUERUNGS-KOMPETENZEN

14 SELBSTREFLEXION ALS KOMPETENZ

Marko Mühlena

In diesem Beitrag erfahren Sie,

- *was unter Selbstreflexion zu verstehen ist,*
- *wie die individuelle Entwicklung der Selbstreflexion abläuft,*
- *welche Mitarbeitertypen vor dem Hintergrund der Reflexionsfähigkeit unterschieden werden können,*
- *wie die Selbstreflexion diagnostiziert und eingeschätzt werden kann.*

14.1 Begriffsbestimmung und sprachliche Beschreibung

Ein Blick in die Literatur unter dem Begriff Selbstreflexion eröffnet zunächst klassisch philosophische Aspekte der Antike. Dabei zeigt sich im Prozess des Nachdenkens über die eigene Person eine bis heute zentrale Komponente der Selbstreflexion: Selbstreflexion ist eng verwandt mit Selbsterkenntnis, der Erkenntnis einer Person über das eigene Selbst. In diesem Zusammenhang ist die Selbstreflexion als der Prozess des Denkens und Hinterfragens der eigenen Person zu sehen. Dieses Nachdenken bildet die Grundlage für eine daraus folgende Selbsterkenntnis, wobei diese Begriffe nur schwer zu trennen sind.

Um eine genauere sprachliche Beschreibung des Begriffs vorzunehmen, erweist es sich als sinnvoll, diesen in seine Bestandteile zu zerlegen. Selbstreflexion besteht somit aus zwei Elementen: zum einen ist es die Reflexion und zum anderen das Selbst.

Der Ursprung des Wortes Reflexion liegt in der klassischen Philosophie und geht zurück auf die Antike. Auf die heutige Umgangssprache bezogen, meint Reflexion etwa Nachdenken und Überlegen. Sprachlich findet das Wort Reflexion seinen Ursprung im Lateinischen und bedeutet „zurückbeugen". Es steht folglich für die Änderung der eigenen Position, um einen anderen Blickwinkel zu erhalten und dadurch zu neuen Einblicken zu gelangen (Hilzensauer 2008).

Die Problematik, zu einer genau festgelegten Definition zu gelangen, wird teilweise dadurch verursacht, dass sich nicht nur eine wissenschaftliche Disziplin mit dem Thema Reflexion auseinandersetzt. So wird der Begriff der Reflexion neben der Philosophie auch in der Pädagogik und der Psychologie verwendet. Eine einzig wahre bzw. flächendeckende und damit allgemein gültige Definition zu finden ist somit unmöglich. Die Unterschiede beginnen schon in der synonymen Verwendung von Wörtern wie Denken, Überlegen, Problemlösen (Dilger 2007).

Der zweite Teilbegriff, der sich in dem Wort Selbstreflexion verbirgt, ist das Selbst. Auch dieser Begriff wird uneinheitlich und mit psychologischen, soziologischen, philosophischen und theologischen Bedeutungsvarianten verwendet. Dabei ist der Begriff „Selbst" deutlich jünger als der Begriff „Reflexion". Das Selbst wurde insbesondere in der Psychologie, genauer in der Psychoanalyse, konzeptualisiert. Unter „Selbst" versteht man in der Psychoanalyse die Vorstellungen über einen selbst und die eigenen Beziehungen zur Umwelt. Selbstreflexion und Selbsterkenntnis sind in diesem Zusammenhang der Wissenserwerb über die eigenen psychischen Fähigkeiten, Möglichkeiten und Realitäten.

Zusammenfassend lässt sich Selbstreflexion verstehen als bewusster innerer Prozess des Nachdenkens über

- sich selbst als Person,
- das eigene Denken,
- Fühlen und
- Handeln.

14.1.1 Facetten der Kompetenz

Im Folgenden wird eine eigene, auf Erfahrungen und Literaturrecherchen basierende Definition von sieben Teilfacetten der Selbstreflexion vorgenommen. Dabei wird Selbstreflexion mit jenen Facetten dargestellt, die der Personalentwicklung einen Nutzen für die genannten Herausforderungen der Gesundheitserhaltung, des lebenslangen Lernens und der Realisierung von Potenzial bieten.

Reflexionswille

Grundlegend muss trotz der beschriebenen Vorteile und der elementaren Bedeutung von Selbstreflexion festgehalten werden, dass Menschen das Potenzial zur Selbstreflexion häufig nicht ausschöpfen (Tisdale 1998; Aronson et al. 2004). Es stellt sich die Frage, warum das so ist. In der Literatur werden dazu verschiedene Ursachen diskutiert. Nahezu alle Autoren weisen auf den Schutz des eigenen Selbstwertes als wichtigen Vermeidungsfaktor hin (Dörner 1994; Offermanns 2004; Greif 2008). Die Bereitschaft, sich mit kritischen Aspekten der eigenen Persönlichkeit auseinanderzusetzen und dadurch auch unangenehme Gefühle ertragen zu müssen, ist insbesondere im Management-Kontext bisweilen gering ausgeprägt. Rauen (2008) weist darauf hin, dass bei Führungskräften das Interesse an Selbstreflexion für gewöhnlich ausgesprochen gering ist. Vielmehr sei dieser Personenkreis stark handlungsorientiert und deshalb in erster Linie an der konkreten Problemlösung interessiert. Selbstreflexion werde daher „zuweilen eher als hinderlich, ja störend und ablenkend empfunden."

Wahrnehmung eigener Gedanken

Dieser Aspekt der Selbstreflexion bezieht sich auf die gedankliche Selbstbeobachtung, d. h. die Fähigkeit, sich selbst beim Denken und bei eigenen Denkmustern zu beobachten. Notwendig für diese Selbstbeobachtung sind eine gewisse Selbstdistanz und auch die angesprochene Bereitschaft zur Selbstkritik. Eine weitere wichtige Voraussetzung für die Wahrnehmung der eigenen Gedanken ist ein Zustand der Sachlichkeit, d. h. der emotionalen Ausgeglichenheit zum Zeitpunkt der Reflexion. Befindet sich eine Person in einem äußerst emotionalen oder erregten Zustand, können diejenigen Anteile des Gehirns, die eine nüchterne Analyse des eigenen Verhaltens sicherstellen, nicht genutzt werden.

Wahrnehmung eigener Emotionen
Grundlage für einen angemessenen Umgang mit Emotionen ist deren bewusste Wahrnehmung. So ist Angst eine entscheidende Triebfeder für menschliche Entscheidungen und Handlungen. Eine gängige Methode zur Angstbekämpfung in Situationen der Veränderung und dem Erleben eigener Inkompetenz ist das Vorgehen nach festen Mustern, die dann nicht mehr in Frage gestellt werden. Ohne die Wahrnehmung dieser Angst können nur schwerlich neue Handlungsoptionen ausprobiert werden, da die neuen Möglichkeiten abgewertet werden. Ängste verlieren häufig schon allein dadurch einen Großteil ihrer Macht und ihres negativen Potenzials, indem sie bewusst wahrgenommen werden. Neben dem Umgang mit der Angst ist auch die Wahrnehmung weiterer Emotionen elementar, um eigene Bedürfnisse erkennen und Handlungsoptionen überhaupt bewerten zu können. Die Fähigkeit, verschiedene emotionale Qualitäten dabei unterscheiden zu können, ist ein weiterer wichtiger Teilaspekt der Wahrnehmung der eigenen Emotionen. Ohne eine Unterscheidung und Differenzierung der eigenen Emotionen kann auch keine ganzheitliche Bewertung von Handlungsoptionen vorgenommen werden.

Realistische Selbsteinschätzung
Die realistische Selbsteinschätzung bezieht sich zunächst auf eine allgemeine Einschätzung hinsichtlich der eigenen Identität und somit auch auf eine klare Abgrenzung zu Aspekten, die nicht dem eigenen Selbst entsprechen, insbesondere der eigenen Individualität. Dieses konkretisiert sich im Unternehmensalltag auf Kompetenzebene in der Differenzierung eigener Stärken und Schwächen. Zudem bezieht sich diese Facette ableitend aus der Identität auch auf eine realistische Einschätzung eigener Grenzen sowie eigener Möglichkeiten und Potenziale. Weiterhin meint diese Facette der Selbstreflexion die Fähigkeit, sich in verschiedenen Rollen sehen und somit ein umfassendes Rollenspektrum zeigen zu können. Mit einer realistischen Selbsteinschätzung können mögliche Rollenkonflikte reflektiert, verstanden und ausgehalten werden. Dies ist die Grundlage, um mehrere Rollen, z. B. aus dem privaten und beruflichen Bereich, zu integrieren und sich beispielsweise mit der beruflichen Führungsrolle positiv zu identifizieren.

Körperwahrnehmung
Die Bedeutung dieses Aspekts für die Definition von Selbstreflexion fußt auf seiner Bedeutung für die Erhaltung der Gesundheit. Dieses Thema stellt insbesondere vor dem Hintergrund der steigenden Anforderungen und der erwähnten Zunahme psychischer Erkrankungen am Arbeitsplatz eine zentrale Herausforderung für Unternehmen dar. Körperwahrnehmung ist die angemessene Einschätzung des eigenen Körpers in Bezug auf Alter, Gesundheit und Attraktivität. Darauf aufbauend ist eine zentrale Fähigkeit der Körperwahrnehmung, körperliche Empfindungen, insbesondere gesundheitliche Frühwarnzeichen, rechtzeitig wahrzunehmen.

Wirkungsbewusstsein
Im unternehmerischen Kontext mit seinen vielfältigen Kommunikations- und Interaktionsnotwendigkeiten ist es eine weitere wichtige Fähigkeit im Rahmen der Selbstreflexion, andere Menschen realistisch erfassen zu können. Erst durch die differenzierte Wahrnehmung der Reaktion anderer Menschen auf das eigene Verhalten kann ein Bewusstsein der eigenen Wirkung auf andere entstehen. Dieses Bewusstsein ist notwendig, um eine entsprechende Verhaltensanpassung einleiten zu können. Zudem ist eine realistische Wahrnehmung anderer Menschen notwendig, um sich selbst im Vergleich zu anderen Menschen realistisch einschätzen zu können. Dieser soziale Vergleich ist Grundlage zur Vermeidung einer ungünstigen Selbstunter- bzw. -überschätzung.

Selbstentwicklung: Planung von Entwicklungszielen
Grundlage für die Selbstentwicklung ist die Wahrnehmung der eigenen (beruflichen) Zielrichtung. Diese entsteht durch die Ableitung von Erkenntnissen aus der gedanklichen und emotionalen Auseinandersetzung mit sich selbst und den persönlichen Zielen. Weiterhin müssen diese Erkenntnisse in konkrete Entwicklungsziele überführt werden, um den eigenen Zielen die entsprechende Ausrichtung zu geben. Dies erfordert, die eigenen Lern- und Entwicklungsbedarfe differenziert beschreiben zu können. Zusätzlich bezieht sich diese Facette auf die Entwicklung konkreter Ideen und Pläne, wie die eigenen Entwicklungsziele umgesetzt werden können.

14.1.2 Co-Kompetenzen

Bei der Betrachtung der einzelnen Facetten der Selbstreflexion als Metakompetenz fällt auf, dass diese insbesondere auch bei Menschen feststellbar sind, die über spezifische Kompetenzen und Potenziale in anderen Bereichen verfügen.

Diese Co-Kompetenzen sind Empathie, das breite Feld der sozialen Kompetenz, Analysefähigkeit und Lernfähigkeit.

- **Empathie**
  Um Empathie zu zeigen und die Emotionen anderer Menschen einschätzen zu können, ist zunächst die Wahrnehmung und Differenzierung der eigenen Emotionen notwendig, wenn auch nicht ausreichend. Zudem stellt die angeführte realistische Wahrnehmung anderer eine wichtige Bedingung für Empathie dar, weshalb Selbstreflexion in dem hier dargestellten Sinne mit Empathie hoch korreliert ist.

- **Soziale Kompetenz**
  Aufgrund der differenzierten Wahrnehmung anderer gelingt es selbstreflektierten Menschen, sich in Kommunikationssituationen angemessen auf den Gesprächspartner einzustellen. Gleichzeitig können selbstreflektierte Menschen aufgrund der präzisen Selbstwahrnehmung auch abgleichen, ob sie mit der aktuellen Kommunikationsstrategie ihre gesteckten Ziele erreichen und gegebenenfalls ihre Strategie ändern. Beides sind notwendige Voraussetzungen für die Entwicklung sozialer Kompetenz.

- **Analysefähigkeit**
  Analysefähigkeit ist erforderlich zur Analyse der Situation und liefert damit die Voraussetzungen für die Entwicklung von Problemlösungen. Die Analysefähigkeit besteht darin, Komplexität reduzieren und Informationen zielgerichtet und zielorientiert bearbeiten zu können, insbesondere unter Zeitdruck. Das Erkennen eigener Gedanken- und Handlungsmuster in komplexen Situationen bei gleichzeitiger Einschätzung der Bedürfnisse anderer Menschen erfordert eine hochgradig ausgeprägte Analysefähigkeit.

- **Lernfähigkeit**
  Hinsichtlich der Lernfähigkeit betont Siebert (2009) die Selbstreflexion und konzentriert sich in seiner Theorie vor allem auf die Erwachsenenbildung. Dabei geht er davon aus, dass Lernen ein selbstreferenzieller bzw. rückbezüglicher Prozess ist. Neue Erfahrungen bauen auf früheren Erfahrungen auf und das neue Wissen entsteht aus bereits vorhandenem Wissen. Für den Lernerfolg eines Menschen ist die Selbstreflexion notwendig, um den eigenen Fortschritt beobachten zu können und weitere Impulse zu setzen. Die Selbstreflexion kann Bewusstsein für die eigenen Interessen und Bedürfnisse sowie Stärken und Schwächen schaffen.

Es erfolgt auch eine Selbstaufklärung über die eigenen Gewohnheiten, Problemlösungsstrategien und entwickelten Widerstände. Des Weiteren können dadurch Erkenntnisse über die eigenen Lern- und Überforderungsängste, die Lust- und Unlustgefühle bei bestimmten Aufgaben, die Selbstsicherheit und das Selbstvertrauen gewonnen werden.

14.2   Die Geschichte der Kompetenz

Wie im vorherigen Kapitel zur Begriffsbestimmung dargestellt wurde, stammt der Begriff der Selbstreflexion zunächst nicht aus der Psychologie, sondern aus der klassischen Philosophie. So postulierte bereits der antike Philosoph Heraklit (etwa 520–460 v. Chr.): „Allen Menschen ist zuteil, sich selbst zu erkennen und verständig zu denken." Diese Aussage mündete in dem berühmten Zitat: „Erkenne Dich selbst." Diese Forderung im antiken griechischen Denken wurde später auf den Gott Apollon zurückgeführt und schmückte entsprechend eine Säule in der Vorhalle des Apollontempels in Delphi. Wie einleitend angeführt, zielte die Forderung, sich selbst zu erkennen, ursprünglich auf Einsicht in die Begrenztheit und Hinfälligkeit des Menschen (im Gegensatz zu den Göttern). Man dachte aber nicht nur an prinzipielle Grenzen des für den Menschen Erreichbaren, vielmehr diente der Spruch auch oft als Warnung vor der Überschätzung individueller Möglichkeiten. In zahlreichen Texten der griechischen Klassik findet sich die Deutung, dass sich der Mensch bewusst sein solle, sterblich, unvollkommen und begrenzt zu sein.

Durch den Philosophen Platon (428–348 v. Chr.) bahnte sich ein Bedeutungswandel im Verständnis des Spruchs (als Hinweis auf eine natürliche Schwäche der Sterblichen) an. Neben das traditionelle, eher resignative Verständnis von Selbsterkenntnis, das z. B. die Sterblichkeit hervorhob, trat eine optimistischere Interpretation. Sie machte die Aufforderung zur Selbsterkenntnis auch zum Ausgangspunkt für eine Einsicht in menschliche Entwicklungsmöglichkeiten.

In der **Philosophie** gibt es seit dem 17. Jahrhundert darüber hinaus fachspezifische Verwendungen des Begriffs, die sich mehr oder weniger am umgangssprachlichen Begriff des Nachdenkens orientieren und unterschiedliche Aspekte hervorheben. Im Zentrum steht dabei die Unterscheidung zwischen dem Wahrnehmen äußerer Objekte und der inneren geistigen Tätigkeit, die sich auf die Denk- und Vorstellungsakte selbst richtet.

In der **Psychologie** hat der Begriff der Selbstreflexion und Selbsterkenntnis explizit mit dem Auftreten und der ständigen Weiterentwicklung der Psychoanalyse im Laufe des 20. Jahrhunderts an Bedeutung gewonnen. Wie bereits im vorherigen Abschnitt dargestellt, bezeichnet das „Selbst" im Sinne der Psychoanalyse die Vorstellungen über einen selbst und die eigenen Beziehungen zur Umwelt. Selbstreflexion in diesem Zusammenhang ist der Wissenserwerb über die eigenen psychischen Fähigkeiten, Möglichkeiten und Realitäten.

Weiterhin nimmt Selbstreflexion eine stetig wachsende Bedeutung in der **Pädagogik** und dabei insbesondere auch in der Erwachsenenbildung ein. Ziel der Selbstreflexion ist hierbei, den Prozess und die Verantwortung für das Lernen auf den Lernenden selbst zu verlagern, anstelle einer einseitigen Wissensvermittlung.

14.3 Die individuelle Entwicklung der Kompetenz

Das Entstehen der Selbstreflexion ist in all ihren unterschiedlichen Facetten sicherlich nur schwer übergreifend zu beschreiben. Grundlegend ist jedoch die Entwicklung einer differenzierten Selbstreflexion im Kontext der Entwicklung der **Ich-Strukturen** zu sehen. Dieser psychodynamische Begriff bezieht sich auf die Fähigkeiten eines Menschen, mit Emotionen umzugehen und diese Emotionen für seine Entwicklung, aber auch für seine konkreten Handlungen zu nutzen. Die Entwicklung der Ich-Strukturen ist abhängig von den **Beziehungsqualitäten der Bezugspersonen** in der frühen Kindheit. Diese Phase ist sowohl für die weithin bekannte Bindungstheorie (Bowlby 1990) als auch für die Entwicklung der Ich-Strukturen zentral. Beide Theorien postulieren, dass diese frühen Bindungserfahrungen die gesamte Persönlichkeitsentwicklung beeinflussen. Sie werden vor allem dadurch bestimmt, ob und inwieweit die Eltern angemessen auf die Bedürfnisse und Signale des Kindes reagieren. Dabei bilden Emotionen in der frühen Kindheit und eine angemessene Reaktion der frühen Bezugspersonen auf diese Emotionen auch die Grundlage für spätere kognitive Prozesse der rein gedanklichen Reflexion. Bei mangelnder emotionaler Spiegelung entsteht eine tiefe Unsicherheit, die wiederum auf vordergründig kognitive Aspekte der gedanklichen Auseinandersetzung mit eigenen Handlungsmustern zurückwirkt.

Mithilfe der Bezugspersonen lernt das Kind, sich selbst zu regulieren, d. h. negative Gefühle zu bewältigen und positive Gefühle selbst einzuleiten. Diese unendlich oft wiederholten Regulationsvorgänge im Rahmen der sicheren Bindung an verlässliche Eltern bewirken die Einübung der Ich-Strukturen. Diese Ich-Strukturen sind hierbei insbesondere die eigene Regulierung von Emotionen und die selbstreflexive Wahrnehmung eigener psychischer Vorgänge. Das optimale Ergebnis solch einer Entwicklung ist die zunehmende Verfügbarkeit regulierender, psychischer Funktionen wie Wahrnehmung eigener Gedanken, Emotionen und Körperempfindungen etc.

Weiterhin wird in **Schulen** und anderen Bildungseinrichtungen die gedankliche Selbstreflexion im Kontext von Lernerfahrungen gefördert. Aktuelle pädagogische Konzepte forcieren das Bereitstellen einer sogenannten Lernumgebung, in der die Schüler selbst Lernerfahrungen machen sollen, um diese dann zu reflektieren. Neben dieser kognitiven Facette des Reflektierens des Lernens bieten unterschiedliche Bildungsträger für Schulen mittlerweile „Kompetenz-Checks" an, bei denen eine Diagnostik der Stärken und beruflichen Potenziale der Schüler vorgenommen wird. Ziel dieser Kompetenz-Checks ist es, den Schülern Feedback zu ihren Stärken zu geben. Ausgehend von dieser differenzierten Selbsteinschätzung sollen dann Hinweise für berufliche Ausbildungsmöglichkeiten ausgelotet werden.

Eine weitere Entwicklungsmöglichkeit der Selbstreflexion stellt der **Freundeskreis** bzw. die **Peer-Group** eines Menschen dar. Bereits ein anregendes Gespräch mit Freunden kann Auslöser für Selbstreflexion und ein Hinterfragen der eigenen Denkmuster sein.

14.4 Formen der Kompetenz und Typologien

Die Meta-Kompetenz der Selbstreflexion kann sich bei Mitarbeitern und Führungskräften in Unternehmen in ihren unterschiedlichen Facetten zeigen, die bereits in Abschnitt 14.1.1 dargestellt wurden. Deshalb sollen in diesem Modell nicht die einzelnen Facetten diskutiert, sondern Selbstreflexion als ein übergreifendes Konstrukt genutzt werden. Zudem soll dieses Modell keine statische Beschreibung von Persönlichkeiten darstellen, sondern eher den Charakter einer Momentaufnahme haben. Wie bei jeder Typologie besteht der erste Schritt der Modellbildung darin zu definieren, anhand welcher Dichotomien eine Unterscheidung der Typen vorgenommen werden kann. In einem zweiten Schritt werden diese Typen dann mit möglichst treffenden und plakativen Bezeichnungen versehen. Die plakativen Bezeichnungen sollen dabei helfen, die Kommunikation über die unterschiedlichen Typen anschaulich und klar zu machen.

- Die erste Unterscheidung bezieht sich auf den Grad der Differenziertheit bzw. die Qualität der Selbstreflexion. Als Maßstab können hier die ersten sechs genannten Facetten der Selbstreflexion aus Abschnitt 14.1.1 (Wahrnehmung eigener Gedanken, Emotionen, Körperempfindungen, Wirkungsbewusstsein und realistische Selbsteinschätzung) genutzt werden. Dabei lässt sich sicherlich nicht eine Einschätzung auf allen verschiedenen Ebenen der Selbstreflexion gleichzeitig vornehmen, was auch nicht nötig ist. Betrachtungsgegenstand ist nicht die Quantität der Selbstreflexion, sondern die Qualität: **Ist die Selbstreflexion differenziert oder eher einseitig?**

- Die zweite Unterscheidung bezieht sich speziell auf die letzte Facette der Selbstreflexion, die Selbstentwicklung. Ist die Person proaktiv und bereit, neue Erfahrungen zu machen? Ist die Person optimistisch, Dinge und Pläne umzusetzen, um zu wachsen? Oder ist die Person eher kritisch, abwartend und reaktiv, um den Status quo zu erhalten? Es gibt Menschen, die zu viel über sich selbst grübeln und zu wenig ändern beziehungsweise zielgerichtet handeln. Dass andauerndes Nachdenken und Grübeln auch zu viel und problematisch sein kann, wird in der wissenschaftlichen und praktischen Fachliteratur nur selten behandelt. In diesem Modell wird darauf eingegangen. Die Frage für die Einschätzung auf dieser Skala lautet: **Ist die Selbstentwicklung optimistisch oder eher kritisch?**

Aus diesen Überlegungen lassen sich vier Typen von Mitarbeitern ableiten (Abb. 14.1).

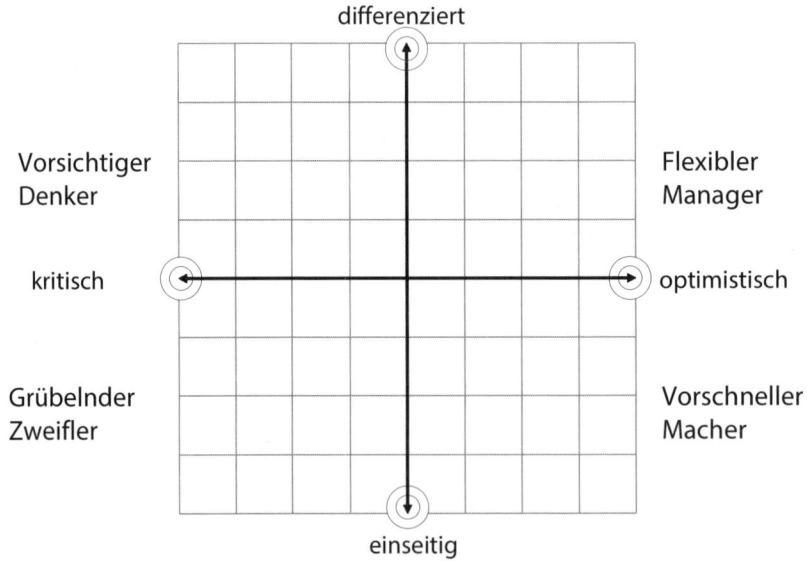

Abb. 14.1: Mitarbeitertypen

Typ 1: Flexibler Manager
(Qualität der Selbstreflexion: differenziert und Selbstentwicklung: optimistisch)
Der flexible Manager zeichnet sich insbesondere durch seine flexible Herangehensweise an unterschiedliche Probleme und unterschiedliche Menschen aus. Er ist in der Lage, die Notwendigkeit von Handlungen zu erkennen und diese zu planen und umzusetzen. Damit ist dieser Typ ein Manager, der Probleme löst. Die Art und Weise der Lösung kann sich dabei je nach Erfordernis der Situation unterscheiden. Dabei ist der flexible Manager offen für neue Vorgehensweisen und erkennt, wann neue Wege neben den bewährten Vorgehensweisen in der konkreten Situation gegangen werden müssen. Darüber hinaus ist er in der Lage, Fehler oder Fehlentscheidungen rückblickend zu erkennen und aus seinen Fehlern zu lernen, da er Situationen differenziert reflektiert. In Bezug auf andere Menschen ist der flexible Manager in der Lage, sich auf unterschiedliche Menschen einzustellen, indem er seine Kommunikation gegebenenfalls anpasst. Zudem kann er unterschiedliche Menschen für sich gewinnen und im Sinne seiner Ziele beeinflussen. Er versteht die Bedürfnisse oder Perspektive anderer Menschen und nutzt diese für eine gemeinsame Lösungs- und Maßnahmenfindung. Der flexible Manager zeichnet sich insgesamt durch Optimismus, Offenheit und Empathie aus und besitzt ausgesprochen günstige Voraussetzungen dafür, andere Menschen zu führen. Der flexible Manager besitzt oft ein hohes Leistungsmotiv und hat gute Ich-Strukturen entwickelt.

Typ 2: Vorsichtiger Denker
(Qualität der Selbstreflexion: differenziert und Selbstentwicklung: kritisch)
Der vorsichtige Denker bezieht seine Akzeptanz vorwiegend aus seiner Qualitätsorientierung und seiner wahrgenommenen Integrität. Auf der fachlichen Seite wird der vorsichtige Denker aufgrund seines Expertenwissens geschätzt und oft um Rat gefragt. Er gibt oft Auskunft, ohne dem Fragenden ein unangenehmes Gefühl zu vermitteln. Aus diesem Grunde wird der vorsichtige Denker auch in der internen Aus- und Weiterbildung von Organisationen oft eingebunden. Ebenso hat er hinsichtlich zwischenmenschlicher Beziehungen einen hohen Anspruch an die Qualität. Dabei hinterfragt er sich selbst, seine Motive und seinen Umgang mit anderen ausführlich und differenziert. Zudem hinterfragt er die Perspektive von anderen Menschen ebenso komplex. Hinsichtlich der Umsetzung seiner Ideen benötigt er etwas mehr Zeit, da er kritisch alle Risiken abwägt und die Interessen aller Beteiligter durchleuchtet. Erst danach wird eine Handlung umgesetzt. Bisweilen kann dies von anderen als zögerlich empfunden werden. Der vorsichtige Denker zeichnet sich häufig sowohl durch

eine fachliche Motivation als auch ein hohes Maß an persönlicher Stabilität aus. Er besitzt ein ausgeprägtes Sicherheits- und Beziehungsmotiv.

Typ 3: Vorschneller Macher
(Qualität der Selbstreflexion: einseitig und Selbstentwicklung: optimistisch)
Der vorschnelle Macher neigt zu einer schnellen Lösung von (oftmals sachlichen) Problemen und kann auch ungeduldig wirken. Dabei ist er auch optimistisch bezüglich der Problemlösung, Risiken werden nur kurz abgewogen; prinzipiell leitet der vorschnelle Macher seine Entscheidungen aus seinen persönlichen Erfahrungen ab. Dabei bezieht er sich auf klare und einfache Regeln und Muster. Diese Regeln und Muster werden nur wenig in Frage gestellt; bei Nicht-Erfolg werden die Gründe einseitig in der Außenwelt gesucht (und oft auch gefunden). Aus Fehlern lernt er deshalb nur nach mehrmaligem Scheitern. Er macht sich nur wenig Gedanken über seine Wirkung auf andere Menschen; dies macht ihn zwar unabhängig, birgt aber auch die Gefahr, andere zu übergehen und keine langfristigen Lösungen beziehungsweise Kompromisse zu erzielen. In seiner Selbsteinschätzung neigt er zur Selbstüberschätzung und zeigt wenig Veränderungs- oder Reflexionsbereitschaft. Der Veränderungsdruck kommt zumeist von außen und kann durch Überzeugung oder Anraten von anderen Menschen, denen der vorschnelle Macher vertraut oder von denen er abhängig ist, entstehen. Hintergrund können andauernde Probleme sein, die trotz mehrmaliger Intervention noch nicht gelöst werden konnten.

Typ 4: Grübelnder Zweifler
(Qualität der Selbstreflexion: einseitig und Selbstentwicklung: kritisch)
Der grübelnde Zweifler denkt viel über sich, seine Wirkung auf andere und über andere Menschen nach. Er hinterfragt dabei sein eigenes Vorgehen und seine Motive und ist oftmals unzufrieden mit sich selbst, da er seinen eigenen, sehr hoch gesteckten Idealen nicht gerecht wird. In der Selbsteinschätzung ist er daher einseitig selbstkritisch, weshalb die Qualität und Differenziertheit der Selbstreflexion gering ausgeprägt ist. Durch die selbstkritische Haltung agiert er auch eher abwartend als proaktiv. Grund für die mangelnde Proaktivität ist die Angst vor dem Scheitern, wodurch er sich noch weiter von seinem Idealbild entfernen würde. Der grübelnde Zweifler zeichnet sich durch ein ausgeprägtes Sicherheitsmotiv und eine hohe Zuverlässigkeit und Kontinuität aus.

14.5 Wie selbstreflektierten Menschen die Welt erscheint

Hier sollen die Facetten aus Abschnitt 14.1.1 mit ihrer starken Ausprägung dargestellt werden.

Die grundlegende Frage, mit der sich dieser Abschnitt beschäftigt, lautet: Was zeichnet einen Menschen mit ausgeprägten Fähigkeiten der Selbstreflexion in seinem Berufs- und seinem Privatleben aus?

Im **Berufsleben** ist der selbstreflektierte Mitarbeiter oder Manager flexibel und in der Lage, sich auf unterschiedliche berufliche Situationen und Personen einzustellen. Der Selbstreflektierte antizipiert aufgrund seiner scharfen Wahrnehmung die Bedürfnisse anderer Menschen und die möglichen Fallstricke seiner beruflichen Herausforderungen. Er plant seine beruflichen Aktivitäten entsprechend, um unnötige Belastungen zu vermeiden. Zudem nimmt er eigene Denkfehler und Fehlannahmen bewusst wahr und zieht daraus seine Konsequenzen. Dabei wiederholt der Selbstreflektierte seine gemachten Fehler nicht, da er bewusst aus diesen lernt. Zudem fragt der Selbstreflektierte regelmäßig andere Menschen nach Feedback, um sein Selbstbild mit dem Fremdbild anderer Menschen abzugleichen und sich seiner Wirkung bewusst zu sein. Der Selbstreflektierte ist offen für berufliche Personalentwicklungsmaßnahmen und fragt seine Vorgesetzten durchaus aktiv nach beruflichen Entwicklungsmöglichkeiten, um seinen Horizont und seine Reflexionsmöglichkeiten zu erweitern.

Hinsichtlich der Karriereplanung verfolgt der Selbstreflektierte stets ein konkretes berufliches (Teil-)Ziel, um einen entsprechenden Teil seiner Kompetenzen noch genauer ausleuchten zu können. Die Karriereplanung ist dabei aber nicht zwangsläufig auf einen langfristigen Horizont angelegt. Insbesondere durch die bewusste Wahrnehmung der neuen beruflichen Erfahrungen ist der Selbstreflektierte auch in der Lage, berufliche Pläne zu ändern, indem er sich seiner Fähigkeiten und Grenzen bewusster wird.

Zudem verzahnt der Selbstreflektierte das Berufsleben mit seinem Privatleben in der Form, das er seine berufliche Karriere seinem biographischen Zyklus anpasst. So werden vitale Bedürfnisse wie Familiengründung oder sinkende körperliche Belastbarkeit aktiv wahrgenommen und in das eigene Selbstbild integriert, sodass entsprechende berufliche Ziele angepasst werden können. Sollte es in der Karriere größere Brüche geben, können diese immer gut begründet werden und wurden aktiv herbeigeführt aufgrund der erlebten Erfahrung. Der Selbstreflektierte legt keinen ausgeprägten Wert auf die persönlichen Finanzen, da er die berufliche Selbstverwirklichung hochgradig priorisiert. Der Selbstreflektierte ist daher eher wenig materialistisch veranlagt und seine Motive befinden sich stärker im idealistischen Bereich.

Im **Privatleben** lässt sich festhalten, dass der Selbstreflektierte sich mit Themen der persönlichen Weiterentwicklung und des Realisierens eigener Talente stark auseinandersetzt. Dieses kann in Form von Literatur, Kursen oder auch in dem Ausprobieren neuer Freizeitmöglichkeiten geschehen. Der Selbstreflektierte hat entsprechend ein ausgefülltes Freizeitleben mit unterschiedlichen Betätigungsfeldern, um seine erkannten Talente realisieren zu können. Körperlich hält der Selbstreflektierte sich aufgrund seiner bewussten Körperwahrnehmung fit, ohne exzessiv Sport zu betreiben oder aufreibende Wettkämpfe neben seinen beruflichen Anforderungen zu betreiben. Der Selbstreflektierte legt insbesondere großen Wert auf eine hohe Qualität seiner Beziehungen zu seinen Mitmenschen, da er sich selbst kontinuierlich reflektiert und somit differenzierte Gespräche mit seinen engen Mitmenschen wertschätzt. Dabei legt er einen besonderen Wert auf Menschen, mit denen er Gespräche führen kann, die seinen Horizont und seine Reflexion verbreitern.

In der **Gesprächsführung und Kommunikation** nimmt der Selbstreflektierte häufig zunächst eine beobachtende Haltung ein. Dabei überlegt sich der Selbstreflektierte in der Kommunikation mit seinen Ansprechpartnern genau, welches die (Kommunikations-)Bedürfnisse seines Gegenüber sind und wie er darauf eingehen kann, um seine eigenen Ziele zu erreichen. In der Sprache ist der Selbstreflektierte eloquent, da er sich mit diversen Modellen und Theorien zur Reflexion beschäftigt und somit in der Lage ist, Dinge präzise zu benennen. Aufgrund des kontinuierlichen Reflektierens anhand von Erklärungsmodellen nutzt er Vergleiche zur Veranschaulichung und wirkt insgesamt plausibel und überzeugend.

Im Hinblick auf das **Konfliktverhalten** zeigt sich erfahrungsgemäß, dass Selbstreflektierte aufgrund ihrer Antizipationsfähigkeit in der Lage sind, viele Konfliktfelder im Vorfeld zielführend und stimmig zu minimieren. Für den Selbstreflektierten kommen bei konkreten Konflikten unterschiedliche Konfliktbewältigungsstrategien in Frage. Dabei drückt der Selbstreflektierte seine eigenen Emotionen adäquat aus, insofern dies für die Konfliktklärung hilfreich ist. Bei eher fachlich getriebenen Konflikten kann der Selbstreflektierte sich auch auf rationale Konfliktlösungsstrategien beziehen, ohne seine Emotionen zu vernachlässigen. Diese werden jedoch in seinem Privatleben oder durch professionelle Beratung abseits des Arbeitsplatzes entsprechend kanalisiert. Durch die präzise Wahrnehmung anderer Menschen erkennt der Selbstreflektierte mitunter sehr schnell, welche persönlichen Konflikte zwischen anderen Menschen ungeklärt sind und durch rationale Scheindiskussionen verdeckt werden.

Insofern der Selbstreflektierte sich durch diese verdeckten Konflikte beeinträchtigt sieht, trägt er zur Konfliktklärung durch eine vermittelnde Art bei, indem die Bedürfnisse von beiden Konfliktparteien respektiert und Gemeinsamkeiten herausgearbeitet werden.

14.6 Berühmte Repräsentanten

In diesem Abschnitt sollen berühmte Repräsentanten der Selbstreflexion aus unterschiedlichen Bereichen vorgestellt werden. Um die Bandbreite der Selbstreflexion in unterschiedlichsten Aspekten des menschlichen Lebens widerspiegeln zu können, werden Repräsentanten aus den Bereichen Politik, Wirtschaft, Literatur und Religion näher beleuchtet.

Die erste Person aus dem Bereich der Politik verkörpert insbesondere die Vielzahl der unterschiedlichen Facetten der Selbstreflexion aus Abschnitt 14.1.1. Dabei handelt es sich um den Dalai Lama. Der tibetische Mönch Tenzin Gyatso, weithin bekannt als „Dalai Lama", hat den Buddhismus im Westen sehr populär gemacht. Für seinen beharrlichen Einsatz mit gewaltlosen Mitteln und dem Dialog eine Lösung für das Tibetproblem zu finden bekam er 1989 den Friedensnobelpreis. In letzter Zeit ist er erneut durch die bereits mehrfach vorgetragene Forderung der Tibeter nach mehr Autonomie in den Medien vertreten. Ziel der Strategie des Dalai Lama ist die Gewährung eines Autonomie-Status, der mehr kulturelle und religiöse Freiheiten für Tibet enthält. Er lebt in Dharamsala in Nordindien und leitet von dort aus die tibetische Exilregierung. Insgesamt ist hervorzuheben, dass der Dalai Lama auffällt durch umfangreiches Wissen, extreme Freundlichkeit und deeskalierende Kommunikationsstrategien, den Mut, das zu tun, was er für richtig hält, klares Denken und die Fähigkeit, sowohl sich selbst als auch seine Religion distanziert zu reflektieren. Im Rahmen seiner Lebensweisheiten stellt er die Bedeutung eines regelmäßigen Zugangs zu den eigenen Gedanken, Gefühlen und Körperempfindungen heraus, was auch im Buddhismus tief verankert ist.

Neben der global bekannten und eher abstrakten Person des Dalai Lama ist aus dem Bereich Wirtschaft und Literatur Rolf Dobelli insbesondere durch seine Alltagsnähe hervorzuheben. Rolf Dobelli ist ein Schweizer Unternehmer und Schriftsteller. Er promovierte an der Universität St. Gallen, war CEO verschiedener Tochtergesellschaften der Swissair-Gruppe und gründete zusammen mit Freunden die Firma getAbstract, den weltgrößten Anbieter von komprimierter Wirtschaftsliteratur. Er lebte in Hongkong, Australien, England und viele Jahre in den USA. Als Autor hat er verschiedene Bücher über die alltagsnahe Anwendung des menschlichen Denkens mit dem Fokus auf menschliche Denkfehler im Alltag geschrieben. Seine aktuelle Veröffentlichung lautet „Die Kunst des klaren Denkens: 52 Denkfehler, die Sie besser anderen überlassen". Neben seiner Rolle als Autor verkörpert Dobelli auch als Person die permanente Reflexion eigener Denkmuster und Einstellungen. Insbesondere in diversen Interviews äußert sich Dobelli persönlich in der Form, dass er auch bei ganz alltäglichen Handlungen ständig seine Vorgehensweise reflektiere, ob diese auch Sinn ergebe und nicht einem allgemeinen menschlichen Denkfehler unterliege.

Eine deutsche Persönlichkeit, die sich insbesondere durch Brüche in ihrem Lebenslauf einhergehend mit einem ehrlichen Hinterfragen der eigenen Person auszeichnet, ist Margot Käßmann. Sie war im Rahmen ihrer Laufbahn evangelisch-lutherische Theologin und Pfarrerin in verschiedenen kirchlichen Leitungsfunktionen, so u. a. Generalsekretärin des Deutschen Evangelischen Kirchentages, Bischöfin der Landeskirche Hannover und Ratsvorsitzende der Evangelischen Kirche in Deutschland. Im Februar 2010 trat sie nach der polizeilich festgestellten Straftat einer Autofahrt unter erheblichem Alkoholeinfluss trotz des ausdrücklichen Rückhalts der Kirchenleitung und der Bevölkerung von Bischofsamt und Ratsvorsitz zurück. Auch in privater Hinsicht entschied sie sich für ein konsequentes Hinterfragen des eigenen Lebensweges und ließ sich bereits 2007 trotz der Kirchenämter von ihrem Mann scheiden. Eigenen Aussagen zufolge habe sie nach der Scheidung ihren Rücktritt als Bischöfin erwogen, glaube aber, dass es in diesem Amt auf Ehrlichkeit ankomme.

14.7 Diagnose der Kompetenz

Für die Diagnose der Selbstreflexion gilt in erster Linie, wie für alle anderen Kompetenzen auch, dass sie mithilfe unterschiedlicher diagnostischer Instrumente identifiziert und in ihrer Ausprägung eingeschätzt werden kann. Diese diagnostischen Instrumente lassen sich in folgende Grundkategorien einteilen:

- Interview bzw. Befragung der Selbstreflexion,

- Simulation sozialer Situation mit ausführlicher Nachreflexion.

14.7.1 Interview

Das Interview als diagnostisches Instrument zielt darauf ab, die Sicht des Befragten auf die Welt und sich selbst zu erfahren. Die in diesem Artikel herausgearbeiteten sieben Facetten der Selbstreflexion lassen sich in einem **halbstrukturierten Interview** erfassen. Zur Erinnerung seien die Facetten hier noch einmal genannt:

Wahrnehmung eigener Gedanken	Wahrnehmung eigener Emotionen
Realistische Selbsteinschätzung	Körperwahrnehmung
Wirkungsbewusstsein	Selbstentwicklung
Reflexionswille	

Das Interview als diagnostisches Instrument zielt darauf ab, die Sicht des Befragten auf die Welt und sich selbst zu erfahren. Insbesondere dann, wenn ein Befragter über ein Selbstbild verfügt, das im Laufe seiner Entwicklung nur wenig mit den Einschätzungen und Sichten anderer in seinem Umfeld abgeglichen wurde, kann die eigene Wirkung auf andere Menschen nicht differenziert beschrieben werden. In diesem Falle entsteht eine starke Dissonanz bei den Interviewern, wenn sie den Befragten anders wahrnehmen als er sich selbst in dem konkreten Befragungsmoment beschreibt. Diese Dissonanz stellt bereits ein diagnostisches Moment dar, da der Befragte die Wirkung nicht nur auf die Interviewer, sondern auch auf andere Menschen haben wird und ihm diese Wirkung nicht bekannt zu sein scheint.

In diesem Kontext ist zwischen **Wollen** und **Können** der Selbstreflexion zu differenzieren. Insbesondere in Auswahl- oder Bewertungssituationen möchte der Befragte sich selbstverständlich in einem für das Unternehmen möglichst besten Licht darstellen, sodass ein **Wollen** einer offenen Selbstreflexion mit der Darstellung aller persönlichen Schwächen bezweifelt werden darf. Dieses darf nicht mit dem grundlegenden **Reflexionswillen** verwechselt werden. Dieser kann durchaus vorhanden sein, nur nicht in dieser Bewertungssituation. In diesem Falle gilt es, dem Befragten die Antwort zu erleichtern, indem vor der Frage nach Schwächen oder Lernfeldern die Stärken gezielt angesprochen werden. Der Befragte erhält dadurch die Möglichkeit, sich entsprechend mit seinen Stärken darstellen zu können.

Zudem gilt es bei allgemeinen und unkonkreten Antworten hinsichtlich der eigenen Lernfelder (hier wird gerne Ungeduld oder zu hoher Ehrgeiz angeführt) eine vertiefende Fragetechnik zu nutzen.

Auf der anderen Seite kann in jedem Falle das **Können** der Selbstreflexion in Betracht gezogen werden. Denn auch wenn der Befragte nur über seine Stärken spricht, kann die Angemessenheit und Differenziertheit dieser ohne

Weiteres beurteilt werden. Dabei gilt es zu berücksichtigen, dass es wenig selbstreflektierten Menschen schwer fällt, über sich zu berichten. Hier sind die Interviewer und Beobachter dann in besonderer Weise gefordert, sich nicht durch das ausgeprägte Beziehungsmanagement der Teilnehmer in ihrer Beurteilung, beispielsweise durch den Sympathie-Effekt, beeinflussen zu lassen. Um dabei in die Tiefe zu gehen und bestimmte Hürden zu überwinden, ist eine gute Interviewtechnik nötig. Stellen Sie also beispielsweise folgende Fragen zu den einzelnen aufgeführten Facetten der Selbstreflexion:

- **Wahrnehmung eigener Gedanken**
  Bitte schildern Sie, was in dieser Situation in Ihnen vorgegangen ist! Warum haben Sie in dieser Situation so gehandelt? Was haben Sie in dieser Situation gedacht? Was ist daran typisch für Sie?

- **Wahrnehmung eigener Emotionen**
  Bitte schildern Sie, was Sie in dieser Situation gefühlt haben, als …! In welcher Situation hatten Sie mit intensiven Gefühlen zu kämpfen? Welche Gefühle waren das und wie sind Sie damit umgegangen? Wie reagieren Sie, wenn Sie sich über andere Menschen ärgern? Welche Gefühle löst Person xy in Ihnen aus? Was fühlen Sie jetzt gerade?

- **Realistische Selbsteinschätzung**
  Bitte beschreiben Sie sich möglichst so, dass deutlich wird, was für ein Mensch Sie sind! Sie haben sich vorhin geschildert als … und jetzt beschreiben Sie sich als …, wie passt das zusammen? Welche Stärken und Schwächen haben Sie? Wo sehen Sie die Grenzen ihrer weiteren Entwicklung? Was möchten Sie beruflich auf keinen Fall machen, warum nicht? Wo liegen Ihre beruflichen Potenziale?

- **Körperwahrnehmung**
  Wie würden Sie sich körperlich beziehungsweise Ihr Äußeres beschreiben? Welche Rolle spielen Ihr Körper und Ihr Körperempfinden für Sie? Wann empfinden Sie (beruflichen) Stress? Welche Situationen sind stressvoll für Sie? Wie reagiert Ihr Körper auf Stress und berufliche Belastungen? Wie gehen Sie mit stressvollen Situationen um? Was tun Sie, um sich körperlich Ausgleich zu verschaffen?

- **Wirkungsbewusstsein**
  Welche Wirkung haben Sie auf andere Menschen? Mit welchen Menschen besteht im beruflichen Kontext am ehesten die Gefahr, in Konflikt zu geraten, warum? Bitte schildern Sie Person xy so, dass ich sie mir gut vorstellen kann. Wie würden Sie Person xy im Unterschied zu sich selbst beschreiben? Warum hat die Person xy in der Situation genau so reagiert oder gehandelt, was ist Ihr persönlicher Anteil daran?

- **Selbstentwicklung**
  Welches hilfreiche Feedback haben Sie von anderen Menschen im beruflichen Umfeld erhalten? Wie konnten Sie dieses Feedback umsetzen, was machen Sie heute anders? An welchen Aspekten Ihrer Persönlichkeit wollen Sie noch arbeiten? Was sind Ihre persönlichen Ziele hinsichtlich Ihrer weiteren Entwicklung? Was sind Ihre Ideen, diese persönlichen Ziele zu erreichen? Inwieweit haben Sie sich bereits weiterentwickelt, was machen Sie heute bewusst anders?

Selbstverständlich können diese Fragen auch pragmatisch in einer unstrukturierten Befragungssituation gestellt werden. So kann ein Vorgesetzter seinem Mitarbeiter im Rahmen von Beurteilungssituationen oder beliebig anderen Gesprächssituationen entsprechende Fragen stellen, um etwas über die Selbstreflexion des Mitarbeiters zu erfahren.

14.7.2 Simulation sozialer Situationen (Rollenspiel)

Weiterhin empfiehlt es sich, das Interview durch zusätzliche diagnostische Methoden zu ergänzen. In Bezug auf das Thema Selbstreflexion erweist es sich als sinnvoll, Simulationen zu erzeugen, in denen anhand einer ausführlichen Nachreflexion Rückschlüsse auf die Ausprägung dieser Kompetenz gezogen werden können. Ein klassisches Instrument, das hierbei sinnvollerweise Anwendung findet, stellt die Simulation von sozialen Situationen in Rollenspielen dar. Der Vorteil von Rollenspielen liegt darin, dass sie als Kurzrollenspiel im Interview integriert werden können. Zudem können sie aber auch in einer elaborierteren Ausbaustufe als Übung im Rahmen von Assessment-Centern beziehungsweise Development-Centern, in denen es um die gezielte Entwicklung von bereits eingestellten Mitarbeitern geht, eingesetzt werden.

Für die Diagnose der Selbstreflexion empfehlen wir deshalb, **Rollenspiele** zu entwerfen, die konkrete Interaktionen mit Gesprächspartnern simulieren, mit denen die Teilnehmer in ihrem Arbeitsalltag konfrontiert werden. Im

Gegensatz zur Modellierung abstrakter Situationen liefern diese spezifisch auf das Unternehmen und das Arbeitsumfeld zugeschnittenen Übungen konkretere Ergebnisse. Allerdings können auch durch abstrakte Übungen, die also nicht aus dem direkten Arbeitsalltag der relevanten Stelle entwickelt wurden, ebenfalls Erkenntnisse zur Selbstreflexion gewonnen werden. Hier ist jedoch ein höheres Abstraktionsniveau durch die Beobachter vonnöten. Rollenspiele werden am besten so konzipiert, dass der Teilnehmer die Aufgabe hat, entweder einen Mitarbeiter, einen kritischen Schnittstellenpartner oder eine Gruppe von Mitarbeitern oder Kollegen zu überzeugen oder eine schwierige Situation zu lösen. Die potenziellen Gesprächspartner werden dabei von den Interviewern bzw. AC-Beobachtern dargestellt.

Der konkrete Inhalt des Rollenspieles steht dabei nicht im Vordergrund, da in der anschließend stattfindenden **Nachreflexion** des Rollenspieles die eigentliche Diagnostik der Selbstreflexion stattfindet. Stellen Sie also beispielweise folgende Fragen:

- Wie haben Sie das Gespräch erlebt? Wie lässt sich ihr Gesprächspartner charakterisieren?

- Welche Ziele und Strategien haben Sie in diesem Gespräch verfolgt?

- Welche Wirkung hatten Sie auf Ihren Gesprächspartner?

- Wie haben Sie sich gefühlt, als Ihr Gesprächspartner …?

- Was in Ihrer Herangehensweise in diesem Gespräch ist typisch und charakteristisch für Sie?

- Was haben wir durch diese Übung über Sie erfahren können?

- Was ist Ihnen gut gelungen und was würden sie anders machen, wenn sie das gleiche Gespräch noch einmal führen müssten?

Da es sich hierbei um eine nicht-reale und somit nicht explizit erfolgskritische Situation handelt, wird es dem Befragten auch in einer Bewertungssituation leichter gemacht, selbstkritische Aspekte des eigenen Verhaltens oder der eigenen Wirkung auf andere zu benennen. Durch das konsequente Vertiefen der Reflexion anhand der aufgeführten Fragen wird selbst ein Befragter, der sozial erwünscht und nicht besonders selbstkritisch antworten will, realisieren, dass die Interviewer explizit selbstkritische Aspekte erfahren möchten. Dadurch kann der oben aufgeführte Aspekt des **Wollens** der Selbstreflexion eher ausgeschlossen werden. Somit kann eine nicht differenzierte Nachreflektion eines Rollenspieles auf das **Können** zurückgeführt werden.

14.7.3 Verhaltensanker für die Beobachtung und Einschätzung

In diesem Abschnitt werden Verhaltensbeschreibungen aufgelistet, anhand derer eine gezielte Einschätzung der Ausprägung der Selbstreflexion in den einzelnen Facetten vorgenommen werden kann. Dabei empfiehlt es sich, die Einschätzung anhand einer festgelegten Skala vorzunehmen und das beobachtete Verhalten in den Übungen beziehungsweise das beschriebene Verhalten im Interview in Bezug auf die Aussagen der Verhaltensanker einzuschätzen:

- Kennt seine Verhaltensmuster und typischen Vorgehensweisen und kann diese auf ihre Angemessenheit hin kritisch hinterfragen;

- verfügt über ein differenziertes Selbstbild und kann seine Eigenschaften angemessen beschreiben;

- zeigt eine differenzierte und reflektierte Wahrnehmung seiner Person und die Fähigkeit, sie in Sprache zu fassen;

- kann seine Gedanken und Motive in der konkreten Situation differenziert reflektieren;

- besitzt die Fähigkeit, Abstand zu sich zu gewinnen und den Blick auf sich zurückzuwenden;

- beschreibt, was in ihm vorgeht oder was er konkret empfindet;

- weicht seinen Gefühlen nicht aus und kann unterschiedliche Gefühle wahrnehmen;

- wird von seinen Gefühlen nicht überrannt und kann diese angemessen in ihrer Intensität beschreiben;

- kann Ärger wahrnehmen und diesen angemessen ausdrücken beziehungsweise konstruktiv kanalisieren;

- drückt in der konkreten Interviewsituation seine Gefühle realitätsgerecht aus;

- ist in der Lage, wenn er auf widersprüchliches Verhalten oder Erleben angesprochen wird, eine differenzierte Haltung einzunehmen;

- besitzt ein differenziertes Selbstbild, das über die Zeit konstant ist, und kann verschiedene Rollen integrieren;

- beschreibt seine Stärken und Schwächen anschaulich und angemessen;

- hat schlüssige berufliche Ziele und Ambitionen und kann diese wenig floskelhaft beschreiben;

- macht deutlich, von welchen Aspekten seiner beruflichen Möglichkeiten er sich klar abgrenzt;

- ist in der Lage, sich selbst hinsichtlich Aussehen und körperlicher Erscheinung realitätsgerecht zu beschreiben;

- kann seine körperlichen Empfindungen und Reaktionen auf Stress wahrnehmen und differenziert beschreiben;

- kann körperliche Ausgleichsmöglichkeiten wie Bewegung oder aktive Entspannung zur Verarbeitung von Stress nutzen;

- beschreibt seine Wirkung auf andere Menschen stimmig und seine Beschreibungen passen zur konkreten Interviewsituation;

- kann andere Menschen plastisch und nachvollziehbar beschreiben;

- entwirft ein realistisches Bild von anderen Menschen;

- kann Unterschiede zwischen sich und anderen Menschen logisch und differenziert darstellen;

- versteht die Beweggründe und Motivationen anderer Menschen;

- ist interessiert an der persönlichen Weiterentwicklung;

- nutzt Feedback zur Anpassung seines Verhaltens und kann Beispiele einer aktiven Verhaltensänderung benennen;

- formuliert ein differenziertes Bild vom eigenen Lern- und Entwicklungsbedarf;

- beschreibt konkrete Entwicklungsziele und eine klare Ausrichtung seiner Entwicklungsbemühungen;

- hat konkrete Ideen und Pläne, wie die eigenen Entwicklungsziele umgesetzt werden können.

14.8 Personalentwicklung beziehungsweise Coaching der Kompetenz

Nach der Diagnostik soll in diesem Kapitel beschrieben werden, welche Methoden und Maßnahmen die Entwicklung der Selbstreflexion fördern können.

Insgesamt lässt sich festhalten, dass das Instrument des Feedbacks und damit ein Selbst- und Fremdbild-Abgleich eines Menschen in seinen unterschiedlichen Formen den Königsweg zu einer differenzierteren Selbstreflexion darstellt. Um die Wirkungen von Lob und Kritik zu verstärken, lohnt es sich, zuvor in geeigneter Weise die Selbstreflexion zu fördern (z. B. vor einem Mitarbeitergespräch erhält ein Mitarbeiter von seiner Führungskraft die Aufgabe, über das eigene Verhalten am Arbeitsplatz nachzudenken oder die eigenen Stärken und Schwächen beziehungsweise Lernmöglichkeiten vorzubereiten).

Beim **Coaching** erfüllt der Coach wesentliche Funktionen, die für den Beratungserfolg wichtig sind. Zunächst bietet der Coach dem sogenannten Klienten einen geschützten Raum zur Selbstreflexion. In diesem geschützten Raum arbeitet der Coach auf die Aktivierung der Selbstreflexion durch reflexionsfördernde Methoden hin. Dabei kann ein Coach verschiedene Methoden nutzen, um Selbstreflexionsprozesse zu aktivieren. Zunächst ist ein zentrales Instrument die wertschätzende Vermittlung von konstruktivem Feedback. Weiterhin zählen dazu diverse Fragetechniken zur Selbsteinschätzung und zur Erarbeitung von eigenen Denkmustern, aber auch das Erarbeiten eines differenzierten Selbstbildes (z. B. Wunsch- und Realbild). Dabei spielt das sogenannte Kalibrieren der Affekte eine wichtige Rolle, das Ausbalancieren positiver und negativer Emotionen. Stark negative Gefühle sind zwar förderlich dabei, Selbstreflexion zu aktivieren, erschweren aber gleichzeitig die für eine Lösung notwendige ganzheitliche Betrachtungsweise. Deshalb ist es schwer, eine differenzierte Selbstreflexion zu betreiben, solange sich die Person in einem negativen affektiven Zustand befindet. Sind die Gefühle dagegen zu positiv, besteht nur wenig Grund dafür, Selbstreflexion zu betreiben. Ideal für eine ganzheitliche Selbstwahrnehmung und damit die ergebnisorientierte Selbstreflexion ist demnach ein „gemäßigt positiver Affekt". Diesen erreicht der Coach durch glaubwürdige Wertschätzung für die Person des Klienten, durch Empathie bei Schwierigkeiten des Klienten sowie durch glaubwürdige Anerkennung der Stärken und Fähigkeiten des Klienten. In diesem Zustand ist es dem Klienten möglich, die Verbindung zu dem mit vielen Emotionen besetzten Selbstkonzept herzustellen. Gleichzeitig kann die Person, weil die Emotionen nicht zu negativ sind, die Lage ruhig analysieren und einen positiven Ausgleich zwischen Denken und Fühlen herstellen. Durch die Interaktion mit dem Coach wird also die zunächst unstrukturierte Problem- und Selbstreflexion gelenkt. Dies soll nur exemplarisch ein kurz angerissenes Beispiel aus einer breiten Palette von Coachingthemen und -instrumenten sein, auf die ein erfahrener Coach zurückgreifen kann.

Neben dem Einzelcoaching bietet das **Teamcoaching** eine effektive und praxisorientierte Form der Mitarbeiterentwicklung für ein ganzes Team. Dabei kann Teamcoaching auch Anstoß für ein vertieftes individuelles Impulscoaching sein. In praxisorientierten Workshops unter Begleitung eines speziell für diese Aufgabe ausgebildeten Moderators treffen sich Arbeitsteams, um zunächst eine Einführung in Persönlichkeitsmodelle und -typologien zu erhalten. Anschließend werden die Teilnehmer aufgefordert, sich selbst oder andere anhand dieses Persönlichkeitsmodells einzuschätzen.

Dieses kann beispielsweise anhand von Fragebögen oder auch durch Selbstbeschreibungen erfolgen. Ziel ist neben dem Reflektieren der eigenen Persönlichkeit die Wahrnehmung von Unterschieden zwischen den Teammitgliedern und ihren jeweils anderen Bedürfnissen. Ausgehend vom neu gewonnenen Verständnis für die Bedürfnisse anderer, kann darauf zielführend in der täglichen Zusammenarbeit eingegangen werden. Ein gängiges Verfahren bildet hierbei die Persönlichkeitstypologie des Myers-Briggs-Typ-Indikator (MBTI).

Eine weitere Form der Entwicklung der Selbstreflexion stellt das **Development-Center** dar. Einige Unternehmen bieten dieses Instrument der Personalentwicklung an, um Potenziale von Mitarbeitern zur internen Nachfolge- und Karriereplanung nutzen zu können. Wie im vorangegangenen Abschnitt dargestellt, werden die Teilnehmer mit unterschiedlichen Übungen konfrontiert und dabei aufgefordert, sich selbst einzuschätzen, was bereits die Selbstreflexion fördert. Am Ende des Development-Centers erhalten die Teilnehmer ein differenziertes Feedback zu ihrer Leistung und ein Selbst-Fremdbild-Abgleich kann vorgenommen werden. Um eine nachhaltige Wirkung bei diesem Selbst- und Fremdbild-Abgleich zu erzielen ist es wichtig, das Feedback zeitnah direkt im Anschluss an das Development-Center zu vermitteln. Dadurch wird sichergestellt, dass die Eindrücke zu der eigenen Leistung noch differenziert und vollständig sind.

Trainings eignen sich insbesondere zum Reflektieren eigener Verhaltensweisen in konkreten Situationen, z. B. bei Konflikten oder in Führungssituationen. Selbstreflexionsprozesse können in Trainings durch speziell für diesen Zweck konstruierte Rollenspiele und Übungen aktiviert werden. Dabei soll der Teilnehmer sich zunächst selbst einschätzen. Daraufhin folgt ein persönliches Feedback oder die gemeinsame Analyse von Video-Aufnahmen, um einen Selbst- und Fremdabgleich herzustellen. Das Feedback zu spezifischen Verhaltensweisen sollte dabei im Rahmen eines Trainings sowohl durch den Trainer selbst als auch durch die anderen Trainingsteilnehmer vermittelt werden.

Eine besondere Form des Trainings mit Fokus auf die Facetten der Selbstreflexion, der Gesundheitserhaltung und des Stressmanagements stellt das **MBSR** (**M**indfulness-**B**ased **S**tress **R**eduction) dar. Dieses sogenannte Training zur achtsamkeitsbasierten Stressreduktion wurde zur Stressbewältigung entwickelt. Dies geschieht durch gezielte Lenkung von Aufmerksamkeit auf die eigenen Gedanken, Gefühle und Körperempfindungen, um die Wahrnehmung dieser zu verbessern.

Eine weitere denkbare Trainingsmaßnahme zur Entwicklung von Selbstreflexion ist die Aneignung von **Instrumenten und Methoden zur Einschätzung der Persönlichkeit**. Dabei bietet sich zunächst die angeführte Persönlichkeitstypologie des MBTI an, den man als Einzelperson auch als Online-Fragebogen durchführen und auswerten lassen kann. Weiterhin bieten sich diesbezüglich vor allem im Internet unzählige weitere Anbieter an, die eine Selbsteinschätzung mit anschließender Auswertung durchführen. Vom Selbststudium zur Persönlichkeitspsychologie mit entsprechender Literatur bis zu Trainings von Anbietern in diesem Bereich stehen unzählige Möglichkeiten zur Verfügung.

14.9 Literatur

Aronson, W., Wilson, T., Akert, R. (2008): Sozialpsychologie (6. Aufl.). Hallbergmoos: Addison-Wesley.

Bowlby, J. (1990): A Secure Base: Parent-Child Attachment and Healthy Human Development. London: Basic Books.

Dilger, B. (2007): Der Selbstreflektierende Lerner. Eine wirtschaftspädagogische Rekonstruktion zum Konstrukt der „Selbstreflexion". Paderborn: Eusl.

Dörner, D. (1994): Emotionen, kognitive Prozesse und der Gebrauch von Wissen. Göttingen: Hogrefe.

Freudenberger, H. (2008): Burnout bei Frauen (13. Aufl.). Frankfurt am Main: Fischer.

Greif, S. (2008): Coaching und ergebnisorientierte Selbstreflexion. Göttingen: Hogrefe.

Hilzensauer, W. (2008): Theoretische Zugänge und Methoden zur Reflexion des Lernens. Ein Diskussionsbeitrag. In: Bildungsforschung-online, 5. Jg., Ausgabe 2

Offermanns, M. (2004): Braucht Coaching einen Coach? Stuttgart: Ibidem.

Paschen, M. (2012): Potenziale und Kompetenzen beurteilen und entwickeln In: Laske, S./Orthey, A./Schmid, M. (Hrsg.): PersonalEntwickeln (Loseblatt), Köln, Beitrag 6.107

Rauen, C. (2008): Coaching (2. Aufl.). Göttingen: Hogrefe.

Seifert, N. (2012): Veränderungskompetenz. In: Laske, S./Orthey, A./Schmid, M. (Hrsg.): PersonalEntwickeln (Loseblatt), Köln, Beitrag 6.110

Siebert, H. (2009): Didaktisches Handeln in der Erwachsenenbildung. Didaktik aus konstruktivistischer Sicht (6. Aufl.). Augsburg: Ziel.

Tisdale, T. (1998): Selbstreflexion, Bewusstsein und Handlungsregulation. Weinheim: BeltzPVU.

15 EMPATHIE ALS KOMPETENZ

Uta Becks & Elena Mahinova

In diesem Beitrag erfahren Sie,

- *was Empathie ist und aus welchen Facetten sie besteht,*
- *warum zu wenig Empathie nicht gut und zu viel Empathie schlecht sein kann,*
- *welche Rolle Empathie als Management-Kompetenz spielt,*
- *woran Sie bei anderen Menschen erkennen, ob diese empathisch sind,*
- *wie Empathie entsteht und inwiefern man sie entwickeln kann.*

15.1 Begriffsbestimmung

Bevor wir uns mit dem Phänomen der Empathie befassen, erscheint es zunächst sinnvoll, die Frage zu beantworten, durch welche Facetten Empathie beschrieben werden kann. An sich ist Empathie ein Wort, das uns allen geläufig ist und dennoch herrscht weder im alltäglichen Sprachgebrauch noch in der Forschung Einigkeit darüber, was Empathie letztendlich genau bedeutet. Daher möchten wir uns dem Ursprung des Begriffs Empathie widmen, einige Begriffsbestimmungen gegenüberstellen und darauf aufbauend unterschiedliche Facetten der Empathie beschreiben.

15.1.1 Ursprung des Empathiebegriffs

Als der Psychologe Titchener (1909) nach einer englischen Übersetzung des deutschen Wortes „Einfühlung" suchte, das Lipps (1903, 1905) zum ersten Mal verwendete, kreierte er das Kunstwort „empathy". Titchener lehnte sich bei seiner Übersetzung an das griechische Wort „empathein" an, was so viel wie „mit(erlebte) Leiden(schaft)" oder „sich in das Gegenüber hineinfühlen" bedeutet. Sowohl Lipps als auch Titchener gingen davon aus, dass Empathie das Ergebnis einer Art „inneren Nachahmung" ist. Der Gedanke, der sich dahinter verbirgt, ist folgender: Wenn wir die Gesichtszüge des Gegenübers beobachten, ahmen wir diese automatisch „innerlich" nach. Dies führt wiederum dazu, dass wir – mit schwächerer Intensität – auch die Gefühle des Beobachteten nachfühlen können.

Was Lipps und Titchener lediglich vermuten konnten, wurde im Jahr 1995 mit der zufälligen Entdeckung der sogenannten **Spiegelneuronen** durch die Forschergruppe rund um Giacomo Rizzolatti offenkundig. Heute wird angenommen, dass Empathie in Menschen auf biologischer Ebene unter anderem durch die Aktivierung genau dieser Spiegelneuronen ausgelöst wird. Diese Nervenzellen senden Impulse aus, sobald wir Handlungen anderer Menschen beobachten. Wenn wir also beispielsweise jemanden essen, lachen oder weinen sehen, wird in **unserem** Gehirn die Region, die für Essen, Lachen oder Weinen zuständig ist, angeregt. Genauso wird bei den meisten Menschen das Schmerzzentrum im eigenen Gehirn aktiviert, wenn sie Mitmenschen leiden sehen, ohne selbst in diesem Moment Schmerzen zu spüren.

Demnach sind es die Spiegelneuronen, die es uns ermöglichen, in die Haut des anderen zu schlüpfen beziehungsweise die Gefühle des anderen zu teilen. Nicht selten sind die Spiegelneuronen dafür verantwortlich, dass wir Menschen, insbesondere wenn sie uns sympathisch sind, regelrecht spiegeln, indem wir deren Mimik, aber auch Gestik nicht nur innerlich, sondern auch äußerlich imitieren (s. Abb. 15.1).

Dass unterschiedliche Menschen in unterschiedlichem Ausmaß empathisch sind, liegt unter anderem daran, dass sich die Anzahl und die Aktivität der Spiegelneuronen zwischen verschiedenen Menschen unterscheiden können. Ein Extrembeispiel dafür stellen Autisten dar, die eine Fehlfunktion des Spiegelneuronensystems aufweisen und zugleich über wenig Einfühlungsvermögen verfügen.

Abb. 15.1: Sichtbare Empathie
(Copyright: Markus Bormann/fotalia.de)

Doch so revolutionär der Befund der Spiegelneuronen auch ist, kann er nicht als alleinige Erklärung für das Phänomen Empathie herangezogen werden, da Empathie nicht als rein unbewusster, neurologischer Prozess zu verstehen ist, sondern auch eine bewusstere Komponente beinhaltet, wie beispielsweise die Perspektivübernahme, die ein Ergebnis tendenziell rationaler Überlegungen sein kann.

15.1.2 Definitionen von Empathie

Wenn man heute nach Definitionen von Empathie sucht, findet man unter anderem folgende Ansätze:

- Fähigkeit, sich in einen anderen Menschen hineinzuversetzen und seine Gefühle zu teilen,

- Fähigkeit, eine Situation, ein Problem oder eine Handlung aus der Perspektive des anderen sehen zu können,

- Fähigkeit, die tatsächlichen Gefühle und Motive anderer in seinem Tun zu berücksichtigen.

Beim Vergleich der Definitionen wird deutlich, dass je nach Begriffsdefinition Empathie entweder als gedanklicher oder als emotionaler Prozess verstanden wird. Darüber hinaus wird bei manchen Definitionen angenommen, dass Empathie auch eine bestimmte Handlung beziehungsweise eine Anpassung des Handelns als Reaktion auf das Gegenüber impliziert, während andere Erklärungen postulieren, dass Empathie lediglich die Wahrnehmung der Gedanken- und Gefühlszustände des anderen beinhaltet – nicht aber eine bestimmte Reaktion darauf. Eine weitere Frage, die durch die sehr unterschiedlichen Definitionen unbeantwortet bleibt, ist die nach der moralischen und ethischen Rückbindung: Sollte jemand, der sich in die Gefühls- und Gedankenwelt eines anderen hineinfühlen beziehungsweise hineindenken kann, auch automatisch ethisch und moralisch korrekt handeln, um als empathisch beschrieben zu werden? Ist beispielsweise altruistisches Verhalten eine notwendige Facette von Empathie? Ist Mutter Teresa dementsprechend empathischer als Casanova?

Den oben genannten Aspekten, aber auch den aufgeworfenen Fragen möchten wir nachgehen, indem wir im nächsten Abschnitt die unterschiedlichen Facetten der Kompetenz Empathie beschreiben. Mit der Beschreibung dieser Facetten möchten wir zugleich unser Verständnis von Empathie definieren.

15.1.3 Facetten der Kompetenz Empathie

Interesse am Gegenüber
Hierbei geht es um die Bereitschaft, von sich selbst wegzugehen und sich einer anderen Person zuzuwenden. Das Interesse am Gegenüber ist weniger eine echte Facette von Empathie, sondern sie stellt eine Voraussetzung für das Empfinden von Empathie dar. Das heißt, wenn mir meine Mitmenschen gleichgültig sind, werde ich mir nur wenig Mühe machen, sie zu „lesen" beziehungsweise mich in sie „einzufühlen" und somit deren Gedanken- und Gefühlswelt zu verstehen.

Bei dieser Facette von Empathie geht es zunächst um das „wertfreie" Interesse am Gegenüber, und zwar unabhängig davon, ob ich mich meinem Gegenüber als Menschenfreund, Menschenforscher oder nur als Mittel zum Zweck zuwende.

Zugang zu eigenen Emotionen
Um zu verstehen, wie sich eine andere Person fühlt, ist es zunächst notwendig, einen Zugang zu den eigenen Emotionen zu haben. Hier geht es einerseits darum, eigene Gefühle überhaupt wahrzunehmen. Andererseits geht es darum,

die körperliche Erregung (z. B. Scham, Ärger oder Freude), die durch Beobachtung einer anderen Person ausgelöst werden kann, genau und differenziert zuordnen zu können. Menschen, die wenig offen sind für eigene emotionale Reaktionen und denen es schwerfällt, den eigenen Gefühlszustand differenziert zu beschreiben, sind sehr wahrscheinlich auch weniger empathisch im Umgang mit anderen.

Sensitivität für andere und stellvertretendes Miterleben
Die Sensitivität für andere stellt die emotionale Facette von Empathie dar und ist zugleich ein wesentlicher Kern von Empathie. Sensitivität für andere ist die eigene, gefühlsmäßige Reaktion, die von der Wahrnehmung des emotionalen Zustands eines anderen herrührt. Sie kann auch als stellvertretendes Miterleben bezeichnet werden. Ein Beispiel für das Vorhandensein von Sensitivität ist, dass man, wenn man eine andere Person beobachtet oder mit ihr in Interaktion steht, deren Emotionen (Freude, Angst, Scham etc.) regelrecht nachfühlen kann. Dies ist möglich, weil die Beobachtung des anderen eine emotionale Resonanz auslöst, bei der auch das eigene neuronale Netzwerk und die Spiegelneuronen aktiviert werden. Es gelingt dadurch, unmittelbar der Gefühlslage eines anderen teilhaftig zu werden und sie dadurch zu verstehen. Sicherlich werden Sie Situationen kennen, in denen Sie einen anderen Menschen beispielsweise weinen sehen und fast automatisch eine gewisse Traurigkeit bei sich selbst verspüren, auch wenn Sie an sich gar keinen Grund dazu hätten. Damit ist das stellvertretende Nachfühlen gemeint. Zugleich wird anhand dieses Beispiels ein weiteres Mal deutlich, wie wichtig es ist, einen Zugang zu den eigenen Emotionen zu haben. Denn auf dieser Grundlage wird es erst möglich, die eigene emotionale Resonanz richtig zu deuten.

Die Sensitivität für andere kann in zwei (aufeinander aufbauende) Facetten getrennt werden:

- Die „Gefühlsansteckung" als erste Komponente der Sensitivität ist eine Art instinktiver, unbewusster Mechanismus der Übertragung von Emotionen. Bereits in sehr jungem Kindesalter bewirkt die Gefühlsansteckung, dass der emotionale Zustand eines Menschen auf den emotionalen Zustand eines anderen Menschen quasi automatisch übertragen wird, sofern beide in Kontakt miteinander stehen. Ein Beispiel einer Gefühlsansteckung ist die Übertragung von Emotionen im Rahmen von Massenpanik. Bei einer Massenpanik werden unterschiedliche Menschen oft instinktiv in epidemisch anwachsende gleiche Gefühlslagen mit intensiver Dynamik „gezwängt". Das so erzwungene Miteinanderfühlen hat den Charakter einer Primitivreaktion und wenig den einer bewussten Wahl. Ein weiteres Beispiel der Gefühlsansteckung sieht man an der Tatsache, dass Neugeborene vom Geschrei anderer Babys gewissermaßen „angesteckt" werden können und selbst anfangen zu schreien.

- Als zweite Facette ist die „affektive Empathie" ein weitaus bewussterer Vorgang. Anders als bei der Gefühlsansteckung ist bei der „affektiven Empathie" dem Fühlenden mehr oder weniger bewusst, dass das eigene Gefühl Ausdruck des emotionalen Zustands des Gegenübers ist. Der Fühlende kann dementsprechend auch noch zwischen eigenen Gefühlen und übertragenen Gefühlen des anderen unterscheiden. Es erfolgt damit eine Trennung zwischen dem eigenen und dem „anderen Ich", das die Gefühle des anderen nur **stellvertretend** fühlt. Für die affektive Empathie ist somit eine gewisse Form der Gefühlsansteckung notwendig und damit eine kurzfristige Aufgabe der eigenen Identität zugunsten der Verschmelzung mit dem anderen. Hinzu kommt jedoch die Fähigkeit, einschätzen zu können, dass das eigene Erleben auf das Erleben anderer Personen rückbezogen wird.

Persönliche Betroffenheit und Fähigkeit zur Abgrenzung
Die persönliche Betroffenheit beschreibt das Ausmaß und die Intensität der Sensitivität, das heißt der eigenen emotionalen Reaktion auf die Emotion und Lage des anderen. Sie hängt davon ab, mit welcher Intensität das Gefühl, das man bei einem anderen wahrnimmt, unmittelbar auf einen selbst übertragen wird. Wenn man selbst beispielsweise eine traurige Szene im Film sieht und vielleicht sogar mit dem Protagonisten mitweint, weil man sehr intensiv nachfühlt, deutet dies ein hohes Maß an eigener Betroffenheit an. Evolutionär gesehen ergibt eine hohe persönliche Betroffenheit auch deshalb Sinn, weil diese deutlichen Einfluss auf das Ausmaß altruistischen Handelns hat. So ist es insbesondere bei Mitgliedern der **gleichen** Gruppe (im Vergleich zu Nicht-Mitgliedern der Gruppe) sinnvoll, kooperativ vorzugehen, Ressourcen zu teilen etc. Altruismus ist in diesen Fällen insofern biologisch adaptiv, als hilfreiches, altruistisches Verhalten die Wahrscheinlichkeit erhöht, dass Personen, denen gegenüber altruistisch gehandelt wird, sich mit einer Gegenleistung revanchieren. Ein Zuviel an persönlicher Betroffenheit kann jedoch den Akteur in seinen Emotionen „gefangen" machen. Ein Zuviel an mitgefühlter Emotion, wie im Rahmen des Mitleidens deutlich wird, ist sicherlich weder für die Gesundheit noch für das bewusste Treffen von Entscheidungen zum Beispiel in Führungssituationen dienlich. So kann eine zu hohe persönliche Betroffenheit zu Stress

führen und stellt einen möglichen Auslöser für Burnout-Erkrankungen dar. Deshalb spielt das bewusste **Abgrenzen können** von den Gefühlen und der Situation des anderen eine zentrale Rolle. Die Fähigkeit zur Abgrenzung wirkt einem „Zuviel an Betroffenheit" entgegen.

Zwei Aspekte sind aus unserer Sicht für eine erfolgreiche Abgrenzung wichtig:

- Der erste Aspekt ist der unter der Facette „affektive Empathie" beschriebene Punkt, sich auch losgelöst vom anderen wahrnehmen zu können und – wenn notwendig – eine rationale Trennung zwischen dem Du und dem Ich zu forcieren. Das heißt also, in dem Wechselspiel zwischen dem „eigenen" emotionalen Erleben und der „fremden" Emotionalität noch die Gewissheit zu behalten, nicht selbst betroffen zu sein. Diese Gewissheit distanziert einen vom anderen, um sich nicht durchgängig „im andern zu verlieren".

- Ein zweiter Aspekt, der sicherlich bei der Abgrenzung eine große Rolle spielt, ist die Fähigkeit, die eigenen Gefühle zu steuern. Je besser Menschen das Vorhandensein und die Intensität der eigenen Gefühle regulieren können, desto wahrscheinlicher können sie ebenfalls das Ausmaß an emotionaler Betroffenheit anpassen. Auf dieser Grundlage können sie steuern, wie nah sie die gefühlten Emotionen des anderen an sich heranlassen. Ein gewisses Maß an emotionaler Selbststeuerung befähigt daher, mit der persönlichen Betroffenheit umzugehen.

Perspektivübernahme
Die Perspektivübernahme ist in Abgrenzung zu der Sensitivität die rationale oder kognitive Facette von Empathie. Unter der Perspektivübernahme verstehen wir das differenzierte Erkennen und Verstehen der Gefühle und der Situation des anderen, aber auch die Fähigkeit, Schlussfolgerungen über Ursachen der Gefühle des anderen und seine Handlungsabsichten zu ziehen. Bei der Perspektivübernahme geht es darum, den sozialen Kontext des Gegenüber gedanklich richtig einordnen zu können, sich in sein Gegenüber eindenken zu können und rational zu verstehen, wie es dem anderen geht beziehungsweise wie die Welt durch dessen Augen aussieht.

In Abgrenzung zur Sensitivität für andere bedeutet die Perspektivübernahme Wissen um das Leiden oder die Gefühle des anderen, aber nicht zwingend ein **Nachfühlen** des Leidens.

Die Perspektivübernahme ist eine strategische Fähigkeit, da sie entgegen der Sensitivität für andere, die sehr auf den Moment fokussiert, den Blick auf vergangene Ursachen und Vorhersagen zukünftigen Verhaltens lenkt.

Eine Person, die gut die Perspektive eines anderen übernehmen kann, ist meist sehr gut geschult darin, das Ausdrucksverhalten ihres Gegenübers zu lesen und unterschiedliche emotionale Zustände im anderen zu benennen. Dies setzt voraus, zu wissen, wie Emotionen (z. B. Freude oder Angst) sich im Ausdrucksverhalten und in der Körpersprache des anderen äußern. Insgesamt verfügen Menschen, welche die Perspektivübernahme beherrschen, über ein gutes Verständnis dessen, was dem Gegenüber wichtig ist. Sie haben dadurch einen guten Zugang zum Bezugs- und Wertesystem des anderen. Zuletzt gelingt es ihnen meist gut, zu erklären, warum jemand auf eine bestimmte Weise reagiert, sowie vorherzusagen, wie jemand wohl in der Zukunft reagieren wird.

Unserer Auffassung nach ist die Perspektivübernahme eine notwendige, aber nicht hinreichende Bedingung für die Fähigkeit zur Empathie. Es ist insbesondere die emotionale Facette, also die Sensitivität für andere, die für ein empathisches Verständnis notwendig ist.

Nichtsdestotrotz werden in vielen Fällen die rationale und die emotionale Seite im Zusammenspiel aktiv. Eine trennscharfe Betrachtung der beiden Facetten wird nur für den geschulten Selbstbeobachter möglich sein. Daher gehen wir davon aus, dass ein Mensch, um als empathisch beschrieben werden zu können, **sowohl** die emotionale **als auch** die rationale Facette der Empathie erfüllen muss.

Rückbindung des eigenen Verhaltens als Handlungskomponente der Empathie

Die letzte Facette beschreibt schließlich die Handlungskomponente von Empathie. Rückbindung des eigenen Verhaltens im Sinne eines empathischen Verhaltens bedeutet aus unserem Verständnis heraus, das eigene Verhalten an den Gefühlen und der Perspektive des Gegenübers auszurichten.

Im Alltag kann dies beispielsweise heißen, Verständnis für die Situation des Gegenübers zu formulieren, die Emotionen des anderen in der eigenen Mimik zu spiegeln (Synchronisation der Körpersprache, „Pacing"), auf die Gefühle des anderen verbal einzugehen, aktiv Zuhören etc. Faktisch wird empathisches Verhalten damit immer im Rahmen einer sozialen Interaktion stattfinden und Teil eines dynamischen Wechselspiels zwischen verschiedenen Interaktionspartnern sein.

Sicherlich kann auch jemand, der nur rational nachvollziehen kann, wie es jemandem geht, Verständnis für die Situation des anderen signalisieren oder verbal auf dessen Gefühle eingehen. Dennoch wird empathisches Handeln vom

Gegenüber sehr viel eher als **authentisch** wahrgenommen, wenn Sensitivität für den anderen vorhanden ist, das heißt die Gefühle des Gegenübers auch emotional gefühlt werden. Dies unterstreicht ein weiteres Mal, warum die Perspektivübernahme als rein rationale Seite der Empathie allein nicht ausreicht, um in der Interaktion mit anderen als empathisch wahrgenommen zu werden.

Muss empathisches Handeln ethische und moralische Ziele verfolgen?
Zuletzt bleibt zu erwähnen, dass empathisches Verhalten zunächst unabhängig von dem eigenen Ziel und Zweck des empathischen Verhaltens zu betrachten ist. Es steht daher nicht im Vordergrund, welches persönliche Ziel mit dem empathischen Handeln verbunden wird.

Es kann also auch Mittel zum Zweck sein, zur Verführung meines Gegenüber ihn zu betrügen oder ihn zu einem Verbündeten zu machen, ohne wirkliche Sympathie zu empfinden. In unserer weiteren Diskussion setzen wir daher empathisches Verhalten nicht zwingend mit ethischem Verhalten gleich.

Demnach waren vermutlich sowohl Mutter Teresa als auch Casanova beide gleichermaßen empathisch, da beide offensichtlich in der Lage waren, auf Basis von Sensitivität und Perspektivübernahme, ihr Verhalten auf die Gefühle und die Gedanken ihres Gegenübers auszurichten. Dass Casanova den geschichtlichen Darstellungen zufolge weniger ethisch gehandelt haben soll als Mutter Teresa, spielt für die Empathiediskussion zunächst keine Rolle. Überspitzt formuliert heißt dies, dass auch ein Mensch mit „schlechten" Absichten empathisch sein kann, sofern er die oben beschriebenen Facetten erfüllt. Jedoch – und das ist sicherlich für die Entwicklung unserer Gesellschaft von besonderer Bedeutung – zeigt sich in der Praxis, dass empathische Menschen diese Kompetenz weitaus häufiger im Sinne eines ethischen oder altruistischen Handelns nutzen.

Wir möchten den obigen Abschnitt zusammenfassen, indem wir die einzelnen Facetten und Aspekte in eine Kompetenz-Gliederung übertragen. Eine Kompetenz setzt sich aus drei Komponenten zusammen: einer Orientierung, einer Fähigkeit sowie dem eigenen Wissen und eigener Erfahrung (Paschen & Dihsmaier 2012):

- **Orientierung bzw. Wollen**
    - Interesse am Gegenüber: Bereitschaft, Interesse an anderen Menschen aufzubringen;
    - persönliche Betroffenheit: bereit sein, persönliche Betroffenheit und Gefühle anderer in hohem Maß zuzulassen;

- o Sensitivität für andere und stellvertretendes Miterleben: bereit sein, sich in den anderen einzufühlen und dabei temporär die Distanz zum anderen aufzugeben;
- o empathisches Handeln: das eigene Handeln an den Gefühlen anderer ausrichten wollen.

- **Fähigkeit bzw. Können**
  - o Perspektivübernahme: in der Lage sein, die Perspektive des anderen zu übernehmen;
  - o empathisches Handeln: Kommunikationsinstrumente beherrschen, die es mir ermöglichen, mich im meinem Handeln empathisch auf mein Gegenüber einzustellen, beispielsweise Fragen stellen, Gefühle spiegeln, geduldig zuhören;
  - o Zugang zu eigenen Emotionen: eigene Emotionen wahrnehmen und entschlüsseln können;
  - o Fähigkeit zur Abgrenzung: in der Lage sein, sich von den Gefühlen des anderen zu distanzieren und die eigenen Gefühle zu steuern.

- **Erfahrung bzw. Wissen**
  - o Perspektivübernahme: Wissen und Erfahrung um unterschiedliche Ausdrucksformen von Emotionen und Gefühlslagen;
  - o Perspektivübernahme: Erfahrungen im Umgang mit anderen Menschen und unterschiedlichen Bezugssystemen.

Die Einteilung hinsichtlich der drei Bereiche hat ebenfalls Einfluss auf die Art, wie diese entwickelt werden können, auf diesen Aspekt soll in Abschnitt 15.7 eingegangen werden.

15.1.4 Sekundärreaktionen der Empathie

Als Sekundärreaktionen der Empathie werden Verhaltensweisen und Reaktionen genannt, die Empathie als Voraussetzung für ihr Entstehen haben. Als prominentes Beispiel für eine empathische Sekundärreaktion ist altruistisches Handeln zu nennen. Ein Beispiel für altruistisches Handeln ist die Fürsorge oder die Hilfe, die man jemandem entgegenbringt, wenn man ihn zum Beispiel leiden sieht und mit ihm mitfühlt. Viele Studien, die sich mit Altruismus befasst haben, haben insbesondere emotionale Formen der Empathie (wie Sensitivität für andere einhergehend mit einem Minimum an persönlicher Betroffenheit) als eine wesentliche Voraussetzung für altruistisches Handeln identifiziert.

Neben altruistischem Verhalten können Reaktionen auf Empathie auch selbstbezogene negative Gefühle sein, zum Beispiel Sorge, Trauer und empathische Schuldgefühle. Diese sind typischerweise Gefühle, die nach der empathischen „Einverleibung" der Gefühle des Gegenübers erfolgen können, jedoch nichts mit dem eigentlichen Gefühl des Gegenübers zu tun haben. Beispielsweise treten empathische Schuldgefühle vorwiegend dann auf, wenn eine Person sich als Quelle für die Schädigung oder Verletzung einer anderen Person erlebt.

15.1.5 Co-Kompetenzen von Empathie

Neben den vielfältigen Facetten der Kompetenz Empathie selbst gibt es auch Kompetenzen (sogenannte Co-Kompetenzen), die nicht eigentlicher Bestandteil der Empathie selbst sind, jedoch hoch mit dieser korrelieren und zusammenhängen. Als wesentliche Co-Kompetenzen lassen sich folgende Aspekte zusammenfassen:

- **Selbstreflexion:** Die Fähigkeit der Selbstreflexion hängt insofern hoch mit Empathie zusammen, als dass das bewusste und stimmige Wahrnehmen der eigenen Emotionen ebenfalls eine Facette von Selbstreflexion darstellt. Je besser dies gelingt, desto differenzierter können auch die stellvertretend miterlebten Emotionen meines Gegenübers wahrgenommen und etikettiert werden. Es wird jedoch auch zwischen der Selbstreflexionskompetenz und der Facette der Perspektivübernahme enge Zusammenhänge geben, da Menschen, die einen besseren Blick für eigene Beweggründe, innere Treiber und Ursachen für bestimmte Verhaltensweisen haben, diese Aspekte auch bei anderen Menschen leichter erkennen werden können als wenig selbstreflektierte Menschen.

- **Überzeugungsfähigkeit:** Eine enge Verbindung zwischen der Empathie und der Überzeugungsfähigkeit besteht dadurch, dass eine fundierte Überzeugungsstrategie von der Perspektive des Gegenübers ausgeht. Ein gezieltes Einstellen auf die Zielgruppe und eine stimmige und damit überzeugende Nutzenargumentation erfordert das „sich Hineinversetzen in mein Gegenüber" samt dessen Beweggründen, Motiven und Gefühlslagen.

- **Konfliktfähigkeit:** Eine enge Beziehung zwischen Empathie und Konfliktfähigkeit besteht hauptsächlich hinsichtlich der Fähigkeit, Konflikte zu lösen. Auch hier spielt die Fähigkeit zur Perspektivübernahme durch das Erkennen der Ursachen und Beweggründe des Handelns meines Gegenübers eine große Rolle. Gerade die Fähigkeit, die Emotionen des Gegenübers zu verstehen, ermöglicht es mir, ein bewusstes Verständnis davon zu erlangen, welche Reaktionen das eigene Verhalten beim Gegenüber auslöst. Auch die Fähigkeit zur emotionalen Selbststeuerung (Fähigkeit zur Abgrenzung) steht im Zusammenhang mit der gleichlautenden Facette der Selbststeuerung der Konfliktfähigkeit. Letztere versetzt einen in Konflikten in die Lage, negative Gefühle wie beispielsweise Ärger oder Aggression nicht unbedacht die Oberhand gewinnen zu lassen.

- **Interkulturelle Kompetenz:** Ein Zusammenhang mit interkultureller Kompetenz besteht dahingehend, dass diese Kompetenz unter anderem eine hohe Sensibilität für andere Kulturen und für die Reaktion meines Gegenübers auf eigene Verhaltensweisen erfordert. Schließlich sind das Wissen und die Fähigkeit, den Kontext und stimmiges Verhalten im Rahmen eines Kontextes einschätzen zu können, sinnvoll, um sich auch in interkulturellen Kontexten erfolgreich bewegen zu können.

- **Soziale Flexibilität:** Soziale Flexibilität beschreibt die Fähigkeit, sich flexibel an unterschiedliche Situationen und Gegenüber anzupassen und damit einhergehend je nach Kontext unterschiedliche Verhaltensweisen an den Tag zu legen, um das eigene Erfolgspotenzial zu steigern. Auch dies wird durch ein stimmiges Verständnis für die Gefühle und die Perspektive meines Gegenübers erleichtert.

- **Mentale Flexibilität:** Mentale Flexibilität, definiert als die Bereitschaft und die Fähigkeit, offen und beweglich zu sein hinsichtlich unterschiedlicher Werthaltungen, Einstellungen, Handlungs- oder Denkweisen (als Gegenteil zu hoher Rigidität mit einem sehr engen Bezugsrahmen und starren Werthaltungen), hängt sehr eng mit der Fähigkeit zusammen, die Perspektive meines Gegenübers stimmig übernehmen zu können. Insbesondere da, wo Werthaltungen und Einstellungen nicht den eigenen entsprechen, kann eine hohe mentale Flexibilität erforderlich sein. Wer sich mental flexibel verhalten kann, reduziert Konfliktpotenzial (z. B. auch in interkulturellen Kontexten), weil er nicht darauf besteht, dass die eigenen Werthaltungen immer und überall Gültigkeit haben müssen.

15.1.6 Empathie als zentrale Management-Kompetenz

Im Folgenden soll anhand einiger Beispiele darauf eingegangen werden, warum Empathie eine wichtige Management-Kompetenz darstellt.

Bei der Führung von Mitarbeitern spielt die Motivation der Mitarbeiter für das Engagement und die Leistungsbereitschaft immer mehr eine zentrale Rolle. Standen früher bei der Führungstradition insbesondere Sinnvermittlung und Macht an oberster Stelle, gewinnt heute das motivationale Einwirken auf den Mitarbeiter immer mehr an Bedeutung. Hierzu benötigt die Führungskraft unter anderem ein hohes Maß an Empathie. Denn es gilt, die Motive und Beweggründe der Mitarbeiter, die ihrem Verhalten zugrunde liegen, zu ergründen, um diese für eine gezielte Motivation nutzen zu können. Diese lassen sich häufig nicht unmittelbar beobachten, sondern können häufig erst durch Empathie erschlossen werden. Auch die Fähigkeit, empathisch zu handeln, das heißt die Fähigkeit, sich auf die Gefühle und Intentionen eines anderen zu beziehen und so einen direkten Kontakt zu dessen Erleben herzustellen, ist Grundlage dafür, eine positive Führungsbeziehung und -atmosphäre zu gestalten. Zuletzt gewinnt auch das Coaching der Mitarbeiter durch die Führungskraft immer mehr an Bedeutung. Gerade hierbei ist es von zentraler Bedeutung, das innere Bezugssystem des Mitarbeiters zu erkennen und sich empathisch, im Sinne eines empathischen Handelns, auf diesen einstellen zu können.

Für Manager ist Empathie ebenfalls eine Grundbasis für die Fähigkeit, ethisch zu handeln. Empathie befähigt dazu, die Auswirkungen der eigenen und unternehmerischen Ziele auf das Gegenüber und die gesamten Mitarbeiter einzuschätzen. Als Manager ist die Frage zentral: „Welche Ziele darf ich mir setzen und welche Mittel rechtfertigen das Erreichen dieser Ziele?" Hierzu ist es notwendig, die Auswirkungen der Ziele und der Mittel empathisch, das heißt auch aus der Perspektive der Betroffenen, einschätzen zu können. Rechtfertigt beispielsweise das Erreichen einer Umsatzsteigerung von 2% das Entlassen von 10% der Mitarbeiter, wenn diese im Anschluss sehr wahrscheinlich arbeitslos sein werden? Diese und ähnliche ethische Fragestellungen, die nicht primär sachlogisch und analytisch zu bewerten sind, sondern bei denen eine Abwägung der Auswirkungen und damit eine Perspektivübernahme erforderlich sind, sind für viele Manager an der Tagesordnung. Nur ein sich Beschäftigen und Einfühlen beziehungsweise Eindenken in die Perspektive der Betroffenen ermöglicht es, die Auswirkungen und damit die Kosten gegenüber den Zielen tatsächlich bewerten zu können und damit eine Entscheidung auch unter ethischen Gesichtspunkten treffen zu können. Erneut ist es jedoch so, dass nach unserem Verständnis Empathie zwar ethisches Verhalten ermöglicht, nicht jedoch erzwingt.

Bei Veränderungsprozessen in Unternehmen spielt Empathie ebenfalls eine große Rolle, weil es dabei darum geht, Menschen mitzunehmen beziehungsweise diese erfolgreich für Veränderungen zu gewinnen. Manager müssen gerade in diesen Situationen ein Gespür dafür haben, wie sie kommunizieren können, um die gewünschte Wirkung zu erzielen. Hierfür ist es unabdingbar, sich in die Perspektive der Betroffenen zu versetzen, um Nutzen und Chancen aus der Sicht der Betroffenen darstellen zu können und wahrgenommene Herausforderungen und Nöte ausreichend beachten zu können.

Dass Empathie nicht nur für Manager, sondern auch für Expertenfunktionen von zentraler Bedeutung ist, spiegelt zum Beispiel der Gedanke wider, dass für eine erfolgreiche und am Kundennutzen ausgerichtete Produktentwicklung ein hohes Einfühlungsvermögen beziehungsweise eine gezielte Perspektivübernahme zur Erfassung der Kundenbedürfnisse notwendig ist. Das Gleiche gilt für Kunden- und Service-Orientierung im Allgemeinen.

Ein Zuviel an Empathie kann jedoch in manchen Situationen kontraproduktiv sein. Wir sind auf mögliche Grenzen der Empathie beziehungsweise Risiken eines zu intensiven Einfühlens unter der Facette persönliche Betroffenheit bereits eingegangen und haben beschrieben, dass ein Zuviel an „Mitfühlen" und „Mitleiden" potenziell zu Burnout führen kann.

Im Management kann ein Zuviel an emotionaler Empathie und persönlicher Betroffenheit dazu führen, dass diese Manager insbesondere in Situationen, in denen es Entscheidungen zu treffen gilt, die mit negativen Kosten und Konsequenzen für die Mitarbeiter einhergehen, – gedacht sei hier beispielsweise an Stellenabbau oder Kündigung – weniger handlungsfähig sind. Beispielsweise erscheinen Manager, die eine sehr hohe emotionale Empathie und persönliche Betroffenheit aufweisen, für das Profil eines Restrukturierungs-Managers wenig geeignet. Zudem können sich Führungskräfte, die über eine hohe Sensitivität für andere sowie ein hohes Maß an persönlicher Betroffenheit verfügen, häufig nur schwer durchsetzen, weil sie zu stark mit den Betroffenen mitfühlen und ihnen daher nur schwer „wehtun" können.

15.2 Geschichte der Empathie

Das Wort „Empathie" ist relativ neu, das Phänomen hingegen sehr alt. Geht man in der Geschichte zurück, gibt es evolutionstheoretisch einige Ansätze, die das Vorkommen von Empathie erklären können. Die Fähigkeit zur Empathie geht auch darauf zurück, dass diese ermöglicht, andere Menschen sehr schnell hinsichtlich ihrer Gemütslagen, Absichten und Handlungstendenzen einzuschätzen und so ableiten zu können, ob Vorsicht oder Vertrauen geboten ist: „Ist der Mensch mir gegenüber gut oder böse?", „Was hat er im Sinn?" etc. Diese Fragen waren in Zeiten, in denen es wenig institutionalisierte Sicherheitsstrukturen wie Gesetze, Polizei etc. gab, von großer Bedeutung. Noch heute ist eine gewisse Intuition gegenüber anderen Menschen auch bezüglich einer Gefahreneinschätzung unabdingbar.

Hinsichtlich der beiden Geschlechterrollen lassen sich evolutionstheoretisch dahingehend Unterschiede feststellen, dass bei Frauen eher die Versorgung des Nachwuchses und damit Versorgungswünsche im Vordergrund standen und bei Männern eher Aspekte, die der Jagd und Verteidigung dienten. So ist es nicht verwunderlich, dass Frauen im Durchschnitt eine höhere emotionale Empathie beziehungsweise Sensitivität nachgesagt wird. Diese diente und dient noch heute dazu, Übermittlung oder Übertragung eines Gefühls zwischen Säugling und Mutter sicherzustellen, ohne dabei auf sprachliche Äußerungen zurückgreifen zu müssen. Probleme und Ausdrucksweisen des Babys müssen intuitiv und empathisch erfühlt werden und können nicht erfragt werden. Zudem kommt bei Frauen hinzu, dass diese aus einer rein biologischen Perspektive sich nicht so häufig fortpflanzen können wie Männer. Damit einhergehend sollten sie evolutionstheoretisch bei der Wahl des Partners etwas wählerischer sein als andersherum. Ein gewisses Empathievermögen stellt in diesem Zusammenhang eine wichtige Basis für eine erfolgreiche Partnerwahl dar.

Dass ein gewisses Maß an Sensitivität (emotionale Komponente von Empathie) bei Frauen veranlagt ist, zeigen Studien, aus denen hervorgeht, dass weibliche Babys im Durchschnitt besser als ihr männliches Pendant Gefühle von anderen erkennen können. Zuletzt weisen Studien darauf hin, dass Mädchen typischerweise stärker personenorientiert sind als Jungen, dafür jedoch auch häufiger unter empathischen Schuldgefühlen leiden. Männer sind hingegen tendenziell besser in der Perspektivübernahme, das heißt der rationalen Komponente von Empathie. Dies ist insofern einleuchtend, als bei Jagd, aber auch der Verteidigung oder Kriegsführung, ein rationales Verstehen der Perspektive auch im Hinblick auf eine langfristige und strategische Planung von Vorteil ist.

Evolutionstheoretisch wird von vielen Verhaltensforschern Empathie als Basis für soziales Verhalten genannt. So sieht der Verhaltensforscher und Zoologe Frans de Waal in der menschlichen Fähigkeit zur Empathie den Teil unseres evolutionären Erbes, das die Voraussetzung für soziales Verhalten darstellt. An dieser Stelle sei erneut an den Zusammenhang zwischen Empathie und altruistischem Verhalten erinnert: Das empathische Einfühlen in das Leiden anderer einhergehend mit einer echten Betroffenheit führt deutlich eher zu Hilfeleistungen und Engagement für andere.

In der jüngeren Geschichte wird eine erste Auseinandersetzung mit dem Empathie-Begriff in der Psychologie häufig mit der Arbeit von Lipps 1883 in Zusammenhang gebracht. Seitdem haben sich unterschiedliche Forschungsrichtungen mit dem Konzept der Empathie auseinandergesetzt. Diese fokussieren jeweils auf unterschiedliche Aspekte, die größtenteils in unseren Facetten der Empathie zusammengefasst wurden. Das Empathie-Verständnis erweiterte sich im Laufe der Jahre vom Instinktverhalten (s. Gefühlsansteckung) über eine bewusstere Facette (s. affektive Empathie) hin zu der Berücksichtigung rationaler Aspekte (s. Perspektivübernahme).

In der Psychotherapie erlangte der Begriff insbesondere durch die Arbeiten des amerikanischen Psychologen Carl R. Rogers in den 60er-Jahren im Rahmen der klientenorientierten Therapie große Bedeutung. Rogers begriff Empathie in der Therapie unter anderem als „einfühlendes Verstehen" und als einen Vorgang im Gespräch, in dem der Therapeut die Gefühle und persönlichen Bedeutungen des Klienten spürt sowie versteht und dieses Verstehen dem Klienten mitteilt. Rogers fokussierte damit sowohl auf einfühlende Sensitivitätsaspekte als auch auf rationale Aspekte der Perspektivübernahme. Die Entdeckung der Spiegelneuronen um das Jahr 1995 durch die Forschergruppe um Giacomo Rizzolatti schuf eine neue neurobiologische Basis für Empathie und soziales Verhalten und führte damit zu weiteren Erkenntnissen rund um das Thema Empathie.

In der Wirtschaft wurde der Nährboden für den Blick auf Empathie und soziale Interaktion im Rahmen der Human-Relations-Bewegung in den 30- und 40er-Jahren des vorherigen Jahrhunderts gelegt. Diese fokussierte auf die menschlichen Bedingungen des Arbeitslebens, welche die Produktivität steigern sollen. Damit rückte erstmals der Faktor Mensch mit seinen Motiven und zwischenmenschlichen Beziehungen in den Vordergrund. Der Faktor Mensch wurde als eine Abgrenzung zur damals starken Fokussierung auf die Optimierung der Arbeitsschritte im Rahmen des Taylorismus eingeführt.

Mit der Einführung des Begriffs „emotionale Intelligenz" von den US-amerikanischen Forschern J. Mayer und P. Salovey im Jahr 1990 und der darauf folgenden Popularisierung dieses Begriffs durch den Journalisten Daniel Goleman ist der Fokus auf das Thema Empathie insbesondere auch in Unternehmen wieder aktualisiert worden. Emotionale Intelligenz wird bei den Forschern als Teil sozialer Intelligenz verstanden, die ebenfalls die Fähigkeit beinhaltet, eigene sowie fremde Emotionen zu beobachten, zu verstehen und diese Information zur Gedanken- und Handlungssteuerung zu nutzen. Zu den Merkmalen emotionaler Intelligenz gehört ebenfalls das Konzept der „Empathie". Dieses wird als Fähigkeit verstanden, sich emotional auf andere einzustellen und zu erkennen, was ein anderer empfindet.

15.3 Individuelle Entwicklung der Kompetenz im Lebensalter

Wie bei anderen Kompetenzen auch, spielen bei der Kompetenz Empathie sowohl eine erbliche Anlage zur Kompetenz als auch Umweltfaktoren wie beispielsweise Erziehung und frühkindliche Erfahrungen eine Rolle.

Auf den möglichen Unterschied zwischen Männern und Frauen hinsichtlich der Empathie-Facetten Sensitivität für andere und Perspektivübernahme wurde in Abschnitt 15.2 bereits eingegangen. Dies macht deutlich, dass bestimmte Ausprägungen der Empathie erblich begünstigt sein können, aber nicht müssen. Dass auch bei der biologischen Grundlage für Empathie, den Spiegelneuronen, erbliche Faktoren eine Rolle spielen können, wird in der Forschung noch diskutiert.

Einzelne Facetten der Empathie werden erst ab einem bestimmten Lebensalter ausgeprägt. So ist die Gefühlsansteckung als Teil der Sensitivität für andere bereits sehr früh bei kleinen Kindern und Babys sichtbar. Die affektive Empathie jedoch setzt das Vorhandensein eines Ich-Bewusstseins voraus. Ich-Bewusstsein heißt, sich als unabhängig von der Umwelt wahrnehmen zu können. Ein solches Bewusstsein ist meist spätestens mit drei bis vier Jahren bei Kindern ausgeprägt. Erst durch dieses Ich-Bewusstsein wird es möglich, das beobachtete Ausdrucksverhalten als Ausdruck des emotionalen Zustands der beobachteten Person zu betrachten und damit eine Trennung zwischen dem eigenen Ich und dem Gegenüber zu erfassen. Auch die Perspektivübernahmefähigkeit ist nicht von Geburt an vorhanden, sondern wird ebenfalls mit der Ausbildung eines Ich-Bewusstseins in Verbindung gebracht. Das Kind überwindet damit seinen kindlichen Egozentrismus und bildet die Fähigkeit aus, seine eigene Perspektive als eine Möglichkeit von vielen wahrzunehmen.

Durch welche Mechanismen kann nun eine individuelle Entwicklung der Kompetenz Empathie im Sinne von Umwelteinflüssen erfolgen? Studien konnten nachweisen, dass Menschen, mit denen in ihrer Kindheit einfühlsam umgegangen wurde, sich ihrerseits deutlich empathischer verhalten. Es zeigte sich, dass Kinder, die eine herzliche und feinfühlige Interaktion seitens ihrer Eltern erfahren, mit größerer Wahrscheinlichkeit Besorgnis für andere zum Ausdruck bringen können. In diesem Zusammenhang wird auch häufig die Bindungstheorie nach Ainsworth und Bowlby benannt. Diese beschreibt, dass

Menschen, die mit einem sicheren Bindungsmuster aufwachsen, sich sehr viel leichter anderen zuwenden und bereit sind, ohne egoistische Motivationen zu helfen. Biologisch konnte der Nachweis erbracht werden, dass Kinder, denen viel Mitgefühl entgegengebracht wurde, deutlich mehr Spiegelneuronen ausprägen.

Das Modell der „Interiorisierung" (nach Vygotskij) beschreibt Lernmechanismen, aufgrund derer Kinder mit der Zeit lernen können, sich empathisch zu verhalten. Die Grundannahme ist, dass ein Kind genau die Verhaltensformen sich selbst gegenüber anwendet, die zunächst andere ihm gegenüber praktizieren. Es werden also Prozesse und Verhaltensweisen mit der Zeit internalisiert, die zunächst für das Kind beobachtbar sind, dann zunehmend unabhängig von dem Kind ausgeführt werden und schließlich irgendwann zu dessen eigenständigen intrapsychologischen Prozessen werden. Am Beispiel des Spracherwerbs erfolgt das Muster folgendermaßen: Erst spricht die Mutter mit dem Kind, dann spricht das Kind ein wenig mit der Mutter, dann erfolgen Selbstgespräche und schließlich kann unausgesprochenes Denken erfolgen. Ein solches Modell kann jedoch auch erklären, warum Kinder, die in einem wenig empathischen Umfeld und mit geringer empathischer Interaktion aufwachsen, wenige Chancen bekommen, Empathie zu internalisieren und schlussendlich anderen gegenüber zu zeigen.

15.4 Unterschiedliche Empathie-Typen

Wir möchten im Folgenden ein Modell unterschiedlicher Typen und Stile der Empathie aufzeigen. Diese Empathie-Stile können sich als präferierte Herangehensweise der Empathie im Laufe der Zeit ausbilden. Alle diese Stile sind grundsätzlich als empathisch zu verstehen, wobei man davon ausgehen kann, dass die jeweiligen Typen von ihren Interaktionspartnern dennoch als mehr oder weniger empathisch erlebt werden können.

Vier unterschiedliche Empathie-Typen und -Stile werden entsprechend der zwei Achsen des Modells mit insgesamt vier Grunddimensionen erfasst. Die vertikale Achse stellt den Grad der unmittelbaren oder konkreten Zielverfolgung dar (hoch vs. niedrig). Dabei geht es keineswegs um die grundsätzliche Zielorientierung eines Menschen, sondern vielmehr um eine direkte Verknüpfung zwischen der empathischen Wahrnehmung und einer bestimmten Zielverfolgung in der Interaktion mit anderen Menschen. Anders formuliert würde eine hohe Zielverfolgung bedeuten, dass man sich in andere Menschen hineinfühlt oder -denkt, um darauf aufbauend etwas ganz Bestimmtes zu erreichen, unabhängig davon, ob es sich dabei um Ziele wohlwollender oder weniger wohlwollender Natur handelt. Eine geringe Zielverfolgung sagt hingegen aus, dass man die Gefühle eines anderen fühlt oder versteht, ohne dabei **in erster Linie** ein konkretes Ziel vor Augen zu haben. Hierbei kann nicht ausgeschlossen werden, dass man sich dieses Menschenverständnis dennoch eines Tages zunutze macht. Man könnte auch sagen, dass jemand mit einer tendenziell geringen Zielverfolgung eher als passiv, während jemand mit einer hoch ausgeprägten Zielverfolgung tendenziell als aktiv wahrgenommen werden kann.

Die horizontale Achse bezieht sich auf den Grad der Distanz zum anderen. Jemand, der über eine geringe Distanz zum anderen verfügt, ist sehr involviert, vollkommen in der Situation mit seinem Gegenüber versunken und verbindet die Gefühle des anderen sehr stark mit den eigenen Emotionen. Eine geringe Distanz zum anderen geht zumeist mit einer hohen persönlichen Betroffenheit einher. Jemand, der hingegen stärker distanziert vorgeht, kann die Situation mit dem Gegenüber von außen aus einer Art Metaperspektive betrachten und darauf aufbauend entsprechend handeln, ohne die Gefühle des Gegenübers in vollem Umfang zu teilen bzw. selbst zu erleben.

Die folgende Abbildung stellt die vier Empathie-Typen überblicksartig dar:

Unmittelbare Zielverfolgung	hoch	*Aktivist*	*Therapeut*
	niedrig	*Mitfühler*	*Analytiker*
		niedrig	hoch
		Distanz zum anderen	

Abb. 15.2: Empathie-Typen

Analytiker

Der Analytiker ist ein Typ, der vermutlich tendenziell mehr rational als emotional empathisch ist, d. h., dass er die Perspektivübernahme gut beherrscht, dabei aber nur bedingt mit seinen Mitmenschen mitfühlt. Der Analytiker ist jemand, der seine Mitmenschen aus einer gewissen Distanz heraus beobachtet sowie analysiert, um diese besser verstehen zu können. Der Grund dafür kann beispielsweise ein grundsätzliches Interesse an der Funktionsweise von Menschen sein: So wie andere sich für Maschinen und deren Einzelteile interessieren, interessiert der Analytiker sich für Personen und deren Verhaltensmuster. Demnach ist seine konkrete Zielverfolgung tendenziell gering ausgeprägt. Wenn man den Analytiker fragt, wie eine andere Person tickt, wird er das vermutlich recht genau beschreiben können. Dies bedeutet aber nicht, dass er sein Handeln daran ausrichtet. Es ist sehr wohl möglich, dass der Analytiker auf Basis seiner „Menschen-Analysen" andere soweit einschätzen kann, dass er in sozialen Kontexten entsprechend agieren kann beziehungsweise ihm seine Menschenkenntnisse im Alltag dabei helfen, überzeugender zu kommunizieren. Dennoch steht für ihn weniger ein bestimmtes Ziel, sondern primär das Verstehen der Menschen im Fokus.

Der Analytiker begibt sich nicht freiwillig in Interaktionssituationen und verhält sich in sozialen Kontexten eher vorsichtig und zurückhaltend. Wenn er im Umgang mit anderen Menschen Verständnis signalisiert, dann wird das vermutlich nur bedingt als authentisch wahrgenommen, weil der Analytiker sein Verständnis sachlich zum Ausdruck bringt und nur wenig „echtes" Mitgefühl mitschwingt. Dies merkt man beispielsweise an einer tendenziell wenig variierenden Mimik beziehungsweise daran, dass er seine Körpersprache nicht an den Gesprächspartner anpasst. Daher würden wir diesen Typen im Vergleich mit den anderen Typen als am wenigsten empathisch wirkend beschreiben. Gut geeignet sind Analytiker, um menschliche Verhaltensweisen in der Wissenschaft zu erforschen, um im Rahmen einer Strategieentwicklung beispielsweise die (langfristigen) Reaktionen der Betroffenen abzuschätzen etc.

Mitfühler

Genau wie der Analytiker verfolgt auch der Mitfühler in erster Linie keine konkreten Ziele. Allerdings wird er als deutlich weniger distanziert erlebt und kann in vielen Fällen nicht nur verstehen, sondern auch fühlen, was der andere fühlt. Im Umgang mit ihm merkt man das beispielsweise an einer intensiven Mimik sowie Körpersprache, die in hohem Maß die Körpersprache des Gesprächspartners „spiegelt". Der Mitfühler ist jemand, der sich im Umgang mit anderen gut zurücknehmen und (aktiv) zuhören kann. Allerdings hört er nicht zu, um damit konkrete Ziele zu erreichen, sondern weil er sich für den anderen Menschen interessiert und regelrecht mitleidet, wenn es dem anderen schlecht geht beziehungsweise sich mitfreut, wenn sich der andere freut. Da dem Mitfühler die konkrete Zielverfolgung fehlt, hört er anderen beispielsweise bei Problemen zu, typischerweise jedoch ohne direkt nach Lösungen für das Problem zu suchen. Es ist nicht ausgeschlossen, dass im Rahmen des Zuhörens, des Verständnis-Signalisierens eine Lösung gefunden wird, allerdings steht sie nicht im Fokus des Geschehens. Demnach ist der Mitfühler auch nur wenig strategisch orientiert, sondern er gibt sich seinen Gefühlen hin.

Das Interesse, das der Mitfühler seinen Mitmenschen entgegenbringt, wird zumeist als authentisch wahrgenommen, weil er in der Interaktion auch eigene Gefühle zum Ausdruck bringt, statt nur sachliches Verständnis zu signalisieren. Des Weiteren erlebt man ihn als emotional und zugewandt. In vielen Fällen kann der Mitfühler gar nicht anders, als sich von den Emotionen seines Gegenübers anstecken zu lassen, weil er die persönliche Betroffenheit nur bedingt steuern kann. Der Mitfühler kann ein guter Freund, eine aufmerksame Freundin sein, aber auch der „seelische Mülleimer" für Personen, die von dem Mitgefühl und dem Sich-Zurücknehmen profitieren.

Aktivist
Auch der Aktivist ist in hohem Maß involviert, d. h., er fühlt mit anderen mit, sowohl bei positiven als auch bei negativen Emotionen. Was den Aktivisten – wie der Name schon sagt – vom Mitfühler unterscheidet, ist, dass der Aktivist nicht nur mitfühlt, sondern einen Schritt weitergeht und sein Mitgefühl in Ziele übersetzt beziehungsweise in konkrete Aktionen umsetzt. Den Aktivisten erlebt man als hoch involviert. Er setzt sich beispielsweise für andere (zumeist Schwächere) ein, um ihnen zu helfen, und ist bestrebt, das Leid auf der Welt zu reduzieren.

Wir gehen davon aus, dass der Aktivist in vielen Fällen tendenziell wohlwollende Ziele verfolgt und am ehesten von allen Typen altruistisches Handeln an den Tag legt. Der Grund dafür könnte zum einen an der geringen Distanz zu den anderen, d. h. einer hohen persönlichen Betroffenheit, liegen, die es dem Aktivisten erschwert, anderen Schaden zuzufügen. Zum anderen verfolgen die Aktivisten ein Ziel, das aus dem Mitgefühl mit den anderen resultiert. Teilweise kann es aber passieren, dass der Aktivist sich so sehr an seinem Ziel, z. B. einer besseren Welt, orientiert, dass er sich selbst dabei verliert beziehungsweise das Ziel über das Mitgefühl mit dem Einzelnen stellt.

Therapeut
Genau wie der Aktivist verfolgt auch der Therapeut ein bestimmtes Ziel beziehungsweise setzt sein Empathievermögen in konkrete Handlungen um. Der Unterschied zwischen den beiden Typen liegt jedoch in der (emotionalen) Distanz zu anderen.

Während der Aktivist hoch involviert ist, kann der Therapeut sehr gut nachvollziehen, wie es dem anderen geht, ohne dabei ein zu hohes Maß an persönlicher Betroffenheit zu riskieren, indem er sich in den Gefühlen anderer verliert. Im Unterschied zum Analytiker ist der Therapeut jemand, der nicht nur aus einer gewissen Distanz heraus beobachtet, sondern sich mit den Menschen auseinandersetzt, um bestimmte Ziele zu erreichen. Inwiefern diese Ziele „gut" oder „schlecht" sind, hängt von der handelnden Person ab, liegt aber auch im Auge des Betrachters. Zudem wird der Therapeut im Umgang mit anderen hinsichtlich der von ihm gezeigten Verständnisbekundungen als empathischer und authentischer als der Analytiker wahrgenommen.

Wenn man sich tatsächliche Therapeuten als Berufsgruppe ansieht, dann wird deutlich, dass diese sich mit ihren Patienten auseinandersetzen und in der Lage sein sollten, sich sowohl in diese einzufühlen als auch einzudenken, um dadurch zu Lösungen für die bestehenden Probleme ihrer Klienten zu gelangen. Der Therapeut ist in aller Regel in der Lage, eine ausreichende innere Distanz zu seinem Klienten herzustellen, um nicht zu gefangen in der eigenen Betroffenheit zu sein. Aus einer gewissen Distanz heraus kann der Therapeut beobachten, was er bei seinem Gegenüber auslöst, was das Gegenüber bei ihm selbst auslöst etc., um auf diese Weise zu einem diagnostisch fundierten Bild über den Patienten zu gelangen und darauf aufbauend die passende Lösungsstrategie zu entwickeln. Eine Abgrenzungsfähigkeit ist bei dieser Berufsgruppe von besonderer Bedeutung.

Abschließender Hinweis
Uns ist zuletzt nochmal wichtig zu betonen, dass es sich bei den Typen um stark vereinfachte Zuordnungen handelt, die eine grobe Einschätzung unserer Interaktionspartner erlauben. Überschneidungen zwischen den Typen können nicht ausgeschlossen werden und wir möchten nicht sagen, dass jeder von uns immer entweder das eine oder das andere ist. Es geht vielmehr um eine grundsätzliche Tendenz oder Präferenz für einen der vier Quadranten.

Zudem ist keiner der Typen als per se schlecht oder gut einzustufen. Vielmehr sind bestimmte Typen für bestimmte Situationen und Fragestellung besser geeignet als andere. Zum Beispiel ist ein Mitfühler im Team wichtig, weil er feine Antennen für die Stimmungen zwischen den einzelnen Teammitgliedern besitzt. Er ist aber wenig geeignet, um Strategien umzusetzen, die möglicherweise negative Konsequenzen für andere Menschen bergen.

15.5 Berühmte Empathen

An welche wichtigen Persönlichkeiten denken wir, wenn wir Empathie im Kopf haben? In diesem Kapitel möchten wir wichtige Repräsentanten vorstellen, die (vermutlich) über eine hohe Empathiefähigkeit verfügten.

Eine wichtige Person, die das Mitfühlen repräsentiert, ist der **Dalai Lama**. Er steht gleichzeitig für die Auffassung von Mitgefühl im buddhistischen Glauben. Im Rahmen des Buddhismus werden unterschiedliche Stufen des Mitgefühls und des Einfühlungsvermögens unterschieden. Buddhisten sind der Ansicht, dass sich die Fähigkeit der Einfühlung über das in den anderen Hineinversetzen und das Teilen des Leids des Gegenübers hinaus entwickelbar ist. Die eigene Empfänglichkeit für das Leid anderer kann dadurch, dass wir uns ihm bewusst öffnen, derart gesteigert werden, dass wir ein alles übersteigendes Verantwortungsgefühl ihm gegenüber empfinden. Buddhistische Mönche üben dementsprechend die höheren Stufen des Mitgefühls und können dann die Stärke des Mitgefühls aktiv steuern, ohne dabei die eigene Handlungsfähigkeit oder nötige Distanz zu verlieren. Der Buddhistische Glaube hat als Grundannahme, dass alle Menschen miteinander verbunden sind. Die hier beschriebene Empathie kann am ehesten dem „Mitfühler" zugeordnet werden, weil mit dem empathischen Gefühl nicht zwingend eine direkte Aktion oder ein Ziel verbunden sein muss.

Auch **Jesus** ist eine Person, mit der man spontan Empathie und insbesondere Mitgefühl verbindet. Mag man Überlieferungen glauben, war Jesus jedoch auch so anziehend für seine Zeitgenossen, weil er sehr viel Zeit damit verbrachte, anderen zuzuhören. Auch soll er laut Überlieferungen die Fähigkeit besessen haben, den emotionalen Zustand von Mitmenschen sehr leicht zu erkennen und auch Barrieren und Spannungen zwischen Freunden zu erspüren. Jesus wäre nach unserem Typenmodell tendenziell den Aktivisten einzuordnen. Das Entscheidende bei dieser Zuordnung ist, dass er ein gewisses Lebensziel verfolgt hat und dabei in hohem Maß involviert war sowie die Bereitschaft mitbrachte, mit anderen nicht nur mitzufühlen, sondern auch mitzuleiden, d. h. sich in hohem Maß zu involvieren und dabei teilweise eine gewisse Distanz aufzugeben.

Werner von Siemens ist schließlich ein Beispiel für einen Manager mit empathischen Qualitäten. Er gilt als Unternehmer, der sich schon früh Gedanken um das Schicksal seiner Mitarbeiter gemacht hat und die Auswirkungen seiner Handlungen auf diese, im Sinne einer Perspektivübernahme, sehr gut im Blick hatte. Siemens gründete beispielsweise mit einer Pensions-, Witwen- und Waisenkasse die betriebliche Altersvorsorge lange vor der gesetzlichen Alters- und Hinterbliebenenversorgung. Auch führte er Prämien und Tantiemenregelungen ein. Dass er dabei sowohl die Perspektive der Mitarbeiter im Blick hatte als auch unternehmerisches Kalkül, wird in einem Brief an seinen Bruder Carl deutlich: „Es wäre auch nicht klug von uns, sie leer ausgehen zu lassen im Augenblicke großer neuer Unternehmungen." Diese Aussage Siemens' macht deutlich, dass er sicherlich über eine gewisse Distanz zu den anderen verfügen musste. Dass er seine empathischen Fähigkeiten mit einem Ziel verknüpft hat, zeigt sich nicht zuletzt in seinen Errungenschaften zu Lebzeiten sowie in der hohen Anerkennung, die er bei seinen Mitarbeitern genossen hat. Daher wäre Siemens nach unserem Typenmodell am ehesten bei dem Therapeuten zu finden, wobei wir zugeben müssen, dass es in erster Linie befremdlich erscheint, Siemens als Therapeut zu bezeichnen.

Zuletzt sei **Samy Molcho**, ein österreichischer Pantomime, Regisseur und Professor an der Wiener Universität, als empathischer Repräsentant genannt. Samy Molcho hat sich sehr intensiv mit der Körpersprache als Kommunikationsmittel auseinandergesetzt und dazu zahlreiche Bücher verfasst, die in viele Sprachen übersetzt wurden. Konkret hat Molcho sich mit der Wirkung von Gestik und Mimik auf die zwischenmenschliche Kommunikation befasst. Samy Molcho ist unserer Meinung nach ein gutes Beispiel für einen Analytiker gemäß unserem Typenmodell, da wir annehmen, dass bei ihm zuerst das grundsätzliche Interesse an den Auswirkungen von Körpersprache im Fokus stand, woraufhin er sich einer langjährigen Analyse dieses Phänomens gewidmet hat. Am Anfang waren somit das Interesse und das Verstehenwollen ohne unmittelbare Zielverfolgung. Dass Molcho die Ergebnisse seiner Analysen und Untersuchungen später erfolgreich vermarkten konnte, dürfte ihn erfreut haben, sollte aber nicht als primäres Ziel zu Beginn der Erforschungen gestanden haben.

15.6 Diagnose der Empathie

Für die Diagnose von Empathie sind sicherlich unterschiedliche diagnostische Zugänge sinnvoll. Dies hängt nicht nur mit den verschiedenen Facetten der Kompetenz zusammen, sondern auch damit, dass die Facetten mehr oder weniger leicht in unterschiedlichen diagnostischen Situationen zu erfassen sind.

Beispielsweise ist das Einfühlen in die Gefühlswelt eines anderen nicht direkt beobachtbar, sondern zumeist durch Fragen an den Einfühlenden, wie es dem Gegenüber wohl emotional geht, erfahrbar.

Zunächst möchten wir einen Ausschnitt typischer Fragen vorstellen, die Sie im Rahmen von Einstellungsinterviews dazu nutzen können, um mehr über die Empathie Ihres Bewerbers zu erfahren.

- Wie intensiv fühlen Sie mit, wenn es anderen gut oder schlecht geht? Woran merkt man das bei Ihnen?

- Wie gut gelingt es Ihnen, sich von den Gefühlen anderer, beispielsweise wenn es diesen schlecht geht, abzugrenzen? Welches Beispiel gibt es hierfür? Was würden andere diesbezüglich über Sie sagen?

- In welchen Situationen wurden bislang Ihr Fingerspitzengefühl und Ihr Einfühlungsvermögen für andere besonders gefordert?

- In welchen Situationen gelingt es Ihnen leicht, die Stimmungen anderer sensibel einzuschätzen, in welchen Situationen weniger?

- Wie leicht gelingt es Ihnen, Ihre eigenen Emotionen zeitnah zu erkennen und treffsicher zu differenzieren? Welche Beispiele gibt es hierfür?

- Gibt es Beispiele, an denen man besonders gut erkennen kann, wie Sie sich besonders einfühlsam auf bestimmte Gesprächspartner einstellen?

- Wie kann man andere motivieren, sich für die Zusammenarbeit zu engagieren? Wie unterscheiden sich Menschen in dieser Hinsicht?

- Treten Sie bei Ihren Kunden überwiegend sehr ähnlich auf oder gibt es Kunden oder Situationen, in denen Sie sehr spezifisch reagieren müssen?

- Was ist Ihren Kollegen, Mitarbeitern beziehungsweise Kunden wichtig? Woher wissen Sie das?

- Woran erkennen Sie, wie es Ihren Kollegen geht? Wie gut gelingt Ihnen eine treffgenaue Diagnose?

- Was würden andere über Sie sagen? Woher wissen Sie das?

- Bitte beschreiben Sie eine Konfliktsituation im Berufsalltag, an der Sie selbst nicht direkt beteiligt waren. Was waren die Motive der Beteiligten? Wodurch ist ihr Verhalten zu erklären? Wie war das für Sie, diese Situation zu beobachten, und wie haben Sie reagiert?

Da man Einfühlungsvermögen nicht in vollem Umfang abfragen kann beziehungsweise den Fragen auch gewisse Grenzen gesetzt sind, eignet sich die Durchführung eines Rollenspiels, entweder als Kurzrollenspiel im Rahmen eines Vorstellungsgesprächs oder aber als Baustein eines Assessment-Centers. Bei der Durchführung eines Rollenspiels kann man zum einen beobachten, inwiefern der Kandidat Interesse am Gegenüber signalisiert und in der Lage ist, auf die Signale seines Gegenübers adäquat zu reagieren.

Wichtig wäre es zum anderen, nach dem Rollenspiel eine Art Nachreflexion durchzuführen, um auf diese Weise weitere Anhaltspunkte über die Empathie-Ausprägung des Kandidaten zu erhalten. Typische Fragen, die im Rahmen der Nachreflexion gestellt werden können, sind folgende:

- Wie hat das Gegenüber sich Ihrer Einschätzung nach gefühlt?

- Wie schätzen Sie den Gesprächspartner ein? Was ist ihm wichtig? Warum hat er sich auf diese Weise verhalten? Weshalb hat er an der und der Stelle so und so reagiert?

- Welche Gefühle hat der Gesprächspartner bei Ihnen ausgelöst? Wie hätten Sie im Alltag auf ihn reagiert?

Wenn Sie beispielsweise im Rahmen eines Assessment-Centers die Empathie-Kompetenz der Teilnehmer beobachten und einschätzen möchten, bieten sich – je nach konkreter Anforderung an die Kandidaten – einige der im Folgenden aufgeführten Verhaltensanker an. Diese beschreiben konkrete Verhaltensweise und erlauben auf diese Weise in der Regel eine differenziertere Bewertung der Empathie-Kompetenz bei den Kandidaten:

- Kann sich in die Situationen seines Gesprächspartners hineinversetzen;

- hat eine gute Beobachtungsgabe und ein gutes Verständnis für schwache Signale beziehungsweise verdeckte Botschaften des Gesprächspartners;

- besitzt ein sensibles Gespür für die Stimmungen anderer;

- schätzt den Gesprächspartner und dessen Motive und Einstellungen realistisch ein;

- macht deutlich, dass er sich für die Belange anderer interessiert;

- berücksichtigt Stimmungen und Befindlichkeiten anderer bei seinen Vorgehensweisen;

- setzt sich aufmerksam und konzentriert mit der Sichtweise des Gesprächspartners auseinander;

- hört seinem Gesprächspartner aufmerksam zu und unterbricht nicht; stellt offene Fragen;

- ist in der Lage, die Aussagen seines Gegenübers zu reformulieren und aktiv zuzuhören;

- spricht die Gefühlslage seines Gegenübers offen und wertschätzend an;

- reflektiert die eigene Wirkung auf andere und kann diese beschreiben;

- stellt sich in seiner Argumentation und in seinem Sprachstil auf den Gesprächspartner ein;

- benutzt diplomatische und geschickt gewählte Formulierungen, die nicht konflikteskalierend wirken;

- identifiziert zielsicher die richtigen Ansatzpunkte, um andere zu überzeugen und Kompromisse zu finden;

- gewinnt den Gesprächspartner auch persönlich und auf der Beziehungsebene;

- schafft eine vertrauensvolle und positive Gesprächsatmosphäre;

- wirkt in seiner Vorgehensweise authentisch am anderen interessiert.

15.7 Personalentwicklung: Empathie fördern

Ausgehend von einer tendenziell geringen Empathie-Ausprägung, möchten wir in diesem Kapitel einige Personalentwicklungsmaßnahmen vorstellen, die zur Steigerung der Empathie-Fähigkeit beitragen können.

Wie wir oben bereits dargestellt haben, sind einige Facetten von Empathie in Teilen erblich begünstigt (z. B. Sensitivität für den anderen). Doch selbst wenn die Natur uns mit einer unterschiedlichen „Erstausrüstung" ausgestattet hat, wäre dies kein Grund dafür, nicht an der eigenen Empathie-Kompetenz zu arbeiten. Bevor Sie also an dieser Stelle das Lesen aufgeben, weil Sie davon ausgehen, dass man Empathie entweder hat oder eben nicht, möchten wir Sie ermuntern, insbesondere diese Seiten des Kapitels zu lesen.

Sicherlich begünstigt eine bestimmte Veranlagung die Empathie-Kompetenz und es ist möglich, dass wir es ohne ein gewisses Naturtalent nicht zur absoluten Meisterschaft bringen werden. Das Gute dabei ist allerdings, dass dies für den Alltagsgebrauch gar nicht zwingend erforderlich ist. Empathie hat neben einer intuitiven auch eine „handwerkliche" Seite, die zu einem guten Teil erlernbar ist.

Wichtig ist bei der Weiterentwicklung der eigenen Empathie allerdings – genau wie bei anderen Kompetenzen auch –, dass man empathisch sein will (**Willensstärke**). Erst wenn man „möchte", wird man es schaffen, auch tatsächlich an der Entwicklung der eigenen Empathie-Kompetenz zu arbeiten. Nur wer sich des Themas mit einer echten Willensstärke annimmt und darauf aufbauend die notwendige Disziplin aufbringen kann, wird auch tatsächlich (langfristige) Erfolge verzeichnen können. Vielleicht ist hierzu sogar ein gewisser Leidensdruck hilfreich. Bei Empathie könnte es beispielsweise der ausbleibende Führungserfolg sein, weil man feststellt, dass es einem nicht gelingt, die Mitarbeiter zu motivieren, weil man den „richtigen individuellen Knopf" der Mitarbeiter nicht findet oder nicht versteht.

Bei der Darstellung möglicher Personalentwicklungsmaßnahmen zur Steigerung der persönlichen Empathie-Fähigkeit möchten wir uns an unsere Kompetenz-Gliederung (Paschen & Dihsmaier 2012) anlehnen, die wir in Abschnitt 15.1.3 beschrieben haben. Demnach setzt sich jede Kompetenz aus drei Aspekten zusammen:

- **Orientierung**: Es geht um das **Wollen**; im alltäglichen Sprachgebrauch ist Orientierung am ehesten mit der Motivation beziehungsweise der motivationalen Ausrichtung eines Menschen gleichzusetzen.

- **Fähigkeit**: Es geht um das tatsächliche **Können**; gemeint sind die „Instrumente" einer Kompetenz, die man gezielt einsetzen kann.

- **Erfahrung**: Es geht um das **Wissen**, das man sich im Laufe der Jahre angeeignet hat. Dieses kann wiederum einen positiven Einfluss auf das Können haben.

Orientierung bzw. Wollen

- In erster Linie benötigt man **Interesse am Gegenüber**, weil dieses, wie wir oben beschrieben haben, die Grundvoraussetzung für die Entwicklung von Empathie ist. Wer von Natur aus kein besonders großes Interesse an anderen hat, kann es entwickeln. Hierzu ist es hilfreich, sich zu überlegen, wozu das Interesse an anderen hilfreich sein kann, beispielsweise um auf diese Weise eine bessere Menschenkenntnis zu bekommen, um andere besser überzeugen zu können, um seine Kunden besser gewinnen zu können, um seine Mitarbeiter besser motivieren zu können und so die eigene Bereitschaft, sich für den anderen zu interessieren, zu erhöhen.

- Eine gewisse Willensstärke benötigt man auch bei der Stärkung der Sensitivität für andere. Diese Willensstärke bezieht sich insbesondere darauf, kurzzeitig meine Distanz zum anderen aufgeben zu wollen, mich auch meinen Gefühlen öffnen zu wollen und mich schließlich in den anderen einzufühlen.

- Sehr ähnlich sieht es auch mit der **persönlichen Betroffenheit** aus. Man muss die Bereitschaft entwickeln, eine gewisse persönliche Betroffenheit zuzulassen.

- Grundsätzlich kann man an der eigenen Willensstärke und Orientierung beispielsweise im Rahmen eines Coachings oder einer Supervision arbeiten. Dabei kann man mithilfe fremder Unterstützung am Bewusstwerden der eigenen Einstellungen arbeiten: Wie schaue ich auf Themen? Welche Werte und Haltungen bringe ich mit? Welche davon sind wie entstanden und möglicherweise hilfreicher oder weniger hilfreich in Bezug auf Empathie? Woher kommt es möglicherweise, dass ich zurzeit noch wenig Interesse für andere aufbringen möchte?

Fähigkeit bzw. Können

- Es kann für einige Personen sehr wichtig sein, die eigene **Abgrenzungsfähigkeit** für den Umgang mit den eigenen Gefühlen zu stärken. Diese ist insbesondere für Personen von große Relevanz, die sich nur schwer von den Emotionen anderer distanzieren können. Auch hier kann im Rahmen eines Coachings an der eigenen Fähigkeit zur Distanzierung und Emotionsregulation gearbeitet werden. Geeignet sind dafür alle Ansätze, die mir helfen, die eigenen inneren Vorgänge bewusster mitzuerleben, zu reflektieren, bei welchen Situationen die Gefahr einer emotionalen Ansteckung höher ist und beispielsweise Techniken zu erlernen, hilfreiche Gedanken (z. B. „Es hilft dem anderen nicht, wenn ich selbst zu sehr mitleide") bewusst in emotionale Situationen einzuführen. Hierfür sind neben Coaching-Ansätzen ebenfalls Achtsamkeitsübungen hilfreich, die erlauben, sich auf die eigenen inneren Vorgänge zu fokussieren.

- In Abschnitt 15.1 haben wir beschrieben, dass der **Zugang zu den eigenen Emotionen** eine wichtige Voraussetzung für eine gut ausgeprägte Empathie darstellt, um die Emotionen anderer in sich nachfühlen zu können. Um sich mit den eigenen Emotionen zu beschäftigen, eignen sich beispielsweise Meditation und Achtsamkeitsübungen, weil diese die eigene Aufmerksamkeit auf unser inneres Erleben, den eigenen Körper sowie das Fühlen etc. lenken und dadurch den gewünschten Zugang zu unseren Emotionen erleichtern. Möglich ist auch die Arbeit mit dem „inneren Team" und verschiedenen Emotionsanteilen im Rahmen eines Coachings, da eine solche Arbeit sehr häufig mit einem hohen Maß an Emotionen einhergeht.

- Was man ebenfalls gut erlernen kann, ist die **Perspektivübernahme** sowie **empathisches Handeln**. In erster Linie lassen sich in diesem Zusammenhang unterschiedliche Kommunikationsinstrumente erlernen, die es mir zum einen erlauben, mein Gegenüber besser zu verstehen, und zum anderen ermöglichen, in sozialen Kontexten empathischer zu handeln. Was man beispielsweise trainieren kann, sind unterschiedliche Fragetechniken sowie das aktive Zuhören, was dazu genutzt werden kann, wichtige Informationen über das Gegenüber zu erlangen und diese für die Perspektivübernahme zu nutzen. Aber auch das Ansprechen von Emotionen kann in bestimmten Gesprächsführungstrainings erlernt werden. Ebenfalls eignen sich professionell durchgeführte „Sensitivity-

Trainings", um sich der eigenen Emotionen bewusster zu werden, aber auch um emotionale Zustände in anderen leichter benennen zu lernen.

- Heutzutage existiert des Weiteren die Möglichkeit, Trainings zur Gesichtserkennung durchzuführen. Hier setzen sich die Teilnehmer (z. B. vor einem PC) mit unterschiedlichen Gesichtsausdrücken und gezeigten Emotionen auseinander und lernen, diese anhand bestimmter Gesichtszüge oder -muster richtig zu lesen.

- Relevant im Rahmen der Perspektivübernahme bzw. beim besseren Verstehen des Gegenübers ist auch die Beachtung der Körpersprache (über die Mimik hinausgehend), die beispielsweise durch eine erhöhte Aufmerksamkeit für diesen Aspekt, aber auch durch gezielte Trainings verbessert werden kann. Denn schließlich verrät die Körpersprache sehr viel über das Innenleben oder die Haltung unserer Gesprächspartner. Durch eine erhöhte Aufmerksamkeit für die Körpersprache des Gegenübers können wir im Sinne eines empathischen Handelns auch lernen, die Mimik und Gestik des anderen bewusst zu „spiegeln". Diese Techniken werden beispielsweise in NLP-Kursen vermittelt.

Erfahrung bzw. Wissen

- Wer mit vielen unterschiedlichen Menschen zusammengearbeitet und diese kennengelernt hat, dem wird es vermutlich leichter fallen, auch neue Menschen besser einzuschätzen beziehungsweise sich leichter in diese hineinzuversetzen. Aber auch hier steht das Interesse an erster Stelle: Zusammenarbeit mit vielen anderen Menschen ohne Interesse hilft nicht weiter. Ein breiter Erfahrungsschatz im Umgang mit Menschen erhöht die Fähigkeit zur Perspektivübernahme, aber auch die Fähigkeit zum empathischen Handeln.

- Was ebenfalls hilfreich sein kann, ist die aktive Auseinandersetzung mit der Charakterpsychologie und damit einhergehend mit unterschiedlichen Typenmodellen, die zwar in vielen Fällen sehr plakativ sind, aber dennoch hilfreich sein können, um andere besser einzuschätzen. Dieses – als Landkarte genutzte – Wissen erleichtert das Verständnis für die Welt des anderen. Zu möglichen Typenmodellen gehört beispielsweise der Myers-Briggs-Typenindikator (MBTI), der auch in der Wirtschaft bereits recht häufig Anwendung findet.

15.8 Fazit

Unser Ziel war es, Ihnen ein breites Verständnis von Empathie zu vermitteln und diese Kompetenz in ihre unterschiedlichen Facetten zu unterteilen, um auf diese Weise eine multiperspektivische Betrachtung des Phänomens zu ermöglichen. Wir sind der Überzeugung, dass Empathie eine wichtige Rolle zukommt, sowohl für Führungs- als auch für Fachkräfte. Schließlich stellt Empathie eine wesentliche Basis für das Verstehen unserer Interaktionspartner dar und kann daher gezielt eingesetzt werden, die richtigen Ansatzpunkte zu identifizieren, um unsere Mitarbeiter besser motivieren, unsere Kunden gezielter überzeugen zu können und darauf aufbauend unser persönliches Erfolgspotenzial zu steigern. Doch Empathie ist nicht nur dazu da, um uns selbst zu dienen: Viele Forscher und Wissenschaftler sind der Überzeugung, dass Empathie eine wesentliche Voraussetzung für soziales und altruistisches Handeln darstellt, was für die Entwicklung unserer Gesellschaft von großer Bedeutung ist. Insgesamt ist – sowohl für die persönliche Gesundheit als auch für die eigene Handlungsfähigkeit – wichtig, ein „gesundes Maß" an Empathie für sich zu finden, was sich darin widerspiegelt, dass man sich in anderen Menschen hineinversetzen kann, ohne dabei zu stark in Mitleidenschaft gezogen zu werden, da die Abgrenzung zu den Gefühlen des anderen schwer fällt.

Wir haben uns im Rahmen dieses Kapitels auch damit befasst, wie man bei Assessment-Centern, herkömmlichen Einstellungsinterviews oder einfach nur im Gespräch mit seinen Kollegen oder Mitarbeitern erkennen kann, wie empathisch unser Gegenüber ist. Das von uns entwickelte Typenmodell kann darüber hinaus dabei behilflich sein, unterschiedliche Empathie-Stile zu identifizieren, um darauf aufbauend die Chancen und Risiken der jeweiligen Empathie-Typen zu erkennen. Zuletzt haben wir Ihnen Möglichkeiten vorgestellt, wie Empathie im Rahmen von Trainings, Coaching oder anderen Personalentwicklungsmaßnahmen verbessert werden kann.

15.9 Literatur

Bauer, J. (2006): Warum ich fühle, was du fühlst. Hamburg: Heyne.

Breithaupt, F. (2009): Kulturen der Empathie. Frankfurt/M.: Suhrkamp.

Davis, M. H. (1996): Empathy. A Social Psychological Approach. Boulder, CO: Westview Press.

Goleman, D. (2006): Soziale Intelligenz. München: Knaus.

Kornfield, J. (2008): Das weise Herz. München: Arkana.

Neuhaus, H. (2010): Emotionale Intelligenz im Führungsalltag. Zürich: Praxium.

Paschen, M., Dihsmaier, E. (2012): Wie entstehen Stärken? Kompetenz und Potenzial. In: managerSeminare 174 (2012), S. 74–79.

Spreng, N. et al. (2009): The Toronto Empathy Questionnaire: Scale development and initial validation of a factor-analytic solution to multiple empathy measures. In: Journal of Personality Assessment, 91 (2009), S. 62–71.

Staemmler, F.-M. (2009): Das Geheimnis des Anderen – Empathie in der Psychotherapie. Wie Therapeuten und Klienten einander verstehen. Stuttgart: Klett-Cotta.

16 INITIATIVE ALS KOMPETENZ

Patrick Wiederhake & Christian Stöwe

In diesem Beitrag erfahren Sie,

- *was Initiative als Kompetenz bedeutet,*
- *wodurch sich initiativ handelnde Personen auszeichnen,*
- *wo Initiative wichtig ist – und wo gerade nicht,*
- *wie sich Initiative beobachten und beurteilen lässt,*
- *welche Formen der Initiative existieren.*

16.1 Initiative als Kompetenz

„Ein Körper verharrt im Zustand der Ruhe oder der gleichförmigen Translation, sofern er nicht durch einwirkende Kräfte zur Änderung seines Zustands gezwungen wird."
(Erstes newtonsches Gesetz)

„Und jedem Anfang wohnt ein Zauber inne."
(„Stufen" von Hermann Hesse)

Die Lehre von der Initiative ist die Lehre vom Beginn. Abgeleitet aus dem lateinischen „Initium" (Anfang, Beginn) beschreibt der Begriff das nicht Erklärbare. Wie kommt es aus dem Nichts zu einer Bewegung? Wie kommt es dazu, dass jemand einfach loszieht, um etwas zu unternehmen? Wie entsteht eine Handlung? Isaac Newton verdanken wir die Lehre von Ursache und Wirkung in der Mechanik, sie hat unsere Wahrnehmung beschrieben und gleichzeitig geprägt. Wir sind es gewohnt, in Regelkreisläufen, geschlossenen Systemen und Wechselwirkungen zu denken. Die Konsequenz: Alles scheint verursacht und wer die Bewegung verstehen will, muss den Bewegungsauslöser kennen – nichts geschieht einfach nur so. Dem Anschein nach verhält es sich mit dem Apfel, der im Korsett der Kräfte nicht anders kann als vom Baum zu fallen, genauso wie mit Frau Meier, von der wir ohne Weiteres sagen, sie initiiere aus dem Nichts eine Veränderung im Unternehmen. Ist ihr Handeln wirklich initiativ? Könnte sie überhaupt anders, oder ist ihr Tun vorherbestimmt wie das Fallen des Apfels? Beide Fragen sind für unser Thema von Relevanz, jedoch aus unterschiedlichen Gründen. Die Antwort auf die erste Frage weist auf das Wesen der Initiative hin, die zweite auf die Freiheit des Willens. Zur ersten Frage lässt sich sagen: Ob initiativ gehandelt wurde, entscheidet nicht die Handelnde selbst, sondern der Beobachter des Unternehmens. Der durch die Initiative markierte Beginn ist immer ein Beginn aus Sicht des Unternehmens – die Initiative ist die Kraft, die den „Körper" Unternehmen in die Veränderung zwingt. Auf dieser Ebene spielt es keine Rolle, ob Frau Meier anders könnte. Entscheidend ist, ob es von anderen als initiativ bewertet wird.

Die Antwort auf die zweite Frage führt uns zum Wesen des freien Willens. Unsere Psyche formt sich durch eine fortwährende, dynamische Synthese aus Veranlagung und Erfahrung. Sie bildet den Rahmen für unser Handeln, von ihr sind wir nie frei. Und doch ist unser psychisches System zu komplex, als dass sich jede Handlung zurückverfolgen oder vorhersagen ließe. Das Ursache-Wirkungs-Prinzip kommt an seine Grenzen. Wenn wir von freiwilligem Handeln sprechen, meinen wir folglich ein Handeln, das nicht unbedingt ist, aber dennoch unbestimmt. Die Spur auf der Suche nach dem letztendlichen Anstoß einer Aktion verliert sich in der Komplexität unserer Psyche. Diese ist Puffer und Speicher zugleich, in ihr spannt sich die Handlungsenergie, hier trifft der Tatendrang auf die Idee, um sich in einem Anfang zu entladen.

Ob Frau Meier also anders gekonnt hätte – wir werden es nie wissen. Ihr subjektives Gefühl, nicht anders zu können, wird ihre Initiative nachdrücklicher und entschiedener erscheinen lassen. Kann sie uns Gründe nennen, warum sie nach einen Prozess des Abwägens die Initiative gestartet hat, sprechen wir ihr innere Unabhängigkeit und eine freie Entscheidung zu. Die Möglichkeit des freien Handelns als Erklärungskonzept werden wir hingegen immer benötigen – nur so können wir im Unternehmen und darüber hinaus einen Menschen als Individuum mit Verantwortung adressieren, nur so haben wir die Chance, im Verhalten Charakter zu erkennen. Wir sind darauf angewiesen, aktives Handeln wie Nicht-Handeln aus Umfeld und Geschichte einer Person erklären zu können, ohne die Person dadurch aus der Verantwortung zu nehmen.

Freiheit ist für unsere Gesellschaft ein normatives Konzept, Ausgangsbedingung für unser Zusammenleben. Unfreiheit, im Recht als Schuldunfähigkeit beschrieben, muss bewiesen werden. Den Zauber des Beginns lassen wir uns so schnell nicht nehmen.

16.1.1 Was sehen wir, wenn wir initiatives Verhalten sehen?

Kulturen, Staaten, Unternehmen, Organismen, auch unsere Psyche – sie werden stabilisiert durch Strukturen. Hiermit sind nicht starre Gebilde gemeint, sondern Programme, die dynamischen Systemen eine beständige Form geben. Eine Kultur beispielsweise kann verstanden werden als die Summe aller aktivitätsleitenden Strukturen in einer Gruppe oder Gesellschaft. Staaten erhalten Stabilität durch die Struktur der Gesetze, Unternehmen durch Entscheidungen, Organismen durch den genetischen Code, unsere Psyche durch Gedankenmuster. All diese Strukturen bestehen gegen die Zeit mit dem Mittel der Replikation. Hiermit wird in der Genetik die verlässliche Abschrift unserer DNA bei der Zellteilung verstanden – sie ist essenziell für Überleben und Vorpflanzung. Stoppt die Replikation, erlischt der Organismus. Entsprechend hat eine Kultur dadurch Bestand, dass sie im Verhalten kontinuierlich repliziert wird. Sie hat Bestand, weil wir mitmachen und solange wir mitmachen. So entsteht im Staat die öffentliche Ordnung und im Unternehmen die erfolgskritische Bündelung vorhandener Ressourcen. Auch unsere Persönlichkeit wird für andere (und für uns selbst) erst dadurch erkennbar, dass wir uns überzufällig und wiederholt in bestimmter Weise verhalten. Diese Konstanz macht uns für andere berechenbar, sie macht uns überhaupt erst beziehungsfähig. Die Stabilität äußerer Strukturen erhält unsere Welt, stabile innere Strukturen lassen uns in der Welt überleben und geben uns Identität.

Initiatives Verhalten wird nun beschrieben werden als Destabilisierung vorhandener Strukturen. Es wird beschrieben werden als ein Handeln, das vorhandene Strukturen infrage stellt, erweitert und verändert oder in einem Raum ohne tragfähige Strukturen neue erschafft. Dort, wo die Replikation für Beständigkeit steht, ist Initiative die Mutation. Sie ist aus der Binnenperspektive der bestehenden Struktur immer der Störfall – und doch steht sie rückblickend betrachtet am Beginn einer jeden neuen Entwicklungsstufe.

Initiative ist im Ursprung ein politischer Begriff. Er geht in seinem heutigen Gebrauch zurück auf das Französische „initiative" und beschrieb hier das Vorschlagsrecht für neue Gesetze. In der Politik wird verhandelt, nach welchen (rechtlichen) Strukturen unsere Gesellschaft funktionieren soll, Initiativen erneuern bestehendes Recht oder stellen es (z. B. als Bürgerinitiative) infrage.

Die Destabilisierung vorhandener Strukturen lässt sich in ihrer Form unterscheiden nach Grad und Reichweite. Mit der **Reichweite** beginnend können wir unterscheiden zwischen Initiativen, die unsere inneren Strukturen, also unsere Gedankenwelt verändern, unseren Körper, unser Verhalten, unser soziales Umfeld, ein Unternehmen oder die Gesellschaft. Nicht selten breitet sich eine wirklich große Initiative in dieser Reihenfolge aus. Doch müssen die Veränderungen nicht zwingend gesamtgesellschaftliche Bedeutung haben – sie zeigen sich auch, wenn wir im privaten Konflikt die Hand zur Versöhnung reichen. Sie müssen ebenfalls nicht allgemein als herausragende Leistung anerkannt werden. So hat zum Beispiel Beuys mit seinen Fettflecken nicht so sehr sein handwerkliches Geschick unter Beweis gestellt, als dass er den Gegenstand der Kunst selbst verändert hat. Hieran angelehnt sei auf eine typische Auseinandersetzung im Umgang mit Initiativen dieser Art verwiesen: Der Kritiker sagt: „das hätte ich auch gekonnt" – der Initiator erwidert: „Du hast es aber nicht getan".

Der **Grad** der Initiative zeigt sich auf einem Kontinuum zwischen Stabilisierung und echter Initiative. Dabei lassen sich folgende Abstufungen entdecken:

1. Vorhandene Strukturen replizieren: reagieren und ausführen
Auf dieser Stufe findet sich das Gegenteil der Initiative: Ich erkenne die handlungsleitende Struktur und füge mich ein. Ich bleibe im System bestehender Normen und stelle dies nicht in Frage. Ändert sich das System, ändere ich mein

Verhalten. Zu beobachten ist Aktivität auf dieser Stufe nicht nur in Bürokratien, wo es als gewissenhaft, loyal oder verbunden bezeichnet wird – auch im Folgen von Moden, im Übernehmen von Trinkritualen einer Clique, auch im Nacheifern des abenteuerlustigen Vaters zeigt sich diese Form der Replikation. Der Unterschied liegt nur darin, inwiefern neben der Anpassungs- auch die Veränderungs- oder Risikobereitschaft gefragt sind, um die vorhandenen Strukturen zu replizieren. Auf dieser Stufe gilt: Ich stabilisiere und stärke das Bestehende. In der Führung bedeutet dies: Ich stütze und verwalte.

2. Unstrukturierten Freiraum aktiv füllen: agieren und ordnen

Hier findet Initiative dahingehend statt, dass ein noch nicht bestelltes Feld gefüllt, ein strukturloser Raum geordnet wird, sie zeigt sich als Aktivität. Ich akzeptiere den gegebenen Freiraum und fange an, diesen zu nutzen. Dabei wird die übergeordnete Form, die mir den Freiraum bietet, nicht infrage gestellt – sie wird als Begrenzung akzeptiert. Für die Stufen 1 und 2 gilt: Ich bemerke meist gar nicht, dass ich die Struktur, die meine Freiheit bestimmt, repliziere – ich sehe nicht und ich frage nicht danach, was sonst möglich wäre. Im Alltag findet auf dieser Stufe die Ausformung von Routinen statt oder die Schaffung von Sicherheit im Privaten. Es ist die Etablierung eines persönlichen oder familiären Korsetts an Gewohnheit, das repliziert werden kann und uns dadurch Erholung und Sicherheit ermöglicht. Jede Gesellschaft bietet ihren Mitgliedern diesen Freiraum – mal ist er größer, mal kleiner. In der Führung bedeutet die zweite Stufe: Ich gestalte Strukturen im Sinne der übergeordneten Führung und vermittle dem Team dabei verlässlich die Sicherheit des Ganzen.

3. Eigene Strukturen schützen: erhalten und verteidigen

Manchmal werden andere initiativ und die bestehende Struktur gerät in Gefahr. Auch die Zeit nagt erodierend an der Form vorhandener Strukturen. Es soll eine Hochspannungsleitung in die Nähe des eigenen Grundstücks gebaut werden, das Budget soll entzogen werden, jemand sägt am eigenen Stuhl – oder der Körper macht langsam schlapp. Aus der Bedrohung bestehender Strukturen wird Handlungsenergie gezogen. Ich initiiere Möglichkeiten, um konkurrierende Strukturen fernzuhalten oder zu schwächen. Ich entwickle Ideen, um die Vergangenheit zu konservieren. In der Führung: Ich wappne und schütze.

4. Strukturen verändern und erschaffen: initiieren

Dies ist die eigentliche Form der Initiative, zu erkennen am Widerstand, der sich dem Handelnden entgegenstellt. Wenn es einfach ist, ist es vorgezeichnet – und im Vorgezeichneten zeigt sich keine Initiative. Auf dieser Stufe gilt: Ich destabilisiere bestehende Strukturen, ich hinterfrage, ich erneuere, ich führe. Ich verändere die Perspektive und kreiere neue Wege – für mich und auch für andere. Im Privaten stelle ich die Abläufe im bestehenden Leben infrage. Im Unterschied zu Stufe zwei lasse ich mich dabei nicht durch die bestehenden Strukturen leiten. Vielmehr schaffe ich mir den Raum, den ich benötige, um zu gestalten. Das kann bedeuten: Ich ziehe um, ich suche mir neue Freunde, ich trenne mich, ich wechsle mein Hobby, ich organisiere Protest oder gründe eine Partei. In der Führung bedeutet dies: Ich verändere die Strukturen, die auch ich selbst bislang repliziert habe, ich gestalte und präge sie.

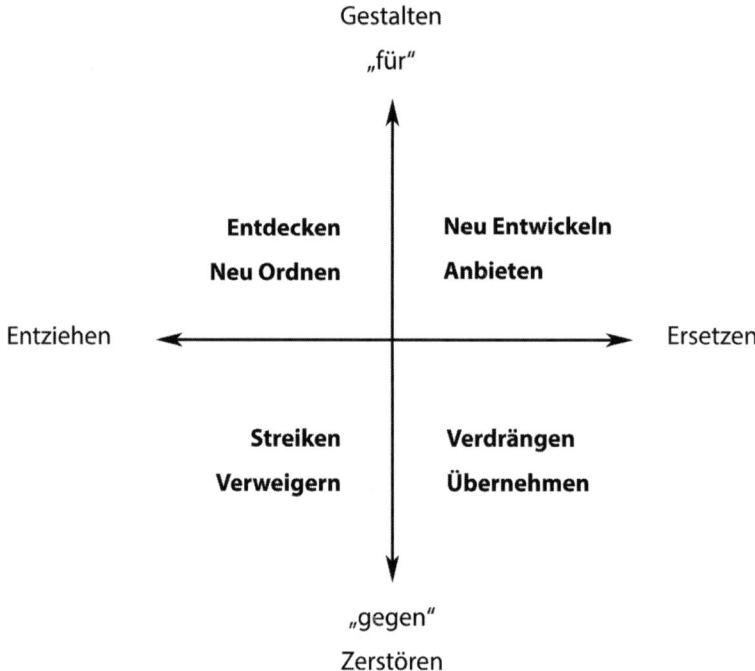

Abb. 16.1: Formen der Initiative

Die **Form** der Destabilisierung verweist auf eine Unterscheidung, die wir in den unterschiedlichen Typen von Initiatoren (Kapitel 16.4) aufgreifen werden. Wir haben gesagt, dass Strukturen von der Replikation leben. Initiative kann dann bedeuten, dass vorhandene Strukturen durch neue ersetzt werden, Destabilisierung wird aber auch dadurch erreicht, dass wir uns der Wiederholung entziehen. Wir machen nicht mehr mit oder tun etwas anderes. Aus anderer Perspektive lässt sich Initiative dadurch unterscheiden, ob sie auf die Schaffung neuer Strukturen ausgelegt ist oder auf die Zerstörung bestehender. Die Abbildung 16.1 veranschaulicht diese Aufteilung.

Die dargestellte Logik zeigt wesentliche Grundformen von Initiative. Am wenigstens zu erwarten in dieser Aufstellung sind vielleicht **Streik und Verweigerung**. Doch gerade diese Formen zeigen, dass Initiative nicht zwingend mit aktiver Gestaltung einhergehen muss – und dass umgekehrt Aktivität nicht mit Initiative gleichbedeutend ist. Viel lässt sich lernen über Initiative aus den philosophisch-soziologischen Theorien zur Passivität (Überblick z. B. bei Busch & Draxler 2013). Gerade im Entzug der Aktivität liegt das Potenzial zur Destabilisierung und Erneuerung. So ist ein „Held" der Passivitätsforschung der Anwaltsgehilfe Bartleby, der in einer Erzählung von Melville als Schreibkraft seinen Dienst verrichtet, bis er beginnt, neuen Anweisungen mit dem immer gleichen Ausspruch „ich möchte lieber nicht" zu entgegnen. Er entzieht sich der Logik des Systems und bringt dieses in der Erzählung dadurch letztlich zum Einsturz. Ebenso sind der Streik und die anarchistische Bewegung als Mittel des Entzugs eine Initiative unter der Überschrift „Ich mache hier nicht mehr mit". Diese Form der Initiative richtet sich direkt gegen die bestehende Struktur. Manchmal mit dem Ziel, hierdurch den Raum frei zu machen, für neue und bessere Strukturen, manchmal als Selbstzweck und Zerstörungslust. In jedem Fall wird durch diese Form der Initiative deutlich, dass derjenige, der die bestehenden Spielregeln annimmt und sich konform verhält, nicht als Initiator gesehen werden kann – auch wenn er von außen als motiviert und engagiert Handelnder erlebt wird.

Ebenso gegen bestehende Strukturen, allerdings mit dem Ziel, diese zu ersetzen, richten sich Initiativen der **Expansion und Verdrängung**. Ein Unternehmen übernimmt ein anderes, ein Landesteil wird durch einen anderen Staat annektiert, ein Vorhaben wird durch Klage gestoppt, gegen den anfänglichen Widerstand der Mitarbeiter wird ein neues Schichtsystem eingeführt, eine Projektleitung wird jemandem genommen – dies sind Initiativen aggressiver Form, die sich gegen bestehende Strukturen richten und sie zerstören oder ersetzen. Aggressiv meint nicht zwingend brutal oder ungerecht, aber es meint expansiv, einnehmend und erbarmungslos gegenüber dem Bestehenden.

Im ersten Moment freundlicher erscheinen die gestaltenden Initiativen. In Form der **Entdeckung und Neuordnung** entziehen sich die handelnden Personen ebenfalls der bestehenden Struktur. Sie machen sich aber gleichsam auf, um neue Möglichkeiten des Seins zu erkunden – die dann vielleicht auch für andere attraktiv werden. Gemeint sind hier nicht nur Entdecker im klassischen Sinne, auch Forscher, die neues Terrain betreten und ihr Fach definieren, gehören dazu. Wir sehen Menschen, die eine Struktur (z. B. in Form eines Karrierepfads) hinter sich lassen und sich in einer neuen Lebensweise neu entdecken – oftmals mit inspirierender Wirkung auf andere. Wir sehen jemanden, der im vorhandenen Umfeld neue Möglichkeiten der Kooperation ausmacht oder ungenutzte Ressourcen aktiviert. Es werden keine neuen Strukturen geschaffen, sondern vorhandene für die Nutzung entdeckt und mit bestehenden kombiniert. Die Herausforderung des Entdeckers besteht dabei darin, sich in seinem Denken und Handeln nicht vom bestehenden Rahmen beschränken zu lassen.

Auch der **Entwickler** richtet seine Initiative nicht in erster Linie gegen eine bestehende Struktur, er schafft etwas Neues und bietet dies an. Dem Entwickler stellt sich als Widerstand nicht die bestehende Struktur entgegen, sondern der Mangel an Vorlagen. Der echte Entwickler baut nicht nach, sondern überträgt und kombiniert Vorhandenes mit und zu völlig Neuem. Er benötigt dabei die Kraft, aus sich heraus ein Ergebnis zu definieren, dem er dann nacheifert. Im Ergebnis sind diese Formen der Initiative ebenfalls destabilisierend aus der Perspektive bestehender Strukturen. Sie ziehen Energie ab und sorgen z. B. dafür, dass Kunden nicht mehr im Geschäft, sondern im Internet ihr Buch bestellen. Zudem hier wird die Replikation gestört und das System gerät ins Wanken.

All diesen Formen der Initiative gemein ist, dass sie nur Bestand haben, wenn sie ihrerseits repliziert werden. Der Streikende braucht Ausdauer, genauso wie der Erfinder. Die Eroberer und der Entdecker weichen ab vom vorhergesehenen Programm und müssen sich gegen dessen Gravitationsfeld wehren. Jede Struktur strebt nach Bestand, die Initiative bedroht sie in ihrer Form und damit in ihrer Existenz. Aus diesem Grund riskieren Initiatoren nicht selten ihr Ansehen und manchmal sogar ihr Leben. Bis eine neue Struktur an die Stelle einer etablierten getreten ist, wird vom Initiator viel Energie benötigt. Dies führt uns zu der Frage, wie es überhaupt dazu kommt, dass sich einer auf den Weg macht und die Initiative ergreift – wie kommt es aus dem scheinbaren Nichts zum Beginn?

16.1.2 Die Psychologie hinter der Initiative

Unsere Gesellschaft, unsere Kultur, unser Unternehmen funktionieren wie beschrieben deswegen, weil wir mitmachen und uns an die Spielregeln halten. Aber warum tun wir das? Die Bedeutung sich wiederholender, stabilisierender Aktivitäten für den Menschen zeigt ein Blick in unser Gehirn. Mit dem prozeduralen Gedächtnis hat sich eigens eine Hirnstruktur entwickelt, die auf die Speicherung von Informationen zu sich wiederholenden Tätigkeiten (Autofahren, Tippen auf der Tastatur etc.) ausgerichtet ist. Wiederholung ist effizient, sie entlastet unsere Aufmerksamkeit. Sie schafft Ordnung und gibt uns so Sicherheit in einer dynamischen Welt. Menschen lieben das. Gleichzeitig müssen wir tätig sein. In uns allen steckt das, was Kant den „Stachel der Aktivität" genannt hat. Nur über die Aktivität kommen wir zur Entspannung. Wir haben Motive, die uns nach Möglichkeiten der Befriedigung suchen lassen. Wir haben uns eine Welt geschaffen, in der beide Ziele – Sicherheit und motivierende Aktivität – vereinbar sind. Wie für jedes Kundenbedürfnis über kurz oder lang ein Angebot geschaffen wird, hält unsere Kultur eine ganze Reihe von Befriedigungsangeboten für unsere Motive parat. Die Struktur unserer Gesellschaft wird deswegen so verlässlich repliziert, weil sie uns Sättigung verschafft. Wir erhalten die Möglichkeit zu Kontakt, Aufstieg, Abwechslung, Absicherung – und in Summe das Gefühl, uns verwirklichen zu können. Wir replizieren, wir agieren, aber meist bedeutet dies eigentlich: Wir reagieren. Wir lagern Verantwortung für unser Tun aus in die Struktur: „Das macht man so bei uns", „So leben wir hier". Über die Jahrhunderte ist unsere Kultur immer besser darin geworden, Widerstandskraft gegenüber Veränderungswünschen von innen zu entwickeln. Sie schafft dies mit dem Mittel der Akzeptanz. Wenn viele Lebensentwürfe möglich sind und viele Menschen satt werden, bildet sich kein ernst zu nehmender Widerstand. Francis Fukuyama stellte 1992 mit seinem berühmt gewordenen Band „The End of History and the Last Man" mit Blick auf die Stärke, Dominanz und Zugkraft des Systems der sozialen Marktwirtschaft gar die These auf, dass sich die Weltgesellschaft als Ganzes in dieser Struktur stabilisieren würde und folglich auf ein Ende ihrer Entwicklungsgeschichte zuliefe. Er wurde widerlegt.

Jedes initiative Verhalten ist motiviert, aber nicht jedes motivierte Verhalten ist initiativ. Wie wird aus replizieren initiieren? Wenn wir replizieren, bewegen wir uns in der bestehenden Struktur, genauer gesagt lassen wir uns bewegen. In vielen Fällen übernehmen Menschen die Motive anderer, sie glauben, sie müssten etwas wollen, was andere wollen – sie handeln motiviert und füllen eine vorgegebene Form. Im Ergebnis stellt sich zwar eine diffuse Unzufriedenheit ein, doch aus dem Mangel an wahrgenommenen Alternativen entsteht das Gefühl, es müsse eben so sein. Wenn wir replizieren, wird unser Verhalten gesteuert durch Ursachen. Der freie, der initiative Mensch aber hat Gründe. Ursachen entspringen der Vergangenheit, Gründe verweisen auf Zukünftiges. Initiativ handelt der, der aktiv Verantwortung übernimmt für sein Tun oder Nicht-Tun – und zwar vor dem Hintergrund der eigenen Ziele, Wünsche und Werte. Vorhandene Strukturen werden dabei gesehen, haben aber nicht die Macht einer Grenze. Initiativ handelt der, der über ein unabhängiges, eigenes Bild der Zukunft verfügt, auf das er sein Handeln richten kann. Voraussetzung dafür sind ein unverstellter Zugang zu den eigenen Motiven sowie die Fähigkeit, aus diesen ein Richtungsziel abzuleiten. Erst wenn es uns gelingt, einen Sinn für unser Handeln zu definieren, entsteht ein „Wozu" unseres Tuns. Durch diesen Vorgang werden aus Ursachen Gründe. Unser Verhalten ist nicht mehr nur durch die gegebenen Strukturen bestimmt. Es wird geprägt von dem, was sein soll. Der Weg dahin führt paradoxerweise über die Fähigkeit, sich den eigenen Wünschen auszusetzen. Erst wenn wir nicht jeden Anflug von Langeweile oder Unsicherheit durch verlockende, aber strukturkonforme Aktivität ersticken, können wir feststellen, was wir stattdessen wollen können. Odysseus hat sich aus diesem Grund an den Mast seines Bootes fesseln lassen – er wollte der Verlockung nicht verfallen. Nietzsche drückt den Zustand der quälenden Ruhe so aus:

> „Für den Denker und für alle erfindsamen Geister ist Langeweile jene unangenehme „Windstille" der Seele, welche der glücklichen Fahrt und den lustigen Winden vorangeht; er muss sie ertragen, muss ihre Wirkung bei sich abwarten: — das gerade ist es, was die geringeren Naturen durchaus nicht von sich erlangen können!"

Wir müssen in der Phase der Windstille etwas finden, das uns wichtig ist, ein Ziel in uns, auf das wir unsere Aufmerksamkeit richten können. Die Wahl des Ziels ist nicht immer frei – die Passion beispielsweise nimmt von uns Besitz und das Pathos verweist auf ein Erleiden, nicht auf ein Tun. Wir müssen dazu in der Lage sein, uns für unsere Bedürfnisse zu öffnen, in uns hineinzuhören und uns ergreifen zu lassen. Wenn wir uns nur nach außen orientieren, werden wir nie initiativ sein können.

Haben wir dieses Zielbild, diesen Wunsch nun in uns gefunden, ist unsere Vision vor unserem inneren Auge sichtbar, kommt es zum Abgleich mit der bestehenden Welt – und damit zum zweiten Schritt initiativen Handelns. Dies ist der Moment, in dem Unzufriedenheit entsteht. Wir können es immer schwerer aushalten, eine Struktur zu stabilisieren, die nicht unserer Vorstellung entspricht. Aus der wahrgenommenen Unvollkommenheit der Welt entsteht eine innere Spannung, eine Dissonanz. Hieraus entsteht Handlungsenergie, die notwendig ist, um uns auf den Weg zu machen. Initiativ handeln wird nun der, der seine Gedanken in Taten zu überführen weiß. Innere Spannung plus Kontrolle. Kraft plus Fokussierung. Nur wenn alles zusammenkommt, können Projekte gelingen. Voraussetzung hierfür sind ein Vertrauen in die eigenen Fähigkeiten sowie ein Größengefühl, das uns Berechtigung erteilt, die Welt nach unseren Vorstellungen zu verändern. Initiative ist die Expansionskraft des Ich.

16.1.3 Prozess des initiativen Handelns

Zusammengefasst läuft der Prozess des initiativen Handelns also wie folgt ab:

1. Es findet eine (aktive oder passive) Auseinandersetzung mit innerem Drängen Bedürfnissen und Wünschen statt;

2. es kommt zu innerer Spannung und Expansionskraft;

3. Handlungsmöglichkeiten werden identifiziert, um Wünsche zu Tatsachen zu machen; eine Situation wird als Auslöser definiert;

4. es kommt zur Selbstbeauftragung – Willen wird gebildet und die Handlung wird geplant;

5. Handlung;

6. Umgehen mit Reaktionen auf die Handlung, Verteidigung der Handlung;

7. Verstetigung der Initiative, Ausbildung einer Struktur;

8. Abgleich der neuen oder veränderten Struktur mit dem inneren Zielbild – neuer Spannungsaufbau oder Verteidigung der Struktur gegenüber anderen Initiatoren.

16.1.4 Initiative als Kompetenz im Unternehmen

Vor dem Hintergrund des bisher Gesagten sollte eines sehr deutlich geworden sein: Initiative wird im Unternehmen immer nur in begrenztem Maß gefragt sein und mithin als Kompetenz wahrgenommen werden können. Wie wir beschrieben haben, besteht ein Unternehmen aus Strukturen von Entscheidungen, Prozessen, Abläufen und Strategien, die dadurch erfolgreich und überlebensfähig sind, dass sie nicht ständig hinterfragt und destabilisiert werden, sondern dass sie von den Mitarbeitern und von den Führungskräften im Unternehmen auf verlässliche Art repliziert werden. Umgekehrt bedeutet im Unternehmen zu arbeiten immer, sich äußeren Strukturen anzuschließen. Damit wird Initiative und in diesem Sinne auch Freiheit aufgegeben. Aus der Medizintechnik stammt der Begriff der angenommenen Abhängigkeit. Er beschreibt die Bereitschaft, sich an eine Apparatur anzuschließen, um das eigene Überleben zu sichern, auch wenn dadurch individuelle Freiheit aufgegeben werden muss. Im Unternehmen ist dies der Normalfall. Initiative als Kompetenz im Unternehmen bedeutet ein Handeln außerhalb vorgegebener Prozesse und Abläufe. Initiative ist somit immer auch eine Gefahr für das Unternehmen. Wenn in vielen Unternehmensleitbildern und in gängigen Kompetenzmodellen Initiative als Anforderung ausgelobt wird, sehen wir in der Praxis häufig, dass es letztlich doch die Wiederholung ausgegebener Parolen und Vorgaben ist, die vom Unternehmen belohnt wird. Gleichzeitig kann es nur durch Initiative Entwicklung geben. Zukunftsfähigkeit entsteht durch die Menschen, in denen das Gefühl wächst, dass es auch anders möglich wäre – und die bereit sind, es mit den bestehenden Strukturen aufzunehmen. Das ist das Spannungsfeld, in dem Initiative im unternehmerischen Kontext gesehen werden muss.

Wenn wir nach Initiative als Kompetenz im Unternehmen schauen, werden wir nach Menschen schauen müssen, die sich selbst zu beauftragen verstehen – und dabei dennoch im Sinne des unternehmerischen Ziels handeln.. Dem Unternehmer muss man sagen, wenn die Organisation Initiative will, kann sie dies entweder dadurch erreichen, dass sie weniger Prozesse definiert oder dass sie Prozessbrüche tatsächlich belohnt, auch wenn diese vielleicht nicht gleich zum Erfolg führen. Letztlich ist Initiative im Unternehmen aber eine umgekehrt u-förmige Kompetenz. Ein Zuviel sorgt für Ärger und muss eingegrenzt werden, ein Zuwenig wird mit dem Ende des Aufstiegs bestraft. Um Initiative vor dem Hintergrund zu definieren, beginnen wir mit folgender zusammenfassender Betrachtung:

> Initiative im Unternehmen sehen wir, wenn es jemandem gelingt, bewusst und wiederholt
> - Im Einklang mit dem Zweck des unternehmerischen Erfolgs
> - Situationen zu identifizieren oder zu definieren, die Handlungs- und Gestaltungsspielraum enthalten,
> - vorhandendende Unsicherheit innerlich zu bewältigen,
> - aktiv zu werden,
> - auch bei Widerstand an seinem Verhalten festzuhalten und
> - die eigene Initiative in eine (veränderte) Struktur zu überführen.

Um den Hintergrund dieser Definition zu verdeutlichen, werden die einzelnen Aspekte genauer erklärt:

Zweck des unternehmerischen Erfolgs

Der **Zweck des unternehmerischen Erfolgs** ist die Grundbedingung dafür, dass initiatives Handeln als kompetent wahrgenommen wird. Wenn wir Kompetenz beschreiben als erfolgreiches Handeln in einer Kultur, dann muss es bezogen auf ein Unternehmen den Erfolg dieses Unternehmens zum Ziel haben. Hier sind wir beim Spannungsfeld des initiativen Handelns. Das Unternehmen sagt: Wir wollen den Unternehmer im Unternehmen, wir wollen den Akteur, wir wollen Initiative. Bei der Einschätzung einer initiativen Handlung muss der Beobachter im Unternehmen dann aber auch mutig genug sein, seinerseits die Möglichkeit eines Gewinn bringenden Strukturbruchs in Betracht zu ziehen. Für den zu eingeengten Beobachter wird das initiative Handeln immer als Störung der Ordnung wahrgenommen werden. Die Beurteilung initiativer Versuche im Unternehmen stellt folglich ein geradezu charakteristisches Kennzeichen der Progressivität oder Regressivität des Unternehmens selbst dar. In der Beurteilung der Initiative zeigt sich die Kultur der Organisation.

Situationen identifizieren, die Handlungs- und Gestaltungsspielraum enthalten

Um geeignete Handlungs- und Gestaltungsspielräume zu identifizieren, ist als Kompetenzfacette die sogenannte Situationssensibilität vonnöten (z. B. Nye 2011). Nur durch eine sensible Wahrnehmung der bestehenden Strukturen samt ihrer Defizite im Sinne des übergeordneten Ziels wird die Führungskraft oder der Mitarbeiter im Unternehmen in der Lage sein, diejenigen Handlungsfelder für sich auszumachen, die nicht nur im Sinne der eigenen Bedürfnisse und des eigenen Sinns, sondern gleichsam dem übergeordneten unternehmerischen Ziel dienen. Initiative beschreibt das Maß an Verhalten, das über die bestehenden Verhältnisse hinausgeht. Kompetent ist das Verhalten umso mehr, als es in Kenntnis des bestehenden Systems ausgeführt wird.

Bestehende Unsicherheit innerlich bewältigen

Initiative bedeutet Risiko. Ähnlich wie beim Treffen von Entscheidungen (s. Kapitel 12; Wiederhake & Stöwe 2014) birgt auch die Initiative Unsicherheit. Scheitert die Initiative oder wird sie von der Struktur und von den handelnden Personen zurückgewiesen, ist also die bestehende Struktur am Ende stärker, bringt die Initiative für den Initiator die Gefahr der Isolation mit sich. Viele Versuche, eine Struktur zu ändern, endeten letztlich damit, dass derjenige, der es versuchte, aus dem Unternehmen ausscheiden musste oder zumindest sein Aufstieg erheblich gebremst wurde. Kompetente Initiatoren können damit umgehen. Sie wissen sich selbst zu bestärken.

Aktiv werden
Ist die bestehende Unsicherheit bewältigt, muss ich mich auf den Weg machen. Hier geht es darum, die Stille zu durchbrechen, mich zu äußern und letztlich tatsächlich an der Schaffung neuer Strukturen zu arbeiten. Um kompetent aktiv zu werden, kommt zum Willen das Handwerkzeug. Ich muss die richtigen Instrumente nutzen, um diejenigen zu beeinflussen, welche die momentan noch bestehende Struktur replizieren. Ich muss die richtige Taktik wählen und den richtigen Hebel finden, um eine neue Struktur implementieren zu können.

Auch bei Widerstand an seinem Verhalten festhalten
Der unvermeidliche Widerstand ist auszuhalten, sonst ist hier die Initiative, insbesondere jede große Initiative, zum Scheitern verurteilt. Allgemein formuliert kann man sagen: Je größer die Initiative, desto größer die Destabilisierung bestehender Strukturen, desto größer der Widerstand, mit dem gerechnet werden muss. Nur wer in der Lage ist, bei Widerstand an einem Verhalten festzuhalten, ermöglicht der Initiative eine Chance. Die hierzu notwendige Sicherheit muss aus dem Initiator selbst kommen. Im Umgang mit Widerständen zeigt sich zudem die Aggressivität. Sie ist notwendig, um sich im Verwirklichungskampf unterschiedlicher Strukturentwürfe durchzusetzen. Aggressivität wird in diesem Feld, besonders wenn die Initiativen nach außen gerichtet sind, d. h. auf die Eroberung neuer Marksegmente oder die Verdrängung eines Wettbewerbers, zur Kernkompetenz des Managers (vgl. Paschen & Dihsmaier 2013).

Bezogen auf die hier dargestellten Merkmale der Initiative als Kompetenz ist Folgendes festzuhalten: Sie kann im Unternehmen nie losgelöst von anderen Kompetenzen beurteilt werden. So ist der Erfolg der Initiative immer abhängig von der Güte der Struktur, die an die Stelle der bestehenden treten soll, oder aber von der Durchsetzungsstärke und Überzeugungskraft, mit der die neue Struktur installiert wird.

Gemäß der Definition einer Kompetenz nach Paschen (2012) werden drei Dinge benötigt, um erfolgsförderndes Verhalten in verlässlicher Weise und in unterschiedlichen Situationen bewusst wiederholen zu können:

a) eine entsprechende Orientierung und Motivation,

b) Fähigkeiten und Handwerkszeug,

c) Wissen und Erfahrung.

Für die Initiative als Kompetenz sind die folgenden Aspekte relevant:

Zu a): Die Initiative befeuernde Orientierung und Motivation
Im Bereich der Orientierung und Motivation braucht es ein starkes Motiv, einen starken inneren Drang, der nicht durch eine Fokussierung auf äußere Anreize verstellt sein darf. Nur wenn ich meine Motive in einem klaren Richtungsziel bündele, kann ich mit Orientierung in die Welt gehen. Zusätzlich – und dies ist in dem Bereich der Orientierung und Motivation anzusiedeln – braucht es die sogenannte Selbstwirksamkeit, den Glauben an die eigene Fähigkeit. Erst wenn meine Motivation hierdurch gespeist ist, mache ich mich auf den Weg. Erst durch eine so energetisierte Motivation bekommt die Initiative ihre Kraft.

Zu b): Fähigkeiten und Handwerkszeug initiativen Handelns
Im Bereich der Fähigkeit und des Handwerkzeugs werden folgende Merkmale Relevanz erlangen:

- Bereits benannt wurde die Situationssensibilität als grundlegende Fähigkeit, vielversprechende Handlungsmöglichkeiten in einer gegebenen Struktur auszumachen und seine Energie effektiv auszurichten. Die damit einhergehende Fähigkeit zur Fokussierung und Konzentration ist ebenfalls in diesem Bereich anzusiedeln.

- Die Umsetzungskompetenz im Bereich der Initiative speist sich aus vielen Co-Kompetenzen, die weiter unten beschrieben werden. Meine Initiative wird erfolgreicher sein, wenn ich über ein möglichst breites Set an zuarbeitenden Kompetenzen verfüge und mein Verhalten entsprechend der Situation situativ anpassen kann und in den Dienst der Initiative zu stellen weiß.

- Eine weitere Fähigkeit stellt die Impulskontrolle dar. Wir haben zwar oben gesagt, dass die Aussetzung gegenüber den eigenen Motiven und Bedürfnissen gerade eine Grundvoraussetzung für die Ausbildung initiativer Spannung bedeutet, gleichzeitig muss ich aber in der Lage sein, einen Handlungsimpuls gegebenenfalls auch gezielt zu unterdrücken. Impulsivität beschreibt nur allzu oft zwar einen Weg von den bestehenden Strukturen, aber gleichzeitig eine Ausrichtung, die dennoch von der bestehenden Struktur definiert ist. Der impulsiv Handelnde will häufig genau in die Gegenrichtung des Bestehenden. Somit ist diese Initiative nicht frei im Sinne eines unabhängig und an Gründen orientierten Ziels, sondern sie ist ebenfalls die Replikation vorhandener Strukturen – nur in ihrem Gegenteil.

- Eine weitere Fähigkeit, die initiatives Handeln erfolgreich sein lässt, ist das Vorstellungsvermögen, das Sehen von Möglichkeiten und die visionäre Kraft. Wenn ich in der Lage bin, eine Vision für mich und vor allen Dingen für andere in klaren Worten zu zeichnen, wenn ich in der Lage bin, ein Ziel so zu definieren, dass es anschaulichen Charakter bekommt, kann es sinnstiftend wirken und sich auf andere als verlockende Zielrichtung übertragen.

Zu c): Initiative auf der Basis von Wissen und Erfahrung
Auf der Basis von Wissen und Erfahrung sind im Wesentlichen zwei Bereiche von Bedeutung: Zum einen hilft beim initiativen Handeln die Erfahrung mit vergangenen Initiativen. Wenn ich weiß, mit welchen Widerständen ich wo zu rechnen habe, wenn ich um die Widerstandskraft bestehender Strukturen weiß und um die Kraft der Gewohnheit der darin Handelnden, kann ich mein initiatives Handeln selbst besser kontrollieren und ausrichten. Ich werde sinnvollere und zielführendere Taktiken entwickeln können und weniger Energie in initiative Projekte stecken, die letztlich zum Scheitern verurteilt sind. Zum anderen hilft der Initiative die Selbsterfahrung. Wenn ich Erfahrungen mit der erfolgreichen und erfolglosen Realisierung von Zielen gemacht und reflektiert habe, werde ich ein besseres Gefühl dafür bekommen, welche Ziele für mich letztlich wirklich relevant sind und welche eine gute Realisierungswahrscheinlichkeit auf der Basis eigener Fähigkeiten haben.

16.1.5 Co-Kompetenzen der Initiative
Mit den folgenden Kompetenzen ist die Initiative eng verbunden. Sie alle begünstigen Initiative als Kompetenz.

- **Entscheidungsfähigkeit**
  Initiative braucht Entscheidung. Initiative ist ein Teil der Entscheidungskompetenz (s. Kapitel 12). Wie bei der Entscheidungskompetenz beschrieben, wird die Entscheidung erst durch die Umsetzung zu einer wahrnehmbaren kompetenten Verhaltensweise. In diesem Punkt überlappen sich Entscheidungskompetenz und Initiative. Auch der initiative Mensch muss entschieden sein. Er ist es durch die Fokussierung auf

einen übergeordneten Sinn. Er hat sich festgelegt. Ohne die Fähigkeit dieser Festlegung wird es keine erfolgreiche Initiative geben können.

- **Kreativität**
  Mit Kreativität werde ich besser Alternativen definieren können, Möglichkeiten sehen und neue Strukturen schaffen. In der Kreativität steckt die visionäre Kraft, ein wirklich neues Ziel zu finden. Sie hilft dabei, das zu realisieren, was am Ende wirklich passend sein wird. Hier entsteht die Idee von dem, was sein soll. Wenn ich mich in der Umsetzung nicht allein auf das Mittel der Aggression, auf die Verdrängung oder Eroberung verlassen will, wenn ich neue Strukturen erschaffen will, brauche ich Kreativität. Auch für die Eroberung vorhandener Strukturen, für die Verdrängung eines Wettbewerbers, auch für den Streik, kann Kreativität hilfreich sein.

- **Unternehmerische Kompetenz**
  Die unternehmerische Kompetenz im eigentlichen Sinne ist eine Grundvoraussetzung dazu, dass Initiative nicht nur egoistisch und auf das momentane Befinden ausgerichtet ist, sondern sich in den Dienst eines unternehmerischen Ziels stellen lässt. Unternehmerische Kompetenz hilft dabei, Initiative im Unternehmen sinnvoll zu verankern und letztlich zu einer unternehmerisch akzeptierten und wünschenswerten Kompetenz werden zu lassen.

- **Empathie**
  Empathie hilft mir dabei, mögliche Widerstände und das Beharrungsvermögen anderer besser einzuschätzen. Mit Empathie werde ich in der Lage sein, meine Initiative nicht nur durch Aggression in das System zu bringen, sondern andere auch in die von mir angestrebten neuen Strukturen zu locken. Empathie kann aber für alle zerstörenden Formen hinderlich sein. Sie ist mithin eine relevante Co-Kompetenz, allerdings nicht immer in förderlicher Weise.

- **Selbstreflexion**
  Erst über den Einblick in die Welt der eigenen Bedürfnisse und Interessen kann echte Initiative entstehen. Gehen wir unreflektiert durch die Welt, laufen wir stets Gefahr, mit jeder unbedachten Handlung Strukturen zu stabilisieren, die unseren Zielen nicht gerecht werden. Die Selbst-

reflexion hilft uns, äußere Strukturen zu befragen im Hinblick auf ihre Eignung, inneren Strukturen Raum und Geltung zu geben.

16.2 Die Geschichte des initiativen Handelns

Wenn man die in diesem Band beschriebenen Kompetenzen betrachtet, wird man feststellen, dass einige davon nur im unternehmerischen oder politischen Kontext sinnvoll erscheinen. Andere Kompetenzen sind grundlegend relevant für die menschliche Existenz. Die Initiative gehört sicherlich in letztere Gruppe. Der entscheidende Punkt in der Entwicklung der Initiative war der Übergang von der Aktivität zum initiativen Handeln. Es geht nicht mehr nur darum, aus Hunger ein Tier zu töten, sondern auch darum, Tiere zu halten, um so noch mehr Ausbeute zu gewinnen. Wenn man Initiative im geschichtlichen Kontext begreifen will, muss man allerdings ebenso sehen, dass das Gegenteil der Initiative, nämlich die Replikation von Verhalten, eine wesentliche Voraussetzung bei der Kulturbildung war und mithin ein markierendes Merkmal der menschlichen Geschichte darstellt. Allein mit Initiative, allein mit Destabilisierung, wäre keine Kultur entstanden.

Zu Beginn der menschlichen Existenz bestand Initiative sicher vor allem aus der Expansion, aus dem Zu-eigen-Machen und dem Entdecken. Später kam immer stärker das Erobern als initiative Anforderung hinzu. Gerade in den früheren Kulturen war Aggressivität dabei ein noch viel bestimmenderes Merkmal initiativen Handelns und wurde viel offener gelebt. Im Verlauf der Geschichte hat sich nicht die Initiative als solche verändert oder ist erst entstanden, vielmehr haben sich die Ausdrucksformen initiativen Handelns gewandelt.

Initiative so wie wir sie hier verstehen ist untrennbar mit dem Gedanken der Aufklärung verbunden. Wenn man Aufklärung als reflektiertes Befragen des Einzelnen nach der eigene Existenz versteht, gibt es sie schon lange. Die Erlaubnis des Einzelnen, eigene Wünsche zu realisieren und sich selbst nach Motiven zu befragen, ist allerdings ein relativ neuer Gedanke, der erst mit der Periode der Aufklärung einhergeht. Hier ist die Idee entstanden, dass der Mensch sich Projekte suchen soll. Hier ist die Idee entstanden, dass es zu einer Verwirklichung eigener Ziele kommen darf, ja kommen soll. Die Aufklärung wurde nicht nur deskriptiv, sondern auch normativ als anzustrebendes Gut definiert. Menschen sollten von nun an initiativ sein und sich aus der frei gewählten Unabhängigkeit befreien.

Richtet man den Blick von der Zeit der Aufklärung als historischer Periode hin auf die Moderne, zeigen sich Unterschiede in Bezug auf die Aspekte, die Initiative potenziell verhindern können. Vor der Zeit der Aufklärung – und sicherlich bis zu Beginn des 20. Jahrhunderts – war Initiative häufig dadurch verhindert worden, dass die umgebenden Strukturen derart fest waren und kulturelle Regeln so stabil, dass Initiative häufig zum Scheitern verurteilt war. Starre familiäre Strukturen, feste Regeln in Bezug auf Berufswahl, gesellschaftlichen Status, persönliche Perspektive etc. haben – zusammen mit harten und konsequenten Sanktionen – Initiative häufig schon im Keim erstickt. Nur die Mutigen oder die Verzweifelten haben sich auf den Weg gemacht und waren häufig dennoch zum Scheitern verurteilt. Diejenigen, die tatsächlich mit ihren Initiativen Erfolg hatten, sind häufig in die Geschichte eingegangen. Martin Luther sei hier als Beispiel genannt, der sinnbildlich dafür stehen mag, wie wenig man die Wahl hat, dem eigenen Ziel und der eigenen Passion zu folgen, wenn sie erst einmal gefunden ist. „Nun steh ich hier und kann nicht anders", lautet entsprechend sein berühmtester Ausspruch.

Heute wird Initiative in der Regel nicht dadurch verhindert, dass die gegebenen Strukturen sich als starr und fest präsentieren. Im Gegenteil: Unternehmen, auch unsere Kultur, werben geradezu damit, dass alles möglich ist. Selbstverwirklichung wird als allgemeines Ziel erhoben. Initiative scheint leichter geworden zu sein. Verwirklichung eigener Interessen und die Realisierung eines übergeordneten Sinns scheint einfacher denn je. Die derzeitige Krise initiativen Handelns hat eine andere Ursache. Sie besteht nicht in mangelnden Möglichkeiten, sondern im Gegenteil in zu vielen Angeboten für mögliche Handlungen, in zu vielen Angeboten von Sinn und vor allem von Aktivität. Die moderne Krise der Initiative kommt zustande, weil Menschen kaum noch die Gelegenheit haben, sich mit den eigenen Interessen auseinanderzusetzen und ihren wirklichen Sinn zu finden. Langeweile, die beschriebene Windstille, wird nicht mehr so leicht akzeptiert – Aktivität ist zur Norm geworden. Überall warten Möglichkeiten der Zerstreuung, die das Aufkommen eines inneren Drangs, die damit einhergehende Unzufriedenheit und Unruhe im Keim ersticken. Gleichzeitig wird suggeriert, dass jeder eine besondere Rolle spielen kann und soll. Die notwendige Initiative, der notwendige Willen und das notwendige Beharrungsvermögen werden unterschlagen. Auch im Unternehmen gilt, dass jeder sich einbringen, sich optimieren, sich verantwortlich fühlen soll für das Ganze. Unvermögen wird nicht akzeptiert. Das „unternehmerische Selbst" ist Zielbild und Schreckensbild zugleich (vgl. Bröckling 2007).

Eine Chance für die Initiative ist in der aufkommenden Gegenbewegung zu sehen, die selbst eine Initiative darstellt. Achtsamkeit und Entspannung. Stressprävention und Life-Balance werden vom Unternehmen als Maßnahmen eingesetzt, um die Leistungsfähigkeit der Mitarbeiter zu erhalten und zu erhöhen. Gleichzeitig müssen Unternehmen attraktiv sein für die gefragten Talente und sind aus diesem Grund gezwungen, Zugeständnisse zu machen. Hier zeichnet sich ab, dass wir wieder mehr Luft zum Atmen verlangen. Inwiefern die Menschen den hierdurch geschaffenen Nährboden für Initiative nutzen, um Unternehmen zu optimieren, oder ob sie sich von diesen abwenden, bis es sich anpasst, bleibt ein spannendes Beobachtungsfeld unserer Zeit.

16.3 Wie sich Initiative als Kompetenz entwickelt

Wenn man verstehen will, wie die Geschichte eines initiativen Menschen aussieht, wenn man verstehen will, was in der Entwicklung geschehen muss, sollte man auf folgende Facetten schauen: Notwendig sind ein klares Selbstkonzept, ein Zugang zu eigenen Emotionen, Selbstwirksamkeit, Optimismus und letztlich die Kraft, sich gegen Widerstände durchzusetzen.

Wenn ein Kind heranwächst, besteht eine entscheidende Frage immer darin, wie Subjektivität entstehen kann. Wir sehen, dass ein Kind beginnt, sich im Spiegel zu erkennen. Wir sehen, dass ein Kind beginnt, den eigenen Körper als zu sich gehörend wahrzunehmen. Subjektivität ist jedoch nie das Ergebnis einer theoretischen Reflexion. Allein durch Überlegung werde ich nicht erfahren, was ich bin. Mir wird immer unklar bleiben, wo innen und wo außen ist. Nur das Gefühl gibt hier Aufschluss, die emotionale Verankerung von Erleben. In der Entwicklung ist entscheidend, wie die Emotionen, die jedes Kind in sich spürt, mit denen es anfangs in keiner Weise umzugehen weiß, vom Umfeld aufgenommen werden. Werden die Emotionen klein gemacht? Werden sie belohnt? Werden sie gelenkt? Wie werden sie interpretiert? All diese Fragen haben einen Einfluss darauf, wie das Kind lernt, mit den eigenen Emotionen umzugehen. Für die Entwicklung ist dies ein zentraler Aspekt.

Hier lässt sich ebenfalls eine geschichtliche Unterscheidung festmachen. Früher wurde sehr viel Wert darauf gelegt, dass Kinder schnell lernen, ihre Emotionen zu unterdrücken. Den Emotionen wurde Widerstand entgegengesetzt oder sie wurden ignoriert. Das Kind erfuhr so, dass seine Emotionen einen störenden Charakter haben. Wurde der Wille so gebrochen, war Konformität das Ergebnis. Waren die Emotionen stark genug und gab es andere Verstärker, konnte das Kind lernen, dass sie eine Kraftquelle sind, um gegen Widerstände zu bestehen.

Heute werden Emotionen von Eltern sehr stark gespiegelt, aufgegriffen, ernst genommen, interpretiert und in Verhalten übersetzt, mit dem Eltern auf Emotionen reagieren. Die Emotion des Kindes bekommt eine fast übersteigerte Bedeutung. Wenn aber jede geäußerte Emotion dazu führt, dass in meinem Umfeld eine Reaktion ausgelöst wird, wird dem Kind die Chance verwehrt, sich mit Widerständen auseinanderzusetzen, dagegen anzugehen und einen Widerstand letztlich zu besiegen. Wenn jeder Wunsch erfüllt wird, lernt das Kind nicht, für seinen Wunsch zu kämpfen und die Bedeutung der eigenen Emotionen auf diese Art zu erleben. Willenskraft und Durchhaltevermögen sind relevante Entwicklungsschritte hin zur Initiative. Die Fähigkeit zum Belohnungsaufschub und die Fähigkeit, längerfristig für ein Ziel zu kämpfen und Verhalten zu replizieren, selbst wenn der gewünschte Effekt auszubleiben scheint, sind notwendig, um große Projekte zu realisieren und große Initiativen erfolgreich abzuschließen. Diese Fähigkeiten müssen trainiert werden wie ein Muskel – gibt es keinen Widerstand, bleibt der Muskel schwach.

Neben dem Zugang zu eigenen Emotionen ist die Selbstwirksamkeit ein entscheidendes Erziehungsziel, wenn Initiative entwickelt werden soll. In der Entwicklung muss das Kind erleben können, dass das eigene Verhalten einen Effekt hat. Es muss mit größer werdenden Herausforderungen konfrontiert werden und hierbei die Chance haben, mit Anstrengung und Einsatz ein gewünschtes Ziel zu erreichen oder dem zumindest nahezukommen.

Eine Grundvoraussetzung für Initiative, die zu einem guten Teil genetisch verankert zu sein scheint, ist im Temperament, in der auch schon biologisch angelegten Spannkraft eines Menschen zu sehen. Diese unterscheidet sich zwischen Menschen bereits im Kleinkindalter. Ob es sich bei mangelnder Initiative allerdings um einen Mangel an Temperament und Expansionskraft handelt oder ob der junge Mensch nie gelernt hat und nicht fähig dazu ist, die innerlich vorhandene Energie auf eine äußeres Ziel zu fokussieren, ist nicht leicht zu klären. Bei vielen Menschen ist ein Hochmaß an innerer Energie vorhanden, das aber nie über die inneren Strukturen hinaus im Hinblick auf äußere Strukturen wirksam werden kann. Die Energie bleibt im System. Dies zeigt sich oft in dysfunktionalem Verhalten oder gar in psychischen Störungen.

16.4 Ausformungen der Initiative und Typologie

Der Eroberer
Der Eroberer kann sicherlich als Prototyp eines Initiators verstanden werden, dessen Energie sich darauf richtet, sich bestehende Felder zu eigen zu machen, Themen anderer zu besetzen, beispielsweise auch Marktanteile zu erobern, Länder zu gewinnen, zu verdrängen und andere zu bekämpfen. Initiative ist hier

vor allen Dingen getrieben durch Aggressivität und Kampfeslust. Der Eroberer empfindet Lust dadurch, dass er Macht über andere erlangen kann und dass er sich selbst beweisen kann, stärker zu sein und allein dadurch Erfolge zu erzielen. Er ist im Bestfall kreativ und strategisch. Sein Erfolg liegt aber in der Rigorosität und in der Rücksichtslosigkeit gegenüber den Interessen derer, die die bestehenden Strukturen in ihrer jetzigen Form besetzen und verwalten. Er nutzt die Schwächen anderer, um sich selbst mit seinem Plan der zukünftigen Verhältnisse zu verwirklichen. Man sieht Eroberer in der Politik und in der Geschichte, aber auch in Unternehmen.

Der Streikführer
Auch der Streikführer ist aggressiv. Er zeigt sich in einer offenen Verweigerungshaltung. Er sperrt sich gegenüber dem System und zieht andere mit. Der Streikführer ist initiativ dadurch, dass er das System zum Stoppen bringt. Er bringt die bestehende Struktur von innen heraus zum Einsturz, indem er die Replikation verweigert und in diesem Sinne destabilisiert. Er ist manchmal getrieben durch ein höheres Ziel und hat dann auch eine klare Vision dessen, was er an die Stelle der bestehenden Struktur setzen kann. Oft ist er aber auch nur getrieben, im Gegensatz zum bestehenden Verhältnis seine Identität zu finden.

Der Entwickler
Der Entwickler richtet seine Initiative nicht in erster Linie gegen das Bestehende, er hat vielmehr einen klaren Plan für ein Konzept, das er als solches in die Welt bringen möchte. Wenn das Konzept in einen Wettbewerb mit bestehenden Strukturen treten muss, zeigt sich, ob der Entwickler nichtsdestotrotz über Aggressivität und Beharrungsvermögen verfügt, um sich im Kampf der Ideen durchzusetzen. In erster Linie geht es ihm darum, Raum zu finden für die Verwirklichung der eigenen Ziele. Er ist häufig kreativ und tritt als Innovator in Erscheinung. Der Entwickler zeichnet sich dadurch aus, dass er seine Ideen und seine Initiative nicht nur in der Differenz zum bestehenden Verhältnis beschreibt, sondern unabhängig davon Vorschläge und Ansätze aus übergeordneten, handlungsleitenden Prinzipien abzuleiten versteht. Entwickler finden sich momentan vor allen Dingen in Bereichen neuer Technologien.

Der Entdecker
Der Entdecker will den Wandel. Der Entdecker will ebenfalls weg von der bestehenden Struktur. Er will sich und die Welt aber aufs Neue finden. Der Entdecker kann jemand sein, der sich aufmacht, um nach alternativen Lebens-

formen für sich und andere zu suchen. Er kann aber auch jemand sein, der im Sinne eines Wissenschaftlers nach bestehenden Strukturen forscht und diese dann anderen anbietet. So tritt der Entdecker auch auf in der Form des Naturwissenschaftlers, der das Weltbild durch seine Entdeckung ins Wanken bringt. Mit der Entdeckung, dass die Erde sich um die Sonne dreht, war nicht in erster Linie eine Vernichtung des geozentrischen Weltbilds angestrebt, sondern die Entdeckung wurde motiviert aus Neugier und Wissensdrang. Der Entdecker sucht zunächst nicht den Widerstand, manchmal meidet er ihn sogar. Gerade dadurch wird er auf neue Felder getrieben, die noch nicht besetzt sind und die somit auch noch für Entdeckungen offenstehen.

16.5 Wie der initiative Mensch die Welt erlebt

Der initiative Mensch erlebt die Welt als unfertig. Er sieht Raum und Möglichkeit, Dinge anders zu gestalten und neu zu definieren. Der initiative Mensch sieht die mögliche Zukunft gefesselt in den Ketten bestehender Strukturen. Er fühlt sich gefesselt, aber auch bereit, die Fesseln zu sprengen. Die beschriebene Selbstwirksamkeit ist neben der Vision einer anderen Zukunft integraler Bestandteil der Initiative. Im Berufsleben sieht der initiative Mensch die Organisation, in der er tätig ist, häufig auch von außen. Er sieht sich selbst in der Differenz zum Unternehmen und kann gerade aus dieser Perspektive heraus erkennen, wo Veränderungen möglich und vielleicht sogar notwendig und zielführend wären. Er erlebt das Unternehmen als unvollkommen und sein Blick richtet sich ständig und stetig auf mögliche Handlungsfelder und alternative Vorgehensweisen. Er erlebt die Replikatoren im System schnell als Bremsen und Verhinderer, völlig unabhängig davon, wo diese in der Hierarchie vorzufinden sind. Der initiative Mensch orientiert sich nicht an Hierarchien, denn auch diese stellen bestehende Strukturen dar. Er orientiert sich an der Möglichkeit des noch größeren Erfolgs. Im Privatleben zeigt sich der initiative Mensch als jemand, der auch das eigene Leben ständig hinterfragt und die Verhältnisse, in denen er lebt, verändert und entwickelt. Er befindet sich in einem Prozess der kontinuierlichen Entwicklung und des kontinuierlichen Wachstums. Er sieht sich immer fern von seinem möglichen Selbst und ist immer auf dem Weg im Sinne Nietzsches „der zu werden, der er eigentlich ist". Konflikte hat der initiative Mensch dadurch, dass er von anderen als Störenfried wahrgenommen wird, die das System stabilisieren wollen. Im Konflikt zeigt er sich verständnislos für dieses Verhalten. Er erlebt gerade die Replikation vorhandener Strukturen als auslösend für Konflikte im Unternehmen. Er sieht keinen Wert in der Tradition, sondern nur darin, sich in die Zukunft zu orientieren, hin zu dem eigenen Ziel. Wenn die Tradition dabei hilft, wird sie gern genommen. Wenn sie stört, wird sie leicht hinter sich gelassen. Der initiative Mensch ist selten Traditionalist. Er lebt nicht in der Vergangenheit, er lebt in der Zukunft und nutzt die Vergangenheit dabei lediglich als Kraftquelle und Energiereservoir.

16.6 Berühmte Repräsentanten

Da die Initiative, wie beschrieben, eine sehr grundlegende menschliche Eigenschaft ist und nahezu alle menschliche Errungenschaften auf große Initiativen zurückzuführen sind, wäre die Liste der berühmten Repräsentanten nahezu endlos. Wir wollen daher eher einige Kategorien aufspannen, einige Personengruppen, in denen große Initiatoren zu finden sind. Vier hiervon haben wir bereits in der Typologie benannt. Zahlreiche berühmte Persönlichkeiten lassen sich in die Gruppe der Entdecker, Streikführer, Erfinder oder Eroberer einordnen. Hier seien nun weitere Gruppen genannt:

Der Alltagsheld
Weniger geschichtsträchtig, dafür im Alltag unverzichtbar, sind die Initiatoren, die ihre Initiative vor allem auf das direkte Umfeld zu richten vermögen. Folgende Situation, die sich unlängst in der Lounge der Deutschen Bahn in Frankfurt ereignet hat, sei hier als Beispiel angeführt: In den ersten Stockwerk des Bahnhofsgebäudes, in dem sich die Lounge befindet, hatte sich eine Taube verirrt. Alle Anwesenden starrten nun auf das unglücklich vor die Scheibe flatternde Federvieh. Plötzlich setzte sich eine Frau in feinem Kostüm in Bewegung, die eigentlich nicht dem Geschehen am nächsten war, griff beherzt zu, schnappte sich die Taube und brachte sie hinaus. Niemand der sonst Anwesenden hatte die gegebene Situation in irgendeiner Weise unterbrochen. Alle hatten nur geschaut. Aber diese Frau übernahm die Initiative. Sie schaffte eine neue Realität, was ihr nebenbei bemerkt den anerkennenden Beifall einiger Anwesender einbrachte, als sie wieder zurückkehrte. Von diesen Alltagshelden finden wir viele. Wir sehen sie immer dort, wo jemand spontan das Heft des Handelns ergreift und eine Situation auflöst, die dazu geneigt ist, durch sogenannte Verantwortungsdiffusion zu erstarren.

Der Unternehmer
Initiatoren waren immer auch die großen Unternehmer. Ein Unternehmen zu gründen und aufzubauen bedeutet ja gerade, Strukturen zu schaffen, die groß

sind und stabil, Strukturen, die dazu geeignet sind, andere Unternehmen in die Schranken zu weisen und sich am Markt zu behaupten. Große Unternehmer sind immer große Initiatoren. Aus diesem Grunde sind große Unternehmer auch selten im Unternehmen zu finden: Unternehmen, die sie nicht führen, sind ihnen schnell zu eng.

Politiker
Auch Politiker, wenn sie prägend sind für eine Epoche, zählen zu den großen Initiatoren. Politik ist eine Folge von Initiativen. Allzu häufig allerdings sind Politiker geprägt von dem Gedanken, bestehende Verhältnisse zu schützen, weil sie wissen, dass Menschen, die sie am Ende einer Legislaturperiode wählen sollen, es nicht mögen, wenn sich allzu viel verändert. Unter Politikern finden sich also auch mindestens ebenso viele Verhinderer von Initiative und Innovation. Umgekehrt sind die Politiker, die die Geschichte geprägt haben, egal ob im Guten oder im Schlechten, in die Gruppe der größten und stärksten Initiatoren aufzunehmen, die die Menschheit gesehen hat.

Revolutionäre
Wenn einer oder mehrere sich aufmachen, das bestehende System eines Landes zum Einsturz zu bringen, muss wohl immer von Initiative gesprochen werden. Revolution ist die Reinform der Destabilisierung. So haben auch zahlreiche Revolutionäre in der Vergangenheit dafür mit dem Leben zahlen müssen. Das Beispiel des Che Guevara zeigt dabei, dass es gar nicht die zu Lebzeiten erbrachte Leistung sein muss, in der sich die Initiative zeigt. Bei Che hat die Destabilisierung erst nach seinem Tod den vollen Umfang erreicht. Wird der Revolutionär zum Märtyrer, potenziert sich die destabilisierende Wirkung seiner Initiative mittels Replikation durch die Nachahmer.

16.7 Die Diagnose der Initiative

16.7.1 Die Diagnose: Theorie

Was wir sehen, wenn wir Initiative sehen, ist nachdrückliches, fokussiertes, expansives Verhalten ohne erkennbaren äußeren Anstoß, ausgerichtet auf einen höheren Sinn.

Letztlich bestimmt immer der Beobachter darüber, ob es Initiative ist, was er sieht. Der Beobachter kann dabei auch der Handelnde selbst sein. Manchmal fühlt sich Verhalten für den Einzelnen nach Initiative an. Andere würden es aber als Reaktanz, Impulsivität, Hinterherlaufen interpretieren. Darüber hinaus wird ein Verhalten je nach Kultur, Epoche und individueller Geschichte als gottgetrieben, kreativ, rücksichtslos oder wegweisend eingeschätzt. Die Kultur bestimmt den Wert der Handlung.

Ob ein Verhalten als initiativ gesehen wird, liegt also am lokalisierten Auslöser – und an seinem Effekt. Ist er außen, dient das Verhalten als Mittel für den Zweck eines anderen, sprechen wir von Ausführung oder Umsetzung. Ist das Verhalten die Folge der Handlung eines anderen, sprechen wir von Reaktion. Ist es ein eigener Zweck, sprechen wir von Initiative. Initiative sehen wir vor diesem Hintergrund, wenn zwei Aspekte zusammentreffen: Jemand verhält sich im Widerspruch zu bestehenden Strukturen und sein Verhalten scheint nicht von außen veranlasst. Ohne Initiative entsteht weder ein eigenständiger Handlungsimpuls noch ein Überführen der Entscheidung in die Tat. Initiative ist das Umsetzen von Handlungsimpulsen ohne sichtbare äußere Anregung.

Worauf ist zu achten, wenn wir Initiative diagnostizieren?

- **Wie groß ist der initiative Drang?** Er kann anhand des Maßes an innerem und äußerem Widerstand beobachtet werden, der angegangen wird, um das Ziel zu erreichen.

- **In welche Richtung geht die Initiative?** Hier sei auf die vorgeschlagene Typologie und die in Kapitel 16.1 vorgestellte Richtung verwiesen.

- **In welchen Rahmenbedingungen kommt sie zum Vorschein?** Der Charakter eines Menschen zeigt sich durch seine Reaktion auf unterschiedliche Rahmenbedingungen. Manche Menschen werden im Unternehmen nie initiativ. Dann aber wechselt der Vorstand, es steht ein Change-Projekt an oder die Abteilung wird umstrukturiert – und auf einmal beginnt einer zu handeln. In welchen Rahmenbedingungen sich Initiative zeigt, weist auf die Persönlichkeit hin, da sich die Initiative aus der Differenz der durch die Rahmenbedingungen beschriebenen äußeren Strukturen zu den inneren Strukturen des Mitarbeiters speist. Wissen wir, wann jemand initiativ handelt, wissen wir, wie seine Persönlichkeit strukturiert ist.

Umgekehrt können wir nun auch folgende Frage beantworten: Warum handeln Menschen nicht initiativ, wenn die Verfolgung eines Sinns das Menschsein ausmacht? Dies kann an Folgendem liegen:

- Es wird kein Sinn gefunden: Entweder ist die Suche danach durch einen Überfluss äußerer Anreize verhindert. Oder aber der Blick ist in die Vergangenheit oder auf nicht beeinflussbare Bedingungen gerichtet.

- Situationen, die Initiative erlauben, werden nicht erkannt. Es gibt eine häufig erlernte Blindheit für mögliche Auslöser.

- Es gibt keinen ausreichenden Glauben an die eigene Fähigkeit, Ziele zu erreichen – die Selbstwirksamkeit fehlt und die Willensbildung bleibt aus.

- Die Energie richtet sich nach innen. Die inneren Strukturen absorbieren die vorhandene Kraft, sodass keine Energie mehr für eine Veränderung äußerer Strukturen zur Verfügung steht.

16.7.2 Möglichkeiten und Grenzen diagnostischer Zugänge

Interviews
Im Interview bieten zwei Ebenen Zugang zur Einschätzung der Initiative eines Menschen:

Beispiele für initiatives Verhalten
Wenn jemand von seinem Handeln berichtet, zeigt sich die Initiative dort, wo das Verhalten außerhalb bestehender Strukturen stattgefunden hat. Es zeigt sich in Situationen, in denen Veränderungen selbstständig eingeführt, Abläufe hinterfragt, alternative Vorgehensweisen gefunden oder eigene Interessen und Ideen im Wettstreit mit anderen verwirklicht wurden. Wichtig sind hierbei die Umstände: Kam der Auftrag von außen oder aus dem inneren Drang? Wie stark war die bestehende Struktur, welche Widerstände waren zu beseitigen etc.? Für den Interviewer besteht die Herausforderung darin, den Auslöser der Handlung zu identifizieren und die Rahmenbedingung der Initiative differenziert abzuschätzen.

Beispielfragen könnten lauten.

- Wo haben Sie bestehende Verhältnisse einmal infrage gestellt? Wie kam es dazu?

- Wo haben Sie einmal aktiv eine Verantwortung übernommen? Wer hatte die Verantwortung zuvor? Wie sind Sie vorgegangen?

- Wann haben Sie einmal Neuland betreten? Wonach haben Sie gesucht? Welche Schwierigkeiten galt es zu bewältigen?

- Wann haben Sie sich einmal verweigert? Wo haben Sie Widerstand geleistet?

- Wollten Sie einmal etwas, das jemand anderes hatte (z. B. einen Kunden, eine Verantwortung, eine Projektleitung, eine Position)? Was haben Sie getan? Welchen Widerstand gab es und wie sind Sie damit umgegangen?

Reflexion des eigenen Verhaltens
Die Selbstreflexion des Interviewten kann Aufschluss geben über das Ausmaß des inneren Drangs sowie über die wahrgenommene Selbstwirksamkeit. Mit Fragen, die auf mögliche Optimierungen, expansive Ziele etc. abzielen, können hierzu gute Eindrücke gewonnen werden. Ebenso ist es sinnvoll, bei Situationen, in denen nicht initiativ gehandelt wurde, nach den Gründen zu fragen. So kann festgestellt werden, ob mangelnder Glaube an die Realisierbarkeit aus eigener Kraft eine Ursache war. Auch dies muss dann ins Verhältnis gesetzt werden zur geschilderten Situation.

Beispielfragen hierzu lauten:

- Was wollen Sie so sehr, dass Sie bereit sind, sprichwörtlich „alles" dafür zu geben? Wo war dies in der Vergangenheit einmal so?

- Was können Sie erreichen? An welche Ihrer Fähigkeiten glauben Sie und wozu wollen Sie diese einsetzen?

- Wie weit wollen Sie noch gehen (z. B. mit Projekt, Abteilung, Produkt, Unternehmen, Karriere)?

Initiative Sprache
Letztlich ist auch die Form des Ausdrucks geeignet, Hypothesen zur initiativen Kraft eines Menschen zu entwickeln. Nutzt sie oder er aktive Begriffe, die klar auf die eigene Person als Initiator(in) hinweisen? Spricht jemand von „eigener Entscheidung", davon, etwas tun zu müssen (im Lutherschen Sinne, Zitat

unter 16.2), betont jemand seinen Einfluss auf eine Situation? In diesem Fall liegen Anzeichen für Initiative vor.

Strategische Fallstudien
In Fallstudien kann sich dann Initiative zeigen, wenn es entweder Handlungsspielraum gibt, der mehr oder weniger gefüllt werden kann – oder wenn bestehende Verhältnisse aktiv hinterfragt und verändert werden. Wir erleben hier auch häufig übersteuerte Initiative, wenn Teilnehmer z. B. Annahmen machen, die über die gegebene Information hinausgehen und nur dazu dienen, das eigene Vorgehen zu ermöglichen. Ein Übermaß an Initiative zeigt sich auch, wenn ein Teilnehmer das komplette Unternehmen umbauen möchte, obwohl nur nach der Ausgestaltung des Produktportfolios gefragt war. Beides kann im Assessment natürlich immer der Situation geschuldet sein, dass Teilnehmer ihre Handlungsbereitschaft besonders unterstreichen wollen. Über das Mittel der Nachreflexion kann hierzu ein guter Eindruck gewonnen werden, hier zeigt sich klarer, ob es sich um durch die Prüfungssituation gespeisten Aktionismus oder um die unrealistische Einschätzung einer Situation handelt.

Neben diesen Punkten zeigt sich in strategischen Fallstudien bei entsprechender Konzeption auch die Richtung der Initiative. Aggressive Eroberer können sich ebenso zeigen wie Erneuerer oder Entdecker. Sogar Verweigerer geben sich hier zu erkennen, indem sie beispielsweise vorgegebene Vorstandsentscheidungen unterwandern und aushöhlen.

Rollenspiele
In Rollenspielen zeigt sich die gegen eine andere Partei gerichtete Initiative. Als Beobachter können Sie hier sehen, welchen Drang jemand mitbringt, ein bestimmtes Themenfeld zu erobern beziehungsweise eine Situation zu kontrollieren. Sie sehen darüber hinaus, ob aktiv Maßnahmen entwickelt werden, welche die bestehende Situation nachhaltig verändern und gestalten.

Verhaltensanker

- Stellt bestehende Strukturen in Frage.

- Denkt expansiv, will mehr.

- Weiß sich selbst zu beauftragen; geht selbstgesteuert vor.

- Verfügt über das notwendige Selbstbewusstsein, um Projekte zu starten.

- Betritt Neuland; kann losgelöst von vorhandenen Denk- und Verhaltensmustern agieren.

- Erkennt Ansatzpunkte zur Veränderung oder Weiterentwicklung bestehender Verhältnisse.

- Bleibt auch bei aufkommenden Widerständen und Schwierigkeiten auf dem Weg.

16.8 Mehr Initiative durch Personalentwicklung und Coaching

Wenn bei einem Mitarbeiter oder bei einer Führungskraft kein ausreichendes Maß an Initiative vorhanden ist, wird zunächst wichtig sein, zu erkennen, worin die Ursache hierfür zu suchen ist und welche Investition lohnend erscheint.

In den meisten Fällen wird es sich nicht um Handwerkszeug handeln, was noch aufgebaut werden muss. Man wird auf die Orientierung und Motivation schauen müssen. Personalentwicklung in diesem Bereich wird über Coaching stattfinden können, aber auch über die Möglichkeit, kleine Initiativen zu realisieren. Im Coaching kann es darum gehen, eigene Motive herauszufiltern, Interessen zu bündeln, um zu erkennen, welchen übergeordneten Sinn man denn nun in seiner Tätigkeit verfolgen möchte. Ist dieser gefunden und ist die Kraft somit gebündelt, wird sich daraus neue Initiative erzeugen lassen. So kann der Coach einen guten Katalysator darstellen, der die potenziell vorhandene Initiative des Mitarbeiters zum Vorschein bringt. Gleichzeitig kann er mit dem Mitarbeiter daran arbeiten, innere Störquellen und innere Hindernisse der Initiative zu beseitigen. Gerade wenn innere Strukturen im Weg stehen und die Realisierung von Initiative verhindern, kann in einem intensiven Coaching-Prozess mit dem Mitarbeiter daran gearbeitet werden, diese inneren Konflikte aufzulösen und so den Weg frei zu machen für eine Fokussierung der Energie auf die Umwelt.

Über das Angebot von Herausforderungen und das Einfordern von Ideen kann Initiative von Mitarbeitern zusätzlich gestärkt werden. Hier kommt sicher der Führungskraft des Mitarbeiters eine entscheidende Rolle zu. Häufig ist es so, dass Mitarbeiter in Umfeldern sozialisiert worden sind, die Initiative nicht belohnt haben. Auch die ersten beruflichen Erfahrungen können in einem solchen Umfeld stattgefunden haben. Aufgabe des Vorgesetzten ist es nun also, die Stabilisierung einzufordern, die Diskussion zu suchen und den Mitarbeiter dafür zu sensibilisieren, wo er Aspekte des bestehenden Systems in Frage stellen kann. Nun wird sich zeigen, ob der Mitarbeiter dadurch nachhaltig verunsichert ist, ob also im Grunde auch kein Potenzial für initiatives Verhalten im gesteigerten Maß anzutreffen ist, oder ob der Mitarbeiter sich dadurch in positiver Weise motiviert fühlt und nun auch immer mehr von sich aus nach Möglichkeiten der Initiative sucht. So kann das Angebot von Diskussionen und das Einfordern von Vorschlägen ein besonders wirksames Mittel sein, um Initiative beim Mitarbeiter zu fördern. Die Führungskraft sollte dabei allerdings auch bedenken, ob sie initiatives Handeln im gesteigerten Maß wirklich im eigenen Verantwortungsbereich möchte. Schließlich gilt es auch, hinterher mit den Geistern zu leben, die man selber rief.

16.9   Literatur

Bröckling, U. (2013): Das unternehmerische Selbst – Soziologie einer Subjektivierungsform. Frankfurt a. M.: Suhrkamp.

Busch, K. & Draxler, H. (Hrsg.)(2013): Theorien der Passivität. München: Wilhelm Fink Verlag.

Fukuyama, F. (1992): The end of history and the last man. New York: The Free Press.

Nye, J. S. (2011): The future of power. New York: PublicAffairs.

Paschen, M. (2012): Potenziale und Kompetenzen beurteilen und entwickeln. Handbuch Personalentwicklung. 162. Erg.-Lfg. Juli 2012, Seite 1–32.

Paschen M. & Dihsmaier, E. (2013): Wertvolle Wut: Aggression im Management. ManagerSeminare. 180. Seite 20–25.

Wiederhake, P. & Stöwe, C. (2014): Entscheidungskompetenz. 166. In: Laske, S., Orthey, A., Schmid, M. (Hrsg.): PersonalEntwickeln (Loseblatt), Köln, Erg.-Lfg. Dezember 2012 6.113.

AUTORENVERZEICHNIS

Uta Becks ist Arbeits- und Organisationspsychologin und Beraterin bei der Profil M Beratung für Human Resources Management GmbH & Co. KG. Ihre Tätigkeitsschwerpunkte umfassen die Bereiche nationale und internationale Management-Diagnostik und Potenzialanalyseverfahren, Führungskräftetrainings, die Entwicklung und Implementierung von Personalentwicklungsinstrumenten und -strategien sowie die Begleitung von Veränderungsprozessen. Vor ihrer Tätigkeit als Beraterin war Frau Becks über mehrere Jahre in unterschiedlichen Wirtschaftsunternehmen tätig.

Anika Borchardt, Partnerin bei der Profil M Beratung für Human Resources Management GmbH & Co. KG, M. Sc. Psychologie. Ihre Tätigkeitsschwerpunkte umfassen die Bereiche Management-Diagnostik, Potenzialanalyseverfahren, Führungskräftetrainings und Personalauswahlinstrumente.

Yvonne Faerber: als Senior-Partnerin bei der Profil M Beratung für Human Resources Management GmbH & Co. KG liegen ihre Schwerpunkte in den Bereichen Management-Diagnostik und Potenzialanalyseverfahren, Führungskräftetraining und Coaching sowie in der Implementierung von Führungs- und Personalentwicklungsinstrumenten. Als ausgebildeter Managementcoach (DBVC) unterstützt sie Nachwuchskräfte und Führungskräfte.

Alexander Fritz, Diplom-Kaufmann und Executive Partner bei der Profil M Beratung für Human Resources Management GmbH & Co. KG, ist ausgebildeter Coach (DBVC) und besitzt eine breite Expertise in den Bereichen Management-Diagnostik, Führungskräftetrainings und -coachings. Seine Spezialgebiete sind die Implementierung von Führungs- und Personalentwicklungsprozessen und -instrumenten sowie die Konzeption und Umsetzung von Veränderungsprozessen.

Dr. Steffen Gaiser, Seniorberater bei der Profil M Beratung für Human Resources Management GmbH & Co. KG, systemischer Berater für Veränderungsprozesse (DBVC), Trainer, Berater und Coach für Themen aus dem Bereich Führung, Projektmanagement und Personaldiagnostik.

Elena Mahinova ist Wirtschaftspsychologin und Beraterin bei der Profil M Beratung für Human Resources Management GmbH & Co. KG. Ihre Tätigkeitsschwerpunkte umfassen zum einen Trainings zu den Themen Führung, Stressmanagement, Kommunikation und Konfliktmanagement, zum anderen gehören inhaltliche Konzeptionen sowie Durchführungen von nationalen und internationalen Development- und Assessment-Centern zu ihrem Aufgabenfeld. Zuvor war Frau Mahinova als Dozentin für Human Resources Management sowie Corporate Organization beim Jiangsu College of Information Technology in Wuxi (China) tätig.

Marko Mühlena, Berater bei der Profil M Beratung für Human Resources Management GmbH & Co. KG. Der Diplom-Psychologe und Diplom-Kaufmann arbeitet als Berater und Trainer mit den Schwerpunktthemen Management-Diagnostik, Führungskräftetraining und Coaching. Darüber hinaus unterstützt er Unternehmen national und international bei der Implementierung von Führungs- und Personalentwicklungsinstrumenten. Als angehender Psychotherapeut beschäftigt er sich zusätzlich speziell mit dem Thema Gesundheits-Management.

Michael Paschen, Diplom-Psychologe und seit 2001 Geschäftsführer der Profil M Beratung für Human Resources Management GmbH & Co. KG. Seit mehr als 10 Jahren beschäftigt er sich in zahlreichen Veröffentlichungen mit dem Thema Führung. Als Berater, Trainer und Coach begleitet er zahlreiche nationale wie internationale Projekte im Bereich Assessment & Potenzialanalyse und Führungskräftetraining & -coaching sowie die Einführung und Weiterentwicklung von Personalentwicklungssystemen und Führungsinstrumenten.

Claudia Qualbrink ist Wirtschaftspsychologin und Partnerin bei der Profil M Beratung für Human Resources Management GmbH & Co. KG. Als Beraterin, Trainerin und Coach sowie zuvor als HR-Managerin bei einem Pharmakonzern beschäftigt sie sich seit über dreizehn Jahren mit der Potenzialanalyse und Entwicklung von Fach- und Führungskräften. Sie begleitet ihre Kunden bei der Konzeption und Implementierung nationaler und internationaler Programme zur Führungskräfteentwicklung und von Trainings im Bereich Führung und soziale Kompetenzen. Darüber hinaus führt sie auch Assessment-Center und Potenzialanalysen im In- und Ausland durch.

Dr. Stefan Reinecke, Senior-Partner bei der Profil M Beratung für Human Resources Management GmbH & Co. KG. Seine Tätigkeitsschwerpunkte umfassen die Bereiche Management-Diagnostik und Potenzialanalyseverfahren, Führungskräftetraining und Coaching sowie die Implementierung von Führungs- und Personalentwicklungsinstrumenten. Als ausgebildeter Management-Coach (DBVC) unterstützt er Nachwuchskräfte und Topmanager.

Christian Stöwe, Diplom-Psychologe, Geschäftsführer der Profil M Beratung für Human Resources Management GmbH & Co. KG. Als Berater, Trainer und Coach beschäftigt er sich seit über fünfzehn Jahren mit der Potenzialanalyse und Entwicklung von Führungskräften. Er begleitet große und mittlere Unternehmen bei der Konzeption und Implementierung nationaler und internationaler Programme zur Führungskräfteentwicklung und Personalauswahl. Er ist Autor zahlreicher Publikationen zu den Themen Mitarbeiterführung und Management-Diagnostik.

Patrick Wiederhake, Partner bei der Profil M Beratung für Human Resources Management GmbH & Co. KG. Der Diplom-Psychologe und ausgebildete Coach arbeitet als Berater und Trainer mit den Schwerpunktthemen Management-Diagnostik, Führungskräftetraining und Coaching. Darüber hinaus unterstützt er Unternehmen national und international bei der Implementierung von Führungs- und Personalentwicklungsinstrumenten.

Janet Wilkes ist Soziologin und Psychologin und Seniorberaterin bei der Profil M Beratung für Human Resources Management GmbH & Co. KG. Ihre Tätigkeitsschwerpunkte umfassen die Bereiche Potenzialanalyseverfahren, Führungskräftetrainings und Personalauswahlinstrumente. Sie beschäftigt sich außerdem mit Teamzusammensetzung und Teambildung und begleitet Unternehmen bei der Konzeption und Einführung von Unternehmens- und Führungsleitbildern. Daneben hat sie sich im wissenschaftlichen Kontext mit Projekten zum demographischen Wandel und dessen Auswirkungen auf die Personalarbeit beschäftigt.